宇井伯壽著

インド哲學から佛教へ

岩波書店刊行

著者遺影

目次

一　インド文化
古代における人間概念――インド――……三
印度古代の政治形態……一三
アソーカ法王の統治……二一
法顯の見た中央インド……三九
二　インド哲學
Sāṁkhyayoga に就いて（數論學派の起原及び發達の概要）……五三
論證法精要……一九七
アルタハ・サングラハ（未定稿）……二四三
三　佛教
小乘佛教……二九九

大乘佛教……三一九
佛と吾々……三五三
佛典解題……三八一
(一)　成實論解題……三八一
(二)　三無性論解題……四〇七
(三)　顯識論解題……四一七
(四)　轉識論解題……四二四
(五)　十八空論解題……四二九
(六)　辯中邊論解題……四三六
(七)　掌中論解題……四四四
面山師年譜及び覺仙和尚との關係……四四七
四　回顧
佛教研究の回顧……四八一
特別講演「印度哲學」命名の由來……四九九
第三十四世活翁伯壽小傳……五〇五
編者補說……五一三

附　録

宇井伯壽先生著作目録……五一七
弔辭・追悼文……五四五
あとがき……中村　元……五六一

一　インド文化

古代における人間概念——インド——

一

人間觀は西洋に於ける近代思想に屬するといへるであらうし、恐らく現代思想の重要なものであるであらうから、インドの古代思想などに於ては、これと精密に一致する如きものは殆ど見出せないであらう。然し人間を如何に見るかについての一般的の考は、いづことしても、多少は存するに相違ないから、今ここに其種類でのインド古代の思想中の人間に關する見方を考察して見ようと思ふ。

インドの古代思想といふのが、何れの思想を指すかについて、色々の問題があるであらうが、今はウパニシャッドに現はれたものを指す。ウパニシャッドにも多數の種類があり、最も古いものとしては、學者は、七種を指すことにして居るが、其中でも五種が注意すべきもので、他の二種は思想史的には比較的に重きをなさない。又その五種の中でも、各の思想に新古の別が考へられ、大體三期に分たれ得る如くである。其中の前期は從來の神話から始めて所謂哲學となつた最初で、種々なる說の現はれた結果、遂に問題の中心が確定した時期、次の中期はウッダーラカとヤーヂニャヴルキヤとの二大思想家が前期の說を承けて各々の組織を立て以て現代インドまでも其影響を及ぼすに至つた時期、最後の後期は從來の諸說を纏めつつ既に學說に變遷を來した時期である。この三期によつて五種のウパニシャッドの內容を史的に整理しようとなすのであつて、古代思想としてはこれ等を指すことになるのである。

ウパニシャッド以前にインドの思想家はブラフマン(梵)とアートマン(我)との同一不二の考に達し、普遍我を認めて居た。梵はもと唯一の實在で、その固有な活動性の發揚を機會とし、自己を質料因となして粗細雜多な宇宙の一切を現起したといはれる點では一種人格的の神と考へられて居るし、少くとも擬人視せられて居るが、然し又同時に、現起した一切のものの中に個我として入つて一切を內部から維持支配すると說かれる點では最高原理として考へられて居るのである。梵が一切を現起することは神話として語られるのであるが、實は、この宇宙一切は梵の分化展開に外ならぬといふ趣意を、時間的の生起として說いたもので、結局、宇宙一切を一の全體として見た場合が卽ち唯一の梵で、從つて雜多の一切は其まま梵の種々相であり、中心も凡て梵であつて、凡て梵に一貫遍滿せられて居るとなす考である。

アートマンはもともと自我を指す意味であるから、吾々でいへば吾々たる人間其ものを指す。吾々から類推して他人の凡てに、また、他人たる人間其ものとして存するのであるから、此點で一先づ前述した梵が個我として一切のものの中に入つたといふその個我と同一視せられることは必然的である。そして自我を更に深く考究すると、自我其ものとしては個人性が捨象せられて、人類凡てに共通なものが見出されるから、これ以後は自我の自、個我の個も除かるべきものとなり、限定性は無くなる。この方面に於てかの梵が一切を內部から支配維持するものとして存するのと同一視せられるから、進んでは唯一の實在として而も一切を現起する梵とも同一視せられて、遂に我が梵と同じく宇宙一切を現起する神話すら語られ、一切は我から生じ、一切は種々相を有しつつも我たるに外ならないし、我を中心として存するとせられるに至つた。かくて梵我の同一不二が認められ、我は廣義とせられて、一切のものの中心たるものを指す意味になつた。從つて我は啻に人間に存するのみならず、凡て第一次的の、卽ち人工の加はらない一切の物にも存する中心の實體的のものを指して謂ふのである。然し、梵我一如となしても、之を區別的に見るときには、梵は宇宙の最高原理を指し、我は人間の主體的のものを意味するのが一般的の用法である。インド思想としては、實踐的に、かかる梵を捉へ、我を知ることを人生の目的と見、梵を捉へ得れば一切を知り得るし、我を知れば、卽ち一切と成るとなして、そこを、凡てから解放せられた自由闊達な解脱《げだつ》であるとなして居る。

二

日常生活に於ける個人の我は肉體に束縛せられ、環境に制限せられて、自由には其力を發揮するを得ない。一般に主観と客觀との境は肉體と環境との間に置かれるが、場合によつては肉體も客觀に入り、我のみが主觀たることもあり、進んでは我も客觀となり、之に對する純主觀たるものの認められて居ることもある。純主觀も我に外ならないし、環境も肉體も亦我といはるべきものであるから、從つて我に幾重もの輪層が說かれるが、これは卽ち思想家が我に關して潛思沈想して考察した跡を示すものであつて、我に對する攻究は頗る盛んであつたのである。

梵の本質、我の本質を見出さんとする努力が廣く行はれて人々が自らの知力によつて各々其說を立てたが、それがウパニシャッドの前期に現はれて居て、思想史上注意すべきものであると考へられる。これ等の諸說は遂に我の本質は識であり、識が卽ち我に外ならぬとなす說に歸著して、異說がないことになつたが、この識といふは何を指すかについて多少の說明を要するであらう。

識は必ずしも意識と同一ではなく、意識を以て知情意として又は其何れかとして働いて居る時を指す意味とすれば、その意識の分化的の働きの基となつて居る所を、ここに識といふたのである。自意識といふのに對していへば、自意識が猶未だ判然と自とならない基の場合を識と呼ぶのである。單に識とのみ表現すれば、此語は識といふ働きの起る主體としての機關を豫想しない。識のみとして獨立自存であり、決して屬性たるのではない。これを我に外ならぬとなすのであり、その意味で識が我の本質であるといひ、識が其まま我であり、我は卽ち識であるといふのであるから、かく考へた時には、既に我は本來は實體として固然たるものではない。勿論我が主體で、識はその屬性であると考へることはない。意識といふ語はもともとインド思想や佛教の術語であつて、二字から成るから(勿論インドの原語でも二字)複合詞であり、複合詞は、文法上から見て、その二字の結合の關係についての解釋をなさねばならぬ。その解釋に依ると、それは意之識と解釋せられ、意といふ機關の上に起る識といふ働きの意味とせられる。從つて意識といへば、意は主體、識は屬性となり、識は了別、卽ち辨別、の働きである。故に我は識であるといふ場合の識は、意識の意を省いて見た時の識と同じであるとなしては正確ではない。意識の識は意を省いても省かなくても了別の意味であるが、我を識となす識は了別とまではなつて居ない基本的の所を指すからである。一般の心理學や哲學で意識の語を用ふるに、右にいふ如き意之識などの意味は考へられて居ないから、かかる解釋を持出す必要はない如くであるが、然し元來インド思想や佛教の術語であるから、インド思想や佛教を述べる際には、注意せざるを得ないのであつて、素通りをなすことが許されないのである。かかる解釋から見ると、自意識とか自己意識とかいふ語は極めて奇異で、むしろ自識といふ方がよからう。自識といふても我を識であるとなす識は自識の基本的の所を指すと見るべきである。卽ち自と限定する以前を想定することになる。

然し實際の用例では識は原本的の意識であり、自識である。從つて又梵も、我と同じく原本的の意識、自識を本質となすとせられるが、かかる梵我が宇宙一切を生じたと說く神話は、推詰めていへば、宇宙は吾々の考へ卽ち意識に上つた時に初めてその存在が知られるのであるといふことに歸著するのであり、之を神話として物語つたものであるといへよう。これは神話の時代を過ぎた後になつても異なる所はなく、從つて同じ趣意をもつて居るのであつて、吾吾の意識に上らない一切の存在はあり得ないし、存在して居るといへば意識せられたのであるとなす思想を免れない。然し、かかる觀念論のみがウパニシャッドの思想の全體ではなく、勿論世界否定を主張するが如き方向には進まず、むしろ梵我の實在を認めて、そこを發展せしめる思想が主であり、從つて梵我を實體視することは屢々見出されることである。

三

日常生活に於ける我は個人我であるが、一日を基點として通常動作して居る覺醒時と眠つて夢みて居る夢眠時と夢をも見ない熟睡時との三時を分つて、そこに存する我を考察し、また一生涯を基準として、以上に加へて死時の四時となし、死時は死後を考へるから輪廻位と解脱位とを區別して我の狀態を說く。

覺醒位にあつては我は肉體と環境とに束縛制限せられ、其間には、印象を受けて感覺知覺を生ずる受動的方面と、外界に働き出す活動的方面とがあつて、兩方面を意が統轄し、そして之によつて我の活動も實際上認められ得るが、然し我としての本來の力を完全に發揮し得るのではない。夢眠位に入ると、五官の機能は止むから受動的方面はなく、意も働かないから活動的方面のことも起らないが、夢を見るといふ特長がある。夢は、當時の考では、我が覺醒時の經驗を素材として新たに組立て創造して見て居るものであつて、そこに我の創造的の力の發揮せられた點があり、必ずしも肉體環境の束縛下にのみあるのではない。然し經驗を素材となす點では猶未だ肉體外界を全く離脱して居るのでもない。この夢眠位の我が個人我としての眞相の現はれた所である。進んで熟睡位に入ると、もはや夢みることもなく、全く肉體外界の束縛を脫し、そこには二元相對はなく、我は全く超個人我となつたのであつて、不二絕對の境であるから、個人的意識もなく、自由獨存で、識としてのみ輝くのである。かかる超個人我は卽ち普遍我で、他から認識せられるものではないが、然し我としては自ら一切を認識しつつある識其ものであるから其識の照らすのを自ら認識するのであるといふ。故に、見聞思知せられることなくして見聞思知しつつある見者《みて》其もの聞者《ききて》其もの思者其もの知者其ものであると表現せられる。然し熟睡位は暫時的のもので覺醒時なり夢眠位なりに還るのであるが、其際熟睡位のことを知らないのは、これ熟睡位に個人的意識の存しないが爲であるに外ならない。かかる熟睡位の普遍我が我の眞相たるのであり、吾々は日常これに入りつつあるのであるから、日常、我の眞相を現はしつつあるのである。

死位に於ける輪廻位は生存時の報ひとして死後にその報ひを受けるのであるが、然し再び前と同じ生存に入り、かくして、生じては死し、死しては生ずるのである。これを輪廻と呼ぶが、日常生活はその輪廻の一斷面である。之に對して解脱位としては前の熟睡位の永續的となつたもので、再生に還ることが無い場合である。解脱位は果して死後のみであるか否かは問題であつて、前述の二人の思想家の說では、其本意は、生前に解脱位に達せられるとなし、この位に到るのが人生の目的の完成であるとなすのにある。

解脱は正しい知によるといふのが一般に言はれることである。前記の二人の思想家の說に於て已にさうであつたから、それが一般的になつたのであると見られるが、然らばその知の對象は何か。前述した所から當然判るやうに、それは梵我である。然るに梵我については、梵を知り得れば一切を知るを得、我を知れば卽ち一切に成る、といふて居た。この梵も我も既に同一不二となすのであるから、この二句は、方程式的に見て、知るといふのと成るといふのとが全く同一であることを表はして居るのである。故に知るといふ語の眞意は成るといふことで、決して對象を相對的に理解するといふ意味のみではない。從つて梵我を知るは實際上梵我に成ることである。一般的にいふても、梵我は絕對である點で、之を相對的の認識の對象となすことは出來ないから、能所相對を合一した所まで進まねばならぬ。そこが卽ち成るといはれる所である。然らば知には對象はなく、全く識となるのである。故に梵我の本質たる識のみに成る所を解脱となすのである。然し又この識のみが唯一の實在で、其他の雜多二元は凡て非現實であり迷妄であるとなさんとするのでもない。一方にはかかる無宇宙論が歸結として主張されることもあるが、然し梵我は雜多二元の一切の宇宙を一の全體と見たときをも指すから、一の全體としては其中に含まれる雜多二元を見ないにしても、決してそれ等を否定して居るのではないから、必然的に無宇宙論になるのみとはいへない。故に解脱は一切を大自己の中に含め、雜多二元の動靜起伏するに拘束されることなく、而も自己の深底に落着いて居る雄大で纖强な所をいふと解せられる。これが我の眞相であるに外ならない。

我は本來超個人我であるが、實際上は個人我としての日常生活をなして居るのが通常である。然らば、その超個人我がどうして個人的存在としての人間になるかが問題であらう。

ヤーヂニャヴルキヤの言の中に、次のものがある。「さて人々はいふ、この人間といふものはげに欲望から成つて居る、と。卽ち、人間は欲望のある如くに其意向が定まり、意向の定まつた所を業が行ひ、そして業の行ふ如くのものに成る。」

四

ここに欲望、意向、業の連續した系列が擧げられて居る。業《ごう》は行動、行爲であるが、一般に業がなされると、そこに滿足又は不滿足の感情が殘る點がインド思想家には特に注意せられる。感情であるとはいへ、それは次の欲望等の系列に對して或は積極的に或は消極的に影響して之れ等を增進し又は減殺し、從つて次の欲望等を規定することになるから、之を一種の力と見ることになつて、特にそれを先行力と名づける。これ次の欲望等から見れば、前より殘り先行して居るからである。業といへば必ず之を加へて考へて居るから、前の三は欲望、意向、業、先行力の四段の連續となつて居るのが事實である。吾々の經驗に當てて見て、これはよく理解せられ得る。

欲望は五官の欲望といふ場合の欲望と同一文字が用ひられて居るが、今の場合、これは意志で、個人我の活動性を指していふて居るのであり、極めて一般的のもので、其向ふ所も確定して居ないほどの意志の動きを指すから、それが具體的に方向の定まつた場合を意向と呼んで居るのである。意志の動きの方向が決定して、初めて身體口舌の働きに出るから、それを業となすのである。業には、たとひ業は外見上消滅しても、餘力を遺すから、之れを、後より見て、先行力と名づけるのである。この四段が循環的に繰返されるのが卽ち日常生活で、個人的存在に外ならぬのである。

欲望は個人我の活動性を指すのであるが、これは同時に超個人我の活動性でなければならないのである。否、元來は超個人我の活動性である。そして超個人我の固有の活動性といふのは、活動となる可能態であり潜勢態である。超個人我の活動性は、いはば、本能的な、どうしても動かざるを得ない如き緊張狀態であると見られる。それが動いて活動となれば、宇宙の現起なり個々の欲望意向なりになるものである。然し、可能態の活動性が何時までも其ままに存するといふのではないから、必ず意向になつて、其向ふ對象が明かになつて來る。即ち意向となる時に對象を定立することになるのであつて、そこが超個人我が個人我となり、相對の世界の現はれる所である。故に超個人我に本來固有な活動性が具體的の發現をなして活動となる時に、其まま個人我となり相對界のものとなるのである。かくして人間として業をなすのであるが、その業には善惡の種類が存するから、日常の善行又は惡行となつて居て、道德的に其責任を負ふのである。故に日常生活は道德的生活となつて居るのである。「業の行ふ如くのものに成る」といふので、それを示して居るのであつて、善業の者が善人、惡業の者が惡人となるから、ここに業の報ひが考へられて、日常生活は宗教的生活にもなる。

五

以上の說の中、超個人我と個人我とについては何時しか說が變遷して、超個人我を最高神となし、個人我に對して恩寵を施す人格神と見られるに至つた。これがウパニシャッドの後期を爲すのであるが、此考では、超個人我を大我と呼ぶとすれば、個人我は小我となすを得る關係で、たとひ個人我が解脫しても、最高神と全く同一になるのではなく、いはば、相對して居ることになるに過ぎない。かく見る時期には梵についても勿論同樣で、而も最高神としては、我の名を用ふるよりも、梵の名を用ふる方が適當である爲に、最高神は梵天と稱せられる。梵天の天は神といふ意味であるから、梵と梵天とでは混用は許されない。梵天は世界の創造主で而も世界の最高天(天界)に住し、一切の維持支配の主とせられることになるから、ウパニシャッド以後の說はウパニシャッド後期の此說を介して中期の說と全く同一ではなく、人間に對する考に於ても多少の變遷をなすに至つたのである。ウパニシャッドの時代は大體紀元前八〇〇―六〇〇年又は五〇〇年までとなすのが學者の見る所である。

印度古代の政治形態

一

從來、印度の最古代文化はリグ・ヴェーダを資料として研究したものであるが、近くマヘンヂョウ・ダロウやハラッパの發掘があつて、一層古代に文化のあつたことが知られるに至つたから、從つて印度最古のことはそれの研究に俟たねばならぬことになつた。然るに、その發掘の結果は實に猶未だ十分には明確にせられて居ないから、現下としてはそれに論及するを得ない。リグ・ヴェーダで見れば、アリヤン人はそれよりも前に西方から移動して來て、印度の上流の五河地方に定住するに至つたのであるから、五河地方の文化は、少なくとも幾分かは、移住時期のそれを遺して居ると見れば、年代はそれだけ古く見なければならない。學者の中には、紀元前三、四千年以前となす人もある。之に對して、マヘンヂョウ・ダロウ、ハラッパの遺物を見ると、リグ・ヴェーダの示す文化とは直接的の連絡が少なく、殆ど異つた文化らしく推定される程であるから、これがリグ・ヴェーダ文化よりも以前である關係から言へば、單に紀元前二千五百年頃のものとなすうちわな推定よりも、猶一層古いものであるかも知れぬ。然し、かかる古い時代の政治組織については全く之を知るに由ない。

リグ・ヴェーダの系統の文化が其後の印度文化の基となるのであるが、然しこれは、何といつても、宗教的方面を擔當して居た婆羅門階級の間に行はれたものが中心となつて居るもので、公平に見て、これは偏したものである。けれども、爾來印度文化の基となつた點からは之を正系と見なすことになつて居る。然るに、一般の歷史其他の方面のことはプラーナと稱せられる古傳話を述べた多數の書の中に傳へられて居るものが存する。プラーナは從來比較的に研究せられる所が少く、內容すら明確でない程であるが、歷史に關係する方面が多少明かにせられても、正系のものと必ずしも一致しない爲に、正系を研究する方面からは忽諸に附せられる傾向である。正系の方面が從來の印度研究の全體を支配して居るが、これは主として宗敎や哲學に關するものが主で、一般の歷史や政治などには殆ど無關係であるから、プラーナの研究は將來一層進步せしむべきものである。プラーナも傳說を述べるのであるから、其中から事實を拾ひ出すことは容易ではなからうが、然し努力を拂ふことによつて、偏見を訂すの效果は得られるに相違ない。

二

アリヤン人は五河地方に定住してから、次第に繁殖し、又一部の學者のいふ如く、第二回のアリヤン人の移住もあつてか、間もなく漸次中國地方に移動することになるが、五河地方では主として部落生活をなして居た。部落に事ある每に部落が會合して事を處理する方法が取られたが、この會合をサミティと稱した。會合は同時に合議であるから、合議もサミティと呼ばれるが、然し、其合議が如何なる方法によつて議決をなしたかは明確でない。勿論部落は多數存在したから各部落にサミティが存したであらうが、各部落相互の間に連絡があつたか、又あつたとすれば、如何に連絡したか、かかる點も明かでない。

然し、アリヤン人の繁殖し、移動を始める頃になれば、自然に部落間の結合も起り、サミティの連絡もなされるに至つたと推定せられる。〔インドの〕中國地方に移動してからは漸次國が形成せられ王も存するに至つたとせられて居るが、此移動は大體紀元前千年頃とせられる。佛典に傳へる所では、古代に於ては人々が勝手に行動して制止も不可能になり一般に政治的の事柄の處理にも困難であつたから、遂に人々が相談して一人を長とし、之を王となした、といふ。古代の王譜を述べた經の中に、衆許摩訶帝經といふのがあるが、衆許は多人の選定したといふ意味で、サンマタの譯語、摩訶帝は大王であるから、此大王は今いふ如く選定して王となしたのを指すのである。從つて、これ國民によつて選ばれた王で、君主制であり、恐らく、必ずしも専制政治をなすのではあるまい。王の選ばれるのはサミティが基礎となるのであるから、サミティは王を立てた以後にも存續し、重大な政治上の事件を合議して居つたと考へられる。印度には後世までこのサミティの遺風が存する。

然し、中國地方に定住するに至つて、多くの國々が對立したと知られるが、それ等の中には種族なり氏族なりが中心となつて居るのを見るから、その王は恐らく家系の優れて居る點で王となつたものもあり、又個人的に優越であつた爲に他のものを討伐征服して王となつたものもあるのであらう。これ等の中には専制的の君主のあることは推定に難くない。これ等の君主が勢力を得るに從つて、君主神權説なども起り、又君主は生れながらに君主であるとなす説も起つたであらう。

印度には、相當に古い時代から、轉輪王(通常轉輪聖王といふ)の傳説がある。この王は四海を統一して善政を布く聖人として王であるが、印度は古くから統一せられたことが無いから、自然にかかる帝王の出現を望んで、此傳説が生じたのであらう。或は、阿輸迦王又は阿育王の如き印度全體ともいへる版圖を統一した王を見て、其後に此傳説が起つたのであらうといふ説もあるが、轉輪聖王の傳説は阿育王よりも古いであらうと思はれる。轉輪は此王の有する輪寶を廻轉するといふ意味で、輪は古代の武器であるから、四方を討伐征服することを意味し、同時に善く統治する意味である。王は生れるや其身に三十二大丈夫相を有し、一般人とは全く類を異にし、生れながらの王者である。其即位するや天から輪寶が下つて之を得る。王は空中を飛行し得るから飛行皇帝ともいふ。輪寶を得る外に又象寶、馬寶、女寶、珠寶、主藏臣寶、主兵臣寶の六寶を得、合せて七寶を有することになる。後には、輪寶に金、銀、銅、鐵の四種の別があつて、統治の版圖の範圍を異にするともいふ。七寶は王として缺くべからざるものをいふのであらうが、象、馬は出入巡行の爲のもの、女、珠はいふまでもなく、主藏臣、主兵臣は大藏大臣と大將軍とである。この轉輪聖王の傳說は古代の王者の或ものを表はして居るのであつて、之によつて生れながらの王で、王たることが神權でもあり、專制的に統治し其下に大藏、將軍があり、其外政治上の吏員が多く奉仕して居たのである。他の傳說では文官としての大臣輔宰のあつたこともいはれて居る。勿論、單なる傳說である爲に、政治の形態などの細かい點は含まれて居ない。

三

紀元前六、七世紀頃に、商人の間に一種の組合制度が起つたが、之を通常ガナと稱し、後にはサンガも同一意味として、之を指すことになつた。もともと商業上の必要から發生した制度であるから、直接に政治に關係したのではなからうが、多人が會合して同一問題を論議し、其間に意見の一致を取つて、事を可及的迅速に運ぶを要するから、其議事方法、議決方法に於て、自然の發達があり、良結果を得ることにもなつたであらうと推定せられる。このガナが後には政治と宗敎との方面に於て採用せられたものであるが、宗敎としての佛敎の中に、議事・議決の方法が遺つて居る。印度の何れの方面にも、それを傳へて居ないが、固より佛敎者の發明とも考へられないから、恐らく一般のガナの中で變遷發達した結果が佛敎に入つたものであらうと推定せられるのである。

ガナは同一の職業の者が同一の目的を有して會合するのであるが、會合者は同一職業の全部の人であることもあり、又選ばれた代表者であることもあらう。其職業に共通な事件の處理について、出席者が腹藏なき意見を交換し、何等かの方法で決定するが、決定は多數決になるのであるし、多數決は投票に依るに至るのである。故に、先づ議題となるべき事項を提案して出席者に知らしめる要があるから、司會者座長を要し、これも多數決又は申合せで定まるのであらう。此の如きは政治の方面には頗る便利であるから、遲くとも紀元前五世紀には既にガナが政治の上に採用せられた。

釋尊の生涯に於て、諸所に巡教した際、一般の人々に對する說法は屢々土地土地の公會堂の如き建物の内で行はれたといはれるが、この公會堂は其土地の人々が集つて政治上の談合をなす所であつた。卽ち古いサミティの形式が遺つて居たのであるが、このサミティをなすのに、其上に君主があつてのことか、又は政治を委せられた數人の權力者があつてのことか、土地土地によつて同一ではなからうから、明瞭でないことが多い。釋尊よりも少しく以前に印度は十六大國に分れて居たといはれるが、實は十六大國がほぼ同等な國力を有して居たといふのでもなく、時には十六國の一一の名が不明確にもなつて居るから、各國の國情なども明かでない。然し、其中には專制的なのもあり、サミティなどを有するのもあり、君主なくして貴族政治や寡頭政治のものもあり、一種共和制的のものもあつた如くである。

十六大國の中では、ガンヂス河南方一帶のマガダ國と北方一帶のコーサラ國とが最も勢力あるもので、中央印度の地を占め、版圖も廣く、マガダは商業經濟の中心をなし、コーサラは前代に榮えた婆羅門文化の故地に當つて居る。釋尊の生國の釋迦國はコーサラの東北方に位して居る。このマガダとコーサラとにはサミティの如きものがあつたかどうかは判らないが、却つて周圍の小國にかかる慣例があつたと知られる。マガダのアヂャータサッツ(阿闍世)王がリッチャキー(離車)族を征せんとしてヴッサカーラ(雨行)大臣をして釋尊に伺はしめた時、釋尊はリッチャキー族の亡びないことを答へ、其理由として七箇條を擧げたが、其中に、此族は屢々會合して政治を議し、宜しきに定めるといふ意味の一箇條がある。リッチャキー族はガンヂス河北岸のヴェーシャーリー(毘舍離又は毘耶離)に居た種族であるが、ヴェーシャーリーは少くとも此外にヴッヂー族も居住し、恐らく其他にも猶種族が住して居て、それ等が共同して政治を行うて居たのである。恐らく各種族から代表者が出で、其合議で政治が運用せられるのであるから、貴族政治でもあり、寡頭政治の如くでもあるが、各種族は各々サミティの如き機關を有して政治を議するから、全體としていへば、一種の共和制の如きものであるともいへよう。種族の代表者の中には特別に一人の長を置くことはなかつたらしいが、然し、代表者としての委員に委員長があらうから、これは二重選擧による選出になり、其期間が君主に相當するともいへる。この制度は確にガナに範を採つたもので、ガナ政體である。

釋迦國の如きは十人の長によつて分割的に支配せられて居たといふ。其十人を凡て王となして居ることもあるが、實は十人の中で一人を選び、それが九人を統轄するのであつて、その一人を王と呼ぶのである。この王は選ばれたのではあるが、同時に世襲でもあり得る。釋尊の父は其當時のこの一人で、卽ち王であつたから、釋尊は太子と呼ばれる。釋迦國は釋尊の晩年にコーサラ國の爲に討たれて滅亡するが、それはヴィルーダ(毘瑠璃又は琉璃)王が釋迦國に到り、新講堂に入つたのを釋迦族が見て、卑賤の者が新講堂を穢したというて、王の去つた直後、洗ひ淨めたのを知つて、王が復讐的に討滅したのであるといふ。新講堂といふのが明かにサミティの爲の公會堂であつたに相違ない。

かく推定し得れば、釋迦國にも代々サミティが存し、恐らく十人の長も、もとは其間で選出され、十人の中から又長が選ばれたのであらう。一人の長が世襲となれば、これは一種の君主制たるものであらう。全體としてはガナ制度に基づくものである。此の如く、ガナの制度は其の影響が比較的多いと考へられる。

四

紀元前二、三世紀頃はダルマ・スートラ(法經)が編集せられたといふが、これはアリヤン人が古く傳へた風俗習慣、制度懲罰など政治、宗教、の各方面のことを述べたものであるが、これには系統があつて、其系統の重要なものは各各これを作つたであらうが、現今としては三、四部が傳はるのみで、他は散逸した。後に更に集められて韻文を以て綴つてダルマ・シャーストラ(法論)と稱するのがある。マヌの法典の如きは法論の一で、此外にも數部存する。これ等を見れば、帝王の爲すべきこと、政治の運用等凡て述べられて居るから、研究に價するが、然し、一般的にいへば、理想的の型を主とするのであるから、個々の實情に卽して居ない點もある。又アルタ・シャーストラ(實利論)にも存するが、カウティルヤの實利論の如きは、其の人の意見が主で、孔雀王朝に行はれたものである。然し、これ等の中にはガナの制度に於て行はれた方法などは既に忘れられて、何等傳へる所がない。

釋尊の當時には宗教家の團體が屢々ガナと呼ばれ、又サンガと稱せられて居る。ガナもサンガも統制ある團體であるから、さう呼ばれたのであるが、佛教は多くはサンガを用ひ、時には又ガナを用ひるが、佛教當時のヂャイナでは多くはガナを用ひ、時には又サンガを用ひる。サンガが僧または僧伽と音譯せられるが、サンガの行事は律藏に述べられて居るから、その中に議事、議決の方法があつて、古い時代に行はれたものを傳へて居ると思はれる。

投票方法を見るに、投票には紙を用ひるのでなくして、長さ一尺程の細い竹片を用ひ、之を籌と稱する。從つて投票することを捉籌とか取籌とかいふが、籌には豫め著色せられて居て、取籌毎に之を用ふるのである。取籌するに祕密と耳語と公開との三方法があるが、最初に座長が選ばれ、之を集籌者又は行籌者と稱し、選定方法は次に述べる白四羯磨又は白二羯磨に依るのである。祕密の取籌の時は、集籌者が籌を取る者一一に近づいて、甲色の籌は第一說、乙色のは第二說の籌、汝の欲する所に隨つて籌を取れ、というて選ばしめ、而も其選び取る時、何人にも知らしむる勿れ、と命ずるのであつて、祕密投票、無記名投票の如きもの、耳語の場合には、集籌者が、籌を取る者に耳語して、籌の色が何れの說を示すかを知らしめ、而も籌を取る時に、何人にも語る勿れ、と命じて籌を取らしめる方法で、これも無記名投票に當り、そして此二種の場合、適法に籌の取られることが少い時には、集籌者は、取籌宜しきに適はず、というて放棄し、適法に取られた場合には、取籌宜しきに適ふ、というて採用するのである。公開取籌は集籌者が豫め取籌の適法に行はれることを知つて居る時に行ふもので、公に籌を取らしめるから記名投票に當るものである。取籌の適法な場合、適法でない場合が各々十種擧げられて居て、精密な規定を有する。かかる方法で凡て議決せられるのであるから、大體現代行はれて居るのと同一である。

更に議事が混亂した場合、又は難問題の場合などには、特に委員が選定せられ、委員會が組織せられ、委員會の決議が本會議で決定せられるのであるが、これ等の方法の間に、又白四羯磨なり白二羯磨なりの方法が適宜に用ひられるのである。

白四羯磨の白は申すの意味で、白事ともいひ、申し出、提案、提議をいひ、四は第四の意味で、羯磨は作法のことである。故に、申し出が第四回に及び第四回で終る作法といふ意味。白二羯磨は申し出が第二回に及び第二回で終る作法をいふ。其仕方は、提案者が、提案を述べ、續いて之に不贊成のものは理由を述べよ、贊成者は默せよ、といひ、これが白事と第一回で、第二回は第一回を繰返し、第三回にも同様にいひ、續いて直ちに、滿座のものが悉く默して居るから皆贊成であると予は判定す、と宣言して、それで議決になる。故に之を白四羯磨といふ。白二羯磨は、白事と第一回と第四回と〔を〕いうて、中間を省くから、大體卽決に當るといへよう、從つて、重大事件は凡て白四羯磨に依り重大でない事柄は白二羯磨に依るのである。これも趣意上現代のものと異らないといへよう。

以上の方法の如きものが佛敎のサンガの中に於て實行せられ、而も記錄せられて居るから、現今としても、これが知られるのである。かかる方法は佛敎內での發明、發達であるとは思はれないから、外部からの採用である。外部としてはガナの內部で〔の〕發明、發達に相違ないから、ガナの內部の發達が殆ど現代と接近して居たの〔で〕あるし、此方法がガナ制度による政治の形態の內でも行はれて居たと推定せられるのである。

アソーカ法王の統治

一

アソーカ法王はアショーカ法王ともいはれ、前者を音譯して阿育(Asoka→Asok)法王、後者を音譯して阿輸迦(Aśoka)法王となすが、法王自身はアソーカと呼んで居る。アソーカは俗語、アショーカは雅語で、何れも無憂の意味であるが、法王自身並びに其の時代には一般に俗語が用ひられたのであつて、公用語も雅語ではなかつた。このアソーカ法王はマウリヤ王朝の第三代の英主である。

マウリヤ王朝はチャンダグッタ(Candagutta＝Candragupta)王が開いた王朝である。チャンダグッタ王は前朝ナンダ王朝の親屬であつたが、事によつて西北インドのパンヂャーブ地方に逃れて居た當時、アレキサンダー大王がインドに侵入し、紀元前三二四年に大王が退去した後、パンヂャーブ地方を征服し、勢に乘じて中央インドに入り、遂にナンダ王朝に代つて王位に登り、爾來インド各地を征して殆ど全インドを統治するに至つた。即位は紀元前三二二年で、二九八年歿するまで、極めて巧に版圖を治めるを得た。子のビンヅサーラ(Bindusāra)王が其の後を承け、守成者として成功したとせられるが、三七五年には、其の子アソーカ法王が位を嗣いだ。

法王は種々なる方面で活動したが爲に、其の一代の事蹟について傳説を生じ、傳説に又傳説の霧がかかつて、眞の歴史的事實は却つて明かでない如くになつた。その傳説の一によれば、今いふ如く三七五年に王位に登り、四年の後、即ち三七一年に灌頂即位式を行うたといはれる。インド歴史の學者も大抵は此の傳説に據つて居るから、今もかく述べたのであるが、然し、法王の統治については、今は凡て法王自身の發した刻文の法勅に基づくべきであると見るから、しばらく傳説には關係なく、法勅にある通り、灌頂卽位式を基點とし、其の年代も異論があるにしても、曾て論じた如く、二七一年と見て、凡てここから出發することとする。年代論は種々なる資料を扱ふ間には、自らでも異見が起るものであり、二千年以上も古い時代のこと、特にインドに關すること、にあつては數年の差は問題にはならないから、前に取つたことのある二七一年を取つて置けば、他の學者の異説と比較して、其の異なる數を加減することによつて、却つて簡單に扱ひ得るであらう。然し、今ここで唯一の訂正的にいうて置くべきことは、曾てアソーカ法王法勅を全部和譯した時、法勅中にある「灌頂何年を過ぎて」の句を、原文が具格であるに基づいて、特に、過ぎてと譯出して置いたが、これは凡て、灌頂何年に、と見る方が穩當で、必ずしも、過ぎてとなして一年の後を指さしめるには及ばないといふことである。故に、今ここでは凡て、灌頂何年に、となすことにして計算しよう。

二

法王の刻文は、摩崖法勅と石柱法勅と小石柱法勅と小摩崖法勅との四種に大別せられるが、何れも法王自身の發した勅語を、刻者を遣はして、其のままに刻せしめて、人民に知らしめたものであつて、之によつて法王の言を現今直接に聞き得るものである。凡ての法勅は、法王が自らの言を親しく躬から書いて、之を渡して、刻せしめたか、又は筆記者に書かしめて、それを刻せしめたか、何れであるとしても、決して勅語を作製する官吏の筆にのみなつた如きものでなく、明かに法王の直接の言であると知られるものである。

四種に分類するのは大體は其の內容に基づくのであるが、摩崖法勅は人々の往來の多い通路などに近い自然石の面に刻して人々に知らしめるもので、大抵十四章より成り、其の地方地方の特有の發音に隨應して文字が表現せられて居る。例へば、王といふを Rāja と發音する地方では此の綴字を用ひるが、Lāja と發音する地方では R を L となし、また Raya と發音する地方には j は y となして而も長音を短音となす如く、凡て其の地方の發音のままに刻せられて居るから、法勅は悉く其の地方の人々に其のままに理解せられる如くになされて居るのである。勅語といへば莊嚴で佶屈聱牙でなければ威嚴を損ずるかの如く考へる態度と比較すると、全く驚くべき平明簡素である。此の點のみでも既に法王の打解けた態度を想見すべきで、之によつて凡てを見て行かねばならぬ。此の如く其の地方地方によつて異なるべき事情が存するから、摩崖法勅七種ある中でも、カリンガ地方は曾て戰によつて征伐した地方である爲に、十四章中此の戰に關して述べられて居る部は、其の地方のものには省かれて、其の代りに特別の文を有する程である。石柱法勅は特に高大な石柱を建てて、それに勅語を刻せしめたもので、法王の晩年に建てたもの、凡て六章を有し、第七章のみは特に一ケ處にだけ存し、極めて注意すべきものであるし、更に此の種類中には特別なものも含ましめられる。小石柱法勅も小摩崖法勅も特殊の意味を有するもので、此の中には洞院の刻文なども含ましめられる。

これ等の法勅の言ふ所によつて見ると、法王の事蹟は大要下に述べる如くであると考へられるが、然し、初めに先づ摩崖法勅第八章に

「この天愛喜見王は灌頂十年にして三菩提に往きぬ (ayāya saṁbodhiṁ; nikamiṭhā saṁbodhi; nikhami saṁbodhi; nikrami sabodhiṁ; nikrami saṁbodhi)。之によつてこの法巡行起りたり。」

とある三菩提《サンボダイ》に往つたといふ意味を考へて見ねばならぬ。三菩提は一方に於ては正覺、正等覺と譯し、佛智を指し、他方では預流果を得たのを此の語で言詮はすに用ひる。卽ち三菩提に達した (saṁbodhi-patta) と言詮〔は〕し、從つてまた三菩提を目的とする、又は、趣く (saṁbodhi-parāyana) といふのも用ひられる。世の術語でいへば、三菩提に達したとは預流果《ヨルカ》、三菩提に趣くは預流向《ヨルコウ》に當るのである。預流は法の流に入るといふことで、不動の法信仰を得たことに外ならない。ウバソクとは區別せられることになるのである。かかる用例から推して、法勅のいふ三菩提に往つたとは後世いふ預流果に達したことを意味すると解せられる。後世小乘佛教が組織化せられてから以後では、預流果

に達するなどは容易なことでなく、修行し始めた其の一生涯では到底達せられないほどになつて居るが、古くは決して此の如きことはなく、佛弟子舍利弗の如きは、他の宗派に屬する修行者であつたのが、一度佛弟子馬勝の緣起偈を唱へたのを聞いて、卽座に法眼淨を得たといはれ、法眼淨を得たのが卽ち後世いふ預流果に達したことに外ならぬとせられ、又阿含經一般でも有身見と戒禁取見と疑との三結を斷じて預流果を得るといふのが殆ど通說である。有身見は實體我の存在を認める見解、戒禁取見は戒や苦行を絕對視する見解、疑は佛教卽ち人生に對する懷疑的の見解であるから、結局、佛教を深く信じたものは預流果を得たのであり、預流果は躬ら法の流れに入つたことの不動の自覺を得たることである點で、法王の時代には、阿含經の通說も尙未だ固定しなかつたのであり、從つて法王が後世いふ預流果に達したことは之を肯定するに難くない。而もこれは出家修行者でなければならないのではなく、在家信者にも達せられることであるから、此の際、法王は出家的でも在家的でも毫も差支はない。以下、預流果に入つたといふを、語義を重く見て、此の言詮はしを用ひよう。

　預流果を證したのが灌頂何年であるかを考察せねばならぬ。小摩崖法勅によると、法王が佛教の優婆塞《ウバソク》(upāsaka→upāsak)卽ち信者たりし間は二年半有餘で、そして熱心に精勤しないのが一年、進んで僧伽《サンガ》(saṁgha)に近づき(僧伽に近づきについて種々異說もあるが、一度比丘となつたことを指すと解して置く)卽ち比丘となつて、熱心に精勤したのが一年有餘であると述べられて居るが、預流果を得たのは何としても比丘となつて熱心に精勤した一年有餘の間、恐らく中間又は終りに於てであると推定するのが穩當であるに相違ない。この一年有餘の間に、「閻浮《エンブ》提《ダイ》、卽ちインドに於て諸天と交涉することなかりし人々も今や諸天と交涉あるものとなれり」とあるのは、之を摩崖法勅第四章に、「今や、天愛喜見王の法の宣行によりて、人民に、天宮の光景、諸象の光景、火聚及び其の他の天上の諸形相を見せしめたれば、戰鼓の響は法鼓の響となれ」りたるのみならず、種々なる法の實行が增長した、と述べられて居ることの結果を指すのであつて、兩文は互に一致するといひ得る。この摩崖法勅第四章は灌頂十二年に刻したものであるから、右の一年有餘はこの灌頂十二年を指すに外ならぬと推定せられるのである。然るに、ウバソクとなつて二年半有餘を經て、而も次いで一年は熱心に精勤しないで居たのに、突然、次の一年有餘はサンガに近づいて熱心に精勤するに至つたのは何故であるか。之については何等述べられて居ないが、然し、摩崖法勅第十三章を見ると、灌頂八年にカリンガ(南方インドのデッカン地方の東海岸の部)を征伐し、種々の悲慘事を起し、法王に悲痛と悔謝とを生ぜしめたこと甚だしく、其の以後カリンガを領有して此の法勅を刻するまでには、「熱心なる法の遵奉、法に對する愛慕及び法の教誡を行うて」、此の征伐の償ひをなしたとあるから、これが即ち不熱心であつた一年から、熱心に精勤する一年有餘となつた原因に外ならないと考へられる。明かに熱心なる法の遵奉とある。このカリンガ征伐のことを述べた法勅は勿論カリンガ征伐の灌頂八年でないことは同じ法勅の中に其の征伐のことを述べて居るので明かであるが、此の法勅の後半にはシリア、エヂプト、マセドニア、キレーネ、エピルス又はコリントの各王の版圖に法の教誡をなしつつあることが述べられて居るから、此の諸王の在位共通年、即ち紀元前二六一—二五八年の中の二五九年を取るとすれば、此の二五九年が此の法勅を刻した年で、灌頂十三年に當つて居る。之によつて考察すると、灌頂八年カリンガ征服の年は明かにウバソクとして熱心でなかつた一年に相當し、これより以前にウバソクとなつてからの二年半有餘があるから、これが灌頂七年、六年、五年に當り、灌頂五年の半頃が初めてウバソクとなつた年であると推定せられる。從來學者は一般にカリンガ征伐が法王のウバソクとなつた原因であるとなすが、他の學者もいふ如く、此の法勅文中には歸佛の原因が述べられて居るのでなくして、却つて歸佛後の結果として、法による事業效果が述べられて居るに外ならぬから、今茲でもカリンガ征伐をウバソクとなつた原因とは認めない。否、認められないのである。

以上を基點として法勅に基づいて法王の事蹟が年代的に記され得る。

灌頂一年、紀元前二七一年

〃　二年、　〃　二七〇年

灌頂三年、紀元前二六九年
〃　四年、〃　二六八年
〃　五年、〃　二六七年
此の年佛教を信じてウバソクとなる。ウバソクとなるには佛法僧三寳に歸依し、不殺生・不偸盗・不妄語・不邪淫・不飲酒の五戒を守ることを誓ふのである。この誓の結果、法に對する不動の信を得、遂に預流果を得たのである。
灌頂六年、紀元前二六六年
〃　七年、〃　二六五年
此の二年間は、前年の後半と同じく、熱心に精勤して居ない。
灌頂八年、紀元前二六四年
此の年が卽ちカリンガ征伐をなした年であつて、而も此の一年はウバソクとしても尙未だ熱心に精勤することはなかつたといはれる。熱心な精勤をなさなかつたから戰などをなしたのである。
灌頂九年、紀元前二六三年
カリンガ征伐の結果、此の一年有餘はウバソクとして熱心に精勤し、又サンガに入つて比丘となり、遂に後世いふ預流向に入つたのである。從つて大膳寮で羹の爲に鳥獸を殺すことを停め、孔雀と鹿とのみを用ひしめ、後に、これをも殺さざるに至るのは此の年頃であらう。自らかくなすと同時に、人民に對しては法を行はしめ、天宮の光景など見せて諸天に親しましめることをなしたのであらう。
灌頂十年、紀元前二六二年
此の年がまさしく三菩提に往き、預流果を得た時期で、これから法王自らの法の巡行が始まり、此の巡行に於て沙《シャ》門《モン》・婆《バ》羅《ラ》門《モン》、卽ち凡ての宗教家、を訪問し、尊敬と布施とを爲し、又諸人に接して法を行はしめたのである。

灌頂十一年、紀元前二六一年

此の年頃、南方インド諸國、西方シリア國等に使を送つて、國內と同じく、人に對する療院と、獸に對する療院とを建て、又到る處に藥草藥樹を栽培せしめ、路傍に樹蔭を設け、井泉を掘つて、人畜の用に供せしめた。

灌頂十二年、紀元前二六〇年

此の年領土內の收稅官、司直官、地方長官に五年每の巡按をなし、諸人凡てに法を行はしめることとし、大官會議にも之を監督せしめることとなした。之を五年會(パンチャヴァルシカ pañcavarṣika 般遮越師)といひ、更に都市執義官にも、ウッヂェーニーとタクシャシラーとの太守皇子にも、此の五年每の巡按を命じ、三年を遲延せしめないことにした。かかる法の教誡によつて、戰鼓の響は法鼓の響となり、人々は法の宣行に勤しんだのである。此の年摩崖法勅を刻せしめた。

灌頂十三年、紀元前二五九年

此の年法大官を設けたが、これは法大臣で、一切の宗派並びに一般人の法の增長發揚に關する事を司る役であるが、具體的に例を擧げて、西方ギリシア人の間、西北インド地方までも法に專心なものの利益安樂の增進、囚人の給費、從僕孤獨老人を勞はる等に努めしめ、法王の子々孫々まで之を遵奉せしめることを命じた。從つて、法王は自ら如何なる時如何なる處にあるも庶民に關する政務は直ちに之を奏せしめ、それを裁斷することとなした。此の年がカリンガ征伐を述べ、既にエヂプト、マセドニア、シリア、コリント等に使臣を派して法の教誡を實行せしめたことを述べた法勅を刻したのである。又邪命派《アーヂーヸカ》にバラーバル丘洞院二箇所を寄進したのも此の年である。

灌頂十四年、紀元前二五八年

此の年コーナーカマナ佛(カナカムニ佛卽ち拘那含牟尼佛)の塔を再度增築した。此の佛は、後世いふ過去七佛の第五佛であるから、法王當時既に過去佛の信仰のあつたことが判る。又、法王は灌頂二十年(?)にも、來つて塔を供養した。この塔については刻文があるから法王が塔を再度までも造つたことが判るが、此の外の塔などで刻文の殘らないものについては何ごとも判らない。從つて刻文が殘らなくても、法王の他の造塔もあつたのであり、決して殘つた刻文が凡てを盡くして居るのではないと推定せられる。

灌頂十五年、紀元前二五七年
〃　十六年、〃　二五六年
〃　十七年、〃　二五五年
〃　十八年、〃　二五四年

此の四年間の事は法勅に記されて居らないが、然し、法王の法巡行及び諸人への法の教誡、大官の巡按など凡て行はれて居たに相違ない。

灌頂十九年、紀元前二五三年

此の年又邪命派にバラーバル洞院を寄進した。法王は佛教者としても、他の宗教を迫害抑壓などせず、却つて凡てを優遇したことが事實に現はされて居る。

灌頂二十年、紀元前二五二年

釋尊誕生地ルンビニー園に參拜して供養し、石柱を建て、此の地方の税を減ぜしめた。恐らく此の年またコーナーカマナ佛の塔に參拜した。

灌頂二十一年、紀元前二五一年
〃　二十二年、〃　二五〇年
〃　二十三年、〃　二四九年
〃　二十四年、〃　二四八年

〃　二十五年、　〃　二四七年

此の五年間のことも法勅中に特別な事件があつたとは述べられて居ないが、前と同じく法の實踐の爲に努めて居たことは明かである。

灌頂二十六年、紀元前二四六年

此の年石柱法勅を刻せしめ、諸官吏の法の發揚、諸人の法の實行を命じ、諸動物の屠殺、去勢を禁じ、禁獵日を制定し、又、此の年までに囚人を釋放すること既に二十五回であつたと述べて居る。

灌頂二十七年、紀元前二四五年

此の年石柱法勅第七章を刻せしめた。此の法勅は法王の事蹟の一種の總括の如きものであるから、下に譯出する。同時に摩崖法勅第四章も重要であるから譯出する。此の二によつて法王の統治の如何なるものなるかを知り得べく、法王と呼び得る所以も判るであらう。

以上までが法勅に現はれて居る所であつて、此の以後のことは何等述べられて居らぬ。法王は傳說によれば三十六、七年在位であるから紀元前二三六、五年に崩じたのであるが、この十年間については確實なことは明かでない。傳說では崩御の際にはサンガに布施するものもない病床にあつたとせられるが、これは唯單に傳說のみのことで、最後までサンガに布施をなしたといふことであらう。同時に、其の後繼者についても、傳說に異說があつて明かでなく、恐らく孫が位を嗣いだのであらうとせられ、而もその孫が二人知られて居るので、版圖は二分せられて、同時に二王が分擔政治をなしたであらうとせられる。從つて國勢も衰退し、さしも盛大であつたマウリヤ王朝も遂に紀元前一八五年に滅亡して、次の王朝に代られることになつた。然し、血統は地方の小王として六、七世紀までも繼續したといふ。

三

(一)　摩崖法勅第四章

過去長期幾百年の間は、唯生類を屠殺し、衆生を殺害し、親族に非禮をなし、沙門婆羅門(卽ち凡ての宗教家)に非禮をなすことが增長するのみなりき。然るに、今や、天愛喜見王の法の宣行によりて、人民に、天宮の光景、諸象の光景、火聚及び其の他の天上の諸形相を見せしめたれば、戰鼓の響は法鼓の響となれり。同じく、今や、過去幾百年の間、未だ曾てあらざりしが如き、此の如き生類の不屠殺、衆生の不殺害、親族に對する禮讓、婆羅門沙門(卽ち凡ての宗教家)に對する禮讓、父母に對する柔順、耆宿に對する柔順が、天愛喜見王の法の教誡によつて、增長したり。かく〔すでに〕これ等並びに他の多くの法が宣行增長せられ、而して天愛喜見王のこの法の宣行は將來も增長せらるべし。更に天愛喜見王の諸皇子、諸皇孫並びに諸曾孫も、壞劫に至るまでも、かかる法の宣行を增進せしめ、法と戒とに住して、法を教誨すべし。蓋し、法の教誨なるものは最勝業にして、而して無戒の者には法の宣行もあることなければなり。故にこの事を增《ジ》長せしむると損減せしめざるとは善なり。此の目的の爲に、卽ち彼等がこの事の增長に專心し、その損減を忽せにせざらんが爲に、此の法勅は刻せしめられたり。

灌頂十二年に、天愛喜見王之を刻せしむ。

(二)　石柱法勅第七章

天愛喜見王かく詔す。

過去長期の間に諸の王たりし人々は凡て、如何にせば人民が法の增長によりて增進せられ得るやを思惟し、しかく希ひたりき。然るに、人民は尙未だ適當なる法の增長によつて增進することなかりき。此の點に關して天愛喜見王は此の如く詔す、卽ち予に下の如き念起りぬ、過去長期の間、諸王は、如何にせば人民は適當なる法の增長によりて增進し得るやを思惟し、しかく希ひしも、而も人民は尙未だ適當なる法の增長によりて增進することなかりき、然らば、如何にせば人民は法を遵行するを得るや、如何にせば人民は適當なる法の增長によりて增進するを得るや、又、予は如何にして法の增長によりて彼等をして向上せしめ得るや、と。此の點に關して天愛喜見王かく詔す、予に此の如き念起りぬ、予は人民に法の聽聞を聽聞せしめ、法の敎誡を敎誡すべし、人民は之を聽聞し遵行し向上し、而して法の增長によりて必ず增進すべし、と。此の目的の爲に、予は既に人民に法の聽聞を聽聞せしめ、また人民に關する種々なる事に鞅掌する諸有司に、如何に彼等人民に法を敎示し詳說敷演すべきかについて、種々なる法の敎誡を命じたり。且つ又予は幾百千の生類に關して鞅掌する諸の司直官にも、法に專心なる人民をかくかく敎示すべしと命じたり。

天愛喜見王かく詔す。

予は眞に此の事のみを深慮して、既に多くの法石柱を建て、諸の法大官を設け、法の宣說をなしたり。

天愛喜見王かく詔す。

予は既に路傍にも多くの榕樹を栽植せしめ、人畜が其の蔭を受用するものとせり。また菴羅樹林を栽植せしめ、八コーサ(一コーサは約九マイル)〔ごと〕に井泉を掘らしめ、休憩舍を設けしめ、更に人畜の受用の爲に多くの飲水所を造らしめたり。されどかかる受用に關することのみとしては小事たるに過ぎざれど、實にや世人は既に前代の諸王によりても、また予によりても、種々なる興樂法によつて安樂ならしめられたり。之に對して、予はかの法の遵行を遵行せよとのこの目的の爲にこれ等を爲せるなり。

天愛喜見王かく詔す。

彼等予の法大官は出家者(卽ち宗敎家)と在家者とに對する種々好利なる事に關して鞅掌し、更に一切の宗敎に關しても鞅掌す。これ等法大官は佛敎サンガの事に關しても鞅掌すべしと命じ、婆羅門《バラモン》及び邪命派《アーヂーギカ》に關しても鞅掌すべしと命じ、尼乾陀《ヂャイナ》に關しても鞅掌すべしと命じ、他の種々なる宗敎に關しても鞅掌すべしと命じたり。かくそれぞれの法大官はそれぞれの宗教に關して各別々に任ぜられたり。故に、予は、法大官はこれ等並びに他の一切の宗教に關して鞅掌すべしと命じたるなり。

天愛喜見王かく詔す。

これ等並びに他の多くの有司は予並びに諸皇后のなす布施の分頒に關して鞅掌し、また予の凡ての後宮に對し、種種なる方法によりて、ここ國都及び諸の地方に於て、人民がそれぞれ滿足を得る處に關して奏聞す。予は又諸皇子と他の王妃の諸王子との爲す布施の頒行に關して、有司に、法の敢行の爲と法の遵行の爲との故に、鞅掌すべきを命じたり。何となれば、この法の敢行と法の遵行とはこれ即ちかくしてかの慈愍と布施と眞諦と清淨と柔和と善良とが世人の間に增長することに外ならざればなり。

天愛喜見王かく詔す。

實にや予が爲したる如何なる善事も凡て世人が既に之を遵行し、又之に隨順しつつあり。之によつて既に父母に對する柔順、恩師に對する柔順、耆宿に對する禮節、婆羅門沙門(即ち凡ての宗教家)及び貧者窮人、乃至、奴隷從僕に對する正しき態度が世人の間に增長し、從つて將來も增長すべし。

天愛喜見王かく詔す。

されど、予が人々の間に增長せしめたるかの法の增長なるものは唯二種の方法によりてのみなりき、即ち法の規正と禪觀との二なり。然るに、この中にては、かの法の規正は輕く、禪觀によるこそ一層重けれ。而して法の規正とは即ち予が彼此の生物を殺害すべからずと命じたること是れにして、其の他にも亦種々予の命じたる法の規正なるもの多し。之に反して、禪觀によりては、衆生を害せざると生類を殺さざるとに導く法の增長が人々の間に愈々益々增長するなり。

此の爲に予はかく詔す、予の諸皇子及び諸曾孫が、日月の輝く限り、嗣ぎ、而して予のなせるが如くに此の如く遵行すべきなり。何となれば、此の如く遵行するときは則ち現世並びに後世が得られたるものとなればなり。

灌頂二十七年に此の法勅刻せしめられたり。

天愛は下のことを詔す、即ち此の法勅は、之をして久住せしめんが爲に、何處に於ても、石柱或は石板の存するあらば、そこに刻せらるべきなり。

四

アソーカ法王は全く法によることを以て政治の大本となし、自らも法を行じ、人民も法を行ずるものとなさんとしたのである。法から見れば法王も人民も凡て同等であり、法に包まるべきものとなして居るのである。然し、其の間には自ら秩序がなければならぬから、秩序上、法王が主たり中心たる一點として、他の一切官吏人民は之に統括せられることになる。之によつてアソーカ法王は、「一切の人々は吾子なり(save munise pajā mamā; savamunisā me pajā; savamunise pajā)」といふ想を根本となして居る所以が判るが、此の想は全く佛教思想である。マウリヤ王朝の創業の際の大臣として有名なカウティリヤ(Kauṭilya)の遺した實利論(Artha-śāstra)の内容から見られる政治方針とは甚だしく異なり、全く新局面を展いて居る根本思想で、古往今來の模範を垂れたものといふべきである。此の爲に、法王は自ら一切世間の法的の利益を增進することを以て義務なりとし、一切世間の利益をなすよりも崇高なる事業なく、かくなすことが法王の一切世間に負ふ債務を返還する所以であると思惟して、自らの精勵に於て、未だ曾て滿足したことがないと告白して居る程である。從つて、これが爲に官吏が五年每の巡按によつて人民に法の實行を敎へ、更にウッヂェーニー及びタクシャシラーより其の各の太守皇子を五年巡按に派し、且つ法大臣を設けて專ら此の方面の事に執掌せしめることとし、これ等は恰も乳母が子を養育すると信賴せられる如くに、法王に信賴せられて人民の利益安樂を圖るに專心し、法王に對する義務の負債の返還に努めしめたのであるが、かくして、インド國内は勿論邊疆地方、更に外國に至るまで、人々は凡て親切公正に取扱はれたから、これに對しては、人民の方としては、「私はかかる善事を作したり」(iyam̐ me kayāṇe kaṭe) と自負せずに、むしろ「私はかかる惡事 (pāpe, pāpake) を作したり」と自省し、「かかるものこそ漏なれ」(iyam̐ vă āsinave nāmā) と審思することであるとせられ、兩者が調和的に相呼應するは最も望ましいこととして、法王の希ふ所であつたのである。これが實際上現はれたことが法勅中に述べられて居る。

此の如くであるが爲に、法に對する言詮はしが實に種々の語を用ひて豐富に現はれて居る。それ等を順序組織もなく擧げると、法の敎誡、法の宣行、法の敎誨、法の樹立、法の增長、法に專心なる、法に依止する、法巡行、法の祈願、法の柔順、法の實行、法の布施、法による親善、法の分與、法による結緣、法を聽き合ふ、法の輝き、法の遵奉、法に對する愛慕、法による勝利、法の實行と制規、法に隨順する、法に對する最上の愛慕・無上の觀想・最上の敬信・無上の怖畏・最上の精勤、法に對する希求、法による保護、法による處理、法による與樂、法による制御、法の聽聞、法の遵行、與樂法、法の敢行、法の規正と禪觀、などがある。如何に多く法の語が用ひられるかが知られるが、これ等は結局は法を敎へると法を行ふとの二方面に歸著することで、從つていふまでもなく一切は法の一語に括られるものである。これがアソーカ法王の法の統治たるものであるが、然らばこの法の內容意義は如何といふに、法勅の示す所によつて判ずれば、恐らく下の如くになるであらう。

石柱法勅第二章に、法とは幾何なりや、少漏と衆善と慈愍と布施と眞實と淸淨となり、とあり、柔和と善良とが又加へられ得るから、ここでは之を內容となすのである。此の中、漏とは心中の惡德卽ち煩惱をいふから罪惡を指すことになる點で、これが少ないのが少漏、衆善はいふまでもなく之に反するもの、慈愍は慈悲愛愍、布施は貪らない財法の二施で廣意の博愛、眞實は眞理眞諦の身心に現はれること、淸淨は身口意三業の正常であると考へられるが、之をここで、かかる法は善なりと呼んで居る。善としては、父母に對する柔順、朋友知己親族、及び婆羅門沙門といはれる宗教家に對する布施、生類を屠殺しないこと、纔かに費し纔かに蓄へること、を擧げるが、之を補ふに、生類を屠殺しないこと、衆生を殺害しないこと、親族宗教家耆宿に禮讓柔順なること、奴隷從僕を正しく扱ふこと、恩師を尊崇すること、などを以てするを得る。結局、法による制御で、心内の嫉妬、憤怒、不仁、輕卒、懈怠、懶惰、困憊、狂惡、高慢、を起さないことであり、根本は憤怒せざることと、輕卒ならざることとにあるとせられる。故に、凡ては克己と心淸淨とに外ならぬのである。これが卽ち法に對する最上の愛慕、最上の觀想、最上の敬信、無上の恐怖、最上の精勤と稱せられるものとなすを得るであらう。これ等を纏めたものとして小摩崖法勅の最後に

故に天愛は下の如く詔す。

父母に對しては柔順なるべし。恩師に對しても亦此の如くすべし。生類に對しては自己を制持すべし。眞實を語るべし。凡てこれ等の法の功德を行ぜざるべからず。之と同じく又弟子は(自らの)規範師を尊崇すべし。また親族に對して適正に行ずべし。これ卽ち法に於ける古よりの本質にして、またこれ長壽に導くものたり。

とあるを擧げ得る。古よりの本質(porāṇā pakiti)といへば、次の長壽は長く繼續して久住することを指すと解せられるから、法の一貫性をいうて居ると見るべきであらう。法が實に廣く永く其の本質を發揮することに統治の基礎が置かれ、これが政治の要諦をなすとせられるのである。

五

以上述べた所で、簡單に失するかも知れぬが、法勅に於ける法の內容意義は之を判定するを得るであらう。然し、以上の法は大體は倫理道德的のもののみであつて、何人にも直ちに奉ぜられ行ぜられ得るものである。アソーカ法王が一方に於ては比丘として預流果に達して居たとすれば、佛教教理に慣れたるものから見ると、四諦說、十二因緣說、三十七道品說などの教理に關する幾分の關說も期待せられ得べく、從つて如何にも物足らぬ感あるのは蓋し自然であ

らう。カルカッタ・バイラート法勅は純粹にサンガに對して詔したもので、此の中には佛の善説として七種の經を擧げ、之を法門(dhammapaliyāya=dhammapariyāya)と呼び、又一般的には正法(sadhamme=saddhamma)と稱するから、佛教内での一般稱呼を用ひて居るのであるが、この正法に對すると、前述の法は世間法(loka-dhamma)とも呼ぶことになる點で、法勅は全く正法に關説せずに、世間法に關係して居るが如くである。然し、此の點で考ふべきことは、佛教なるものがアソーカ法王以後に於て著しく變遷發展したといふことである。法勅の中には四箇所も破僧伽を誡しめたものがあるが、破僧伽は卽ち佛教内の分裂分派に外ならないから、少なくとも法王の當時に一箇所ならず佛教内に分裂分派の形勢のあつたことは疑ふ餘地はなく、又、實際上廣く見れば、遲くも法王の直後には、分裂が起り分派となつたと考へられるのである。これが爲に、佛教が固定化の傾向を取つたのが一層固定化せられることになつて、其の結果の一として、出家者と在家者とを隔絶し、一般世間と僧伽《サンガ》とを區別し、世間法と正法とを裁分し、恰かも相異なる兩種類なるかの如くなすに至り、又出家者の僧伽内で一般の教理が固定化して、預流果などは今生では達せられないが如くに定まるに至つ〔た〕ことが數へられ得る。從つて、凡ての佛教者はかかる傾向の長い發達の後に在るものであるから、法勅の法が正法を現はさないとして物足らぬ感を起すのであるが、法王時代としてはかかる考は掃拭せねばならぬ。古い時代の佛教には通常考へられる如き世間法正法の形式的區別裁分はなかるべきで、所謂の世間法の眞髓は其のまま正法である。法勅のいふ如き、私は善事を作したりといひて、善事のみを見るを常とする世人一般の世間法は、私は惡事を作したりと自省する世間法に劣るべきもので、前者を指す世間法と、後者を内容とする正法とならば、全然裁分すべきものなることはいふまでもないから、かかる意味でいへば、區別裁分は當然であるが、後者と教理の正法とは何等區別すべきではない。從つてかかる正法の行はれて居る所は全くこれ佛教其のものの行はれて居る社會であつて、かかる社會を指してサンガと稱するのである。故に、法王の政治的努力は一に眞のサンガの現出にあつたのであるといひ得る。サンガは全く佛教が現出せんとした平和な社會である。そこには何等の闘爭もなく非禮もなく、相互相愛の理想的社會で、一點の缺過もないから、果して人類として之を實現し得るや否や疑はしいものであるかも知れぬ。然し人は凡てかかる理想の實現に全身の努力をなす所に其の人生の意義を見出すべきであらう。迂路は卽ち近路である。道義的の平和が眞の平和であるべきで、契約的のそれに優ることはいふまでもない。

法顯の見た中央インド

一

法顯は親しくインドを旅行し、其自ら見聞した所を記して傳へたが、その旅行記を歴遊天竺傳とも、法顯傳とも、また佛國記などともいうて居る。玄奘の旅行記である西域記と共に、學者によつて注意せられ、又尊重せられて、西歐の學者の之を研究翻譯したものも二、三存するし、近くは足立喜六氏が研究し、「考證法顯傳」として公刊し、後にそれを改版し、「法顯傳、中亞・印度・南海紀行の研究」と稱して學界に送つた。行程については精しい研究がなされて居て益する所が多いが、惜しい哉、佛教に關する事件とサンスクリトの取扱ひとについては、時には問題にならない程、缺點が少なくないのみならず、一切經音義には省略して載せずというて參照しないが、實際は掲載せられ四十九項も存するから、之に據つて本文の校訂をなすべきであつた。法顯の記す所は實際上甚だ簡單であるから遺憾な點も多いが、然し、正確な記述と認むべきであるので、その旅行當時のインドの狀態を知るには無二の好資料である。時恰かもグプタ王朝隆盛の時期であるから、之を念頭に置いて讀むと、興味の津々たるを覺ゆることもある。今ここに少しく之を材料として、主として佛教に關することを稽へて見たいと思ふ。然し、法顯に關しては其旅行をよく其の年齡等と一致せしめる要が存するので、先づ其の點について見ねばならぬ。

法顯は姓は龔、平陽武陽の人、三兄が共に七、八歳で死したので、三歳で沙彌とせられ、二十歳で大戒を受け、爾來、戒行嚴肅であつた。然し、長安に在つて律藏の殘缺せるを慨いて戒律を求める爲に、同志と共に、長安を發し、六年にして中國に到り、停まること六年、また三年にして青州に達し、建康に赴いて、將來せる梵筴を譯出し、自ら經歷した所を疏して、賢者をして聞見を同じうせしめた。其の後、荆州に到り、新(又は辛)寺で寂したといはれる。

二

法顯の寂年が傳はつて居ないし、年も出三藏記集(五一〇—五一八年)の傳記では八十二、高僧傳(五一九年)では八十六となつて居る。然し、高僧傳は出三藏記集を知つて居るから、古傳に據つて八十二歲寂となすのが穩當であらう。そして其の寂年は、法顯が佛駄跋陀羅と共に譯した摩訶僧祇律が義熙十四年(四一八)二月に譯了し六卷泥洹經が義熙十四年(四一八)四月に完成して居るから、此の時までは建康に居たであらうが、將來の梵本で未譯出の中の彌沙塞部五分律は景平元年(四二三)にシナに來た佛陀什が景平元年(四二三)十一月から翌年十二月までに譯出したから、景平元年は既に法顯の寂後であらうと見て、寂年は四一八—四二三年の間となすのが學者の見方である。之によつて今四二〇年(宋永初元年)と假定して算出すると、法顯の一生は三三九(東晉咸康五年)—四二〇である。

法顯の長安出發は自ら弘始二年己亥となしたことになつて居るが、弘始二年は庚子で、弘始元年が己亥であるから、二年は元年の誤である。弘始元年は三九九年で、東晉の隆安三年であるが、此の時、法顯は六十一歲である。而も長安を發して後、隴を度つて乾歸國に至つて夏坐したが、この夏坐はシナでは大體四月十六日から七月十五日までの前安居であるから、之によつて學者は長安出發を三九九年三月中旬であるとなす。其の後の安居を見ると下の如くになつて居る。

一、乾歸國、隆安三年、三九九年、六十一歲
二、張掖鎭、〃 四年、四〇〇年、六十二歲
三、於麾國、〃 五年、四〇一年、六十三歲

北天竺(烏萇國以南)

五、烏萇國、元興元年、四〇二年、六十四歳

六、羅夷國、〃二年、四〇三年、六十五歳

中國(摩頭羅國以南)

七、僧伽施國、元興三年、四〇四年、六十六歳

摩竭提國巴連弗邑、滯在三年

　　義熙元年、四〇五年、六十七歳

　　〃二年、四〇六年、六十八歳

　　〃三年、四〇七年、六十九歳

多摩梨帝國、滯在二年

　　義熙四年、四〇八年、七十歳

　　〃五年、四〇九年、七十一歳

師子國、滯在二年

　　義熙六年、四一〇年、七十二歳

　　〃七年、四一一年、七十三歳

歸航船上安居

　　義熙八年、四一二年、七十四歳

青州長廣郡牢山南岸着七月十四日

揚州夏坐　義熙九年、四一三年、七十五歳

建康在住　義熙十年、四一四年、七十六歳
〃　十一年、四一五年、七十七歳
〃　十二年、四一六年、七十八歳
〃　十三年、四一七年、七十九歳
〃　十四年、四一八年、八十歳
荊州移住
約二年、四一九―四二〇年、八十二歳寂

之によつて見ると、長安を發して〔インドの〕中國に到るに六年經たといふのは、恐らく摩竭提國巴連弗邑に達するまでを指すのであらうし、停まること六年とは、巴連弗邑滯在三年と、多摩梨帝國滯在二年とを指すが、足掛けで計算するから、此の間に重複することになつて、六年といふのであらうし、三年を費して青州に著いたといふのは、多摩梨帝國出發から、師子國に滯在し、南海を航行した間を指すのであらう。青州到著は義熙八年七月十四日であるから、長安を隆安三年三月出發したことから計算すると、十三年四ヶ月となる。實に六十一歳から七十四歳までである。そして、インド中國に居たのは、四〇四年から四〇七年までの四年に亙る間である。

三

法顯は摩頭羅(Mathurā)國に至つて、次の如く述べて居る。

遙捕那(Yamunā)河有り。河邊の左右に二十の僧伽藍(saṅghārāma)あり、可《ばかり》三千の僧有りて佛法は轉た盛なり。凡そ沙河より已西の天竺の諸國にては、國王は皆篤く佛法を信ず。衆僧を供養する時には、則ち天冠を脫ぎ、諸の宗親、群臣と共に、手自ら行食す。行食し已つて、氈を地に鋪き、上座に對して坐す。衆僧の前に於ては、敢へて床に坐せず。佛の在世の時の諸王の供養の法式、相傳へて今に至れるなり。

是より以南を名づけて中國と爲す。中國は寒暑調和にして霜雪無し。人民殷樂にして戸籍の官法なく、唯王地を耕す者は乃ち地の利を輸するのみ。去らんと欲せば便ち去り、住せんと欲せば便ち住す。王の治は刑罔を用ひず。罪有る者は、但、其の錢を罰するのみにして、事に隨つて輕重あるのみ。復、謀つて惡逆を爲すと雖、右手を截るに過ぎざる而已。王の侍衞、左右は皆供祿あり。擧國の人民は悉く殺生せず、飮酒せず、葱蒜を食はず、唯旃荼羅(caṇḍāla)のみを除く。旃荼羅を名づけて惡人と爲す。人と別居し、若し城市に入るときは、則ち木を撃つて以て自ら異す。人は則ち識つて之を避け、相湯突せず。國中豬雞を養はず、生口を賣らず、市に屠估し及び酤酒する者なく、貨易するときは、則ち貝齒を用ふ。唯旃荼羅と獵師とが肉を賣るのみ。

佛の般泥洹より後、諸の國王、長者、居士、衆僧の爲に精舍を起し、田宅、園圃、民戸、牛犢を供養し、鐵券に書錄す。後の王は相傳へて敢て廢する者なく、今に至つて絕えず、衆僧の住止する房舍、床褥、飮食、衣服、都て渇乏することなし。處々皆爾り。衆僧は常に功德を作すを以て業と爲し、及び誦經し坐禪す。客僧往到すれば、舊僧迎逆し、代つて衣鉢を擔ひ、洗足の水、塗足の油を給し、非時の漿を與ふ。須臾のあひだ息み已つて、復其臘數を問ひ、次第して房舍、臥具を得。種々如法なり。

衆僧の住處には舍利弗の塔、目連、阿難の塔、幷びに阿毗曇、律、經の塔を作り、安居の後一月、諸の福を希ふ家は勸化して僧を供養し、非時の漿を作る。衆僧は大會說法し、說法已つて舍利弗の塔を供養し、種々に香華し、通夜然燈し、伎人をして舍利弗の本《もと》婆羅門たりし時佛に詣でて出家を求めしことを作さしむ。大目連、大迦葉にも亦是の如し。諸の比丘尼は阿難の塔を供養す。阿難が世尊に請うて女人の出家を聽せしを以てなり。諸の沙彌は多くは羅云を供養し、阿毘曇師は阿毘曇を供養し、律師は律を供養す。年々一たび供養し、各自に日有り。摩訶衍人ならば則ち般若波羅蜜、文殊師利、光世音等を供養す。衆僧受歲し竟れば、長者、居士、婆羅門等は各々種々の衣物、沙門の所須を持して、以て僧に布施し、衆僧も亦自ら各々布施す。佛泥洹已來、聖衆の行ぜし所の威儀法則、相承して絕えず。

四

法顯のインドに入つた時期はグプタ王朝の時であつたこと前述した如くである。グプタ王朝はチャンドラ・グプタ(Candra-gupta 月護)王が西紀三二〇年に卽位してから始まるのであるが、其子サムドラ・グプタ(Samudra-gupta 海護)王が三二六―三七五年在位した時が最も隆盛を來し、其の子のチャンドラ・グプタ(Candra-gupta)二世が三七五―四一三年在位して、其の隆盛を維持した。然し、其の子のクマーラ・グプタ(Kumāra-gupta 童護)一世が四一三―四五五年在位の間に、漸次衰運の兆が現はれたといはれる。法顯は中國には四〇四―四〇七年居たのであるから、卽ちチャンドラ・グプタ二世の治世後半期中の四年間で、まさしくグプタ王朝最盛期に當つて居る。然し、法顯の見聞は殆ど何等政治的方面に及ばなかつたと見えて、之に關することは全く無いともいふべく、唯僅かに右引用の如く人民の狀態を示すものがあるのみである。史家のいふ所では、サムドラ・グプタ王は其の都をパータリプトラ(Pāṭaliputra)、卽ち法顯のいふ巴連弗邑、からカウシャーンビー(Kauśāmbī)、卽ち法顯のいふ拘睒彌、に移したのであり、法顯は其の何れをも往訪したが、都のことについても、一言も述べて居ないし、特に後者については佛の遺跡のことを簡單に述べるのみで、衆僧の小乘を奉じ、叉百餘名住することをいふに過ぎないのは、むしろ奇ともいふべきである。之によつても、法顯が如何に政治等世間的のことに關心を有しなかつたかを推定するを得るであらうと思はれる。

グプタ王朝はサムドラ・グプタ王の時、西方はグヂャラート及びパンヂャッブと、東方はベンガールとを除いて、北はヒマラヤ山から、南は最南端コモリン海角に至るまでのインド全體を其の版圖となし、次のチャンドラ・グプタ二世の時には西方と東方とまでをも版圖となしたのではあるが、然し、南インドのデッカン地方にしても、パンヂャップ、ベンガールにしても、又ネパールにしても、凡て朝貢納税したのみで、全版圖は封建的の政治の下にあつたから、各國は大體は獨立國的であつた。其の中でも、法顯のいふ中國はグプタ王朝の直轄地で、たとひ諸小王があつたにしても、當時はチャンドラ・グプタ二世の統治下、平穩であつたのである。其の狀態が前引用の前半に表はれて居るのであるといへよう。人民の爲の戶籍法はなかつたが、人民は凡て租稅を納め、刑罰も殆どなく、唯罰金に處せられるのみである。これは恐らくもともと殺生、飮酒、食葱などをなさないし、豬雞を養はず、生口を賣らない程であつたが爲である。如何にも泰平の氣が溢れて居るが、此の點については、法顯は本國シナに於て、五胡十六國の戰亂繁擾の中に生活したものであつた點を考ふべきで、その經驗から見て、中インドの狀態が、先づ氣候の寒暑調和であることに打たれ、人民の殷樂で、のびやかであることにしみぐ〵感動して、しかく泰平諧和な點のみを多く見たが爲であらう。然し、實際としても、かかる狀態にあつたのであらう。此の間に於ても、インド一般の社會的階級の因襲は何とも變化せられる所はなかつたと見える。旃荼羅が例外となつて居ることが特筆せられて居るが、旃荼羅は父が奴隷階級のシュードラで、母が最高階級のバラモンである雜種で、極めて下賤なものである。之を惡人と譯して居るが、惡人というても、これは旃荼羅の凡てが道德的の罪惡人といふのではなく、一般的には賤人などの意味に解すべきである。勿論賤業を爲すがために道德的の惡行者も現はれて居たには相違ない。これ等は別居し、又他階級と交通しなかつたのではあるが、然し、他階級との雜婚もなかつたのではないし、又他階級との共通のこととしては經濟的方面で、錢貨は隔てなく通行したに相違ない。貨易には貝齒を用ふとあるが、貝齒は貝子と同じで、貝殼を錢貨として用ひて居たのである。現今、チャンドラ・グプタ一世の金貨が遺つて居るから、サムドラ・グプタ王、チャンドラ・グプタ二世にも勿論金貨が鑄造せられたが、一般の日常用には貝子であつたと見える。

五

政治的方面よりも宗教的方面、特に佛教のことが常に述べられて居るのは法顯の筆としては當然なことであるが、その筆は主として佛の遺蹟などに關することで、當時の佛教者の狀態を述べて居ることは比較的に少ない。然し、法顯自ら遇せられた點などから、寺院内に於ける一般狀態などが傳へられて居る。佛滅以後、國王、長者、居士がそれぞれ精舍卽ち寺院を建立して、田園人獸を其用に當て、之を金石に刻するのが習慣となつて居たが、當時も此の風習が存し、寺中の衆僧には凡て其所須を施したのである。衆僧は一般に戒行正肅で、客僧の待遇も全く規則に準じて居たこと、法顯自身がかく取扱はれたことによつて知られるのである。寺院內での衆僧は誦經坐禪の行と、信者への法話とが其の爲すべきことで、其の間に、舍利弗、目連、迦葉、阿難、羅云卽ち羅睺羅などの塔、及び經塔、律塔、阿毘曇塔卽ち論塔を置いて、之を禮拜供養することをなしたと見える。これ等は小乘教徒のなす所であり、之に對して大乘遵奉者は般若波羅蜜などの經、文殊師利、光世音卽ち觀世音などの菩薩を禮拜供養し、大小乘教徒が仲よく一寺中に共住して居たのである。後世シナで、インドの小乘者大乘者が互に調和せず、河を隔てて飮むなどといふが、旅行記にはかかることはない。ともかく、寺內の行事は法顯傳の如き見聞記にのみ傳へられる所で、一般の典籍には述べられて居ないから、珍らしい資料である。佛滅後、寺內でかかることの行はれたのが實際であらうことは、かの衆聖點記が佛滅後每歲安居後、一點づつ律藏に打たれたといはれる傳說のあることからも推定し得られる。安居は律藏の規定に基づく寺內の行事で、佛在世に定められたものである。インドでは五月十六日—八月十五日の前安居、六月十六日—九月十五日の後安居の何れかを行ふが、シナ日本では四月十六日—七月十五日を安居とすることが多く、之を終ると僧としての年齡が一歲增すと數へる。故に安居を終つたのを受歲といひ、安居で臘を數へ、夏安居であるから、歲を夏臘、安居するを夏坐などと呼ぶ。

法顯はまた巴連弗邑の下で佛教に關して注意すべきことを述べて居る。巴連弗はパータリプッタ(Pāṭaliputta)の對音で、阿育王が都した所、邑は村邑でなくして都邑の意味。ここにバラモン出身の高僧羅沃私婆迷といふのが居て、爽悟多智、事として達せざるはなく、清淨を以て自ら居るといはれるが、國王に尊崇師事せられ、王が往いて問訊する時、王は並坐せずに、王自ら奉侍するとある。この高僧は當時五十歲程で、擧國瞻仰し、此の一人によつて佛教が弘宣せられて居るといふ。この國王といふのはチャンドラ・グプタ二世を指すのか、他の小國王を指すのか、明確でないが、恐らく後者であらう。又、一の大乘の僧伽藍があり甚だ嚴麗で、そこに小乘の寺もあつて、衆僧合せて七百餘人も住し、戒行威儀正肅であり、四方の高德の沙門及び學問人が皆此の寺に來て義理を習ふが、この大乘の寺に、前のバラモン出身の高德の師が居て、文殊師利と呼ばれ、國內の大德の沙門、諸の大乘比丘が皆宗として仰ぐと述べて居る。

羅沃私婆迷は異本には羅汰私迷とも羅汰私婆迷ともあるが、慧琳の一切經音義には羅犮私婆迷とあつて、犮は盤末反となす。然るに出三藏記集の智猛傳には恐らくこれと同一人であらう者を羅閲宗となし、法顯が此の人の所で泥洹經六卷の原本を得たというて居る。此の如く沃、汰、犮、閲の異字が存することになるが、原名の意味が記されて居らぬ爲に適確な原語を定めることが出來ない。從來は之をラーダハスワーミ(Rādha-svāmi)又はラーダハサーミ(Rādha-sāmi)とし、或はラヂャスヴハルマ(Rajas-varma)となすが、ラヂャスヴハルマは殆ど問題にならぬほどに私婆迷と關係しない。羅閲宗の宗はあまり音譯に用ひられない字であるが、然しこれが私婆迷に相當するとすれば、閲はヂャを寫すから、ラーヂャスワーミ(Rāja-svāmi)と還元し得られよう。此の人の師たる他の一高德が大乘の僧伽藍に住して居て、其の學德の爲に文殊師利といふ異名で呼ばれて居たのであるが、相並んで國內で宗とし仰がれたのであるから、法顯も接したこともあつたのであらう。然し、法顯自身はもともと戒律を求めるのがインド行の目的であつたから、巴連弗邑でも之を求めるに努め、三ヶ年も滯在して、梵書梵語を學び、經や律を寫すに專心したのである。佛教の經律論は古來暗誦により、師資口傳で傳はつたのであるが、勿論文字にせられたものもあつたから、法顯の寫したのは大乘の僧伽藍で摩訶僧祇律と、又、薩婆多部の抄律と、更に雜阿毘曇心(論)と、綖經と、方等般泥洹經と、摩訶僧祇阿毘曇(論)とであつた。後にセイロンで彌沙塞律藏本、長阿含、雜阿含、雜經を得たが、かく諸所に文字にせられた經律論が存したのである。法顯が歸來佛駄跋陀羅に請うて共譯したものは、シナ佛教にとつては重大な意義あるものであつた。從つて、當時のインド佛教がシナ佛教に與へた影響は甚大なものである。律藏については法顯以前シナでは十誦律戒本がある程度であつたが、十誦律の廣律は弗若多羅、羅什、曇摩流支、卑摩羅叉の努力で其の譯出は大體四一二、三年頃に大成し、數年後完成したから、摩訶僧祇律の譯出より二、三年以前に過ぎないもので、爾來長い間シナに於ける律藏の研究講說は十誦か僧祇かに限つた程の盛況を呈して、律藏を理解せしめたものである。また、大般泥洹經六卷は北本涅槃經譯出に三、四年先んじて悉有佛性、闡提成佛を明かにし、南本涅槃經を成立せしめて長く皆成佛說の典據となつたもの、智猛傳には法顯が羅閱宗の所で得たとなすも、羅閱宗が智猛から漢地に大乘の行はれて居ることを聞いて、驚嘆して、希有なり希有なり、將に菩薩の往いて化せしに非ざらんや、と言うたとあるから、法顯が前に此の人の所で泥洹經を得たのでないことは明かで、他の經律論と共に文殊師利と異名せられた人の居た大乘の僧伽藍で得たものなること法顯自記の如くであつたのである。此の如く當時の巴連弗邑の佛教者と典籍との狀況を知り得るが、一般佛教界の狀態については殆ど傳へられて居ない。

六

一般佛教の狀態としては當時は大乘佛教の極盛期をなして居ると見るべき時代である。三二〇年は吾々の推定でいへば世親の生れた年で、其の兄にして師なる無著は三一〇年の生誕であり、何れも八十歲示寂として三九〇年と四〇〇年とが其の歿年である。四〇〇年世親の寂後は其の系統たる瑜伽行派が盛となつて幾多の人材が輩出したといへる。

世親の寂年については異説があり、或點では學界未定ともいへようが、然し一層古く見るのでもなく、又グプタ王朝下でないとなすのでもなく、法顯の入竺とあまり隔たることにはならないのであらう。而もその世親の出づる前には無著のみならず其の師の彌勒もあり、而もこれ等の論師の出るまでには相當の準備的の地磐があるべき道理であるから、烱眼者には其の曙光が認め得られるであらう。然し、初めて異域に入つて其の土地の事情について何等の素養のないものに、之を洞察するの明を期待するのは無理であるから、從つて法顯にそれを記述する希望をかけるのではないが、然し、當時は此の如き形勢にあつたことを言はんとするのである。法顯がかかる方面に何等の注視を向けなかつたことは、遺蹟のみに興味を有したものとしては當然ではあるが、何となく物足らぬ感がないとはいへないであらう。

更にグプタ王朝は所謂文藝復興期で、クラシカル・サンスクリト文學の勃興が王朝と共に興り、今までの俗語に雅語のサンスクリトが各方面に於て代り、佛教に於てすら、其の傾向を追ひ、バラモン方面の復興となつて居るのであるが、法顯の旅行記では、僅かにバラモン方面の崇拜的對象が多少存したことが窺はれるのみである。此の傾向の漸次著しくなつたのが、卽ち佛教の衰運を來す所以となつたのであるが、それまでには旣に已に大乘佛教にかかる運命となる狀勢を釀しつつあつたのである。佛國記の全體から見ると、當時は旣にインド佛教衰頽の兆の現はれて居ることは掩ふべくもない如くである。

七

猶一つセイロン島について述べよう。法顯は師子國と呼び、比較的詳述して居るが、玆にいはんとするのは、四一五年頃ブッダゴォーサ(Buddha-ghosa 佛音又は佛鳴)が此の島に來たことである。ブッダゴォーサは摩竭陀國菩提樹の邊から此の島に渡つて、摩訶毘訶羅(Mahā-vihāra 大寺)に於て、經律論三藏に附せられて居た註釋的のものをシンハリーズ語からパーリ語に譯出し、又、三藏の殆ど全部ともいへるほどに亙つて、パーリ語の註釋を自ら撰述し、更に所謂南方佛教の教理を纏めて淨道論(Visuddha-magga)なる大部の論を製作した。法顯が去つた直後のことであるから、法顯が之を知らないのは當然のことであるが、ブッダゴォーサの此の島を去ると殆ど同時に、又、ダハンマパーラ(Dhamma-pāla 法護又は護法)が來つて、ブッダゴォーサの註釋を作らなかつた部の註釋、其の他を作り、三藏の註釋を完成し、かかる活動は爾來相當盛に行はれ、學者間に系統すら生ずるに至つたのである。更に四〇〇年頃には、從來セイロンに傳はつて居た歷史に關する傳說などがパーリ語で書となるに至つたので、其の結果としてはディーパヴンサ(Dīpavaṁsa 島史)などが現今までも傳はつて居るのである。セイロンの歷史は古くは全く佛教史に外ならないから、佛教全體について多くの教へられる點が見出されるのである。從つて、四〇〇年頃からはセイロンに於てパーリ語に於ける文學的活動が盛になつたと考へられるが、これが法顯の入島と殆ど同時であるのも興味あることである。

法顯が此の島に於て彌沙塞部(Mahiṁsāsaka)の五分律を得たことは、卽ち此の島に此の部の存在したことを示すことであらう。セイロンには大乘の菩薩像なども發見せられたことがあるから、これも大乘佛教が曾ては存在した證據であらう。彌沙塞部は卽ち化地部で、所謂十八部の一として、上座部系統の一分派であり、セイロンの正統派たる分別說部又はセイロン上座部とは同一でないから、これ卽ち此の島に異部の存した證據である。又、摩訶毘訶羅の所傳は阿跋耶耆釐精舍(Abhayagiri-vihāra 無畏山寺)の所傳とは相異なる所があつて、分派的に對立して居たのであり、正統派から二、三の部派も分出した程で、其の中には如何にも大乘的の要素を含むことあるを思はしめる點も見えるから、從つて、セイロン佛教も決して、正統派のいふが如くに、初傳以來教界は純一無雜であつたとは考へられない狀態である。これはむしろ當然なことであつて、何等怪しむに足るものでないが、然し自負するだけに、セイロン佛教は古傳を殆ど其のまま保存して居ると認むべき點もあつて、研究的には、重要な資料を提供して居るのは重んずべきことである。

二　インド哲學

Sāṁkhyayoga に就いて

(數論學派の起原及び發達の概要)

數論學派の起原及び發達に就いて纏めて研究せむと企てたるが此論文である。予は之を草するに當つて目下の境遇上、出來得る限りの材料を參照せむと勉めたけれども、猶此外にも事情止むことを得ずして少しも言及するを得なかつたものもある。然し予の見る所では、苟くも數論思想の發達などを論ぜむとするならば省くことの出來ない最小限度の材料丈けは見たつもりである。是よりも猶少なき材料によつて論ぜむとする如きは抑亦大膽の至りであると信ずる。論述の中途に於て一、二先覺者の研究を批議したものがある。固より予の如き淺學後進の徒が先進大家の説を議するの非禮を知らぬのではないけれども、研究上又止むを得ぬからである。然し之をなすに際しては或は他の信頼して信じ得べき説に從ふか、或は其説の內在的の矛盾を指摘して予一個の私見を立てる樣に勉めた。若し予の批議にして失當なりとせば、其罪萬死に値すべく謹むで之を謝するの外はない。又先輩の人名に尊稱を省いたのは、特に生存者に對しては失禮の至りであるが、決して非禮を敢てする意でないことを諒とせられたい。思ふに予の考の中には隨分誤解曲論も多いであらう。斯道先覺の識者にして嚴正なる批評(若し値し得とせば)を賜ふならば、啻に予ばかりの幸でないではなからうか。實は初めの企畫では論文の後半(第九以後)は純粹に思想發達を扱ふつもりであつたのが、中頃少し變更した爲めに殆んど材料の提供の如きものとなつてしまつた。前半は初めから材料提供のつもりであつた。(七、八、一三)

一 Sāṁkhyayoga　二 數論派の傳統說　三 自在黑 (Īśvarakṛṣṇa)
四 雨衆外道 (Vārṣagaṇya)　五 褐伽、優樓佉　六 般遮尸訶 (Pañcaśikha)
七 阿修利 (Āsuri)　八 迦毗羅 (Kapila)　九 數論派の起原及成立
十 數論派の影響　十一 數論派の發達　十二 佛典等に表はれたる數論派
十三 Sāṁkhya-kārikā の地位

一

印度の六派哲學 (ṣaḍdarśana) としては、通常多くは彌曼薩 (Mīmāṁsā)、吠檀多 (Vedānta)、數論 (Sāṁkhya)、瑜伽 (Yoga)、勝論 (Vaiśeṣika)、正理 (Nyāya) の六學派を數へるのであるから此點から見れば、Sāṁkhya と Yoga とは、其學說上の類似接近はとにかく、獨立の二派と見られて居るのである。然し此兩學派並に他學派の歷史的變遷發達を調査して見ると Sāṁkhya と Yoga との名稱を結合して Sāṁkhyayoga なる一學派若しくは一學說の存在することが判つて來る。そして此 Sāṁkhyayoga は印度哲學發達史上或時期に於ては極めて重要なるものとなつて居るから以下是に關して其大體の事を研究して見たいと思ふ。從來の印度哲學研究者中でも、是に關して比較的に注意を拂はないし、時には其存在すら無視せむとする學者もある位であるから、順序として、先づ其存在から證明してかゝらねばならぬ。

初めに吠檀多經 (Vedānta-sūtra) のいふ所と其に對する註釋者の說とを擧げて見よう。經では、2.2.1-45(1) に、他の經にも往々見らるゝ如く、吠檀多學派以外の學派の說を破して居るが、1-10 は數論派に、11-17 は勝論派に、18-32 は佛教に、33-36 は耆那教に、37-41 は獸主派 (Pāśupata) に、442-45 は薄伽婆多派に向けられて居る。但し瑜伽派については、2.1.1-2 に數論說を難破し、2.1.3 に其難破は同時に瑜伽派にも適用し得と說いて、數論派以外に瑜伽派の存在を認めて居ることを示して居る。然るに Śaṅkara の註では 2.2.37–41 の獸主派を破する部を Īśvara が世界の物質因(prakṛti)ならずして單に支配者(adhiṣṭhātṛ)卽ち世界の動力因(nimitta-kāraṇa)に過ぎずとなす學說一般を破するものとなし、2.2.37 の下に Sāṅkhyayoga, Maheśvara(卽ち獸主派等の四派を含む Śaivism)及び Vaiśeṣika の Īśvara に關する說を擧げ、經(37–41)は Sāṅkhyayoga の說を其代表者として破すと見て居る。其 Sāṅkhyayoga の說は Śaṅkara のいふ所では下の如くである。

kecit tāvat sāṅkhyayoga-vyapāśrayāḥ kalpayanti pradhāna-puruṣayor adhiṣṭhātā kevalaṁ nimitta-kāraṇam īśvara itaretara-vilakṣaṇāḥ pradhāna-puruṣa-īśvarā iti.

Thibaut は之を英譯して Some taking their stand on the Sāṅkhya and Yoga systems assume that the Lord acts as a mere operative cause, as the ruler of the pradhāna and of the souls, and that pradhāna, soul, and Lord are of mutually different nature として居るが、Sāṅkhyayoga を Sāṅkhya と Yoga との二派と見るのが誤解であることは此文の示す學說からも、又 2.38 の註に tasmād anupapannā sāṅkhyayogavādinām īśvarakalpanā とあるを Thibaut 自身 For all these reasons the Sāṅkhyayoga hypothesis about the Lord is devoid of foundation として居ることからも明である。六派哲學中に數へらるゝ數論派の說は自性神我の二元を認め、自性の下に漸次廿三諦の緣起することを說くが、二元の外に支配者としての自在神(īśvara)を認むることはないし、瑜伽派では之に反して自在神を認むるけれども、決して之を以て世界の支配者の如く見ることなく、唯單に瑜伽行に於ける一種の對象若しくは手段として其組織中に入れて居るに過ぎない。して見ると自性神我自在神を認むる Sāṅkhyayoga は六派哲學中の數論又は瑜伽學派とは別なものと見なければならぬ。吠檀多經其者の上では、前いうた如く、數論と瑜伽とを二派と見、Śaṅkara でも 2.1.3 に對する註等に於ては二派を別のものと見るに、其と同時に Sāṅkhyayoga なる一派、若しくは一學說を認めて居るのであるから、Śaṅkara の當時 Sāṅkhyayoga なるものの認められて居たことは疑ないといはねばならぬ。

更に Rāmānuja の吠檀多經註を見ると 1.4.23-28(2) に於いては數論派に無神的數論(Nirīśvara-Sāṁkhya)と有神的數論(Seśvara-Sāṁkhya)とある中の後者の説を破するものとし、有神的數論は自性神我の外に之を支配する自在神(īśvara)を認むる説を有するものとなして居る。此説は卽ち、Śaṅkara が Sāṁkhyayoga 説として居るものと同一であるから Sāṁkhyayoga は一名 Seśvara-Sāṁkhya ともいはるゝものであることが判る。

此の如く數論派といはるゝ中に有神的と無神的との二派あることは、又他の材料からも知られ得る。例へば九世紀(3)の耆那教の大學者 Haribhadra は其著 Ṣaḍdarśana-samuccaya(4) の數論の部に

sāṁkhyā nirīśvarāḥ kecit kecit īśvaradevatāḥ

sarveṣām api teṣāṁ syāt tattvānāṁ pañcaviṁśatiḥ. (34)

といふて居るが、是に由れば數論派には無神的數論と有神的數論とあつて共に廿五諦を數へることになつて居る。然らば有神的數論の自在神は廿五諦以上に立つ原理となる。然し Haribhadra は、Ṣaḍdarśana-samuccaya には佛教、正理、數論、耆那、勝論、彌曼薩の六を六派とし、若し正理、勝論を一派と見るとすれば、六の數を充たす爲めに順世外道を入るゝべきであるといふて居るけれども、瑜伽派をば六派中に數へて居らぬ。又同人の著 Loka-tattva-nir-ṇaya(5) には多くの學派學説を擧げて居るが、數論としては前の無神的數論と同じもののみを擧げて有神的數論に關説して居ない、のみならず、瑜伽派についても述べて居ない。元來瑜伽は印度思想に於ては、恰かも通佛教に於て教觀二門と分つときの觀と同じもので、實踐的のものとして殆んど凡ての學派に存在するから、其點から見れば一の獨立の學派として立つのが頗る奇である故に、特に其學説を述ぶる要はないといはゞ其迄であるが、然し Haribhadra の時代には、現今六派哲學中に數へらるゝ瑜伽派は已に成立して居たから、之を述べない所から見、又瑜伽派が自在神を認むる點から見て、Haribhadra のいふ有神的數論は Mādhava の Sarvadarśana-saṁgraha の如く、瑜伽派を指すのではなからうかと思はれないこともない。現今の瑜伽派以前ならば大體はさうであるといはれ得るが、諸種の方面か

ら見ると必らずしもさうとのみはいはれないこともある。然し是に關する詳論は後に述ぶる所を待たねばならぬ。
以上の外に猶 Sāṅkhyayoga なるものの存在を證する材料は多々あるが、以下の論述に於て表はれ來るから、今は是丈けで十分となして置く。そして此 Sāṅkhyayoga は單に其名稱から見ても數論派と關係深きことが知らるゝのみならず、又有神的數論として數論派の一派とも見られ得るから以下の研究にては通常の數論派の發達を中心として論述の歩を進めよう。

（1） Śaṅkara の註に依つて經を分類す。Rāmānuja などの註では多少の出入がある。
（2） Śaṅkara の註にては 1. 4. 23–27 に當る。Śaṅkara の註で 1. 4. 26 を Rāmānuja は分つて 1. 4. 26–27 となして居る。
（3） Haribhadra は耆那教の傳説では五世紀の人であるが Leumann, Jacobi の如き學者は九世紀となして居る (ZDMG., vol. 37, p. 503; vol. 40, p. 103)、今後者に從ふ。
（4） Bibl. Ind. edition, p. 96.
（5） Giornale della Società Asiatica Italiana, p. 270, f. (1905).

二

六派哲學中其派の傳統に關する傳説の保存せられて居るものは蓋し數論派に若くはない。Mahābhārata 第十二編[1]に Jaigīṣavya and Asita Devala, Parāśara and Vārṣagaṇya, Bhṛgu, Pañcaśikha, Kapila, Śuka, Gautama, Ārṣṭiṣeṇa and Garga, Nārada, Āsuri Pulastya, Sanatkumāra, Śukra, Kaśyapa 等多くの數論學者の名を擧げて居るが、此は未だ傳統と稱し得べきものでない。自在黑 (Īśvarakṛṣṇa) の Sāṅkhya-kārikā (數論頌) v. 70 に Kapila—Āsuri—Pañcaśikha…Īśvarakṛṣṇa とあるのがまさしく傳統である。漢譯金七十論の頌文にもかくあるが、更に第七十一頌の註の部に迦毗羅—阿修利—般(遮)尸訶—褐伽—優樓佉—跋婆利—自在黑と詳しく述べて居る。此傳統については高楠博士[2]が細に研究して學界を稗益したが、此と似たる傳統説は印度に於ても後世まで存したと見えて、十四世紀の Guṇaratna[3] は、

前にいへる Ṣaḍdarśana-samuccaya に註した Tarkarahasya-dīpikā 中に Kapila—Āsuri—Pañcaśikha—Bhārgava—Ulūka 等を擧げて居る。(4) Kapila については後に論ずるから、此處では述べないが、弟子に Āsuri のあることは Pañcaśikha もいふ所であり、(5) 又世親の佛性論にも傳へられ、Sāṁkhya-kārikā の註釋者も皆之をいうて居る。Āsuri が Pañcaśikha を弟子として有したことも今擧げた傳統說以外に Mahābhārata にも出て居る。(6) Pañcaśikha は數論派に取りて重要なる地位を有する人であるから後に說くが、其弟子に如何なる人があつたか明でない。從つて褐伽(高楠博士によれば、Garga 又は Gārgya)と Bhārgava と同人か否かの問題に資する所がない。Bhārgava は Bhṛgu の子孫を指すから、Garga と共に Mahābhārata の數論學者中にも載せられて數論派と關係あり、Pañcaśikha を師とし Ulūka を弟子とする點から見て恐らく Garga, Bhārgava は同人であるであらうと思はる。然し數論派の歷史上如何なる地位の人であるかは全く不明である。次の Ulūka は勝論派の開祖 Kaṇāda の一名と同一であるが此 Ulūka と Kaṇāda とが同人なるかどうかは斷定し兼ぬる。恐らく異人であらう。此人の地位も亦不明である。跋婆利は Guṇaratna は「等」の言中に含ませて擧げて居らぬから明でないが、高楠博士は婆は恐らく娑の誤寫で而かも利と顚倒したので本來は跋利娑なりしなるべく、原音は Vārṣa 又は Vārṣa なるべしとせられた。然し娑は ṣa を表はすことは殆んど例がないから娑は沙より誤寫せられたものであらう。そして此は博士のいふ如く自在黑の師なる Vārṣagaṇya であらう。

此の如く一應傳統說は印度シナ所傳が相合するが、然し此七人が各果して直接面授の師資相承をなして居るかどうかは頗る疑はしいもので、恐らく七人中の何れかの間に年代上隔りがあるであらう。以下の論述に於ては此七人の順序で說くべきであるが、數論派の發達は頗る複雜であるから、一應便宜上逆行的に自在黑より迦毗羅に遡る順序を取りて研究し其後更に數論派の起原發達を述べることにしよう。

(1) Mbh., XII, 318.59–63=11782–11786.

(2) La Sāṁkhya-kārikā (Bulletin de l'école française d'extrême-orient, 1904), pp. 57–60, etc.

（３） Guṇaratna の年代については Bhandarkar, Report on the Search for Skt. Mss. (1883–4), p. 157; Vidyābhūṣaṇa, History of the Medieval School of Indian Logic, p. 53 を見よ。

（４） Ṣaḍdarśana-samuccaya (Bibl. Ind.), p. 96.

（５） Hall, Sāṁkhya-sāra, p. 21; Pañcaśikha-Fragmente (Festgruss an Rudolf von Roth, Stuttgart, 1893), p. 76, f.

（６） Mbh., XII, 218.13–15=7893–7895.

三

現今に於て數論派の學說といへば、Sāṁkhya-kārikā 及び Sāṁkhya-sūtra (數論經) に述べられて居るものを指すのであるが、前者の方が其製作の年代が古い丈けに、典據として見るには後者よりも遙によいことが多い。此 Sāṁkhya-kārikā を作つたのが自在黑で世親と同時代の人である。そして此書は印度の哲學書中の傑作の一で數論說といへば殆んど此書にいふ所が標準となるから、著者たる自在黑も亦數論史上重要なる人である。此 Sāṁkhya-kārikā で數論說が一定したやうなものであるが、然し他の方面の史實を見て來ると此書に於ける數論說は唯其當時の一派の數論說に過ぎないので、決して其當時の數論說の全體でも何でもない。此外に異說は多く行はれて居たのである。

Sāṁkhya-kārikā の現存最古の註釋書は漢譯金七十論であるが此中には數論說中最も重要なものについても異說が傳へられて居る。Sāṁkhya-kārikā の梵文頌文では廿五諦の緣起的順序は下の如くである。

（Ｉ）┌神我
　　　└自性—覺—我慢—┬五唯—五大
　　　　　　　　　　　└十一根

漢譯の註釋でも勿論此の如く說く所もあるが、然し最も多く說かるゝ型は、

（Ⅱ）自性—覺—我慢—五唯—┬五　大
　　　　　　　　　　　　　└十一根

である。甚だしきは頌文にも註釋にも、

(III) 自性—覺—我慢—┬—十一根
　　　　　　　　　　├—五唯
　　　　　　　　　　└—五大

ともある。(1) 勿論後にも説く如く、此緣起の順序は自在黒以前にも猶異れる型のものがあるが、彼以後の時代に於て而かも其書の註釋者すら此の如く異れる考を持つて居たのである。此の如き異説は啻に金七十論に傳へらるゝのみならず、慈恩の唯識述記にも(II)の型が通常のものとして述べられ(I)(III)の如きは「有説」として述べられて居る。(2) 故に自在黒以後暫らくの間は(II)の型が通常認められて居たものと見なければならぬ。

此の如き例は猶自性神我に關しても存在する。自性は Sāṅkhya-kārikā の上では唯一にして常住遍在であるが、古くは神我の存する丈けの自性が存すと説いた事は Guṇaratna の傳ふる所で明である。(3) 唯一の自性を説く事が自在黒より始まるかどうかは明でないが、とにかく此人によつて其考が勢力あるものとはなつたであらう。又神我に關しては、古くは一としたか多としたか後に論ずるが Sāṅkhya-kārikā の上では多我を主張するに勉めて特に證明をなして居るに金七十論にては一切處に遍滿するとなし、(4) Gauḍapāda は唯一とし又 parama-ātman (5) と稱して居る。神我を parama-ātman と呼ぶことは後世の Aniruddha にも Vijñānabhikṣu (6) にも存することであるが Sāṅkhya-kārikā の説とは一致せざる考である。此の如く最も重要なものの説ですら Sāṅkhya-kārikā のいふ所と其他の人々のいふ所とが全然一致しては居ない。

加之自在黒自身が已に數論派の改革者であつたらうと思はれる。Kumārila は其著 Ślokavārttika (7) に少くとも二回は Vindhyavāsin 卽ち Īśvarakṛṣṇa に關說して居るが其一回は自在黒が在來の數論説に反對して中陰身の存在を拒むことを傳へて居るものである。古い數論派が中陰の事を説いたことは大智度論の七十卷に得禪者宿命智力乃見八萬劫事、過是已往不復能知、但見身始中陰識……於世性（即自性なり）中初生覺、覺即是中陰識云々というて居るので疑ない。此中陰を認むると拒むとでどれ丈け數論學說上變化があるか今的確に明でないが、とにかく是によりて自在黒が在來及び其當時の數論說の幾分を改良して Sāṁkhya-kārikā 中に述べ纏めた事を知り得るのである。

此事實を出發點として考へて見ると、是よりも猶重要な事は無神的數論說を組織的に述べた Sāṁkhya-kārikā の外に Bhagavad Ādiśeṣa の Āryāpañcāśīti のある事である。(8) 此書は予自身猶未だ見ないけれども Schrader のいふ所では Sāṁkhya-kārikā に反對で有神的數論說を述べたものである。有神的數論說が自在黒以後にも存した事は、前に Haribhadra の Ṣaḍdarśana-samuccaya を引用して證明したが、此は其以後に於ても一系統をなして近世まで存在する。十三世紀の初めに生存した Jinadatta の著 Ṣaḍdarśana-vicāra には數論について、

sāṁkhyair devaḥ śivaḥ kaiścin mato nārāyaṇaḥ paraiḥ
ubhayoḥ sarvam apy anyat tattvaprabhṛtikaṁ mataṁ. (69)

と述べて有神的數論のみに關說し、而かも其神は Śiva 派的に Śiva 神となすと、Viṣṇu 派的に Viṣṇu 神即 Nārāyaṇa となすとの二となして居る。此思想は更に十六世紀後半の Vijñānabhikṣu (9) によつて其 Sāṁkhya-pravacana-bhāṣya 中に詳細に論述せられて居る。Vijñānabhikṣu の有神的數論說は決して其凡てが吠檀多派等の如き他學派に影響せられて出來たものと見るべきではなくして、古來數論派に系統を引いて存する一派の說を奉じて居るものとなすべきである。勿論 Vijñānabhikṣu は Vedānta-sūtra に註釋し又盛に Śaṅkara 說を攻擊して人格神を認むる吠檀多說を辯護する程であるから同時に其說より影響を蒙つて居ることはいふ迄もないが、其說の凡てが他學派から影響せられたもので、又數論學說は古來凡て Sāṁkhya-kārikā に述べられて居る如き無神的のもののみで有神的のものは Vijñānabhikṣu が新たに數論派中に輸入したものである如く考へるならば、其は數論派の歷史的發達を無視しての見方といはねばならぬ。

以上いうた如く自在黒が數論說の或點に於て必らずしも其當時の考と一致せず、又有神的無神的の如き點に於ても無神說の方を奉じた事を其師との關係から推定せられ得るかどうかを研究して見たい。是れには漢譯世親傳の傳ふる所が注意すべきものである。

世親傳によると佛滅九百年中に頻闍訶婆娑(Vindhyavāsa)なる外道があつたが、頻闍訶は山の名で此山の下の池に龍王毗梨沙伽那(Vṛṣagaṇa)が住して居て僧佉論(Sāṁkhya-śāstra)に通曉して居た。頻闍訶婆娑外道は此龍王について數論說を學むだが龍王の講ずるに隨つて之を論に作り講竟ると共に論の製作をも終つた。此論は龍王の講說を改易して師教以上のものであつた。初め龍王は自ら說く所を改むる勿れと命じ置いたのに、講竟つて其論を示されて大に瞋つて其論をして世に行はざらしめむとした。外道は特に請うて其身の壞するまで其論を保存せむことを願ひ之を許された。後此外道は阿緰闍(Ayodhyā)國に入り國王䳇柯羅摩阿秩多(Vikramāditya)に請うて佛教徒と論議し之を論破して此王より賞金を得たが之を庶民に頒ちて自らは頻闍訶山に還り夜叉神の力によりて死後石となつた。此は龍王に願うた如く身の壞せずして論の世に留まるを欲したからである。其後世親菩薩が此山に入り七十眞實論を作つて全然其說を破した。(10)

此世親傳は高楠博士によつて詳しく研究せられたものであるが、頻闍訶婆娑なる外道は Vindhyavāsin 卽ち Īśvarakṛṣṇa で龍王毗梨沙伽那は卽ち其師 Vārṣagaṇya である。Īśvarakṛṣṇa の作つた論は卽ち Sāṁkhya-kārikā で金七十論の頌文の原文である。此傳說で注意すべき點は、Īśvarakṛṣṇa の論は師說を改易し、師が世に行はざらしめむとした程に瞋つた位、師說と異つたものであつたといふことである。如何なる點に於て異つたかは Vārṣagaṇya の說の如何なるものなるかを知らなけ〔れ〕ば判ずることの出來ない問題である。思ふに Īśvarakṛṣṇa は Sāṁkhya-kārikā の如き印度哲學書中の最も優れた書の一を作つた程の人であるから優れて居た人であつたらう。金七十論備考會本の初に引用する唯識述記の文によつて佛教徒を論破した言を見ると因明立量上似能立、若しくは似能破に屬するもので、決して正しくはないが、然し所謂數論十八部中でも有數な學者であつたであらう。著書も Sāṁkhya-kārikā のみでなかつた事は Bhoja が Yoga-sūtra (4.22) の註 Rājamārtaṇḍa 中に引用する sattvatapyatvam eva puruṣatapyatvam の言が Sāṁkhya-kārikā 中に見出されない事からも又後に說く所からも判る。

(1) (I)については頌文廿二及び其註、(II)については頌文三、八、十、十五、四十の各註、(III)については頌文廿四及び其註を見よ。其他頌文廿五の註、二十六、二十七、三十八の各註參照。

(2) 述記(一)末、廿四丁―廿五丁、廿六丁、廿七丁、二本十一丁。

(3) Ṣaḍdarśana-samuccaya, p. 99: maulikya-sāṁkhyā hy ātmānam ātmānaṁ prati pṛthak pradhānaṁ vadanti, uttare tu sāṁkhyāḥ sarvātmasv apy ekaṁ nityaṁ pradhānam iti prapannāḥ.

(4) 頌文六十二、六十六の各註。

(5) Gauḍapāda-bhāṣya on the Sāṁkhya-kārikā, vv. II, 44.

(6) Aniruddha on the Sāṁkhya-sūtra, 6.59; Vijñānabhikṣu on the Sāṁkhya-sūtra, 1. 1. and 6.63; cf. on the Sūtra, 5.81.

(7) Ślokavārttika on the Sūtra, 5, Section 18; Ātmavāda, v. 62: antarābhavadehas tu neṣyate vindhyavāsinā, tadastitvepramāṇaina ṁ hi na kiṁcid avagamyate. 此はズツト以前に高楠博士によつて指摘せられて英國亞細亞協會誌上に論ぜられたと記憶する。Pathak and Oka の The Date of Amarasiṁha (Journal of the Bombay Branch of the Royal Asiatic Society) 及び Amarakośa, 3. 3. 13 を見よ。

(8) O. Schrader, Das Ṣaṣṭitantram (ZDMG., vol. 68), p. 110.

(9) Bhandarkar, Report on the Search for Skt. Mss. (1883–4), p. 461. Śaṅkara の著と傳說さる(實はさうでない) Sarvasiddhāntasaṁgraha には Sāṁkhya を有神派と無神派とに分けて居る。

(10) 西藏傳幷に玄奘傳では石となつた自在黑を破したのは世親菩薩ではなくて陳那菩薩となつて居る (Vidyābhūṣaṇa, History of the Medieval School of Indian Logic, p. 88; 神泰、因明正理門論述記、續藏八十六、第四册、三二二丁)。陳那が數論を破したことは理門論に如破數論我已廣辨といふので明である。

四

世親傳に龍王といふは Vārṣagaṇya といふ當時の數論學者で唯識述記[1]に數論の十八部の一部主伐里沙(Varṣa)即雨といふに當り其徒衆を雨衆外道といふとなすも、つまり此學者及び其弟子等をいふのであらう。瑜伽師地論[2]に十六種異論の第一因中有果論を奉ずるものを雨衆外道となすのも卽ち是である。其年代を考へて見るに自在黑は世親の同時の先輩で Vārṣagaṇya は無着の先輩となる譯である。世親の年代を 270–350 A. D. と見れば Vārṣagaṇya は 200–300 A. D. と見て差支なからうし自在黑も 250–350 A. D. と見て大過なからう。

Vārṣagaṇya の傳記等は明でないが Yoga-sūtra の現存最古の註釋者 Vyāsa は此人の言として次の語を傳へて居る。

mūrtivyavadhijātibhedābhāvān nāsti mūlapṛthaktvam.[3]

又 Vācaspatimiśra も Sāṁkhya-tattva-kaumudī 中に次の如くいうて居る。

(ata eva) pañcaparvāvidyety (āha bhagavān vārṣagaṇyaḥ)[4]

此等よりも更に重要な引用文は同じく Vyāsa が Y. S., 4.13 に tathā ca śāstrānuśāsanam, guṇānāṁ paramaṁ rūpaṁ

na dṛṣṭipatham ṛcchati,

yat tu dṛṣṭipathaṁ prāptaṁ tan māyeva sutucchakaṁ.[5]

と引用せるものである。Vācaspatimiśra は之を註解して此言は Ṣaṣṭitantra の文であるとなして居る。Vācaspatimiśra は更に Bhāmatī(on the V. S., 2, 1, 3)に ata eva yogaśāstraṁ vyutpādayitā āha sma bhagavān Vārṣagaṇyaḥ として guṇānāṁ 云々の偈を引用して居る。此言からして明に知らるゝことは、此偈は Vārṣagaṇya が其著 Ṣaṣṭitantra 中に述べたものであることである。此 Ṣaṣṭitantra の文は又 Gauḍapāda-bhāṣya on the S. K., v. 17. にも

tathā coktaṁ ṣaṣṭitantre puruṣādiṣṭhitaṁ pradhānaṁ pravartate

とあり、金七十論には如六十科論中說、自性者人所依故能生變異となつて居る。

Ṣaṣṭitantra とは如何なる書であるか。Sāṁkhya-kārikā, v. 72 によれば、Sāṁkhya-kārikā に述べたる數論說は凡て Ṣaṣṭitantra にあるものにて唯其中の說話篇(Ākhyāyikā)と論難篇(Paravāda)とを除いたのであるといふ。故に Sāṁkhya-kārikā の基く所が卽ち Ṣaṣṭitantra である。金七十論及 Sāṁkhya-tattva-kaumudī によつて六十科の題目を擧げて見ると次の如くである。

有一意用義　　pradhānā'stitvam ekatvam arthavattvam athā'nyatā,
五義已獨尊　　pārārthyañ ca tathānaikyaṁ viyogo yoga eva ca,
會離人我多　　ṣeśavṛttir akartṛtvaṁ maulikārthāḥ smṛtā daśa,
身住是十義　　viparyayaḥ pañcavidhas tathoktā nava tuṣṭayaḥ.
此十義與五　　karaṇānām asāmarthyam aṣṭāviṁśatidhā matam,
十　義　合　　iti ṣaṣṭiḥ padārthānām aṣṭabhiḥ saha siddhibhiḥ.

Sāṁkhya-tattva-kaumudī に於いて Vācaspatimiśra は之を Rāja-vārttika より引用すといふて居るが、此 Rāja は Bhoja-Rāja 卽ち Raṇaraṅga Malla なる Dhārā の王(1018–1060 或は 993 A. D.)をいふので、Rāja-vārttika は此王の作れる、又は此王の爲めに何人かの作れる書と見、之に依つて以て Vācaspatimiśra の年代をも定めむとするのが一般學者のなす所であるが、此は他の Manuscript から見ると Rāja が Bhoja-Rāja かどうかは疑〔は〕しいので信ずるに足らぬとは近頃米國の Woods[6] のいふ所である。Vācaspatimiśra の年代は其自ら Nyāyasūcīnibandha の colophon に書ける所で、Saṁvat 898＝841 A. D.[7] なること疑ないから 1018–1060 A. D. の時代のものを引用もすることはあり得ない。殊に既に 546 A. D. にシナに來た眞諦が譯した金七十論に其偈が引用せられて居るから、500 A. D. 頃には存した偈である。Jacobi[8] のいふ所によると 1307 A. D. 頃の耆那敎徒 Jinaprabha-muni の著 Saṁdehaviṣauṣadhi には

Ṣaṣṭitantraṁ kāpilīyaśāstram と解し其六十科を a Digambara Āgama なる Rāja-vārttika の偈文を引いて數へ擧げて居るが、其偈文は前引用の Tattva-kaumudī に引用せられて居るのと全く同一である。して見ると Rāja-vārttika は耆那教の一派 Digambara の聖典の一であることが判る。之によつて見ると Raja-vārttika が已に Ṣaṣṭitantra の原本より其題目丈けを偈文に要約したので偈文其者が直接 Ṣaṣṭitantra の本文ではないのである。故に Ṣaṣṭitantra 其者は可なりに古いものと考へらるゝ。然し此 Ṣaṣṭitantra が直に Sāṁkhya-kārikā の基いた書であるかどうか。前引用の偈文は必ずしも Sāṁkhya-kārikā の註釋者が凡て一致して引用するものではなくして Nārāyaṇa Tīrtha の Candrikā には六十科を他の書 (granthāntara) に下の如く數ふとて前半を

puruṣa-prakṛtir buddhir ahaṅkāro guṇās trayaḥ
tanmātram indriyaṁ bhūtaṁ maulikārthāḥ smṛtā daśa.(9)

とし後半の二行は前引用のと全く同一のものを揭げて居る。前の Tattva-kaumudī の引用とは異り從つて Ṣaṣṭitantra の內容も必らずしも同一とは見られ難いが、然し其共通した大切な點は此の Ṣaṣṭitantra は決して有神的でなくして全く無神的數論說を述べて居ると見らるゝ點である。然るに Vācaspatimiśra が其 Bhāmatī にいふ所では、前に揭げた通り、Vārṣagaṇya の Ṣaṣṭitantra は Yogaśāstra である。けれども Rāja-vārttika 等より知らるゝ Ṣaṣṭitantra には Yogaśāstra たるの痕迹が少しもない。此點は如何に考ふべきか。

　Vācaspatimiśra は Bhāmatī に於て、Śaṅkara が sāṁkhyayoga-vyapāśrayāḥ といへるに、hiraṇyagarbha-patañjali-prabhṛtayaḥ 云々と註し、又經 (2. 1. 3) が etena yogaḥ pratyuktaḥ といへるに nānena yogaśāstrasya hairaṇyagarbha-pātañjalādeḥ sarvatāḥ prāmāṇyaṁ nirākriyate と註して居る。數論については固より Kapila が其祖なることを認めて居るし、Mahābhārata のいふ所では數論は Kapila により、瑜伽は Hiraṇyagarbha によりて創められたとなすから、(10) Hiraṇyagarbha-patañjali を認むる派は Mahābhārata にいふ Yoga と六派哲學中の一にして Patañjali の組織せるもの

とを指す理である。そして Śaṅkara の Sāṁkhyayoga といふのを Hiraṇyagarbha-patañjali 等の説いたものとし、又 Yoga を以て Hairaṇyagarbha-pātañjala となすから、Vācaspatimiśra は Sāṁkhyayoga と Yoga とを殆んど同一、若しくは後者は前者より派生したるもの位に見て居た事が明である。して見ると Ṣaṣṭitantra を Yogaśāstra といふのは其が Sāṁkhyayoga 説、若しくは其系統中の同種類の説を述べて居るものと見做したのである。故に此點よりいへば Vārṣagaṇya の Ṣaṣṭitantra は決して無神的數論説を述べたものとは考へられないから、Rāja-vārttika に傳へらるゝものとは同一でないに相違ない。

然るに Sāṁkhya-kārikā は純粋無神的であるから、其いふ Ṣaṣṭitantra は Rāja-vārttika に傳へらる〔る〕ものの方が適當して居る。是恐らく Vācaspatimiśra が Sāṁkhya-tattva-kaumudī に於いて此方を引用した所以であらうが、然し此點に考ふべき事がある。世親傳には自在黑は師説を改易したので Vārṣagaṇya は大に怒り其書を弘むることを禁じたとあるが、此傳説は何を意味するか。自在黑の説は必らず或點にては大に Vārṣagaṇya の説と異つて居たに相違ない。學者は此點を重く見て此の改易と怒とは Vārṣagaṇya の有神的數論説に反して自在黑が無神的數論説を主張し論述した事を示して居るものと見る。(11) 前にいへる通り自在黑其人は元來改革的の人であり、其當時數論派中に異説もあり、無神的の説に對して有神的潮流も併存して居たのであるから、Vārṣagaṇya との關係から見て、其有神的數論説が自在黑によつて無神的數論説と改められ述べられたと見るも強ち無理な考ではない。況んや他の Ṣaṣṭitantra が明に有神的數論説、若しくは Sāṁkhyayoga 説を述べたものであれば、猶更にしか考へらるゝ。

Ṣaṣṭitantra なる書が Rāja-vārttika に傳へらるゝもの以外に少くとも猶一つ存した事は種々の方面から證明し得らるゝ。耆那教の聖典(12)では、四吠陀、六分等の次、又は他の哲學派の名稱と共に、Saṭṭhitanta なる名を擧ぐるを常とする。Saṭṭhitanta は勿論 Ṣaṣṭitantra の俗語形で、耆那教の聖典では Kāpila(迦毗羅の派)と併擧せられることが多く、(13) Kapila は又 Sāṁkhyayoga と併擧せらるゝことがある。(14) 前にいへる如く Jinaprabha-muni は Ṣaṣṭitantra を kāpilīyaśāstra と解するが、然し之を若し Kāpila と併擧せらるゝ場合に當つれば甚だ奇なるものとなる。Abhayadeva の如きは Kāpila を無神的數論を意味すとし Ṣaṣṭitantra を Sāṁkhyayoga に當るとし、Sāṁkhyayoga は自性と自在神とを世界の因となす說というて居る。此點から考へて見れば Schrader のいふ如く、Ṣaṣṭitantra は Sāṁkhyayoga を述べたものとなる。夫故に Vācaspatimiśra が Sāṁkhyayoga を Hiraṇyagarbha-patañjali を祖師とする派とし、Ṣaṣṭitantra を Yogaśāstra とするのは Sāṁkhyayoga を一種の Yoga と見たが爲めで、其指す所は異つて居ないことが判る。Yoga を單に現今いふ如き六派哲學中の一丈けには限らず廣く歷史的に考へて來るならば、之を Sāṁkhyayoga と同一視することは必ずしも不都合でない事もある。又其れと同時に Sāṁkhyayoga を有神的數論と解するのも强ち無稽とはいはれないのである。

Ṣaṣṭitantra が Sāṁkhyayoga 說を述べた書なることは、其內容を傳へて居るものから知ることが出來る。此內容の事は Ahirbudhnya-saṁhitā 中に存するので Schrader の初めていへる所である。其六十科の名目を擧げて見ると下の通りである。

Ṣaṣṭi-bhedaṁ tantraṁ Sāṁkhyaṁ nāma

dvātriṁśadbhedaṁ prākṛtaṁ maṇḍalaṁ	aṣṭāviṁśatibhedaṁ vaikṛtaṁ maṇḍalaṁ
1 brahma-tantraṁ	1–5 kṛtya-kāṇḍāni
2 puruṣa-tantraṁ	6 bhoga-kāṇḍaṁ
3 śakti-tantraṁ	7 vṛtti-kāṇḍaṁ
4 niyati-tantraṁ	8–12 kleśa-kāṇḍāni
5 kāla-tantraṁ	13–15 pramāṇa-kāṇḍaṁ
6–8 guṇa-tantraṁ	16 khyāti-kāṇḍaṁ

9 akṣara-tantraṁ
10 prāṇa-tantraṁ
11 kartṛ-tantraṁ
12 sāmi-tantraṁ
13–17 jñāna-tantrāṇi
18–22 kriyā-tantrāṇi
23–27 mātrā-tantrāṇi
28–32 bhūta-tantrāṇi

17 vairāgya-kāṇḍaṁ
18 dharma-kāṇḍaṁ
19 aiśvarya-kāṇḍaṁ
20 guṇa-kāṇḍaṁ
21 liṅga-kāṇḍaṁ
22 dṛṣṭi-kāṇḍaṁ
23 ānuśrāvika-kāṇḍaṁ
24 duḥkha-kāṇḍaṁ
25 siddhi-kāṇḍaṁ
26 kaṣāya-kāṇḍaṁ
27 samaya-kāṇḍaṁ(15)
28 mokṣa-kāṇḍaṁ

各科の詳細の説明は Schrader 之をなしたから、よし其説明中には猶議すべきものが存するが今一切立入らないことにする。Ahirbudhnya-saṁhitā では之を單に Sāṁkhya と呼び此の外に Yoga をも說いて居るが、然し此が Sāṁkhyayoga にして決して Sāṁkhya-kārikā に於けるが如き Sāṁkhya でないことは第一に Brahman を置き次に Puruṣa, Śakti=Prakṛti を置くことによつて疑ない。卽ち前來いへる有神的數論說、Sāṁkhyayoga と同一なものである。殊に Yoga の要素の多く入り居ることは akṣara, vṛtti, kleśa 等の如きに於て推察せらるゝ。

此の如く Ṣaṣṭitantra と稱せらるゝ書にも明に二種あることが判る。其何れが Sāṁkhya-kārikā の基となつたものであるか。Rāja-vārttika の傳ふるものは Schrader のいふ如く前半の十の maulika-artha(根本義)で數論說の根本を盡くすもので、後の五十は六十の數を充たす爲めに數へた痕迹を明に示して居る。而して十の maulika-artha を Sāṁkhya-kārikā に對照して見ると頌文十四に二つ、十一に二つ、十七、十八、廿、廿一の各に一つ、十九に二つ當嵌つて頌文の方が甚だ多く、後半の五十を配當しても頌文四十三、四十九、五十、五十一中に收まつて居る。此等から見ると此 Rāja-vārttika の傳ふる方の Ṣaṣṭitantra は Sāṁkhya-kārikā の基くものとしては適切でない。卽ち自在黑が改易した爲めに Vārṣagaṇya が怒つて其を世に行はざらし〔め〕むとしたとの傳說には合はない。何となれば師を怒らしむる程改易したとは考へられないからである。之に反して Ahirbudhnya-saṁhitā の傳ふるものは Sāṁkhya-kārikā の所述以上の題目を有し、其中には有神的學說並に瑜伽派的思想多く此點で Yogaśāstra ともいはれる程であるが、是等を凡て省いて現在の Sāṁkhya-kārikā にある如きものとすれば、Vārṣagaṇya が此に對する態度は甚よく解せられ、從つて自在黑の地位も稍明となるといはねばならぬ。故に此 Ṣaṣṭitantra の方が Sāṁkhya-kārikā の製作に關する凡べての點の了解を容易ならしめる。恐らく此方が其の基となつたものであつたであらう。然し自在黑は Ṣaṣṭitantra によつてのみ Sāṁkhya-kārikā を作つたのではなくして其外に猶數論派に於ける古來の一系統を引いて居るのである。

今いうた Ṣaṣṭitantra は Vārṣagaṇya の著であるとすれば、Rāja-vārttika より知らるゝものの方は何人の作か。此は恐らく到底明にすることを得ぬことであらう。此外にも亦金七十論の傳ふる所では般遮尸訶が六十千偈を作つたが、此が金七十論の頌の基くもので、自在黑が其大論の受持し難きを見て七十偈に略抄したのであるといふ。般遮尸訶に著書のあつた事は後に說く所で明であるが其れが六十千卽六萬偈のものであつたか、又は、六萬偈の論は梵文に配當して考へて見れば Ṣaṣṭitantra に當るから、Ṣaṣṭitantra であつたか、此事も明でない。然し六十千[16]とあるのは恐らく前にいへる如く六十科論として引用してあるのと同一のものであらうから、結局 Ṣaṣṭitantra をいふのであらう。そして頌文には師資相承に般遮尸訶のみ擧げて居るから、註釋者が此 Ṣaṣṭitantra とあるを般遮尸訶の著と速斷して六萬偈を作るとなしたのであらう。般遮尸訶がṢaṣṭitantraを作つたことは外に傳へられて居らぬから、前來論じ來た所から見て一應先づ以上の如く考へらるゝ。故に今は般遮尸訶がṢaṣṭitantraなる書を作つたとの說には從はぬ。

Vārṣagaṇyaの Ṣaṣṭitantra は Vyāsa on the Y. S., 4. 13 の引用では韻文であるが、3.52 (or 53) の註の引用では散文である。是によつてVārṣagaṇyaは二つの書を作れりとも考へらるゝが、然し必らずしもさう考へなければならぬ理由もない。又Ṣaṣṭitantraを前來の論ではすべて書名と解したが一應はさう見て差支ないが、他方面では同時に數論の一派の學說の名稱とも見られ得る。SchraderはSāṅkhya-kārikā, v. 72にあるṢaṣṭitantraをGarbeが書名と見たのを誤となし、v. 71にKapilaよりPañcaśikhaまで傳はれるものをtantraと稱しv. 71にSiddhāntaと稱するのも凡て學說の意となすべきであると論じ、tantraは卽ちṢaṣṭitantraであるというて居る。卽ちKapilaより傳つたものは六十の題目に纏められて居る數論說であるとの意味である。ŚaṅkaraはVedānta-sūtraに若し梵を世界の因となす說を固執すればSmṛtiの說と矛盾するからSmṛtiを認むる餘地がないといふ敵者の言を擧げて居る部に註して其Smṛtiは卽ちtantraと稱するもので大仙(Paramarṣi)が作り他の學者の認め從ふもの、並に其に基いて作られた他のSmṛti等をいふのであるというて居る。[17] Śaṅkaraの註を解釋するGovindānandaでもVācaspatimiśraでも乃至はĀnandagiriでも、大仙は卽ちKapilaで他の學者とはĀsuri, 並にPañcaśikhaで、他のSmṛtiとは此等の人々の作つた書を指すとなして居る。Āsuri, Pañcaśikhaが書を作つた事は後に說く如く疑ない事であるが、Kapilaに著書のあつたかどうかは、予の搜索し得た限りでは、數論派の書中に的確な證據を見出し得ぬ。然しRāmānujaも亦KapilaがSmṛtiを作つたというて居る。[18] 但しŚaṅkaraのいふ如く其Smṛtiがtantraと稱せらるゝとは特說して居ない。此二人及三註釋者の說からいへば、Sāṅkhya-kārikā, v. 70にPañcaśikhaによつて廣くせられたKapila以來のtantra (tena ca bahudhā kṛtaṁ tantram)といふのは卽ちKapilaの作れるtantraなる書で之をPañcaśikhaが猶詳細にし又は廣く弘めたとの意味となる。然しPañcaśikhaの斷片一にもある如くtantraを敎義の名とし解すれば其れにても通ずるし、Śaṅkara 等のいふ所は Kapila が數論說を創唱したのを漠然 tantra なる書を作つたといふたのであると解釋され得る。かく解するは普通の事である。故に Kapila に著書のあつた事が的確に知らるゝ迄は、此の如く解して tantra とは Kapila の數論說をいふと見るのが安全である。此解釋よりいへば Ṣaṣṭitantra とは Kapila 以來の說を Vārṣagaṇya が六十の題目に纏めたのであるとなる。此 Ṣaṣṭitantra が其儘に Kapila のものとせられ得るかどうかは容易くは斷言し兼ぬる事と思ふ。已に Pañcaśikha によつて bahudhā kṛta といふから Vārṣagaṇya の時のものが其儘 Kapila の時のものとは考へられない。

(1) 述記一末、二十三丁。
(2) 瑜伽師地論卷六、一丁。倫記第二、二十六丁參照。顯揚聖教論、第九(來帙七、三十五丁)。
(3) Vyāsa on the Y. S., 3.52(or 53): Since there is no difference as to limitation-in-extent or by reason of intervening-space or of species there is no distinction in the (primary) root (of things). See Woods' The Yogasystem of Patañjali, p. 291.
(4) S.-t.-kaumudī on the S. K., v. 47: It is for this reason that the revered Vārṣagaṇya declares Ignorance to be made up of the five component parts. See Gaṅgānātha Jhā's Tattva-kaumudī, pp. 89, 92.
(5) Woods, Yogasystem, p. 317: And in this sense the Exposition of the System has said,

"The aspects from their utmost height
Come not within the range of sight.
But all within the range of sight
A phantom seems and empty quite."

(6) Yogasystem of Patañjali, p. XXII. cf. Pathak, Dharmakīrti and Śaṅkarācārya (J. Bombay br. R. A. S., vol. XVII, p. 89).
(7) Woods も此年代を Yogasystem (1914) の序文に論じて居るが、已に G. S. Tailaṅga が Nyāyavārttika-tātparyaṭīkā (1898) の梵文序文に論じて居る所である。

(8) The Kalpasūtra of Bhadrabāhu (Abhandlungen für die Kunde des Morgenlandes, Bd. VII. No. 1), p. 101.
(9) Sāṁkhya-kārikā (Benares Skt. Series, No. 9, 1883), p. 58.
(10) Bhāmatī on the V. S., 2. 1. 2; Mbh., XII, 349, 64, f.=13702, f.
(11) O. Schrader, Das Ṣaṣṭitantram, p. 109.
(12) Bhāgavatī (Ind. Stud., vol. XVI, p. 304); Aupapātika (Ind. Stud., vol. XVI, p. 379); Nandī (Ind. Stud., vol. XVII, p. 9); Anuyogadvāra (Ind. Stud., vol. XVII, p. 28); Kalpasūtra, p. 35.
(13) Weber, Ind. Stud., vol. XVI, p. 379 にもあり。
(14) O. Schrader, Das Ṣaṣṭitantram, pp. 101–102.
(15) Ibid., p. 103, f.; Ahirbudhnya-saṁhitā (Madras, 1916), dvādaśo 'dhyāyaḥ, vv. 18–30.
(16) 第七十二頌に梵文には Ṣaṣṭitantra とあるを漢譯には六萬義とある。故に六萬偈は Ṣaṣṭitantra に當るのである。
(17) Brahmasūtra-bhāṣya on the Sūtra, 2. 1. 1. 此に對する Govindānanda, Vācaspatimiśra 及び Ānandagiri の註解を見よ。
(18) Śrībhāṣya on the Brahmasūtra, 2. 1. 1.

五

Sāṁkhya-kārikā の傳統說には Pañcaśikha までを擧げ次に śiṣya-paramparayāgatam īśvarakṛṣṇena caitad āryābhiḥ saṁkṣiptam というて居るが、此文は明に Pañcaśikha と Īśvarakṛṣṇa との間に猶多少の師資のあつたことを示して居る。そして其次に Ṣaṣṭitantra の凡てを要約すといふから玆に Vārṣagaṇya に關說して居る譯である。金七十論では前にいへる通り般(遮)尸訶の次に褐伽、優樓佉を出し Vārṣagaṇya, Īśvarakṛṣṇa となつて居る。褐伽は前いへる通り Garga (Gārgya) 又は Bhārgava であらうが、此人については少しも判る所がない。優樓佉についても如何なる說を持つて居たかは不明である。恐らく Pañcaśikha 以後の學者は唯祖述のみを事として取立てゝいふべき事蹟を遺さなかつたのであらう。加之 Pañcaśikha と Vārṣagaṇya との間には唯此二人のみであつたかどうかも不明であるが、此點は甚だ遺憾である。何となれば唯此二人のみとするのと猶此間に學者が相承したとするのとでは Pañcaśikha の年代を論定するに大關係があるからである。然し不幸にして何等の材料も得られないから止むを得ぬ。然し傳統說中に擧げられずして、猶數論學者として有名な人もある。例へば Sanandana の如きはそれである。此人は Sāṁkhya-sūtra, 6, 69 に Ācārya の尊稱を以て引用せられて居るが、Pañcaśikha が自性と神我との結合は aviveka によつて起さるといふに對し、細身(liṅga-śarīra=sūkṣma-śarīra)によるとの說をなしたと傳へられて居る。Sāṁkhya-sūtra 中には此二人のみが引用[1]せられて居るのであるから、可なり重要な人であつたらうと思はれる。年代の如きは勿論不明であるが、或は Pañcaśikha と餘り隔らない頃であつたらうか。

Sanandana は Gauḍapāda の Sāṁkhya-kārikā-bhāṣya の初めによれば、梵天(Brahmán)の七子中の一人とせられて居る。卽ち

sanakaś ca sanandanaś ca tṛtīyaś ca sanātanaḥ,
āsuriḥ kapilaś caiva voḍhuḥ pañcaśikhas tathā,
ity ete brahmaṇaḥ putrāḥ sapta proktā maharṣayaḥ,

とある。Mahābhārata[2] にも梵天の子として Sana, Sanatsujāta, Sanaka, Sanandana, Sanatkumāra, Kapila, Sanātana を擧げて居る。兩者に相通ずるは Kapila, Sanandana, Sanaka, Sanātana の四人であるが、Sanātana は Yoga を行じた人で Yogaśatakākhyāna Sanātanasiddhānta[3] の著者である。此人の年代も不明であるが、とにかく Kapila, Āsuri, Pañcaśikha, Sanandana, Sanātana が歷史的人物であるから他の人々も恐らく歷史的人物であつたであらう。Sanatkumāra, Sanatsujāta の如きは Mahābhārata にも存し Voḍhu は恐らく Voḍhuka で前いへる Ulūka と同一ならむかと考へる人もある。何れにしても詳しいことは調べる手懸がないが Sanātana と Yoga と關係深い點から推定すると、其說は恐らく有神的數論說で金七十論の如きものではなかつたらう。Yoga といへば直に Patañjali の作と

傳說せらるゝ現存 Yoga-sūtra にある如き說とのみ速斷するのは歴史を無視した獨斷偏見であることを特に斷つて置く。勿論斷定的にはいへないが、此等の人々の說は、Sanātana から推して恐らく Ṣaṣṭitantra 的のものであつたらう。

（1） Fitz-Edward Hall, Sāṁkhya-sāra, p. 25.
（2） Mbh., XII, 340, 72=13078.
（3） Hall, op. cit., p. 25.

六

Pañcaśikha は Sāṁkhya-kārikā のいふが如く Kapila 以來の數論說を複雜にし又は廣く弘めたる人で數論發達史上には蓋し重要な人たるに相違ない。そして此人は Āsuri の弟子であることは傳統說にも存するし Mahābhārata(1) の如きにもしか傳へられて居る。其年代を考へて見るに Vārṣagaṇya より出發すると此人は前いへる如く 200–300 A. D. の人であるから、此人と Pañcaśikha との間に入り來る人の數によつて異つて來る。若し褐伽、優樓佉の二人が入るとすれば、大體 100 A. D. 以前卽ち紀元一世紀の人となる理である。Garbe は Sāṁkhya-sūtra, 5.32–35 に Pañcaśikha が vyāpti の意義を說いた說を正理學派の術語としての意義以前のものと見、正理學派の成立が紀元前なることなき點より推定し、又 Pañcaśikha の言の斷片として傳はるものの言語が Mīmāṁsā-sūtrabhāṣya を書いた Śabarasvāmin の言語と似て居ると考へ、Śabarasvāmin は Bühler によれば紀元の初め頃なればとの點より推し、其年代をば紀元一世紀と見た(2)。後者の理由は正しくないが(3)、此年代を承認する學者もあるし(4)、又之を疑ふ學者もある(5)。然し Vārṣagaṇya と Pañcaśikha との間が二人の學者によりて繫がれて居ることが確であるとすれば、Vārṣagaṇya の年代は動かし得ないから、Pañcaśikha が紀元一世紀なることも、大體信じ得べき說となるであらう。然し前いへる如く Vārṣagaṇya,

Pañcaśikha 間は數論史上の暗黑時代であるから、確實なことは、目下の狀態では發見せられない。今暫らく傳說に從ふとすれば一世紀の人となる外はない。然し此は確とはいひ難いから只漠然紀元一世紀以前の人となせば確なものとなるであらう。紀元一世紀を降るとは考へられない。

Pañcaśikha の活動地方は何處であつたか。此は傳記が明でないから、勢明確にすることは出來ないが、(6) Mahābhārata によれば Pañcaśikha は Āsuri の族に屬する Kapilā なる婦人に育てられて其子となり、かくして Kapila の系統となつた大學者である。然し實は Parāśara(7) 族の生れであつたといはれて居る。五河地方で千日間(8) Soma 祭をなしたが後 Mithilā に來て Janaka 王の所で百人の學者と論議して之を敗り、王に其教義を說いて王を弟子となした。此の傳說は Bṛhadāraṇyaka-upaniṣad にある Janaka 王と Yājñavalkya との問答に擬して作られたもの(9)であらうが、とにかく優れた學者であつた事は Sāṅkhya-kārikā の tena [ca] bahudhā kṛtaṁ tantram の言よりも推察さるゝ(10)。Mahābhārata が Kapila 及び Āsuri の再來となすのは蓋し至言であらう。

Pañcaśikha の學說を知るには第一に確實なものは Vyāsa が Yoga-bhāṣya 中に引用する十二の斷片と Sāṅkhya-sūtra 及其註に引用せらるゝ二、三の言とで、次には Mahābhārata に傳へらるゝものである。斷片は全く斷片で之を纏めて組織的に述べるのは困難な種類のものであるから、以下一々原文と譯文とを擧げて置かう。此斷片は Fitz-Edward Hall がズツト以前に Sāṅkhya-pravacana-bhāṣya の出版の序文中に集め、其後又 Sāṅkhya-sāra を出版し其序文中に修正して出したものである。後に Garbe が其師 Rudolf von Roth の紀念帖中に之を獨譯し、斷片の順序も Hall の集めた通りのを用ひ、今日の學者は斷片何つというて數へる方法によつて居る。此斷片の說が數論發達史上に幾何の價値あるかどうかは、見る人の見方によるが、何れにしても數論發達史の一面を論ずる人でも是非一度は通覽しなければ十分な論をなすことの出來ない程のものである。

I (tathā co'ktam:) ādividvān nirmāṇacittam adhiṣṭhāya kāruṇyād bhagavān paramarṣir āsuraye jijñāsamā-

nāyatantraṁ provāca.(Vyāsa on the sūtra, 1,25)
（又此の如くいはれたり）第一最初の知者にして薄伽梵なる大仙が化心に立ちて大悲（心）より欲知の阿修利に其教義を説きたり。

II (tathā ca sūtram:)ekam eva darśanaṁ khyātir eva darśanam(iti).(Vyāsa on the sūtra, 1.4)
（又經に此の如くいはる）（我と心との兩者に對し）唯一の表現あり、（而して）其表現は知のみ。

III (yatre'dam uktam:)syāt svalpaḥ saṅkaraḥ, saparihāraḥ sapratyavamarṣaḥ kuśalasya nā'pakaṣāyā'lam; kasmāt, kuśalaṁ hi me bahv anyad asti, yatrā'yam āvāpagataḥ svarge 'py apakarṣam alpaṁ kariṣyati.(Vyāsa on the sūtra, 2, 13. cf. the Sāṁkhya-tattva-kaumudī on the Kārikā, 2. Nandalal Siṁha, Sāṁkhya Philosophy, SBH., vol. XI にては alam までを引用文とす。）
（其れに關しては以下の如くいはれたり）（犧牲に於ては）極めて僅の罪の混り存すべし、（然れども）其は除かるゝか、又は耐えらるべし。（故に此混りは祭によりて得たる）善根を除くに足らず。所以な如何。蓋し予には他の多くの善根あればなり。此（混りが業に）入り働きたる處、天に於ても極めて少しく（善果を）減ずるに過ぎず。

IV (yatre 'dam uktam:) tam aṇumātram ātmānam anuvidyā'smī'ty evaṁ tāvat saṁprajānīta.(Vyāsa on the sūtra, 1,36)
（此に關して次の如くいはれたり）此極微量の我を審觀すれば『予は在り』と知る程度に意識せるなり。

V (tathai'tad atro'ktam:)vyaktam avyaktaṁ vā sattvam ātmatvenā 'bhipratītya tasya sampadam anunandaty ātmasampadaṁ manvānas tasya vyāpadam anuśocaty ātmavyāpadaṁ manvānaḥ sa sarvo 'pratibuddha〔ity eṣā catuṣpadā bhavaty avidyā mūlam asya kleśasantānasya karmāśayasya ca savipākasya〕.(Vyāsa on the sūtra, 2, 5. Hall, Garbe は此全體を引用文とするが、Nandalal Siṁha, Sāṁkhya Philosophy; Woods, Yogasystem; Rāma

Prasāda, Patañjali's Yoga Sūtras 等では apratibuddha までを引用と見る。)

(此の如く次の事が是に關していはれたり)變異にもせよ又は非變異にもせよ存在するものを我と誤認し、其成功を自己の成功と考へて喜び、其不成功を自己の不成功と考へて悲しむもの、此は凡て未覺者なり。〔此等四種の無明が煩惱の繼續、及び異熟果を伴ふ業の殘餘の根本なり。〕

Ⅵ (tathā co'ktam:) buddhitaḥ paraṁ puruṣaṁ ākāraśīlavidyādibhir vibhaktam apaśyan kuryāt tatrā'tmabuddhiṁ mohena. (Vyāsa on the sūtra, 2.6)

(又かくの如くいはれたり)最高神我を其形式、其性格、其精神的なること等に於て覺より異ると知見し得ざるものは痴により(誤りて)自己の覺を其處に見る(覺を神我と見るの意)。(Woods, Rāma Prasāda は param を anyat の意と見、最高神我とは見ないが、予は Garbe に從ふて譯した。)

Ⅶ (tathā co'ktam:) tat-samyogahatu-vivarjanāt syād ayam ātyantiko duḥkhapratīkāraḥ, [kasmāt, duḥkhahetoḥ parihāryasya pratīkāradarśanāt, tadyathā pādatalasya bhedatā kaṇṭakasya bhettṛtvaṁ parihāraḥ kaṇṭakasya pādānadhiṣṭhānaṁ pādatrāṇavyavahitena vādhiṣṣhānam, etat trayaṁ yo veda loke sa tatra pratīkāram ārabhamāṇo bhedajaṁ duḥkhaṁ nāpnoti, kasmāt, tritvopalabdhisāmarthyāt]. (Vyāsa on the sūtra, 2,17; Woods, Nandalal Siṁha は pratīkāraḥ までを引用と見る。)

(此の如く又いはれたり)其(覺との)結合の原因を除けば此苦の脫離の方法は絕對なるべし。〔所以如何となれば、苦の原因を捨つるに對する脫離方法を知ればなり。例へば足の裏の被害性、荊棘の刺害性、足にて荊棘を踏まざるか又は靴にて覆へる足にて踏むことの此三を知る世人は脫離の方法をなし被害より生ずる苦を受くることなし。何となれば此三種を知悉せることが(苦を受けざる用意をなすに)適すれば也。〕

Ⅷ (tathā co'ktam:) ayaṁ tu khalu triṣu guṇeṣu kartṛṣv-akartari ca puruṣe tulyātulyajātīye caturthe tatkriyāsākṣiṇy upanīyamānāt sarvabhāvān upapannān anupaśyan na darśanam anyat śaṅkate. (Vyāsa on the sūtra, 2, 18; Hall は na を脫して居るが、此が誤であることは Garbe のいふ通りである。)

(又此の如くいはれたり) 然れども作者たる三德幷に非作者にして其等の動作を傍觀する第四位の神我——德と或點にては同種にて、或點にて異種なる——に於て知りて生ぜる凡ての有を見るものは他の種の知あることを疑はず。

IX (tathā co'ktam:) apariṇāminī hi bhoktṛ-śaktir apratisaṅkramā ca pariṇāminyarthe pratisaṅkrānteva tadvṛttim anupatati, tasyāś ca prāptacaitanyopagrahasvarūpāyā buddhivṛtter anukāramātratayā buddhivṛtty-aviśiṣṭā hi jñānavṛttir ity ākhyāyate. (Vyāsa on the sūtras, 2,20 and 4,22. 後者にては引用文とはなさない。Vijñānabhikṣu の Sāṁkhya-pravacana-bhāṣya on the sūtra, 1,99 には citiśaktir apariṇāminy apratisaṅkramā……として全部を引用するが Pañcaśikha のものとせずに、Vyāsa の言として居る。Vyāsa on the sūtra, 4,22 から取つたのである。Sarvadarśana-saṁgraha にも apariṇāminī bhoktṛ-śaktir を Pañcaśikha の言として引用して居る。Woods は pratisaṅkrānteva は pratisaṅkrāteve の誤植として居る。)

(又此の如くいはれたり) 受者 (Vijñānabhikṣu にては知、卽ち神我) の能力は變化を有せず、又(物と)結合せざるが故也。而して變化する物(卽ち覺)と結合するかの如く其の働に與る。而して其が(覺の)影響の下に來る爲めに、覺の働に似、從つて知の働と稱せらる。されどそは覺の働と異らざるなり。

X (tathā co'ktam:) dharmiṇām anādisaṁyogād dharmamātrāṇām apy anādiḥ saṁyogaḥ. (Vyāsa on the sūtra, 2, 22; Vācaspatimiśra は之を Āgamin のものとし Vijñānabhikṣu 及び Nāgojibhaṭṭa は、Pañcaśikha の言となして居る。)(又此の如くいはれたり) 有法(卽ち三德)が(神我と)無始の結合にある故に法(卽ち覺等の諸諦)凡ても亦(神我と)無始に結合す。

XI (uktaṁ ca:) rūpātiśayā vṛttyatiśayāśca paraspareṇa virudhyante sāmānyāni tv-atiśayaiḥ saha pravartante. (Vyāsa on the sūtra, 3,13; Hall は猶二行を引用文として出せども Garbe 初め凡ての學者は其を Vyāsa の言を引用文と誤つたのであるというて居る。)

(又此の如くいはれたり)形(卽ち八有)の顯現と作用(卽ち樂等)の顯現とは互に相矛盾す。然れども未顯現の問は顯現したるものと共に働く。

XII (yatho'ktam:) tulyadeśa-śravaṇānāṁ ekaśrutitvaṁ sarveṣāṁ bhavati. (Vyāsa on the sūtra, 3,40)

(次にいはるゝが如し)耳が同所にある凡ての人々は同じものを聞く。

以上は Hall が選出し Garbe が譯したものであるが、Woods は XI に關して sūtra, 2,15 の下にも同じく引用され、而かも calaṁ ca guṇavṛttam iti kṣiapariṇāmi cittam (德の作用は動的なるが故に心も迅速の變化をなす) 丈けが加はつて居るとなし、calaṁ ca guṇavṛttam iti 丈けの文は 3, 9; 3, 13; 4, 15 の註中にも引用せられて居るというて居る(11)。以上の十二の斷片が Pañcaśikha の言であると見做すのは、其中の一を除いては、凡て Vācaspatimiśra のいふ所に從うてゞある。此十二斷片は Yoga-sūtra 及其註を譯した Rāma Prasāda 及び Woods の譯書中に存することは勿論であるが、Nandalal Siṁha の Sāṁkhya Philosophy 中にも全部譯されて居る。又其いふ所によると Paṇḍit Rāja Rām が Pañcaśikha-ācārya-praṇīta-sāṁkhya-sūtra として 1912 に Lahore で出版した中には前揭十二の外にも他の十種程の斷片を含むで居る。然し前揭十二の外のものについては Vācaspatimiśra は Pañcaśikha のものとはして居ない。近頃 Svāmi Hariharānanda Araṇya も亦集めて出版したが、Rāja Rām のものに基いて集めたに過ぎない。けれども此二人の集めた中の一は Vācaspatimiśra は反對者の言として居るが、Udāsīna Bālarāma は、Pañcaśikha の言として居る。何れの言が確か明でないが、念の爲め之を次に揭げて置く。

XIII (yatre'daṁ uktam:) pradhānaṁ sthityaiva vartamānaṁ vikārākaraṇādapradlhānaṁ syāt, ta thā gatyaiva vartamānaṁ vikāranityatvādapradhānaṁ syāt, ubhayathā cāsya vṛtiḥ pānavyavahāraṁ lābhate nānyathā, kāraṇāntareṣvapi valpiteṣveva samānaś carcaḥ. (Vyāsa on the sūtra, 2,23)

(之に關し次の如くいはれたり)勝因が平衡に於てのみ存せば變異の原因たらざるべし。之と同じく變動に於て存せば變異は常住性なるが故に又勝因たらざるべし。然るに其は(平衡と變動との)兩方に働く故に勝因の名を得、其他の名を得ることなし。他の想像的の原因に關しても亦同じ議論をなし得。

此外に Vyāsa の註中には或は Pañcaśikha の言ならずやと疑はるゝものもないではない(12)が、Vyāsa の註以外で猶其言として明言せられて居るものがある。

XIV ādheyaśaktiyoga iti pañcaśikhaḥ.

na svarūpaśaktir niyamaḥ punarvādaprasakteḥ.

viśeṣaṇānarthakyaprasakteḥ.

pallavādiṣvanupapatteś ca. (Sāṁkhya-sūtra, 5,32–35)

Pañcaśikha 曰く(vyāpti, 卽ち遍充の關係は吾人が事物に)與へたる能力と(其事物が)結合することなりと。其能力は(其事物の)本質と定まれるにはあらず、(然らざれば、力強き相撲取りの如きは)重言の失あればなり。能別(卽ち賓辭)は意味なきものなる過あればなり。而して又枝等に關しても適せざればなり。

33–35 は事實 Pañcaśikha の言なるや否や明でない點もあるが、經の註釋者 Aniruddha, Mahādeva, Vijñānabhikṣu 共に 32 の說明として居るから、32 に關係するものとして擧げて置いた。

XV avivekanimitto vā pañcaśikhaḥ. (Sāṁkhya-sūtra, 6,68)

或は Pañcaśikha 曰く(自性と神我との結合は)無分別(知)によりて起さると。

XVI atrā ’di-śabda-grāhyāḥ pañcaśikha-ācāryair uktāḥ

yathā sattvaṁ nāma prasādalāghavābhiṣvaṅgaprītititikṣāsantoṣādi-rūpānantabhedaṁ samāsataḥ sukhātmakam, evaṁ rajo 'pi śokādi-nānābhedaṁ samāsato duḥkhātmakam, evaṁ tamo 'pi nidrādinānābhedaṁ samāsato mohātmakam iti. (Vijñānabhikṣu on the Sāṁkhya-sūtra, 1, 127)

經に『等』(ādi)といふは Pañcaśikha 師に次の如く說明せられたり。薩埵は實に快、輕、著、喜忍、知足等の無限の種類の形にて顯はる。一言にいへば樂より成るが如く、此の如く羅闍も亦憂等の種々の種類にて顯はれ、簡單にいへば苦より成る。此の如く又多磨も眠等の種々の種類にて顯はる。卽闇より成ると。

更に又 Hall によると Vijñānabhikṣu が其 Brahmasūtrarjuvyākhyā に

trividhaṁ mokṣaṁ krameṇā ''ha tattvasamāsākhyabhāṣye pañcaśikhācāryaḥ として次のものを引用して居る。

XVII ādyas tu mokṣo jñānena dvitīyo rāgasaṅkṣayāt,
kṛcchrakṣayāt tu tṛtīyas tu ākhyātaṁ mokṣalakṣaṇam.[13]

Vijñānabhikṣu の弟子 Bhāvāgaṇeśa は此偈を其 Yogānuśāsanasūtravṛtti にては Pañcaśikha のものとなすが Tattvayāthārthyadīpana では以下の三偈を加へ Pañcaśikha を通じて他より借りるとなして居る。

pañcaviṁśati-tattvajño yatra tatrāśrame vaset,
jaṭī muṇḍī śikhī vāpi mucyate nātra saṁśayaḥ.
prakṛtena tu bandhena tathā vaikārikeṇa ca,
dakṣiṇābhis tṛtīyena baddho, yaṁ tu nigadyate,
tattvāni yo vedayate yathāvad guṇasvarūpāṇy adhidaivataṁ ca,
vimuktapāpmā gatadoṣamaṅgho guṇaṁs tu bhuṅktena guṇaiḥ sa yujyate.

ādyas tu 云々の偈は Pañcaśikha が Tattvasamāsa に註釋した證となるものであるが、Garbe は Tattvasamāsa が

Kapila の書といはるゝ如く古きものとはなさないから、從つて此偈も亦 Pañcaśikha のものとするを疑うて居る。[14] 然し pañcaviṁśati……saṁśayaḥ の一偈は Gauḍapāda が、Sāṁkhya-kārikā-bhāṣya 中に三回[15]も引用して居る位であるから、全體の四偈は必らずしも新らしいものではない。

以上は學者が Pañcaśikha の言として集めたものゝ中予の氣付きたるものゝ全體であるが、此等から考へて見ると、Pañcaśikha が一種の經を作つたことは斷片第二に於ける Vyāsa の言から明であるし、又 Sāṁkhya-sūtra からも知られ得る。經のみならず他の書をも作つたことは斷片凡てが經の斷片には見られないことから知られるし、又 Sāṁkhya 以外のものをも扱つたこともいはれて居る。[16] 其學の廣かつた事も推察さるゝが、重要なことは Yoga 派の人によつて引用せられて居ることが多い點である。Vyāsa の如きは其 authority は主として此人で、此人以外の人をば殆んど引用して居ない程である。Yoga 派は之を歴史的に見れば、前いへる通り、殆んど Sāṁkhyayoga と同一ともいひ得る程のものであるが、Vyāsa の註した Yoga-sūtra は現今傳はれるものであるからそれとは異り、必らずしも自在神を自性神我以上と見るものでない。從つて此點からは Pañcaśikha が Vyāsa の唯一の authority であるからとて、其說が Sāṁkhyayoga であつたとはならないかも知れないが、然し次に見る Mahābhārata の傳說から見れば Sāṁkhya-kārikā の數論說のみを奉じて居た人でないことが判る。而かも Pañcaśikha の其の說が Mahābhārata のいふ所と似て居たと信じられるのは斷片第五あたりからも知られ得る。其處には apratibuddha なる語が用ひられて居るが、此語は Sāṁkhya-kārikā 等の數論には用ひられざる所で、全く Mahābhārata の用語である。此外にも斷片第二の khyāti なども Ṣaṣṭitantra にあるを除いては現今の數論には餘り用ひられない語であるし、又神我を極微量となす如きも Pañcaśikha に初めて明言せられた說である。然し說全體としていへば斷片中に表はるゝものは後世の數論說と根本的に異つたものではないとは數論學者たる Garbe のいふ所である。[17] 然し Mahābhārata の傳ふる所では時には甚だしい異も見受けられる。

Mahābhārata では Pañcaśikha の説は第十二編二百十八—二百十九、三百十九にあるのが其主なるものである。Hopkins[18] は此説を呼びて Pañcaśikha system となして居る。今 Hopkins を參照しつゝ其大要を述ぶれば下の如くなる。

Pañcaśikha は Pañcarātra の説に達したる人といはれるから、Hopkins は此人が事實 Pañcarātra 派の師なりとなして居る。Pañcarātra 派と數論との關係は後に論述しようが、實は Pañcarātra 派の方から數論説を迎へて取入れたのであるから、其派から見て Pañcarātra 派の師と見らるゝのであらう。然し Pañcarātra 派は Bhāgavata 派の事で、其説は數論説に影響せられ居るが之に似ればむしろ Sāṁkhyayoga に近いものになるべき説であるから、此傳説から見れば Pañcaśikha の説は Sāṁkhya-kārikā の數論説とは異つた方面を持つて居つた事になる。Pañcaśikha の根本思想は生とか死とか業とか其他凡ての事に對する厭離 sarvanirveda の考である。此考から出發して宗教的となりそして涅槃(nirvāṇa)を得るに至るのである。其學説の組立てらるゝ量(pramāṇa)としては現量(pratyakṣa)比量(kṛtānta=anumāna)聖教量(aitihya=āgama)の三を認めて居る。此點は Sāṁkhya-kārikā でも Yoga-sūtra でも同じである。而して其學説を明にする爲め先づ他説と對照して見るに靈魂は體此外になく體の壞と共に凡て壞に歸すとなす唯物論の考、又は體壞して後新體を得る如く輪廻あるも、其輪廻は無明(avidyā)を根本とするので必らずしも我卽ち靈魂の存する譯でないと説く懷疑説卽ち佛教の考の如きは何れも正しき説でない。加之 Upaniṣad などに死後意識なし(Bṛhad.-up., 2, 4, 12)といふ如きも亦其儘には正しき説でない。此の如く Pañcaśikha の説は唯物論にもあらず、佛教の如き考にもあらず、さればとて必らずしも Brahmanism でもない、一種特別なものとせられて居る。人は凡て體、根、意(cetas)より成り、身體は五元素凡てより成り、決して一元素より成るのではない。活動を起すものは知(vijñāna)と熱と風とであるが知より根、境、其特性(svabhāva)、思(citta)及意生じ、風より呼息、吸息出で、熱より膽汁其他のもの生ず。五根は心(citta)より派生するもので各其特性を持つて居る。常住の思(cetanā)が知(vijñāna)

と結合するとき働き苦、樂、捨を感ずるし聲觸色味香及び形ある物(mūrti)が德(guṇa)をなし、以て認識を完全にする。之によつて行爲も起り判斷も行はるゝのである。此が卽ち覺(buddhi)である。以上いふ所は是は精神的のものにはあらず(anātman)してむしろ物質的の方面である。

五知根は意と合はせて六知根と稱し、五作根は力(bala)と共に六作根とせられ、合せて十二根であるが、聽感覺の起るには耳根、聲境、心(citta)或は意(manas)が整ふことを必要とする。他の感覺に於ても之に準じて知らるゝから、凡ての根には十五の德(guṇa)(3×5)がある理である。然し眞の德(guṇa)と稱せらるゝものは sattva, rajas, tamas の三をいふので、喜、滿足、歡喜、樂、靜安は sattva 的の德で、不滿足、苦、憂、貪、輕忽は rajas 的の德、無分別、痴、無思慮、眠、怠慢は tamas 的の德であつて此等は身體の上にも精神の上にも何れにも存するものである。

聞は空(ākāśa)に依止し、聲は又聞に依止するが、此聞と空とは聲の感覺の際には意識には上らない。他の作用に於ても亦此の如き關係がある。十根は活動と同時に統一的のものを起さしめるが是卽心(citta)である。此際勿論意(manas)が統一的機關であるから、citta は manas を其作用の方面から名づけたものと考へられる。citta が卽第十一に當り、第十二は覺(buddhi)である、然し若し tamas の除かれざる場合、卽ち睡眠などに於ては此の如き働あらしめないから、認識過程は發生しない。此點からいへば吾々の精神は心的過程より獨立に存在するものであるとなる。

以上說いた所は猶未だ凡て Kṣetra(田卽ち體)に屬する範圍で、之に對して Kṣetrajña(知田)卽ち神我(puruṣa)を立てる。此 Kṣetrajña は存在(bhāva)にして、意に居する不死のものである。Kṣetra に圍まるゝ間は多くの不幸や悲、其他のものの中に沈み居るが、之を厭離して自由となれば Kṣetrajña は細身もなく、完全の道に至り、恰かも多くの川が大海に合流して其名を捨つる如く、前の名色を脫し(Muṇḍ.-up., 3, 2, 3)身體壞して彼は個人的意識なきに至るのである(Bṛhad.-up., 2, 4, 12)。

然し解脫に至る重要なることは我ならざるものを我と見ることなく、正しく見て、「此は予ならず此は予のものにあらず」と考へて厭離を全うするにある。此れには必らずしも吠陀を拒まず、犠牲祭祀を無視することなく、要は善惡業をも捨てて、傍觀者として執着を脱するにある。

前來說く所が大體 Mahābhārata に於ける Pañcaśikha 說で此外にも、此人に歸せられ得る說があるが、以上で其大綱を盡くすと見て差支あるまいと思ふ。此說は數論說として見れば異る點が存するから、Hopkins の如きは數論師としての Pañcaśikha の說と見れば驚くべきものとなし、其說は進步した Brahmanism であるというて居る。然し Brahmanism といふも當時の數論說は後世のと全く同一ではないから、以上の傳說的の說を確なものとすれば、此を前に擧げた斷片に存する說と相補はしめて纏むれば、玆に此當時に於ける數論說の一斑が知らるゝ筈である。後世の數論說との異同などの大體を觀察するに大要下の如くに考へらるゝ。

Mahābhārata の以上の說では自性を明確に說いて居ないが、然し他の部卽ち第十二編三百二十(19)に於ける說から見れば明に其を說いて居る。此點からいへば、たとひ前來の說中にて比較的に緣起論風に說いて居なくとも、其が矢張り緣起的の說であると推定することが出來る。然し後世の說と異る點は ahaṅkāra(我慢)のないこと、tanmātra(唯)を說かないこと、等を其主なるものとする。然し斷片の方から見れば必らずしも ahaṅkāra を說かなかつたとは考へられない。tanmātra を說かないのは紀元一世紀頃の數論說の一般狀態であつたらしい。

Pañcaśikha の根本思想たる厭離の考は之を斷片の說と比較するに、其第七、五、十一等より見て正しいものと考へられ、同時に數論の多苦厭世の考に一致するものと考へらるゝ。其他の說に於て知根作根に六を數へるのも、心平等根を知根に入れた點は餘り異るとも思へないが力(bala)を作根と見るのは後世の數論說には存在しない。然し此は恐らく五風(prāṇa)などと對應するものであらう。三德說は精密でない點もあるが斷片の說と相補へば完全なものとなるし、認識過程の說の如きも殊更相違した考でもない。Kṣetra と Kṣetrajña との關係は、Pañcaśikha の說が或は純粹二元論であるとしても又は一元論的であるとしても、數論說として見れば、其特色を保存して居る說き方である。

解脱に至るは厭離の方面を主とするが、吠陀の犠牲祭式をも必らずしも捨てざる點は斷片第三と合せ見て、其がPañcaśikha の眞の說であつた事が知られ得る。

次に一層重要な點は Kṣetrajña 卽ち神我の性質等に關する說である。斷片第四では極微量となして居るので後世の考と異ることが知られ得るが、神我は徹底極微量のものであるかどうか。Woods は其譯文中に極微量といふのは神我の或特種の狀態にのみ (a particular state only of the self) 關說するにあらずやと疑うて居る。然し數論說では我を微細といふのが本來の說らしい。[20] 或は此は Kṣetra 中に處する間のみいはるゝことなので、解脫して後は必らずしもさうでないらしい。Mahābhārata の說が正しくば、其いふ如く多くの川が大海に入りて其名色を捨つると同じく、死後は個人的意識なしといふから此は所謂大我に歸した狀態である。Ṣaḍdarśana-samuccaya 及 Syādvāda-mañjarī 引用の偈に sarvagata とあるは此意であらう。故に此時に於ては極微量なりとの說は應用せらるゝものでない。Hopkins は恐らく、此點から見て Pañcaśikha の Kṣetrajña は Brahman の一部であるとなして居る。Upaniṣad の文を引用して說く所からいへば、是も必らずしも無稽の說とはいはれない。然し斷片の說からいへば、三德と異りて第四位にて非作者見者受者であるから、全く Brahman と同一とはいはれない。此の如く後世の數論說と甚だしい相違はないと認むべきであるが、para-puruṣa といふ點は注意すべきである。

然し乍ら斷片第四、五、六などから見ると Pañcaśikha が Yoga に達して居た事が判る。此點が Vyāsa の authority となる點でもあらうが、已に Yoga に達して居たとすれば、其 Kṣetrajña も唯單に後世の數論說の如くではなかつたらう。又 Yoga 派は Patañjali の作といはるゝ Yoga-sūtra 以前は自在神を重く見る Sāṅkhyayoga 的のものであつたから Pañcaśikha の說も單なる Sāṅkhya の外に一面は此種のものであつたらうと推察さるゝ。此點に惜むらくは的確な證據を發見し得ぬが para-puruṣa といふ點と又 Pañcaśikha が Pañcarātra の師と稱せらるゝ點を參照す可きである。Pañcarātra は其起原は Brahmanism 以外であるが、間もなく Brahmanism にも Sāṅkhyayoga にも近付き、其說の大體が非常に後者に似て居るが、唯人格神の考と解脫の考とに於ては異つて居る。然るに已に Pañcaśikha を以て Pañcarātra の師と傳說する (smṛta) 以上、其間に多少似通うた點があつたと考へねばならぬ。殊に此時代に於ける數論學說若しくは此と類似の哲學說を見ると其は最高神を認むる說も明に存するから、以上いうた事と相結むで Pañcaśikha の說が有神的數論卽ち Sāṁkhyayoga を含むで居たらうと考へらるゝのである。此時代の哲學說については後に更に論じよう。其際又 Pañcaśikha にも觸れるであらう。

(1) 二の note 6 を見よ。
(2) Pañcaśikha-Fragmente(Festgruss an Rudolf von Roth, Stuttgart, 1893), p. 76, f. cf. Sāṁkhya-Philosophie, introd.
(3) 哲學雜誌、三百七十七號、八二八頁以下參照。Śabarasvāmin の年代は 300 A. D. を遡ることは全然不可能である。
(4) Hopkins, The Great Epic of India, Date of the Epic.
(5) J. Charpentier, ZDMG., vol. 65, 1911, p. 845, f.
(6) Mbh., XII, 218,16=7895-6.
(7) Mbh., XII, 320, 24=11875.
(8) XII, 218,10=7890. 218,11=7891 に意の五つの流とあるのは別な事である。
(9) Garbe, Pañcaśikha-Fragmente を見よ。
(10) Sarvadarśana-saṁgraha, p. 139(Calcutta, 1908).
(11) Woods, Yogasystem, pp. 134, 208, 213, 323.
(12) Ibid., App. 2.
(13) Hall, Sāṁkhya-sāra, p. 23. Hall のいふ所では此偈は Vijñānabhikṣu は其 Yogavārttika 中に一部引用し、Bhāvāgaṇeśa も引用し、Kṣemānanda も Tattvasamāsa 中に引用し、Sāṁkhyakramadīpikā 中にも引かれて居る。後の三偈も亦諸所に引かれて居る。
(14) Pañcaśikha-Fragmente, p. 76.
(15) Gauḍapāda-bhāṣya on the Sāṁkhya-kārikā, 1,2,22(v. 2 の下のは一部分のみ)。Hall は……yatra kutrāśrame sthitaḥ とし Gauḍapāda も v. 22 の下では vaset を rataḥ となして居る。

(16) 之に關して Vijñānabhikṣu の言 svaprayojana-abhāve 'pi viduṣāṁ pravṛttau pañcaśikha-ācāryavākyaṁ pramāṇayati (Yogavārttika on the sūtra, 1,25) が其證にせられて居る。

(17) Pañcaśikha-Fragmente, p. 80.

(18) Hopkins, The Great Epic of India, p. 142, ff. 但し Hopkins は三所にありとして猶二百七十五を擧げて居る。二百七十五等の Adhyāya の數は凡て Bombay edition に從ふ。Bombay edition は二百二十七から二百七十九に飛むで居るが凡て其儘にて出して置く。Deussen の譯文にては括弧内にあるものである。

(19) Hopkins, The Great Epic of India, The Thirty-one Elements.

(20) Ṣaḍdarśana-samuccaya, p. 105; Syādvāda-mañjarī, p. 118 に次の偈文が引用されて居る。

amūrtaś cetano bhogī nityaḥ sarvagato 'kriyaḥ,
akartā nirguṇaḥ sūkṣmo ātmā kāpiladarśane.

七

Pañcaśikha の師は Āsuri であるとは殆んど凡ての傳説の一致していふ所であり、そして Āsuri は Kapila の弟子であるとは Pañcaśikha 自身もいふ所である。然し不幸にして Āsuri の個人的事情については傳へられて居らぬ。金七十論頌文第一の下に Kapila が世間が盲闇に沈沒するを見て大悲心を起し之を救はむとし、世間を見るに Āsuri なる婆羅門が千年天を祠るを見、往いて身を隱して Āsuri に「汝在家の法に戲る」と告げた。後千年を經て更に前言を告げたるに Āsuri 答へて世尊我れ實に在家の法に戲るというた、Kapila は之を聞きて去り、後更に來りて前言を告げ、又同じ答を得、問うて曰く「汝能く清淨に梵行に住せむや否や」と、Āsuri はよく住せむとて出家し Kapila の弟子となつて數論説を傳へられたとある。大悲心云々は Pañcaśikha 斷片第一にいふ所に通じ、千年祠天は Mahābhārata が Pañcaśikha についていふ所に似て居る。而して此全體は勝論派の開祖 Kaṇāda が弟子 Pañcaśikhī を度して其弟子とするとの傳説によく似て居る。又此と同工異曲の傳説は Milinda-pañha の初に於ける Nāgasena 出家の傳説や、阿育王時代の Moggaliputta Tissa 出家の傳説にも存するから、Āsuri にのみ特有でもなく、又其傳説をいうて居る書の年代も他よりは遲いから勿論事實としては認容し得られぬ。

Weber(1) のいふ所によれば Āsuri は Śatapatha-brāhmaṇa に祭式犧牲等の authority として屢々記載され、又 Yājñavalkya の弟子としても傳へられて居る。Weber は Pañcaśikha をも釋尊よりもズット以前と見て居るから、數論師 Āsuri が Śatapatha-brāhmaṇa の Āsuri と同一と見、其年代を古く考へて居るが、現今の事情の下では恐らく此説は學者に承認せられまい。Pañcaśikha を紀元一世紀頃とし、Āsuri が其師であるとするならば、早くも紀元前一世紀、又は紀元前後の人となるであらう。然し Pañcaśikha を漠然紀元一世紀以前といふ外はないから此傳説及推定に何の確實性もないことになる。

Āsuri の傳記が明でなく、又其傳説に無稽な事が附加せられて居るからとて、其歴史的人物なることを疑ふのは勿論早計である。苟くも傳説など存する人を否定せむには他の多くの材料を捜索しないと徒らに獨斷に陷ることが多い。Hall のいふ所によると Āsuri が著書をなした事は次の Āsuri に歸せらるゝ偈文から見て明である。

vivikte dṛkpariṇatau buddhau bhogo 'sya kathyate,
pratibimbodayaḥ svacche yathā candramaso 'mbhasi.(2)

此偈は Hall が Caritrasiṃha Gaṇi の Ṣaḍdarśana-samuccaya の註中に見出したものであるが、其外にも Malliṣeṇa の Syādvāda-mañjarī に註した Hemacandra の Vītarāgastuti(3) 中にも、又 Guṇaratna の Ṣaḍdarśana-samuccaya(4) の註中にも Āsuri の言として引用せられて居る。已に此偈の殘つて居る以上 Āsuri が歴史的人物なることは疑ない理である。

此の如き一偈から Āsuri の學説の如何を知ることは勿論不可能であるが、然し此中に有する pratibimba (reflection) なる文字が、後世の數論説にて自性神我の關係を説く pratibimba 説と同じものとすれば大に意義あることとなる。恐らく此説と關係あることは Guṇaratna 及び Hemacandra が此 Āsuri の偈と同意として Vindhyavāsin の

puruṣo 'vikṛtātmaiva svanirbhāsam acetanam,

manaḥ karoti sāṁnidhyād upādhiḥ sphaṭikaṁ yathā.

を引用して説明して居ることから判る。此偈は Sāṁkhya-kārikā 中には發見せられないものであるから、前いうた通り、Īśvarakṛṣṇa が Sāṁkhya-kārikā 以外に著書のあつた猶一の證となるであらう(Sāṁkhya-kārikā は Ārya-metre であるが、此偈は śloka である)が Āsuri とは少しく考を異にして居る。Āsuri に已に pratibimba の考の萌芽があるとすれば Vijñānabhikṣu の考も必らずしも新らしい説とはいはれない。尤も pratibimba 説は Vijñānabhikṣu は其典據を Yoga-sūtra, 1, 4; Vyāsa on the Yogasūtra, 2, 17 等に求めて居るが、(5) Aniruddha (on the Sāṁkhya-sūtra, 3, 56; 1, 96; 98) 及び Mahādeva (on the Sūtra, 1,99) は已に pratibimba を用ひて居る。Vijñānabhikṣu のいふ所は Hemacandra の引用にも説かれて居ることであるから、十二世紀前半には已に存したことである。然し Vācaspatimiśra は此考を説かなかつた事は Vijñānabhikṣu が Sūtra, 1,87; 99 の下に其説を破して居ることから知られ得る。Sāṁkhya-kārikā (v. 20) では非精神的のものが精神的のものの如く (iva) 見ゆるといふのみで、其理由を擧げなかつたから、Vācaspatimiśra も十分説明しなかつたのであらうが、Kārikā が已に Āsuri の考を徹底せず、後世に至つて又古き考に戻つたのである。

(1) History of Indian Literature, p. 235.

(2) Sāṁkhya-sāra, p. 21. 但し viviktaṁ とあり。

(3) Syādvāda-mañjarī (Chowkhamba Skt. s.), p. 119.

(4) Ṣaḍdarśana-samuccaya, p. 104.

(5) Vijñānabhikṣu on the S. S., 1,1; 1,87; 6,49.

八

Āsuri の師は Kapila で、殆んど凡ての傳說で數論派の開祖とせらるゝ人である。其年代を考へて見るに、若し前いうた如く、Pañcaśikha を紀元一世紀の人と見 Kapila—Āsuri—Pañcaśikha の傳統を直接面授の師資とすれば Kapila はどうしても紀元前一世紀の初頭より遡つた年代の人とは見ることは出來ない。然し Kapila が眞に數論派の開祖とすれば、數論派は猶其より以前に存した事が明であるから、紀元前一世紀は遲きに失する。是予が數論傳統說が直接面授の師資の連綿たる系統を示して居るかどうかを疑ふ主なる理由であるが、此疑は其豫想として Kapila が數論派の開祖なりとの傳說を許して居る譯である。此傳說までも否定する理由は存在しないから、之をば許すとすれば、傳統說の方は信用が措けなくなる。從つて Āsuri, Pañcaśikha の年代も確でないことになる。Pañcaśikha を紀元一世紀以前の人とするのは、當時の事情を參照しても必らずしも不都合とは思へないが、Āsuri, Kapila に關しては紀元前一世紀說は到底維持し得られないから、結局は不明とする外はない。即ち數論學者の確な年代は Pañcaśikha を紀元一世紀以前の人といふ外 Vārṣagaṇya 以前には及ばないと見なければならぬ。然し予は傳說的の開祖の年代を定めて其學派の成立年代と見る仕方を學術的の取扱とは考へないから、此等の點に甚だしく重を置くものではない。それにも拘らず Kapila について猶論ずべきは一部の學者の獨斷偏見と思はるゝ點を明にする要があるからである。

Kapila なる名の文書上初めて現はれたのは恐らく Śvetāśvatara-upaniṣad, 5, 2 であらう。之に關して論ずべき事柄が多いから、先づ其原文を出し、之に關する學者の說を參照して研究して見よう。其文に曰く、

(I)　yo yoniṁ yonim adhitiṣṭhaty eko viśvāni rūpāṇi yoniśca sarvāḥ,
ṛṣiṁ prasūtaṁ kapilaṁ yas tam agre jñānair bibharti jāyamānaṁ ca paśyet.

古い學者では Weber[1](1852) の如きは之によつて此時代已に Kapila は神格視せられた證と見、Max Müller[2](1876) は

全く反對な意見を出して居る。其要旨は下の如くである。曰く此偈のみを獨立に讀めば驚くべきものであらうが、然し此偈の主辭は 4, 11

(II) yo yoniṁ yonim adhitiṣṭhaty eko yasminn idaṁ saṁca vicaiti sarvam,
tam īśānaṁ varadaṁ devam īḍyaṁ nicayyemāṁ śāntim atyantam eti.

と同一で、語も同じである。そして yo yoniṁ yonim adhitiṣṭhaty ekaḥ は Brahman をいふのであるから、5, 2 の偈でも同じ事で、prasūta は Brahman より生じたる子、卽ち Hiraṇyagarbha(人格的梵をいふ)でなければならぬとて

(III) yo devānāṁ prabhavaś codbhavaś ca viśvādhipo rudro maharṣiḥ,
hiraṇyagarbhaṁ janayāmāsa pūrvaṁ sa no buddhyā śubhayā saṁyunaktu. (3,4)

(IV) yo devānāṁ prabhavaś codbhavaś ca viśvādhipo rudro maharṣiḥ,
hiraṇyagarbhaṁ paśyati jāyamānaṁ sa no buddhyā śubhayā saṁyunaktu. (4,12)

を引用して證明し、若し5,2 の偈に kapila の文字がなかつたならば、何人にても Hiraṇyagarbha のことをいふと見ないものはないであらう。何となれば ṛṣi の稱號の如きは Brahman にも Hiraṇyagarbha にも用ひらるゝからである。又印度一般の風習として、一學說若しくは一學派の開祖を Brahman の如きに歸することが多いから、今の場合も數論說の如きを Hiraṇyagarbha に歸するに至らしめたのである。そして Hiraṇyagarbha の一名 Kapila が此處にあるから數論說と Kapila と結付くに至つたので、それを後には却つて Kapila を實在的人物なりと確信して、其證を此處に發見せむとするに至つたのである。Kapila の歷史的人物たるの證はないから、此當時 Kapila が神格視せらるゝやうになつたとの證とはならない。Hiraṇyagarbha の考から Kapila を考出すことはあり得るが、歷史的の Kapila が Hiraṇyagarbha になることは全然あり得ない。

Max Müller は更に Śaṅkara, Vijñānātman, Śaṅkarānanda の如き後世の註釋者の解釋をも擧げて自說を證して居るが、以上の說は其最後で知らるゝ通り、主として Weber の說に當り、其に反對して居るものである。

Max Müller の Upaniṣads 譯中には歷史的觀察に缺點があり、又他の學者から大に批評せられても居る(3)が、然し當時の事情と現代の事情とは大に異るから、現代を標準として此效勞多き先覺者の些少の缺點を批議する如きは後進學徒の愼しむべきことである。然し批議するは禮にあらざるものの中にも、今猶現今の事柄と關係ある點は學術上一應の批評をしなければならぬから、後に關說するであらう。

Max Müller と同じやうな意見を有する學者は、現今では Deussen である。Deussen は其著 Die Philosophie der Upaniṣad's(4)(1899; 1907) に於て、學者は Śvet.-up., 5,2 に kapila-ṛṣi (赤き賢者) とあるを誤解し、此種の吠陀文學中に世界創造神の初生の子を Kapila ——數論派の開祖——と稱すと解する不都合をなすとし、其誤なることを證する爲めに次の如くいうて居る。若し數論の如き無神論にして二元論たる學說に全く反する說をなす此 Śvet.-up. の著者が之を知り居たとすれば、Kapila 以外の名稱を以て言顯はしたであらう。此偈の Kapila を數論派の開祖と見るには唯此偈を他より放して讀み、此 Up. 全體の意を顧慮せざる時にのみ可能である。此偈の如き考は他所にも猶多く存し、Rudra を 4,18 にては太初知を作れるものとし、3, 19 にては最初の大人 (agryaḥ puruṣo mahān) とし、6,18 にては太初に梵天及び吠陀を作れる神とし、3,4 にては曾て Hiraṇyagarbha を生める人とし、4,12 (前引用のⅣを見よ) にては生ずる Hiraṇyagarbha を見たりとなして居るが、此最後のものと關係して 5,2 はかの (3,4 及び 4,14 にいへる) 初生の赤き賢者云々 (ṛṣiṁ prasūtaṁ kapilaṁ yas tam agre jñānair bibharti jāyamānaṁ ca paśyet, 前引用のⅠを見よ) というたのである。此中の tam なる語並に jāyamānaṁ ca paśyet の句は之を 4,12 paśyata jāyamānaṁ (前引用のⅣ、Ⅲを見よ) と比較すれば後者に關係し、從つて Hiraṇyagarbha を指すことは疑ない。

Deussen は此意見を其後も諸所——Sechzig Upanishad's des Veda (1897, 1905, p. 304); Geheimlehre des Veda (1907,

p. 178); Allgemeine Geschichte der Philosophie, I, 3 (1908, pp. 17, 409) ——に述べて居るが、要するに Max Müller の論據以外に格別新らしい論據ありとも見えない。先づ之に對する他の學者の批評及意見を擧げて見よう。

Deussen の Sechzig Upanishad's の第一版の出た年に Böhtlingk[5] が之を批評して居る。今目下の場合に必要な部分丈けをいへば Deussen が Kapila を Hiraṇyagarbha となすのは Śaṅkara によつたものであるが、Hiraṇyagarbha を Ṛṣi と稱することは曾て例がない。Mahābhārata では Ṛṣi Kapila は Hiraṇyagarbha と同一に置かるゝが、然し「赤き仙」としてゞはなくして、實際上の Ṛṣi Kapila 卽ち數論派の開祖としてゞある、Śvet.-up. でも亦數論派の Kapila としていうて居るのであると。

Hopkins[6] も亦 Deussen の Śvet.-up., 6,13 の譯文を批評し、此 Up. 全體に對する考を批評した中に Deussen の Kapila に對する考が誤であると述べて居る。Hopkins の此意見は Śvet.-up. 全體に關して述ぶべきであるから茲には其全體のことは省いて置く。

更に Oldenberg[7] は最近に Śvet.-up., 5,2 の Kapila を明に人名と解して數論派の開祖となし、Deussen の如く Kapila は赤き意にして人名と見るは偈文を誤讀するものとなす說を全然不確な考なりと斷定した。

以上の外にも學者の說の發表せられたものもあるが、此等三人はとにかく多くの Indologists 中殊に哲學等の方面に於ても第一流に屬する有力な學者である、Deussen の或意見は他の學者[8]の考の基とせらるゝこともあるが、此種の學者は他の方面では authority として十分な人であつても、哲學の方面では重をなさない人である。其他の學者中殊に Hopkins[9] の如きは Deussen を以て殆んど全く Indologists の circle 中に入れて居ない態度で、Deussen の誤れる考を他山の石とせむことを多くの Indologists に警告するが如きことをなして居る。此は恐らく極端な意見であらうが、然し一般の Indologists は、予の知る限りでは、一部の學者の考ふるが如く、Deussen を以て信賴し得べき Indologist とは見て居ない。然し其はともあれ、吾々の態度はどこ迄も學究的に虛心なることを要する。

Max Müller と Deussen との共通した考は Śvet.-up., 5,2 は 4,11; 3,4; 4,12 等と關係するもので此等から見て Kapila は Hiraṇyagarbha の意であるといふにある。此考は正當なものであると考へらるゝ。然し是より直に結論して Kapila が全然人名でなく、むしろ數論派の開祖を獨立に Hiraṇyagarbha に歸し、後此文によつて更に Kapila なる架空的人物を作つて數論派の開祖としたといひ、又は Śvet.-up. の著者が數論派のことを知らなかつたから Kapila の文字を用ひたので、若し知つて居たならば他の文字を用ひたであらう、數論と全く異る説をなす此書に數論派の開祖の名のあるべき筈はないといふ如きは根據なき言である。此文の Kapila を ṛṣi の名と見ることの決して不都合でないことは Max Müller, Deussen の據所となる Śaṅkara(10) でも明かに之を示して居る。Śaṅkara は二様の解釋をなして居るが、其一は Kapila を ṛṣi の名と考へ得るも其は必らずしも數論派開祖の名とは限らないというて居る。Max Müller の考ふるが如く數論派を Hiraṇyagarbha の創唱に歸し後此 Up. の文によつて Kapila なる人物を作つたといふ如きは單純な想像に過ぎない考である。Kapila を開祖と見る以前 Hiraṇyagarbha を數論派の開祖としたことは何れの學者もいうて居ないやうであるし、單に數論派といふとき Hiraṇyagarbha を開祖となす例を聞かない。實在的の Kapila が Hiraṇyagarbha とせらるゝに至ることはないといふが、是も早計に失する斷言である。Kapila は Hiraṇyagarbha とせらるゝのみならず、Prajāpati ともせられ、Agni ともせられ、Viṣṇu ともせられ Śiva ともせられ、單に Brahman の子ともせられ、神 (deva) ともせられ太陽より生じたりともせられて居る、若し Hiraṇyagarbha から架空的の Kapila が作られたので、其逆でないといふならば、他の神より作出されたと論ずることも可能ともなるし、從つて此の如く多くの神と同一視せらるゝことを如何に説明すべきか。Böhtlingk は Hiraṇyagarbha 其者が ṛṣi と稱せらるゝことはないというて居る。印度に於て歷史的人物が後世或神の avatāra とせられ、更に神其者と同一視せらるゝことは決して珍らしいことではない。從つて Kapila が多くの神と同一視せらるゝの故のみを以て其歷史的存在を否定する唯一の根據となす如きは、餘りに印度の事情に通ぜざる議論である。勿論傳説を否定して其存在を抹殺するも、十分なる證據のある以上、學者の自由であるが、予のいふ所は前の如き理由のみにて Kapila の歴史的存在を否定するのは正しくないといふ意味である。Hopkins は Mahābhārata に於てすら Kapila の歴史的實在を疑ひ其 a real (human) philosopher なりしを否定すべき理由なしというて居る。(11) 此意味に於て Macdonell が Indeed, the very existence of such a person as Kapila has been doubted, in spite of the unanimity with which Indian tradition designates a man of this name as the founder of the (Sāṅkhya) system (12) といふ如きは嚴密な批評眼を缺いた言であるといはねばならぬ。Macdonell のいふ所は恐らく Deussen の考あたりから言ひ來つたものであらうが、現代の學者にして果して何人が眞面目に Kapila の存在を疑うたか、予の寡聞なる未だ之を知ることが出來ない。

更に Deussen が Śvet.-up. の如き數論説と全く反對な説をなす吠陀文學中に數論派の開祖たる Kapila の名の存在する理由がないといふ意見は、其前提として數論説は吠陀の如き正統派の書中にないとの考を持つて居ると見なければならぬ。然らざれば無意味な意見である。然るに Deussen は數論説の起原は全然吠陀文學中にありとし、梨俱吠陀の創造歌の中より進みて Śvet.-up. 以前の Up. を經て其説を纏め、Mahābhārata を經て Sāṅkhya-kārikā にある如き思想となつたとなして居る、此兩種の考は如何に調和し居るか。Deussen の考では數論説といへば殆んど Sāṅkhya-kārikā にあるもの丶みで、其他の思想の如きを殆んど顧みないが此が抑もの誤で、數論説の發達は決して Deussen の考ふるが如く簡單なものでない。從つて Deussen が骨折つて數論説の發達を敍しても正鵠を得ないし、最も重要な事柄をすら見逃して居る位である故に Śvet.-up. に對する考も、不幸にして予は全く贊同し得ぬ。要は Up. 全體に對する意見、並に印度哲學思想發達の歴史的取扱に對する意見が相違するから此點を明にする爲めには詳細の論述が必要となる。然し今之をなすことは出來ないが Śvet.-up. に關しては特に後に關説するであらう。ともあれ Śvet.-up. に數論派の開祖の名があるべからずとの考は Deussen 自身の考中に已に矛盾を含み、從つて其儘には首肯し得られない考である。

以上の如く考へて Śvet.-up., 5,2 に存する Kapila が人名でないとの說は先づ成立たないと見られるし、他の學者も明に人名と見て差支ないとなして居る。從つて又 Kapila の歴史的人物なるを否定するのも根據のない考である。故に予は Kapila は Śvet.-up. 以前の人で當時已に Hiraṇyagarbha と同一視せられ、若しくは同一視せられむとして居たと見る。

Kapila が歴史的人物であつたとしても、其傳記等は不明であることは他の人々の場合と同じである。然し Mahābhārata[13] によれば彼は刹帝利族の人で、婆羅門主義の一たる犧牲[14]に反對したことが傳へられて居る。けれども Kapila 自身の考としては必らずしも吠陀に反對するのではなく寧ろ吠陀に說かるゝ規則の或ものを守ることを要として居る。Kapila の說としては XII, 268–370 (Bombay edition = Calcutta edition, 9596–9754, Go-kapilīyam 章) に說かれて居るが、文句主意共に法句經に似たものが多く、教理的のことをいふ所にても纏つたものとなつて居ない。然し其散說したる中 ahaṅkāra, prakṛti, guṇa, tamas, dveṣa, kāma, kr[od]ha, dambha, anṛta, mada, samaya の如き數論的の語及び yati を力說する點に數論說を想見する丈けにて全體としては吠陀及び Smṛti を authority とする Brahmanism である。dveṣa 以下はむしろ Yoga に關する語である。又特に Brahman に śabda-brahman と para-brahman との二を說き前者に達するものは para-brahman に達すとなす如きは Vyāsa[15] 說にも存し Maitrāyaṇa-up., 6,22 と同一で Brahmanism たることを示して居るものである。此等の點からいへば Sāṅkhya, Yoga, Brahmanism の結合したものともいはれ得る。然し其他の一般の哲學說をなす部に於ては數論派の開祖として Kapila を尊稱し數論說を述べて居るから、Kapila の說は今いうた Go-kapilīyam 章丈けを以て論ずべきでなく、Mahābhārata に於ける複雜な數論說は Kapila の說より發したもの、卽 Kapila は元來數論說を組織した人と見るべきである。然し此 Kapila の眞の數論說は果たして如何なるものであつたか、此が研究は頗る困難な問題である。金七十論の最後並に佛性論によると Kapila は Āsuri の爲めに、最初は唯闇 (tamas) 生ず、此闇中に知田 (kṣetrajña) あり、卽ち是れ人 (puruṣa) 也、人あつて未だ智あらざる故に稱して田(kṣetra)となす、次に廻轉變異す、此れ第一轉の生なり、乃至解脱すと說いたとなつて居る。此は稍梨倶吠陀 X, 129 の tamas(闇)のみありき、太初此一切は tamas によりて掩はれたる冥暗の水なりきといふに似通うては居るが、然し此間に幾何の歷史的關係あるか。單に類似の一點で早計に數論說の起原を玆に覓むることは確實な仕方でないのみならず猶近きものとして之に似たものは Maitr.-up., 5,2 に求められ得らるゝであらうし、是れには又 Loka-tattva-nirṇaya, vv. 65–67 をも參照すべきである。

Kapila に關して論ずべき事は凡て數論說の起原問題に關する事柄であるから、其大要は後に說くであらう。とにかく Kapila の個人的のことは目下の狀態では、到底明にせられないことである。Weber[16] の如きは Bṛhadāraṇyaka-up. に於ける Kāpya Patañcala なる Uddālaka Āruṇi の師を Kapila と Patañjali と同一視せむとするが、是はどうしても無理である。

以上長く數論の傳統說に從つて逆行的に其學者を中心にして論述したが、此の如きものでは表題の Sāṁkhyayoga に關しても十分答へたとはならないし、數論派の重要な點にも觸れて居ない。故に其方面のことを更に論述し研究して見ねばならぬ。重複に亙る嫌はあるが、以下更に、此度は發達の流に隨うて時代を追ひつゝ、予の考へ得らるゝ點まで述べて見ようと思ふ。

(1) History of Indian Literature, pp. 96, 236.
(2) Upaniṣads, vol. XV, p. xxxviii, f.
(3) 例へば Whitney が Proceedings of the American Oriental Society に出せる批評の如きがそれである。玆には Whitney の常になす如く嚴しい批評をなして居る。
(4) Allgemeine Geschichte der Philosophie, I, 2, p. 180, f.
(5) Berichte Säch. Gesells. d. W., 1897, p. 79, ff.
(6) Notes on the Śvetāśvatara, the Buddhacarita, etc. (JAOS., XXII, p. 386, f.)

(7) Die Lehre der Upanishaden und die Anfänge des Buddhismus, pp. 209, 352.
(8) Winternitz, Geschichte der indischen Literatur の Up. の部、Macdonell, History of Skt. Literature の Up. の部を見よ。後者は Deussen に依るとは明言しないが大體は Deussen を踏襲したものである。
(9) Śaṅkara on the Vedānta-sūtra, 2,1,1.
(10) 以下 Hopkins, Notes on the Śvetāśvatara, the Buddhacarita, etc., p. 380, ff.; The Great Epic of India, p. 98; Gauḍapāda-bhāṣya on the S. K., v. 1; Vijñānabhikṣu, Sāṅkhya-pravacana-bhāṣya on the S. S., 6, 68; Śaṅkara-bhāṣya on the V. S., 2, 1, 1.
(11) The Great Epic of India, p. 98.
(12) History of Skt. Literature, p. 393.
(13) Hopkins, Notes on the Śvetāśvatara, the Buddhacarita, p. 387; Mbh., XIII, 4, 56.
(14) Hopkins, The Great Epic of India, p. 98. 以下多くは此書による。
(15) Mbh., XII, 233, 308541.
(16) History of Indian Literature, pp. 137, 236.

九

數論の起原及發達を詳細に研究し發表した人は先づ Deussen(1) と Oldenberg(2) との二學者で、此二人に及ぶ人は恐らくあるまい。然し數論學者としては其研究といひ其效績といひ現代學者中、否殆んど凡ての古來の Indologists 中 Garbe に及ぶ學者はない。其著 Sāṅkhya-Philosophie の如きは多くの印度哲學關係書中の白眉であることは一般學者の定評である。此書の序論に論述せる意見は、Deussen などの考とは異る點があつて、Deussen の考に從ふ人々の顧みる所とならず、時には甚だしい攻撃すら加へらるゝが、其當時の考としてはむしろ賞讃に價するものである。但し親しく聞く所によると 1914 年には其第二版を書きつゝあり、又其英譯をも出す計畫であるから、序論の部には重を置かないやうにと注意があつた程である。從つて數論派の起原發達についても一層進歩した考を持つて居るのであらう。よつて以下の論に於ても其方には觸れない事にする。

Deussen は Upaniṣad 年代を ca. 500 B. C. までとなし此間に凡ての Up. を容れるから、數論説の起原を此中に發見するとすれば卽ち 500 B. C. 以前にあるものと見るのである。そして佛教は次期吠陀以後の時代 ca. 500 B. C.–1500 A. D. の初頭 Mahābhārata 時代の附錄として論述するから、數論の起原は佛教以前となる。否 Up. の哲學の歴史的發達を Idealismus—Pantheismus—Kosmogonismus—Theismus—Atheismus—Deismus の順に見、Atheismus は卽ち數論思想で此次に Yoga が來り(卽 Deismus)更に佛教思想が來るとなして居る。然し Mahābhārata に於ては數論思想は未だ發達の中途にありとなすから、佛教以前となすのは數論的思想で數論學派を指すのではないと考へられる。Deussen は學派としての數論は Sāṁkhya-kārikā に述べられた學説のものが初めであると見、數論思想の發達を凡て此書中の思想を標準として述べて居る。故に數論思想若しくは數論學派と佛教との關係は、甚だ徹底せざる見方から述べられて居る譯である。思想として佛教以前のものが、Sāṁkhya-kārikā に至つて初めて學派として形成したと見るのも隨分奇なるものであるが、かく見れば數論の學派成立は 250–350 A. D. となる理である。然し Deussen は Sāṁkhya-kārikā については何等の證據も擧げずに紀元前一世紀のものとなして居るが、此の如きは殆んど論ずるに値せざる獨斷である。

Oldenberg は Brāhmaṇa 時代の哲學的研究を 1000 B. C. 頃始まると見て居るらしいが、數論の起原について Kaṭha-up., Śvetāśvatara-up., Maitrāyaṇa-up. を其直接の起原を示すものと見、Kaṭha-up. は佛教興起少しく以前、他の二は佛教以後と見るから、先づ 500 B. C. より以後に配當して居ることとなる。

予は Deussen の Up. 觀は嚴密な歴史的根據の上に立つて居ないと考へるし他の學者も決して認めて居るものでないから、其より考出した各 Up. の年代的意見にも贊成しないものである故に、むしろ Oldenberg の説の方に左袒する。

其理由は漸次明になるであらうが、先づ數論が學派として成立した確な文書上の證據を見る要がある。Kauṭilya の Arthaśāstra に sāṁkhyaṁ yogo lokāyataṁ ceti ānvīkṣikī なる句がある。Kauṭilya (Cāṇakya, Viṣṇu-gupta) は Maurya Dynasty の祖 Candragupta 王 (321–297 B. C. 在位) の大臣であつたから、晩年に其書を書いたとしても大體 300 B. C. のものである。此書は Śama Śāstrī が初めて發見し 1908 年に初めて出版したものであるが、爾來盛に研究せられ Hillebrandt, Jacobi, Jolly, Oldenberg, Hertel, Keith, Barnett, Smith, Vallauri 等の學者が各研究なり譯文なりを發表し、最近 Śama Śāstrī(3) によつて全部が譯出せられたものである。年代について疑を插む人もあるが大體に於て 300 B. C. の說が行はれて居る。好しんば年代が遲いにしても、其記述する印度の狀態から見ると 300 B. C. 時代のことを書傳へて居ると見て差支ないと思はるゝ。故に當時哲學 (ānvīkṣikī) が數論、瑜伽、順世外道の三であつたのであるから、此の當時已に數論並に瑜伽は學派的に成立して居た證據であると見なければならぬ。然し、此當時の數論は如何なる說を持つて居つたか。此は Arthaśāstra からは少しも知られない。之を明にせむには數論の起原問題を明にしなければならぬことになる。

印度哲學思想發達の大要は予の見る所によれば大體下の如くである。

Ṛgveda の後期に宇宙創造說が起り、其見方は宇宙生起を造作的 (卽ち creation の考) に、生產的 (卽ち production or generation の考) に、及び開展的 (卽ち evolution の見方) に見たが、進みて Brāhmaṇa 時代に入りては具體的創造者を立て、初めは生主 (Prajāpati) の創造を說き、次に梵 (Brahman) の創造を說き、更に進みて我 (Ātman) の創造說をなすに至つた。最後の說は卽ち、Brāhmaṇa 時代の後期、特に Upaniṣad 哲學時代と稱せらるゝ時期中の前期をなすものである。若し Upaniṣad 時代を特に一時期と見れば之を三期に小分し、其初期を Ātman の創造說をなす時とする。此は Aitareya-up. 及び Bṛhadāraṇyaka-up. に說かれて居る。初期中より中期に入るに從つて其 Ātman の本質探究が盛となり、茲に印度哲學上初めて眞の哲學が現はれたのである。Ātman の本質は初めは prāṇa (息) と見、其傍には、風とも、空とも、目とも、見たものもあつたが、遂に意(manas)と見、心臟と見、其等の作用なる saṁkalpa(思惟)と vidyā(知)と見、最後に vijñāna(知)と見るに到り、之を他の方面より jyotis(光)又は ānanda(歡喜)、satya(眞理)、sat(有)と言顯はすに至つた。此等の説は多くは一々其主張者の個人名と結合して傳へられて居る。此の如き盛なる研究は遂に Bṛhadāraṇyaka-up. に傳へらるゝ Yājñavalkya の説、及び其師たる Chāndogya-up. の重要なる人 Uddālaka Āruṇi の哲學に至つて高潮に達し圓熟した。後期となつては已に此等の模倣で Kauṣītaki-up. に存する如きものとなつた。卽ち Up. 哲學は Yājñavalkya と Uddālaka Āruṇi との説に於て行詰を生ずる程となつたのである。

Yājñavalkya の説は Up. 初期の Ātman 創造説から發して建てた一種の agnosticism である。agnosticism は嚴密にいふと半認識論的半形而上學的の説であるが、今 Yājñavalkya は半認識論的の方面として Ātman は吾々の主觀であつて其自ら認識の對象とはならないものと説き、半形而上學的方面として Ātman は實在せる宇宙の本體であると説く。此は Ātman 創造説より一歸結として出た説であるが、已に agnosticism を説くに至ると、其出發點であつた Ātman 創造説の如き幼稚な考を捨てゝ、個人的 Ātman と宇宙的 Ātman との關係を理論的に説かむとするに至る。

宇宙的 Ātman は Brahman(中性)とも稱せらるゝが、又 Deva(神)とも、Īśāna(主)とも、凡てのものゝ主(sarvasya-īśāna)とも、凡てのものゝ自在神(sarva-īśvara)とも稱せらるゝ。此の如きものが慾望(kāma)、業(karman)によつて身體に入り玆に個人精神(jīva)となる。此個人精神は慾望、業の繼續する間、卽ち宇宙我と個人精神とが同一なりとの正しき知を得ない限りは、其業に應じて輪廻をするが、兩者の同一を識得すれば玆に解脱を得るのである。故に此説の根本中心の思想としては sa vā ayam ātmā brahma(かの我は卽ち梵なり)、ahaṁ brahma asmi(吾卽ち梵)といふに歸する。

然し個人精神としての Ātman は其本質は知で認識の對象とならない超認識性のものであるから此と宇宙的の Ātman との同一は普通の方法にては達せられざるものである。玆に一種の神祕論的の考が現はれて來なければならぬことになる。此の如き知を得る方法を Yājñavalkya は次の如く說く。

息の息、眼の眼、耳の耳、意の意を知る人々は太古原始の梵を知れるなり。

其は意によりてのみ洞見せられざるべからず。此處には何等の雜多も存せず。此處にて雜多其物を見るものは死より死に至る。

此常住にして非所量(卽ち知によりて知られ得ざる、梵は)唯一方法によりてのみ洞見せられざるべからず。此は汚〔れ〕なく、空よりも高くして不死常住なる大我なり。

賢しき婆羅門は此のみを知りて此のみを體認すべし。多言を尋覓すること勿れ。其は單に舌の疲勞に過ぎざるべければなり (Bṛhad.-up., 4,4,18–21)。

玆に所謂意によりてのみ洞見するといふのは、後世に所謂 Yoga 行を指すのである。卽ち知によりては認得し得られざる――個人精神と宇宙我とが同一にして、其間に雜多別異の存せざる事を、Yoga 行によりて體認して解脫に至るといふのである。意によるといふのは Ātman の本質として意を之に當てた時があり其一方には意の機能たる saṁkalpa を當てたこともあつたが、更に進みて vijñāna, prajñā(知)を Ātman の本質としても、其に對應する機關としては、意(manas)以上のものを Up. 中にては認めて居ないから、依然として意である。從つて Yoga 行は意に關する丈けで其以上の機官に關することが出來ないから、意によりてのみと說くのである。此が Yoga 行を意味するにあることは後世の Yoga 行の考からも疑ないことである。

以上簡單に纏めた Yājñavalkya の說中注意すべき點は中心思想たる梵我の同一性を說く理論的方面と之を體認する實踐的方面との二方面あることである。そして解脫論として觀察すれば、むしろ後者の方が實際的には重要である。

Uddālaka Āruṇi の說は Yājñavalkya のそれとは少しく方面を異にして居る。其說は Up. 前期の Ātman 創造說と中期の思想を以て理論的に整へ、宇宙生成の緣起的方面より梵我の同一を說くものである。曰く太初に於て有のみ存し唯一無二であつたが、此唯一の實在梵が自ら繁殖し發展せむと欲して火(tejas)を生じ、火亦繁殖せむと欲して水(āpas)を生じ、水亦繁殖せむと欲して食卽ち地(anna=pṛthivī)を生じた。梵は更に個人精神(jīva-ātman)として此等の三中に入り名色を開展せむと欲し、三の各を更に各他の二を含み、三要素より成らしめむとて個人精神として其等に入り名色を發展せしめた。此名色を發展せしめたといふのが、此世界の成立せることを意味するのでかくして成れる萬物は——人でも草木でも、乃至無機物でも——皆火水地の三要素より成り各個人精神を有するものである。故に宇宙一切のものは質の差を有することはなく、唯單に量の差のみを持つて居る。從つて宇宙精神たる梵、卽ち太初の有と個人精神とが同一であるのみならず、萬物凡てが其根底に於て異る所がないのである。之を爾は卽ち其れ也(tat tvam asi)といふのである。

Uddālaka Āruṇi は Yājñavalkya の如く解脱について說かず只理論的方面を說くを主となすが、然し tat tvam asi の意義を九回も實例を以て說明するのをよく考へて見ると此 tat tvam asi の正知を得れば其が卽ち解脱であるとなすにあることは疑ない。けれども是に如何にして達するかの實際的方法は之を說いて居ない。又個人精神としての Ātman の性質をも詳しく說くことはないが、此は已に Ātman 本質の探究を經た後の思想であるから Yājñavalkya 說等と異る理はないが、其認識論的意義をば之を明にして居らぬ。此は實踐的修行を說かないのと關聯したことであるが、此等の點から見て Uddālaka Āruṇi は宇宙緣起說の理論を扱ふのを主として居たことが知られると思ふ。

Yājñavalkya と Uddālaka Āruṇi との說は或點に於ては相補ひて一組織をなすものと見られ得るが此が Up. に於て最も高潮に達した思想であつて、そして Up. 時代の中期をなして居る。後期に入つては此等の思想以上の思想、又は他の新說を創說することも出來ずして唯此等を模倣する位に過ぎなかつた。然し其模倣の間に多少多くの思想の萃を取り、又は多く思想を纏めむとする傾向を生じて來た。思ふに此傾向の幾分は中期から後期に至る間頃生じたもので Taittirīya-up., Īśā-up., Kena-up. の如きは此時期のものであらう。そして明に後期を代表するものは Kauṣītaki-up. である。此點については Kauṣītaki-up. と Chāndogya-up. 及び Bṛhadāraṇyaka-up. とを比較すれば比較した丈けでも大體は了解され得る事である。

印度哲學發達の年代上の區分は學者によつて異るが、現今は先づ梨俱吠陀の思想の初めを 1500 B. C. 又は 1200 B. C. とすれば大體は承認せられ得る。[4] そして Brāhmaṇa 時代は大凡 1000 B. C. に初まり、Upaniṣad 時代を分つとすれば、800–600 B. C. と見られ得る。即ち 600 B. C. で Upaniṣad period proper は終るのである。古い三吠陀に屬する Up. 十一種の中前に揭げた外の Kaṭha-up., Śvetāśvatara-up., Maitrāyaṇa-up., Mahānārāyaṇa-up. の如きは Upaniṣad period proper 以後即ち 600 B. C. 以後のものである。

以上簡單に說いた Ṛgveda 以來 Upaniṣad に至るまでの發達は即ち是れ印度正統思想の潮流である。Deussen の如きは此潮流の發達のみ見れば印度哲學思想發達に十分であるとして論述して居るが、此の如きは偏見である。此の偏見の爲めに Atharvaveda の思想を Brāhmaṇa 時代の附錄として扱ひ、又佛教耆那教の如きを Mahābhārata 時代の附錄として扱うて居る。如何に考へればとて、Atharvaveda, 佛教の如き印度思想上重要なものを附錄として扱はねばならぬ歷史的觀察が果して幾何の價値ありと許すことが出來得ようか。然し此の如き不完全な歷史的觀察は同時に Atharvaveda, 佛教の如き非正統思想にも其地位を與へ得べき觀察を要求して居ることになる。此意味に於て予は Upaniṣad の如きを、印度後世の凡ての思想の源泉であるかの如く見る說に贊同し得ぬ。

印度は其人種に於ても、言語に於ても、思想に於ても、初めより、單に正統派のそれのみで盡くし得る如き單純なものでない。Āryan 人種の Pañjab 侵入前 Dravidian 人種があつて人種言語思想殆んど凡て異るものであつた。現今に於ても南印度の果てのものと印度中部地方及北印度地方のものとを比較すれば、其當時のことも想像に描かれ得る。其れのみならず、同じ Āryan 人種中でも婆羅門族と他族とは其有する思想を異にして居る。此 Āryan 人種が南部露西亞に居た頃から傳へそして婆羅門族に養はれた思想が正統思想で、其他の族の有する思想、及び Śūdra 族となつた

Dravidian 人種より影響せられた一般人民の有する思想が非正統思想である。前者は Ṛgveda, Sāmaveda, Yajurveda に顯はれ後者は Atharvaveda 中に見出さる。勿論後者も前者より影響せられた點が多いが、次期 Brāhmaṇa 時代には正統思想は著しく非正統思想に影響せられ、否むしろ互に融合した所が多く Ṛgveda 時代とは大に異る思想となつたのである。然し當時に於ても矢張り正統思想以外に非正統思想は存在した。殊に Brāhmaṇa 時代の後期頃には政治的に Ṛgveda 時代と大に異つて來たので思想界も大に盛となつた。卽ち Ṛgveda 時代は部落的生活 (tribal life) をなすのが Āryan 人種の一般風俗習慣であつたのが、中部地方に移つて、Brāhmaṇa 時代になれば國家的生活 (state life) を營むやうになり、太平を享け國王保護の下に諸種の學術も盛となり、此機運から Upaniṣad 哲學も盛となつたのである。Upaniṣad に自由思想があると云ふのは其機運に促がされたからである。此哲學の發達には正統派以外の人々の刺戟及其人々等の思想を取入れた事も大なる原因をなして居る。つまり當時は印度一般の社會、上下を通じて諸種の學術も何もかも發達した時なのである。

600 B. C. 頃及び其以後の印度思想界は寧ろ非正統思想の方が遙に盛である。正統思想は Upaniṣad の中期で行詰り其後は大なる發展進歩はないが、非正統思想に屬するものは佛教耆那教を初めとし諸種の思想が行はれて居る。此勢力ある非正統思想に對して正統派の方では漸次一般的社會的方面に適當するものを研究するの傾向を生じた。元來 Brāhmaṇa にしても Upaniṣad にしても殆んど婆羅門專有のもので、哲學の如きは隱遁者間に弄ばれたものである。然るに 600 B. C. 若しくは 500 B. C. 頃からは Śrauta-sūtra (隨聞經)、Dharma-sūtra (法經)、Gṛhya-sūtra (家庭經) の如く社會的性質を有するものの製作研究となつた。玆に於て正統思想は非正統思想と接近し互に迎合し互に其說を取入れる機會を得るに至つたのである。事實此事は相應に行はれた。

予の見る所によれば佛教興起時代の一般思想界が印度哲學史上重要な地位を占めて居るものである。數論思想の起原問題でも此當時の事が關係して來ると思ふ。それのみならず Deussen にしても Oldenberg にしても數論思想は全く

Upaniṣad中に其起原を有し、數論の次にYogaの發達があると見て居るが、予の見る所ではYogaは數論思想以前のもので、遙に古い。そして此Yogaが數論思想の興起及發達に大關係を有すと考へる。

單にYogaというても其內容を考へると頗る複雜で、少くとも、安逸を貪る瞑想の行、魔力を得むとする行、苦行として行する行、哲學的思索を瞑想的になして解脫を求めむとする行の四種位に考へないと混雜を來たすものである。第三は本來は第一又は第二より出でた傍系的のもので第四は又恐らく第一が哲學者間に取入れられて起つたものであらうが、第一の如きは印度の如き土地氣候上自然に起つたものであらうし、第二はDravidian及びĀryanの下級民的思想と結合して居る。此第一第二の二種の行はれたるは非常に古いもので已にṚgveda, Atharvavedaに存するものである。Ṛgveda, 10, 136[5]の詩の如きは第一のYoga行者を歌へるものである。但し此當時はYoga又はYoginの文字なくMuniと稱して居つた。Bṛhadāraṇyaka-up. (3,5,4,4,22)でも又はMahābhārataの古き部でもMuniというて居る。Atharvavedaと魔力を得むとするYogaとの關係はいふ迄もないことと思ふが此兩種のYoga行はBrāhmaṇa時代に於て益發達し、第三第四も漸次發達し來て正統派非正統派等しく皆之を重むじ、之を行ずるやうになつた。Yogaなる文字も初めてTaittirīya-brāhmaṇa, 8,4,10,2[6]に存し、此所に又yatiなる語もある。Deussenの如くTaitt.-up.に初めてYogaなる語が現はれたといひ、Yogaは全然Up.のĀtmanの說の必然的歸結であるとのみなすのは正しくない。Yogaは哲學的方面にのみ關する程に簡單なものとは考へられぬ。然しYogaがUp.に於て取入れられて其哲學說と密接な關係に立ち、缺くべからざるものとなつたことは、前にYājñavalkyaの說を述べたときにいうた通りである。此の當時及び其以後に於ては非正統派の方面でもYogaは非常に盛で、佛教徒耆那教徒はいふ迄もなく、兩教の經典より見れば其當時の人々は一般に之を行じ、哲學者宗教者は凡て此を行ずる人々中にあつたのである。

Yogaを哲學的方面に向けて瞑想解脫の方法となすことはUpaniṣad時代の中期頃卽ち略Ātmanの本質探究の終らんとする頃盛になつたものであらう。安逸に耽る瞑想の行と結合して第一に必要なるは坐に關する事、場所に關すること、息に關することで、次で意(manas)の奔放を制して其處に宇宙祕奧の大靈に透徹せむとしたのであらう。古いUpaniṣad に於ても dama, nyāsa, dhyāna, medhā, maniṣā, yama, tapasā 等が Yoga に關して用ひらるゝのは卽ち之を示して居る。(7) 佛教方面の Yoga 行でも安逸に耽る瞑想行と解脫に近〔づ〕かむとする瞑想行とが結合して而かも已に種々の系統的の組織すら有し、其れより考出された一種の宇宙形體說を持つて居るし、或意味よりいへば佛教は凡てYoga の一組織なるかの觀を持つて居る位である。佛陀の一度問法した Ārāḍa Kālāma の如きは無所有處を以て究竟解脫の處とし、Uddaka Rāmaputta は非想非々想處を究竟の所となして居る位で、此無所有處幷に非想非々想處は佛教にいふ欲色無色の三界を說く宇宙形體說の上でいふことであるから、三界說の如きは當時一般に行はれ、佛教にも採用せられたものである。(8) 此說は一方に於ては Yoga 行の產物として建てられたものであるから、當時の事情と照らして見て、已に Yoga にも一種の組織を持つて居たと考へらるゝ。但し Yoga の本性上からも知らるゝ通り、Yogaは何れの哲學說にも附隨し得べきものであるから、Yoga が一の獨立の學派として獨得固有の學說を持つて居つたといふ譯ではない。佛教で行ぜらるれば佛教の說の實踐的方面に關係結合し、Upaniṣad 哲學に採用せらるれば其學說理論の體認方法となるのである。(9) 此形勢は後世まで繼續したのであることは Megasthenes(10) の斷片からなども知られ得る。然し固有獨特の學說がないからとて Yoga に關する件については一種の組織はあるべきである。其に從うて行ずるとき三界說の如き又は其に關聯した哲學的のことも考出さるゝのである。つまり Yoga は徹頭徹尾受動的に發達したといふのではなくして、受動的なる一方には能動的に其依る學說理論を發達せしむると見るのである。此の如き一種の組織ある Yoga が一の學派として成立して居たことは明に 300 B.C. 以前で、Arthaśāstra に見えて居る通りである。其處では Sāṅkhya と幷擧せられ Ānvīkṣikī(論證に基く〔學說〕)と稱せらるゝから、其派に特有な理論をも有して居たに相違ない。そして Sāṅkhya と幷擧せらるゝ點から見て其が數論說に近いものであつたらうと推察さるゝ。

數論の理論的學說は Upaniṣad に其基礎の材料を有するとは考へらるゝが、然し其凡てが Upaniṣad にあり、數論はUpaniṣad哲學の歷史的幷に、論理的の歸結としてのみ現はれたものとは考へられない。此點に於て予はDeussenにもOldenbergにも其儘は贊成しない。Deussenの如きは數論の自性—覺—我慢と發展し我慢より一方に五唯他方に十一根が出で、其五唯より又五大が出づる緣起の順序をChānd.-up., 6,8,6の死、Kaṭh.-up., 3,10–13,6,7–11のYoga, Praś.-up., 4,7の熟眠に說かるゝ諸根其他のものが根本のものに還入する順序の逆から來たものとし、更にMuṇḍ.-up., 1,1,8–9; 2,1,2–3によつて之を說明するが、此の如く機械的に考出されたと見るのが穩當でないのみならず、前已にいへる通りSāṅkhya-kārikāにある緣起の順序は多くの異說ある中の單に一說に過ぎないから、其一說をのみ標準として發達を說いても正鵠を得らるゝ筈がない。加之Sāṅkhya-kārikāよりも古いMahābhārata及び其と類似の說ある書などを見れば、Deussenの重きを置かざるもの以外に異つた緣起の順序が認められたのであるから、歷史的發達を論ずるとしては此方を先に標準としなければならぬ理である。殊に又Kaṭha-up.などを所謂Upaniṣad period proper以後のものと見れば、其年代に相違を來たすから、所論の進行は異らざるを得ない。好しむばDeussenのいふを正當としても自性—覺—我慢(ahaṅkāra)の中のahaṅkāraの出で來る所以は全然解決されて居ない。

佛敎所傳中龍樹の大智度論第七十卷(釋佛母品第四十八下)では數論の考へ出された所以は梵網六十二見經(Brahma-jāla-sutta)のAntānantika(邊無邊論)又はSassatavāda(常論)に關係せしめて居るし、無着の瑜伽師地論、顯楊聖敎論では、恐らく又其と關係せしめて、敎卽ち先師所造の敎と理卽ちYoga行による自觀とによつて其說を立てることをいうて居る。又馬鳴のBuddhacarita, 及び本行集經、過去現在因果經ではĀrāḍa Kālāmaの說が已に一種の數論說で釋尊は之を說聞かされたとなつて居る。[11] 予は、此等の傳說を全然度外視することを欲しない。Ārāḍa Kālāmaが一種のSāṅkhya說であつたかどうかは、古いPāliの中阿含(Majjhima-nikāya)のAriya-pariyesana-suttaに明にいはれて居ないから、馬鳴のいふ所を其儘信用する譯には行かぬが、Ārāḍa Kālāmaの如き非正統派に屬しYogaを行じて解脫を事とした隱遁者の或者によつてSāṅkhyaが組織せられた事を暗示して居る點を取る。此考を龍樹無着の記述によつて猶支持せしめようとするのである。的確に Brahma-jāla-sutta にいふ Antānantika 又は Sassatavāda に從ふ人によつて組織せられたかは疑問であることは勿論であるが、然し數論者は此の如き雰圍氣中にあつた人と考へらるゝ。前に Yoga を Sāṁkhya 以前と見たのは玆に關聯して居るのである。

先づ Sāṁkhya が組織せられたと思はるゝ年代を定むる要がある。前いへる通り 300 B. C. には已に學派として成立して居たのであるから、如何に遲く見ても其成立は 350 B. C. を降ることはあり得べからざることである。其以上如何に遡られ得るか。學者は時に原始佛教は Sāṁkhya の說を根本となして居るとして Sāṁkhya は佛教以前と見る。然し兩者の似て居るといふのは、枝葉を除けば其重要なる點は Sāṁkhya の緣起說が、佛教の十二因緣の基礎をなすといふにある。此は Jacobi, Garbe, Pischel など有力なる學者の唱ふる所であるが Oldenberg は之に反對して居る。(12) 予も Oldenberg に贊成して佛教が Sāṁkhya 說に基くとの說を否定する。Sāṁkhya の緣起は本來は個人の成立、其解脫の爲めに說くのが主意であるが自性 (prakṛti) の性質上宇宙世界の生成に關係せねばならぬこととなるのである。十二因緣は宇宙生成の說明樣式としては到底解釋の出來ないもので、個人否むしろ其認識生起の說明が主であつて、必ずしも、Sāṁkhya の意味での、緣起論でない。殊に佛教では此當時のものは宇宙とか世界とか形而上學的問題は殆んど取扱うて居なく、全く認識論の範圍の說のみである。勿論人類思索の性質上認識論より形而上學的問題に入るから、佛弟子も多少此方面に觸れては居るが、其は佛陀の禁じた所である。とまれ理論的の事は Oldenberg 等の論述に讓つて玆には述べないが、予の見る所では却つて Sāṁkhya の重要なる思想中には佛教思想、殊に佛教當時卽ち 600-450 B. C. 頃の一般思想界の思想を豫想して居るものがある。此考は前の學者の說とは正反對であるが、予は大要下の如くに考へる。

先づ第一に多苦觀について考へて見る。多苦觀は決して Sāṁkhya-kārikā に初めて言はるゝものでないことは前の第四項特に第六項に於ける引用文から明知せらるゝ。數論說には固有な考である。然るに此多苦觀は Deussen も古い

Up. に於ては Bṛhadāraṇyaka-up., 3.4. 2; 3.5.1; 3.7.23: ato 'nyad ārtaṁ(其れ以外のものは苦なり)と Chāndogya-up., 7.1.3: tarati śokam ātmavid(ātman を知る者は憂を越ゆ)とのみを引證し、次に Kaṭha-up.[13], Maitrāyaṇa-up. に至つては明に現はれ來たとなして居る。事實 Upaniṣad period proper に屬する Up. には多苦觀は存在しない。其說く解脫といふも、後世の人の考ふるが如く、苦より脫するのではなくて、むしろ Ātman に合致するにあるのである。耆那教の祖師 Mahāvīra の說でも、其祖 Pārśva でも、又 Ājīvika の長 Makkhali Gosāla でも苦を說いて居るが、然し其教の性質上之を以て重要なものとはなして居ない。然るに佛教に來ると多苦觀は其根本條件の一で、凡てのものが苦であるとは一々具さに證明の形式によつて說かれて居る。此點が抑佛教が初めて多苦觀の根據を採用した事を示して居るものであつて、數論說に於ては此證明の形式がなく、已に自明のものであるかの如くに扱うて居る。是に由つて觀ると數論說の多苦說は其派の創唱にかゝるのでなくして、他派の創唱を豫想して居ると考へらるゝ。そして數論說では凡てが苦であるといふを神我と自性との結合に基因すとし、又非我を我と誤認するよりも起るとなして、其原因を示し、全體の哲學說は之を除く爲めに立てられたのである(斷片、七、五、六)、此重要なる根本的基礎的動機に於て Up. の如き正統思想と全く異る。

ahaṅkāra については前に一言したが數論說に於て此が重要な一要素であることは今いうたことからも知られ得るであらう。佛教では無我說を根本思想となすから yad anattā taṁ netaṁ mama neso 'ham asmi na meso attā ti[14](無我なるものを此は予に屬するものならず、此は予にあらず、此は予の我にあらずと)悟るべきを說いて、我の實在を妄信し以て我に執着すること、卽ち我中心主義を退けるのを其特色とする。數論說でも nāsmi na me nāhaṁ[15] を其究竟解脫の知見として居るが、此が古くから說かれたものであつて Sāṁkhya-kārikā 等で初めていはれたのでないことは第六項の斷片、五、六、七、十五等より知らるゝのみならず、Mahābhārata の各所及び Buddhacarita, 12. 26–32 からも知られ得る。nāsmi は我の作者たることは否定する意、na me は我と身體等の如き我以外の物との關係同一を否定する意、nāham は ahaṅkāra を離脱するの意 (nāham ity apariśeṣam ahaṅkāra-rahitam)[16] である。佛教とは根本思想に相違はあるが、文字迄も類似し、其上 ahaṅkāra なる己見を脱するを主とする所は相通じて居ること學者の指摘した通りである。Up. に於ては Chāndogya-up., 7.25.1 に ahaṅkāra が說かれ、此が數論說にいふもの丶基であるかも知れぬが、數論說のとは其意義が大に異るから、此が直に數論說のものとなつたとは考へられない。Chānd.-up. では最高梵たる無限 (bhūman) を個人的になす原理としていふのであるが、數論說の如く之を己見執着的に見る迄には佛教の我見の如き思想を一度經過した上でなくては、其儘には移つて來ない。例へば Mahābhārata に於ける吠檀多說及び吠檀多經にては覺 (buddhi) と意 (manas) とをば認めて說きて居るが、ahaṅkāra を認めて居ない。予が以前證明した通り、吠檀多經の如きは Chānd.-up. に基いて其學說を立てたものであるのに ahaṅkāra を認めて居ないといふのは卽ち ahaṅkāra の考が直接 Chānd.-up. から出て來たのでないことを示して居るといはねばならぬ。

個人を中心として觀察して初めて佛教及び數論の如き考となるので、此觀察から必然的に多苦觀も出で、ahaṅkāra の考も案出せらる丶のである。然るに Up. に於ては個人を中心として考察することは Upaniṣad period proper 以後の Up. に初めて現はれたもので、其以前には決して重要なる觀察點に關係して居ない。思ふに個人中心の觀察は當時の正統思想ではなくして、佛教當時の非正統思想界の一潮流である。此事は例へば六師外道の說に見ても Ārāḍa Kālāma, Uddaka Rāmaputta の考に見ても直に知らる丶所であると思ふ。勿論 Kaṭha-up. 等に此點が明となつて、數論派は其れから發達したといへば、必ずしも非正統思想と關係せしめずともよいかも知れぬが予は Kaṭha-up. 以前に數論派の起原成立を認めるから、此の如き議論をば採用せぬ。此個人中心の考は自然に經驗的に諸問題を扱ひ說明せんとする傾向となるのである。古い Up. では經驗を重むずることは比較的に少いが、數論派には此傾向の多いのは Sāṅkhya-kārikā を證としなくとも Pañcaśikha の斷片にても知らる丶所である。勿論 Up. でも Yājñavalkya の說の如く個人を全く見ないのではないが、元來正統思想は凡てを唯理論的 (rationalistic) に說くのが其特徵の一で、從つて演繹的の考方であるから、直接に個人を出發點とすることはない。之に反して非正統思想は經驗論的で歸納的の説方をなすから個人が出發點となるのである。今數論説は必ずしも全然經驗の上に建てられたものといふのではないが、然し經驗論的傾向の著しいものがあるので、Up. の説と常識の考との[17] compromise であるといはれる程なのである。そして其縁起説の如きも Yoga 的の神祕な經驗に負ふ所が多いと考へらるゝ。此點は後に説かう。

更に吠陀に對する考について考へて見る。Sāṁkhya-kārikā, v. 2 に dṛṣṭavad ānuśravikaḥ sa hy aviśuddhi-kṣaya-atiśayayuktaḥ(隨聞〔卽ち天啓的の吠陀に命ぜらるゝ行〕も亦經驗的の事と相同じく〔究竟解脱を來たさず〕、何となれば其は不淨、退失、優勝あればなり)といふて吠陀を退けて居るが、此言は他學派にも知られたもので、婆藪開士の百論註に復次僧佉經言、祀法不淨、無常、勝負相故、是以應捨[18]とあるは卽ち同一種の言である。若し婆藪開士が世親菩薩であるとすれば、此言は或は Sāṁkhya-kārikā からの引用で、所謂僧佉經とは Sāṁkhya-kārikā を指すのであるかも知れぬが、然し百論註中にて僧佉經の言とし引用するものは Sāṁkhya-kārikā と合はないし、縁起の順序も冥初(卽ち自性)――覺――我心(卽ち我慢)――五微塵――五大――十一根の如くで Sāṁkhya-kārikā とは違つて居るから、此等が Sāṁkhya-kārikā から直接引用せられたとは考へられない。して見ると祀法不淨の引用も Sāṁkhya-kārikā 以外の書卽ち一種の Sāṁkhya-sūtra の言であると見ねばならぬ。此 Sāṁkhya-sūtra は恐らく Pañcaśikha の作つたものであらうし、勿論 Sāṁkhya-kārikā よりも以前のものであるから、數論派の吠陀否定は決して Sāṁkhya-kārikā が始ではない。然し Pañcaśikha の斷片及其説から見ると、吠陀に命ぜらるゝ犠牲供養の如きを必らずしも絶對的に退けたとは見えないが、然し此が究竟的價値あるものでない事は他の斷片から知られ得る。勿論 Sāṁkhya-kārikā でも全然吠陀を退けるのではなくして、例へば覺の八分中喜分の下には一應の地位を認めて居る。又 Mahābhārata の所傳では Kapila は一方に於て十分吠陀を認むると共に他方に於て犠牲に引かれ行く牛を見て犠牲の殘忍無稽を詛うたとある。此等を綜合して考へて見ると數論の吠陀否定は吠陀非至上主義で主として祭式犠牲の過失を見ての意見である。

Up. の如き吠陀文學中の一部にも吠陀の絶對權を否定し犧牲祭式の價値[19]を疑うて居るから、此點から數論派の考も出て來たのであり、從つて同一潮流のものと考へらるゝかも知れぬが、然し兩者の間には其動機を異にするものがある。Up. では其古いものは吠陀の學習によつては Ātman に到達することが出來ないし、犧牲によつては Ātman 識得の果を來たさないといふのが其根本的趣意であるに、數論說に於ては其多苦觀に基いて居る關係上むしろ犧牲の過失を見て非難するのが主である。殊に Up. では其唯理論的立場から徹底的に吠陀否定を立てる譯には行かないのである。數論派でも Pañcaśikha, Mahābhārata, Sāṅkhya-kārikā に見らるゝ通り聖敎量 (āgama) を承認するが、然し此は瑜伽師地論、顯揚聖敎論等よりも知らるゝ如く、先師所傳のものを指すので、必らずしも吠陀を指すのが其直接の意味でない。此の如く其動機に立入つて考へて見れば、同じく吠陀非至上主義でも其處に大なる相違があつて、數論說が正統思想に基いて居ることを示して居るのではない。但し古い Up. にある吠陀否定說が本來は其當時の非正統思想家より來たものと證明し得らるゝならば、或は兩者を同一潮流のものと見ても差支ないであらうが、其れには十分の論據を要する。

次には二元論的立脚地の如き理論的のものに就いて考へて見る。Deussen は數論說は全然二元論なりとし、其二元論は Up. の原始的の Monismus が Pantheismus となり、其が Theismus となり、玆に個人精神の多數を認むることゝなり、更に進みて Atheismus となり創造的事業が全く物質に移行き、遂に數論說の如くなつたと主張するが、予は之を以て第一には Up. 中の各說に對して嚴密に歷史的觀察を下したものでないと信じ、第二には數論說の歷史的變遷をも顧みない考であると信ずるから、此の如き意見には從はぬ。全體數論說の最も原始的なものが徹底的に純粹二元論であつたかどうかは頗る疑問である。成程 Sāṅkhya-kārikā に現はれたものが其儘原始數論說の全體で、其外に何等の異說もなく又何等の歷史的發達もなかつたとしたならば、數論說は始終を通じて純粹二元論であつたともいへるであらう。然し此の如き事は第三項、第四項及び、本項の初めに述べた如き歷史的事實が之を許して居らぬ。Sāṅkhyayoga の如きは一元論的、有神論的で、無神論的數論說とは全く相違して居る。然らば原始數論說は如何なる說を持つて居つたか。此を彷彿せしむるには、其哲學組織の基礎となつたものを見出さねばならぬ。

予の見る所では數論哲學の基礎となつた說は Chānd.-up. に於ける Uddālaka Āruṇi の說である。此說は前に大體述べた如く實在梵たる有(sat)より宇宙の發展し來るを說く緣起說 Pariṇāma-vāda[20] で一切のものは凡て三要素より成つて唯量的差別のみを有し何等の質的差別を有しないと說く。そして此說は因中有果論(Sat-kārya-vāda)卽ち果は已に因中に先在するとの考である。其太原たる梵は自ら欲して自ら發展する故に質料因(prakṛti or upādāna-kāraṇa)たると同時に動力因(nimitta-kāraṇa)である。數論の根本思想は全く之に基いて居ると考へらるゝが、唯異る所は Uddālaka の說では一の精神的の梵より凡てが發展するとなす點にある。思ふに此精神的なる梵が物質界の質料因で同時に動力因であるとの考は理論的に追究すれば甚だ維持し難いもので、佛教的にいへば一因生の邪說の一種である。吠檀多經の 2.1,4 及び 24 以下に於て此等及其關係問題を論じて辯護に努めて居るが、其は唯理論的立場から Up. 等を見て authority となすから一見差支ないやうに見ゆるが、然し經驗論的理論でいへば最後の解決を與へて居る論でない。此點が卽數論の改革を施した點である。卽ち數論は質料因と動力因とを截分して前者を全く物質的のものに歸し後者をば精神的のものに與へたのである。之をなすに當つて其「すわり」となつたものは Up. 以外の非正統思想で、つまり數論說は非正統思想に立脚して正統思想たる Uddālaka の說を批評的に改革し組織立てた哲學說である。

Uddālaka の說では梵より火水地が順次に開展して後、梵は個人我(Jīva-ātman)として此三元素に入り名色(nāma-rūpa)を開展せむと欲し、又三元素の各を更に火水地の三要素より成らしめむと欲して、其の如くなしたと說く。故に一切のものは此三元素より成り其中には個人我としての意識的のものを有するのであるし、人體についても何の異る所はない。人體が生長するについても亦此三元素によるので、體中に入る點でいへば地卽ち食物は其の麤なる部は糞となり、稍微細なる部は肉となり、最微なる部は意(manas)となり、水は又尿と血と息(prāṇa)となり、火は骨と髓と語(vāc)となるものである。此の說の中名色を開展するといふは、即ち individualize[21] することで、Bṛhad.-up., 1. 4.7 によれば名色開展以前は avyākṛta=avyakta(非變異、未開展)で、三要素が出來て居て、未だ名色の開展せざる所が、數論說にいふ三德平衡の自性(prakṛti)である。(古い數論說では後世所謂自性は prakṛti でなくて avyakta と稱せらるゝ。) 數論が sattva, rajas, tamas の三德[22]を說くのは玆に起原を有するので、此の事は Deusssen も說いて居る。予は此點は Deussen の三德起原說に同意する。然し tejas, āpas, anna の三が何故に sattva, rajas, tamas となつたかについては Deussen の說は不十分である。廣く此の點を硏究せむには Senart の Rajas et la Théorie Indienne des Troi Guṇas[23] なる論文が大なる材料を供給して居る。此の如き自性が發展して凡ての個物が成立し、其の中に又個人精神が入り、更に個物が個物として完成し存續するに、前の三要素が入來つて同化して、種々なる部分又は機關となる。元來三要素は精神的なる梵より生じたものではあるが、個物として成立した上から嚴密にいふと精神的なるものは個人精神のみで、同化した三要素は之と對せらるゝから純粹に物質的のものならざるを得ぬ。例へば意の如き通常精神的機關と考へられさうなものも、地より成る限り、個人精神に對して純粹物質的のものとならざるを得ぬのである。此點に於て Uddālaka の說は論理上明に二元論的となつて居る。此點が即ち數論が質料因と動力因とを截分して物質的のものと精神的のものとに區別した所である。勿論論理上かく分たねばならぬことになるのであるが、然し一方からいへば此の如きは經驗的常識的にもかく考へられねばならぬのである。殊に因中有果說を採る關係上徹底的にいへば果は凡て其れと同一種類の因より生ずべく異種の因より生ずることはあり得ないから、物質に對しては何處迄も物質的の因を說かねばならぬ關係にある。

此の如く數論說は Uddālaka の說中の質料因と動力因とを截分して質料因の方を自性(prakṛti)と名づけ其構成要素を三德となしたが、自性の一名は Gauḍapāda によれば brahman である。此名稱は恐らく Uddālaka の太原の有たる實在梵(Brahman)より出たものであることを示して居るのであらうし、prakṛti なる名も亦梵を質料因(prakṛti)となす考より出たものなるを示すのであらう。（古い數論說では prakṛti は後世の自性よりも廣く、凡て能生的のもの丶通名である。）此は三德說が、火水地の三要素の考に起原を有すること丶關聯して然か考へらる丶。自性の考の出づる具合はかくして明になり得るが、自性の發展より生ずる果なる覺 (buddhi)—我慢 (ahaṅkāra) 等について考ふるに、此等は自性の果たる限り凡て三の構成要素より成るのであるが、自性の次に覺が生ずといふは古い Upaniṣad period proper に屬する Up. では到底解決の出來ない問題である。また ahaṅkāra を說くことは至當であるが何故に此が覺の次に來るとなさる丶かも、亦古い Up. では明ならざる點である。是より以下の發展については第三項に擧げた如く異說が存するし、猶古い數論說では其等よりも異つた緣起の型を說いて居るから、一概に Sāṅkhya-kārikā の說のみを標準とする事は歷史的に嚴密でない。古いものでいへばかの Mahābhārata に於ける數論說に普通の說及び Buddhacarita 等に說かる丶說でいへば覺、我慢の次に地水火風空の五大が生じ非變異たる自性と共に八の prakṛti といはれて居る。此五大を能生原理中に加へて居るのは Uddālaka の說で火水地を能生的となす點を保存して居るもので、後世 Sāṅkhya-kārikā 等で聲觸色味香の五唯を能生原理となすとは異つて居る。從つて五唯の考も古い Up. では說明せられないものである。又眼耳鼻舌身の五知根幷に語手足男女機關の五作根の說も古い Up. には明に說かれて居らぬ。又此等五大十根の關係の如きも古い Up. にては未だ發達して居ない點で、Kauṣītaki-up., 3.5–8 に語と名、鼻と香、眼と色、耳と聲、舌と食味、手と業、體と苦樂、男機關と歡喜快樂子孫、足と步行、意と思惟欲望を十種の主觀的機關 (daśa-prajñāmātra) と十種の對境 (daśa-bhūtamātra) として說明して稍此等の關係を知つて居る如くであるが、此れとて意識的に十根と其對境の十種とを說くのではなくして、Ait. (1.1), Bṛhad. (2,4,11; 3,1; 3,2,1,13; 3,7,16,f.; 4,1,1–7), Chānd. (1,2,1,f.; 1,7,1,f.; 3,18; 5,1) 及び Kauṣ. (1,7; 2,15) の如く唯傳承的の說を述べて居るに過ぎないものである。故に假令十種の機關と十種の對境とが一度意（此は十種中の一であるが）に統一せられ更に Ātman に統一せられて外界の知覺を得、又內部の欲望を滿足せしむるものとなることを意識的に說いて大に數論說に似た說をなすも、此が直に數論說の直接の基礎となつたとはいはれない。のみならず數論の如き哲學組織が此 Up. から一部、彼の Up. から一部と裁集補綴せられて成つたと考へるのが、機械的の觀察で、決して正しい見方ではないのであるから、數論哲學の組織の材料が凡て Up. に存すとなす如きは全然事實の許さざる所である。然し其組織の基礎的のものが Up. の Uddālaka の說の如きにあるとすれば之を改革し組織立てた「すわり」は何處にあつたか。此點に於て Yoga 幷に佛教當時頃の非正統思想が關係して來るのである。

前にいへる如く數論は其多苦觀に於て、ahaṅkāra 說に於て、個人中心の觀察に於て乃至吠陀觀に於て凡て Up. の如き正統思想と全く異る見地に立つて居る。其上自性の發展の果についても Up. 中に典據を持つて居らぬ。多苦觀等は是數論哲學組織の「すわり」となるものであるが、此點に於て非正統思想に立脚することを明にして居ると同時に自性發展の果に關する方面を見ると、又その非正統思想に立つて居ることを示して居る。例へば五根五境五大の關係の如きは古い Up. では意識的に研究せられて居ることはないのに、之を佛教耆那教及び當時の他の思想家の說に見れば已に十分に研究せられ認められ其認識論的意義に對する意見も十分整つて居る。若し數論の此に關する說の由來を求むるならば、之を Up. に求むるよりも此方面に求むる方が勿論事實上合理的である。然し數論說は已に此の如く互に異つた正統思想と非正統思想との兩者に關係し其兩者を要素として居るとすれば、其は何によつて結付けられ一組織となつて居るか。此役目をなしたものが卽 Yoga の觀法である。

數論說が Yoga の觀法に基いて考出された事の證となすべきものは先づ第一に Katha-up., 3,10–13; 6,7–11 にある型である。此 Up. の此の部にある說は Yoga に關係していはれることで、決して單なる理論的探究のみの結果でないことは前後の節のいふ所で疑ない。又 Buddhacarita 第十二章から見ても然か知らるゝが、龍樹の大智度論では「世間有邊とは人あり世間の根本を求むるに其始を得ず、其始を得ざれば則ち中なく後なし、若し初中後なくば卽ち世間なし、是故に世間に應に始あるべし、卽ち是れ邊なり、得禪の者は宿命智力にて乃ち八萬劫の事を見る、是を過ぎて已往、復能く知らず、但だ身の始を見る、中陰の識なり、而して自ら思惟すらく此識應に無因無縁なるべからず、必らず應に因緣あるべし、宿命智の知る能はざる所、但だ憶想分別して法あり世性(卽ち自性をいふ)と名づく、五情(卽ち五感をいふ)の所知にあらず、極めて微細なるが故に、世性の中に於て初めて覺を生ず、覺は卽ち是中陰の識なり、覺より我(卽ち我慢をいふ)生ず云々」というて居るし、無着の瑜伽師地論、顯揚聖教論でも數論說が Yoga 行の自觀に基くことを說いて居る。此の如き Yoga 行の自觀によつて我慢—覺と觀念し之より說を立てゝ自性—覺—我慢となしたのである。覺は金七十論でも又 Gauḍapāda-bhāṣya でも一名大(mahat)と稱せらるゝから Deussen は是明に Kaṭha-up. の mahat-ātman から出たもので之を又一般の說から見れば Hiraṇyagarbha であるとなして居るが、かく見れば純粹に精神的なる Hiraṇyagarbha が純粹物質的なる覺と變化した所以が解釋せられないから、むしろ此は覺が自性より直接生ずる果である點を梵(Brahman)の子たる Hiraṇyagarbha に比して遂に mahat-ātman 又は單に mahat とせられ、其語が數論學者の方に入つたと解すべきである。覺を自性の次に置く所以は輪廻解脫の主なる基たるものとして輪廻解脫を合理的に說かむが爲であらう。神我に於ても自性に於ても乃至我慢に於ても此點が合理的に說かれないからである。此事は覺の性質から知らるゝことであるが、特に覺の染淨二分及び中陰の識と稱せられた事を考ふべきである。後に Mahābhārata に於ける Yoga 說の神我觀及び百論の數論說の所で此に關係した事を略述するであらう。

猶此 Yoga 行に基く點を遡つて考へて見る。前にいへる通り大智度論のいふ所では數論の起原は梵網六十二見經の Antānantika(邊無邊論)と Sassatavāda(常論)とに關係して居るが一方更に Ekacca-sassatavāda(折衷的常論)にも關係して居る。瑜伽師地論、顯揚聖教論では數論を十六種異論の中に入れ、此中には六十二見の多くのものが入れられて居るから、數論が是等と關係深いことを示して居るのであるし、Buddhacarita, 本行集經、過去現在因果經では Āraḍa Kālāma が一種の數論說を奉じて居たとなつて居る。此中 Antānantika は Yoga 行の觀法によりて立てた世界有限無限、上下有限前後無限の三説と tarka (尋思) と mīmāṁsā (觀察)(24) 即ち思索と推論とによつて立てたる世界非有限非無限説との四種を含み、Sassatavāda は同じく Yoga の觀念によつて過去十萬生の間、十劫の間、四十劫の間に於ける自己の住所姓名家系其他一切の事情を知り其より結論して靈魂 (Ātman) も世界も常住で、後者には何等新たに生ずる物もないとなす説、及び tarka と mīmāṁsā とによつて立てらるゝ同様の説の四種を含み、Ekacca-sassatavāda は Yoga 行等によつて靈魂と世界とは一部は常住不變で一部は無常變化のものとなす説で此中にも亦四種あるが、其第四は tarka と mīmāṁsā とによつて眼耳鼻舌身は無常不住不恆の變化性 (vipariṇāma-dharma) の Ātman で、心 (citta) 又は意 (manas) 或は識 (vijñāna) と稱せらるゝものは常住恆の不變化性 (avipariṇāma-dharma) の Ātman で永久不動であるとなす説である。此最後の説は身體の如き物質的のものは常住でない vipariṇāma-dharma であるが、精神卽ち靈魂は常住不變であるといふ意味で著しく數論説に近い説である。Garbe は曾て Sassatavāda が數論に最も關係あると見て居つた。是も慥に一應の理は存すと許し得るが、是のみから數論が來るといふ氏の意見では勿論ないし、又是のみが關係ありと見るのも無理である。又 Buddhacarita 等の如く Ārāḍa Kālāma が數論説を奉じて居たとなすのも現今では成立たない説である。然しそれかというて此等の點を全く度外視して數論が Up. の説のみより出づとなすのも決して正當な學究的態度ではあるまい。勿論今擧げた六十二見中の説が直接に數論の起原をなすといふのではないが、起原問題に大なる關係ありと見らるゝのである。少くとも起原問題を見るに顧慮せねばならぬものである。其の上此の當時の考中には一の自性の如きものが如何なるものにもなるとの考も存したのである。(25) 此等の點を考へて見ると數論が Yoga 行の觀法に基くといふは卽ち佛教當時の非正統思想界の一般潮流と同じで、其れに負うて居ると見らるゝのである。前來論じた多苦觀、ahaṅkāra 説、個人中心的主義、吠陀非至上主義、並に Uddālaka の説及び一般 Up. との關係等の事柄を合せ考ふるならば、數論説の材料は Uddālaka の説であるが、之を改革し組織した人の「すわり」となつたものは佛陀當時の非正統思想であると見ねばならぬことになる。卽ち數論の遠き起原は 800–600

B. C. で、近き起原は 600–450 B. C. 而して學派としての成立は 450–350 B. C. であると考へらるゝ。若し Kapila が眞に其組織者であるならば 450–350 B. C. の人でなければならぬ。予の見る所では數論哲學は Garbe のいふ如く個人的組織者を有すべきであると信ずるから、其人は卽ち Kapila で 450–350 B. C. の人であると考へる。

以上論述した所は Uddālaka の太原たる梵を質料因と動力因とに截分した中の前者に關する方面丈けである。次に更に動力因に關する方面を研究しなければならぬ。此方面は又甚だ重要なる問題を含むで居る。

Uddālaka の說に於ける梵の質料因たる方面は數論說では自性とせられ、其動力因に關する方面は神我 (puruṣa) と稱せられて純粹に精神的のものである。Up. に於ては古くから Ātman が puruṣa とも稱せられたことは Deussen 並に Oldenberg の指摘する通りであるが、前にいへる通り Uddālaka の說中に已に二元論的に物質的のものと精神的のものとに分つ基が存したので、神我は後者に關する方面で、謂ふ所の個人精神 (jīva-ātman) に當るものである。此 jīva-ātman は其關係する對象の方から考へて見れば、性質として多數のものでなければならぬ。其本地が唯一最高の一梵又は一 Ātman であつても、個物に關する限り個物を立場として見れば一應はどうしても多數であると許さなければならぬ。殊に原始的數論說[26]では多數の自性をも說いたといふから、之に應じて現象上ではとにかく多數の個人我を說いたに相違ないと考へらるゝ。勿論後世では金七十論でも Gauḍapāda-bhāṣya でも Sāṅkhya-sūtra でも其註釋者でも一我を說き又 paramātman (最高我) をすら說くが、それにしても徹頭徹尾一我で全組織に行亙つて押通すことは絕對に出來ない。原始の數論說に於ても、一方に一我を說くにしても又說かぬにしても、とにかく一應は多我を說かざるを得ぬ關係にある。此は常識的に考へ又 ahaṅkāra を重く見る當然の成行である。吠檀多經でも我は一應は多數であると說かれて居る。

數論說は萬有開展の力を自性に歸したから、神我には此力は全く缺けて唯自性の開展を見むとの欲望のみを有する。卽ち神我は全く非作者 (akartṛ) である。此は多我を說く上からも、其多我に凡て萬有開展力があるとは許されないことになるのである。そして其欲望を有するといふ點で神我は受者食者(bhoktṛ)といはれるのであるが、此等の性質中非作者といふを除いては吠檀多經の説に合し又此等性質は凡て Pañcaśikha の斷片中にも明に説かれて居る。然し神我に欲望があるとはどうしていはれて居るのであるか。Sāṅkhya-kārikā では獨存(卽ち解脱)の爲め(kaivalya-artham)というて全く目的論的に解釋し、自性も亦神我が之を見る爲め(puruṣasya darśana-artham)に開展し神我に供すと目的論的に説明するが、古くは Mahābhārata の所傳などでは遊戲の爲め(krīḍa-artham)となして居る。然し前に論じた如く數論は解脱の爲めの哲學組織卽ち現在の苦の狀態を觀察して之を脱する爲めに其原因まで遡つて其處より凡てを説明するにあるから、遊戲の爲めといふのは其哲學組織の動機目的に適切でない解釋で、解脱の爲めといふ方がむしろ適切な説明である。遊戲の爲めといふことが後世いはれなくなつたのは恐らく此れが爲めであらう。然し解脱の爲めといふのは數論哲學全體上から然あるべきであるにしても此は一種の循環論法で嚴密にいへば解釋とはなり難い。それにも拘らず、かく説明するのは神我なるものが元來 Uddālaka の説に基いて立てられたものである爲めであらう。Uddālaka の説では梵の創造は Vedānta-sūtra, 2,1,33 が解する如く遊戲の爲め(līla-artham=krīḍa-artham)か、又は Māṇḍūkya-kārikā, 1,9 のいふ如く其自性上(svabhāvataḥ, svābhāvya)自ら開展するかであつて決して解脱の爲めとは解釋せられない。Uddālaka の説では一切は其の根柢に於て梵なりとの學説を説明し證明する爲めに梵より萬物の發展するのを説くが主意で畢竟知的欲求を滿たす爲めの學説である。必らずしも解脱の爲めの説でないことは解脱を重く説いて居ないことからも明である。然るに數論説では決して單に知的欲求の滿足丈けではない。解脱を目的とするのが其の第一次の大主意で、此爲めに神我に欲望のあることを説くに至る程のものである。此の如き相違は兩者の哲學の性質から來るもので已に論じた所であるが、とにかく神我に欲望を許すのは Uddālaka の梵の動力因たる方面に系統を引いて居ることを示して居るのである。此神我に欲望あるとの説に關係して重要な事は神我は淨なるものであるか不淨なるものであるか、又は兩者の混合であるかの問題である。

後世の數論說でいへば神我は基本性としては何處迄も純淨なものでなければならぬものである。Sāṁkhya-kārikāでも本淨とせられて居る。元來數論說でいへば繫縛とか解脫とかいふことは自性の方にのみ存することで、神我の方に起る事でないから、神我の本性が不淨染穢のものとならないのである。殊に神我の本質をなすものは知(jñā)或は思(cetanā)で勝論正理學派の如く知を以て精神の屬性と考へず吠檀多學派[27]の如く知が卽ち精神の本質であるとなすから、此の如き神我が不淨であることは考へられざる事になるのである。又Yogaといふ方面から考へて見るにYogaなる文字は通常yujより來て結合の意であるといふが、然し本來はanschirren, anspannenでYogaを單に結合の意に用ゆることは決して其原始的のものではない。文字殊に術語の如きは語源的にのみ解釋することは出來ないものと見えて、Mahābhārataではsamatva(平衡)ともviyoga(分離)とも又はniryoga[28]とすらなして居る。此解釋から見ると意及び自性神我の平衡から、其兩者の分離を來たす意味となるから、分離した神我は卽ち解脫に達したもので、純淨である筈である。然し分離以前卽未だ解脫せざる以前に於ては不淨染穢の中に存するものであるから常識的に考へれば神我の一方面は不淨であると考へられ易い。卽ち神我に淨不淨の二方面があることになり易い。若し徹底純淨を保持して居るとすれば繫縛せられて不淨中に纒在する所以が說明出來なくなる。數論說では此纒在は無分別知(aviveka)卽ち自性神我は本來全く別なものであることを知らざる無知の爲と說明するが、此の如き無分別知は神我にあるのでなくして覺(又は我慢)の上にあるとせらるゝものである。然るに覺なり我慢なり自性の果は神我の觀照欲望によりて自性より發展し來るものであるから、無分別知によるといふ說明は一種の循環論法的のものに過ぎない。勿論輪廻繫縛卽ち自性神我の結合は無始であるから其始を說明せむことを要求することは要求するものの無理かも知れぬが、それにしても無分別知によるといふ說明は結合の事實あつて以後から見ての說明である。卽ち現在の狀態から見て說明せむと企てた說である。若し此說明の如く現在の狀態を基としていへば神我には淨不淨の二方面ありと考へられ易いといはねばならぬ。數論は個人を中心として常識的に考へる所が多いからかくなり易いのである。それにも拘らず神我を純淨なものとなさむとするから覺に染淨の二面を說き我慢を立てるに至るのであるが、已に覺に二面ありとすれば覺が神我に對する役目上の關係から見て矢張り神我の欲望に染穢に應ずる方面を認めなければならぬ。かく見ることによつて初めて神我を個人我として說くことを得るのである。若し其の欲望が全然純淨ならば多數の個人我として互に區別し合ふ所以は失はるゝ理である。そして欲望は神我の本質をなす知又は思の一面をいふのであるから(數論並に吠檀多では知といふは知情意三分說の知のみをいふのではなくして知と意とを含むだものをいふので、三分說と同じく分類をなす勝論並に正理學派と異る)理論上神我は純淨たり得ない。

然し自性との結合がなくなつて神我が解脫位に於ては不淨の方面は消えて純淨に歸する。此時に於て神我が猶且多數の個人精神であるといひ得るかどうか。若しいひ得とせば個人精神たる所以は何處にあるか。Sāṅkhya-kārikā, v. 18では神我の多數の證明として

生《ト》死《ト》根《ト》別《ナルガ》故《ニ》　作事不《ザルガ》レ共《セ》故《ニ》　三德別異《ナルガ》故《ニ》　各我《ノ》義成立《ス》

の五理由を擧げて居る。其意味は若し一我ならば一人生ぜば一切の人生ずべく、一人死せば一切の人同時に死すべく、一人盲となり聾とならば一切の人皆盲となり聾すべく、又一人活動すれば同時に一切の人皆活動すべきに此の如きことはないと倶に人は凡て喜憂暗の分量を異にし賦せられて居る。故に此五理由で神我は多數でなければならぬといふのである。然し乍ら此證明は數論學說上何れも嚴密なる證明とはなつて居ない。Sāṅkhya-kārikā の上でいうても生死根作事三德何れも自性殊に個人の身體に關する出來事であつて神我に關係した事柄でない。故に此は個人の身體が各別であるといふ證明には十分であつても多我存在の直接の證明となる點は一もないといはねばならぬ。但し身體が別であれば從つて神我も別で多數存在であるといふならば其は自ら前の五理由以上の證明を要するものであるのに、其は Sāṅkhya-kārikā に說かれて居ないのみならず Sāṅkhya-kārikā の上では解脫位に於ける神我の多數存在は立てられぬことになつて居る。此の如く輪廻位の多我存在が嚴密に證せられて居らず、解脫位のも說かれぬとすれば

Sāṅkhya-kārikā に於ても多我說は徹底して居ないといはねばならぬ。前にいうた如く Pañcaśikha も Para-puruṣa を說き金七十論でも普遍我をいひ Gauḍapāda が paramātman を說き Sāṅkhya-sūtra 及び其註釋者も一我を說くとすれば數論說の古今に亙つて一我說が存した事は疑ないことである。

然るに通常數論は多我のみを說いて一我說を否定するといはれて居るし Mahābhārata[29] でも Kapila は多我の存在を主張し一我說を退けるというて居る。此も事實に相違ない事であるから、數論學派には Pañcaśikha 以來は一我說と多我說とが並び存したと考へねばならぬ。一我說は勿論同時に多我說を許す說で是卽 Sāṅkhyayoga である。此說は原始の數論說には全く存在しなかつたかどうか。今指摘した Mahābhārata の其文のいふ所を其儘取れば Kapila は多我說であつたことになるが、此多我說は全然一我說を否定したものかどうか。前にいうた通り Kapila の說は Uddālaka の說に依つたものであるし、Uddālaka の說は又 Vedānta-sūtra の表はす吠檀多思想の根本となつて居るものである。この Vedāntasūtra では其 1,2,8; 20; 22 (Rāmānuja では 21; 23); 1,3,42 (Rāmānuja では 43); 2,1,22 に見らるる如く個人我と最高我とは別なものとなし決して同一とはなして居ない。嚴密にいへば Uddālaka の說に於て Brahman と jīva-ātman とが別なものと見られ得るかは頗る疑問であるが、とにかく此人の說を根據とする Vedānta-sūtra でかく明言するのであるから兩種を別と見るのも强ち一概に卻くべきでもなからうか。或は Vedānta-sūtra の說は其說の確定する頃の思想界の影響によるかも知れぬが、何れにしても最高我と個人我とを別と見れば、前者は唯一で後者は多數存在に相違ない。故に多我を認むるからとて、又而かも其等が最高我と異つて居るといふからとて、一般に多我の考からは一我の考は認容さるべきものでないとの議論は勿論成立しない。從つて Kapila の多我說といはるゝものは、其多我が如何なるものであつたにしても、一我說と氷炭相容れざるものとはなすことが出來ぬ。予はむしろ原始の數論說でも一我說を全然排斥し否定したのではあるまいと考へる。之を Śvet.-up. の Kapila の名の出づる文の意味する所より考へ、又後世有神的數論說の存し而かも大なる勢力のあつたことから考へ、更に其基く Uddālaka の說から考へ、又 Yoga の觀法に整へられた點から考へ、更に解脫位の神我から考へ及び輪廻位の神我の多數存在の證明の十分でない點から考へて絕對的に一我說を拒まねばならぬ理由が見出されないからである。卽ち Pañca-śikha 以前と雖必らずしも一我說を全然却けたのではあるまいと思ふ。印度哲學の凡ての中で徹頭徹尾多我說を取らむとするものは耆那教を除いては一も存在しない。順世外道は例外であるが、此の如き處に於て耆那教と關係薄くむしろ他の學派に關係深い原始の數論派に徹底的の多我說が說かれて居たとは思へない。然らば數論派が多我說を唱ふるもの無神論を主張するものと常にいはるゝのは何故であるか。予の見る所では古く Sāṁkhya-kārikā 以前に於ても Sāṁkhyayoga 以外の數論學者は表面には一應多我說無神論のみを說き一我說を強くいはないから、多我無神が他派のものと全く異なつて他派の耳目に立ち易い爲めに其點が殊にいはれたが爲めではあるまいかと考へる。卽ち原始の數論說では多我說をなすも必らずしも一我說を否定せるのではなく其處に Sāṁkhyayoga となるべき要素が十分存したるに相違ない。徹頭徹尾多我說無神論で其他を意識的に否定したと見ては Sāṁkhyayoga の起る所以有神的數論說の基く點が全く存在しないから歷史的發達の徑路が說明せられず、此等が數論派の中に出で來る所以が解せられなくなる。勿論他學派よりの影響があつて此等が起つたとしても純粹の無神論多我說が全く反對に有神論一我說となるとしては甚だ不都合な事實といはねばならぬ。原始の數論說では多數の自性を立てたが後に一自性を認むるに至つたといはるゝが之についても一の自性となるべき下地があつたに相違ないと同じく多我說も一我說となるべき下地を與へ居たに相違あるまいと思ふ。從つて原始の數論は純粹二元論であつたとは考へられない。

以上說いた所で先づ大體數論派の起原成立に關する問題を述べ終つた〔こと〕となる。之を要するに予の見る所では數論說は全然正統思想中にありて起原し成立したとするのではなくして正統思想を非正統思想に立ちて批評的に見、Yoga の自觀に基いて之を組織したものであるとなすのである。かくの如くしてとにかく原始の數論說が大體如何なる說を有し如何なる基礎的考を有したか其輪廓丈けは描け得たであらう。是以上精細に定むることは中々困難である。

猶以上の論述では Yājñavalkya の說は餘り關係して來ないやうであるが、事實上數論は其說とは密接に關係して居なく、殊に其最も重要なる認識論的方面の如きは數論說には缺けて居るものである。然し其 Yoga を重むずる點からいへば其處に關係は見出され得よう。加之此 Yājñavalkya 說は Kaṭha-up. 及び Śvetāśvatara-up. と思想上大なる關係があるから、數論の發達にも此方面から重要なものとなつて來る。此等のことは次に論述しよう。

(1) Allgemeine Geschichte der Philosophie, I,2, pp. 216–230: Die Genesis des Sāṅkhyasystems.

(2) Die Lehre der Upanishaden, pp. 206–258: Die Anfänge des Sāṅkhyasystems.

(3) Arthaśāstra (Bibl. Sansk.), p. 6. 各學者の論文及び書名を擧ぐるは甚だ繁雜である。大體は Revista degli Studi Orientali (1914–15), pp. 1317–1382 を見れば判る。哲學の事に關しては Jacobi, Zur Frühgeschichte der indischen Philosophie; Oldenberg, Indische Philos. を見よ。

(4) Jacobi の如きは 2500 B. C. 又は 4500 B. C. 位にも置かむとする (Festgruss an Rudolf von Roth, ZDMG., JRAS.) が Oldenberg は之に反對し (JRAS.)、Macdonell, Keith 等も反對する (Vedic Index, JRAS., History of Skt. Literature)。古くは Whitney が強く反對した。Hugo Winckler が小亞細亞の Boghaz-köi で發見した 1400 B.C. 頃の碑文に Mitra, Varuṇa, Indra, Nāsatya の名があつても學者は之を以て Ṛgveda が此時以前に出來たとの證とは見ない。

(5) Hillebrandt, Der Ṛgveda; Barnett, Antiquities of India, p. 16, f. を見よ。

(6) Weber, Ind. Stud., vol. 5, p. 83 を見よ。

(7) Hopkins, The Great Epic of India, p. 333, ff.

(8) 佛數と Yoga との關係は Senart, Bouddhisme et Yoga, p. 346, ff. を見よ。

(9) Cf. Āpastamba-dharma-sūtra, 1,8,23.

(10) McCrindle, Ancient India as described by Megasthenes (Calcutta, 1877) の哲學の章。

(11) 大智度論、瑜伽師地論は單行本による。Buddhacarita については Strauss, Hopkins の論文を見よ。顯揚聖敎論第九 (來七、三十五)、本行集經第廿二 (辰八、五)、過去現在因果經第三 (辰十、十五)、後に示す如く Buddhacarita と本行集經とは同一文である。

(12) Oldenberg, Buddha, p. 64 に references あり。

(13) Allgemeine Geschichte der Philos., I,3, p. 229.

(14) Saṁyutta-nikāya (PTS.), part IV, p. 1. 此意味の事は佛敎の初より重要なものとして說かれた事は Mahāvagga の Anattalakkhanasutta にあるのでも判る。

(15) Sāṅkhya-kārikā, v. 64; Oldenberg, Indische Philosophie; Garbe, Mondschein der Sāṅkhya-Wahrheit, Sāṅkhya-sūtra (Bibl. Ind.), introd. を見よ。

(16) Gauḍapāda-bhāṣya on the S. K., v. 64.

(17) Jacobi, The Metaphysics and Ethics of the Jainas, p. 62.

(18) 暑二、三十六。

(19) Allgemeine Geschichte, I, 2, pp. 53–55, 57–58.

(20) Vedānta-sūtra, 1.4. 26 (Rāmānuja では 27).『哲學雜誌』三七六號、七一四頁以下。

(21) V. A. Sukthankar, Teachings of Vedānta according to Rāmānuja 參照。

(22) Windisch, Buddhas Geburt, p. 83 に數論は三德說なくも其自身に考へらるゝ說である、然し Buddhacarita に三德說が考へられ居らざる點より見て確に數論は三德說なくとも考へられるとは結論すべきでない。馬鳴は自己に必要な丈けをいふのであるから、其の中にいはれないからとて他說に其がなかつたとはいはれないと論じて居る。然し Buddhacarita には XII, 74 以後に明に三德說のあつた事を明示して居る。數論が三德說なくして存在した事があつたとは考へられ難い。See Strauss, Zur Geschichte des Sāṅkhya, p. 258, f.

(23) Journal Asiatique, 11² Sér. T. 6 (1915), p. 151, f.

(24) 此兩譯語は瑜伽師地論の數論說を述ぶる部より取る。

(25) (17) を見よ。

(26) Mbh. XII, 308, 3=11468; XII, 313, 15=11621; III, 212, 34.

(27) Vedānta-sūtra, 2,3,18 (Rāmānuja, 19); 4,4, 5-7;『哲學雜誌』三七六號、七三一頁―七三二頁。

(28) BhG., 2, 48, 6, 23; Mbh. XII, 350, 23.

(29) XII, 350, 1, f.=1371, 3,f.

十

Sāṁkhya は以上の如く考へてとにかく350 B.C.頃には一學派として成立したと考へらるゝが、然し350-300頃とせらるゝPāṇini にはSāṁkhya なる文字が記されて居らぬ。Pāṇini は4.4.60 にĀstika, Nāstika, Daiṣṭika を擧げて居るに、Sāṁkhya を記さないのは卽ち其當時 Sāṁkhya は猶未だ成立して居なかつた證據であると考へる人もあるかも知れぬが、予はさうは考へぬ。Pāṇini 文典書は其當時の學派を記すのを目的として居るのではないし、又 Sāṁkhya なる文字が Pāṇini の說明を要する文字でなかつたかも知れぬからである。一般に言及せられて居ないことから論を立てる(argumentum e silentio)のは正しいものでない。然し Sāṁkhya は常識的にも、理論的にも、將又 Yoga 行的にも、何れにも適する如く組織的に整形せられて居るので早くから他の學派に影響を及ぼし、其學說も取入れられた。其說の重要部分が正統思想であつたので正統思想にまで影響を及ぼして居る。卽ち Kaṭha-up., Śvetāśvatara-up., Maitrāyaṇa-up. の中の思想の如きは其影響を受けたものである。此點は通常學者の考へて居る所に正反對に相違して居るから、先づ此三 Up. の年代を論じて後之を證明しようと思ふ。

前に Up. 時代の中期から後期にかけて各 Up. 說の萃を取りて述べ、又は其等の說を纏めむとする傾向が多少表はれたというたが、此纏める思想傾向の著しく明となつたのは Upaniṣad period proper を過ぎてからである。Kaṭha-up. 等は此傾向の產物である。又正統思想は Upaniṣad period proper を過ぎてから社會的一般的傾向が著しくなつて其以前の超世脫俗的に一般社會に對し無關心であつたのが、Śrauta-sūtra や Gṛhya-sūtra や又 Dharma-sūtra に表はるゝが如き社會的性質を有するに至つたことを述べて置いたが、此傾向が卽ち正統思想をして非正統思想たる一般思想界より影響を蒙らしむるに至らしめる機會となつたのである。此傾向の最も明に表はれ、事實上非正統思想と融合したものを生ずるに至つたのが Mahābhārata 及び Manu に表はれて居るものである。Kaṭha-up. 等は此傾向中に出來たものである。少しく逆の順序ではあるが Kaṭha-up. 等の年代を論ずるに必要な爲め、其より前に先づ Mahābhārata 及び Manu の年代について述べて置かねばならぬ。

Mahābhārata の年代について極端な説を主張したものは Holtzmann が其現形は十五、六世紀に於て成つたといふ説と、Dahlmann が紀元前五世紀には已に殆んど現形を備へて居たとなす説とである。(1) 近くは Deussen が 1906 年に Mahābhārata 中の哲學思想(主として第五編中の Sanatsujātīya-parvan, 第六編中の Bhagavadgītā, 第十二編中の Mokṣa-dharma, 第十四編中の Anugītā に表はれた思想) が Up. 時代に引續き classical Sanskṛt の時代に至るまで、卽ち 500 B. C.–200 A. D. 間の思想發達を示すとし特に直に Up. に引續く時のものとなす(2)如きも極端説の一であらう。

Bühler は 1892 年に Kirste と共に有名なる Contributions to the History of the Mahābhārata(3) なる論文に於て精密なる研究をなし、種々動かすべからざる證據を擧げた後 Ucchakalya の王 Śarvanātha が土地を寄進せるを誌せる碑文中に Parāśara の子にして最高聖人なる Vyāsa 卽ち吠陀を編める Vyāsa の作れる十萬頌の本集 (śatasāhasrī saṁhitā) なる Mahābhārata 云々として寄進の功德の典據を求めたるを述べ、そして其碑文は 532–533 A. D. のものなれば 500 A. D. には現形と同じ Mahābhārata の存せしことを斷じて其最下年限を確定した。(4) Bhandarkar なども此事を論じて居るが、Bühler は又 300 A. D. には Mahābhārata は Smṛti 又は Dharmaśāstra として認められて居たといふて居る。Bühler の此研究によつて Holtzmann の説は全く成立しないことになつたのであるが、それにしても Mahābhārata は古來變化のあつた書で、殊に現今の如きでは其南方版と北方版とでは大に頌に出入があり、兩者の異る所は宗教上の教義の異説に關係して居るので各宗教者に滿足を與へしめる如き完全な定本を得ることは到底不可能である程である。(5) かく常に變化をなした點からいへば Holtzmann がいふ所も、少し變意して解すれば無理もないとも思はれる。Bühler の此精細な研究は爾來 Mahābhārata の年代を論ずる學者の參照する所となつて居る。

Dahlmann の極端な說に對しては Barth, Hopkins 等の有力な反對があつて到底成立しない。此等の人は Mahābhārata の内容上より證明して到底佛教以前となすことは出來ないし、400 B. C. 又は 300 B. C. に存在した證據がないとなした[6]。Hopkins によれば Mahābhārata は 400–200 B. C. to 100–200 A. D., 200–400 A. D., 400…… の區劃的發達をなしたといひ、大體は 200 B. C.–400 A. D. 最近には 200 B. C.–200 A. D. に現形を得たとなした。Bühler は 500 A. D. には現形はあつたことは確だが、猶四、五世紀遡つた時代を以て現形を得た最下年限と見ることが出來るであらう、此は恐らく北方佛教の典籍より材料が得らるゝであらうと附言し期待して居る。Pischel の如きは Hopkins が 400 B. C. を最上年限とし 400 A. D. を最下年限とした說を全く不確なものとなして居る[7]が Hopkins が 200 A. D. となす說には希臘方面の事を證とし又印度に於ても Maurya 王朝滅後でなくば現存の Mahābhārata の出來る事情がないといふ如きを證として居る。後者の事は Kirste も獨立に此事をいひ、Rhys Davids なども Mahābhārata が Pāli Nikāya 以後で而かも紀元四世紀以前のものなるの證を提供して居る[8]。

思ふに Mahābhārata の戰爭談の骨子をなすものは甚だ古い事柄で 1000 B. C. 頃第二回移住の Aryan 人種が第一回移住の Aryan 人種と衝突した事を基として居る程[9]であるし其中部地方に於ける政治的區劃の如きも Upaniṣad, Pāli 佛典並に耆那教の典籍の所傳から見て古きものであることも知らるゝが、然し哲學思想を述ぶる所は決して古いものでない。哲學思想を述ぶる重要なものは Deussen の擧げた四ケ所並に第三編に存するが此等は凡て後世改竄の場合等に加はつたものであることは其等が說かるゝ場合及び事情を見れば明である。原始の簡單にて單純なるべき戰記物語中に今將に死せんとするものが、他のものゝ問に應じ又は將に實戰に臨まむとする間際に堂々たる哲學說を長談義する如き事はあり得べからざることである。然し Mahābhārata が大體 200 B. C.–200 A. D. に現形を得たとすれば、哲學說も 200 A. D. 以前頃のものとなる理である。此事は大體に於て正しいと信ぜらる。其は馬鳴の作なる Buddhacarita を見ると其十二章に Ārāḍa Kālāma が佛陀に說いたとして數論說を述べて居るが、其說が Mahābhārata 第十二編の Mokṣadharma にあるものと思想を同じうして居ること、及び第九章に存する kāla, svabhāva の説が同じく Mahābhārata にあるものと殆んど同じなことから見て、馬鳴當時若しくは其少し以前に行はれた思想が Mahābhārata にも傳へられて居ると證明せらるゝからである。[10] 勿論其中には多少後世の竄入のあることは、Mahābhārata が常に變化を蒙つたことから推察さるゝから、いふ迄もない事である。馬鳴の時代は先づ紀元一世紀より二世紀の半と見れば大體は承認せらるゝであらう。[11] Deussen は Mahābhārata の哲學思想を 500 B. C.–200 A. D. とて其言語、韻律 (metre) 特に思想の性質上から明であるとして居る。[12] 卽ち普通いふ如く Mahābhārata の哲學は Mischphilosophie でなくて Übergangsphilosophie であるとする。言語については classical Sanskṛt よりも Brāhmaṇa 殊に Upaniṣad に近いもので Pāṇini 以前のものとなすが、例へば Bhagavadgītā については Pāṇini 學者なる Liebich の如きは其言語上確に Pāṇini 以後であると全く反對の説をなして居る。[13] 言語學者としては後者の方が authority なることは論ずる迄もないことである。韻律の例として吠陀時代の Triṣṭubh, Jagatī の二が各猶未だ Mahābhārata では明に Indravajrā 及び Upendravajrā 并に Indravaṁśa 及び Vaṁśasthā にならずして其等に至る道行を示して居るに過ぎないといふので證明せむとして居るが印度文學に於ける韻律は此の如く簡單に見て論の立てられたものでない。現に Hopkins の如きは The Great Epic of India なる大册の書の中に殆んど其半分に近き程韻律を論じて居るが Deussen の如き結論には達して居らぬ。又其思想の性質は Upaniṣad 時代より classical の時代の哲學、殊に後世の數論への過渡をなすもので、佛教耆那教の如きも Mahābhārata と同時にして同じ思想の根底に成つたものであるといひ此が Mischphilosophie でなくて Übergangsphilosophie であることをなす所以であるが、耆那教佛教以前であることは他の學者の許さざる所であり、又 Mahābhārata 中にも此等兩教が表はれ來ると豫想せられても居る。勿論 500 B. C. より 200 A. D. まで卽ち七百年間の何れかの時のものとなすは少しく印度思想の事情に通ずるものにはなし得べき事であるが、此長き間の初期に配當するか後期に配當するかによつて歴史的發達の敍述が顚倒して來る。言語及び韻律上 Deussen の證明が到底維持せられないとしたならば、思想が 500 B. C. に直接續くと見る根據が何れにあるか。思ふに Deussen の印度哲學史の取扱に於ては未だ相當の材料を通覽して居ない爲めに Upaniṣad 時代に續くべきものを捜索し得ずして此の如き獨斷を敢てするに至つたのである。例へば Pāli 佛典、耆那教の聖典の如きは Deussen が印度哲學發達を見る材料として殆んど一瞥をも與へて居ないものである。若し是等の材料に多少なりと注意すれば、思想發達の取扱は全く變つて、前にいうた非正統思想を眼中に置くことにならざるを得ぬのである。

Mahābhārata は初めは單純な物語で Kuru 族と Bhārata 族との間の戰爭を歌つたものであつたが、何時か Kuru 族と Pāṇḍu 族との戰爭となり、初めは殄滅した Kuru 族に同情して歌つたものであつたのが、後に Pāṇḍu のみを賞讃するものとなつたのであるといはれて居る。そして後には教訓的の部分が加はり、又哲學的議論も加つて現今の如きものとなつたので、無論始めから現今の如きものではなかつたのである。單なる史詩が此の如くなつたのは Hopkins のいふ通り恐らく Yajurveda に屬する婆羅門の手に成つたのであらうが、現今の Mahābhārata が社會的一般的に適合するやうに說かれ居り Śūdra 族にても之を讀み得る書であるから、前にいうたやうに婆羅門中に起つた社會化の傾向の最もよく表はれたものである。(14) 此一般的性質から見ても Übergangsphilosophie を表はして居るといふよりも、寧ろ Mischphilosophie を示して居ると見る方が適切である。事實 Mahābhārata の哲學說を讀み其關係事項を研究して見れば Übergangsphilosophie と見るのはどうしても無理である。

予は如上いうた所からして Mahābhārata の哲學思想は主として紀元前後頃よりも紀元一世紀頃早くとも紀元前二世紀以後の時代に行はれたものを表はして居ると見る方が遙に合理的にして眞面目な一般學者の承認する所となるであらうと思ふ。Deussen の年代說を借りていへば 500 B. C. 以後の七百年間を三分して其唯後の一期の思想を代表すると見るのである。かく見れば決して Übergangsphilosophie などゝ見ることなく矢張り Mischphilosophie と見ざるを得ぬのである。猶之を證すべきものとして Manu 法典の年代を考へて見る。Deussen も此 Manu に表はれたる宇宙創造説を Mahābhārata の思想と同時代のものとなして居る。さうすれば 500 B. C.–200 A. D. の初期の方に屬することゝなるであらう。流石に Deussen も Manu の年代について論述して居ないが、予は Bühler の説に從ふものである。Manu も現形のものは古きものを改竄したものであるが、改竄の年代は大體紀元前二世紀から紀元二世紀頃で Mahābhārata の第十二編（卽ち Mokṣadharma を含む編）よりも遲い。Manu は Mahābhārata と其法律、哲學等に於て相似て居るが後者より借りたのではなくして兩書は同一材料より獨立に作上げたもので、其材料となつたものは法律及哲學を組織的に述べた書ではなく唯だ floating proverbial wisdom を含む書であつたらう。[15] 紀元前二世紀から紀元二世紀の間といふは Mahābhārata の年代説にも合するが、後者の第十二編より遲いといふから先づ其哲學は紀元二世紀より少し前頃行はれたものを持つて居ると見るのが穩當であらう。Pischel も Manu の法典は紀元二世紀又は三世紀には現形を得たといふて居る。[16] かくして Manu 第一章及び十二章に於ける哲學説を見ると其が Mahābhārata の説と似て居るから、後者の思想が紀元前後頃行はれて居たものとの證となり、500 B. C. に直接續くとなす説を全く不成立に終らしむる。

Deussen は又 Mahābhārata の哲學思想は Upaniṣad の原始の哲學 Yājñavalkya の Idealismus が後世の Sāṁkhya の Realismus になるのを示すものを其主なるものとなし、其他 Viṣṇu, Śiva に關するもの、唯物論、佛敎、懷疑説など多少はあるが、Vedānta 的思想の如きは māyā-theory が Upaniṣad 以來の續として少し存する丈けで全く Sāṁkhya の思想に代らるゝに至つたのとなして居る。此の如き見方は Mahābhārata 自身[17]のいふ所にも背いて居るのみならず、Deussen 自身は Mahābhārata を以て吠陀以後の時代（500 B. C.–1500 A. D.）の初頭を代表するものとして見るから Sāṁkhya 思想の立場からのみ見ては、甚だ偏狹である。其中に存する猶多くの思想の歷史的關係を見なければ十分でない。加之 Deussen 自身 Sāṁkhya の事を論ずる中にも其反對者のいふ svabhāva を prakṛti と誤解[18]して自己の論述の證據となす如き不都合をもなして居る。其他此の如きことを茲で一々指摘するの煩を避けるが、要するに予の見る所では Deussen の Mahābhārata に對する考も其取扱も到底賴つて以て範となすに足らぬものである。

Mahābhārata の問題については其大體を論ずる丈けでも以上の事位では勿論要を盡したともいへるものでないが、玆で一々論ずるの遑はないから、今は是丈けとして目下所要の研究に進まねばならぬ。Deussen の Vier philosophische Texte にては Ait.-up., Kauṣ.-up., Chānd.-up., Kena-up., Taitt.-up., Kaṭh.-up., Śvet.-up., Maitr.-up., Bṛhad.-up., Īśā-up., Muṇḍ.-up. Praś.-up. 等が Mahābhārata と貸借引用上關係せられて居るとなして居るが、其大部分は單に比較すべきものに過ぎざるもの、單に一字のみを同じくするもの、又は一、二字を同じく〔する〕もの等で眞に引用又は參照して居るものは Kaṭh.-up., Śvet.-up., Maitr.-up. を除いては Bṛhad.-up., 1.5.14 (242.15–16=8818–8819); 2.4.12 (219.2=7931) が引用せられ居るに過ぎない位である。Hopkins のいふ所[19]によれば Mahābhārata 全體に於て認められたる Brāhmaṇa 書は Śatapatha-brāhmaṇa に過ぎない位である。Bṛhad.-up. の引用せられ居るは此爲めであるが、然し Kaṭh.-up. 等の引用に及ぶべくもない。

予の知る限り Kaṭh.-up. の文にして Mahābhārata の哲學説を述ぶる部に最も多く引用せられ居るものは其 3.10–11; 6.7–8 である。卽ち Mahābhārata, XII, 247.2–3=8952; 248.2=9000; 275.16=988; 204.10–11=7449–50; BhG., 3.24 にあるが、其他 Kaṭh.-up. の文は BhG., 2.19–20 (Kaṭh., 2.19); 6.39 (Kaṭh., 1.22); 8.11 (Kaṭh., 2.15); 2.29 (Kaṭh., 2.7); 15.1 (Kaṭh., 6.1) にもあり、又 Mbh., III, 134.8 (Kaṭh., 5.15) にある等兩者の關係の密接なことを示して居る。特に Kaṭh., 3.10–11; 6.7–8 は數論の緣起說の順序に似たもので學者が數論は之に基いて發達したとなすものである。

Kaṭh.-up. の年代を論じた學者は多いかも知らぬが最も有力なのは Oldenberg の研究である。氏によれば此 Up. の用ゆる Triṣṭubh の韻律は佛教の經典及び Mahābhārata に用ひらるよりも遙に隔つて居るが第一編 (prathama-adhyāya) の Anuṣṭubh は已に後世の Śloka に觸れ Mahābhārata のものに全く近づき居るとなし、佛教の法句經 (Dhammapada) の Śloka も Mahābhārata に近いといふて居る。此點から Oldenberg は Kaṭh.-up. は佛敎よりも少し以前と見、其中の死神 (mṛtyu) が佛傳中の魔 (māra) の考の先驅であるとなして居る。[20] 然し Kaṭh.-up. の如き簡單な書にあつては韻律の如きは人工的にも古い型を用ひ得るし、又用ゆるのが通常であるから、好しむば其韻律が最も古いものであつても他の方面から新しい思想なり何なりを含むで居ることが明となれば、韻律のみでは、其を拒むで、古いことを證明することは出來ない。況んや第一編 (prathama-adhyāya) にある Anuṣṭubh が已に Mahābhārata に甚だ近いといへば其新らしいことも知られ得る。殊に Kaṭh.-up. は第一編 (1–3 章) が古形で第二編 (4–6 章) は後に加はつたもので最後の部は尚後に附加せられたものであるとは學者の承認する所であるから、[21] Kaṭh.-up. の現形の成つたのは決して古いものとは考へられぬ。其 Anuṣṭubh が Mahābhārata のそれに近いことは其製作が Mahābhārata の製作年代と甚だしく隔たらざる事を示すものであると見ねばならぬ。事實上甚だしく古い時になつたならば、其が後世のものに甚だしく似ることはあり得べき事でない。

Kaṭh.-up. を其含む思想から觀察すると其全體の主意は最後の偈にいふ通り vidyā (知卽ち理論) と yogavidhi (瑜伽の規則卽ち實踐) とを說き之によりて執着を離れ死の苦を脫し Brahman に達し解脫するにある。此偈文は後世の添加であると認められて居るが、[22] 然し此 Up. 全體の主意を纏めて二となした點は全く正しいものである。是によつて見るに Kaṭh.-up. では解脫は苦若しくは生死よりの解脫で、已は多苦厭世の思想に富むで居る (1.26, f.)。此解脫の要求の切實なるに當時の哲學者間には死後に於て人は存すといふもあり、又存せずといふもあり (1.20)、此世のみありて他世あることなし (2.6) といふもある程であるから、是に決定的の解決を與ふる爲めに vidyā を說き、其を實踐的に體得する爲めに yoga の規則を說いたのである。此思想傾向は Yājñavalkya の學說に負ふ所あるは直に見られ得るが、解脫の考はどうしても Upaniṣad period proper 頃のものでなくして、佛敎興起以後に屬するものである。死後人は存す、存せずといひ、此世のみありて他世なしといふは、Upaniṣad 時代以後の一般的非正統派中に存した意見で、正統派中にはなかつた考である。此は解脱の考と共に此 Up. が非正統派の一般思想に觸れて居る證據である。Yājñavalkya の學說では宇宙的の Ātman が個人的の Ātman となることを說くが、一我が多我となり、從つて兩者は同一であることを高潮して說いて居らぬ。卽ち當時は猶未だ個人我は宇宙我と異るとか、又は宇宙我は一で個人我は多であるとかいふ如きことが、思想界の問題となつて居なかつたことを反證する。然るに Kaṭh.-up. では此事に頗る重を置き一我が自らを多となして身體中に入ることを種々に說く(5.9–15)。此は此 Up. が一我を表面的に說かざる思想に對して論ずるのであることを示して居る。そして此身體中に入れる我は身體とは別であることも度々說かれて居る(2.18–23; 3.3–4; 4.12–13; 5.4, f.; 6.4–6, etc.)が之を受者又は食者(bhoktṛ)と稱し、身體と此との關係を車の譬によつて說いて居る(3.3–6)。卽ち Ātman は車上の人、身體は車、覺(buddhi)は馭者、意(manas)は手綱、感官は馬、感官の對境は道路であつて、Ātman は身體、感官、及び意と結合したとき受者又は食者となるのである。故に嚴密に二元論的に區分すれば Ātman の精神的なるに對して、身體なる物質的のものは其中に覺意感官を含みて對境も物質的のものの中に含まるべきである。而かも此精神的のものは凡ての物に入り得るから一切は量的差別を有するに過ぎざることとなるのである。そして此等の Ātman 及び其機關たるべきものの關係地位は viṣaya(對境)—indriya(感官)—manas(意)—buddhi(覺)、or sattva(有性)—ātman-mahat(大我)—avyakta(未開展)—puruṣa(人)[23]であるから、前のことから見れば indriya から buddhi までは身體に屬する物質的のもの ātman-mahat は受者(食者)となれる個人我に當る譯である。又 3.13 では vāc(語)—manas—jñāna(知)—ātman-mahat—ātman-śānta の順にて各を制御し順次に其次のものに融入せしむることをいふから、vāc は indriya の代表的のもの、jñāna は buddhi を其働よりいひ、ātman-śānta は avyakta と puruṣa とを含むで居ることとなる。ātman-śānta は ātman-mahat から考へて見て宇宙的の ātman を表はして居ることは明であるが、此中に已に avyakta と puruṣa とを含むとすれば avyakta は物質的のものの開展するもととなるもので、詳しくは buddhi 以下のものに關係する。puruṣa と ātman-mahat とは元來同一物であるが、其地位と一多の數とに於て異るものである。宇宙的の Ātman を物質的のものと純精神的のものとに分ちし所は Chāndogya-up., Bṛhadāraṇyaka-up. 特に前者の考より出でたるのではあるが、直接に系統を引いて居ることを示して居ないし、又 Kaṭh.-up. 全體に於ても Chānd.-up. との直接關係を示して居らぬ。そして puruṣa 以下の順序を緣起として見れば、個人我と身體とが截然別あるものとの考を沒却して居るといはねばならぬ。此點は度々兩者の異を説くのと矛盾して居る。之を如何に説明するか。Kaṭh.-up. が其解脫の考に於て、一般非正統思想に觸れたる點に於て、宇宙的並に個人的の Ātman の同一に重を置くことに於て、個人我を食者(受者)と稱し buddhi, manas を物質中に入れざるを得ざる點に於て、更に vidyā と yogavidhi とに纏むる點に於て、著しく古い Up. と異るから、此が Sāṁkhya 思想に對して正統思想を防ぎ樹立せし〔め〕むとしつゝ不知不識の間に已に其影響を蒙つたのであるとして説明せらるべきであると考へる。卽ち Kaṭh.-up. は其外形の韻律からいうて Mahābhārata と餘り隔たると見ることが出來ず、其引用參照せらるゝ事からいうて同一思潮の流にあつて時代も甚だしく異ると見ることが出來ず、又其思想からいうて Sāṁkhya 思想の影響を受けて居るが、其が矢張り Mahābhārata の思想に近いと見ねばならぬ等の理由から見て、其現形を得た年代は早くとも 300 B. C. を遡ることは不可能であると考へらるゝ。卽ち Sāṁkhya が學派として成立した以後猶多少の時を隔てゝ現形を得たものである。尙此點は次に論ずる Śvet.-up. が Kaṭh.-up. と餘り隔たらず、而かも Mahābhārata に近いことからも強められ得る所である。

Kaṭh.-up. に於ける數論的の思想は以上論じた中に大要を盡くしたとする。此 Up. に次ぎて見るべきものは Śvet.-up. である。Śvet.-up. が Kaṭh.-up. 以後なることは Deussen, Oldenberg, Hopkins, Macdonell 等の學者の凡て一致する所である。そして此 Up. の大主意も Kaṭh.-up. と殆んど同一で 6,13 にいひ表はされて居る。文の後半に曰く

tat kāraṇaṁ sāṁkhyayogā'dhigamyaṁ,
jñātvā devam mucyate sarvapāśaiḥ.

Sāṁkhyayoga に就いて

Deussen は之を譯して、Wer dies Ursein durch Prüfung und Hingebung, als Gott erkennt, wird frei von allen Banden となし、Hopkins は又 On recognizing as (a personal) God, attainable by the Sāṁkhyayoga (system), that (apparently impersonal) First Cause, one is freed from all bonds として居る。[24] Sāṁkhyayoga は compound となつて居るから Sāṁkhyayoga と一に見るも、Sāṁkhya と Yoga との二に見るも、文字の上では差支ないが、之を一字と見るのと二字と見るのとでは此 Up. の見方、從つて印度哲學發達の觀察に於て全く顚倒したものとなる程に重要なものである。Böhtlingk は Deussen の譯文を批評して全く正しくないとなし他の批評をも助として擧げて居る。[25] 其大意は Sāṁkhyayogā'dhigamya は mittels des Sāṁkhya erkennbar と解すべく、此意味にて此 Up. 中二回も用ひられて居る。卽ち 1,3 に dhyānayogā'nugatāḥ; 4,1 に śaktiyogāt とあるがそれである。此の如き場合 yoga は Mittel の意で Śaṅkara も正しくかく解して居る。此解釋の正しい事は Bhagavadgītā, 3,3 に jñānayogena sāṁkhyānāṁ karmayogena yogināṁ とあり、13,24 に anye sāṁkhyena yogena karmayogena cā'pare (die Einen mittels des Sāṁkhya [wörtlich, mit dem Sāṁkhya als mittel], die Anderen mittels der Werke) とあり後者は sāṁkhyena yogena を一として sāṁkhyayogena に解し karmayogena に對すべきであることからも知られ得る。此解釋には Windisch も贊成して居るといふて居る。Hopkins は Deussen の Śvet.-up. に對する考を最も酷しく批評し殆んど全然誤となし Sāṁkhyayoga を Sāṁkhyayoga なる一哲學說と見て居る。Böhtlingk の說中 Bhagavadgītā の文及 Śaktiyogāt に關しては其正しいことが認められるが、Sāṁkhyayogā'dhigamya 又は dhyānayogā'nugatāḥ の yoga が何時でも mittels の意でなければならぬことのないのは Amarakośa, 7, 40 の用例からも知られ得るから、Hopkins の如く Sāṁkhyayoga を一の名詞と見る方が正しいと思はれる。尤も此事は Śvet.-up. の內容から然か考へらるゝのである。

此 Up. の殆んど最後の所で之をいふのであるから其 Sāṁkhyayoga といふのは此 Up. 全體で說いたものを指して居ることはいふ迄もないことで、Kaṭh.-up. に vidyā と yogavidhi というたものを統一して名づけて居るものである。

そして此考の淵源は Yājñavalkya の學說中にもあるもので、一神敎的思想も亦 Yājñavalkya の思想中に存し、決して Kaṭh.-up. などに來て初めて表はれたものではない。其所謂 Sāṁkhyayoga は如何なる說を指すか。Śvet.-up. では全體を一の Brahman として說き、其中に精神的方面と物質的方面とを開き、精神的方面は更に二種となる。其一は解脫に於ける我 (ātman in kevalatva) で他は輪廻中の我 (ātman in saṁsāra) であるが、解脫に於ける我は支配者 (preritṛ) 自在神 (īśvara) といはれ Brahman と同一である。或は Rudra, Hara, Śiva, Viśvaiśvarya, Bhagavat, Maheśvara, Maharṣi 等とも稱せられる。輪廻中の我は受者(食者、bhoktṛ) で母指よりも小さく、身體と結合し三德に導かれ ahaṁkāra を有し saṁkalpa(個人的の思惟) を有し非作者 (akartṛ) なる個人我 (jīva) である。物質的のものは prakṛti 又は pradhāna ともいはれ、無知にして可壞 (kṣara) の身體又は五元素で所食の境 (bhogya-artha) と稱せられる。そして此は神の自力 (deva-ātmaśakti) によりて創造さるゝ三德所成の ajā である。之に對して bhoktṛ は aja である。是によつて見れば輪廻中の我が其本性に還つた時が解脫であつて、此に達するには以上の理論を實踐的に體認するにある。此方法が卽ち Yoga で、理論と實踐とが一となつて全體の說をなすから Sāṁkhyayoga と稱せらるゝのである。此の如きは Kaṭh.-up. よりも一層明確に說いたもので、全く Mahābhārata に存する Sāṁkhyayoga と同一である。卽ち Śvet.-up. に Mahābhārata にある說と同一潮流のもので、其時代が互に相隔たつて居るとしては解せられざるものである。

Deussen が此 Śvet.-up. に於ける ṛṣi-kapila を人名と見ざるは根據なき說であることは前に指摘した所であるが、更に此 Up. 全體に對する考も正當なものとは考へられぬ。Deussen 曰く Śvet.-up. と Sāṁkhyasystem との關係を定むることは困難であるが、此 Up. は已に多くの Sāṁkhyaphilosophie の術語及根本思想を持つて居ることはいふ迄もないが(卽ち puruṣa, prakṛti, pradhāna, avyakta, vyakta, tri-guṇa, liṅga, 50 bhāva's 等) puruṣa と prakṛti との關係をも aja と ajā で表はす如きをなして居る。然し其れにも拘らず此 Up. の Monismus, Theismus, Idealismus は Sāṁkhyasystem の Dualismus, Atheismus, Realismus と全く反し、1,3 には自己の德(guṇa)に包まれたる神の自力を說き、6,20 には神なくば苦の終に達せられざるを主張し、4,10 には prakṛti は幻(māyā)に過ぎずとなす程であるが、此の如きものと Sāṁkhyalehre との關係は如何に說明すべきか。此 Up. の著者が已に Kapila の Sāṁkhya を知りしとせば Kapila を最高仙となし、Sāṁkhya を解脫に至る道として賞讃することはなかるべき筈である。此點から見て著者は Kapila を Sāṁkhya の開祖なりと知らず、又 Sāṁkhya が自ら排する一の學派なりとは知らなかつたと見ねばならぬ。卽ち Śvet.-up. は Sāṁkhya に影響せられて居るのではなくて、却つて此 Up. 又は此 Up. と同一潮流から Sāṁkhya が生じたと見るべきである。故に Śvet.-up. は Sāṁkhyasystem の重要なる Vorgeschichte の一であると。[26] 此說が Hopkins によつて酷しく批評せられ、全體が誤解に基き矛盾を含み、非歷史的なりと指摘せられたもので、惹いて Hopkins は Indologists たるものは正しく歷史を解することを勉むべく、Deussen の仕方を他山の石となすべしとの意味を述べて Deussen を Indologists の circle 以外に置いて居る。[27] 卽ち Hopkins の意見は Deussen のそれと全く反對である。

思ふに Deussen の根本的の誤謬は Sāṁkhya といへば Sāṁkhya-kārikā に述べられた所謂 dualistic, atheistic, realistic の說のみとなして居る點である。此事は前に數々いうた通り歷史的發達を無視した考である。此誤謬の上に立てられた意見が如何にしても正しかるべき筈はない。加之 Deussen が大なる矛盾を敢てして居る點は、Hopkins が指摘して居る以外にも、此 Up. に存する māyā に對する說明である。Deussen は Śvet.-up. の著者は數論を知らず、又 Śvet.-up. は數論の Vorgeschichte の重要なるものであるといふが 4,10 に prakṛti を Māyā, 最高神を Māyin と知れ (Māyāṁ tu prakṛtiṁ vidyān Māyinaṁ tu Maheśvaraṁ) とあるは卽ち今現はれつゝある數論の realistic の考のものとなる prakṛti に對する論難であるとなして居る。[28] 此は Śvet.-up. の著者が數論の prakṛti の說を十分知つて居つたでなければならないし、又數論は已に其學說を持つて居つたでなければならぬと見なければ意味をなさぬ。玆に大なる矛盾を敢てして居るでないか。又 Deussen は māyā は Ṛgveda 以來 Upaniṣad を通じて凡て Śaṅkara の意味で用ゐられたものとなし、其弟子なる Prabhu Dutt Shāstri も其著 The Doctrine of māyā に於て此説を極端に證明せむとして居るが、他の專門學者は此の如き解釋を認めて居ることはない。[29] 今玆に māyā の意を詳述する要はないが、とにかく Deussen が Sāṁkhya の prakṛti は原始的の Vedānta の māyā が凝結沈澱したものとなすのも一般學者に承認せられないし、又事實上受取れない説である。

Śvet.-up., 4,5 の ajā の如きは Kaṭh.-up., 3,11; 4,7 の avyakta と共に數論によつて其學説の保證にせられた事、若しくはせられ得る事は Vedānta-sūtra, 1,4,8–9 にて明かな程數論と關係深きもので、其他にも Deussen の擧げた通り術語といひ、根本思想といひ著しく共通して居る。前に述べた中の個人我及び物質的のもの卽ち prakṛti の如きは全く數論の思想で個人我を非作者(akartṛ)となす如きは古い Vedānta とは全く反對の考である。此等の共通のものは、どうしても數論の影響と見なければ解釋は出來ぬ。或は此 Up. は數論説に對抗して自説を辯護するを主意とするにもせよ、又は prakṛti 以下の發展が數論の如く詳しく説かれて居ないにもせよ、とにかく數論の思想を豫想して居ることは明である。

元來 Sāṁkhya なる文字は saṁkhyā(數)より出たものであることはいふ迄もないが、Sāṁkhya なる一學派なり一哲學なりの名稱となつたときは何の意味であるか。慈恩大師は唯識述記に梵に僧佉といふ、此に翻して數となす、卽ち智慧の數なり、數を以て諸法を度る根本に名を立つ、數より論を起す、名づけて數論となす、論よく數を生ず、亦數論と名づく、其數論を造り及び數論を學ぶを數論と名づくと説いて[30] 數なる原意を保存しつゝ一方に智慧の意に解して居る。Deussen は Śvet.-up., 6,13 の Sāṁkhyayogā'dhigamya の Sāṁkhya は Sāṁkhya 説に反對する此 Up. 中にある故に學派としての名でなくて Prüfung の意であるとし、Mahābhārata に於ても Reflexion の意にのみ解すべきものとして Bhagavadgītā, 2,11–38 及其他の文を以て證せむとして居る。[31] 然し乍ら Oldenberg は Reflexion と解するのは理由なく不適當(verfehlt)であるとなし、又初め數へるといふ誹謗的の名より遂に本名となつた說をも疑はしいとなして全く數及數へるの意味で、其は Śvet.-up., 1,4 からも知られ得。卽ち Sāṁkhya は das von der Zahl Beherrschte, nach der Zahl Bestimmte であるというて居る。[32] Mahābhārata でも XII, 306,26=11393 では明に Sāṁkhya を Parisaṁkhyāna-darśana と稱し其學徒を saṁkhyātma-darśin といひ 35,19=11673 にも parisaṁkhyāna とし parisaṁkhyā して云々といひ 301,51=11102 にも parisaṁkhyāna して云々といふ、數及び數へるの意に解して居るし又 Sāṁkhya は Kapila の創めた學派の名であるとも度々いはれて居る。同じ書中にかくあるとすれば Deussen が Reflexion の意にのみ解するのは勝手な解釋である。Bhagavadgītā, 2,11–38 にも純粹なる Upaniṣad 思想を說くに之を Sāṁkhya と名づけるから其 Sāṁkhya は學派としての Sāṁkhya でなくて Reflexion の意でなければならぬといふが、Bhagavadgītā の此章は Sāṁkhyayoga と稱せられ其の重要思想は Kaṭh.-up., 2,18–19 の引用にあつて身體と我とは別で、我は身體斬らるゝも決して斬らるゝものでない、全く常住不變であるといふにある。此說は Deussen の所謂 reine Upaniṣadgedanken とは少しく其重きを置く點を異にするし、Sāṁkhya 思想としても甚だしき不都合はないものである。加之 XII, 306,26 以下(其他前に擧げた所も似て居るが)は其說く所 Mahābhārata 中最も多く學派としての Sāṁkhya 說に近いと稱せらるゝ說を述べて之を Sāṁkhya というて居る。[33] Deussen の說から此が如何に說明し得らるゝか。要するに Deussen の說は偏頗なる見解で多くの場合を含み得る解釋でない。所詮は Mahābhārata にある Sāṁkhya は複雜で單に之を一として見たのみでは正しい解釋とはならないのである。此等の點は猶少し詳しくは後に Mahābhārata の說を論述する部に述べるであらうが、[34] 今の所では Śvet.-up. ではとにかく其全體の說中理論的のものを Sāṁkhya と稱し實踐的の方を Yoga と名づけ、之を統一して Sāṁkhyayoga と稱したのであるといふのが必要なのである。

　Śvet.-up. は多くの古 Upaniṣad 中で最もよく纏まつたものゝ一で、其第一章には全體の學說の大綱を說き第二章では恰かも Vedānta-sūtra, 2,3–4; 3,1 にある vidyā の論及び其と關係するものを說いて居ると同じやうに Yoga の觀念の對象としての最高梵をSavitṛ等として說き其中にYogaの仕方を說き、第三、四章には支配者としての最高梵を說き、第五章には更に簡單に支配者と他の個人我並に物質的のものとの關係を說き(5,1–6)、進んで個人我を說き(5,7–14)、第六章の初めに物質的自然を簡單に說き(6,1–2)、以下は全體を繰返して結論をなし、最後に神に對するbhakti (devotion)に重を置いて居る。全體が有神論であるから神の恩寵(prasāda)を重んずるが、此考はKaṭh.-up., 2,20にdhātu-prasādāt (through the tranquility of senses)とあるを譯者によつてはdhātuḥ prasādāt (by the grace of the Creator)となして玆に已に表はれて居るとなすが、印度の註釋者は後者の意とは見て居ないから確とはいはれない。從つてŚvet.-up.などに初めて明確に表はれたと見るべきであつて、同時に當時の一般宗教界の思想から影響せられたものであることを示して居る。又Kaṭh.-up., 3,9に最高解脫處をViṣṇor paramaṁ padaṁといふのを重く見ればKaṭh.-up.はViṣṇu派の書か、若しくはViṣṇu派の影響を受けて居るとも見られようが、Viṣṇor paramaṁ padaṁはṚgvedaにも存する考であるから、一概にさうもいはれまいが、Śvet.-up.はRudra卽ちŚivaを最高神とし其恩寵を求め、其にbhaktiを捧ぐるのであるから、恐らく此Up.がŚiva派の書、若しくはŚiva派の影響を受けたことが多大なるを示して居ると見られよう。Śiva派が宗教的に一派として成立した年代は今的確には明でないが、Śivaが初めて獨立神として現はれたのはYajurvedaに於てゞあつて所謂第二同移住のĀryan人種によつて尊崇せられたのであるが、若しPañcarātra (Bhāgavata)[35]派が佛陀の時代頃に起つたといふ學者の說が正しくば、Śiva派の成立も其れより少し以後位であらう。Bhāgavata派が紀元前二世紀には已に盛で、Bactriaの希臘人をも其信奉者とせしむる程であつた[36]から、是よりも相應に以前に一派をなしたことは疑ないから、Śiva派も紀元前二世紀以前に成立したものであらう。Kaniṣka王の前王Wema KadphisesがBL熱心なŚiva派の信者であつたことは有名な史實である。Śvet.-up.は卽ち此派と大なる關係のある書である。

Śvet.-up.はKaṭh.-up.よりも遲いものであるから300 B.C.よりも遲いと見なければならぬ。そしてMahābhārata

と同一潮流のもので、其說に近いことは後に說くMahābhārataの說と前に擧げたŚvet.-up. の全體の主意とを比較すれば明となるが、玆には先づ其外形に於て似た所の多い點を擧げて見よう。Śvet.-up. 第一章の初めに第一原因を以てKāla, Svabhāva, Niyati, Yadṛccha, Bhūta, Yoni, Puruṣa の七を擬する如き異說があるが實はBrahmanでなければならぬとなして居る。(37) 此文が後世の竄入でないことは第六章の初めにもSvabhāvaとKālaとを擧げて居ることから明である。此中 Kāla, Svabhāva, Niyati, Puruṣa, Bhūta 說等はMahābhārataによく表はるゝもので其當時盛に行はれた說であらう。後世までもよく說かれて居る。(38) 又世界の成住壞却を說く(3,2; 4,1; 5,3; 6,3)如きも其說はMahābhārataに初めて詳細に說かれ居るものである。そしてŚvet.-up. の文にしてMahābhārataに引用せられ居るものは3,8; 18; 16; 17が順次にBhagavadgītā, 8, 9; 5, 13; 13, 16; 17に引用せられ1, 13はXII, 210, 41-42=7683-7684に、3, 16はXII, 240,29=8762; 302,17=11230; 312,14=11603; Anugītā, 40,4=1087に3,18はXII, 240,32=8765(cf. XII, 210,37=7679)に引用せられ、此Up. の此等の文の前後が又Mahābhārataの此等の文の前後に要約して引用せられても居る。又Yogaを說く部はŚvet.-up., 2,8-17に關係深きのみならず、XII, 307,1,f. はŚvet., 5,1,f. に、11,f. は、1,8に、308,32は6,22に關係深く此Up. 全體がMahābhārataの哲學說と甚だ關係深く殆んど後者の作者が前者の考を顧慮し居つたと考へらるゝ程である。此の如きは此Up. が遲き作なることゝ共に考へてMahābhārataに表はれた思想と其時代が餘り隔つて居なかつたと解する外はない。予は此Up. は其原形としては第一章第二章丈けであつたのが、後の四章は後世加はつたのではなからうかとも考へるが、とにかく以上いうた多くの理由からŚvet.-up. の現形は250 B. C. 以前に成つたとは結論することが出來ないと思はるゝ。そして數論に大に影響せられMahābhārataに於ける同種の思想の先驅をなして居るものである。

次にMaitrāyaṇa-up. について考へて見る。此Up. はDeussenも已に成立したSāṁkhyalehreを豫想して居るのと佛敎の如き異端を排斥し居ること、又Up. の全體を知り居りてSarvopaniṣadvidyāというて居ること等でもつて此

Up. の遲きを證すとなして居る。[39] Oldenberg も亦此 Up. が Bṛhadratha 王と Bhagavat Śākāyanya との問答を記せる散文なることより其遲きことが知られ得るとなして居る。[40] そして此 Up. が Śvet.-up. よりも遲いことも多くの學者の一致する所であるが、予の見る所によれば此 Up. は佛敎の影響を受けて居るものである。Bṛhadratha 王が世の無常を悟りて森林に退隱して修行することや、Bhagavat, muni の語を用ゆることを直に佛敎の影響と見るのは早計に失するであらうが、人世に苦の滿てることをいひ身體の汚穢に充ち惡德に巢ぐはれ樂の樂とすべきなきを說く文(1,2–4)の如きは明に佛敎の影響で身體の汚穢惡德の如きは全て佛敎常用の語を其儘用ゐたるもあり、又最高我に達せるもの若しくは最高のものを nirātman 或は nairātmya(無我)といふ如きも亦佛敎の影響と見るべきである。nirātman 或は nairātmya は執着的の ātman を脫したるもの、又は言詮思慮を絕する ātman の意と見て解釋の出來ない事はないが、此 Up. では Yoga 行によつて ātman を捕へむと勉むれば Yoga の六支の一なる tarka によつて捕ふるを得といふから、Hopkins のいふ通り niryoga の文字と共に一種特別な語で、他の Up. には用ゐられ居らざるもの、そして佛敎の影響と認むべきものである。猶之を證し得べきものは 7,8 に Nairātmyavāda の欺說、誤謬の例證及び論證により て世間は惑亂せられて吠陀と他の學問との別を知らず(Nairātmyavāda-kuhakair mithyā-dṛṣṭānta-hetubhiḥ, bhrāmyan loko na jānāti veda-vidyāntaram tu yat)といふて居る言である。此言が佛敎を指して居ることは其次に順世外道を攻擊して居ることから判る所である。此惡むべき說を Nairātmyavāda といひ乍ら自らの根本思想に關して同一文字を用ゆる如きは、多少其意を變じて之を取入れたと見る外はない。正統派の書にして佛敎を攻擊し佛敎の影響を蒙むるに至る如きは恐らく佛敎が阿育王(269–227 B.C. 在位)の保護を受けた以後に相違なからうと思ふ。

Maitṛ-up. は佛敎のみならず他の學派又は宗敎者の如きをも攻擊して居る。[41] 7,9 にあるものは順世外道(Lokāyata, Cārvāka)の攻擊である。Bṛhaspati が Śukra の形をとつて Judra の安全と Asuras(惡神等)の滅亡との爲めに誤れる說(avidyā)を說いた。此說によれば惡が卽ち善で善が卽ち惡であつて、吠陀等の聖說を覆す如き法を學ばざるべからざることを教ふるものである、此の如き說が卽ち順世外道の說であるから此誤れる又效果なき說に耽ることは何人と雖も愼しまねばならぬ。之を興ぶも其果報は快樂の續く限りのみ續くに過ぎないものであるといふて居る。Bṛhaspati は Lokāyata 說を說いた人と認めらるゝことは一般で Lokāyata は Bārhaspatya とも稱せらるゝ。此派が 300 B.C. 以前に存した事は Arthaśāstra から明であるが、其思想は非常に古く佛敎當時の六師外道の一人 Ajita Kesakambalin の如きも Lokāyata の一人である。Cārvāka は恐らく人名より來た名であらうが Mahābhārata によれば彼は Duryodhana の友人にして Yudhiṣṭhira 王が凱旋歸城の日彼を罵つたので婆羅門に Hum と唱へられて直に死した宗敎的僞行者(parivraj)であるといはれて居る。此主義のものは Mahābhārata の時代には國中に流行して居つたのである。

佛敎、順世外道を破するは吠陀に反對するものを觀ずる爲めであるが、此點に於て Maitṛ.-up. は猶種々なるものを擧げて居る。卽ち常に放逸にして周遊しては行乞し魔術によつて生活するもの、町に行乞し犧牲を許されざるものに犧牲をなさしむるもの、Śūdra の弟子となるもの、吠陀(Śāstra)を讀む Śūdra, 怒り易く惡意あるもの、惡言を放つもの、舞踏者、競技者、放浪人、俳優、王に對する勤に於て却けられたるもの、金錢を得む爲め夜叉(Yakṣa)、羅刹(Rākṣasa)、幽靈、惡魔、惡靈、蛇、惡鬼の祟を拂ふと欺くもの、其他不正に赤衣を纏ひ耳輪を用ひ髑髏を携ふるもの(atha ye cā'nye ha vṛthā-kaṣāya-kuṇḍalinoḥ kāpālinaḥ)、又誤れる論證、推理の詭辯の網によつて吠陀を信ずるものを瞞かさむと欲するもの(atha ye cā'yne ha vṛthā-tarka-dṛṣṭānta-kuhake'ndrajālair vaidikeṣu paristhātum icchanti)等、此等は共住してもならない程の無賴漢であるとなして居る。此等は當時の一般社會に行はれて居たものを擧げたのであらうが、最後より第二のものは Śiva 派の一派なる Kāpālika (Kāpāla, Kapālin, Kālamukha) を指すのに相違ない。此派の六種の相[42](Mudrikā)中の髑髏を携へ、耳輪を用ひ、飾を用ゆる(赤衣を纏ふにあたる)の三を擧げ、特に髑髏をいうて居るからである。此派以外に髑髏を携ふる如きものはない。最後のものは卽 Haituka (論理家)

でMahābhārata, Manu等にて正統派に反對するものとして却けらるゝ當時流行の一團の人々である。以上述べた三項はMahābhārataと共通する所の多いものであるが此外にも猶ある。例へば6,15に

kālaḥ pacati bhūtāni sarvāṇy eva mahātmani,
yasmiṁs tu pacyate kālo yas taṁ vedo sa vedavit.

とあるがMahābhārata XII, 240,25=8758に

kālaḥ pacati bhūtāni sarvāṇy evā'tmanā'tmani,
yasmiṁs tu pacyate kālas taṁ vede'ha na kaścana.(43)

とあると最も近いし、前にKapilaの條にいうたMaitr.-up., 6,22のśabda-brahmanとpara-brahmanとの說もVyāsaの說くŚuka-anupraśnaの章及Go-kapilīyamの章に引用せられて居る。

加之Mahābhārataの第三編、十二編、十四編等にある哲學說が主としてMaitr.-up.の第六章に基き、其に傚ふたるものなることは文字思想の同一及び時には無意義に終るべき複合詞の模倣等より詳しくHopkinsの證明する通りである。(44) Mahābhārataに就いて詳しき此Sudologistの說に基いてMaitr.-up.との關係の密接なるを知りMaitr.-up.がMahābhārataの時代と其年代を隔て居らざるを知るのである。

Maitr.-up.に於てはUpaniṣadとして初めてBrahmā, Viṣṇu, Śivaの三位一體(tri-mūrti)の思想を表はし(45)殊にBrahmāをrajasに、Viṣṇuをsattvaに Śiva(Rudra)をtamasに配して居る。Mahābhārataでも三位一體を說くのは極めて新らしい部でHoltzmannによれば1,1,32=32より出でて、3,272,47=15824に明にいはれHarivaṁśa 10662にあるのみであるといふ。然しMaitr.-up.は一方に三位一體を說き乍ら他方ではViṣṇuの最高位を說くことが四回(5,2; 7,7; 6,13; 6,23)にも及んで居る。此點を前のKapālid派を排斥することに併せ考ふるとMaitr.-up.はViṣṇuに同情を有するもの、其より影響せられ、若しくは其派の書かも知れぬと推察さるゝ。書中にあるSāṁkhyayoga說は或

はViṣṇu派の說に負ふ所があるのではあるまいか。とにかく三位一體說をなすあたりから考へて見ても此Maitr.-up.が甚だ新らしいもので其中の思想の或ものはMahābhārataの或思想よりも新らしいと思はるゝ程である。(46)

Maitr.-up.はKaṭh.-up.等と同じやうに同一人によつて同一時に成つた書ではなくして後世加はつた部の存することが知られ得る。Deussenは5,1-6,30をAnfangとし6,31-7,11をNachträgeとなして居るし、Macdonellは6,31以下を凡てadditionとなして居る。Īśādy-aṣṭottaraśatopaniṣadaḥでは6,8まで存するのみであるし、Max Müllerによれば印度の註釋者も第六章第七章は補遺(khila)の部となして居る。然し見樣によつては4,6又は6,30以後から後世の附加である。とにかく前來論述した各點から考へてMaitr.-up.の現形の成つたのは200 B. C.を遡ることは到底出來ないと結論し得る。

Maitr.-up.は其說全體をBrahma-vidyāともSarvopaniṣad-vidyāともいふが、其主意とする所は最高梵について古いUp.の如き考を有すると共に此最高梵の外に個人我を認め之をBhūta-ātmanと名づける。是恐らく身體をなすmahā-bhūta(元素)に住するātmanの意であらうが、(47)之を又antaḥpuruṣaとも稱して居る。此Bhūta-ātmanは五唯(tanmātra=bhūta)と五大(mahābhūta=bhūta)とに圍まれ各身體に應じて存するから多數で、而かも無限に小に不可見である。然し本質上非作者、食者(受者)、觀者で唯kṣetrajñaである。其器官としては覺、我慢、意、五知根、五作根、五風を有し、主として意によりて知覺し、又意によりて作業をなすのである。MahābhārataのVedānta的の思想たるAdhyātmanの說では見聞は覺によるのであり、Sāṁkhya的の說では意によるとなされて居るがMaitr.-up.でも後者と同じことになる。puruṣaは勿論主觀の方面であるが、其食者たるに對する被食者が卽prakṛtiで客觀の方面である。prakṛtiはpradhānaとも稱せられ三德より成り大(覺)、我慢、意、其他を開展する基のものである。此開展の順序は明でないがMahad-ādyaṁ viśeṣa-antaṁ liṅgaṁとあるからSāṁkhya-kārikāのそれと同一であるかも知れぬが、他人は異る順序も見ゆるし、viśeṣaが何を示すか的確に定め難いから、必らずしも同一と速斷することは今差控えねばならぬ。

Bhūta-ātman は身體に存する限り三德の爲めに縛せられて生より生に入りて輪廻をする。之を解脱するには Yoga の觀法によるので、此 Yoga 行はよく說かれて居る。其に對する vidyā (Vedāntā-sūtra にいふ意のもの)的のものを詳しく述べて居るのが第六章である。解脱に達する爲めには知(vidyā)、苦行(tapas)、瞑想(cintā)の三によるのであるが、知は卽ち硏究、苦行は主として āśrama の行、瞑想は卽ち眞の Yoga 行を意味する。そして此 Yoga は其中心的のことゝしては意を制御するにあるが、其準備的のものとして制息等種々のものをも必要とする。此等のことは後に更に說くから今は以上で Maitr.-up. の說を終へる。

以上 Kaṭh.-up., Śvet.-up., Maitr.-up. の三について見た結果 300 B. C. 以前に遡ることは不可能で、思想上 Mahā-bhārata のそれと決して時代を隔てたものでないことを述べたつもりである。其 Sāṁkhya 思想の影響を見れば三の Up. にては順次に一層濃厚となつて居る。當時の Sāṁkhya 學派内に於ける思潮はどうなつて居つたかは材料が不足な爲めに之を十分に知るに由ないが、300 B. C. 以降 100 B. C. に至る頃の間には Kapila 自身の說が漸次明確となり、發達すべき點は發達を遂げ、一方には正統思想及び他の哲學宗教の派にも影響して居たのである。正統思想は卽ち前來述べた三の Up. に表はれて居るもので、他の派といふは主として Bhāgavata 派をいふのである。Garbe は 300 B. C. より紀元迄を Bhāgavata 派發達の第二期とし Sāṁkhyayoga との結合は 300 B. C. 以前となして居るが、寧ろ 300 B. C.-100 B. C. を以て Sāṁkhyayoga と結合したと見る方が正當ではあるまいかと考へる。予が特に此時代に結合したと考へるのは Sāṁkhya の成立を Garbe の如く佛教以前と見ない爲めに 300 B. C. 以前とならないのと 100 B. C. 以前と見るのは Mahābhārata に於ける Vārṣṇeya-adhyātman の說が Sāṁkhyayoga と結合せることが已に深いから甚だしく遲いとせられ難いのとの爲めである。

數論思想は Kaṭh.-up. 等の三に見らるゝ通り正統派に影響を及ぼしたが、然し單に能動的に影響を及ぼしたのみとは考へられず、此間に所動的に正統派の此思潮から影響を及ぼされたに相違ない。影響を及ぼす丈けの接觸があれば又影響を蒙るの機運にも在ることは考へ得らるゝ。此れが證としては Mahābhārata に於ける Sāṁkhyayoga 説の立て方と Vedānta-sūtra に於ける對數論破の經意とを擧げ得る。前者は後に説くから今述べないが、後者について考へると其最も重要な Brahman の定義から其性質を詳説する部 (1,1,5–19) に於て直に數論説を批難し、1,4,1–28; 2,1–37; 2,2,1–10 の間に數論説との區別を明にし其説を難破して居るが、1,4,1–22 の如きは數論が Kaṭh., 1,3,11; Śvet., 4,5; Bṛhad., 4,4,17; Kauṣ., 4,19; Bṛhad., 4,5,6 (2,4,5) を自説の保證に用ひんとするを排したもので、數論が已に此の如く正統派に接近して居ることを示すから其間に影響を受けることは在り得るのみならず、在ると考ふる方が合理的である。此影響を蒙つた點に予は有神的數論説 (Seśvara-Sāṁkhya) の明となり來る契機を見むとするのである。前にいうた通り原始的の數論は必らずしも多我説を押通して統一我を排せねばならぬことはなく、むしろ之を肯定して Seśvara-Sāṁkhya となることを許し得るものであつたから、Kaṭh.-up. 等の成立する間に影響を受けて其説を明確にして來たのである。此が卽ち自性神我の二元の上に更に自在神を立てる説で卽ち Sāṁkhyayoga である。Mahābhārata で此説が勢力あるものとして表はれて居る所から見ると其以前に已に存した〔の〕でなければならぬから、300 B. C.–100 B. C. の間に其説を明確に整へたとならざるを得ぬ。

　Kaṭh.-up. 等に於ける Sāṁkhya 的の思想は卽ち正統派内に於ける Sāṁkhyayoga 説であるが、此外に同じ Sāṁkhyayoga 説であり乍ら其立場が正統派内でないものがある。此等は Mahābhārata 中に表はれて居るが、其を述ぶる前に猶一つ述べて置かねばならぬものがある。卽ち Yoga に關する事である。Kaṭh.-up. 等に於ける Sāṁkhyayoga 説を今茲で一纏めにして述ぶべきであるが、其は重複に亙るから、一切省いて Yoga について少し述べる事とする。Yoga の事は前に大體説いた所であるが Kaṭh.-up. 等に來ては一層明となり、比較的によく説述せらるゝ樣になつた。Kaṭh.-up. では Ātman は敎 (pravacana) によりても、知 (medhā) によりても、多聞 (bahu-śruta) によりても、又は語

(vāc)によりても、意(manas)によりても、眼(cakṣus)によりても達せられざるもの(2,23; 6,12)であるし、惡行(duś-caritā)を避けず、寂靜に達せず(aśānta)、三昧に入らず(asamāhita)、意が寂靜に歸せざる(aśāntamānasa)ものは知(prajñāna)によつて達することの出來ないものである(2,24)となして居る。此點で明に知らるゝ事は Ātman は此反對のものによつて達せられ得るので、特に意を制して寂靜に歸したものに達せらるゝことである。然るに 4,11 には前に Yājñavalkya の說中に引用した Bṛhad., 4,4,19 を其儘引用して意によりてのみ(Manasaiva)達せらる〔る〕となして居る。一見此は矛盾であるが、後者の意は寂靜に歸したものを指すので Yoga の要點は奔放亂逸の意を制して寂靜の意によつて Ātman に達するにあるを示して居ると見るべきである。此意味は Kaṭh.-up. に於ける Yoga の主文 6,6–13 に明に說かれて居る。6,10–11 に五知根が意と共に靜止し、覺が動かざる時之を最高起と名づく(=Maitr.-up., 6,30)、かく固く根を總持するを(sthirām indriya-dhāraṇām) Yoga といふとある。卽ち Yoga は詳しくは五根を制して總持し意を靜安に歸せしむるにある。五根を總持することは五根は意の外的器官であるからで、之を制せざれば內的の意の制せらるゝ筈なく、覺が不動となることはあり得ないからである。然しかくして Ātman に如何に達得するか。曰く Ātman は存す(asti)と認得するのである(6,12–13; 2,25)。Kaṭh.-up. に於ける Yoga は以上を以て盡きるので、Bṛhad.-up. に於ける Yājñavalkya の Yoga と比較すると殊更に異つた發達をなして居るとも見られない。Yoga は其規則を組織立てゝ說く外には Yājñavalkya の意味で要點は盡きるのである。

Śvet.-up. に於ても最高梵は眼等によりて知覺せらるゝものでなくて意によつて捕へらるべきものとなす(4,20; 5,14)が、此點は Kaṭh.-up. 程に詳說しては居ない。意によつて捕へ得といふは卽ち Yoga 行を指すので、恰かも木片を燧れば元來存せし火が燃出す如く、身體に苦行(tapas)を行じ Oṁ の觀念によつて心臟に住する Ātman を認得することが出來る(1,13–15)。Oṁ は Kaṭh.-up. (1,15–17) にも最高梵を意味すとせられ Maitr.-up. (4,4; 6,2, f.; 6,30) にも說かれ居るもので、此の觀念が Yoga に重要なものであるが、此れが補助若しくは之を一般化して最高梵を Savitṛ

其他の神に託して觀念する。Śvet.-up. 第二章に初めて詳しく整へて此種のものを說いて居る。此が卽ち後世 Vedānta-sūtra によつて vidyā として統一的に說明せられた基をなすものである。

Yoga を行ぜむには先づ第一に其行ずべき場所を選ばなければならぬ。平地にして清淨に、砂礫少なく、火煙及塵埃に遠ざかり、騷擾なく沮洳を離れたる地にて、意に適し眼を悩ますものなく、風を遮る洞穴が適當である。そして此の如き地に坐するには身體を眞直にし額と鼻と臍とを一直線上にあらしめ、體を動かすことなく、次には呼吸を制調し唯靜かに鼻息を通ぜしめ、かくして意と共に五根を心臟に歸せしめる。

Yoga が行ぜらるゝ時に顯はるゝものは霧、煙、太陽、火、風、螢光、電光、岩水晶、月光である。そして Yoga の德(guṇa)が地水火風空の五より起るときは、爾後病老死なく Yoga の火によつて生ぜる一種の身體を得るのである。そして Yoga 行の身體に及ぼす第一の效果は輕安(laghutva)、健康(ārogya)、知定(alolupatva)、容貌快活(varṇaprasāda)、音聲快調(svarasauṣṭhava)、身體好臭(gandha-śubha)、排泄好調(mūtrapurīṣa-alpa)であるといはれる。此の如き Yoga 行を行ずるとき Ātman の眞性(ātma-tattva)を知りて、恰かも塵を拂へる鏡面が再び輝き映らす如く、其目的を成就して憂を超脫し凡ての縛を脫し得るのである(2,8-15)。

Śvet.-up. に於ける Yoga は Kaṭh.-up. に於けるものに比較すると其目的性質に於て異る所はないが、其方法效果等に關して細かき規定をなす點は發達して居ると見なければならぬ。Yoga は、たとひ成文的でなくとも、佛陀時代若しくは其れ以前に於ても已に場所坐法調息等身體上の規則は存した〔の〕でなければならぬが、Up. としては Śvet.-up. に初めて詳しく規定せられ成文とせられたのである。(48)

Maitr.-up. に於ては更に一步を進めて居る。然し此 Up. では一方に最上苦行(parama-tapas)として腕を常に上方に擧げて太陽を熟視しつゝ千日も直立し居ることを述べ(1,2)之を以て神の特惠を得るものとなすが、此の如きは俗的の Yoga で Mahābhārata などにも一方に度々記載せられ、又現今に於ても猶且行はれつゝあるものである。然し所謂 Yoga は意の制御で最高梵の直觀を目的とするものたることは Kaṭh.-up., Śvet.-up. と異る所はない。Śvet.-up. の vidyā と同じやうに Maitr.-up. に於ても亦 vidyā 的のものを重く見る。6,1-9 に說くものが卽ち其れである。此處では Ātman を內(antara)と外(bahir)とに分ち前者は prāṇa(呼吸)、後者は āditya(太陽)で、之を Oṁ に關係せしめて說いて居る。けれども Maitr.-up. で重要な Yoga 說は其六支(ṣaḍaṅga)を說く(6,18-29)事である。六支とは prāṇāyāma(制息)、pratyāhāra(制根)、dhyāna(禪定)、dhāraṇā(總持)、tarka(尋伺)、samādhi(三昧)で、此が整つたとき最高不壞に達するのである。此六支の一々を詳說するの要はないと思ふが、六支中の第一は呼吸、第二は五根に關し、第三以下は意に關することを細かく規定したと見て大過なからう。此六支は恐らく原始的のものであらうが、進むで Patañjali の Yoga-sūtra では yama と niyama とを加へ其中の tarka を āsana(坐)に代へて同じく八種となして居る。

此の如く Maitr.-up. に來て初めて六支と纏めたのは如何にして起つた事であるか。呼吸の制調、意の制御の如きは Kāṭh.-up. 以來、否 Bṛhad.-up. 以來說かれた事であるが、意の制御は六支中にあるが如き詳細なことは何處にも說かれて居らぬのみならず、Śvet.-up. には坐に關することなどが重要なものとして說かれて居るのに六支中に āsana が加はつて居ない。又 tarka が六支中の重要の部に數へらるゝのに Kaṭh.-up., 2,9 では tarka の意味を異り用ひて居る。玆に於てか此問題を解決する爲めには、少くとも Maitr.-up. の Yoga 說は Kaṭh.-up. 以來の自然の發達的潮流のみを受けたものでなくして、他の當時盛んであつた一般宗教者哲學者の Yoga 說に負ふものであると見る外はあるまい。Yoga は已に Maitr.-up. にある六支を說く位の組織を持つて居た〔の〕でなければならぬことは前に論じた通りである。Maitr.-up. が獨立に自說のみを述べて居る書でなくして、他書より引用し、其說に從うて居ることの甚だ多いものなることは第四章以後の各節の多くの最後に他書の偈文を引用しては結辭となすを例とすることからも知られるし、六支を說き續いて其一々の說明に似たものを述べて居る處でも凡て其種のことをなして居ることから證明し得られよう。要するに Yoga は其性質上、Sāṁkhya と同じく、否 Sāṁkhya 以上に、複雜なものであるから、單に古來一潮流で發達し來た如く考へるならば、全く方向を誤つた探究に終るに過ぎないものである。

(1) Winternitz, Geschichte der indischen Literatur, pp. 394–395.

(2) Vier Philosophische Texte des Mahābhāratas, Vorwort; Allgemeine Geschichte der Philosophie (1908), 1, 3, Vorwort.

(3) Indian Studies, No. 2 (Sitzungsberichte der phil-historischen Klasse der Kaiserlichen Academie der Wissenschaft zu Wien (1892), pp. 1–58.

(4) A Peep into the Early History of India (Journal of the Bombay Branch of the Royal Asiatic Society, 1900).

(5) 此事については Winternitz の Vienna Oriental Journal (Wiener Zeitschrift für die Kunde des Morgenlandes), XIV, 1900, p. 58, ff.; JRAS., 1897, p. 733, f.; Indian Antiquary, XVII を見よ。

(6) Barth, Journal d. Sav., 1897, p. 13; Hopkins, The Great Epic of India, Gate of the Epic; AJPh., 1898, p. 22; Mahābhārata (Hastings' Encyclopedia, s. v.).

其他 Mahābhārata については Jacobi, Oldenberg, Kirste, Cartelleri, Weber, Pischel, Lüders, Schrader, Barnett, Macdonell 等殆んど有名な Indologists の研究があつて Dahlmann などの說の決して authority となすに足らないことを示して居る。

(7) Indische Literatur (Kultur der Gegenwart), p. 200.

(8) Buddhist India, p. 183; Kirste の論文は Vienna Oriental Journal に出て後 Indian Antiquary に譯載せられた。

(9) Hoernle, History of India; Barnett, Antiquities of India を見よ。

(10) Buddhacarita より Mahābhārata の數論說については Strauss, Zur Geschichte des Sāṁkhya (Wiener Zeitschrift für die Kunde des Morgenlandes, XXVII, p. 258, ff.); Hopkins, Notes on the Śvetāśvatara, the Buddhacarita, etc. (JAOS., XXII, p. 380, ff.) を見よ。kāla, svabhāva については Strauss, Ethische Probleme aus dem Mahābhārata (Giornale Alla Società Asiatica Italiana, XXIV, p. 226, ff.); Mahābhārata, XII, 222, 231, 247, etc. (svabhāva); XII, 224, 226, 233, 237, 239, etc. (kāla) を見よ。

(11) 馬鳴の年代は Kaniṣka 王の年代と共に學界未決の問題である。予は『史學雜誌』二十三編第六號所載、推尾博士の研究を有力な證の一と考へる。

(12) Allgemeine Geschichte der Philosophie, I, 3, p. 2, f; Vier Philosophische Texte, Vorwort.

(13) Pāṇini, Leipzig, 1891, p. 37. Bhagavadgītā の年代説については猶論ずべきことが多いが、今は其れのみを論じて居る譯に行かぬから省いて置く。とにかく Pāṇini 以前なることを許す學者は印度人以外にあるまい。

(14) Holtzmann, Brahman im Mahābhārata を參照せよ。

(15) The Laws of Manu (SBE., vol. XXV), introd. cf. JAOS., vol. 13, Proceedings at Boston, 1887, p. cci.

(16) Indische Literaturs (Kultur der Gegenwart), p. 184.

(17) Mahābhārata, XII, 348, 81–82=13629; XII, 349,1=13637.

(18) Allgemeine Geschichte der Philosophie, I, 3, p. 24, f. の引用文を Mahābhārata の本文にあて、其章の前後全體を Deussen の所論と比較せられたし、svabhāva を prakṛti と誤解せることは p. 24 にあり Mahābhārata, XII, 222, 15–16 (Deussen の引用による、譯本にては p. 287) の引用であるが此が prakṛti でなくて、むしろ數論派の反對する自性論者の説なることは Deussen の弟子なる Strauss, Ethische Probleme aus dem Mahābhārata 及び Jacobi, Das Mahābhāratam の其部を見よ。svabhāva については Gauḍapāda-bhāṣya on the S. K., v. 61; 金七十論の其部を參照せよ。又(10)を見よ。

(19) Hopkins, The Greate Epic, pp. 29–32; Garbe, BhG., introd.

(20) Buddha, p. 58. Metre の事は ZDMG., vol. 37, p. 66,f.: Das altindische Ākhyāna にある。mṛtyu, māra については Windisch, māra und Buddha, pp. 177–203 を見よ。

(21) Deussen, Sechzig Up., p. 264; Oldenberg, Lehre der Up., p. 351 (note 127); Macdonell, History, p. 232.

(22) Whitney, Transactions of the American Phil. Association, XXI, 112.

(23) Kaṭh.-up., 3, 10–12; 6, 7–8.

(24) Deussen のは其著書譯書の諸所にあり、Hopkins のは Notes on the Śvetāśvatara, the Buddhacarita, etc. (JAOS., XXII, p. 380) にある。Max Müller の譯文は重要な文字 deva を見落して居る。

(25) Berichte der Sächs. Gesells. d. Wissens., 1897, p. 79, ff.; Literarisches Centralblatt, 1168, 15, Sept.

(26) Sechzig Upaniṣad's, pp. 290–291.

(27) Notes on the Śvetāśvatara, the Buddhacarita, etc. (JAOS., vol. XXII, p. 380, ff.)

(28) Allgemeine Geschichte der Philosophie, 1, 2, 212; 222; Sechzig Upaniṣad's, pp. 305, 408.

(29) Hillebrandt, Vienna Oriental Journal, XIII, p. 316,f.; Hopkins, The Great Epic of India, Māyā, Self-delusion; Sukh-

thankar, Teachings of Vedānta according to Rāmānuja; Thibaut, SBE., XXXIV, introd; Oldenberg, Die Lehre der Upanishaden, pp. 89–90. 其他 Ṛgveda の譯書を見よ。

（30） 述記壹末，三十二丁ウ。

（31） Allgemeine Geschichte der Philosophie, I, 3, pp. 15–17.

（32） Die Lehre der Upanishaden, pp. 208, 351–352.

（33） Deussen の弟子なる O. Strauss の Zur Geschichte des Sāṃkhya を見よ。尤も數論は一名三彌叉(Samīkṣa or Samīkṣya)とも稱せらるゝ(金七十論備考會本五丁ウ，Böhtlingk, Wörterbuch, s. v.)。

（34） Hopkins, Religions of India, p. 178.

（35） Bhandarkar, Report on the Search for Skt. Mss.; Garbe, Bhagavadgītā, introd.; Barnett, Bhagavadgītā, introd.; Grierson, The Monotheistic Religion of India, Bhāgavata (Hastings' Encyclopedia, s. v.).

（36） Block, ZDMG., vol. 63 (1909), pp. 587–590, Fleet, Barnett, Venis, JRAS., 1909, 1910を見よ。手近のものとしては Rapsen, Ancient India, pp. 134, 156–157(原文も譯文も凡て掲げられて居る)を見よ。

（37） Max Müller, Deussen 共に此七の中六を主格と見，下より第二の Yoni を賓辭と見て譯して居る。Böhtlingk は Deussen の譯文を批評した中に之を誤となし七が凡て主格で賓辭は cintya でなければならぬ。そして cintyāḥ と讀むべく Kāla-svabhāvo も Kālaḥ svabhāvo と讀むべきであるとなして居る。Yoni をかく解すべき事は般若燈論(暑壹 60b)を參照せよ。

（38） (10)を見よ。其他參照すべきものは Schrader, Über den Stand der indischen Philosophie zur Zeit Mahāvīras und Buddhas; Mahābhāṣya, Buddhacarita, Aktobhaya, 中論，大智度論，外道小乘涅槃論，順中論，Nyāyasūtra, Gauḍapādabhāṣya, 金七十論，Bṛhatsaṁhitā, Lokatattvanirṇaya 等なり。Maitrāyaṇa-up. にも存す。

（39） Sechzig Up., pp. 312–313.

（40） Die Lehre der Up., pp. 205–206, 289–300.

（41） Maitr.-up., 6, 20; 6, 21; 2, 4; 6, 28; 6, 31.

（42） Bhandarkar, Vaiṣṇavism and Śaivism, pp. 127–128. 因明入正理論の世間相違の例に『人の頂骨(即ち髑髏)は淨なるべし，衆生の分なるが故に，猶螺貝の如し』とあり慈恩は大疏中に是加波離外道の說く所となして居る。迦波離は即ち Kapāli (Kapālin)である。

（43） Hopkins, The Great Epic of India, p. 45 に Mahābhārata, XI, 2, 24.
Kālaḥ pacati bhūtāni kālaḥ saṁharate prajāḥ
Kālaḥ supteṣu jāgartti kālo hi duratikramaḥ を correspond するものとして引用して居るが、予は本文に擧げた方が近いと見る。kāla 說は多くの書に記されて居る。（10）、（38）を見よ。此は元來 Atharvaveda から始まつた說である。

（44） Hopkins, The Great Epic of India, p. 33, ff.

（45） Maitr.-up., 4, 5; 5, 1; 5, 2; 6, 5; 6, 26.

（46） Brahman im Mahābhārata, ZDMG., vol. 38, p. 167, ff.; Hopkins, Mahābhārata (Hastings' Encyclopedia, s. v.).

（47） Bhūta-ātman の意義については Hopkins の詳說がある。（44）を見よ。

（48） 古い Up. に於ける yoga 行の外的條件等に關しては Hopkins, Yoga-technique in the Mahābhārata (JAOS., vol. XXII, p. 339, ff.) を見よ。

十一

Mahābhārata の哲學思想の述べられて居るのは前に掲げた通り主として第三、五、六、十二、十四編の中であるが以下の論述に於ては第十二編の Mokṣadharma を中心とし其他は其補の如くに見て述ぶることにしようと思ふ。Mahābhārata の哲學を研究し發表した學者は Dahlmann, Hopkins, Deussen 其他印度の二、三の學者などであるが、予の關係するのは Deussen と Hopkins とのものゝみである。Deussen は Allgemeine Geschichte der Philosophie, I, 3 に詳述し全體の思表を Ontologie und Theologie, Kosmologie und Psychologie, Ethik und Eschatologie の題下に纏め、Ontologie und Theologie の下では 1. Vorbemerkungen, 2. Brahman-Ātman als alleiniges Weltprinzip, 3. Die Prakṛti abhängig vom Ātman, 4. Die Prakṛti unabhängig vom Ātman (Puruṣa), 5. Der Puruṣa von der Prakṛti isoliert, 6. Theologische Fortentwicklungen, 7. Monotheistische Bestrebungen に分ち論じて居る。卽ち 2–5 の間で Upaniṣad に於ける原始的の Idealismus Klassische Periode の數論の Realismus となる發達の段階を表はして居るのが Mahābhārata の哲學思想の主潮流なることを示さむとし、6 に於ては中性の Brahman が男性の人格神 Brahmā となり Viṣṇu が表はれ Śiva が顯はれ遂に三神が三位一體となる傾向の事を論じ、7 では Bhāgavata (Pañcarātra, Ekāntin, Sātvata) 派のことを述べ其一神教的傾向の最古の書が Bhagavadgītā で此と密接に關係したものが Mokṣadharma 中の Nārāyaṇīya 章 (334–348) であるとして其説を最も簡單に述べて居る。2 の下に Brahman が der alleinige Inbegriff aller Realität で世界は其 māyā 卽ち Ausbreitung に過ぎないとの Upaniṣad の思想は唯僅に Mahābhārata の此處彼處に存するのみとして V, 4, 21–30; VI, 26, 17–18; VI, 33, 4; VI, 34, 8–41; XIV, 51, 33–35; XII, 240, 20; XIV, 18, 7 丈けを引用して證明して居るが、此中には māyā なる語は一もなく、殊に Hopkins[1] によれば māyā なる語は Mahābhārata 中では Śaṅkara の Vedānta に於ける、卽ち Deussen の指す、意味に用ひられたものは一もなく、māyā の考も時に認めらるゝことはあるも一般にいへば全體中に存在しないといふべきであるといふ。若し Ontologie und Theologie に於ける 2–5 を Deussen が Upaniṣad に於ては數論の Dualismus の思想は Monismus—Pantheismus—Theismus—Atheismus となつて現はれたもので、Śvet.-up., 1, 3; 6, 10 では其 theistisch の立場から之に反對し、4, 10 では Prakṛti は神より生ぜる illusion (māyā) なりと知れと難破するまで進むで居たといふに比較すると 2. Brahman-Ātman als alleiniges Weltprinzip は Monismus に當るから 3–5 は卽ち Pantheismus から Atheismus までに當らざるを得ないことになる。そして 5. Der Puruṣa von der Prakṛti isoliert は Atheismus で正しく數論思想でなければならぬ。已にかく Upaniṣad で發達したものを繰返すに過ぎないし、又或は Mahābhārata では重を置く所を異にするから māyā 説は其程明に現はれて居ないのであるといふかも知れぬが、數論思想が māyā 説のみよりの發達ならば今少し其關係が密接に示され居るべきである。Hopkins は Mahābhārata 中には prakṛti を māyā なりと知れといふ如き文句は全く存在しないといふて居る。又 Atheismus は純粋に數論の思想とせられ Der Puruṣa von der Prakṛti isoliert も亦さうとせらるゝから此時期には已に數論の學説は成立して居るべきである。然るに Deussen は Atheismus に反對するŚvet.-up. の時には未だ數論は存在しないといふから Der Puruṣa von der Prakṛti isoliert の時期にも存在しない筈である。けれども Mahābhārata では數論 Kapila を開祖とする派と明言して居る。して見ると509 B. C. 後間もなく學派として成立したとならなければならぬ。若し然らば Deussen の說から此時の數論と Sāṁkhya-kārikā の數論卽ち Klassische Periode の數論との關係は何と說明せられ得るか。Mahābhārata は已に一種の數論を持つて居るから Dahlmann は das epische Sāṁkhya と呼び Mahābhārata 自身も次のやうにいうて居る。卽ち Jayamejaya は世に Sāṁkhya, Yoga, Pañcarātra, Vedāraṇyaka が存すといひ、又 Vaiśampāyana は Sāṁkhya, Yoga, Pañcarātra, Veda, Pāśupata ありとなし、其中 Sāṁkhya は Kapila を開祖とし、Yoga は Hiraṇyagarbha によつて立てられ Apāntaratamas 一名 Prācīnagarbha 卽ち Kṛṣṇa-Dvaipāyana が Veda の師で、又 Brahman の子にして Umā 女神の配偶神 Śiva が Pāśupata を天啓し Bhagavad Viṣṇu が Pañcarātra を敎へたといひ、又同じ Vaiśampāyana は他所にて Sāṁkhyayoga も Vedāraṇyaka も Pañcarātra も Puruṣa に關する或說に於て一致して居る、其れが Nārāyaṇa を最高とする Ekāntin の說であるともいうて居る。[2] 之を併せて見れば Sāṁkhya, Yoga, Sāṁkhyayoga, Vedāraṇyaka, Pāśupata, Pañcarātra 六となる譯である。Sāṁkhya を Kapila の唱へたものとなすは何處でもいはれることで、Yoga を Hiraṇyagarbha を祖とする派といふのも此處にあるのみならず Vācaspatimiśra もさういうて居るし、Sarvadarśana-saṁgraha[3] によれば Yājñavalkya-smṛti にも、亦然かいはれて居る。Kapila が Hiraṇyagarbha と同一視せらるゝ事は Mahābhārata 中にもいはれ居るに拘らず、Hiraṇyagarbha が數論派の開祖とせられて居る例を聞かない。Kapila が Hiraṇyagarbha から考出された架空的人名であるとの說は此點に於ても困難な說明に遭遇する。此の如く Mahābhārata 自らも多くの學說あるを認めて居るが、更に細かに見れば猶區別すべきものもあるであらう。Hopkins[4] は自ら分族して 1. Vedism or orthodox Brahmanism, 2. Ātmanism or Brahmanism (properly Brahmanism, but this term connotes a different idea), that is, an idealistic interpretation of life, 3. Sāṁkhya, 4. Yoga, the deistic interpretation of

Sāṅkhya, 5. Bhāgavata of Pāśupata, different but both sectarian interpretation of Yoga, 6. Vedānta or illusion-idealism の六となし、其他にも細かに說明して居る。故に Mahābhārata の哲學思想は Sāṅkhya 及び Yoga を主とし、此より見て敍述することも一の見方には相違ないが、是で凡てが盡きるのでは決してない。然し予の玆に要するのは表題の示す所から知らるゝ通り Sāṅkhya に關するものだけである。故に以下 Sāṅkhya を中心として Yoga をも多少參照しつゝ予の見る所を述べて見よう。

Mahābhārata の Sāṅkhya 思想は頗る複雜で單に一つ潮流としてのみ見てそれで十分なものでない。殊に Sāṅkhya-kārikā への發達の中途とのみしたのでは Sāṅkhya-kārikā 其者が其當時の單に一の思潮を代表するに過ぎないものであるから、其の思潮より多少異つた思想へ發達する方面のものは顧みられないことになるし、又 Sāṅkhya-kārikā へ發達する考のみをよく分ちて明に述べることは殆んど不可能な程困難である。予の見る所によれば Sāṅkhya を基として考へて Mahābhārata の哲學思想は少くとも 1. Sāṅkhya, 2. Yoga, 3. Sāṅkhyayoga, 4. Brahmanical Sāṅkhya, 5. Viṣṇuistic Sāṅkhya, 6. Vedānta intermixed with Sāṅkhya 位には區別しなければならぬ。勿論他の學說又は Mahābhārata 全體としての上からは他の區分もあるかも知れぬが予の目下の所要では以上で足りると信ずる。此の如く Sāṅkhya 思想も複雜であるから種々に考へられて居たものであらう。明に Sāṅkhya を說くといひ乍ら其說く所通常の Sāṅkhya より比較的に緣遠きものであることもある。例へば XII, 237, ff. Vyāsa に歸せらるゝ說の如きもので XII, 268, ff. に Kapila に歸せらるゝものも亦之に似た所がある。

Sāṅkhya

Kapila の原始的の Sāṅkhya は Nirīśvara-Sāṅkhya と Seśvara-Sāṅkhya とを含むで居る如きもので、而かも前者が表面的のものであつたらうが、Kaṭh.-up., Śvet.-up., Maitr.-up. の Brahmanical Sāṅkhyayoga の起つた時代には其影響も受けて Seśvara-Sāṅkhya も Sāṅkhya の學者中に明に表はれて來たであらう。Mahābhārata の Sāṅkhyayoga 說から見てかく推察さるゝ。Mahābhārata の Sāṁkhyayoga 說は已に出來上つたものを持つて居るからである。然し此と共に Nirīśvara-Sāṁkhya も存在する。Mahābhārata で後者の代表的の敍述を求むれば XII, 306, 12–50＝11393–11417 及び之を實際に說いた XII, 307, 1–48＝11418–11465 で Vasiṣṭha が Karāla-Janaka 王に說いた事になつて居る。假りに之を Vasiṣṭha の Sāṁkhya 說と名づけて置く。其 27 以下に曰く「prakṛti 論者は最上 prakṛti(自性)を avyakta(非變異)といふ、是より mahat(大)生ず。mahat より第三として ahaṅkāra(我慢)、ahaṅkāra より pañca-bhūtāni(五大)生ず。此等が八の prakṛti なり、又十六の vikāra(變異)あり。pañca-viśeṣāḥ(五塵)と pañca-indriyāṇi(五根)となり」と。此緣起の典型が Mahābhārata で最も廣く行はるゝもので、XII, 310, 8, f.＝11550, f. にも avyakta, mahat, ahaṅkāra, pṛthivī(地)、vāyu(風)、ākāśa(空)、āpas(水)、tejas(火)を八の prakṛti とし、vikāra は十六で耳皮目舌鼻、聲觸色味香、舌手足遺男女及び意であるとし、聲等の五は五大の viśeṣa で耳等の五知根で境であるといひ、XII, 210, 27, f.＝7668, f. では avyakta—buddli—ahaṅkāra—ākāśa—vāyu—tejas—āpas—vasudhā(pṛthivī)と生じ此が八の mūla-prakṛtiḥ(根本自性)であり、耳等の五知根、足等の五作根、聲等の五境(viṣaya)意(manas)が卽ち十六の vikāra であるとなして居る。是に第廿五として Puruṣa(神我)が對在する。故に Vasiṣṭha 說の pañca-viśeṣāḥ は聲等の五境で pañca-indriyāṇi 中には五知根五作根意を含めて居る理である。何となれば vikāra は十六と明言して居るからである。以上を圖に現はして明にすれば下の通りとなる。

八自性 { 非變異(自性) → 覺(大、大我) → 我慢 → 五大 }

十六變異 { 五境 / 五知根 / 五作根 / 意 }

＝神我

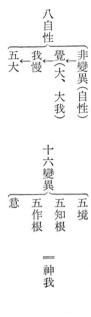

此型は又時々多少變じても説かれて居る。Brahmanical Sāṁkhya 説の XII, 302 には Brahman—Mahān (Śambhu, Bhagavat, Hiraṇyagarbha, Buddhi, Viriñci, Vicitrarūpa, Viśvātman, Eko 'kṣaraḥ)—ahaṁkāra (Bhūtātman, Prajāpati, Avyakta)—Vyakta (Bhūta) {聲觸色味香 / 地水火風空}—十根, 意 とあるし、又同じく XII, 311–312 には Avyakta (Sraṣṭṛ, Bhagavat)—Brahman (Śambhu, Prajāpati)—Mahāmuni (Mahātman, Prajāpati, Bhūtātman)—ahaṁkara (Prajāpati, Bhūtātman)—manas—pañca-bhūtāni ともある。是には XII, 310 の第一創造より第五創造を説く部をも參照すべきである。Bhagavadgītā, 7, 4 では pañca-bhūtāni, manas, buddhi, ahaṁkāra を八種の自性 (aṣṭadhā prakṛtiḥ) というて居るし、XII, 182, 11＝6775 の Bhṛgu 説では Avyakta (Mānava)—Mahān—ahaṁkāra (Brahman)—ākāśa—āpas {tejas / vāyu}—pṛthivī とせられ、Anugītā, 4–42 では avyakta—mahat-ātman (Viṣṇu, Śambhu, Buddhi, jñāna, pratyakṣa)—ahaṁkāra (prajāpati), ahaṁkāra より一方に五大生じ、五大と共に聲觸色味香生じ (40, 10; 42, 1)、他方には五知根五作根意根の十一根生ず (42. 12) と説かれて居る。此 Anugītā の型は前に掲げた金七十論中の (III) の型と似て居るものがある。此等は殆んど凡て圖解したものゝ變形で、其凡てに通じて居る考と見るべきは、多くは五大を我慢より生ずるもので、其自らも亦能造者であるとなす點である。此等を Sāṁkhya-kārikā が我慢より一方に五唯、他方に十一根生じ、五唯より更に五大生じ、五大は絶對的に能造者でない (v. 3) といふに參照すると其間に大なる相違がある。第一には Mahābhārata には五唯の考のないこと、此は Strauss も Deussen もいうて居る、Hopkins が在るとなすのは註解者に誤られたものであることStrauss のいふ通りである。Mahābhārata は聲等を viśeṣa といふが Sāṁkhya-kārikā は aviśeṣa とし tanmātra と稱し、そして viśeṣa をば bhūta となして居る。第二には五大が能造者であるとないとの差、Sāṁkhya-kārikā, 金七十論、唯識述記何れの型でも五大は能造者たる力を持つて居ない。從つて Sāṁkhya-kārikā では五大から事物等の造らるゝ所以は説明せられない。

Vasiṣṭha の Sāṁkhya 説では以上の順序で生じ、又其逆の順にて消入すると説く。是が prakṛti の創造 (sarga) と還沒(pralaya)で prakṛti は sarga に於ては多(bahutva)であるが、pralaya では一(ekatva)である。prakṛti は勿論三德(tri-guṇa)より成るものである。Puruṣa は此等に對する獨立の一元で prakṛti〔は〕此 avyakta の adhiṣṭhātṛ(支配者)である。ātman とも、mahat-ātman とも、antarātman とも、又は kṣetrajña(知田)とも稱せられる。kṣetrajña に對して prakṛti の方は kṣetra である。puruṣa は創造還沒しないから aprakṛtātman といはれ德がないから nirguṇa といはれ又順序上第廿五ともいはれる。精神的のことは之にのみあるから Jñātṛ(知者)、Budhyamāna(覺者)と稱せられる。廿五諦(tattva)以上を立てず puruṣa には創造能力がないから Anīśvara(無能力)で、之に對し prakṛti を Īśvara(能力者)又は Parameśvarin(最上能力を有するもの)と呼んで居る。

以上の說を實際的に說いて vidyā(知)と avidyā(無知)、kṣara(壞)と akṣara(不壞)に分つが要するに Puruṣa〔と〕prakṛti〔と〕が全く別のものなることを體認して、ahaṅkāra は迷はされず、凡て自己のものとの執着卽ち mamatva を脫して nirmama となれば sāṁyatā に達し玆に puruṣa の本性無形無色不變常住無垢純淨に還り自由となり歡喜を得るのである。是が解脫で之に達すれば卽ち覺者(buddha)である。

Vasiṣṭha に歸せらるゝ說は單に以上の Sāṅkhya 說のみではない。此外に XII, 306, 26, f. の前後に Yoga, Sāṅkhya-yoga, Brahmanical Sāṅkhya の如きも其說く中に含まれて存する。是等を一應讀んで見ても已に一の纏つた說で、其いふが如く Sāṅkhyajñāna(數論知)なり Yogakṛtya(瑜伽行)なりて、決して是れが次期の組織に材料を與ふる發達中途の說のみとは解せられない。此點に於て Deussen の取扱とは全然反對する。勿論此說が時代を經て更に發達したものとなり組織せらるゝことはあり得るに相違ないが、此說が凡て Brahman-Ātman als alleiniges Weltprinzip から Der Puruṣa von der Prakṛti isoliert に至るまでの發達を示すのみとはどうしても見られない。已に明に Der Puruṣa von der Prakṛti isoliert に十分達して居る一の纏つた思想である。Deussen は現に Vasiṣṭha の Sāṅkhya 說の文を Der Puruṣa von der Prakṛti isoliert の下に引用して居る。又 Puruṣa の性質本性の考が Brahman-Ātman als alleiniges

Weltprinzip の下に說く Ātman 若しくは Brahman の性質本性と幾何の相違があると見らるゝか。予が Deussen の仕方を範となすに足らぬとなすのも亦止むを得ぬ事である。

Yoga

Sāṅkhya は多く jñāna, darśana と稱せらるゝ丈けに實踐的方法の說明は比較的に少ない。此事は前の Vasiṣṭha の說から見ても首肯せられ得よう。此方面を補ふのが Yoga である。Yoga は前にいうた通り何れの派にも存し、又何れの派にも結合し得べき性質のもので、從つて古來複雜になつて居るものである。Mahābhārata に於ては Yoga を中心にして觀察すれば矢張り複雜で多くの派に關係して居る。故に單に一方面からのみ見たのでは偏頗なることを免れない。然し目下の所要は Sāṅkhya を中心としてゞあるから、此と關係する方面の Yoga のみを見ることゝする。此方面のものを述べて居る代表的のものは XII, 306 に Vasiṣṭha に歸せらるゝ說、XII, 316 に Yājñavalkya に歸せらるゝ說で、猶 XII, 274; 300 に Bhīṣma に歸せらるゝ說、XII, 241 に Vyāsa に歸せらるる說をも參照すべきである。

Vasiṣṭha の說によれば Yoga の最高力は dhyāna (禪定) であつて、dhyāna は二種となる。卽ち意の集中 (ekāgratā manasaḥ) と呼吸の制御 (prāṇāyāma) とである。後者は未だ特質を有するもの (saguṇa) で前者は已に特質を脫せるもの (nirguṇa) である。Yājñavalkya の說では最高の Yoga 行は saguṇa と nirguṇa との二種で、後者は意の總持 (dhāraṇā manasaḥ) で前者は prāṇāyāma である。或は ekāgratā manasaḥ と prāṇāyāma とである。此中 dhāraṇā が ekāgratā と同意と解し得べき事は Yoga-sūtra, 3, 1 に dhāraṇā を定義して deśa-bandhaś cittasya dhāraṇā (總持とは心を一所に固むるをいふ) となすことから知られ得る。して見ると Vasiṣṭha 說も Yājñavalkya 說も結局同じ分族をなして居ると見て差支なからう。Yoga 行は常に之を行ずべきもので食時排泄時の外は怠るべからざるもの、夜にても初中後辰常に十若しくは十二の呼吸制御をなして心一境相となり五根の過を捨てゝ五根を意に收め、意を我慢に、我慢を覺に、覺を自性に收め、恰かも岩又は山の如く不動とならなければならぬ。自性に收めるまでに達したものが眞の

Yoga 行者で此時初めて絶對無垢無限不壞の Puruṣa, 即ち不變不死常住不滅の Īśāna なる Brahman を瞑想し直觀することが出來るのである。眞に此處に至れるものは前に Sāṁkhya の解脱についていへる如く執着我執の痕迹を留めずに絶對自由に達したのである。

Yoga を行ずるには種々の注意が必要であるとして説かれて居るが今は必要でないから省くが、以上簡單に説いた所から見ると Yoga は殆んど Sāṁkhya を實踐し Sāṁkhya の解脱即ち理想に體達するに外ならない如くである。事實 Yoga の方からは常に Yoga の見るものは Sāṁkhya の見るものであるし、從つて Sāṁkhya に等しき程の jñāna(知)なく Yoga に等しき程の bala(力)はないから Yoga と Sāṁkhya とを一と見るものは賢者で、之を異と見るものは眞を知らざるものであるといふて居る[5]。然し已に Yoga といふとせば其 Sāṁkhya より異る點がなければならぬ筈である。其異は何處にあるか。XII, 300, 2, f. に Bhīṣma は Yudhiṣṭhira が Sāṁkhya と Yoga との別を問へるに答へて下の如くいうて居る。Sāṁkhya に從ふものは Sāṁkhya を稱し、Yoga に從ふものは Yoga を稱し兩者とも自己の奉ずるものを盛んならしむ爲めに自己のものを最上なりとなして居るが、自在神を認めざるもの(anīśvara)が如何にして解脱するを得ようや。此意味に於て Yoga に從ふものが自己のものを優れたりとなすは正しいといはねばならぬ。然し又 Sāṁkhya に從ふ婆羅門が此世にて凡ての道(gati)を探究して境より離染せるものは死後必らず解脱に達すと主張するのも同じく正しい事である。故に大賢(mahāprajñā)は Sāṁkhya を mokṣadarśana(解脱の哲學)といふて居る。人は凡て自ら奉ずる説の立脚地を解せねばならぬが、同時に又他説をも了解し居ることは眞の解脱に資するものである。げにや Yoga は直觀に基く(pratyakṣa-hetavaḥ)派で Sāṁkhya は理論によつて立てられた(śāstraviniścayaḥ)説である。兩者の説(mata)は何れも眞(tattva)であるから、其何れを學び修するも共に同じく最高目的に導いて行く。其純淨なこと(śauca)、苦行を有すること(tapoyukta)、凡ての有情を憐むこと(dayā bhūteṣu)、幷に誓願を持すること(vratānāni dhāraṇam)は兩者に共通であるが、然し其學説は共通でない(darśanaṁ na samaṁ tayoḥ)と。此言を前述のSāṁkhyaとYogaとの敍述に比較すると互に相合して兩學派はdarśanaを除いては凡て同一で唯だ理論的と實踐的との差位に過ぎないことを示して居るといふべきである。然らば其異るdarśanaとは何であるか。是恐らくHopkins(6)のいふ如くĪśvaraを認むると否との點をいふのであらう。然し此Īśvara卽ち自在神は如何に見られ居るか。此はBhīṣmaの此部の說では明にせられて居らぬ。他の部から見てYogaでは第廿五諦の神我を同時に自在神と見て居るのであることが判る。そしてBhīṣmaの以上の言にてはYogaのものはSāṁkhyaの無神主義を排し神なくしては解脫するを得ずとなすから、解脫は神による、又は神より來ると考へて居たと見なければならぬ。かくSāṁkhyaと對抗して說く程であるから此點は必ず重要視せられ神我を同時に神と見實踐によつて其本性を認得して解脫すといふことに力を入れて主張したのであらう。此點から一歩進めば卽ちSāṁkhyayogaとなるのである。よしんば後世の如く神は單に實踐上の要求より立てられたものであつたとしても、Yogaとしては、否印度の思想としては決して差支ないものである。Deussen(7)はYoga-sūtraの說を論ずる際、苟くも一の哲學組織が人格神の考を立てるならば、此神は、或は世界のUrgrundとしてゞも又は凡ての努力の最高目的としてゞも何れにしても、とにかく全學說の中心をなすものでなければならぬのに、Yoga-sūtraの哲學では此の如きことがないと論じて居るが、此の如き神の考は全く基督敎國の哲學者の考へであつて印度思想には適用せられ得べきものでないし、特にYogaに對して其性質上適用せられざるものである。

Yogaは其性質上他學派に容易に結付き得るものである上に、此自在神を認むる點が猶一層他派と結付き易からしむるのである。殊に自在神に關して一定確乎たる說をなさないから、容易に他學派によつて其各の說によつて解釋せられ得るといふ便利もある。故に當時にあつてはBrahmanismもViṣṇuismも之を有し各其自說によつて說いて居るのである。

Sāṁkhyayoga

Sāṁkhyayoga も亦其一つであるが、前いへる通り Sāṁkhya は本來 Yoga を以て其組織を至つて最も重要なるものとなして居る如く、Sāṁkhyayoga も Yoga の說によりて Sāṁkhya の說が一層發達して成つた所の多い學說である。勿論前いへる如く Kaṭha-up. 等の時代に其等の中にある Brahmanical Sāṁkhyayoga よりの影響もあつたに相違ないが原始の Sāṁkhya の包容的に有した一面が Yoga の方から發達せしめられて Sāṁkhyayoga となり、此が Mahābhārata に表はれ居るのである。Hopkins は Mahābhārata では Kapila の哲學は一般には Sāṁkhyayoga と稱せられ特別には Kāpila といはれ、又時々は Sāṁkhya と Yoga と別にいはるというて居るが、予は Sāṁkhya, Yoga, Sāṁkhyayoga と三に分けて見るのがよいと思ふ。若し Yoga 的の力で Sāṁkhyayoga が發達したとすれば、Yoga は Arthaśāstra からも考へられる通り又 Mahābhārata からも知らるゝ通り Sāṁkhya と其學說上似て居り、其を實踐的になすものと見られ得るから、Sāṁkhyayoga と Yoga とは同一とならねばならぬと考へらるゝかも知れぬ。Yoga が Seśvara-Sāṁkhya といはれ Sāṁkhyayoga も Seśvara-Sāṁkhya であるから、二を同一と考へるのも强ち根據のないことでもないし、又通常はそれでもよいこともあるが、然し細かに考ふる場合には、予は別にした方が精密に論ぜられ得ると思ふ。

Mahābhārata に於ける Sāṁkhyayoga 說を述ぶる代表的のものは XII, 305 及び 308 に Vasiṣṭha に歸せらるゝものと XII, 318 に Yājñavalkya に歸せらるゝものとである。Sāṁkhyayoga は Sāṁkhya 及び Yoga の認むる廿五諦以上に更に第廿六諦 (ṣaḍviṁśa) を認むる說で之を人格神と見做して居る。此人格神が遊戲の爲め (krīḍa-artham) 自らを多となして自性 (prakṛti) 中に入りて個人我 (puruṣa) となる。自性が質料因 (prakṛti 又は upādāna-kāraṇa) で人格神が前力因 (nimitta-kāraṇa)、支配者で個人我幷に自性を支配するものである。自性以下の發展は Sāṁkhya 及び Yoga に說かるゝものと異つた所はないが、自性は本來物質的 (acetanā) で三德より成り (saguṇa) 個人我を制限し其本性を晦ますものである。故に自性には第廿五諦第廿六諦を見るの能力は存在しない。然るに第廿五諦たる個人我は自性と其本性を異にする事は恰も魚と水との如く叉蠅と其止まる木葉との如くであるから之をよく了解し得れば自性の縛を脱する事が出來る。自性に晦まさるゝ間は apratibuddhaka, pratibuddha, abuddha(何れも未だ覺らざるものゝ意)と稱せられ、自性との異を知りて執着を離れると Budhyamāna(覺るもの)と呼ばれる。然し此は猶十分覺つたものではないから時には第廿五諦は第廿六諦を見ることなしともいはれる。第廿六諦は第廿五諦を基底として存在する無垢純淨不可量絶對の Brahman で之に達すれば第廿四諦及廿五諦を覺り、是以上のものはないから buddha(覺つたもの)と稱せられるのである。自己は是第廿六諦なりとの自覺を得れば老死を脱し(ajarāmaro)眞の Ātman に達するのである。故に第廿六諦は全く三德を超脱し(nirguṇa)積聚性ならざる(niḥsaṅghātman)諦以上(nistattva)のものである。

第廿六諦は遊戲の爲めに自己を多となして此凡てを現象せしめ叉自己の中に還沒せしめると說かれるから一見すれば Vedānta の Brahman と同性質で世界の質料因たると同時に動力因である如く見ゆるが、Sāṅkhyayoga としてはかく解すべきものではないと信ずる。前にいふ解脱上の關係から Puruṣa も亦明に動力因といはれ解脱に達すれば自性を捨てゝ其れと混合(niśritā)せずといひ、全く別のものといひ、而して第廿六諦に達して唯一(ekatva)になるといふから、第廿六諦は物質をも其中に包含し居て世界を自己より出すものとは考へられない。多となり此一切を現象となすとは多の個人我となつて此世界の現狀の如くなるの意であると見なければならぬ。此點が Brahmanical Sāṅkhya などとの根本的の相違點で單なる Sāṅkhyayoga たる所以である。

此 Sāṅkhyayoga 說は Hiraṇyagarbha が Vasiṣṭha に初めて敎へ、Vasiṣṭha が Nārada に敎へ、Nārada が Bhīṣma に傳へ、Bhīṣma が臨終の前に Yudhiṣṭhira の問に答へて Vasiṣṭha と Janaka 王との昔話として述べたとして Mahābhārata に表はれて居るのである。Hiraṇyagarbha は此處で Brahmā なる神ともなつて居る。Sāṅkhya は Kapila によつて唱へられ Yoga は Hiraṇyagarbha によつて說かれたとなすに倂せ考ふれば、以上說いた Sāṅkhyayoga は Yoga であると見られ得るが、然し予は此點は卽 Sāṅkhyayoga は Sāṅkhya が Yoga によつて發達せしめられたものなることを示して居るものと見る。此事は以上の敍述からも知られ得る事で、Yogaでは第廿五諦なる一つの中を自性に縛せられ居る執着不淨の方面と之を解脱した離染純淨の方面とあるものと見て居るのがSāṁkhyayogaでは更に發達して兩方面を第廿五諦と第廿六諦とに分つたのである。

以上說いたSāṁkhyayoga說は明に已に纏つた一の思想體系で、他の學派によつても認められて居るものである。例へばGauḍapādaのMāṇḍūkya-kārikā, 2, 26の如きは第廿六諦(ṣaḍviṁśa)を說く學派に關說して居る。又Sāṁkhyaに從ふ者の中でもṢaṣṭitantraの說などは自性神我の上にBrahmanを立てゝ居るが、此Sāṁkhyayoga說でも明に第廿六諦をBrahmanともいうて居る。GauḍapādaのSāṁkhya-kārikā-bhāṣyaにも神我を唯一ともしParamātmanとも呼んで居るしSāṁkhya-sūtraの註釋者もParamātmanを說いて居る。ŚaṅkaraやRāmānujaの關說する所は直接にはṢaṣṭitantraなどであるかも知れぬが、とにかく此Sāṁkhyayoga系統のものである。此の如くSāṁkhyayogaはNirīśvara-Sāṁkhyaと相並んで存在して居たことは明である。

Brahmanical Sāṁkhya or Brahmanical Sāṁkhyayoga

是より以下のものはSāṁkhyaが他へ及ぼした影響を取扱ふことになるから、主題より少し離るゝ故に極めて簡略に說くことゝしよう。Brahmanismには已にYogaが結合して居るから此YogaからBrahmanical Sāṁkhyaとなつたと考へらるゝかも知れぬが、Yogaとの結合はBṛhad.-up.のYājñavalkya以來の事で其儘傳つて居るのであるから、Brahmanical SāṁkhyaはむしろKaṭh.-up.等のBrahmanical Sāṁkhyayogaの系統を引いてSāṁkhya及びSāṁkhyayogaの影響を受けて居るものと思はるゝ。YogaのみからでないViṣṇuistic Sāṁkhyaでも同一であるから、此方面から考へてもSāṁkhya及びSāṁkhyayogaの影響は可なり强かつた事が知られ得る。

Brahmanical Sāṁkhyaを述べて居る代表的のものはXII, 311–315にYājñavalkyaに歸せらるるものと、XII, 302–304にVasiṣṭha說として述べられ居るものとで、此等によく似て必らず參照すべきものにAnugītā, 40–42及び

XII, 332 以下 Vyāsa の説とせらるゝもの等がある。Brahmanical Sāṁkhya は詳しく宇宙は成住壞空を說き Brahman の一日が人界の幾何劫に相當するかを述べ Brahman は其夜の終に醒めて此世界を作り晝を過ぎて又眠に入る際世界を還沒せしめる。此創造還沒せしめる。此創造還沒は互に相反する順序を取るが創造の順序は、說者によりて多少の異あるも、前に述べた通りで玆に Sāṁkhya の緣起の型を用ひて居る。Brahman の世界創造は自らの vibhūti で自らの欲望によつて遊戲の爲めに(krīḍārtham)なすので還沒も亦自己中に卷收むるのである。故に Brahman は世界の質料因が同時に動力因である。Vasiṣṭha 說では單に凡てを廿四諦となし Brahman は形なき第廿五諦とせられて居るが是は自性、神我と Brahman とを別となす要がないからであるが Yājñavalkya 說では avyakta—Brahman—Mahat-ātman となつて居る。此方は Brahman の發展を細かに見て分けたに過ぎないものである。卽ち何れも Brahman が質料因にして動力因たることに基いての說き方である。從つて又 Puruṣa といふ時でも之を作者(Kartṛ)と見て普通の Sāṁkhya の考とは全く異つた說をなして居る。Brahman が創造する際には自性(prakṛti)的となり無意識乍ら目的的に働いて三德的となり白黑赤の三形となりて(Chānd.-up. を參照せよ)凡てのものを作るのである。Puruṣa といふ時は Brahman が多となつて、生じたものゝ中に入つたときをいふので、天、人、獸の三が區別せらるゝ。此三道と三德との關係は Sāṁkhya-kārikā に說くと同じで、解脫は Puruṣa が prakṛti と別だと知つて本性の Brahman に歸するにある。

此 Brahmanical Sāṁkhya 說は一方から見れば全く Brahmanical Sāṁkhyayoga 說で Kaṭh.-up. 等の系統を引いて居るものである。然し Sāṁkhya との結合最も密接で決して單に Brahmanism 內でのみの發達でない。

Viṣṇuistic Sāṁkhya or Viṣṇuistic Sāṁkhyayoga

Bhāgavata, Pañcarātra, Sātvata, Ekāntin と稱せらるゝもので、元來婆羅門族以外の刹帝利族より起り第二回移住の Āryan 人種に系統を引いて居るものであるが、中頃 Brahmanism にも取入れられ、又其より影響を受けて發達し

Sāṁkhya によつて其教義を整へて發展せる人格的一神を拜する宗教である。紀元前二世紀には已に中々隆盛で dama (self-restraint), cāga (chastity), apramāda (conscientiousness) を其實踐上の要領となして居る。

Mahābhārata では此派の事を述べて居るのは XII, 210–217 にある Vaiṣṇava-adhyātman, VII, 334–348 にある Nārāyaṇīyam (簡單な XII, 301, 54, f. の Bhīṣma 說も參照) である。此派の最上神は Paramātman, Puruṣa, Puruṣottama, Viṣṇu, Vāsudeva, Īśvara, Nārāyaṇa, Govinda, Hari 等種々に稱せられ凡ての善の性質を有するものである。そして sargapralaya-kartṛ (創造還沒を起す者) であるから、此から自性、覺、我慢、空、風、火、水、地と順次生じ之を八種の自性とし此外に五知根、五作根、五塵、意の十六變異が生ずる。かくして動不動の世界が成立するが、是等に遍じて mahat-ātman なる不老不死の Puruṣa が存する。此 Puruṣa は vyakta にして同時に avyakta で、見聞思惟をなす jñāna-ātman であり又身體を通じて業をなす kartṛ である。最上神の發展は八自性十六變異の物質的開展と平行して精神的の發展もある。所謂 Vāsudeva の四の vyūha で Vāsudeva—Saṁkarṣaṇa—Pradyumna—Aniruddha である。Saṁkarṣaṇa は jīva (個人精神) に、Pradyumna は manas に、Aniruddha は ahaṁkāra に相當し、jīva に對して Vāsudeva は Kṣetrajña と稱せられ最高の Puruṣa を意味する。此際の Kṣetrajña は通常の意味と少しく異るが宇宙的意義に見たものである。Aniruddha より凡てのもの丶父なる Brahmán 生じ、此によりて五元素による動不動のもの一切が成立するのである。是は已に明に宇宙的に說くものである。四の vyūha に相當する jīva 等は Sāṁkhya の發展順序と一致しない點があるが、元來兩者は一致させねばならぬ趣意のものではなかつたのである。卽ち Sāṁkhya 說は後に取入れられたものに相違ない。Vāsudeva 自身の言として二回迄も Sāṁkhya に從ふものを予は Kapila と名づけ、Veda にては Hiraṇyagarbha と稱し Yoga にても賞せらるといふを擧げて居るが此は此派が Sāṁkhya にも Veda にも Yoga にも影響を受けて居ることを表はしたものであらう。Yoga の影響あることは Vāsudeva を Yoga の主と稱し Yoga 行を重要なものとして行はねばならぬとすることから明であるし實踐上の三要領からも亦知られ得る所である。

個人の身體は、凡てのものと同じく、五元素より成り三德によつて成らるゝものである。之に執着する間は輪廻の範圍にあるが、之を脱するに至れば Aniruddha より Pradyumna, Sāṅkarṣaṇa と上つて Vāsudeva に至つて解脱するのである。然し解脱者は Vāsudeva と同一となるのではなくして愛と知との永久の結合によつて無限の歡喜に充ちて共住するのである。

以上の說も Sāṅkhya を立場として見れば Sāṅkhyayoga と見るべきであることが判る。然し以上述べた所丈けでは此派に於ける Sāṅkhya 思想は前の Brahmanical Sāṅkhya 程に密接不離に又調和的になつて居ないやうであるかも知れぬが、此點 Bhagavadgītā から見ると全く Sāṅkhyayoga を取入れて其れに似、而かも相當に調和的になつて居ることが知られ得る。Bhagavadgītā は Bhāgavata 派の重要な一典籍で、現今にては Bhāgavata 派と關係せしめずして Bhagavadgītā を論ずる如きは Indologists のなさゞる所である程のものである。Bhagavadgītā をかく見るとき Bhāgavata 派と Sāṅkhya, Yoga, 若しくは Sāṅkhyayoga との關係が其研究上重大なるものとなるので、此點を見逃したならば Bhagavadgītā の研究は不十分の謗を免れない程である。然し今玆では Sāṅkhya 等の影響を及ぼした方面迄も詳述するのではないから、此方面は省いて置く。猶又此 Bhāgavata 派が數論說をよく取入れて居ることは Rāmānuja の哲學からも十分知らるゝ所であるし、之と幷んで重要な Śiva 派に於ても其或者は數論說から大なる影響を受けて居る程である。

Vedānta intermixed with Sāṅkhya

Vedānta 學派も Bṛhad.-up. に於ける Yājñavalkya の思想が Śaṅkara に傳はり此が唯一の Vedānta であるかの如く考へる程單純なものではなくして、現存 Vedānta-sūtra の說は Śaṅkara の註の說とは異り、又 Rāmānuja の註の說とも必らずしも一致するものでもなく、其外にも種々の Vedānta 學說が存在したのであるから、歷史的發達に忠實なる限り色々の材料を調べねばならぬことになる。

Mahābhārata に表はれた Vedānta 說は XII, 247–255; XII, 194; XII, 285; XII, 201; III, 210–213 (XII, 234–236) と關係するによつて記されて居る。此中には Kaṭh.-up., Śvet.-up., Maitr.-up. から直接引用した文が存し、此等 Up. に於ける Sāṁkhyayoga に系統〔を〕引けることが知らるゝが、又前にいうた Sāṁkhyayoga の影響も認めらるゝ。一見 Brahmanical Sāṁkhya と同一と考へらるゝかも知れぬが、其程に Sāṁkhya 說を採つて居るのではなく緣起の順序も Sāṁkhya 程嚴密に組織的に說くのではなくて Kaṭh.-up. に基いて人には五大より成る根(感官)が五あり意(manas)を第六とし、覺(buddhi)を第七とし、第八として知田(kṣetrajña)があるといふ位に過ぎぬ。故に單に八を數へるのみである。此は Vedānta-sūtra, 2, 3, 15 (Rāmānuja では 16) のいふ所と合する說である。Kṣetrajña は Sāṁkhya 風の名であるが、此は Ātman とも Brahman とも Īśvara とも稱せられて五大を作るもの、而して此五大によりて凡てのものは作られ、又其中に還沒するのである。けれども Īśvara は五大と性質の全く異る jīva を作ることはないといふから、jīva は卽ち Īśvara が個體中に入れるもので Kṣetrajña は體中にあるときの名である。然し Kṣetrajña は見者(sākṣin)ともいはれ buddhi が人の Ātman であるといはるゝこともあるが、此は解脫を來たす眞知に達せざるものゝ見る所であらう。buddhi は大切な役目を演ずるもので人の體にありては苦、樂、不苦不樂の三狀態(bhāva)にある。此三狀態は三德によつて生ずるものであるが、三德は實は五大の德であつて覺によりて導かれ覺によりて感ぜられる。覺は感ずる主體なるのみならず又認識作用の主體でもある。眼が物を見るでもなく意が見るでもなく覺が見るので、否見るとき覺が眼となるのであると說かれて居る。此點は Brahmanical Sāṁkhya で見ることを全うするは意で、眼は意によつて初めて物を見ると說くのと異る點である。覺と意との關係も眼との關係と同じである。此の如くなる故に覺は三德に迷はされて輪廻の狀態にあり、此狀態に於ては人は Ātman を德を作るものとなし兩者の別を見得ず、從つて Ātman を見ることが出來ないのである。若し水と魚、蠅と木葉との如く其別を見れば三德の網を脱し境に着することなく靜安(Śama)に達すれば卽ちĀtmanを見解脫を得。そしてĀtmanの本性に歸することが出來るのである。是れにはYoga行が重んぜらるゝことは勿論である。

以上の說はMahābhārataではadhyātmanの說と稱せらるゝものでVedānta說の一種であるが、前のBrahmanical Sāṁkhya or Sāṁkhyayogaとは其趣を異にするものがあるから、廣くは同じBrahmanismの中のものでも區別するがよいと思ふ。Ātmanと德卽ち五大とは別のものと見て解脫し得との說は通常のVedānta說とは少しく異りSāṁkhyaに近い考である。勿論Vedānta說でも此事をいふには相違ないし、又Ātmanを見るを重んずるが、此處のadhyātmanの說ではĀtmanと五大との別を見るに重を置き、又覺の性質幷にKṣetrajñaの性質に於てSāṁkhyaに近いものがあるのである。

とにかく當時のBrahmanism卽ち廣い意味でのVedānta派中に少くともBrahmanical Sāṁkhya or Sāṁkhyayogaと Vedānta intermixed with Sāṁkhyaとの二思想が存在したと見て差支ないであらう。此とVedānta-sūtra幷に他のManu法典中のVedānta說との關係等がVedānta思想發達の研究に重要なるものである。

以上簡略に失するの嫌はあるがMahābhārataに於けるSāṁkhyaに關係ある哲學思想をSāṁkhyaより見て敍述し當時の思想界に於けるSāṁkhyaとSāṁkhyayogaとを見た。元來Mahābhārataは其初めは哲學思想の如きを述べて居るものでなく從つて正統派非正統派何れの所屬の書ともなす要もない程であつたのが、哲學思想をも述べるものとなつた頃には正統派の立場で一般思想に適合する樣になされたのであるから、其中には正統思想をも非正統思想をも混然現はして居るのである。此故にVedaを以て唯一のauthorityとなす說あると共にVedaは不眞なり虛僞なりとなす意見もあり、現量のみを取るものもあり、比量を取るも取らざるもあり、三量を認むるもあり、四量を許すもあるといふ具合である。從つて各種の說が互に相反するものあるに拘らず比較的によく相並んで傳へられて居ると見られ得よう。決して此等を混じて其中から一句一言を裁取り自己の都合によつて勝手に組立つるが如き方法に適したものとは見られない。

(1) The Great Epic of India, Māyā, Self-delusion.
(2) Mahābhārata, XII, 349,1=13637; 64–68=13702–13706; 648,81–82=13629–13630. Apāntaratamas, Prācīnagarbha は Vedic literature に存せざる名である, Macdonell and Keith, Vedic Index を參照せよ。然し Śaṅkara の Vedānta, 3, sūtra 3,32 の語に Apāntaratamas が Kṛṣṇa-Dvaipāyana であるとして居る。
(3) Sarvadarśana-saṁgraha (Calcutta, 1908), p. 136.
(4) The Great Epic of India, pp. 85–86.
(5) XII, 316, 2–4; 305,19; 307, 44; cf. 301, 100.
(6) The Great Epic of India, p. 100.
(7) Allgemeine Geschichte der Philosophie, I, 3, p. 545.

十二

Mahābhārata の思想は大體先づ紀元前後より紀元一世紀頃に行はれたものと見るとするも、若し Pañcaśikha の如きが確に紀元一世紀の人とすれば此人は已に多少神話的にせられて居る位であるから、少くとも其部は一世紀より多少の時を隔てゝ記されたもので、從つて遲き時代の思想の混入のあることが考へらるゝ。勿論 Mahābhārata は近年に至るまで變化竄入を蒙つて居る位であるから、遲き思想のあることは許さねばならぬ。唯大體として紀元前後より紀元一世紀に行はれたものと見るのである。然らば此時より紀元三世紀卽ち Vārṣagaṇya に至るまでの Sāṁkhya は如何なる狀態であつたか。Pañcaśikha の年代は結局不明となるが傳說に基いて考へて見ても紀元一世紀を降ることはあり得ないから、之によつていへば以下の論述は先づ Pañcaśikha から Vārṣagaṇya に至るまでの Sāṁkhya は如何であつたかといふことに答へることになる。

Pañcaśikha の說は前に述べた通りで、唯紀元一世紀以前といふ外はないから漠然たるものであるが、それにしても今敍述を進めんとして居る時代よりも以前に屬する。故に今再び之を繰返さない。Pañcaśikha より Vārṣagaṇya までは暗黑時代で調べて見る纏つた材料が知られて居ないが、予は此間を充たすものとして漢譯佛典に散在する數論說を拾うて見ようと思ふ。是れには煩瑣に亙るが多少年代の考證や其他の事も必要である。經典の年代論は頗る困難であり又他學派の引用も比較的少ないから大抵は之を省いて主として論部にのみ關係することにする。

先づ佛敎論藏中で初めて數論說に關說するものは恐らく大毘婆沙論であらう。此論は傳說上迦膩色迦王(Kaniṣka)の時代に成つたといふから紀元二世紀の前半頃と見て大過ないであらう。此論中には數論について多少見るべきものがある。數論者は〔意根〕五知根五作根の十一根を說いて勝論者の五根を認むると異る(1)といふ點は通常の數論說と異る點はないが、勝論者の取、捨、屈、伸、行の五業と異つて數論者が取、捨、屈、伸、擧、下、開、閉、行の九業(2)を說くとなす點はあまりにいはれないことである。擧下開閉は恐らく五作根に關係して認めるのであらう。又數論者は人間の眼根が轉じて天人の眼となつて其見に障となるものがない(3)と說くというて居るが此說も通常の數論の書には見當らないやうである。恐らく人身も天人卽神の身も五大所成なることは同一で唯喜德が優るか憂德が優るかの差であるから輪廻の考から此の如き說が唱へられるのであらう。予の目下搜索した限りでは大毘婆沙論二百卷中數論の學說として以上の三文のみで數論派の名は他の派と共に猶二ヶ所(4)に存する丈けである。此丈けでは數論の學說の如何を論ずるに足る材料にはなり難い。當時の猶他の書を見ると多少の材料は得らるゝ。

Ṣaḍdarśana-samuccaya(5) の註に次の言がある。

tad uktaṁ māṭhara-prānte,

hasa piba lala khāda moda nityaṁ bhuṅkṣva ca bhogān yathābhikāmaṁ yadi viditaṁ te kapilamataṁ tat prāpsyasi mokṣasaukhyam acireṇa.

摩吒羅の終に次の如く說かる、

(欲するが儘に何時にても笑へ飮め遊べ食へ騷げ又食を樂しめ、若し(一度)迦毗羅の說を知りしならば久しからずして汝は解脫の悅樂を得べし。)

摩吒羅は雜寶藏經[6]第七に

時月氏國有王、名栴檀罽尼吒、與三智人、以爲親友、第一名馬鳴菩薩、第二大臣、字摩吒羅、第三良醫、字遮羅迦、

とあり摩吒羅はMāṭharaであるからKaniṣka王の大臣であつた事が知られる。此MāṭharaはSāṁkhya-sūtraに註をかいた人であるから、引用偈は恐らく其註の最後にあるものであらう。其註は今は失はれたが、已に註をかいたといへば經の存在して居た事はいふ迄もない事で、此經は思ふにPañcaśikhaなどの作つたものではなかつたらうか。Pañcaśikhaが經を作つた事は前にいうた通りである。Māṭharaは又外道小乘涅槃論にも二十外道中の第十二に摩陀羅論師[7]として

問曰、何等外道說見自在天造作象生名涅槃。

答曰、第十二外道摩陀羅論師言、那羅延論師說、我造一切物(I)、我於一切衆生中最勝(II)、我生一切世間有命無命物(III)、我是一切山中大須彌山王(IV)、我是一切水中大海(V)、我是一切藥中穀(VI)、我是一切仙人中迦毗羅牟尼(VII)、若人至心以水草華果供養我、我不失彼人、彼人不失我(VIII)、摩陀羅論師說、那羅延論師言、一切物從我作生、還沒彼處名爲涅槃、是故名常、是涅槃因。

といはれて居る。高楠博士が之に相當する楞迦經[8]涅槃品の梵文を擧げたものを見るとĪśvara-svatantara-kartṛtva(世界は自在天によつて作られ、自在天に還沒するを涅槃とす)とある。「問曰」の下と比較して全體を見れば互に相合すと見て差支ないであらう。そして此說から見ればMāṭharaの說は單なるSāṁkhyaでなくてどうしてもSāṁkhyayogaであると考へねばならぬ。從つて其註釋したSāṁkhya-sūtraも亦Sāṁkhyayogaであつたと考へるのが順當な考で

ある。外道小乗涅槃論から見れば那羅延(Nārāyaṇa)の名のある如く明に是れ Viṣṇu 派の説であるから、若し是が確な傳へであるとすれば、Māṭhara の説は Viṣṇuistic であつたらうと思はるゝ。Viṣṇuistic であることは漢譯文の一部が多少 Bhagavadgītā, 9–10 の中に相當するものを發見するにても知らるゝであらう。

9, 7 Sarvabhūtāni kaunteya prakṛtiṁ yānti māmikām,
kalpakṣaye punas tāni kalpādau visṛjāmy aham.
クンチイーの子よ、一切の有情は劫滅に於て予の自性に入る、予は再び劫初に於て其等を生ず(I)

9, 10 Mayādhyakṣeṇa prakṛtiḥ sūyate sacarācaram,
………
予の監視によりて自性は動不動のものを生ず。(III)

10, 23 ………
………cāsmi meruḥ śikhariṇām ahaṁ.
予は多くの高峰中にては須彌山なり(IV)

10, 24 ………
………Sarasām asmi sāgaraḥ.
予は多くの河海の中にては大海なり(V)

10, 26 aśvatthaḥ sarvavṛkṣāṇāṁ………
………siddhānāṁ kapilo muniḥ.
予は一切の樹木中にてはアシュワタ樹なり(VI)
多くの成就せる仙の中にては迦毗羅なり(VII)

9, 26 patraṁ puṣpaṁ phalaṁ toyaṁ yo me bhaktyā prayacchati,

....

若し人あり信念を以て一葉一華、一果、一掬の水を予に供せば.........(VIII)

9, 29 ....

Ye bhajanti tu māṁ bhaktyā mayi te teṣu cāpyahaṁ.

されど若し人あり信念を以て予を拜せば彼等は予の中にあり、予亦彼等の中にあり(VIII)。

漢譯では僅の文であるに拘らず驚くべき一致があるといはねばならぬ程である。どうしても全く無關係とは思へないではないか。此點から考へて Māṭhara の註した Sāṁkhya-sūtra が此に近い說であり、其が Pañcaśikha の作であつたとすれば Pañcaśikha が Pañcarātra 師であつたといふ Mahābhārata の說も根據なき說ではないでなからうか。Īśvara が世界を作るとの說は Viṣṇu が世界を作るとなす說と共に龍樹菩薩の Īśvara-kartṛtva-nirākṛtir Viṣṇor-eka-kartṛtva-nirākaraṇaṁ なる書に破せられて居る。此書は西藏藏經[9]中に保存せられ居り極めて簡單なものであるが、此と全く關係ないものでもない。

Māṭhara が Sāṁkhyayoga 說であつたことは先づ疑ない事であつて、Sāṁkhya-sūtra も亦さうであり、其 Sāṁkhya-sūtra が Pañcaśikha のものとすれば、Pañcaśikha も Sāṁkhyayoga 說であつたと知られよう。とにかく當時 Sāṁkhya が盛であつた事は遮羅迦(Caraka)が Agniveśa の醫書[10]を增補した Caraka-saṁhitā にも神我は常住なり(nityaḥ puruṣaḥ)を因明五分作法の宗の例となして居ることからも知られ得る。此例が Sāṁkhya の說を指すことは少し下に太陽の照らし輝く Sāṁkhya の說も照し輝くとあるにて知らるゝ。

更に Kaniṣka 王の三智人の第一馬鳴菩薩についていへば Sāṁkhya には猶重要な關係となつて居る。其著大莊嚴論經第一[11]に、

如僧佉經(Sāṁkhya-sūtra)說有五分論義(pañca-avayava-vākya or -vāda)得盡、第一言誓(pratijñā, 宗)、第二因hetu, 因)、第三喩(udāharaṇa, or dṛṣṭānta, 喩)、第四等同(upanaya, 合)、第五決定(nigamana, 結)、……汝僧佉經中說鉢羅陀那(pradhāna=prakṛti, 自性)不生如常遍一切(vibhū)亦處處去(sarvagata)、如僧佉經中說鉢羅陀那不從他生而體是常、能生一切、遍一切處、去至處處(sarvagata)。

とある。Sāṁkhya-sūtra が存在した事は此處にも證があるが、Māṭhara の場合と同じく Pañcaśikha の作つたものなのであらう。五分論義[12]は卽謂五分作法で五分の名稱は恐らく漢譯佛典中此處にあるのが最初のものであるが、馬鳴の當時 Sāṁkhya にて用ひられて居た事を注意すべきである。印度に於ける文獻から見ても馬鳴及前の Caraka 以前に五分作法の名稱の表はれて居る書が見出されない。Mahābhārata に五分作法的のものがあるが、宗因喩合結の如き論理的のものでない。故に予の現在知り得る所からいへば、五分作法が何れの學派で考出されたか明でないにしろ、Sāṁkhya が用ひたのが其最初の一であるといはねばならぬ。自性の考については通常 Sāṁkhya でいふ所と異つたことはないから殊更いふべき事もない。

馬鳴の書中で以上のものよりも一層重要なものは Buddhacarita(佛所行讚)である。予は今漢譯本を所持せず、從つて參照し得ぬから梵本によつて論ずる。此については O. Strauss, Zur Geschichte des Sāṁkhya[13] なる論文の參照を望む。前にいへる如く Buddhacarita にある數論說は第十二章で、佛陀が出家後間もなく問法せる Ārāḍa Kālāma[14] の說いた所として述べられて居るものである。Ārāḍa の言中に其說を Siddhānta と呼んで居るが、是は Sāṁkhya-kārikā, v. 71 にも亦用ひられて居る語である。其說の大要は下の如くである。自性(prakṛti)、變異(vikāra)、生(janma)、死(mṛtyu)、老(jara)が生族であるが、自性は五大、我慢、覺、非變異の八で、變異は五境五知根五作根意の十六である。此全體が kṣetra(田)で之を知るものが kṣetrajña(知田)で Ātman とも稱せらるゝ。八種の自性は Mahābhārata のいふ所であるが Sāṁkhya-kārikā, v. 3 でも自性、覺、我慢、五唯は自性にして同時に非變異であるといはれて居る。五唯と五大との相違は Buddhacarita の說が Mahābhārata のに近いことを示すものである。五境は勿論聲觸色味香で、kṣetrajña は通常いふ puruṣa である。人は自性と變異との結合になるもので生老死の三苦[15]に支配さるゝものである。此三苦より脱するのが最大の目的の解脱である。生じ老い死するものは vyakta と稱せられ之に反することより avyakta となる(22)。輪廻の主因は無知(ajñāna)、業(karman)、愛(tṛṣṇā)で又顚倒(viparyaya)、著我(ahaṁkāra)、疑(saṁdeha)、亂想(abhisaṁplava)、無分別(aviśeṣa)、無方便(anupāya)、計著(saṅga)、墮落(abhyavapāta)も亦其因である。又無明(avidyā)に暗(tamas)、癡(moha)、大癡(mahāmoha)、重闇(tāmisra)、盲闇(andhatāmisra)を含んで居る。此無明(avidyā)は無知(ajñāna)と同一であるかどうか明でない點もあるがとにかく此等の分族は Sāṁkhya-kārikā, v. 48 と同一の分族である。此無明及前のものによつて輪廻するのであるから正思惟(saṁyagmati)のものは pratibuddha, apratibuddha, vyakta, avyakta の四種を知りて解脱を急ぐべきである。此處にも明に Mahābhārata の術語を以て說いて居る。Ārāḍa は更に進みて方便(abhyupāya)と最高處(naiṣṭhika-pada)を問はれて禪定によつて初禪乃至第四禪に入り空處、識より無所有(ākiṁcanya)に入り玆で解脱に達す、是卽最高處なりと說き其狀態を文闍(muñja)草より其の莖の絲の拔出さるゝ如く鳥の籠を出づる如く kṣetrajña は身體を脱し解脱に達す。

etat tat paramaṁ brahma nirliṅgam dhruvam akṣaram,
yan mokṣo iti tattvajñāḥ kathayaṁti maniṣiṇaḥ. (65)

(是卽最上無相堅固不壞の梵なり、眞實を知る賢者は之を解脱と名づく。)

というて居る。又此教は Jaigīṣavya, Janaka, vṛddha-Parāśara(林祇沙、闍邪迦、老いたる波羅舍羅)の奉じて共に達せるものであると附加して居る。玆に明に又 Mahābhārata と同一思潮のものなることを表はして居る。

Buddhacarita に於ける數論說は大體は以上の通りであるが、細かに無知の十種の說明等を見れば數論說として間然する所がない。そして此說が決して單なる Sāṁkhya でなくしてどうしても Sāṁkhyayoga でなければならぬことは解脱の狀を說く梵文で明に知られ得る。又 Sāṅkhya-kārikā などの說でなくて Mahābhārata の Sāṅkhyayoga 說に近い事、否むしろ同一なるべきことは殆んど論ずる迄もないであらう。馬鳴は Mahābhārata の事を大莊嚴論經中に關說して居るから其れを知つて居つたのであらうと思ふが、よしむば馬鳴の知つて居つた Mahābhārata が現今の如きものでなかつたとしても、Sāṅkhyayoga 說は明に同一で Mahābhārata の Sāṅkhyayoga 說が馬鳴の當時又は其より少し以前に存在して居たものであることの明な證據である。最後に擧げてある人名も凡て Mahābhārata に出づる數論者である。猶 Buddhacarita と Mahābhārata との偈文の類似同一については Strauss, Hopkins の論文に述べられて居るから、殊更に玆に贅するを省く。Buddhacarita の說中には三德の考がないかの如く考ふる學者もあるが、其は正しくない。佛陀が阿羅邏の說を疑ふ中に guṇa, guṇin, nirguṇa (76–80) を通常數論派でいふと同意に用ひて居るから阿羅邏の說となす Sāṅkhyayoga 中に guṇa の考は十分あつたのである。

以上說いた Māṭhara 及び馬鳴の說によつて Kaniṣka 王時代の數論思想は單なる Sāṅkhya でなくて Sāṅkhyayoga を主潮流として居たことが十分知られ得ると思ふ。勿論當時 Sāṅkhya も存して居たには相違ない。

Buddhacarita は Ārāḍa の說を Sāṅkhyayoga となし此が佛陀に說示せられたとしてあるが、此事は更に興味ある事柄に導いて行く。卽ち佛本行集經第廿一卷第廿二卷にある問阿羅邏品第廿六上下が全く Buddhacarita, xii と同一であるといふ事實である。佛本行集經は潤色があり、阿羅邏に弟子が奉仕して居るとか、其他形容に於て華麗になつて居るし、又 Buddhacarita は韻文なのに此方は多くは散文で其間に韻文を插入して居る等の相違があるが、其散文も意味も文字も Buddhacarita と同じであることが知られ得る。不幸にして其梵文を Buddhacarita と比較する暇がないが唯數論說のある部分丈けでいへば下の如くである。（或は此外にも他章でも互に一致する所が存するやうであるが今は其等を所要としないから省いて置く。）

Buddhac. xii, 16……辰, 八, 5 a, 5 行(韻)

17–19…………5 a, 6–8 (散)
20…………5 a, 6 (頌)
21–39…………5 a, 10–5 b 3 (散)
40–42…………5 b, 4–6 (頌)
43–64…………5 b, 7–19 (散)
65…………5 b, 20 (頌)
66…………6 a, 3 (頌)
67–72…………6 a, 4–18 (散)
73…………6 a, 19 (頌)
74–79…………6 a, 20–6 b, 4 (散)
80…………6 b, 5 (頌)
xxx…………6 b, 6–7 b, 19 (散, 頌)
81…………7 b, 20 (頌)

以上の比較によつて大體兩者が同種のものなることは知られ得よう。Buddhacarita の裝飾多い文よりも佛本行集經は更に潤色に富み6 b, 6–7 b, 19 の如く長き插入もあつて Buddhacarita よりも以後の製作であらうと思はしめるが、本行集經は直接 Buddhacarita に基き其を其儘借來つて潤色したのか、或は兩書が同一源泉より獨立に借りたのか、此兩場合とも可能であるかも知れぬが、予の見る所ではむしろ前者である。そして本行集經は漢譯では時々誤譯を含み又誤つて分類をなすなどあつて Buddhacarita を助としなければ十分の意味の考へられない點が少くないからといふ理由と、漢譯の上丈けでは言語に關しての確固たる議論が出來ないからといふ理由とで今は、梵本を見るまで、以上の想像的の斷定に留め置く。然し本行集經は佛傳書の比較研究に重要なもので、例へば第十一巻習學技藝品中の文字の六十四種の列名、字母三十八の列名意義等は方廣大莊嚴經第三卷示書品、其異譯佛說普曜經第三卷現書品[16]と殆んど同一で比較研究上重要な材料を供給して居る。此等の梵本によつて text criticism に入ることは今後の努力に俟たねばならぬ。

佛傳書中に於て Ārāḍa が Sāṁkhya 若しくは Sāṁkhyayoga 說を佛陀に說いたとなすものは本行集經等の外にも過去現在因果經の如きがある。但し此經は阿羅邏(Ārāḷa=Ārāḍa)と迦蘭(Kālāma)とを二人の仙人となすが、本來は Ārāḍa Kālāma なる一仙人で第二の仙人は Udraka Rāmaputra (Uddaka Rāmaputta) であるを誤つたのであり、又 Ārāḍa の究竟地は無所有處で、Udraka のは非想非々想處であるのを此經では阿羅邏の究竟地を非想非々想處とし迦蘭の方にはそれをいうて居らぬが此も一人を二人とした間に間違へるに至つたのである。阿羅邏の說く所は數論の緣起說と初禪より非想非々想處に至る禪定說との兩者で其主意に於ては Buddhacarita, 本行集經と同一であるが、緣起の順序は下の如くである[17]。

衆生之始、始於冥初、從於冥初起於我慢、從於我慢生於癡心、從癡心生於染愛、從於染愛生五微塵氣、從五微塵氣生於五大、從於五大生貪欲瞋恚等諸煩惱、於是流轉生老病死愛悲苦惱、今爲太子略言之耳。

冥初、我慢、癡心、染愛、五微塵氣、五大、貪欲瞋恚等の順序は他の數論說に餘り表はれないもので緣起の順序としても當を得て居らぬ。Ārāḍa Kālāma を二人とすると同じく著者若しくは譯者の誤解等より起つたものであらう。之に相當する梵文又は他の國語の文なくば此丈けにては確固たる議論の基礎とはなし難い。過去現在因果經の以上の文は僧祐の釋迦譜[18]第一に其儘引用せられ居る。

予の見た限り方廣大莊嚴經にも普曜經にも修行本起經にも太子瑞應本起經にも菩薩本起經にも中本起經にも阿羅邏が佛陀に Sāṁkhya 若しくは Sāṁkhyayoga を說いた事を傳へて居らぬ。故に年代上の順序は Buddhacarita, 本行集經過去現在因果經の順で此等の傳以前若しくは以後の傳には傳へられて居らぬものである。佛傳書といふ關係と同一文なるとの關係から本行集經過去現在因果經の文を擧げた序に大般涅槃經の文を猶一つ擧げて見よう。

從性生大、從大生慢、從慢生十六法、所謂地水火風空、五知根眼耳鼻舌身、五業根手脚口聲男女二根、心平等根、此十六法從五法生、色聲香味觸、是廿一法、根本有三、一者染、二者麁、三者黑、染者名愛、麁者名瞋、黑者名無明、……是二十四法皆因性生。(19)

此文の前後に我の存すること、性は常住で大等は無常及び因に生因了因あることに說及むで居る。性は自性で染麁黑は喜憂闇の三德で根本有三は三德が自性の構成要素であるの意である。そして我慢より十六法(卽ち變異)を生ずといふも、次には十六法は五法より生ずといふから、我慢と十六法との間に五法が入るのであらうか明確でない。廿四法の數へ方が異るがとにかく性、大、慢、五法、十六法に我卽ち神我を加へて廿五となる理である。十六法が五法から生ずといへば五法は已に五唯と呼ばれて居たのか此點も明でないが、五大が五知根五作根意根と共に生じたとする所は Mahābhārata の思想より異つて Sāṅkhya-kārikā に同じである。又全體の文は此說が Sāṅkhyayoga たることを示して居らぬ。

馬鳴以後の大佛敎者は龍樹及其弟子の提婆で所謂中觀派の開祖と後繼者とである。龍樹提婆の年代は種々なる異說があるが、予は紀元二世紀より三世紀の中頃までと見る。龍樹の著書中數論及迦毗羅の名稱は十住毗婆沙、壹輸盧迦論等に存し、Akutobhaya には prakṛti を世界の因となす說を擧げて破して居るが、最も詳しいのは前にいへる大智度論第七十卷にあるもので Brahma-jāla-sutta の Antānantika 說と關係せしめて說述して居るものである。前に已に引用したから緣起の順序だけをいへば世性より覺、覺より我(慢)、我(慢)より五微塵卽色聲香味觸を生ずる。微塵は viśeṣa 又は viṣaya の譯語かも知れぬが恐らく tanmātra(唯)の譯語であらう。譯者羅什は後世極微(parama-aṇu)とせらるゝものを微塵(aṇu 微なるもの)となして居るし、tanmātra は Gauḍapāda も Vācaspatimiśra も微細(sūkṣma)と解する〔の〕が通例であるからである。前者は又 parama-aṇu とも解して居る位である。聲微塵より空大を生じ、聲觸より風大を、聲觸色より火大を、聲觸色味より水大を、聲觸色味香より地大を生ずる。又空より耳根を、風より身根(卽ち皮根)を、火より眼根を、水より舌根を、他より鼻根を生ずる。此の如く漸次細より麁に至るのであるが、世性(卽ち自性)より麁に至つたものは又細に還り遂に自性に還沒する、恰かも泥中に瓶瓦となる性があり、瓶瓦となりて後破れて又泥に歸する如くで、轉變するのみで所失はない。然し自性は常法で生ぜらるゝことはないものである。是等は凡て詳しく僧佉經(Sāṁkhya-sūtra)に說かれて居ると述べて居る。此言で見ると大體は自性―覺―我慢―五微塵―五大―五根となる譯で五根中に五作根意根が含まれるであらうし、是に神我が相對し存するのであらう。五微塵に五唯(tanmātra)の考があるのであらうが、さうすれば五大が根と共に生ぜらるゝものとなす點は涅槃經の考と同じで Mahābhārata に異り又 Sāṁkhya-kārikā に同じである。此五微塵が Sāṁkhya-kārikā で明に五唯(tanmātra＝aviśeṣa)と稱せらるゝに至つたもので龍樹の時代には已に五大及根を生ずるものとの考に達して居たのである。是が唯と稱せられ五大のみを生じ十一根は直接我慢より生ず〔る〕となして Sāṁkhya-kārikā の說となるのである。色聲香味觸より五大が生ずとなす說は龍樹提婆の後輩訶梨跋摩の頃には一方の定說となつて居た事は訶梨跋摩が其著成實論[20]中に採用したのでも判る。大智度論の說は唯識述記[21]に五唯が相合して五大を生じ五大が相合して五根を生ずといふ一說を擧げて居るのと幷に Sāṁkhya-tattva-kaumudī の說とに似通つたものがあるが、然し數論の古い一派の說とは異るものであること金七十論の引用文、聲唯生空大、觸唯生風大、色唯生火大、味唯生水大、香唯生地大(yad uktaṁ, śabda-tanmātrād ākāśaṁ, sparśa-tanmātrād vāyuḥ, rūpa-tanmātrāt tejaḥ, rasa-tanmātrād āpaḥ, gandha-tanmatrāt pṛthivī, evaṁ pañcabhyaḥ paramāṇubhyaḥ pañcamahābhūtāny utpadyante)[22]から知られ得る。此引用文の說は唯識述記の前と同じ場所にも一說として擧げられて居る。

次に述ぶべきは提婆の著書に於ける數論說であるが、百論は婆藪開士の註釋なくしては明でないし、廣百論も護法の釋なく獨立には多くの材料を與へないし、百字論、外道小乘四宗論、外道小乘涅槃論はどれ丈けが提婆の書か、又眞に提婆の著書なりや否や疑はしいから提婆丈けの數論說は之を述ぶるのが困難である。故に以下は大體十二門論、中論、百論、成實論、其他の中に發見せらるゝものを雜然と述べることにして最後に無着世親に及ぶであらう。

十二門論[23]に因中有果說を破して居るを見ると、佛教の或派にても此說があるから其を破すと考へる人もあるかも知れぬが、文に就けば明に數論說を破するもので Sāṁkhya-kārikā, v. 9 と相通ずるものがある。因中有果說を破するのは中論、百論、廣百論、成實論、瑜伽師地論其他に甚だ多い。更に十二門論の同所に

先有變(vyakta)但不可得見、凡物自有、有而不可得見者、如物或有近而不可知、或有遠而不可知、或根壞故不可知、或心不住故不可知、障故不可知、同不可知、勝故不可知、微細故不可知。

とありて一々說明せられ居るが、此は Sāṁkhya-kārikā, v. 7 の不可見の八因 (atidūrāt, sāmīpyād, indriyaghātān, mano'navasthānāt, saukṣmyād, vyavadhānād, abhibhavāt, samānābhihārāc ca) と全く同一である[24]。然し成實論には世障故不見、暵勝故不見、不顯故不見、地勝故不見、闇障故不見、厚濁障故不見、遠故不見、太近故不見、次未至故不見、細故不見、多相似故不見、及び其他の原因を擧げて居るし佛性論にも泰近泰遠八種不可見因と述べて居る。成實論のはとにかくとするも十二門論のは確に當時の數論說である。

百論については前に二三を引用したが、更に一應述ぶる要がある。緣起の順序は冥初―覺―我心―五微塵―五大―十一根であるから大體智度論涅槃經の說に同じで Sāṁkhya-kārikā に近いものである。百論では破神品第二、破一品第三、破因中有果品第七に數論說を破して居るが、最も注意すべき言として次の如きがある。

1. 如迦毗羅弟子、誦僧佉經 (Sāṁkhya-sūtra)、說諸喜法總相別相、於二十五諦中、淨覺分、是名善法。

2. 神(卽ち神我 puruṣa)爲主常覺相處中、常住不壞不敗、攝受諸法[25]。

善法の總相別相の詳説はないから明でないが、淨覺分といふ點は恐らく覺の喜分をいふ意で純淨な神我に相應ずるの意であらう。此に關する事は前にも一寸いうた。

百論の破一品にいふ如く一切法一の説が數論の考であるとして破することは佛典中に少くない。百字論、外道小乘四宗論、成實論、佛性論、成唯識論、廣百論釋論、入大乘論(26)等がそれであるが此は恐らく唯一常住の自性が發展して萬物となるといふ點と因中有果説とを重く見ていはれることであらう。之と關聯して數論は無より有は生ぜずといふを根本義の一となして居る。此説も他派から數論の説として十分認められて居るものである。梵文楞伽經に

sac cā'sato hy anutpādaḥ sāṁkhya-vaiśeṣikaiḥ smṛtaḥ.(27) (有は無より生ずることなしと數論勝論にて傳へらる。)

とあり、Vātsyāyana は Nyāyabhāṣya に

yathā nā'sata ātmalābhaḥ, na sata ātmahānaṁ, niratiśayāś cetanāḥ, dehe'ndriya-manaḥsu viṣayeṣu tat tat kāraneṣu ca viśeṣa iti sāṁkhyānām.(28) (無の生ずることなく、有の滅することなく、多くの思(卽ち神我)は顯現することなく、體、根、意に於ても境に於ても又其各の原因に於ても特性ありとは數論の〔特有の説なり〕)。

といふ如きは其例である。此説は金七十論上(廿五丁)にも Gauḍapāda-bhāṣya (ad v. 9), Sāṁkhya-tattva-kaumudī (ad v. 9)にも明に他説を破しつゝ説かれて居るものである。

外道小乘涅槃論(29)には數論の緣起の順序として自性—大—意—智—五分—五知根—五業根—五大と説き此は順次還沒すとなして居る。五分(卽ち前の微塵)が能生者たる點は Sāṁkhya-kārikā 及其同類のものに近い説であるが、意の位地五業根五大の關係が合理的でなく何か傳へが誤つて居るらしく見ゆる。

成實論は著者訶梨跋摩が出家前は數論學者であり、佛教徒となつても猶其説の幾分を奉じて居たと傳説さるゝ丈けに數論説を破することが少いから、數論學説の變遷を知るの材料に乏しい。數ケ所(30)に關説して居るが通常の説以外の

ものを傳へて居らぬ。又法勝阿毗曇心論に註した優波扇多の阿毗曇心論經にも、又前者を增補註釋した法救の雜阿毗曇心論[31]にも數論の事があるが學說の變遷を見る上には資する所がない。法勝はシナの秦漢の間(221 B.C.–206 B.C., 201 B.C.–9 A.D.)の人で法救は晉の中興の世の人[32]であると傳へらるゝ。晉の中興を東晉と見れば 317–419 A.D. であり西晉と見れば 265–316 A.D. である。優波扇多は法勝と法救の間の人である。

龍樹以後は甚だ雜漠に述べたが百論中論十二門論成實論は著者若しは註釋者の年代は確定せずとも羅什の譯であるから 400 A.D. 否多くは 350 A.D. を降ることは出來ないものである。故に此等書中のものは大體 Vārṣagaṇya, Īśvarakṛṣṇa と同時代頃のものと見ることが出來よう。

無着は順中論中[33]に世界を生ずる原因を擧げた中に勝(pradhāna)を數へて破して居るが此は數論說である。然し猶重要なものは瑜伽師地論及顯揚聖教論に說いて居る十六種異論中の第一因中有果論である。此兩論は殆ど全く同文であるから前論によつて見るに、前にいへる通り雨衆外道卽ち Vārṣagaṇya の說としてある、此外道は先師所造の教藏を今に傳へてそれと、自ら尋思觀察する理とによつて因中有果を說く。其理由は倫記によつて解すると四の理由を擧げ更に四の反駁的說明となつて居る。(一)乳より酪が生じ得るは世間周知の事實で其他のものより生ずることはない。(二)果を求むるものは因を取る、卽ち酪を求むるものは乳を取つて他のものを取ることはない。(三)乳に細工して酪を求むることを營み他のものに加工することはない。(四)果なる酪は因なる乳より生じて他より生じないから因中已に果が存すと見ねばならぬ。(一)若し然らずとせば一切凡ては一切のものゝ因となるべく、(二)一果を得る爲めに一切を取つて因となすべく、(三)又一切に於て加工し所求を得むとすべく、(四)因に酪性なくして生ぜば其他のものも其性が因中になくも生ずべきであると。此兩種の四理由は表裏の關係にあるもので畢竟同一であるから單に四理由と見て差支ない。定まれる因より定まれる果が生ずる、果を求むるものは其に應ずる因を選取る、果を求むる爲めに加工する、一定の果は一定の因より生ずる四理由で嚴密には何故然るやの證明とはなつて居ないものである。然し此が恐らく當時の Vārṣagaṇya の因中有果論の證明であつたであらう。Sāṁkhya-kārikā, v. 9 には、(一)無は作るべからざるが故に、(二)必らず因を取るべきが故に、(三)一切生ぜざるが故に、(四)能く所作を作すが故に、(五)因に隨つて果あるが故に、故に因に果ありと説くと證明して居るが、五種の因と分つたに拘らず、前の四理由と四の反駁的理由とを五種に整へたまでの事である。五種に整へた點が Īśvarakṛṣṇa のなした所であらう。

世親は佛性論(34)に於て數論説を破つて居るが自性生五唯等とするから明に五唯の考があつて Sāṁkhya-kārikā と同じである。自性生五唯は直接の因果關係をいふのではなくて唯必要なき爲茲に其中間のものを省いたのであらう。そして自性も五唯も同時に存在する故に因果は其體一で因果の別が説かれ難く、從つて因中有果説はよくないと論じ其他の説に於ても現、比、譬喩、聖敎の四量に背いたもので説明が出來ぬことを論じて居る。此言から見れば當時の數論者若しくは其或者は四量を認めた事になるであらう。正理派は四量を認め其或者は三量のみ認めた事(35)は確に傳つて居る如く一派中に量に關し異説の存するは不可能でないが、數論者が四量を認めた事は此外には傳へられて居らぬ。

無着世親の現存の著書に於ては數論説に關説して居るものは比較的に少なく、此方面から當時の數論が如何なる狀態にあつた〔か〕を十分明にすることは無理である。然し幸に當時は數論派自身の方面に書物があるから其れによつて見られ得る。

(1) 大毘婆沙百四十二、收六、59 a.
(2) 同百十三、收五、53 b.
(3) 同百五十、收六、88 a.
(4) 同百七十六、收八、2 b; 18 b. 十四卷鞞婆沙論(收九)にも數論の十一根(23 a)を認むることをいうて居る。其他の大毘婆沙の部は鞞婆沙の方にないから數論説のこともない。
(5) Ṣaḍdarśana-samuccaya, p. 96.
(6) 宿十、32 b. 此文は高楠博士が初めて發見して西洋に紹介し、後佛の Sylvain Lévi が Journal Asiatique に譯して論じ、其が Indian Antiquary に英譯せられた。Hara Prasād Śāstrī も Journal of the Asiatic Society of Bengal, n. s. vol. vv (1914) に Māṭhara-bhāṣya on the Sāṁkhya-sūtra のことをいひ、Māṭhara が Kaniṣka の大臣であつた事を認めて居る。但し親しく其根據を尋ねたら Sylvain Lévi のいふ所に基いたといふて居た。本年四月の JRAS., p. 347 によると The R. G. Bhandarkār Memorial Volume (1911) に Belvalkar の Māṭharavṛtti and Īśvarakṛṣṇa なる一論文のあることを知り得るが、未だ手許に來ないから其内容を知ることが出來ないのは遺憾である。又 Hara Prasād Śāstrī の話に Sāṁkhya-kārikā の或 Ms. の colophon に kārikā が Māṭhara-bhāṣya に關係あることが記してあつたといふ。今其を確めることが出來ないが直接聞いた儘を記して置く。

(7) 署五、58 b.

(8) 『哲學大辭書』p. 2240(第五册)。

(9) Dr. Thomas が JRAS. (1903) に西藏文と梵文とを出版した。Mdo vol. cxxxiii, foll. 330–2 にある。

(10) Agniveśa は Tokṣaśila の Ātreya の弟子で Ātreya の弟子には阿闍世王の侍醫 Jīvaka (耆婆) の如きがある。Caraka は此等の人々と同じく内科醫の大家である。Hoerule, Studies in the Medicine of Ancient India, Part 1, Osteology (Oxford, 1907); Jolly, Medizin (Bühler's Grundriss, iii, 10) を見よ。Caraka-saṁhitā は Calcutta, 1877 年版より Calcutta, Saṁvat, 1890 A. D. 1874 年版の Bengal 文字のものとを用ゆ。

(11) 署四、72 b.–73 a.

(12) E. Huber が大莊嚴論經を佛譯したる Aśvaghoṣa Sūtrālaṅkāra (Paris, 1908), pp. 15–16 に śabda, anumāna〔を〕l'égalité, la certitude absolue となし、〔さら〕に五分論義を pratyakṣa or śabda, anumāna, upamāna, arthāpatti, anupalabdhi として居るが、量の分旣に此の如きものは存在しないから正しくないのみならず論義を pramāṇa (量) と解したのが誤のもとである。論義は勿論 vākya, vāda 等の譯語で論理、推論等の意味である。

(13) 場所は前に出した。Hopkins, Notes on the Śvetāśvatara, the Buddhacarita をも參照せよ。

(14) Buddhacarita, xii: 16. śrūyatām ayam asmākaṁ siddhāntaḥ śṛṇvatāṁ vara, yathā bhavati saṁsāro yathā cai va
nivartate.
17. prakṛtiś ca vikāraś ca janma mṛtyur jarai'va ca, tat tāvat sattvam ity uktaṁ sthirasattva-
parehi taṭ

18. tatra tu prakṛtiṃ nāma viddhi prakṛtikovida, paṅca bhūtāny ahaṁkāraṁ buddhim avyaktam eva ca.

19. vikāra iti budhyasva tu viṣayān indriyāṇi ca, pāṇi-pādaṁ ca vādaṁ ca pāyū'pasthaṁ tathā manaḥ.

20. asya kṣetrasya vijñānāt kṣetrajña iti saṁjñi ca, kṣetrajña iti cā'tmānaṁ kathayaṃty ātmaciṁtakāḥ.

Cowell 出版本は其後殆んど十人程の梵語學者が種々に訂正した。上文は Cowell 版のと全く同一ではない。

(15) Sāṅkhya-kārikā, v. 1 に三苦に逼らるゝが故にとある三苦を註釋者は依内(ādhyātmika)、依外(ādhibhautika)、依天(ādhidaivika)となすが、數論の唯一目的たる解脱が此種の三苦の解脱にあるといふのは適切でないのと、此三種の名稱は Mahābhārata などで見ると意味が異り用ひられて居る(xii, 313, Anugītā, 42)するから註釋者の說は受取り難い。予はむしろ三苦は生老死であると見る。kārikā, vv. 52–55 で證明せられ得る。生老死の三苦を脱するを數論哲學の全目的と見て初めて數論の解脱哲學の意義が生ずるのである。風熱痰の病苦、可愛別離し憎恐聚集し所求不得の心苦(以上依内苦)や世人禽獸毒蛇山崩の如き過失や天然の災難の苦(以上依外苦)や寒熱風雨雷電の如き天然現象より生ずる苦(依天苦)やを脱する爲めに何で數論哲學を要しよう。此等の三苦は或意味に於ては數論哲學の目的に矛盾して居る。Pañcaśikha の斷片五、六、七を參照せよ。

(16) 辰七、40 b–42 a; 宙四、17 b–18 a; 同、75 a–b.

(17) 辰十、15 a.

(18) 致一、26 a.

(19) 南本涅槃經第三十五、盈八、87 a.

(20) 三論玄義、21 a; 唯識述記二本、10 b; 成實論、藏二、21 a 其他。

(21) 述記一末、26 b–27 a; 二本、11 a–b.

(22) 金七十論卷上、55 b; Gauḍapāda-bhāṣya on the verse, 22 (p. 107).

(23) 來十、67 b.

(24) 藏二、27 b.

(25) 暑二、37 b; 39 b.

(26) 暑二、35 a; 暑五、56 b, f.; 藏二、76 a; 暑二、79 b, f.; 往十、3 a; 往十、116 a; 暑二、65 a.
(27) Laṅkāvatāra-sūtra (Calcutta, 1900), p. 116.
(28) Bibl. Ind. edition, p. 28. niratiśaya については Pañcaśikha の斷片十一を參照せよ。
大乘掌珍論上、暑五、62 a を參照せよ。
(29) 暑五、58 b.
(30) 藏二、17 a; 21 b; 67 b; 68 a; 73 a; 76 a; 78 b.
(31) 冬十一、89 a; 冬十二、81 b;
(32) 終一、59 b.
(33) 暑二、26 b.
(34) 暑二、77 b.
(35) Nyāyasāra (Bibl. Ind.) 及び The Pramāṇas of Hindu Logic, p. 296, f. を見よ。

十三

以上說いた所で先づ Sāṁkhya-kārikā に至るまでの數論說を述べた次第であるが、初めに說明した程に思想上の歷史的發達を十分に論述する迄には至〔ら〕なかつた。然し先づ其中で明になつた事は數論派の發達を論ずるには唯單に Sāṁkhya-kārikā の說を標準としたのみでは數論思想の發達を論じたとはならないといふこと、どうしても Sāṁkhya-yoga 說を考に入れなければ一部の思想を以て全體と見做す如き取扱に終つて仕舞ふこと、又數論の說中には重要なものに於て異說があり從つて Sāṁkhya-kārikā の說が獨り正當であるとはいへないこと等である。然らば Sāṁkhya-kārikā の說の地位は如何。是については前來論述した外に Bhagavad Ādiśeṣa に歸せらるゝ Āryapañcāśīti (Paramārtha-sāra) を一應研究して見る必要がある。此書は已に予の手許に來て居るが詳細の研究をなす爲めには Śiva 派の哲學の蒙つた數論說の影響を調べて見なければならぬ。此爲めには更に少くとも四、五の梵本を見ねばならぬのに予は未だ三種しか見ることが出來ぬ。其他の一、二種の書が重要であるから、其を見るまでは十分の議論が出來ぬ。故にSāṁkhya-kārikā の地位も只今迄論述した所から見て Sāṁkhya と Sāṁkhyayoga の二潮流中の前者を受けて Vārṣagaṇya の後者の說に反對して居るものであるといふに止める。

Sāṁkhya-kārikā は印度哲學書中の傑作の一つであつたのと、Sāṁkhya-sūtra の古いものが失はれた(或は Sāṁkhya-kārikā の優れて居る爲め蹴落されたのかも知れぬが)のとで、數論派によつても又他派によつても大に珍重せられ數論說といへば其中の說をいふかの如くなつたのである。此書が他派によつて珍重せられた事は Śaṅkara, Rāmānuja の Vedānta-sūtra の註にも、Bhaṭṭotpala の Bṛhatsaṁhitā の註にも、Guṇaratna の Ṣaḍdarśana-samuccaya の註にも、Śrīdhara の Praśastapādabhāṣya の註にも、Hemacandra の Syādvādamañjarī 註にも、Mādhava の Sarvadarśana-saṁgraha にも引用せられて居るので判る。尤も此中には Sāṁkhya-kārikā 以外の數論書で重要なものが無かつたから、其をのみ引用したものもあるかも知れぬが、とにかく數論書中の最良の書の一つである。註釋書として予の目下見得るものは金七十論、Gauḍapāda-bhāṣya, Sāṁkhya-tattva-kaumudī, Candrikā の四種であるが、何れも參考に價する良註釋書である。

Sāṁkhya-kārikā 以後の數論派の狀態は此等の註釋書并に漢釋佛典の引用に賴る外はない。漢譯佛典としては先づ護法の成唯識論、廣百論釋論、淸辯の般若燈論、大乘掌珍論、德慧の(著と稱せらるゝが現存のものは譯者眞諦の註釋の一部である)隨相論の如きは是非見なければならぬ書である。此等は何れも重要な材料を供給するが特に般若燈論の如きは異僧佉として數論派の中の異說を擧げて居ることが多く、廣百論釋論には詳しい論述がある。予は已に是等の大體を纏め得るが本論文の目的は Sāṁkhya-kārikā までゞあつたから今は其等を述ぶることを止め、他日他の機會に於て論述するであらう。

（＊印は註記二に於て解説の付されている語）

論證法精要

世間の最高の主であり、自性上、總ての眞實義を知れるシャムブフ（シヴハ）を敬禮して、

幼童を覺せしめんが爲に、量と、其の細分と、又、其の他の特質とを私は相互に述べよう。

第一　現量章

一、量とは正しい領得*の能立*である。正しいといふ語は疑惑と顚倒とを離れた意味である。此の中で、疑惑は未決定知である。そしてそれは(1)共通の性質あると、(2)多くの性質あると、(3)異說あると、(4)感覺あると、(5)感覺無きとの原因の別あるが故に五種に分たれる。例せば、(1)共通の性質あるからとは、これは杭であるであらうか、又は人であるであらうかといふが如くである。(2)多くの性質があるからとは、この聲は、虛空の特殊の德たるが故に、常住であるであらうか、或は無常であるであらうかといふが如くである。(3)異說があるからとは、或る人々は諸根は大種所成であるといひ、他の人々は、之に反して、大種所成でないといふが如くである。(4)感覺あるが故にとは、存在する水が感覺せられるのか、又は存在しない水が感覺せられるのかといふが如し。(5)感覺無きが故にとは、存在しない*食《ピシ》肉鬼《ヤーチャ》が感覺せられないのか、或は存在する食肉鬼が感覺せられないのかといふが如くである。未決定たると無區別であるが故に、推測*と不決定とは、疑惑とは異なつた意味たるものではない。卽ち、ヴハーヒヤーリー*地方に於ては、これは人間であらねばならぬといふのが推測で、此の木は何といふ名であるかといふのが、實に不決定である。顚倒*

とは邪まな決定である。即ち、月は二つあるといひ、又、睡眠者の象等を見るが如くである。

二、領得といふ語は憶念*を知慧（又は、取覺*）から別離する意味である。能立といふ語は量者を所量から別離する意味と、又量果から別なるを知らす意味とである。正しい領得は正知であり、量者は正知の依止であり、所量は正知の對象であるをいふ。

三、其の量は三種で、現量と比量と聖言量*とである。其の中、現量は過境的ならざるものの正しい領得の能立である。それは二種で、瑜伽*行者の現量と非瑜伽*行者の現量である。

その中で非瑜伽行者の現量は光明と場所と時間と功德との資助から、諸根と事物との一種の相合によつて、粗なる事物を取覺するものである。即ち眼と觸との合から瓶等の實の知がある。結合せるに和合*するから、其の二によつて、瓶性、數、量等の知が起る。眼によつてのみ色の知、觸根によつてのみ觸の知、鼻によつてのみ香の知、舌によりてのみ味の知、意によりてのみ樂等の知が起る。これ等の數等に於て依止する同は、自の所依を取覺*するものたる諸根と相合せるものと和合せる和合から取覺がある。耳にある和合から聞によりてのみ聲の取覺があり、それに依止せる同の知（取覺ともある）は和合せる和合からである。故に此の五種の結合と所結合との制限と被制限との關係から可見の無と和合ととの取覺がある。即ち瓶の無い地面に、ここの地面には瓶が無いと知るのである。此の如くに一切處に於て例すべきである。然し和合は或る所に於てのみ取覺がある。例せば、ここの瓶に於ては色の和合がある、瓶は色の和合を有するものであるといふが如し。

之に反して、瑜伽行者の現量は場所と時間と自性との遙かに隔つた事物を取覺するものである。それは二種で、瑜伽に入つた位に於けると、瑜伽に入らない位に於けるとである。其の中、瑜伽に入れる位に於ては、我と内具（意根。anta- は antaḥ- の誤植）との合からのみ功德*等の助伴の故に全體の事物の取覺である。然るに瑜伽に入らざる位に於ては、四種*の根と三種*と二種との接觸からの取覺であるに、他方に於て瑜伽に入れる位にありては二種との接觸からである。かく瑜伽に入ることの可能の程度に應ずる。

四、此の中には實に古聖の現量も亦含まれる。勝れた功德から生ずることが異ならないからである。そして其の現量はまた二種で、有分別*のものと、無分別*のものとである。其の中で、有分別のものは想等との結合を明かにすることによつて知の生ずる因である。例へば、此の有杖者は天授である等(と知る)が如し。無分別のものは事物の唯その自相のみを明かにするものである。例へば、最初の眼の投合から生じた知の如く、又、瑜伽に入れる位の瑜伽行者の知の如くである。

第二　比　量　章

一、比量とは正しい不相離性*によつて過境*的のものの領得の能立である。不相離性とは自性上所立によつて能立の遍充*されることである。それは二種である。肯定*と否定*との別があるからである。其の中、肯定は所立の同*によつての能立*の同の遍充關係であり、之に反して、否定は能立の同の無によつての所立*の同の無の遍充關係である。

二、能立は因*(卽ち相)である。それは二種で、可見と共見とである。此の中で、可見*は現量に適する事物を比量せしめるものである。例せば、火に對する煙の如し。共見*は自性が遙かに隔つた事物を比量せしめるものである。例せば、眼等に對する色等の知の如し。

三、その比量は又二種で、爲自*と爲他*とである。中に於て爲自比量は他人への論示に無關係のものであり、爲他比量は他人への論示に關するものである。

四、然るに他人への論示は五支の命題*であり、支*は宗*、因*、喩*、合*、結*である。

第一、此の中、宗とは承認せしめんと欲して主張*を言詮はす言である。例へば、聲は無常(異本、常住)なり、といふが如し。

第二、因とは能立たることを知らしめる相(因)を言詮はす言である。例へば、(聲が)鋭どい等の性質を具するものなるが故に、といふが如し。それは三種で、肯定否定と、唯肯定と、唯否定とである。

此の中、肯定否定は五相である。今、三種説に反して諸相が示される。(1)因が宗主辭の賓辭たること(遍是宗法性*)と、(2)同品中に存すること(同品定有性*)と、(3)異品から排外されて居ること(異品遍無性*)と、(4)矛盾*せる境の無いことと、(5)敵論*の無いこと(相違決定のないこと)とである。

其の中、宗主辭とは所立*の法に規定せられた有法である。其の中に於て因が所遍*として存することが宗主辭*の法たることである。同品*とは所立と共通なる性質の法である。同品中に存することとは、其の中の全部に於て或は一部分に於て、因が存することである。異品*とは所立から排外せられた性質の法である。異品から排外せられて居ることとは因が其の中の全部の異品に於て存在しないことである。矛盾せる境の無いこととは諸量と矛盾せずして宗に述べられた事物に於て、因が存するものである。敵論の無いこととは所立とそれの矛盾との二に於て能立の因三相の無いものである。

この肯定否定*は二種である。同品の全部と或は一部分とに存することの別があるからである。即ち、聲は無常なり、果なるが故に、といふは同品に遍ずるものである。(同じ宗に對して、)同を有することが存するから、吾々等の外部の根によつて取覺せられるものなるが故に、といふは、同品の一部分に存するものである。

唯肯定*は宗主辭に遍じ、同品に存し、異品が存しないものである。そしてそれも亦前と同じく二種である。卽ち、論諍の主題となつた諸の不可見のものに於て、或人々には現量である、所量性なるが故に、掌中の餘甘子の如し、といふが同品の全部に遍ずるものである。その宗こそはミーマーンサー派のものには、非現量性なるが故に、吾々の樂等の如し、といふが同品の一部分に存するものである。

*唯否定は同品の一部分に存し、宗主辭に遍じ、同品が無く、異品から排外されるものである。例せば、一切の果は一切知の創造者を有し、或る時に生ずるものなるが故に。すべて一切知の創造者を先としないものはこれ或る時に生ずるものでも無い、例へば、虚空等の如し、といふが如し。或は附隨過の方法によつて、例せば、此の生活しつゝある身體は我無きものではない。呼吸等を有するものでないといふ附隨過あるが故に、土塊等の如し、といふ如し。

これ等によつて諸の*似因の非因なることが說かれたのである。

似因は因の特質を缺いて而も因の如くに現はれて居るものである。そしてそれ等は多種で、(1)*不成と、(2)*矛盾と、(3)*不定《りょう》と、(4)*不確定と、(5)*過時の說示と、(6)*問題相似とである。

此の中、(1)不成は因が宗主辭に存することの不決定のものである。(2)矛盾は宗主辭と異品との二に於てのみ存する因である。(3)不定は宗主辭と同品と異品とに存するものである。(4)不確定は所立を成立せしめざるもので、宗主辭にのみ存する因である。(5)過時の說示は量と矛盾せる宗主辭に存する因である。(6)問題相似は自宗と他宗とを成立せしめるに於て倶に三相を具せる因のものである。たとひ此れ等には細かい區別は無限であるが故に述べ盡くすを得ないにしても、而も粗なる見に依止して幾程かの區別を、其の特質と實例とによつて示すであらう。

(1)先づ初めに、不成の種類。㈠、自相不成、例せば、聲は無常なり、眼所見性の故に、といふが如し。㈡、異事項不成、例せば、聲は無常なり、瓶(又は衣)の所作性の故に、といふが如し。㈢、所別不成、例せば、聲は無常なり、同を有する性があるから眼所見性の故に、といふが如し。㈣、能別不成、例せば、聲は無常なり、眼所見性があるから同を有する性の故に、といふが如し。㈤、部分不成、例せば、聲は無常なり、努力の直後に生ずる性の故に、といふが如し。㈥、所依不成、例せば、勝因は存す、一切は轉變を有する性の別に、といふが如し。㈦、所依の一部分の不成、例せば、勝因・神我・自在神は常住なり、非所作性の故に、といふが如し。㈧、無義所別不成、例せば、聲は無常なり、所作性があるから同を有するが故に、といふが如し。㈨、無義能別不成、例せば、聲は無常なり、同を有するから所作性の故に、といふが如し。㈡、猶豫不成、例せば、煙霧等の區別の決定しないのに或る人が此の地域は火を有す、煙を有するが故に、といふが如し。㈢、猶豫所別不成、例せば、迦毘羅仙は今日でも猶貪欲等と相應して居る、人間であるから今日でも眞實知が不生たるが故に、といふ如くである。㈢、猶豫能別不成、例せば、迦毘羅仙は今日でも猶貪欲等と相應して居る、一切時に眞實知を缺いて居るから人間であるが故に、といふが如し。㈢、矛盾所別不成、例せば、聲は無常なり、無質礙であるから非所作性なるが故に、といふが如し、㈣、矛盾能別不成、例せば、聲は無常なり、非所作性であるから無質礙性なるが故に、といふが如し。これ等の不成の種類は立敵兩人の論者が不成たるものとして言はんと欲した時には兩人の論者に倶に不成であり、之に反して兩論者の何れか一人の論者が不成として言はんと欲した時には其の何れか一人の論者の不成たるのである。

⑵次には、矛盾の種類。同品があるときに四種の矛盾の種類がある。

㈠、宗主辭と異品とに遍ずるもの、例せば、聲は常住なり、果性なるが故に、といふ如し。㈡、異品の一部分に存し宗主辭に遍ずるもの、例せば、聲は常住なり、同を有することがあるときに吾々等の外根に取覺せらるるものなるが故に、といふ如し。㈢、宗主辭と異品との一部分に存するもの、例せば、聲は常住なり、努力の直後に生ずるものなるが故に、といふ如し。㈣、宗主辭の一部分に存し異品に遍ずるもの、例せば、地は常住なり、所作性なるが故に、といふが如し。

同品が無いときに四種の矛盾がある。㈠、宗主辭と異品とに遍ずるもの、例せば、聲は虚空の特有の德なり、所量性なるが故に、といふが如し。㈡、宗主辭と異品との一部分に存するもの、例せば、聲は虚空の特有の德なり、努力の直後に生ずるものなるが故に、といふが如し。㈢、宗主辭に遍じ異品の一部分に存するもの、例せば、聲は虚空の特有の德なり、外根に取覺せられるものなるが故に、といふが如し。㈣、異品に遍じ宗主辭の一部分に存するもの、例せば、聲は虚空の特有の德なり、語より成るものならざるが故に、といふが如し。

四種のみが矛盾の種類であつて、其の他のものはそれ等に不成の特質が存するから、矛盾ではないのではないか。然らず、これは過失ではない。兩者の特質があることによつて兩者の働きの境であるからである。恰かも秤に於て量と所量との働きがある如くである。

(3)次には不定《りょう》の種類。

(一)、宗主辭の三に遍ずるもの、例せば、聲は無常なり、所量性なるが故に、といふ如し。(二)、宗主辭に遍じ同品と異品との一部分に存するもの、例せば、聲は無常なり、現量性なるが故に、といふが如し。(三)、宗主辭と同品とに遍じ異品の一部分に存するもの、例せば、これは牛なり、兩角を有するものなるが故に、といふが如し。(四)、宗主辭と異品とに遍じ同品の一部分に存するもの、例せば、これは牛に非ず、兩角を有するものなるが故に、といふが如し。(五)、宗主辭の三の一部分に存するもの、例せば、地は無(異本になし)常なり、現量性なるが故に、といふが如し。(六)、宗主辭と同品との一部分に存し異品に遍ずるもの、例せば、方と時と意とは實なり、無質礙性なるが故に、といふが如し。(七)、宗主辭と異品との一部分に存し同品に遍ずるもの、例せば、方と時と意とは實に非ず、無質礙性の故に、いふが如し。(八)、同品と異品とに遍じ宗主辭の一部分に存するもの、例せば、虛空と時と方と我と意とは實に非ず、刹那滅の特有の德を缺くが故に、といふが如し。

(4)次に不確定の種類。

(一)、同品と異品とが無く宗主辭に遍ずるもの、例せば、一切は無常なり、有性なるが故に、といふ如し。(二)、同品と異品とが無く宗主辭の一部分に存するもの、例せば、一切は無常なり、果性なるが故に、といふが如し。(三)、同品と異品とが存し宗主辭に遍ずるもの、例せば、聲は無常なり、虛空の特有の德なるが故に、といふ如し。(四)、同品と異品とが存し宗主辭の一部分に存するもの、例せば、一切の實は無常なり、作用を有する性の故に、といふ如し。(五)、異品が無く同品が存し宗主辭に遍ずるもの、例せば、一切の果は常住なり、生の性質を有するものなるが故に、といふ如し。㈥、異品が無く同品が存し宗主辭の一部分に存するもの、例せば、一切の果は常住なり、部分を有するものなるが故に、といふ如し。

⑸次に過時の説示の種類。

㈠、現量相違、例せば、此の火は煖ならず、所作性なるが故に、といふ如し。㈡、比量相違、例へば、諸極微は無常なり、質礙性の故に、いふ如し。㈢、聖言量相違、例へば、バラモンはスラー酒を飲むべし、液實體なるが故に、牛乳の如し、といふ如し。㈣、現量の一部分との相違、例せば、一切の火は煖ならず、有色性の故に、といふ如し。㈤、比量の一部分との相違、例せば、常住のものに依止する液體・色・味・香・觸は常住なり、一部分に存する同種のものが生じないときには極微に存するものなるが故に、それに存する一體の如し、といふ如し。㈥、聖言量の一部分との相違、例せば、一切の神仙の身體は地より成るものなり、身體なるが故に、吾々等の身體の如し、といふ如くである。

⑹問題相似の實例。例せば、聲は無常なり、宗主辭と同品との二の中の何れかの一たるが故に、同品の如し(異本、聲は常住なり、宗主辭と同品との何れかの一たるが故に、空の如し)といふが如し。(異本、聲は常住なり、宗主辭と同品との二の中の何れかの一たるが故に、同品(又は、空)の如し、といふ如し、を加ふ。)或る者はいふ、同一所(卽ち、有法)に於て等しい特質とその矛盾因との二が結付いて居る相違決定である、と。例せば、虚空は常住なり、無質礙の實なるが故に、我の如し、といひ、同じく、虚空は無常なり、吾々等の外根に取覺せられる特有の德を持するが故に、瓶等の如し、といふが如し。それは實に特殊の人に基いての似因である。二の中の何れか一の不成の如くである。

第三、⑴喩とは正しい譬喩を言詮はすものである。それは二種で、同法喩と異法喩との別の故である。

其の中、同法喩は肯定門によつて喩を言詮はすものである。例せば、聲は無常なり、鋭どい等の性質を具せるが故に、すべて鋭どい等の性質を具せるものは卽ち是れ經驗上無常なり、猶樂等の如し、といふ如し。異法喩は否定門によつての喩の言詮はしである。例せば、すべて無常ならざるものは卽ち是れ鋭どい等の性質を具せるものにも非ず、猶虛空の如し、といふ如し。

(2)これ等によつて似喩の喩で無いことが說かれたのである。似喩とは喩の特質を缺いて而も喩なるかの如くに似現しつつあるものである。そしてそれ等は多種である。さらに又意は無常なり、質礙性の故に、といふ此の適用に於て一切の似喩が說かれるのである。

(一)、すべて質礙なるものは卽ち無常なることが經驗上知られる、猶極微の如し、といふは所立缺減である。(二)、猶業の如し、といふは能立缺減である。(三)、猶虛空の如し、といふは兩俱缺減である。(四)、猶騾の角(又は、兎角、或は、空華)の如し、といふは所依缺減である。(五)、瓶の如し、といふは非遍充の言詮はしである。(六)、すべて無常なるものは卽ち經驗上質礙である、猶瓶の如し、といふは顚倒せる遍充の言詮はしである。これ等最後の二は言過である。

(一)、すべて無常に非ざるものは卽ち又質礙にも非ず、猶極微の如し、といふは能立不遣である。(二)、猶業の如し、といふは所立不遣である。(三)、猶瓶の如し、といふは兩俱不遣である。(四)、猶空華の如し、といふは所依缺無である。(五)、猶虛空の如し、といふは非遍充の言詮はしである。(六)、すべて質礙に非ざるものは卽ち又無常に非ず、猶虛空の如し、といふは顚倒せる遍充の言詮はしである。そしてこれ等最後の二は言過である。

これ等の中、初めの六種は似同法喩、他の六種は似異法喩である。

然るに、他の人々は猶豫門によつて他の八種の似喩を說く。(一)、猶豫所立、例せば、彼は大政治を行ふべし、月種族の出身なるが故に、主なる王子の如し。(二)、猶豫能立、例せば、此の人は一切知者に非ず、貪等を有するが故に、他の(又は、大道の)人の如し。(三)、兩俱猶豫、例せば、此の望ましき人は天に生ずべし、白法を得たるものなるが故に、提婆達多の如し。(四)、猶豫所依、例せば、此の人は一切知者に非ず、多く(又は、非難)を語る人なるが故に、生れ來る提婆達多の子息の如し。(五)、猶豫所立不遣、例せば、すべて大政治をなさない人は月種姓の出身者にも非ず、猶他の王子の如し、といふが如し。㈥、猶豫能立不遣、例せば、之に反して一切知者なる人は貪等を離れたものなり、猶總ての論に通ぜる人の如し、といふ如し。㈦、兩倶猶豫不遣、例せば、すべて天に生ぜざらん人は白法をも得たるものならず、猶苦に住する人の如し、といふが如し。㈧、猶豫所依不遣、例せば、すべて一切知者なるものは多く(又は、非難)を語る者にも非ず、猶生れ來る提婆達多の子息の如し。

第四、合とは喩に於て極成せる不相離性の能立が喩との比較によつて宗主辭に於ける遍充關係を知らしめるを言詮はすものである。それは二種で、同法合と異法合とである。卽ち、聲は鋭どい等の性質を具す、といふのが同法合、然るに同樣には非ずして、聲は鋭どい等の性質を具する非ず、といふが異法合である。

第五、結とは、合につゞいて、因と倶なる宗と同じき言詮はしである。これも亦二種である。同法と異法との別故に。故に實に無常なり、といふ如し。そしてこれは無意味では無い。所立と矛盾せるものの無なるを知らしめる量をこれが示すものであるから。そしてそれが無くば、所立の確定は得られない。故に「決定とは主張と反主張とによつて檢討しての意味の確定である。」(N. S. 1, 1, 41) と言はれる。結を言詮はすは能立の一支であると認めるならば矛盾である。量を認めて居るから負處が隨伴する。矛盾には結は意義があるからである。何となれば、結の意味を拒絕すれば、矛盾の量を言ふことが結付くからである。恰かも、因の意味を拒絕すれば、それの能立の量を言ふが如くである。

かくて此れが最高の論證法である。異解したものをして覺らしめるものであるから、又論議の行はれる因たるのであるからである。

五、論議*とは立者*と敵者*とが主張と反主張とを立てることである。それは二種で、離貪論議と欲勝論議とである。何れにあつても、離貪者が離貪者と倶に眞實を決定する爲に能立と非難とを爲すのが、卽ち是れ離貪論議であつて、これがまさしく論議の名によつて呼ばれる。故に、「論議とは量と思擇と、能立と非難とが定說*と矛盾せずして、五支を具足せる主張と反主張とを立てることである。」(N. S. 1,2,1) といはれる。「或は目的の意義を求めることのあるときには、その反主張を捨てることを爲すであらう。」(N. S. 4,2,49) といはれる。目的を求めることによつて、恰かも資が師と倶に質問の方法のみによるが如しといふ意味である。

何れにあつても、欲勝者が勝たんと欲すると倶に*利得と尊崇と名譽とに大欲望を有して自ら勝ち他を負かす爲に働くのが、即ち是れ欲勝論議である。或は離欲者が他のものを饒益せんが爲に、又知の芽を保護せんが爲に働くもので、その欲勝論議は立者と敵者と會座の主宰者と證者との支を有する四支所成の欲勝論議であつて、論諍・論詰の名によつて呼ばれる。故に、「眞實を確定し保護する爲に論諍・論詰がある。種子の成長を保護する爲に、刺の有る枝の圍を作るが如し。」(N. S. 4,2,50) といふ。

六、「*論諍とは已に言へる如き特質を具し曲解・誤難・負處によつての能立と非難とである。」(N. S. 1,2,2)

七、「*論詰とはそは反主張を立てることを缺いたものである。」(N. S. 1,2,3)

八、「*曲解とは語を毀ち意味の妄分別を起すによるものである。」(N. S. 1,2,10)「それは三種で、言語上の曲解と、一般化の曲解と、譬喩の曲解とである。」(N. S. 1,2,11) 此の中で、「言語上の曲解とは、例せば、意味が區別せられずに言はれたときに、話者の趣意と異なる意味を分別するものであり」(N. S. 1,2,12)、例へば、此の童子は新しい《ナワ》衣を着るといはれたときに、曲解者が、何ぞ彼に九《ナワ》枚の衣あらんや、といふが如し。彼れには無理解と稱せられる負處が言はるべきである。彼の衣は新しいといふ話者の趣意が理解せられないからである。或は答の不理解から、或は異解から、顚倒知であるが故である。一般化の曲解とは可能の意味を過上に一般に結付けるから無實の意味を分別するものである (N. S. 1,2,13)。嗚呼、實に此の婆羅門は四ヴェーダに通達して居るといはれたときに、或る正理論者が、實に婆羅門に於ける四ヴェーダ通達たることは、そこに何の希有なることがあるかといふ。此の點に於て曲解者がいふ、然らず、無資格族によつては不定であるから、といふが如し。彼にも亦前と同じく負處がいはるべきである。何故であるか。因たるものとして、しか言はんと欲したものでないから。然しながら、婆羅門たることのあるときに、四ヴェーダに通達することは希有の原因とはならないといふのが趣意である。恰かも良田に於ては米の善く實るが如くである。譬喩の曲解とは譬喩として用ひられたものに於てものの意味を分別することを以て否定することである。例せば、棧敷が喝采す、といはれたときに、曲解論者が、人々が喝采するのであつて、棧敷ではない、棧敷には精神作用は無いから、といふが如くである。彼にも亦前の如くに負處が言はるべきである。兩者俱に、又、世間に於ても聖典に於ても、かかる言の用ひられることは見られるからである。

九、誤難*とは因が用ひられたときに、平等化する趣意を以て、過を附することである。第十、負處*とは論議に於て敗北を起すものである。この兩者には多くの細かい種類がある。これ等に幾何の種類があるかが特質と實例との二によつて示される。

(1)(2)「同法と異法との二によつての合に於て、その性質の顚倒の起るによりて、異法と同法とを以て反對するのが同法と異法との相似である。」(N. S. 5,1,2) 例せば、聲は無常なり、所作性なるが故に、瓶の如し、といはれたときに、曲解論者がいふ、若し無常なる瓶と同法なるが故に、聲は所作性の故に無常なりといふならば、常住なる虛空と同法であるから無質礙の故に、今の場合、常住となる。又若し常住なる虛空と異法であるから所作性の故に無常なりと言はれるならば、無常なる瓶と異法であるから無質礙の故に、今の場合、常住となる。區別は無いからである、といふ如し。兩者に對する答は、不相離性を有する同法とまた異法との因たるものを許すから、無過であり、煙等の如くである、といふにある。

「所立と實例との性質を妄分別するが故に、又兩者の所立性の故に、(3)增益と(4)損減と(5)所說[①]と(6)非所說[①]と(7)妄分別と(8)所立との六相似がある。」(N. S. 5,1,4) 增益相似とは誤つた性質を實例から取つて所立の中に結付けることである。損減相似とは正しい性質を取除くものである。若し所作性の故に聲は無常なりとせば、然らば瓶の如くに實に部分を有するものであらう。然るに此の如くではない。然らばまた無常でもないであらう。區別が無いからである。そして又瓶は可聞でなくして可見である。故に聲も亦可聞ではなからう。區別が無いからである。①若し聲が所作性による比量を以て無常なるものと說かれるならば、然らば(或は、卽ち)瓶も亦所作性による比量を以て無常なるものと說かれるであらう。これ所說相似である。然し無窮を怖れるから瓶は其の同じ比量を以て無常のものとは說かれない。それ故に聲も亦非所說であらう。區別が無いからである。以上が所說・非所說相似である。①(二つの①—①を缺くもある。)

(9)次に妄分別相似。所作性の無區別なるに於て、恰かも質礙性と無質礙性等の性質を妄分別するが如く、しかし常住性と無常性との妄分別の妄分別もあるであらう。區別が無いからである。

(10)次に所立相似。若し所作性の故に兩者に於て無常性があるならば、然らば所立性も亦兩者に於て存するであらう、然らざれば何れかにないであらう、區別がないからである、といふ如くである。これ等の六種に對する答は、「何れかが同法から合の成立があるときには異法からの否定は無い。」(N. S. 5,1,5)である。何分かの同法から、煙を有すること等の特質から、所立と喩とに於て性質を妄分別するに於ても決定は見られる。それを否定するに於ては世間等と矛盾があり、又一切の比量の非量性の過失があるのである。

(11)(12)「到・非到相似は因が所立に到達すれば、或は到達しなければ、到達によつては無區別たるのであるから、又到達しないことによつては非能立たるのであるから、といふのである。」(N. S. 5,1,7) 若し此の因にして所立に到達して能立せしめるとせば、兩者は到達して無區別たるのであるから二の指に於けるが如く何れが何れの能立たり又所立たらんや。不到達にして能立たるものは無い。猶木と火との如くである。此の二つに對する答は、「瓶等の完成を見るが故に、又害に於て魔法から起るが故に否定には非ず。」(N. S. 5,1,8) 到達と不到達との無區別に於ても、一定の事物の實に起ることがあり、これ等は所立と能立とたる等の性質であり、從つてそれ等は排斥せられ得ない。一切の量と矛盾するからである。

⒀「不生相似とはものの生ずる以前には、原因は存在しないが故に、といふのである。」(N. S. 5,1,12) 聲は無常なり、所作性(又は異性)なるが故に、といはれたとき、生ずる以前には無常たることに對しての原因は存しない、故に常住が附隨する。それの生ずることは不可能である、といふ如くである。此の如くであるから、生じたものには原因が可能であるが故に否定せられない。生じない聲は全く存在しないから、何の常住性等の性質のものが考へられんや。

⒁「無因似因とは因が三時に不成立の故に、といふものである。」(N. S. 5,1,18) 若し能立が已前に無いならば、所立に對して何の能立ぞ。また後になつても存しないものが如何にして能立なるぞ。更に同時ならば猶且つ何れが何れの所立又は能立なるぞ。二には等しき時たるものが存するから。それに對する答、然らず、因から所立の成立があるから、働き等の矛盾がある、といふのが經の意味である。又否定は不可能である、三時に不成立であるからである。自己の言辭によつて實に否定が不成立なるに於て、因が成立するのである、といふのが經の意味である。

⒂「無異相似とは同一の性質で可能であるから無區別であるに於ては、一切の無區別が隨起するから實在が可能であるといふのである。」(N. S. 5,1,23) 若し瓶と聲との二に、同一の果性の可能の故に、無常性によつて無區別がいはれるならば、然らば一切の存在物に實在が可能である故に、無區別が隨起する。此の點に於て次のことがいはれる。卽ち一切の方面に於て無區別についでは現量と矛盾する。然し無常性によりての無區性に於ては比量と聖言量とに矛盾する。或ものによつて無區別に於ても所量性等によりて能立が成立したものとなる。

⒃「感覺相似とは指示せられた原因無きに於ても感覺があるから、といふのである。」(N. S. 5,1,27) 地等に於て果性の成立の爲に指示せられた部分を有する性が無であるに於ても覺等に於ては果性を感覺する。同品の一部分にも煙等から知られることを見るが故に否定ではない。然らば如何にして覺等に於て果性の成立があるかといはん。故に言

ふ、「他の原因からも其の性質は可能であるから否定ではない。」(N. S. 5,1,28) これ他の量からも亦果性は成立する、といふ意味である。そして量は無感覺の原因が存しないときには、又前にも後にも無感覺の故に。瓶の如し。故に、といふのである。

⒄「無感覺相似とは、それの無感覺が感覺せられないから、その無が成立するに於ては、それの顚倒も可能なるが故に、といふのである。」(N. S. 5,1,29) その覺等の果が無感覺の故に、無感覺から無なことが成立するに於ては、無感覺の顚倒の感覺も可能であるから、前にも後にも亦覺等の實在することが成立するであらう、といふ意味である。無感覺を本質とするから、無感覺は因ではない。存在しないといふ知は無感覺である。そしてそれは其の自性たることによつて自內證のものである。此の故にそれの無感覺は成立しない、といふ趣意である。

⒅「常住相似とは常住に無常たることが存するから、無常たることに常住性が可能であるから、といふのである。」(N. S. 5,1,35) 無常性の性質が常住に一切時に實在するに於て、有法の聲にも亦一切時に實在する。然らば無常性は一切時に存在しない。此の如くまた無常性は存しないが故に聲は常住であるといふのである。無常性が一切時に認められるに於ては常住性とは矛盾する。而も認められないときは因は成立しない。又無常性は已滅無であり、そしてそれがあるときには聲の實在があるのではない。これによつて、異性の自體の無異性から、異性は存在しないといふ等の無の答が答へられたのである。他の緣から他の名が用ひられても、事物に於てしかあることを却けることは不可能であるからである。

一切の誤難の種類は無限であるから答を例示するは不可能であり、經にも亦例示する爲のみのものであるから。誤難の種類は終つた。

そこで今や諸の負處が說かれる。それ等も亦誤解と不解とに於て妄分別が無限であるから、無數量である。故に簡略して說明される。經では、負處は㈠宗の壞、㈡異宗、㈢宗の矛盾、㈣宗を捨つ、㈤異因、㈥異義、㈦無義、㈧其の義が理解せられざるもの、㈨無義、㈩不到時、⑾缺減、⑿長分、⒀重說、⒁不能誦、⒂不解義、⒃不能答、⒄避遁、

㈥他の意見を認許す、㈦非難すべきを放置する、㈧非難すべからざるを非難する、㈨離定説、㈩似因である。

㈠、此の中で、宗の壞とは、所立に於て反喩の性質（法）を認許することである。若し所作性の故に、聲は無常なり、といはれるならば、然らば常住の虛空の如くに、無質礙性の故に、常住なり、と如何にしていはれないのか。かく敵者によつていはれたときに、立者はいふ、よし、どうして矛盾しないのか、と。彼が常住性を認許することによりて無常性の宗が壞せられるのである。此の故に宗の壞と名づけられる負處となるのである。

㈡、「異宗を取るとは宗とせられた義が否定せられたときに、性質を妄分別することから、其の異の義を指示することである。」（N. S. 5,2,3）一切は無常なり、存在性の故に、といふこれには喩が存在しないことによつて、宗とせられた義が否定せられたときに（異本に、一切は無常なり、以後をすべて、宗とせられた義にまた否定が起つたときに、となすのがある）、論爭の主題となつて居るもの等の特質たる法（性質）がかれの誤想となり、宗とせられた義と異なつた性と結付くので、其の爲、卽ち否定を止める義が、恰かも蚊を防ぐ爲の煙の如しと示される。論爭の主題となつた一切は無常なりといふのがこれ異宗の負處であり、猶異因の如くである。

㈢、「宗の矛盾とは宗と因との二の相互の矛盾である。」（N. S. 5,2,4. 之を加へよ）例せば、實は德とは異なる、別異としては感覺せられないが故に、といふ如し。

㈣、「宗の捨とは主張が否定せられたときに宗とせられた義を捨することである。」（N. S. 5,2,5）主張が否定せられたときに、卽ち、此の火は暖ならず、といふこの現量との矛盾性によつて否定せられたときに、立者がいふ、見よ、見よ、實に中立者なる傍觀者は、私は火は暖ならず、とは言はなかつたのを、この人が非難するのであるとなすから、これが卽ち宗の捨といはれる負處である。

㈤、異因とは因が無區別に言はれたときに、否定せられて區別を言はんとするからである。例せば、ヴェーダは常住なり、憶傳の作者無きが故に、といふこれに對して古い井戸のある園等の例によりて、不定性として否定せられたときに、相承の不斷絕があるが故にと區別を言はんと欲するのを異因といふ負處となす。前の能立でないものを取るからである。

㈥、「異義とは本來の義からは全く關係の無い義である。」(N. S. 5,2,7) 例せば、聲は無常なり、無觸性の故に、といふが因であるに、而して因(hetu)は hinoti(捨てる、hi の三人稱單數)の語根に tu といふ接尾辭の作られてあるとき、kṛd-anta の語等の附着密着によつて(?)本來の義と異なる結合論を指示するから、異義の負處である、といふのである。

㈦、「無義とは文字の順序を示すのみの如きをいふ。」(N. S. 5,2,8) 例せば、聲は常住なり、ka, ca, ṭa, ta, pa 等の ga, ja, ḍa, da, ba を有するが故に、猶 gha, jha, ḍha, dha, bha の如し、といふ如し。

㈧、「其の義が理解せられないものとは、會衆にも敵者にも、三度言はれても、猶且つ理解せられないものである。」(N. S. 5,2,9) 何れの文言にしても、立者によつて三度言はれても其の意圖が理解せられない(ず)から、發音が早急ぎる等の因緣によつて、會衆にも敵者にも理解せられず、其の無知の覆ひの爲に、其の義が理解せられないといふ負處といはれる。

㈨、「無義のものとは前後が整はないから義が結合しないものである。」(N. S. 5,2,10) 例せば、十のザクロの樹、六の菓子、水瓶、牝羊、勝者、等といふ如し。

㈩、「不到時とは五支を顚倒した言句である。」(N. S. 5,2,11) 宗等は義に從ふから順序があるを、それ等を顚倒して言詮はすのは負處である。

(十一)、「缺減とは五支の中の何れかの一分の缺けるをいふ。」(N. S. 5,2,12) 能立無きに於ては所立は不成であるからである。

(十二)、「長分とは因と喩との增加である。」(N. S. 5,2,13) 一つによつて其の義が完成するから、他のものは無益である。

㈢、「重説とは聲(語)と義とを再説することである。但しヴェーダの複説を除く。」(N. S. 5,2,14) 複説とは有義の語の再説である。重説はそれとは異なつて再説するものである。聲は常住なり、聲は常住なり、といふは聲(語)の再説であり、音響は常住なり、聲は不滅なり、といふは義の再説である。

(更に)「重説とは義から已に知得せられたものを自らの聲(語)によつて重ねて言詮はすことである。」(N. S. 5,2,15. 16は誤) 例せば、同法喩が言はれたときに、異法喩を言詮はすが如し。如何にそれが負處であるのか。談論の終りが矛盾たるものであるから、一つによつて既に義の完成せるものであるが故に、他は無用であるからである。

㈣、「不能誦とは會衆によつて既に理解せられたことを(更に)三度言詮はすにも拘はらず答へ得ざるものである。」(S. N. 5,2,16. 17は誤) (これ)敵者の負處である。答へ得ないから、何に依りて他者の主張の否定を言ふや。

㈤。「不解義とは義を理解しないことである。」(N. S. 5,2,17) 何れの文言でも已に三度言はれたのを會衆が其の義を解したものに敵者が答へても、義から正しく理解しないものはこれを敵者の不解義の負處となす。

㈥、「不能答とは談論を認めて默し居るをいふ。」(cf., N. S. 5,2,18) 立者にも敵者にも負處である。

㈦、「避遁とは仕事に差迫られるからというて談論を中斷するをいふ。」(N. S. 5,2,20) 談論を認めて、(而も)大衆の集まつた中に於て、今日、私には大なる仕事がある、それが終つたときに、後程談論するであらう、といふ如きである。

㈧、「他の意見を認許すとは自の主張の過失を認めるから、他の主張の過失を附することである。」(N. S. 5,2,21) すべて自の主張に於て少しにても過失を除かず單に他の主張に於て過失を附し、あなたは盗人〔で〕あるといはれたとき、汝も亦盗人であるといふ、これが其の人の負處である。自ら過失を認めるが故に、他人によつては認めないからである。

㈤、「非難すべきを放置すとは負に達せるに非難しないをいふ。」(N. S. 5,2,21) 非難すべきとは負となるによつて非難すべきをいひ、それを放置するは、汝は負に陥つた、と非難しないことである。

㈥、「非難すべからざるを非難するとは負處でないものに於て負處であると非難することである。」(N. S. 5,2,23) 例せば、有部分性によつて(其の)果性が能立せるに(成立せるに)於て、他がこれは適用すべきでない、似因である、といはん。これには此の誤つた適用を特質とする負處がある。

㈡、「離定説とは定説を認めて(而も)無制限に談論を續けるをいふ。」(N. S. 5,2,24) 例せば、ミーマーンサー説を認めて或る者がアグニホートラ祭は生天を成立さするといふ。然しどうしてアグニホートラ祭事は已滅してあるに生天を成立さするであらうかと質問がいはれる。此の祭事によつて喜ばされた最高自在神が其の果を與へるのである、猶國王等の如しといはん。彼は自在神を許さないから、離定説の負處である。然し宗として立てた義の顚倒は宗の壞であつて、離定説ではない。

㈢、「そして似因は已に說きたるが如し。」(N. S. 5,2,25) 已に說かれた似因の特質によつてのみ特質づけられたものが似因の負處である。

誤れる語によつて頰を打つ樂器等のこれ等の能立に用ひられないことを以て負處を知るべきである。然し正しくない語等の決定談論に於ても然り(?)。

比量の說は已つた。

第三　聖言量章

今や聖言量*の特質を述べる。

第一、(1)聖言量とは慣例(?)によつて正しい過境的領解の成立である。それは二種である。可見と不可見との事物の別があるからである。

其の中、可見的事物を言詮はす文言の證權性は、大部分は、身體動作に適合することから推知せられる。又、不可見的事物に關するものは信頼すべき人の言たるに由つて知られる。如何に知られるか。子を欲する者は祀れ、といふ等の文句の證權性は身體動作の適合から推理して、それを實行する人の過去(又は、過根)の事物を見ることによつて最高の信頼性を知り、それを傳へる一切の文句の非證權性には原因が無いが故に、證權性が推知せられるのであり、常住性によつてではない。何となれば、諸文句の常住性については量(證據)は無いからであり、又、無常性については、諸文句等の多種の比量があるのである。更に一切時に感覺あると感覺無きとの過失があり、反對に於ては決定するものが存しないからである。若し顯はすものが無いから、それの感覺が無いのであるといふならば、然らず、それは示されないからである。若し風との合と離とに於ては、といふならば、然らず、一切の聲が同一時に取覺(又は、感覺)がある過失があるからである。何故なるか。先づ初めに、耳は共通の根に取覺せられ共通の場所に在り共通の性質を得たる事物を取覺して、各々定まれる印象(行)によつて印象づけられるのではない。根たるが故に、眼の如し。或は、聲は各々定まれる印象によつて印象づけられては居ない。共通の根によつて取覺せられ、共通の場所に在り、共通の性質を得て居るならば、同一時に根と結合して居るが故に、瓶等の如し。若し生ずるといふ主張に於ても亦この共通の過失があるといふならば、然らず、土塊と燈光との實例によつて作者(又は、印象)と顯はす者とが異法であることが成立するから、從つて太過を避けよ。

(2)此の如くにして、以上の三のみが量である、これ等の三の中に、譬喩量と、義準量と、含有量と、傳聞量と、無體量と等が含まれる。(一)、此の中、牛の如く水牛は此の如くであるといふ譬喩量は聲量(聖言量)の中に含まれる。若し、譬喩量は、これと相似せるが私に屬する牛であるといふならば、然らず、それの憶念たるものであるが故である。

何となれば、牛のかたまりは前に既に相似によつて制限せられた感覺である。何故ならば、感覺に適合して居たから、或は、不適合なるに於ては何時でも感覺せられないであらうから、不可見物の如し。然るに無分別現量によつては、前には相似の感覺はあるが、それによつては其の時には感覺の考は無い。又、無分別感覺からは印象の共働の力から、無等に於て有分別の憶念が見られる。名と名を有するものとの結合を解することも亦信頼すべき人の言からなされる。同樣に問と答とを言詮はすから、又他の量を示さないからである。若しこの名は水牛の聲であると理解するに於て譬喩量の成立は此の如しといふ聲を聞くからであるといふならば、此の如くならば、今これは牛であると表示がな〔さ〕れるときに、この名は牛の聲であると理解するに於て他の量がいはれねばならぬ。共通の推理の故に。他の牛のかたまりが表示を取つても、他の量を言詮はすの過失がある。若し、此の如しといふ聲が言詮はされずとも、理解せしめるものと理解したものとに於て、此の如きのみの趣意があり、而も此の種の一切のものに牛といふ聲が名であると適合するから、此の如きの理解がある、といふならば、然らず、これは此の點に於ても等しいのである。水牛は牛に相似するといふ聲から兩者に於て此の如きのみの趣意があるのである。牛に相似せる事物に水牛といふ聲が名であると適合するからのみ理解があるのである。

然るに現量たる事物に於て名と名を有するものとの結合は理解出來ない。シャクラ(帝釋天、聲とあるは誤植)等は非現量であつても名と名を有するものとの結合の理解は見られるから。若しそれは經と矛盾するといふならば、然らず、量と負處とによつて喩と似因等との如くに目的によつて別々に言詮はされるからである。今や(譬喩量を別々に言詮はすことの)目的が說かれねばならぬ。曰く、目的は聲量の證權性の確立である。何故なりや。或る者はいふ、現量と比量との境たるに於ては聲量の複說たるもののみ。それが境たらざるに於ては結合は取覺せられないが故であり、言詮はすものではない。そして、句の義の不極成性の故に、句との結合の取覺が無い。相互の所依たることの過の故である。然るに文句の義は、極成せる句の義の肯定のみである。それを拒否する爲に、譬喩量が實例の爲のものとして別に言はれたのである。恰かも結果を望む者に極成しない水牛の極成せる牛との相似を取つて譬喩量といはれる文句を以て名と名を有するものとの結合の理解がなされると同じく、幾分かの理由を取つてシャクラ等の句と句の義との間にも亦結合の理解がある。故に他の義たるの故に、經と矛盾するのでない。

然るに、研究は、義準量の如くに、量であるにも拘はらず他の量の中に含まれることを知らしめる爲である。然るにこれが比量のみの中に含まれることは已に聞かれた(說かれた)如く排斥せられるにしても、聖言量に含まれることは排斥せられない。經に於て、現・比・譬喩・聖言の四種量たるを述べるのは五種たること等を排斥する爲であつて、三種たるを否定する意味ではない。譬喩量が聖言量中に含まれることは量として成立して居るからである。若し三種たることは述べられて居ないから、不合理であるといふならば、然らず、かの經作者のかかる自發のものであるから、すべて定說にも亦何處にも述べられないのである。恰かも全體と一部分との妄分別等を以てしても、全體の排斥に於ての如くである。弟子等の熟慮の能力の優點と相應せる問題であると知らしめる爲である。故に譬喩量は聲量(聖言量)の中に含まれて居ると定まつて居る。

㈡、*義準量についても亦比量の中に含まれる。不相離性によりてのみ義の理解の能立があるからである。其の他には可能でない、と言はれて居ても、此の如く可能である、と許される。これが卽ち不相離性である。若し、何處にても共通の形によつて肯定の取覺の無い所では、恰かも根本的の原因性の不結合と力とに於けるが如く、そこには義準量は別々の量であるといふならば、然らず、そこに於ても亦唯否定比量は否定せられて居ないからである。唯否定と義準量とは單に名の別なるのみである。若し肯定が無であるから、これは比量ではないといふならば、然らず、何となれば唯肯定のものも否定の無なるによつて他の量たることの過があるからである。更に又現量等との別について幾分かの異法によつて別であるが故に、他の量たることの過があるからである。故に不相離性の力にて事物を知らせるものであることが異ならないが故に比量は義準量であるのである。

㈢、多體といふ數が境であるから、少數といふ數の境が一切處にて感覺せられるが故に、含有量*は比量から別とはせられないのである。

㈣、之に反して無體量*は三種の中にも、恰かも含有量の如くに、含まれる。例へば、クル族の子孫等で無いことの理解は聖言量から起り、我《が》等に於て色等の無いことの理解は比量から、地面等に於て瓶等の無の理解は現量から起る。根の働きのあることによつて現はされるからである。若し他所に於ては、それのあることによつて現はされることは終るといふならば、然らず、色等に於ての如く矛盾は無いからである。若し結合の無は矛盾であるといふならば、然らず、自の主張と他の主張との何にも不成立のものであるからである。先づ自の主張に於ては、色等に於ての如く過境的でない領解の果たる所量が適宜といはれる結合であり、他の主張に於ても亦結合した制限の關係等である。若し合と和合とを缺けるものには制限と被制限との關係は不可能である、といふならば、然らず、制限せられたといふ考によつてそれが成立するからである。

㈤、傳聞量*は話者が示されずして話のみが間斷なく傳はるものであつて、聖言量の中に含まれる。例せば、ここの榕樹に夜叉が住む、といふ如くである。

㈥、身振り*は勤勇によつて生ぜられた身體と其の肢との所作である。そして其の所作は舞踏論等の規則によつて人間の一種の目的と一種の意味とを推知せしめる。從つて聖言量と別異せるのではない。猶文字や假名から意味の理解があるが如くである。

以上、此の如くしてこれが確定せられた、卽ちこれ等の三が量である、と。

……………

第二、⑴更に此等の三量によつて何が量せられねばならぬか。答へて曰く、所量*である。何が其の定義であるか。知が何れを境となすも、他の知に用ひられないものとして最上善の能立であるものが卽ち所量である。それのみが眞實に知られねばならぬもので、又、一切時に增修されねばならぬものである。然し決して蟲の數等に關する〔もの〕ではない。それの知は用ひられるものではないからである。

その所量は四種で、應捨と、それの生起因と、畢竟の捨と、それの方便とである。

(2)(3)其の中で、應捨は未來の苦であつて(Yogas., 2,16)、二十一種ある。身體と、六根と、六境と、六覺と、樂と、そして苦とである。

其の中、身體は苦の住處たるものであるから苦である。根と境と覺とはそれを成立させるものであるから、苦である。樂は苦と結合するから苦である。然るに苦は害と逼と惱とより、主たるものとして苦である。それの生起因は不共の原因で、無明と渇愛と法・非法とである。無明は正しく内我を知れる者によりて指說せられた事物に關して顚倒せる知であつて、印象と倶である。渇愛は再生の希求である。法・非法は樂と苦との不共因である。

(4)捨は苦の斷絕である。畢竟とは何時でも如何にしても苦とは結合しないといふ意味である。

(5)それの方便とは我《が》を境となす眞實知である。故にいふ、

「我は實に見られねばならぬ、聞かれねばならぬ、思惟せられねばならぬ。」(Bṛh. up., 2,4,5)と。

「諸聖典の文句によつて聞かねばならぬ、又、證據によつて思考せねばならぬ。

そして知りて常に沈思せよ、これ等が眞見の因である。」

「我を知る者は憂を渡る。」(Chānd. up., 7, 1, 3)と。

その我は二種で、最高我と個人我とである。故にいふ、「最高我と個人我との二の梵が知られねばならぬ。」(Pras. up.)と。

㈠、此の中、最高我は自在たることで特質づけられて、輪廻の法に少しも觸れられないもので、薄伽梵、大自在、一切知であり、全世界の創造者である。

それは如何にして知られねばならぬか。比量より、又聖言量よりである。例へば、諍の主題たるものは感覺を有する原因なるもの(或は、作者を先とするもの)である、無であつて顯はれるものであるが故に、猶衣等の如し、といふ如し。共通性の遍充關係から拒否せられない性によつて否定するを得ないが故である。故に共通性が成立するに於ては殘餘法*から又一種の果から、一種の作者が成立する。種々なる一種の果から一種の作者が成立するが如くである。

「實にルドラは唯一であつて、第二神に立ちしものなし。其の神は自在力を以てこれ等の世界を支配した。」(Śvet. up., 3,2)等の聖言量から又知られる。

㈡、個人我*は輪廻の果を享受するものである。それは實に覺等の所作の依止となるもので、比量して知らねばならぬ。何となれば、支持の無い所作は少しも感覺せられないからである。又、諸根の依止たることに適合しない。根の損害せられたものには境を憶念することは不合理であるからである。他の領解した事物に於てはそれより他の憶念は見られないからである。此の故に身體に關しても幼童・兒童・青年等の別によつて區別せられるから憶念が無いのである。これ等によつて以前の覺によつて領解せられた事物に於て後時の覺が果と因との關係から憶念が失はれるのである。他なることが無差別であるからである。若し綿布に於ける赤色の如くであるといふならば、然らず、能立と能破とが不可能であるからである。肯定等が無であるから、能立が無く、又、不極成等が起らないから、能破も、無い。更に、綿布に於ても、後續が無くして滅が起つたときには、赤色は生じない。他の綿布の如くである。これ等によつて實に刹那滅たることは拒否せられたのである。又、再認と稱せらる現量によつて水晶等に於ける刹那滅ならざることが認められる。若し燈火等に於けるが如く妄亂であるといふならば、然らず、一所に於て矛盾せられることによつて妄亂たるに於て、一切處に於て妄亂たることを考へるに於ては太過であるからである。又、許されることでないからである。相似せるものの刹那滅たるに於ては妄亂の芽も存しない。

故に身體等を離れて我は遍滿するもので、常住であると極成した。若し如何にして常住性なりやといはゞ、有たることがあるから、無始たるが故である。虚空の如くである。その無始たることは如何にしてか。生れたばかりの者に於ても他の前生に於ける領解を示す憶念の特相たる喜・愚・怖・憂・母乳・欲望等を感覺するからである。法等が所依との合に俟つことが重體等の如く他の所依たる風等に於て所作の作者たるが故であり、又、*微細等の八法を具せるものが同一時に數へられない身體の支配者〔な〕のであるから、遍滿性が成立するのである。故に古傳話書《プラーナ》にいふ、

マヌより生ぜる自在主よ（或は、は）實に多くの我と身體とを
瑜伽力に達して創造し、そしてそれ等と共に一切の大地を行くであらう。
或るものによつては境を享受せしめ、或るものによつては烈しい苦行を行ずるであらう。
そして又それ等を滅するであらう、恰かも太陽が火の塊を滅するが如くに、と。

故に、此の如き個人我の眞實知は他世の實在により、他世の活動に役立つものであるから、又、非法の滅盡の因であるから、最高善の支分である、といふ。

そして最高我の眞實知はそれの崇拜の支分たるのであるから、解脱の能立である。そしてその崇拜の儀軌は煩惱と業との滅と、三昧を獲る爲の實行とである。故にいふ、「瑜伽とは苦行と、學修と、自在神を念ずることとより成る所作である。」（Yogas., 2,1）と。又、「煩惱を少なくする爲と、三昧を獲る爲とである。」（Yogas., 2,2）と。此の中、苦行とは狂と欲と等の過失を離脱する爲に依内等の苦を忍ぶことである。學修とは自在神を言詮はす寂靜の眞言を繰返へすことである。自在神を念ずるとは最高自在神の眞實相を間斷なく隨思することである。煩惱とは約して言へば貪・瞋・癡である。三昧と全く反する輪廻に陷ることによつて煩惱の因たるのであるからである。

同樣に、制戒と、内制と、坐法と、調息と、制官と、總持と、靜慮と、三昧との瑜伽の八支が實行さるべきである。此の中、制戒とは處と時と位とによつて決定して居なくて、人間の清淨の增長の諸因であり、不殺生、梵行、不偸盜等である。内制とは處と時と位と等に據る功德の諸因たる一種の所作であり、神格への右遶三周、夕暮の崇拜、念誦

等である。坐法とは瑜伽の業に矛盾する諸煩惱に打勝つ爲に肢支を結付けることであつて、蓮華坐、吉祥坐等である。調息とは胸內より出づる呼吸道を斷ずることで、呼出、吸滿、停息の種類である。そしてそれは森林の中の象の如くに靜かに靜かに制せられねばならぬ。制官とは三昧に反する事物から心を遍ねく避却することである。總持とは心が一境に結付いたことである（Yogas., 3,1）。靜慮とは其處に於て觀念が同一連注たることである（Yogas., 3,2）。三昧とは其の同じ事物のみを映じて自相（體）が空の如くであることである（Yogas., 3,3）。靜慮が勝るから、風無くして不動に燈光の固住する如くに、一所にのみ心の固住するのが三昧と稱せられるのである。此の如くにこれ等の瑜伽支は解脫を欲する者によつて一切の梵等の位に於て多種の苦の修習の爲に不染と稱せられた最上の離欲と、そして最上自在神に對する最高の誠信とに依止して畢竟の現瑜伽（精勤）を以て勤むべきである。それより全く間も無き間に譬喩を絕せる自性たる薄伽梵シヴァを、誤なく現量で見る。それを見て優るもの無き最勝解脫位に達する。故にいふ、

「何時でも、人々が虛空を、皮の如くに、捲くであらうときに、
その時には、彼はシヴァを知らずして（或は、最上神を知りて）、苦の終りとなるであらう。」（Śvet. up., 6,20）

「それのみを知りて死を超える。」（Śvet. up., 3,8; 6,15）と。

「我を知る者は憂を渡る。」（Chānd. up., 7,1,3）と。

故にシヴァを見ることから解脫があるのである。

然らば、この解脫とは何か。先づ初めに、或る者等は說く、解脫とは全部の特殊の德を絕つときに、壞劫の位に於ける虛空の如くに、我の絕對の位である。何故なりや。樂と苦との不相離性によつて分離と捨離とが不可能であるからである、と。然し樂の爲にのみ愼重なる者等には活動があるのでは無く、刺等から生じた苦をも除く爲の故に活動が獲られるからである。他の者等はいふ、癡の位たることから、氣絕者等の位の如く、此の點に於て分離者等の活動は適當でない、と。苦の存するときは、樂の享受は不可能であるから、刺等の苦を除くことも、樂の享受の爲のみで

ある。故に實例は平等でない。若し解脫者にどうして樂の享受の覺があらうか、といふならば、聖言量から知られる。何となれば、次の如くいはれるから、

「何處にても、絕對で、過境的で、覺によつてのみ捉えられる樂のある所、其の達し難き解脫をば、實に未だ準備行を已らない者等によりてすら、知るべきである。」と。

同樣に、

「梵の相は歡喜である、そして解脫に於て顯はされる。」

「梵は識であり、歡喜である。」(Bṛh. up., 3,9,28) と。

本來の義に於て矛盾は存しないから、これ等は譬喩の形容ではない。若し樂と感受とが常住であるから、解脫と輪廻との位が無差別たるの過があるといふならば、然らず、眼と瓶とに對する壁等の如くに、樂と其の感受とに對する境と境を有するものとの關係の結合に反對する非法と苦と等の輪廻位に於て實在であるからである。そしてそれが滅したことに於て解脫位に於て樂と其の感覺との結合がある。壁等の滅したときに、眼と瓶との結合の如くである。故に決して無差別ではない。若し結合が所作性なるが故に、何時かは滅するといふ過があるといふならば、然らず、已滅無が不一向性の故である。若し事實たるのであるからといふならば、然らず、實等に於て含まれて居ないのであるから、それは成立しないからである。或は、それが含まれて居ても、和合等と倶にそれの感覺との結合は無いであらう、と。若し不可見力等の力で境は業を作るものであり、境を有するものはそれから生ぜられた知であるといふならば、然らず、自在神の有する常住の知は事物との結合が無いといふ過があるからである。

故に所作性であつたにしても、常住なる樂と其の感受との結合の滅失する原因は存しないから、その常住性は確立する。故に、これが成立したのである。卽ち、常住に感受せられつつある樂によつて特質づけられた絕對的な苦の止滅が人類の解脫である、と。

註記一

(1) Nyāya-sāraḥ by Bhāsarvajña, together with the commentary called Nyāya-tātparya-dīpikā by Jayasiṁha-sūri, edited by Satiś Candra Vidyābhūṣana, Calcutta, 1910, Bibl. Ind. no. 1240 (New Series).

(2) Nyāya-sāra of Ācārya Bhāsarvajña, with the Nyāya-sāra-pada-pañcikā of Vāsudeva of Kaśmīr, edited by Vāsudeva Sāstrī Abhyaṅkar and Prof. C. R. Devadhar, Poona, 1922.

本譯書は右の二出版の中多くは(2)に基いた。(2)は(1)をも參照して居るが、本文は屢〻異なる所がある。譯文中右側に傍線のある部は其の出入あるを示したもの。又、(1)の註釋は詳細で、時には過ぎたるものも見受けられるが、(2)の註釋はむしろ簡潔に過ぎる如く思はれる程である。然し、(2)出版本には九八頁の Notes が附せられて居て、甚だ有益である。

Nyāya-sāra の著者 Bhāsarvajña は Kaśmīra のシヴァ教徒であるが、其の傳記等については全く判らない。然し年代については(1)には 900 A. D. と校證し、(2)は之に基きつつ十世紀の初期と爲す。此の點は Nyāya-sāra が引用せられる人を基點としての計算であるから大體信ぜられるものであらう。シヴァ教は 900 A. D. 頃には Kaśmīra に流行して居たといはれるから、著者も其の教徒であつたのであらうが、正理派の古い學者の間にはシヴァ教徒もあつたのであるが爲に著者も其の教徒でもあり、正理派に屬しても居たのであらう。著者が正理派の學者の一人であることは Nyāya-sāra の内容が Nyāya-sūtra を離れて居ないことから疑ない。

然し、Nyāya-sūtra に負ひながらも、Nyāya-sūtra と全く同じではない。最も著しいことは Nyāya-sūtra は量としては現量・比量・譬喩量・聖言量の四種を認める點に於て特色を有するに、Nyāya-sāra は此の中の譬喩量を獨立の量とは認めずして、之を聖言量の中に含めて、量としては三量である點にある。學者の記す所によると Śaṅkara の作と傳說せられる Dakṣiṇa-mūrti-stotra に、弟子の Sureśvara が註した Mānasollāsa の中に引用せられ、又一一五〇年頃の Varadarāja の Tārkika-rakṣā の中にも引用せられる偈文がある。此偈文は何人の作なるか明かでないが右の、學者の言に基づいて考へると八〇〇年以前に作られたものであることは疑ない所である。其の偈文の言ふ所は Colebrooke の論文の傳へる所と大體一致し、而も少し詳しい。之に據ると、

順世派……現量、

勝論派・佛教……比量を加へ、

數論派・(瑜伽派)・正理派の一部の徒……聖言量を加へ、ミーマーンサー派のプラーバーカラ派……義準量を加へ、

同じくバーータ派・ヴェーダーンタ派……無體量を加へ、プラーニカ(古傳話派)……含有量と傳聞量とを加へるとある。

Nyāya-sāra はこれ等をすべて載せ、其の上に猶身振りをも加へる。然し、此れ等の何れの派のものとも述べない。右の中、三量のみを認めるものの中に正理派の一部の徒があるとなすのは Nyāya-sāra に當る如〔く〕である。他の何處にも三量を認めるものを正理派の一部の徒とせられて居ることはない如くであるし、八〇〇年頃の偈文となす年代は推定的のもので、從つて根據によつてはその以前とも以後ともなり得るであらうから、右の偈文は Nyāya-sāra を見ていうたとも推定せられ得よう點もあらう。佛教については二量のみを認めるのは陳那及び其の以後の因明系統のみの言ふ所で、一般にいへば、猶聖敎(言)量が認められて居るのが實際であるし、勝論派でも嚴密にいへば同じく聖敎(言)量を認めねばならぬことは勝論經から論證し得られよう。從つて二量・三量については一種傳說的のものといへよう。然し、ここでは一部の正理學徒が三量のみを認めるといはれるのが Nyāya-sāra に據つていはれたのであら

うと思はれる點を見て、此の Nyāya-sāra の知られて居る特色を認めんとするのである。Nyāya-sāra は正理經の四量を三量となす點を種々に論じて居るが、此の點は、恐らく、著者が初めて古說と異なつた說を出すが爲であらうから、Nyāya-sāra では意識的に種々論ぜざるを得なかつたのであらう。三量說以外にも正理經と異なる所があるから、相當に批評的に見たものであらうが、然し徹底的に取捨した結果が此の書に表はされて居るとはいへない。從つて此の書は正理派の一種の異流たるを示して居るものであらう。かかる點は他の派に於ても、また此の派の後世でも現はれて居る。勝論派の七句義論や十句義論の如き、又此派の後世のミティラー派やヌッディヤ派の如き、更に數論派の有神論派や、ヴェーダーンタ派の二元論的の派や、ミーマーンサー派の有神論的の傾向や、何れもその著しいものであらう。

二

Nyāya-sāra の Nyāya を今ここでは論證法と譯したことについて一言しよう。Nyāya を正理と譯すのは玄奘譯であつて、從來でも現今でも一般に用ひられて居る。因明大疏には正理とは「諸法の本眞の自性と差別」とも、「諸法之眞性」とも解釋するから、正理を文字通りに理解したものであらうが、それでは Nyāya の字義には必ずしも一致しない點があると思はれる。勿論 Nyāya には、辭書によれば、ものが歸入するもと、卽ち original type, standard, method, (esp.) a general or universal rule などとあるが、後の時期には a logical or syllogistic argument or inference の意味になつて居て、此の後の意味が通常である。從つて諸法の本眞の自性と差別、諸法之眞性は原始的意味に重きを置き過ぎて、而も自性と差別といへば命題の形式に昵比《なづ》みすぎて居る。此の如くであるから、正理といふ譯語に未練を感ずる要はないであらう。syllogistic argument となつた時には西洋的に推論などの意味であらうが、今はむしろ論證法といふ方がよからうと思はれるのである。推論は前提が與へられて、それから結論を演繹するものであるが、論證は結論が前から與へられて居て、それに根據を與へて證明するものであるから、ここでは論證の方が適切である。Nyāya は五分作法が中心基礎であるが、五分作法は新因明では三支作法となす如く、五分中の前三支が最も重い。其の點から見れば、後二分は前分の繰返しに過ぎない。從つて論證たることを明かに示すし、而もそれの方法であるから、論證法というた方が事實上良いと考へられるのである。然し、正理といふ名は已に因襲的に廣く用ひられて居るので、今更一般に改めねばならぬといふのではないから、用ひてもよいが、決して直接には推論法ではない點を明記して居るべきである。

三

比量の中心は前述した如く宗因喩合結より成る五分作法である。かかる形式の考出されたのは恐らく古くミーマーンサー派と勝論派とが聲の常無常に關する論爭を屢ゝ行うた時期からであらうと考へられるが、實際に考へた場合に、兩派ともに見(dṛṣṭa)と共見(sāmānyato dṛṣṭa)との比量を區別することを知つて居るが、見は見られたといふ意味、共見は共通に見られたといふ意味。前者はそれ自身では眼見した所だけを指すが、後者は二物の間に於て共通して見られた所を指す。この後者を形式に表はすとき五分作法が成立するのである。例へば人が歩行によ〔つ〕て場所を變ずるを見て、太陽も場所を變ずるのは運行に依らねばならぬとなす如く、場所を變ずることが共通に見られるので、太陽の運行することは、たとひ見られなくとも、人の場合の如く、運行があると比量するを得るのである。故に

(1)太陽は運行する、
(2)場所を變ずるから、
(3)人の如く、場所を變ずるものは歩行する、
(4)太陽は場所を變ずるから運行する、

(5) 故に太陽は運行する、

の如くになる。(1)は主張であるから之を宗と稱し、(2)は理由根據を表はすから之を因とも相(特質)ともいひ、(3)は主として人を實例とするもので、之を喩と名づけ、(4)は(2)の繰返しで、人と太陽とを結付けるから之を合といひ、(5)は(1)の繰返しで、結論であるので之を結と呼ぶ。(4)と(5)とは繰返しであるから、簡潔を尊ぶ點からは不要とも見られるが、然し實際の論爭などの場合には、此の二を省くと、如何にも落着が無いので、繰返しを敢へてなすのであり、五分作法が如何にも實際的に起つたものであるを示すといへよう。かかる五分作法の起つたのが知られるのは文獻上馬鳴の大莊嚴論經、チャラカサンヒターの醫書、及び方便心論であるが、前二書とも專門的に推理論證を述べる目的のものでないから、其の當時行はれて居たものを引用したに過ぎなからう。後の一は殆ど專門的に述べたものである。方便心論も一世紀頃であらう。馬鳴もチャラカも西暦一世紀頃であらうから、五分作法は西暦前後頃には既に行はれて居たものであらう。

然し、右の五分作法の談論的のものは猶未だ論理學的には正確なものではなかつたらうから、其の點で多少なりと正確を期するには猶一層の研究を要する。これには有力なものとして現存勝論經に述べられる比量と非因とを考へ得る。殊に非因を不極成と非有と猶豫との三種となして居るのが最も注意すべきものである。極成(prasiddha)とは一般に知られて居る、承認せられて居るといふ意味であるから不極成はその反對である。卽ち不極成は太陽が場所を變ずることを確認せず、何人もそれを許さないものを採用するのであつて、太陽と場所を變ずる〔こ〕とが極成して居ないのである。卽ち因と宗主辭とが無關係であるのを關係ある如くに斷定する場合である。次の非有とは有であるを非有となすのであつて、矛盾を敢てなすのである。卽ち因の證明せんとする所が宗賓辭に存在しない場合である。次の猶豫は疑惑未決定のことで、因が宗賓辭と論理學的に關係することが未決定である場合で、之を不定《りょう》ともいふのである。これ等の三非因には、勝論經では、細分を設けて居ないが、新因明では細分を擧げて居る。然し細分がなくとも、原則としてはこれで十分であるから、因の正確を期して居るものである。五分作法を精密に研究して行く間には必然的にこの三種が考へ付かれるのである。

五分作法を馬鳴の大莊嚴論經には、言誓、因、喩、等同、決定の譯語で示して居て、之を五分論義といふ。言誓は宗をいひ、宣の意味であらう。言誓といふ熟字もある。因は勿論因で等同は合に當り、upanaya (bringing near) は兩者を結付けるから、等しくし同じくするの意味。決定は結論である。當時術語の譯が一定して居なかつたから、異譯されたのであるが、異譯たることは明かで、異論は生じない。

更に三非因は因の三相を導出すもので、不極成は因と宗主辭との關係を規定し、非因は因と宗賓辭との關係を規定し、猶豫は因と宗賓辭以外との關係を規定するものとなる。因の三相の初めて文獻に現はれたのは恐らく無著の所謂順中論に於てであらう。之によると若耶須摩論師と數論師との間に言語法として、朋中之法、相對朋無、復自朋成とが擧げられ、實例として聲無常論が引かれて居る。朋は pakṣa を譯したもので、pakṣa は朋の意味でもあるが、論理學では宗卽ち宗主張、宗主辭、宗賓辭を指す。中は於ての意味で、恐らく、於ての意味が對しての意味であらう。法は賓辭を指し、有法を主辭と呼ぶと相對するのが因明(論理學)の術語。朋中之法は因が宗主辭に對してその賓辭となつて居ることを指し、(遍是)宗法性、pakṣa-dharma-tva, -tā である。相對朋無は無から考へると異品遍無性に當り、vipakṣe nāsti-tā の異譯。vipakṣa の vi- は矛盾の意味を示す接頭辭、pakṣa は品とも譯されるから、vipakṣa は異品で、同品が宗賓辭の外延内を指すに對して、外延外を指し、矛盾範圍をいふ。因は此の中に在るを得ないから相對卽ち矛盾の朋中には無いのである。復自朋成は以上の二相から見て同品定有性に當るべきであると思はれる。然し同品定有性は sapakṣe sattva, sapakṣa eva sattva, sapakṣe vidyamānatā などの何れかを原語となすから、直ちに自朋成と一致するのではない。之に反して、若し sapakṣa の sa- が sva- の俗語形と解せられたと想像し得れば、自朋は同品となると考へられよう。成の語は、自朋を同品と見得れば、有 (sat-tva) を義譯したと見てもよいであらう。かく解すれば、同品定有性がことに存すると認められ得る。同所の前後に因三相の言が屢ゝ見えて居るから、前引用の三句が因三相を指すと推定せられるのであるが、然し翻つて考へると、遍是宗法性と異品遍無性との二相があれば、因三相の趣意は完全すると見られるから、強いて上述の如く推定する要もないともいへよう。從つて順中論に因三相が明確に現はれて居るといへる。然し、無著は此の因三相說を採用して居るのではなく、却つて退けて居る。

世親に至つて因三相說を採用したことが諸種の引用せられた斷片によつて知られるから、其の點は無著とは異なつて居る。又、現今遺つて居る如實論は世親の著述であらうと考へられるが、此の中に、是根本法、同類所攝、異類相離を因の三種となすが、これが因三相說を指したものであることは明かである。譯語の第一相は義譯に過ぎて原語が何であつたかは知られないが、宗法をかく譯したものかと思はれ、第二は同〔品〕定有を、第三は異品遍無を思はせるものである。因三相說はそれ以前が比論法であつたのが演繹法となつたもので、論理學的性質が全く異なつたものであるから、歷史的に重要なものであり、從つて一度これが知られてからは廣く一般的に用ひられたのであつて、これを採用したものは Praśastapāda-bhāṣya, Nyāya-vārttika の如き論理學派の正系にもあり、其の他ヂャイナ系統にも及んで居る。然しすべての論理學を之に基かしめたのは陳那の因明である。從つて陳那の因明はインド論理學の革命的の組織であるといへる。

此の如く因三相說の組織によつてインドの論證法は完成したのであるが、然し其の組織の全體を見て、西洋の論理學と比較すれば、格や式に於て種類が整うて居ないし、又誤謬論、其の他に於て精細を缺いて居る點が存する。これは因襲的な點もあるので、一概には言へないが、因明入正理論を取れば、後者の缺點は除かれて居て、前者のみがこれインド論證法の性格を現はすものといへよう。種々なる事情が纏綿して居るから、Nyāya-sāra に於てはさほどには洗練せられて居ない。

四

論證法の實例は古來多くは聲無常論であつて、最初は聲常住論に相對するものであつたと考へられるから、此の點で見ると、聲に關する論爭が遂に五分作法の如きものを發達せしめたものと認められるのである。聲無常論は勝論派の主張が代表的であり、聲常住論はミーマーンサー派の主張である。其の間には他派の參與することもあるが、右の二派が主たるもので、而も無常論の方が最初に強く主張せられたものであらう。常識上、無常論は殆ど當然のもので、常住論に相對するといふ意識が無くば、無常論が最初に主唱せられることは無からうと考へられる。從つて恐らく勝論派の系統が之を強く主唱したものであらう。然し進んで兩派が對論するに至つてから、聲に關する兩派の考を洞察すると、論爭は何れかといへば、的を外れて居て、一致しない。勝論派は聲といふに付いて、音響と聲音との二義を主とし、論證の理由根據に所作性と勤勇無間所發性とを擧げるのが定まりである。但し精密にいへば所作性で二義に通ずるが、通常此の二理由を以てし、其の他にも第三義を考へることも、また其の理由根據をも提出しない。然るに勝論派は聲を觀念(又は知識)の意味にも考へて居るのであるが、聲論をなす場合には、聲の內に此の義を含ましめることがない。若し含ましめると、其の點では一種の聲常住論が立たざるを得ないことになつて、ミーマーンサー派と、多少の意義を異にするから、相對抗するを得ないが故である。此の點は恣意的である。之に對して、ミーマーンサー派は聲を觀念(又は知識)の意味に解して、常住論を立てるのであつて、若し音響、聲音の意味に解すれば勿論無常論である。兩派は觀念知識に關しては根本的に其の考を異にするから、そして聲の同一語で言詮はすから、考は全く一致せずして相異なるのである。故に同一の語の聲の內容意味が常無常の論爭の場合には同一でないのであつて、從つて此の論爭は或る點では相異なり、或る點では多少一致するのである。かかる點を精密には區別せずに語の通常の若しくは自派の意味でのみ用ひて居るのが古代インド的なのである。

更に後世で見ると聲無常の代りに parvato vahnimān を用ふる。(2)の出版本の Notes の中にもある。これは此のままでは、山は火を有するものなり、の意味であつて、火を有するものは山なり、ではない。山とあるのは實際上一般の山を指すのではなくして、彼の山といふ眼前の特定の山を指すのである。聲無常の聲は一般的の聲であるから、全稱肯定命題になつて居るが、山は火を有すは特稱肯定命題にならねばならないのである。それをインド論證法には全稱肯定命題のみが用ひられて、其の他の格も式も用ひられないから、ここでも實は特稱肯定命題となす趣意ではなくして、全く全稱肯定命題の一特例と見たものであると解釋せねばならぬのである。全稱肯定を狹めて行つて其の極端に至つたものと見做すのである。故に、彼の山に火あり、と彼のを附して和譯するのが正しい。然るに parvato vahnimān を anityaḥ śabdaḥ, 卽ち聲は無常なり、に比較すると、主辭と賓辭との位置が文章上逆になつて居る。勿論、anityaḥ śabdaḥ が正確であつて、未だ曾て śabdo 'nityaḥ の如き主賓が逆になつたものは殆ど見出されない。從つて parvato vahnimān は順序が放埒である。(恐らく、parvato に重きを置いたので、特に初めに出し、次に vahnimān を置いたに外ならぬと解釋すべきであらうか。或は、インド人のかまはぬ風の爲か。) 然し、日常の言語では、かかる用法は行はれる所であるから、必ずしもとやかくいはんとするのではないが、こと論理學などに關しては文章論上の正確の方がよからう。因明では、主語を有法とも自性ともいひ、賓辭を法とも差別ともいひ、これは文章の位置でいふもので、決して語の實際上の性質意味でいふものではない。從つて、同一語が位置によつて法とも有法とも、又は自性とも差別とも呼ばれる。かかる煩雜な名稱も必ず保存して置かねばならぬといふのではあるまいが、然し此の中の法の名稱の如きは全く省いてもよいといふことは出來ない。因三相の第一相は遍是宗法性であり、これは梵語のままならば宗法性 (pakṣa-dharma-tva) であつて、ここに宗法と用ひられて居る。遍是宗法性は古來「遍じて是れ宗が法たるの性」、又は、「是の宗法に遍ずるの性」と讀む慣例で、宗法は宗の、卽ち宗主辭の法、卽ち賓辭、の意味である。卽ち法は賓辭を指すのである。詳言すれば、「因は宗主辭の賓辭たるもの」といふことで、五分作法では、因には主辭を省いて賓辭のみを擧げる慣例である爲に、直ちに解し易からしめて、宗にある宗主辭を補うて置くのである。省かねばならぬ理由はなく、簡潔の爲に、繰返しをなさないまでである。それを而も再び繰返さんことを表はすのであるから、或は勝手すぎるかも知れないが、整へる爲に、敢て行ふのである。因は dhūma-vattvāt、煙を有するが故に、であるから、ここに主辭の parvata がついて、これも、彼の山となさねばならぬのである。此の如く見れば、梵文は却つて正確でなくして、邦譯の方が取るべきものであらう。遍是宗法性の宗法は清音に讀んでシュウホウといへば、宗賓辭を指し、濁音に讀んでシュウボウといへば、因賓辭を指すといふて區別するのが古來の因明家の故實であるといはれる。(anityaḥ śabdaḥ の場合、遍是宗法の宗法は聲を指すと見る方がよく、宗の賓辭とはいへないのであるが、古來梵文が知られて居らず、單に譯文の上のみで考へて居たから、宗が法たるの性となすのであるが、梵文から見れば、是の宗法に遍ずるの性といふ方がよいことにならう。兩讀方は南寺傳と北寺傳との相違。北寺傳が可。)

註記二

第一現量章

一、○領得、anubhava。佛教では領納と譯さる。又は、單に受と譯される。impression on the mind not derived from memory。○能立、sādhana。成り立たすもの。○食肉鬼、piśāca。○ヴㇵーヒヤーリー、Vāhyālī。地方の名。そこに住する民を通常 Vāhīka (Bāhīka) といはれる。Pañjab に住し、重擔を負うて働き、牛や馬の如く、一般に蔑視せられる賤民。○推測、臆測、ūha。conjecture。推理の意味にも用ひられる。○顚倒、viparyaya。反對。

二、○憶念、smaraṇa。記憶。○取覺、grahaṇa。perceiving, comprehension。又、(といふ)語、a word employed。

三、○聖言量、āgama。屢々 śabda、聲量ともいはれる。又、āpta-vacana、信頼すべき人の言辭ともいふ。○取覺するもの、Grāhaka、perceiving, perceiver。○和合、samavāya。所和合 samaveta。共に勝論派の術語で、合、saṁyoga や結合、sambandha と直ちに同一意味ではない。○瑜伽行者、yogin。非瑜伽行者、ayogin。兩者の現量を分つことは陳那に始まる。非瑜伽行者は通常の一般人。○德、dharma。法非法といふ時の法で、功德でもよい。註釋に puṇya 又は、iṣṭa-jñāna となす。○四種の根、鼻、味、眼、皮の四根。三種は我と意と耳。二種は我と意。○三種と二種とは根とのみはいへない。四、○有分別現量、無分別現量、savikalpaka-nirvikalpaka。正理經は現量は無分別のものとなす。陳那が已に現量は分別を除くとなす。

第二　比量章

一、○不相離性、avinābhāva。正理經は比量の定義をば特別には擧げない。○過境的、parokṣa。現量以上のもの。○遍充、遍充關係、vyāpti。invariable concomitance, pervasion。西洋論理學で、周延又は周衍ともいふのを、最初に擴充と敎へられ、爾來さう用ひて居たから、充の字は捨てられなかつた所に、遍是宗法性など遍の字をよく見た。それで遍充といふのを考付いたのである。遍は包攝の意味、充は充たすの意味。○肯定、否定、anvaya-vyatirekin。affirmative and negative。○同、sāmānya、共通性。勝論派の術語では、これは一の實體である。○所立、sādhya。能立 sādhana と相對する。

二、○因、又は相、liṅga。直接には相であるが、因をいふに外ならぬから、因ともなす。前者は因明では vyāpya、所遍と同じで、invariable mark。mark が直接の意味。因は理由根據。○可見、共見、dṛṣṭa, sāmānyato dṛṣṭa。可見は見られた、又は、見られ得べき、共見は共通に見られたる。

三、○爲自、爲他、svārtha, parārtha。自の爲の、他の爲の。

四、○命題、vākya。vākya は一般には言辭など。○支、avayava。分とも譯す。部分、構成要素など。○宗、pratijñā。proposition to be proved。○因、hetu。○喩、udāharaṇa, dṛṣṭānta。○合、upanaya。○結、nigamana。○主張を言詮はす言、pakṣa-vacana。pakṣa は主張、宗、宗主辭、宗賓辭の何れをもいふ。○遍是宗法性、pakṣa-dharmatva。遍是は補ひの語。宗法性は宗主辭の賓辭たること、で、因のことを說いて居るから、因の字を省いたのである。○同品定有性、sapakṣe sattva。同品の中に必ず存すること。必ずは補ひの語。○異品遍無性、vipakṣād vyāvṛtti。異品から排外せられて居ること。遍は補ひの語。三相ともに五字にて言詮はしたものである。本來は四字一句であらうが、すべて性をつけて五字となつたのであらう。○(4)矛盾せる境の無いこと、abadhitaviṣayatva。(5)敵論の無いこと、asatpratipakṣatva。此の二は通常はかかる場合に擧げられない。全く不要のものである。實例からいへば、(4)は現量相違等の誤であり、(5)は viruddhābhicārin のないことともあるから、是れ相違決定を敵論のあるものというた〔の〕である。この相違決定は陳那の始めて說いて正しくないとなしたもので、固より正しくないから、ここに揭げる要は無い。從つて五種は三種とすべきである。

○所立の法、sādhya-dharma。法は賓辭を指し、有法、dharmin が主辭を指すのと相對する。○所遍、vyāpya。遍ぜられるもの。○宗主辭の法たること、遍是宗法性と同じ。故に宗主辭と因主辭とは同じ。因主辭は直前に同じ宗主辭があるので省略したに過ぎない。省略せねばならぬ論證式上の道理は無い。便宜上省略したに外ならぬのに、因三相の一として遍是宗法性を言はねばならぬとなすのは勝手過ぎる。○同品、sapakṣa。この pakṣa は宗賓辭を指す。卽ち宗賓辭である。sa- は passion, conjunction などの意味で、saha と同じであらう。宗賓辭の性質を有するものを指す。○異品、vipakṣa。vi- は sa- と矛盾で、difference, negation, deviation などの意味が多く、pakṣa の性質と反するものをいふ。從つて vipakṣa は宗賓辭の性質を有しないものの全體。○肯定否定、anvaya-vyatirekin。唯肯定、kevalānvaya。唯否定、kevalavyatirekī。anvaya は合、vyatireka は離とも譯さる。

○似因、hetv-ābhāsa。因の特質を缺いて而も因の如くに現はれて居るもので、恐らく似而非の因である。

○不成、asiddha。矛盾、viruddha、相違。不定《りよう》、anaikāntika。不確定、anadhyavasita。過時の説示、kālātyayādiṣṭa。問題相似、prakaraṇasama。不定は特にフリョウと讀んで、不成と區別するのが故實。因明は我邦では實際の論議に用ひたから、發音の混同を避ける爲に、讀癖が出來たのである。聲もコヱと讀みて、ショウと讀まないのは正や勝と區別する爲である。

似因の中、不成として十四種を擧げるが、これは徒らに種類の多くを併列するもので、一貫した組織に基づいて居ない。陳那の如きは九句因を原理とするから整然たるものであるが、本書は何れかといへば幼童を導く方面に力を用ひて居る如くで、本書全體を通じての缺點である。一々は實例を讀めば意味はよく判るが、形式が嚴密でないものも存する。(5)過時の説示の似因と(6)問題相似の似因との中、前者の六種の現量相違等はむしろ似宗の中のものといふべきであるし、過時の説示の似因などはあまり精確でないし、問題相似の似因も相違決定とせば説明は不足であり、而も必ずしも似因とのみは見做せない。○喩と合とに各々二種を説くも、三支作法論者からいへば、不用である。

五、○論議、kathā。kathā は單に會話の意味であるが、然し立敵兩者の主張と反主張とを立てることとなすから、論議を指すこととなり、勝敗が決することになる。離貪論議と欲勝論議とを擧げるから、論議は論爭の具として、五分作法を用ふるとせられて居るのである。○定說、siddhānta。settled opinion or doctrine。悉檀とも音譯せられる。これは最後の母音 a が落ちたから、-nt が單に -n のみとなり、その siddhan を音譯したもの。○利得と尊崇と名譽、lābha-pūjā-khyāti。所謂名聞利養に外ならぬ。○立者、敵者、會座の主宰者、證者、vādi-prativādi-sabhāpati-prāśnika。立者《りつしや》は論者、敵者《ちやくしや》は反對者、sabhāpati の sabhā は人の集りで、娑婆であり、pati は主、主宰者、prāśnika は判定者、arbitrator, umpire。證者といふ。

六、論諍、jalpa、七、論詰、vitandā、八、曲解、chala。論諍は誤つた立量破、論詰は誤つた顯過破、曲解は單に命題に對する準備的の用心に過ぎないもの。之を注意しない如きは論證にはならない。九、誤難、jāti。十、負處、nigrahasthāna。jāti は futility と譯されるが、無駄な議論である。正理經に二十二種も其種類を擧げるから、此の書も之に準ずるが、論理學的にいへば、整理すべく、又は全部省略しても必ずしも不足ではない。陳那も之を述べて居るが、多少整理して居る。弟子の商羯羅主は全部を省いた程である。又、負處も正理經は詳しく之を述べるから、此の書もそれに從ふが陳那も商羯羅主もそれを全く省略した。省略しても論理學的には大なる損失はない。

第三　聖　言　量　章

聖言量章は必ずしも聖言量のみを述べて居るのではなくして、量以外のことまでを論じて全體を纏めて居る。寫本によつては、他の量のことを述べた終りに第三、聖言量終りとなして、其の以後に章名を用ひないものもあつて、其の點では統一を缺いて居る〔の〕もある。

聖言量は結局はヴェーダを量となすものであるが、一種の宗教的信仰に基づくものに外ならぬ。而も通常は一層廣く解する。註釋には samayabalena と本文にある samaya を puruṣakṛtaḥ saṁketo na punar avinābhāvavat svābhāvikaḥ(samaya を、人間によつて作られた saṁketa で、決して不相離性の如くに自然に其のものに存するものではない)となす。從つて samaya は結局 saṁketa である道理である。samaya は conventional usage, conventional meaning などで、又 saṁketa は表示と譯され、preconcerted sign or gesture などの意味。適切な譯語が見出せない。

(2)(一)、譬喩量を獨立の一量と見ずして、聲量卽ち聖言量の中に含まれるものとして獨得の說を提出して居る。譬喩量は yathā gaur evaṁ gavaya iti と必ず實例の擧げられるもので、「恰かも牛の如く、水牛は此の如し、」といはれる。水牛を知らない者が、山野でそれに逢ひ、判らなかつたのに、他人によつて、水牛は牛の如きものであると告げられて、そこでこれが水牛であると知る場合とせられる。故にこれ比論卽ち類比推理である。既知の牛との類似點と相違點とを知悉して、初めて知り得るのであつて、確實に知つたことにはならなくて、蓋然性の理解に過ぎない。類似點は多い程よいであらうが、本質的でないから、相違點も亦多い程よいこともあらうが、本質的の相違點がなければならないであらう。如何に多くとも、すべて本質的のものでなくば、正確には似て居るに過ぎない。然し、譬喩量を獨立の一量となさずに、全體を三量となすことは、正理經の說とは異なるから、此の點について、此の書の著者は、經が四量たるを述べるのは、實は五量等たることを排斥する趣意であつて、決して三量たることを否定するものではないから、三量となしても差支ないと論じ、結局、弟子學徒の能力の優點と相應せる問題であるとなして居る。かかる理由は論理學書中に論ぜられることとして珍奇なことであらう。

註釋のいふ所によると、譬喩量については、初めの部に第一に、古い正理派の徒(Vṛddha-naiyāyika)の說、第二に、ミーマーンサー及びヴェーダーンタの說、第三に、以前の正理派の徒の說及びウディョータカラ(Jarat-naiyāyika, Udyotakara)の說、の三說が擧げられ、第一說は、通常、森に行つて曾て見なかつた動物を見て、牛に似て居ると知つて、これ〔が〕水牛であると知る場合、第二說は家に飼ふ牛が、森で今見る牛に似たもので、これが水牛であると知る場合、第三說は水牛と牛との相似を聞いて知つて居て、今森の中で相似の動物を見て、水牛であると知る場合である。此の三說を論ずるに細かに述べる所は、よくは解せられない點もあつて、而も憶念や無分別現量と共に論ぜられ、第三說は名と名を有するものとの關係によつて說明される後世の正理學徒の說と關係せしめられて居るがよくは判らない。結局、森に住む人に告げられて水牛と知る點が聖言量に外ならぬとなすのである。

㈡、義準量は換質換位に當るから、直接推理が主である。或ことの言はれたとき、他のことが必然的に隨ひ來るのをいふのであつて、例へば、雲無くば、降雨なし、といふとき、雨降らば、雲有り、といふが如くである。後件の否定から、前件の否定をいふのが正しい直接推理たるのである。然し、インドでは、雲無くば雨なし、から直ちに、雲あらば雨ありが正しく推知せられるとなすが、これは誤で、正理經ですら、かかる點が正しくなく、陳那に至つて始めて正しくいはれるに至つたものである。然し、通常は義準量の實例としては、pīno devadattaḥ divā na bhuṅkte(肥つた提婆達多が晝間は食はない)といふことから、rātri-bhojanam antareṇa pīnatvaṁ nopapadyate(夜間に食することが無くば、肥つて居ることは可能でない)となすを擧げる。此實例は實は直接推理よりは複雜ではあるが、然し、原理としては必ずしも進歩して居るものではなく、そこに義準が存するのである。

㈢、〇含有量、sambhava。大は小を含んで居るをいふのであつて、比量の中に入る。㈣、〇無體量、abhāva。これは聖言量、又は比量、或は現量の何れかに入るべきものとせられる。㈤、〇傳聞量、aitihya。評判、うはさ、傳説といふ程の意味。アイティヒヤは iti-ha(といはれた、實に)から出た語である。㈥、〇身振り、Ceṣṭā。身體動作の一種で、意味の他に傳はるものである。然し、大體 Nāṭya-śāstra(舞踏論)の説などに基かねばどんな動作でもよいとはいへないものである。此の中、㈤、㈥などは殊更に擧げる要はなからう。數の多いのが必ずしも必要ではない。

第二、⑴〇所量、prameya。此の派のいふ量(pramāṇa)は、實際としては、モノサシ、ハカリなど具體的の物を考へて居るのであつた、從つて所量(prameya)は量られたもの一般を指すのである。故に、尺度、量目などなどが其の結果として考へられるのであるが、然し、細かに尺度、布、量る人、量つた結果も考へられた。其の中の所量として正理經は十二種を數へるが、此の書では、それを整理して應捨(heya)、それの生起因(tasya nirvartaka)、畢竟の捨(atyantikahāna)、それの方便(tasya-upāya)となした。此の四種は直接には苦に關して言はれるもので、此の派が苦觀を取ることを示して居る。樂をも認めるが、それは苦と結合して居るから、結局苦たるものであるとなす。從つてこの苦を無くするのが人生の目的である道理であるが、此點に於ては、以上に論述した量との關係は明確にはせられて居ないといふべきで、我《が》を知ることで之を免がれ得るとなすのである。

㈠、我を最高我と個人我との二種となすが、これは古いウパニシャッドの考を取つたものであることは、典據としてウパニシャッドを引用して居るので明かであるし、其の點に於ては格別進歩した點を示さないし、全く聖言量章を奉じて居るものである。最高我は世界を創造し支配する最高神であつて、人生の最高目的でもある。個人我は輪廻の果を享受するものであるが、本質に於ては、最高我と異なる所なく、從つ〔て〕二つの梵となされるのである。○殘餘法、pāriśeṣya。これは、通常初めにあり得べき選擇支を併記し、それを一々事實に徴して矛盾せるものを省き、最後に殘つたものを止めて、之を眞なりとなす一種であるが、ここにある如くに -āt となし、副詞として、結果として、の意味で、それ故に、などと譯してもよい。殘餘法としては、正理經にも用ひられて居る。

㈡、個人我は輪廻の果を享受するもので、吾々の精神としての我であり、一般にいふ輪廻の主體である。ここを論ずるに、刹那滅説を破するが、これは佛教説を破するものである。「生れたばかりの者に於ても、他の前生に於ける領解を示す憶念の特相たる喜、愚、怖、憂、母乳、欲望等を感覺するからである」(jātamātre janmāntarā'nubhava-sūcaka-smaraṇa-liṅgasya harṣa-moha-bhaya-śoka-stanyā'bhilāṣā'der upalambhāt) といふて、生れたばかりの赤兒に母乳を求め吸ふことを指して、前世の一種の憶念となすのであつて、此の派の最も古い時代から獨得の實例として之を擧げるが、これは本能の一種であつて憶念となし得るものか、どうか、判らないものである。之を憶念と定めて居るのが、恐らく此の派の特有の考である。一般に此の派は要請と事實とを混じて區別せず、信念を直ちに事實と見做して、かかる點では精密を缺いて居るから、殆ど俗信的に母乳を吸ふことを前世存在の證と見る如きことを敢てなすのである。○微細等の八法、ヨーガ(Yoga)派で説く八成就(siddhi)をいふ。aṇimā、微細、mahimā、大、偉大、laghimā、輕、極輕、īśitvam、自在性、主性、vaśitvam、制御性、prāptiḥ、到、prākāmyam、樂欲自在、自由意志、yatrakāmāvasāyitvam、隨意住性、の八超自然力をいふ。瑜伽派に關して、此の論は、其の實踐方面に於て、重大なる典據となし、度々瑜伽經の本文を引用して居る。蓋し正理派には元來宗教的實踐の方面は殆ど全くともいへる程に等閑視せられて居たから、時代の經過と共に、他の宗教的の學派と接觸して、其の方法を採用するに至つたものである。殊に瑜伽經の説く瑜伽の八支 aṣṭa-aṅga の如きは缺くことを得ざる實修方法と爲し、これなくば最高解脱には達せられないとなす程である。其の結果であらうが、已に Hatha-yoga の影響すら受けて居る如くである。

正理派は本來論理學の研究が主であつて、勿論知識論に關係することは必然であるが、他の學派の如くに、實踐論、解脱論などには比較的に興味は薄かつたのであると考へられる。此の書に於てもニヤーヤ・サーラとあつて、論證推理の方面が主とせられて居るのである。然し之を扱ふ人々の間にインド教的の宗教信仰が抱かれて居るので、特に後世ともなれば、必然的に此の方面のことも關説せられるに至つたに過ぎないものであらう。從つて此の方面の説としては殆ど何等注目に價する説が出されて居るのではなく、古來權威ある書とせられるものの中の説を述べ、又其の間にそれ〴〵の個人的關係の多い宗派の説が述べられて居るに過ぎないのである。甚だしきに至つては其の主とする量論や知識論と解脱論との關係は殊更には明にはせられて居ない程ですらある。此の論に於ても何れかといへば、其の傾向であつて、一般的に古いウパニシャッドの説に從うて居るに過ぎない程度である。それが何故に量論上、知識論上、しかあらねばならぬかは明確にはせられて居なく、解脱は永久の苦の止滅で、而もそれが常住の樂であると言詮はされて居るのである。

(三八・四・末日)

アルタㇵ・サングラハ（未定稿）

（＊印は註記二に於て解説の付されている語）

第一　序詞章

一

ラマー女神の配偶ヴㇵースデーヴㇵ*神を敬拜して
ラウガークシ・バァースカラが
ヂャイミニ*仙の方法に入らしめんが爲に
アルタㇵ・サングラハ*を造る。

二

今、最上の慈悲有る聖者ヂャイミニは祭務*《ダㇵルマ》を分說せんが爲に十二篇*の經を完成した。其の中の冒頭に於て祭務の探究*を經として宣べた、卽ち「今や、この故に、祭務の探究がある」（經、一・一・一）と。此の中で、「今や」といふ言はヴェーダ讀誦の直後の事を詮はす。「この故に」といふ言は實にヴェーダ讀誦に可見的效果のあるを宣す、「自らのヴェーダ學修はなさるべきである」といふ讀誦を命ずる儀軌に於て、其の讀誦に、ヴェーダ*の意義を知ることより成る可見的效果のあることとして確立せられて居るから。

三

それ故に、ヴェーダ讀誦に引續いて、其の讀誦はヴェーダの目的を知るといふ可見的效果あるものであるから、其の理由によつて、祭務といふヴェーダの目的の欲知が「なさるべきである」といふ補ひが付せられる。欲知といふ語は討究に對する間接表現である。この故に、この祭務の討究の聖典が始められねばならぬといふのが聖典の開卷の經文の意味である。

第二　定　義　章

四

さて、祭務とは何か、その定義は如何と云ふならば、祭務とは*祭祀《ヤーガ》等に外ならぬ。其の定義は、「祭務はヴェーダによつて示された效用有る事柄である」といふのである。「*效用有る」といふのは一般效用にまで*過上包攝するを遮せんが爲であり、「ヴェーダに示された」とは食物等にまで過上包攝するを遮せんが爲であり、「事物」とは、無效の果を來すものであるから無效であるシィエーナ(鷹祭り)等にまで過上包攝するを遮せんが爲である。

五

然し、右の定義は、「*祭務とは教令《チョーダナー》を本質とする義である」と經典に述べられる定義とは矛盾する、教令といふ語は、ヴェーダ聖典中の儀軌より成る同一部を指すものであるから、といふてはならぬ。その經典に於ても亦教令といふ語は唯ヴェーダ神典のみを指して居るから。これ一切のヴェーダ聖典は祭務を說くを趣意として有するものであるによつて祭務を教說するものであるからである。

六

そしてその祭務は祭祀《ヤーガ》等であつて、「*生天を望む者は祭れ」といふ等の文句によつて天を指示して人に對して命令する。例へば、「祭れ」といふこの語には二要素がある、卽ち*祭るといふ語根《*ダーツ》と語尾《*プラテイヤヤ》とである。語尾にも亦二要素がある、動詞態《*アーキヤータトワ》と希求法《*リン》態《トワ》とである。此の中で、動詞態はすべて*十種の時・法に共通であるが、然し、希求法態は唯希求法にのみ存する。

七

又、此の二要素によつてまさしく促進力《*バアーヴアナー》が說かれる。促進力とは行動又は結果として起るべきものを實際に起ることに促がす促進者《バアーヴアイトリ》に屬する一種の働きである。促進力は二種で、言語上の促進力と目的上の促進力とである。

八

其の中で、言語上の促進力は人間の實行を促がす促進者に屬する一種の働きである。そしてそれは希求法態の要素によつて言詮はされる。希求法を聞いたときには、「これは私をして働かしむるのである」、「これは私の働きを促がす作用を有するものである」、と決定して解せしめるからである。何れのものが、何れの言語から決定して解せられるならば、其のものが、それの所詮の意味たるものである。例へば、「牛を引來れ」といふこの文句の中には、牛という言語に在る「牛たるもの」が所詮の意味である如くである。

九

そして、今いふ一種の働きは世間的文句にありては、人間の内に存する一種の意圖である。之に反して、ヴェーダ聖典的文句に於ては、人間の意圖の容る餘地は存しないから、唯、希求法等の言語の内にのみ存する。この故に、言語上の促進力と名づけられるのである。

十

そして、此の促進力は三要素を要する。即ち*成就せらるべき目的と、そを成就する方法と、*かくなさるべき手段とである。これ何をあらしめるか、何によつてあらしめるか、如何にあらしめるか、といふものである。

その中で、成就せらるべき目的の*要求にありては、下に述べる生天等の三要素を具する目的上の促進力がその成就せらるべき目的たるものとして結付く。*一つのれ(祭れのれ)といふ語尾で、二の促進力が解せられるから、ヴェーダ聖典の文句は倶にそれを言詮はして居るからである。之に反して、數、時等などは、たとひ一つの語尾で知られるにしても、尚且つ此の目的に適應しないから、成就せらるべき目的としては結付かない。

成就する方法の要求にありては、希求法等を聞く人の知が道具(方法)として結付く。然し其知の道具たることは、言語上の促進力を生ずるものとして結付くのではない。その知よりも以前に既に、その促進力は、祭れといふ言語の中に存するからであつて、むしろ言語促進力の果、即ち目的上の促進力、を生ずるものとして、知が道具であるといふのである。

かくなさるべき手段の要求にありては、ヴェーダ聖典中の釋義によつて知らしめられる稱讃がかくなさるべき手段として結付くものである。

十一

目的上の促進力は効用あるもの（生天等）を得んと欲求することから生じて、*祭祀の實行に關する働きである。從つて、その促進力は動詞態の要素によつて言詮はされる、これ動詞一般は働きを詮はすものであるからである。

十二

この促進力も亦三要素を要する。成就せらるべき目的と、そを成就する方法と、かくなさるべき手段とである。卽ち何をあらしめるか、何によつてあらしめるか、如何にあらしめるか、といふのである。その中で、成就せらるべき目的の要求にありては、生天等の果が成就せらるべき目的たるものとして結付く。成就する方法の要求にありては、祭祀《ヤーガ》等が道具たるものとして結付く。かくなさるべき手段の要求にありては、*準備祭《プラヤーヂャ》等の種々なる*支分行がかくなさるべき手段たるものとして結付く。

十三

さて、ヴェーダ聖典とは何か、と問ふならば、答ふ、ヴェーダ聖典は*人間の作でない文句である。そしてそれは儀軌と眞言と名稱と禁止と釋義との別があるので五種より成るのである。

第三　儀　軌　章

十四

其の中で、儀軌とは他のものによつては知られない實利を有する有效なものを知らしめるヴェーダ聖典の部分である。そして、それは他の根據によつては知達せられなかつた種類のものを命ずる如きかかる實利を有する有效なものを命ずるによつて儀軌といふ名の意義あるものたるのである。例せば、「*生天を望む者は事火祭《アグニホートラ》を祭れ」といふ儀軌は他の根據*では知達せられない生天*といふ實利を有する獻供《*ホーマ》を命ずるが如くである。此の文句の意味の示す所は、「事火祭の獻供によつて生天を實現せよ」といふのである。

十五

若し祭祀の實行がヴェーダ聖典以外の他の根據*によつて知達*せられたときには、その實行に關して、二次的《*グナ》のもののみを命ずる。例せば、「酪によつて祭る」といふ如きである。此の場合、獻供は「事火祭を祭れ」といふ此の儀軌によつて知達せられたから、獻供に關しては酪のみを命じて、以て「酪によつて獻供を實現せよ」となすのである。

十六

然し、若し祭祀の實行と二次的のものとの兩者が知達せられない場合には、其の際は特殊的*儀軌を命ずる。例へば、「ソーマを以て祭れ」といふ如きである。此の場合、ソーマも祭祀も二つとも知達せられて居ないものであるから、ソーマによる特殊的な祭祀が命ぜられて居るのである。それは、ソーマといふ語に於て、*ソーマを有するといふ意味が*間接的に言詮はされて居るから、その文句の意味の示す所は、「ソーマを有する祭祀によつて所望の果を實現せよ」といふのである。

十七

然し、ソーマの祭祀と祭祀の實行との兩者の命令の間には文句の分裂は存しない。それは各別に兩者を命令して居るのではないからである。さうでなくて、むしろ特殊的なものの一つのみを命令して居るからである。

十八

また、「生天を望む者は*ソーマ祭《ヂョーティシュトーマ》によつて祭れ」といふ儀軌によつて知達せられた祭祀《ヤーガ》に關して、「ソーマを以て祭祀を實現せよ」はソーマについての二次的*命令に外ならぬものであるべく、何ぞ所有の意味を間接的に詮はすとする要はないといふてはならぬ。何となれば、この儀軌は*資格的儀軌であることによつて、*生起的儀軌たることは不可能であるから。

十九

「*家畜を望む者は芽生祭《ウドビド》によつて祭れ」といふのが、「ソーマ祭によつて」といふのと同じく、また生起的と資格的との儀軌であるべきではないか、といふならば、然らず。何となれば、「芽生祭によつて」といふ實例に於ては、他の生起的の文句は存しないことによつて、其の他に解釋することの不可能なるにより、同様なことに依つて居るからである。更に、「ソーマ祭によつて」といふのに兩種の儀軌たることがあるならば、實に此の文句によつて祭祀とそれの果との結合も亦説かれて居ると解せらるべく、従つて明かな文句の分裂である。故にソーマといふ語に於ては、ソーマを有するといふ意味が間接に言詮はされて居る爲に、特殊的命令であるのである。

二十

儀軌*は四種である。㈠生起的儀軌と、㈡應用的儀軌と、㈢資格的儀軌と、㈣實行的儀軌とである。

二十一

此の中で、(第一)生起的儀軌は*行祭《カルマ》の自相(一般的性質)のみ知らしめる儀軌である。例せば、「事火祭《アグニホートラ》を祭れ」といふ如きである。そして此の儀軌の中には、「事火祭の獻供《ホーマ》によつて望まれた果を實現せよ」といふ意味で、行祭が祭事の道具たるものとして結付いて居るのである。*然し、「獻供をなせ」といふ意味が成就せらるべき目的として結付いて居るのではない。

二十二

然し、祭祀には材料の事物と捧げられる神格*との二つの相(成分)がある。故に、その相がヴェーダ聖典中に述べられて居ないのに、「事火祭を祭れ」といふ儀軌が、どうして生起的儀軌たるのか、それたり得ないでないか、むしろ事火祭といふ語は、*ヴェーダ聖典中の他の文句が「それの説明である」といふ法則《ニャーヤ》によつて、名稱たるものであるから、と若し言ふならば、然らず、何となれば、その相がヴェーダ聖典中に述べられて居なくとも、それは生起的儀軌たるものであるからである。然らざれば、「酪を以て祭る」といふのが、その相が聖典中に述べられて居るから、そのまま生起的儀軌となるであらう。しからば、「事火祭を祭れ」といふ文句は無意味のものとなるであらう。

二十三

（第二）應用的儀軌とは、祭祀の*成分資具《アンガ》と*主要のもの《プラダハーナ》との結合を知らしめる儀軌である。例せば、「酪によつて祭る」といふ如きである。何となればその儀軌は第三具格によつて祭祀の成分資具であると理解せられた酪が、酪によつて獻供を實現せよとの、獻供と結合して居ることを命令するからである。

そして、*二次的儀軌にあつては、語根の意味が成就せらるべき目的として結合するのである。（然し、生起的儀軌と資格的儀軌とには方法として結合する。）或る場合には、祭事の依止たるものとしても結合する。例せば、「*祭官は*諸根の力を望む者の爲に酪によつて祭れ」といふが如きである。これに於ては酪の道具たることによつて諸根の力を實現せよと〔の〕意味である。そして其の道具たることは何に據つて居るかとの疑については、近くにて知達せられた獻供に、依止したるものとして結合して居るといふのである。

二十四

この應用的儀軌には助けとなる六種の根據《プラマーナ》がある。⑴直説と、⑵特相と、⑶文章と、⑷文勢と、⑸位置と、⑹名稱とより成るものである。今いふ六種の根據のために助けられた此の應用的儀軌によつて、生天等の目的を追うて活動する所作にて成就せらるべき目的より成るもの、他語でいへば他に依ること、の成分たることが知らしめられるのである。

二十五

其の中で、⑴直説とは獨立の語である。そしてそれは、命令するもの《ヴィダハートリー》と、表示するもの《アビヒダハートリー》と、應用するもの《ヴィニヨークトリー》と、の三

の結合が理解せられるものが即ち應用するものである。

種である。此の中、第一は希求法等より成るもの、第二は米等の直說、そして何れの語でもそれを聞くことのみでそ

二十六

その應用するものは又三種である。(a)格語尾《ヴイバハクテイ》より成るもの、(b)一語中の共通要素で表示するもの、(c)一語中の異要素で表示するもの、である。

二十七

此の中、(a)格語尾より成る直說によつては成分資具《アンガトワ》が示される。例せば、「諸の米粒を以て祭れ」といふ如きである。これ第三具格の語尾によつて諸米粒が祭祀の成分資格が示される。其の諸米がまた新・滿月祭に供へる菓子《プロダーシヤ》の材料たることによつて、恰かも獸類の心臟等より成る供物《ハヴイス》の材料たることによつての如くに、祭祀の成分資格たることが示される。また、「黃褐色の一歲の牛を以てソーマを買ふ」といふ此の文句に於ては黃褐色であることがまた第三具格の直說でいはれて居るので、買入れの成分資格たること〔が〕知られる。これも亦牛といふ事物を限定することによつて買入れの成分たることが知られるのであつて、決して直接的に成分となるからではない。何となれば、有形物たるのではないからである。

(第二業格の場合の二例)「諸米粒に水を灑ぐ」といへば、水を灑ぐことが諸米粒に對して成分たることを第二業格による直說で知らしめる。然しその水灑ぎは諸米粒の自相の爲めではない。何となればその自相は水灑ぎが無くとも可能であるから。然し無前力《アプールヴハ》を生ずる爲に用ひられるのである。蓋し、諸米粒に水灑ぎしなくば、祭祀を實行しても、無前力は不可能であるからである。此の如くすべての成分資具に於ては無前力を生ずる爲に用ひられるのが成分資具

たるものであると知られるのである。

之と同じく、「私は眞實《リタ》(眞理の果)の此の手綱を捉つた」といふ眞言《マントラ》を以て、「彼は馬の手綱を取る」といふ此の文句に於ても第二業格による直説で、眞言が馬の手綱を言詮はす成分となつて居る。

(第七〔於〕格の語尾による例)「若し三火中の東火《アーハバニーヤ》の中に於て祭る」といへば、三火中の東火の獻供たることが第七於格によつて示される。此の如くに、亦他の格語尾による直説で應用的のものも知らるべきである。

二十八

「獸を以て祭れ」といふ此の文句に於ては、單數たると男性たるとの二について、それに共通な要素なるを言詮はす直説によつて、第五具格の格形《カーラカ》の成分たるを示して居る。

二十九

「祭れ」といふ動詞によつて言詮はされた單數によつて目的上の促進力の成分たることが、二つに共通な要素を言詮はす直説の、又同時に一語の異要素で表示する直説で、祭祀の、要素たることが知られる。

三十

然し、有形物でない其の單數が、どうして促進力の成分要素であるか、というてはならない。何となれば、祭祀を爲す者《カルトリ》を決定するから、數が促進力に對して成分要素たることが適合するからである。

三十一

そして行祭者《カルトリ》は文章の含意によつて知られる。何となれば、動詞によつて促進力が言詮はされるから。又、其の促進力は行祭者無くしては不可能であるので、從つて、其の行祭者を含意するのである。

三十二

今いふ此の直説は他の特相《リンガ》等の根據よりも一層有力である。特相等にあつては、應用を示す直接的《プラテイアクシヤ》の語は存しなくて、而も推知せられるのみ。そして其の直接等の根據によつて應用を示す語が推知せられる間に、直接的に示す直説によつて應用が爲されることで、これ等の特相等の推知の力は除かれたので、直説は一層有力なのである。此の故に、インドラ《アインドラ》に捧げた眞言によつて、特相からインドラを崇拜する爲のものではなく、却つて「インドラに捧げた眞言によつて、三火中の西火、卽ち家長の火《ガルハパテイヤ》、を崇拜する」といふ此の文句に於ては、「家長の火を」といふ第二業格の表はす直説によつて、家長の火を崇拜する爲のものであることが示されるのである。

三十三

(2)特相とは語の能力《サーマルテヒヤ》である。例せば、「特相とは一切の語(卽ち事物《バハーヴハ》)の能力であると稱せらる」といふ如くである。能力は習慣的用法《ルーディヒ》に外ならない。故に、これは第六の根據の名稱《サマーキヒヤ》とは異なる。何となれば、語根から直ちに意味の明かとなる語である名稱は、習慣的用法より成る特相の語とは異なつたものであるからである。それ故に、私は祭草《バルヒス》を神の座として刈る」といふ眞言は吉祥草《クシヤ》を刈ることの成分資具たるを示すが、然し、ウラパ草等を刈ることに對する成分資具たるを示すものでない。何となれば、その眞言中の「祭草を私は刈る」といふ特相からは、それを刈ることを明かにするの能力があるからである。同時に、他の場合にありても、亦特相から應用が見らるべきである。從つて、此の特相は第三の文章等よりも有力である。此の故に、「私は卿の爲に快き座を造る」といふ眞言は新・滿月祭に捧げる菓子の座を造ることの成分資具たる〔を〕示して居る。何となれば、「私は座を造る」といふ特相から知られるのであつて、決して文章からではないが故である。

三十四

(3)文章とは關係的に言詮はされて居る語である。そして、關係的に言詮はされて居ることとは、それによつて成立せらるべき目的等の關係を言詮はす第二業格等が無くとも、事實上、支分と主分との關係を言詮はす二語を倶に發音することである。例せば、「パルナ木で作つた杓子を有する人は惡い評判を聞かない」といふ如くである。此の文句ではパルナ木と杓子との二が關係的に言詮はされて居るから、パルナ木といふ支分が杓子といふ主分の成分資具であることが示される。然し、それは無意味である、何となれば、他のものから造つたにしても、杓子は完成したものであるから、と言うてはならぬ。何となれば、杓子といふ語によつて、その杓子で成立せらるべき無前力を間接的に言うて居るからである。故にこの文句の意味は、パルナ木によつて造られた杓子によつて分たれた供物を持することで、杓子による無前力を實現せよ、といふことになる。そしてかくの如く、若しパルナ木で杓子が造られるならば、然らば、その杓子によつて成立せられる無前力があるのであり、他のもので造られたのではそれは無と推知せられる。この故に、パルナ木たることによるのは無用ではない。そして又、分たれた供物を持することで、というのも必然的に言はれねばならぬのである。何となれば、それでなくば小杓子等に於ても亦パルナ木たることが存するからである。今いふこのパルナ木たることは孤立的規定で述べられて居ても、一切の原本《プラクリテイ》祭祀に關係するのであつて、變形《ヴイクリテイ》祭祀に關係するのではない。そして變形祭祀にありては、移置規則《チヨーダカ》によつてもパルナ木たることの適用が可能であるから、重言の過に陥るが故である。

三十五

何れにあつても總體の成分資具をまとめ示すものが原本祭祀である。例せば、新月・滿月祭等の如くである。その祭を述べる所に於ては一切の成分資具が說明せられて居るから。又、何れに於てもすべての成分資具がまとめ示されて居ないのが卽ち變形祭祀である。例せば、太陽に供物を捧げる祭《サウリヤ》等の如きである。その祭に於ては幾分かの成分資具は說明を移置《アティデーシャ》することによつて知達せられるものであるから。孤立的儀軌は原本祭祀に通ずる共通儀軌である。

三十六

この文章は次の文勢等よりも有力である。此の故に、「インドラ・アグニよ、此の供物を卿等は受けた、成長せしめた、力強くした」等の三動詞の中の一文章から、新月祭に對する成分たるを示す。然し文勢から、新月祭・滿月祭に對する成分たるを示すのではないと知られる。

三十七

(4)文勢とは兩方から互に意味を補ふことの豫期である。例せば、準備祭《プラヤージャ》等に於て「薪を祭る」といふ等の文句に於ては特種の果が示されて居ないから、「薪祭祀《ヤーガ》によつて實現せよ」といふ理解に次いで、「何が」(實現せらるべきか)との結果されるものを豫期する。新・滿月祭を述べる文句にありても亦「新月祭・滿月祭によつて生天を實現せよ」といふ理解の直後に、「如何にして」(實現するか)と結果の豫期がある。そして此の如くに、兩方から互に意味を補ふことの豫期によつて、準備祭等が新・滿月祭の成分たることが示される。

三十八

そしてその文勢は二種である。大文勢と中文勢とである。

三十九

其の中で、大文勢とは主たる促進力即ち果の、または目的上の、促進力と關係を有する文勢である。そして之によつて準備祭等が新・滿月祭の成分たること〔が〕知られるのである。又これは原本祭祀のみに存する。これ兩方から互に意味を補ふに對する豫期が可能であるからである。然し、變形祭祀に存するのではない。その變形祭祀に於ては「原本祭祀の如くに變形祭祀が爲されねばならぬ」といふ説明を移置することで、如何にあるべきかに對する豫期が息んだから、新らしい《アプールヴ》成分も亦兩方から互に意味を補ふ豫期によつての適用が不可能であるからである。故に新らしい成分は、文勢からでなくて、唯、第五根據の位置《スタハーナ》からのみ、變形祭祀の爲であると見らるべきである。

四十

中文勢とは成分の促進力と關係を有する文勢である。そしてこの中文勢によつて準備祭等に近づくこと等がそれ等の成分たることが知られるのである。そしてそれは火箸《サンダンシャ》のみによつて知られる。そしてその火箸の無いときには、差別なく、一切の果の促進力即ち主たる促進力の如何にあるべきかを示すとして誤り解する爲に、準備祭に近づくこと等の主要《プラダハーナ》祭祀の成分となるからである。

四十一

火箸とは一の成分を複說することによつて、命令されつつある準備祭と成分との二の成分の中間に於て命令されたことである。例せば、火に近寄る式に於けるが如くである。何となれば、それは「彼は實にウパブァリト木の杓子からヂュフー木の杓子に新酪《テーラス》を移す」等によつて準備祭の複說を以て或る成分を命じて、「此の如くに知る人々に、準備祭が祭られるならば、これ等の世界から諸の敵が追出されるし、彼は火に近付きつつ、勝利の爲に祭る」と命ぜられる。其の直後にも亦、「實に諸の準備祭の交合《ミツヒナ》を知るものは」といふ〔こと〕等によつて或る成分が命ぜられる。此の故に、準備祭の成分の中間に於て命ぜられた火に近づくことがその準備祭の成分である。準備祭によつて無前力を作つて、祭祀《ヤーガ》の助けを實現せよと知つたときに、「如何にこれ等の準備祭によつて無前力が作られるか」といふ如何にあるべきかに對する豫期が起るからである。そして其の豫期は火箸について述べられた火に近づくこと等にて消される。然し、成分の促進力にも如何にあるべきかに對する豫期が無いのではない。何となれば、促進力の共通性として、その準備祭等の成分の促進力に於ても亦、如何にあるかに對する豫期が起るからである。

四十二

今いふ此の文勢は行祭のみの直接の適用である。然るに、事物と其の特性とは其の行祭の門、即ちそれに適用されるもの、である。例へば、「生天を望む者は祭れ」といふ此の果の、即ち目的上の、促進力に於ては如何にあるべきかに對する豫期について、すぐ近くの文に述べられて而も直接には述べられない果を有する行祭の群の助けるもの、即ち目的、を豫期するので、即ち作さるべき手段として結合するのである。世間に於て行祭は如何にあるべきかに對する豫期と結合滿足することが見られるからである。何となれば、「斧を以て斷つべし」といふ此の如何にあるべきかに對する豫期に於て、言詮はされて居ても、手は結付いて居なくて、却つて手を以て上げて下げるから、上下することのみが結合するのみであり、そして手が上下することによつて結付くと、これが萬人に知られ〔る〕ことである。

四十三

そして此の文勢は第五位置等よりも有力である。此の故に、「彼は骰子で遊戯する、彼は王族に打勝つ」と骰遊戯《ヴイデーヴハナ》等の法が灌頂式《アビヒシエーチヤニーヤ》の近くに於て述べられて居ても、位置の故に灌頂式の成分ではなく、却つて文勢上即位式《ラーヂヤスーヤ》の成分であることが知られるのである。

四十四

(5)位置とは場所の共通することである。それは二種である。本文の場所の等しいものと、祭の實行の場所の等しいものとである。位置と順序とは同義語である。本文の場所の等しいものも亦二種であつて、數に應じての本文と接近しての本文とである。

四十五

その中で、「アインドラーアグニに十一の菓子皿《カパーラ》を捧げよ」といふ〔の〕と、「ヴァイシュヴァーナラに十二の菓子皿を捧げよ」といふ此の如くに命ぜられた順序のものに於て、「インドラ・アグニは天の二の輝ける所である」といふ等の祭祀の讃歌と祈願の讃歌との眞言の數に應ずるものがある。第一のアインドラーアグニといふ〔の〕には第一の祭祀の讃歌と祈願の讃歌とを、第二のヴァイシュヴァーナラといふ〔の〕には第二のものをと此の如き適用が數に應ずる本文であるから。何となれば、第一の本文の眞言に如何なる意味があるかの豫期があるとき、第一のものに命ぜられた實行のみが第一のものに役立つからである。これ等しい場所にあるからである。第二の眞言についても亦此の如くである。

四十六

原本祭祀の成分の複説無くして、又火箸となつて居なくて、命ぜられた變形祭祀の諸成分の變形祭祀の目的たることが接近の本文から判る。例せば、諸のアーマナ獻供の成分の如くである。何となれば、それ等の變形祭祀の成分の如何なる意味あるかに關する豫期に於て、變形祭祀の無前力といふ果が生ずべきものとして結合されるからである。これ役立つからであり、又、獨立の果を生ずるものであるに於ては、變形祭祀と接近の本文たるは無意味に陷るからである。

四十七

犧牲獸を清淨にするの法がアグニーショーミーヤ獸(ソーマ祭にて捧げる第一の獸)の爲なることは祭の實行の場所の等しいことからである。ソーマ祭の初日の斷食祭の日に於てアグニーショーミーヤに捧げる獸が犧牲として捧げられ、その同じ日に於てそれ等の清淨にする法が述べられて居る。それ故に、これ等の清淨にする法について如何なる意味があるかの豫期に於て、捧げられるものとして役立つ獸の無前力が實現されるものたることと關係するのである。

そして此の第五位置は第六名稱よりも有力である。此の故に、清めの眞言が集合供物《サーンナーイヤ》の鉢《パートラ》の成分たることが本文の場所の等しいことから示されて居るのである。然し決して「パウローダーシカ」といふ名稱によつて新・滿月祭《プローダーシャ》の鉢の成分たるのではない。

四十八

(6)名稱とは語源から意味の明かな語である。そしてこれは二種で、ヴェーダ(神典)的と世俗的とである。其の中で、「勸請官《ホートリ》の盃《チヤマサ》」といふヴェーダ的の名稱によつて、勸請官がその勸請官の盃の內容を飮むことの成分たるを示し、「アードゥヴハリヤヴハ(アドゥヴハリユ、行祭官の)の」といふ世俗的の名稱によつて、行祭官《アドゥヴハリユ》がそれぞれの事物の成分たるを示す。以上が簡潔な說明である。

以上此の如く直說等の六種の根據が略して說明せられた。

四十九

これ等六種に助けられた應用的儀軌によつて「薪等に助けられて新・滿月祭によつて祭れ」といふ此の如き應用的儀軌にて適用されるすべての成分は二種である。卽ち、完成の種類のものと、行祭の種類のものとである。其の中で、完成のものは類《ヂヤーテイ》と個物《ドラヴイヤ》と數《サンキヤー》と等である。そしてそれ等は可見的目的のものに外ならない。然し行祭の種類のものは二種で、二次的行祭と、一次的行祭とである。これ等の二種が卽ち「直接的に助けをなすもの《サンニパテイヤ》」と、又、「間接的に助けをなすもの《アーラード》」と稱せられるのである。

五十

間接的に助けるものとは行祭の成分たる個物・神格等を指示して命ぜられつつある行祭である。例せば、「脫穀」、「水灑ぎ」等の如くである。そしてそれは可見的目的と不可見的目的と可見・不可見的目的とのものである。此の中で、脫穀等は可見的目的、水灑ぎ等は不可見的目的、獸の犧牲祭に供へる團子等は可見・不可見的目的のものである。

何となれば、獸の犧牲祭に供へる團子は個物を捧げる部分としては唯不可見的のみ、そして、神格に關する部分としては神格を憶念する可見的目的を作す。そしてこの同じものが「依止行祭《アーシュラヤカルマ》」と稱せられる。

五十一

直接的に助けるものとは事物を示さずして單に命令される行祭である。例せば、準備祭等の如し。

五十二

そして直接的に助けるものは最高の無前力を生ずるについて用ひられる。然るに間接的に助けるものは事物、神格、拂淨《サンスカーラ》等によつて祭祀の自相に於ても用ひられる。

以上、此の如く簡單に應用的儀軌が說明せられた。

五十三

(第三)實行的儀軌とは實行の速疾を知らせる儀軌である。そしてそれは成分を命ずる諸文章と文章と同一文章になつた主要儀軌に外ならぬ。何となれば、それは成分を有する主要儀軌を實行せしめつつ、遲延に對する根據が無いから、無遲延と同義語である實行速疾を命ずるのである。然し、それの無遲延に關しても亦根據が無いというてはならぬ。何となれば、遲延に於ては、成分を有する主要儀軌と同一文章たることから知られたそれと倶なることが不可能であるからである。遲延によつて祭を實行しつゝある成分と主要との二つ物の中で、「これはこれと倶に爲された」と二が倶なることを言詮はすことは無いから。そしてその無遲延は、定まつた順序《クラマ》に據られるときに、起るのである。何となれば、さうでなくば、これがこれの直後に爲さるべきであるか、或はそれの直後にか、と實行の混亂に陷るからである。此の故に、實行的儀軌は實に命ぜられる行動を自身で實行の速疾が成立する爲に定まつた順序をも事物の特殊性として命ずるのである。從つて、「實行的儀軌は諸成分の順序を知らせる儀軌である」といふ定義をも有する。

五十四

その中で、順序といふは特殊の連絡、又は前後關係より成ることである。

五十五

その順序には六根據がある。⑴直説と、⑵意義と、⑶本文と、⑷位置と、⑸主要事と、⑹實修とであるといはれる。

五十六

其の中、⑴直説とは順序を主として言詮はす語である。それは二種で、單に順序を主とするものと、その順序によつて制限せら〔れ〕事物《パダールタハ》を主とするものとである。其の中で、單に順序を主とするものは、「ヴェーダ、即ち吉祥の一握り、を作つてヴェーディ、即ち祭壇を造る」といふのである。祭壇を造ること等は他の語によつて知達せられて居るからである。然し、順序によつて制限せられ事物を主とするものは、「最初の食はヴハシャットを唱へる人、即ち勸請官、に屬する」といふのである。何となれば、一つの文句の流れを破るを恐れて、食ひ方に關説により順序のみ命ずることは不可能であるからである。

五十七

今いふ此の直説は他の根據に比して有力である。それ等は語、即ち直説、を含んで居ることで順序の根據たるのであるからである。此の故に、ソーマ祭に於けるアーシュヴィナ杯《グラハ》は、本文にある順序からは第三の位置に於て、取ることが用ひられて居ても、「アーシュヴィナ杯は第十として取られる」とある語、即ち直説、から第十の位置に於て取ることがいはれて居るのである。

五十八

(2)何れに於ても實修の爲に順序の決定するものが卽ち意義の順序である。例せば、「彼は火祭《アグニホートラ》を捧げる」、「彼は糜《ヤヴァーグー》を煮ろ」といふ火祭と糜との二に於けるが如くである。何となれば、此の中では糜が供物《ホーマールタハ》たるものであるから、それを煮ることは實修の爲に先に實行されるからである。そしてそれは本文にある順序よりは有力である。何となれば本文に應じて實行すれば、既に定まつて居る實修を破壞し、叉、可見的意義なきものとなるであらうから。何となれば、供物の直後に作される煮ることには何等の可見的の實修すらも無いからである。

五十九

(3)何でもすべて事物《パダールタハ》を知らしめる諸文句の順序なるものが卽ち本文の順序である。そして事物の順序はその本文の順序から定まる。何となれば、何れの順序によつて諸文句が述べられるにしても、其の同じ順序によつて讀まれたものが物の考を生ずるのであるから。そして其の考に應じて諸事物が實行されるのである。而してその本文は二種である。眞言《マントラ》本文とブラーフマナ本文とである。其の中で、火に捧げる《アーグネーヤ》新・滿月祭の菓子、火とソーマとに捧げる《アグニーショーミーヤ》新・滿月祭の菓子に關して、それぞれの祭の讚歌と招請の讚歌との本文から從ひ定められる順序が卽ちこれ眞言本文からのものである。

六十

今いふ此の眞言本文はブラーフマナ本文よりも一層有力である。祭の實行に於てはブラーフマナの文章に比して一層密接であるからである。何となれば、ブラーフマナの文章は實行の外にあるのみで、「これは(此の如くに)爲さるべきである」と知らせて目的を達し、而も實行のときには用ひられないからである。然るに眞言は實行の時に實際に用ひられる。これ實行の順序は實行せらるべき事物の憶起されて居る順序に基づくからである。そしてその順序が眞言の中の順序に基づくから、此の眞言本文は實行に一層密接であるのである。

六十一

「彼は薪《サミドフ》(祭の名)を祭る」、「彼はタヌーナパート(第二の準備祭)を祭る」といふ此の如き種類の本文の順序等によつて準備祭の順序がブラーフマナの本文の順序から知られる。たとひブラーフ[マ]ナの文章が目的を命じて、目的が達せられたとしても、準備祭等の順序を憶起させる他のものは無いから、これ等の文章のみが順序を憶起させるものとして認められるのである。

六十二

(4)位置といふのは現はれること《ウパステヒイティ》である。何となれば、何れの祭の場所に於てでも、何れかが實行されるにしても、その祭よりも以前に於て事柄《パダールタハ》が爲されたときに、それが第一に現はれるから、その現はれたものを第一に實行するのが適當である。此の故にソーマ一日祭《サーディヤスカ》に於てアグニーショーミーヤ(ソーマ祭に捧げる第一獸)、サヴハニーヤ(ソーマ三祭に捧げる第二獸)、アーヌバンディヒヤ(ソーマ祭に捧ぐる第三獸)がソーマ祭《サヴハニーヤ》に捧げる第二の場所に於て倶に實行されねばならぬときに、最初にはソーマ一日祭に捧げる獸についての實行があり、他の二つは其の後に於てである、其のソーマ一日祭の場所に於てアシュヴィンに捧げる杯を取る直後にソーマ祭に捧げる杯が第一に現はれるからである。

六十三

それ故に、ヂョーティシュトーマ（最初のソーマ祭）に於て三の獸の祭祀がある。アグニーショーミーヤとサヴハニーヤとアーヌバンディヒヤとである。そしてそれ等は異なつた場所のものである。アグニーショーミーヤは斷食祭《アウパヴハサテイヤ》の日に於て、サヴハニーヤはソーマを搾る時《ステイヤーカーラ》に於て、然し、アーヌバンディヒヤは終りに於てである。そしてサーディヤスカといふはソーマ祭祀の特殊であり、そしてそれは神格を明白にして居ないから、ヂョーティシュトーマの變形である。故に其の三の獸の祭祀もサーディヤスカに於て說明《チョーダカ》が移されることによつて知られるのである。そしてそれ等がそのソーマ一日祭に於て倶に行はれることを「獸を倶に祭れ」と直說されるのである。そしてその直說されて居る倶に行はれることはサヴハニーヤ祭の場所に於てである。これそのサヴハニーヤ祭は主要祭祀に近いから、又、それぞれの位置より他の二を移すことが距りに於て等しいからである。

六十四

實にサヴハニーヤ祭の場所に於て實行せられるときには、アグニーショーミーヤとアーヌバンディヒヤとにはそれぞれの自己のみの位置を移すことがある。然るにアグニーショーミーヤの場所に於て實行されるときにはサヴハニーヤに自己の位置を移すことのみである。（そしてこれはアグニーショーミーヤの場所がサヴハニーヤの場所から移されるのである。）之に反してアーヌバンディヒヤは自己の位置から移されることと、又、サヴハニーヤの位置から移されることとがあるであらう。此の如くに又アーヌバンディヒヤの場所に於てアグニーショーミーヤの位置の移ることについても見らるべきである。

六十五

故に、サヴハニーヤの場所に於て一切の實行がなされねばならぬから、サヴハニーヤが最初の實行である。何となれば、サヴハニーヤの場所はアシュヴィンの杯を取る直後であるからである。原本祭祀に於て、「アシュヴィンの杯を取つて、三重の紐により柱を丸く結んで、火に捧げられたサヴハニーヤの獸を近くに引く」といひ、アシュヴィンの杯を取る直後にサヴハニーヤが命ぜら〔れ〕て居る。故にサーディヤスカに於ても亦アシュヴィンの杯を取ることが爲されたときに、サヴハニーヤが最初に現はれるのである。この故にサヴハニーヤの位置から最初に實行さるることが適當なのであり、之に反して他の二のものについては後になすと說かれて居るのである。

六十六

(5)主要祭祀の順序によつて何れの諸成分の順序が依り定められるのが、卽ち主要事による順序である。何となれば、何れの順序によつて主要祭祀が爲されるにしても、若しその同じ順序によつてそれ等の諸成分が實行されるのであるならば、然らば一切の諸成分はそれぞれの自己の主要祭祀と等しくして離れて居るからである。然るに逆の順序で實行されるに於ては、或る諸成分は自己の主要祭祀と絕對的に不離であり、或る他の諸成分は絕對的に離れるであらう。然しそれは適當ではない。これ實行的儀軌によつて知達せられた倶に行ふことと矛盾に陷るからである。此の故に、主要順序も亦成分順序に對する因である。それであるから、準備祭の殘りの酥を以て最初に火に捧げる供物に灌ぐことを爲し、其の後にインドラに捧げる酪に灌ぐ。火に捧げる祭祀とインドラに捧げる祭祀とには前後の順序があるからである。そして此の如く二つに灌ぐことはそれぞれ自己の主要祭祀と等しくして一つによつて離されて離れるのである。然るに逆の順序によつて灌ぐに於ては、火に捧げる供物に灌ぐことと、火に捧げる祭祀とが絶對的に不離である。インドラに捧げる酪に灌ぐこととインドラに捧げる祭祀とが二つによつて離されて離れる。然し、それは不適當であると已に言はれて居ることである。

六十七

而して其の主要事による順序は本文による順序よりも力弱い。何となれば、主要事による順序は他の根據に基づく主要祭祀による順序の考に基づいて、遲延せる考のものであるからである。然るに本文による順序は獨立なヴェーダ《スワーディ》神典《ヤーヤ》の本文による順序にのみ基づくから此の如くではないので、有力なのである。

六十八

そして今いふ此の主要事による順序は次の實修による順序よりも有力である。何となれば、實修による順序に於ては多數の諸成分は主要祭祀から隔たるからであり、之に反して主要事による順序に於ては近づいて居るからである。

六十九

(6)多くの主要祭祀が倶に實行せられるときに間接的に促がす諸成分が繰返し實行されねばならぬ場合、第二等の事柄が最初に實行された事柄の順序から定められる順序が卽ち實修による順序である。例せば、生主神《プラヂャーパティ》に捧げる獸の諸成分に於けるが如くである。何となれば、生主神に捧げるものが「一切神《ヴハイシュヴハデーヴィー》への捧げを爲して、生主神に捧げるものを以て彼等はなす」といふ文章によつて、第三具格に示されて居るから、そのかくなさるべきである手段が同一時のものとして命ぜられて居るからである。此の故に、これ等の生主神に捧げるものと、それの諸成分、即ち獸を近くに引來ること、柱に縛ること等とが、倶に行はれることとしなさるべきである。そしてその倶に行はれることは生主神に捧げる獸が神に認められたと同一時に實行することから起る。その生主神への捧げの諸成〔分〕と近くに引來ることとは同一時に實行されることは不可能である。故にこれ等の近くに引來ること等の倶に行はれることは離れずに實行することがなされるのである。そして離れずに倶に行はれる一を近くに引來ることを命じて他のものを近くに引來ることが命ぜらるべきである。縛ること等も亦此の如くである。故に生主神に捧げるものに於て何れかの獸から始めて、一を一切の處で實行し已つて、第二等の事柄がそれと同じ此の順序によつて實行な〔さ〕るべきである。それが卽ち實修による順序である。

此の實修による順序は直說等よりも力弱い。以上、此の如くに略說して六種の順序の說明によつて實行儀軌が說明せられた。

七十

(第四)資格的儀軌とは行祭より生ずる果の所有者を知らしめる儀軌である。行祭より生ずる果の所有者たることは行祭より生ずる果の享受者たることである。そしてそれは㈠「生天を願ふ者は祭れ」等より成るものである。生天を示して祭祀を命ずる此の儀軌によつて生天を願ふ者が祭祀から生ずる果の享受者たることを知らしめる。㈡「祭壇に火を置いた人の家を火が燒く其の人は瘦せた火に八箇の皿に盛つた團子を投げる」等の儀軌によつて、火の燒く等の機會に於て行祭を命じて機會を有する人が行祭より生ずる惡の消滅といふ果の所有者であることが知られるのである。此の如く亦㈢「每日三時に祭れよ」といふ等によつて、淸淨に、而も命ぜられ〔た〕時を持つての生活をなす人に、三時の禮拜によつて生ずる罪の除却といふ果の所有者たることが知られる。

七十一

そして其の果の所有たることは資格に制限せられた所の人にのみ屬する。而して人間の特性たるものとして儀軌の文句に於て直說せられるもののみが卽ちその資格である。例せば、隨意の行祭に於ては果を願望すること、場合場合の行祭に於ては機會の決定、常住の行祭、卽ち三時の禮拜等、に於ては淸淨に而も命ぜられた時を以ての生活たることが卽ち資格であるが如くである。此の故に、「天上の支配を欲する王は卽位式《ラージャスーヤ》の祭によつて祭れ」といふ此の儀軌の文句によつて天上の支配を示して卽位式の祭を命じつつも、單に天上の支配のみを欲する人にその果の享受者たることが知らされるのみではない。然し王であつて天上の支配を欲する者にのみ屬するのである。何となれば、王たること、卽ち刹帝利たること、がまた資格者の特性たるものとして直說せられて居るからである。

七十二

然し或る場合には、人の特性として直說せられて居なくとも、また資格者の特性たることがある。例せば、ヴェーダ神典の研究の儀軌によつて完成せられた知識の如きである。諸の犧牲《クラツ》儀軌の物の知識に基づいて居るによつてヴェーダ神典研究の儀軌の完成せる物の知識を有する人に對してのみ働きがあるからである。此の如くに、火によつて成立される行祭に於ても火を置くことの完成せられた火を有することが資格である。火によつて完成される行祭が火に基づくから、その儀軌は火を置くことによつて完成される火を有する人に對してのみ働きがあるからである。此の如くに能力も亦資格である。「力は意味を語る動詞と共力する」といふ格律によつて、能力に對してのみ儀軌の働きがあるからである。

以上、此の如く儀軌が說明せられ終つた。

第四　眞言章

七十三

眞言とは行ずべき祭祀に含まれて居る意義(目的)を憶起せしめるものである。そしてこれ等の目的は此の如き目的を憶起させるものとしてのみの意義を有するものである。然しそれを發言することは不可見的目的の爲のものではない。何となれば、可見的の果のものなることが可能であるに、不可見的のものを想定するのは不適當であるからである。然し可見的の目的の憶起は他の方法ですら可能であるから、眞言を發言することは無意味であるというてはならぬ。「眞言によりてのみ憶起せられねばならぬ」といふ決定儀軌《ニヤマヴイデイヒ》に依基するからである。

七十四

決定儀軌といふは種々なる方法《サーダハナ》によつて成立される行祭に於て、一の方法によつて達成されたとき、未だ達成されれない他の方法を達成せしめる儀軌である。例せば、次の如く言はるるが如し、

「絶對的に達せられないものに於ては
　新儀軌が命ずる。
一部分の達せられざるもののあるに於ては
　決定儀軌《ニヤマ》が命ずる。
そこに於て並びに他所に於て達せられざるに於ては

アルタハ・サングラハ

簡除儀軌が命ずる、と説かれる。」といふ。

これの意味は次の如し。他の根據によつて達せられないものには新《アプールヴァ》儀軌《ヴィディヒ》がそれに達せしめる儀軌である。例せば、「生天を願ふ者は祭れ」等の如し。生天を目的とする祭祀は他の根據によつては達せられないのに、此の儀軌がそれを命ずるから。一部分に於て達せられないものに達せしめる儀軌は決定儀軌である。例せば、「彼等は米を打つ」等の如し。どうして此の儀軌が一部分に於て達せられないのを達せしめるものであるのかと若し問ふならば、下の如し、卽ち、何となれば、此の儀軌によつて打つことが穀《モミ》を取る目的たることが知らしめられるのではなく、肯定法と否定法とで成立せられるものであるからである。むしろ決定であり、而もそれは達せられない成分(部分)を滿たすものである。何となれば、穀を取ることは種々なる方便で成立されるものであるから、若し打つことを捨てて他の方便を取ることを始めるときには、其の時には、打つことは達せられないものとして、それを命ずることは達せられない成分(部分)を滿たすことに外ならぬのが此の儀軌によつてなされるのである。そして此の故に決定儀軌に於ては達せられない成分(部分)を滿たすことより成る決定こそが文句の意味であるのである。卽ち一部分に於て達せられない打つことの命令であるといふ程の意味である。

七十五

そして簡除儀軌とは二つのものが同一時に達せられるときに他を否定するを主とする儀軌である。例せば、「五匹の五爪の獸が食はるべきである」といふ如きである。何となれば、此の文句は五匹の五爪の獸を食ふことを主(目的)となすのではなく、それを食ふことは貪欲より達せられることであるから、又、決定を主とするものでもない。五匹の五爪と、五匹の他の五爪とを食ふことが同一時に達せられるから、一部分に於て達せられないことは無いが故である。此の故に、此の文句は五匹の五爪でない獸を食ふことを止めることを主とするものである。從つて簡除儀軌である。

七十六

又、その簡除儀軌は二種で、直説的《シュラウテイー》と譬喩的《ラークシキー》とである。此の中で、「彼等は此の中でのみ實にサーマンを插入する」といふのが直説的簡除である。「のみ」といふ語によつて三のパヴハマーナ讃詩と異なる他の讃詩《ストートラ》を排除することを述べて居るからである。之に反して、「五匹の五爪の獸を食ふべきである」といふのが譬喩的の簡除である。他のものを止めることを言詮はす文字が無いからである。此の故にこれ等は三の過失によつて汚されて居る。

七十七

そして三の過失とは、直説を捨てることと、直説せられないことを想定することと、達せられたものと矛盾することとである。故にいふ、「直説せられた意味を捨てるからと、直説せられて居ない意味を想定するからと、已に達せられたものと矛盾するから、といふ此の如きが簡除の三過失である」と。直説せられた五匹の五爪の獸を食ふことを捨てるから、直説せられない五匹の五爪の獸を食ふことを止めないと想定するから、又達せられた五匹の五爪の獸を食ふことと矛盾するから、である。そしてこの三過失の中の二過失は語に基づくが、之に反して達せられたものに矛盾するのは意味に基づくのである。以上、方隅を示した。

七十八

然し、どんな眞言でもそれが實行に具足せる目的を憶起させるものでないものを發言することには他の道は無いから、不可見的目的を有すると想定されるのである、故に無意味ではない。

第五　名稱章

七十九

更に、名稱とは命ぜられた意味を決定することによつて目的を有するものである。例せば、「獸を願ふ者はウドビヒドによつて祭れ」といふ此のウドビヒドといふ語は祭祀の名稱であるが如し。そして其の語によつて命ぜられて居る意味の決定がなされる。何となれば、此の文句によつて、その他では達せられないから、果を示すにより祭祀が命ぜられるからである。一般の祭祀が命ぜられるのではないから、特殊の祭祀のみが命ぜられて居るのである。その特殊の祭祀に於て、「この特殊の祭祀は何ぞや」といふ問に於てウドビヒドといふ語からウドビヒドといふ祭祀であると知られるのである。「ウドビヒド祭祀によつて獸を實現せよ」と此の文に於て名稱が祭祀と共通の依止を有するものとして名稱に結付いて居るからである。

八十

然し名稱たることは四種の理由から起る。(1)所有の意味を含意する恐れから、(2)文句の意を分裂する恐れから、(3)それを述べる聖典《シャーストラ》から、(4)それを指示するから、である。

(1)其の中で、「獸を願ふ者はウドビヒドによつて祭れ」といふ此の文の中で、ウドビヒドといふ語は祭祀の名稱たることは所有といふ意味を含意する恐れから知られる。何となれば、かくては先づ初めに此の文句によつて果に對して祭祀の命令と祭祀に對して補助手段の命令とが結付いて居るのではないからである。これ文句の分裂に陥るからである。又、ウドビㇶドといふ語が補助手段を知らせるならば、祭祀も亦達せられないから、補助手段によつて制限せられた行祭の命令がいはるべきである。更に、「ウドビㇶドを有する祭祀によつて獸を實現せよ」といふ特殊(制限せられた)儀軌であるならば、所有の意味を含意するものである、と已にいはれた。

(2)「獸を願ふ者はチトラー祭によつて祭れ」と、此の文に於てチトラーといふ語は行祭の名稱たることが文句の意を分裂する恐れから知られる。何となれば、かくては先づ第一に此の文に於ては補助手段に制限せられた祭祀の命令は存しないからである。「酪、蜜、乳、酥、穀物、水、米のそれの混じたものが生主神に捧げられるものである」といふ此の文によつて補助手段が命ぜられたものであるから、それに制限せられた祭祀の儀軌は適合しないが故である。祭祀が果との結合と補助手段との結合とを命ずるものであるならば、文句の分裂である。故にチトラーといふ語は行祭の名稱である。從つて、「チトラー祭祀によつて獸を實現せよ」といふのは共通の依止を有することによつて結付くから、文句の分裂ではない。ここに問題とせられたチトラーといふ小祭は多くの物によるものであるから、チトラーといふ語の言詮はすところに適合して居るのである。

(3)「彼は火供祭《アグニホートラ》を祭る」といふ此の文に於て、火供祭といふ語は行祭の名稱たるものである。それを述べる聖典《シャーストラ》があるから。それの補助手段を知らしめ達せしめる聖典が存するから、火供祭といふ語は行祭の名稱であるといふ程の意味である。若しこれは補助手段儀軌に外ならぬではないか、何故にさうでないのかといふならば、然らず。何となれば、「此の火の中に供物がある」といふ第七於格の複合詞に依つて供物が置かれるものとして火といふ補助手段が命ぜられるならば、然らば、「アーハヴㇵニーヤ火に於て捧げるときは」といふ此の文のみによつて火が供物の置かれるものたることが達せられるから、それの命令は無意味となる。若し、「火の中に供物がある」と第四爲格の複合詞に依つて火神格といふたる補助手段が此の文によつて命ぜられるといふならば、然らず。その神格は他の聖典によつて達せられるものであるから。

今いふ他の聖典とは何であるかと、若し問ふならば、「火と生主神とに黄昏に於て捧げるもの」といふのである、と或者はいひ、之に對して他の者は、「光は火である、火は光である、スワーハー」といふ眞言の文字其ものが火といふ神格を達せしめるものであるといふ。火が眞言の文字によつて示されたものであるに於ては生主神とは矛盾するであらうではないか、眞言の文字は第四爲格よりも力弱いから。

〔次に〕いはれたるが如し、

「タッディヒタによつても、或は第四格によつ〔て〕も、
　或は又眞言の文字によつても、
神格の儀軌命令が命ぜられる、
　然し其の中では前より後が順次に力弱い。」

と、若しいふならば、然らず。「火と生主神とに黄昏に於て捧げるもの」といふ此の文に於ては單に生主神が命ぜられて居るのみでなくして、而も眞言の文字によつて達せられる火を述べてそれと結合せる生主神があるからである。然し此の如きは矛盾ではない。何となれば、それは單なる生主神への命令が存するのではないからである。又此の文には結合せる二つの命令のみがどうして無いのかというてはならない。結合せる二つの命令に比較することで他處で達せられた火を述べて、それと結合せる生主神のみを命令すると簡單であるからである。

此の如くに、諸の準備祭に於てサミドゥ等の諸神格が「種々のサミドゥ(薪)が、火よ、溶けた酥を分けよ」等といふ眞言の文字から達せられるから、「サミドゥに捧げる」等といふ文に於て、サミドゥ等の語は、それを述べて居る聖典から、行祭の名稱である。

(4)「魔法を行ふ者はシィエーナ(鷹)によつて祭れ」といふこの文に於けるシィエーナといふ語は行祭の名稱である。それを指示して居るからである。そのシィエーナの語によつて指示するから、即ち比較するから、それと異なつては

不可能であるからといふ程の意味。即ち何でも命ぜられるものにはすべて稱讃《スッティ》があるから。若し冒頭に於てシィエーナが命ぜられて居るのであるならば、然らば釋義《アルタハヴァーダ》によつて其のシィエーナ其のものに稱讃がなされねばならぬ。今の冒頭の文に於て「恰かも實にシィエーナが飛び下りて取るが如くに、此の如くに此が憎むべき敵を、飛び下りて取る」といふ此の釋義によつてシィエーナは稱讃し得られない。シィエーナとの比較によつて他の物が稱讃がなされつつあるものであるからである。然るにシィエーナと比較することによつてシィエーナ其のものは稱讃せられ得ない。これ比較するものと比較されるものとの關係は異なった二物に基づくからである。之に反してシィエーナといふ名の祭祀が命ぜられるときには、然るときは釋義によつて、シィエーナとの比較の故にその祭祀の稱讃がなされ得るのである。故にシィエーナといふ語は行祭の名稱である。「それを指示するから」といふから。

㈤或る者はいふ、生起的儀軌に於て敎へられた補助よりも一層有力である第五のものも亦名稱の因《ニミッタ》である、と。例せば、「ヴァイシュヴァデーヴァ祭によつて祭れ」等の文の如し、此の文に於て生起的儀軌に於て敎へられた火等が一層有力であるから、ヴァイシュヴァデーヴァ神格として名指すことは不可能である、故にこれ行祭の名稱たるのである、之に反して、事實上「それを述べる聖典が存するから」、即ちこれが行祭の名稱たるのである、何となれば、今問題となつて居る祭祀に於てヴィシュヴァデーヴァより成る補助を知らしめる聖典たる釋義より成るものが存するからである。「ヴィシュヴァデーヴァ等が共に祭をなすのが即ちこれヴァイシュヴァデーヴァ祭のヴァイシュヴァデーヴァたる所以である」と。

第六 禁止章

八十一

禁止とは人をして止《や》めしめる文句である。禁止の文句は無意義なことの原因たる行爲を止めることを起すものとして有用となるものであるからである。卽ち、恰かも儀軌が祭を行ふことを知らしめるから、自ら祭を行ふことを完成する爲に命令せられる祭祀等が望まれた目的を達する手段たるを示して、人をしてその祭祀に於て行はしめるが如くである。同樣に、「赤ニンニクを食ふな」といふ等の禁止も亦止めることを知らしめるから、自己の祭を止めしめることを完成する爲に禁止せられる赤ニンニクを食ふことが極めて望ましくない手段たることを示しつつ、人をしてそれを止めしめるからである。

八十二

若しも、禁止の文句がどうして祭を止めることを知らしめるものたるのか、さうではないのではないのか、と言ふならば、答へていはん、先づ第一に此の文句に於ては語根の意味が否定の意味と結付くのではない。何となれば、語根と否定とが離れて居なくとも、その語根の意味が動詞の語尾の意味に對して從屬的のものとして存するから。何となれば、一つのものに從屬的のものとして他のものの所に結付かないからである。然らざれば、「王臣を伴ひ來れ」といふ等に於ても王が其の動作に結付くことになるから。故に動詞の語尾の意味のみが否定の意味と結付くのである。そこにあつても亦動詞たるを示す部分によつて言詮はされる目的上の促進力が否定と結付くのではない。何となれば、希求法たるを示す部分によつて言詮はされる祭をなすことに従屬的のものとして存するのであるから。却つて希求法を示す部分によつて言詮はされる言語上の促進力が否定と結付くのである。その促進力が一切に比して主要たるものであるからである。

八十三

又、自らと結合して居る事物と矛盾することを知らしめる所のものが即ち否定の自性である。例せば、「瓶は存しない」といふ等に於て「存する」といふ語に結付いて居る「否定」が瓶の存在することと矛盾し、瓶の存在するにあらざることを推知せしめるが如く、その如くそれがここにでも希求法に結付いて居る否定が希求法の意味である祭を行ふことと矛盾することを止めしめるを知らしめるのである。儀軌の文句を聞けば、これが私をして行はしめると、祭を行ふことの理解が起ると同じく、禁止の文句を聞けば、これが私をして止めしめるのである、と止めることに順ずる働きをいふ、止めることの理解が起るからである。故に禁止の文句のある場所に於ては止めることのみが文句の意味である。

八十四

然るに語尾の意味がその否定と結付くに於て障碍がある場合には、其の時には語根の意味のみがその否定と結付くのである。そしてその障碍は二種である。(1)「かれの誓《スナータカ》が」といふ文に始まるものと、(2)選擇《ヴイカルパ》の附隨するものと、である。

(1)其の中で、初めのものは、「昇りつつある太陽を視ること勿れ」といふ等の文句に於て見られる。何となれば、「かれの誓が」といふので始まつて此の文句が述べられて居るからである。故に此の文句には例外《パリウダーサ》の起る基がある。

即ち、誓といふ語が爲されねばならぬといふ意味に於て一般的に用ひられるから。「かれの誓が」といふ此の文に於て沐浴者《スナータカ》の誓が爲されねばならぬこととして始められるからである。「何がその爲されねばならぬといふ意味自體が知らしめらるべきであるからである。然らざれば前の「かれの誓が」と後の「視る勿れ」との二文句の間に一文句としての連絡がないであらうから。故に否定の意味が語尾の意味との結付きはない。爲さねばならぬといふ意味を知らしめないからである。儀軌の表はす意味である祭を作すことと矛盾するを止めることのみが此の種の否定によつて知られるからである。そしてその止めることには爲さねばならぬといふ意味が存しないが故である。その故に「視る勿れ」といふ此の文に於ては、否定と語根の意味との矛盾を視ない決心のみが間接表現によつて知られるのである。何となれば、視ないといふ決心には爲さねばならぬことが存するからである。

八十五

文句の意味は「太陽を對象たるものとして視ない決心を以て實現せよ」といふのである。此の中で、實現せらるべきものを質問するならば、「實にそれだけ罪から脱したものとなる」といふ文句の補遺によつて知られた罪の消滅が實現せらるべきこととして結付くのである。そして此の如くに前後の二文が一文句たることを完成するのである。然るに此の文には語根の意味と矛盾する他の事物も亦存するから、どうして視ない決心のみが促進力と結付かうか、というてはならぬ。何となれば、その事物には爲さねばならぬことは存しないから、今問題となつて居る促進力と結付くことは不適當であるからである。

八十六

(2)第二に、「ヤヂャティと唱ふる諸の祭祀に於て、「實に吾々は祭る《エーヤヂャーマヘー》」といふ言をなす、後の祭祀《アヌヤーヂャ》に於てではない」といふ等に於て、またここの選擇の附隨に於て起る、例外の起る依止があるからである。何となれば、若しここの文句に於て、否定の意味に語尾の意味が結付〔く〕であらうならば、然らば後の祭祀に於て、「實に吾々は祭る」といふ眞言が禁止があるであらう。卽ち、後の祭祀に於て、「實に吾々は祭る」といふが爲さるべきでないと。然るにそれは已に達せられたことを先となすに外ならない。已に達せられたもののみの禁止であるからである。そして已に達せられたことは「ヤヂャティと唱ふる諸の祭祀に於て、「實に吾々は祭る」といふ言をなす」と聖典からのみいはれねばならぬ。然るに聖典によつて達せられたことの禁止に於ては選擇があるのみで、決して矛盾は無い。殺すことなどの達せられた根本である貪欲のみが矛盾する如くに、それの根本たる聖典が他の聖典によつて矛盾せられること〔は〕適當でないから。又「足跡に於て捧げる」といふ特殊聖典によつて、「アーハヴァニーヤに於て捧げる」といふ聖典の矛盾がある如く、「後の祭祀に於てではない」といふ此の文によつて、「ヤヂャティと唱ふる諸の祭祀に於て、「實に吾々は祭る」といふ言をなす」といふ此の言と矛盾するであらうと言うてはならぬ。何となれば、前後互に相依らない二文の間には矛盾と矛盾せられるものとが存するからである。足跡の聖典の文は實に自らの意味を命ずる爲に、アーハヴァニーヤに於ての聖典の文とは獨立であるから、兩者は獨立たるのである。然るに今問題となつて居るものに於ては、後の祭祀の禁止の聖典の文とは禁止せられるものに附隨する爲に、「ヤヂャティと唱ふる諸の祭祀に於て、吾々は祭る」云々の此の言に依るから獨立たるものではない。

故に一の聖典に命ぜられたことが他の聖典によつて否定せられたときは選擇のみがあるのである。然しそれは正しくはない。選擇に對しては聖典は何れか一が無根據に陷るから。何となれば、後の祭祀に於て「實に吾々は祭る」といふ此の實行に於て「後の祭祀に於てではない」といふこれに根據が無いからである。米の祭祀を實行するに於て大麥をいふ聖典があるが如くである。然し二つの不可見の選擇があるであらう。儀軌と禁止との二は人の爲であるから

（？祭の爲であるから）。此の故に此の文には禁止の起る依止がない。却つて否定と後の祭祀との結合に依つて例外の依止となるのみである。而も此の如くにして、後の祭祀〔と〕異なるものに於て、「ヤヂャティと唱ふる諸の祭祀に於て、實に吾々は祭る」といふ眞言を唱ふべしといふ文句の意味が知られる。何となれば、否定は後の祭祀と異なるものに於て間接表現たるものであるから。然し此の如きは選擇ではない。然し此の後の祭祀に於ける文句に於ては「實に吾々は祭る」が命ぜられるのではない。「ヤヂャティと唱ふる諸の祭祀に於て、實に吾々は祭る」といふ此の文によつて命令は已に達せられたのであるから。却つて一般的の聖典によつて達せられた實に吾々は祭〔る〕といふ複說《アヌヴハーダ》によつて、其の文句が後の祭祀と異なるものの對象たることが命ぜられるのである。すべて「ヤヂャティと唱ふる諸の祭祀に於て、「實に吾々は祭る」といふ言をなす」といふこれが後の祭祀と異なるものに於てなさるるのである。

八十七

此の如く一般的の聖典によつて達せられるものを特殊のものに於て限る制限と例外が別たれることはないではなからうかと、若し言ふならば、然らず。何となれば、制限は制限のみに限るものであるからである。例せば、「新・滿月祭の團子を四種に造る」といふ一般的聖典によつて達せられる四種に造ることは「火に供する團子を四種に造る」といふ特殊のものから、火に供する團子のみに限るのである如くである。之に反して例外はその一般的以外のもののみに限る意味である。故にそれとは區別があるから。

八十八

或る場合には選擇の附隨するものに於ても亦他に解釋が無いから、禁止の起る依止となる。例せば、「アティラートラ（ソーマ祭の一形式）に於てはショーダシン杯を取らない」等といふが如し。何となれば、此の「アティラートラに於てショーダシン杯を取る」といふ聖典によつて達せられるショーダシン杯を取ることの禁止があるから、選擇の附隨するものに於ても亦例外の起る依止ではない。不可能であるからである。何となれば、若し此の文に於てショーダシン杯といふ事物に否定が結付くならば、然らばアティラートラに於てショーダシン杯と異なるものを取るといふ文句の意味を知るであらう。然しそれは可能ではない。何となれば、「アティラートラに於てショーダシン杯を取る」といふ聖典の明確な儀軌と矛盾するからである。然るに若しアティラートラ、卽ち、事物と否定の意味とが結付くならば、然る時は「アティラートラと異なるものに於てショーダシン杯を取る」といふ文句の意味が知られることになるであらう。それも亦不可能である。聖典の明確な儀軌と矛盾するからである。此の故にこれについては他の解釋はないから、聖典によつて達せられるショーダシン杯を取ることのみの禁止である。然し選擇の附隨ではない。それがまた從屬すべきであるから(? 依らねばならぬものであるから)。

八十九

然し、これだけの差異はある。卽ち、選擇となる禁止に於ても、禁止されるものには無用のものの因たることはない。儀軌と否定との二にも亦祭の爲のものたることがあるから。然し選擇が無く、また否定せられるものの達せられるは貪欲からのみであり、更に禁止が人間の爲である所では、禁止されるものは無用のものの因となるのである。例せば、「赤いニンニクを食ふ勿れ」といふ等に於て赤いニンニクを食ふこと等がそれである如し。何となれば、そこでは食ふことを禁止するのが人間の爲のものであるから。然し「祭に堪へる者は施さず捧げず」等に於て聖典によつて達せられた施物や供物等の禁止があるから、選擇に陷るというてはならぬ。何となれば、人間の爲になる施物や供物との禁止はそれ自ら人間の爲のものではないにしても、禁止せられるものが無用〔の〕ものの因であるからである。例せば、祭に於て自己の妻に近づくこと等の如くである。それの禁止は祭の爲のものであるによつて、それが祭を無效となすものであるからである。

第七　釋　義　章

九十

釋義とは稱讚と非難との何れかを言詮はすを主とする文句である。そしてそれの間接表現によつて實效《プラヨーヂャナ》有る目的を終りとする。卽ち釋義の文句は實に自己の意味を知らしめるに於て實效が無いから命令と禁止との二が稱讚と非難とがなされるものとして間接表現によつて知らしめるのである。自己の意味のみを主とすれば、無意味といふ過失であるからである。「實に聖典《アームナーヤ》は行祭《クリヤー》を目的とするものであるから。」又欲するものを得ないことになるから。「聖《スワーディ》典《ヤーヤ》は讀誦研究《アディエータヴイヤ》せられねばならぬ」といふ聖典研究《アディヤヤナ》の命令によつて全聖典《ヴェーダ》の研究が爲されねばならぬと知らしめて、全聖典《ヴェーダ》が實效有る目的を終りとすることを示すとして採用するので無意味に陥らないからである。

九十一

釋義は二種で、儀軌の補遺《シェーシャ》と、禁止の補遺とである。其の中で、「繁榮を欲する者は風神に白獸を捧げよ」といふ等の儀軌補遺には、「風神は最神速な神格である」といふ等の命ぜられた目的を稱讚によつて知らしめて有意義たるものとなるのである。「銀は吉祥草に與へられてはならぬ」といふ等の禁止補遺には、「彼(火神)は吼えたり、その吼えたることがこれルドラのルドラたる性である」といふ等の禁止せられたことを非難するを知らしめて有意義たるものとなるのである。然し稱讚等を知らしめることが無實用たるものとして、釋義の有意義たるものではないというてはならぬ。何となれば、怠惰等のために働きの無い人間には働き等を生ずるものとして、それを知るに役立つからである。

九十二

また、それは三種である。故に言はれる、矛盾に於ては譬喩説、決定に於ては複説、その二が無い爲に眞實説がある。これが三種の釋義であるといはれる、と。其の意味は下の如し。他の根據(量)と矛盾をなすに於ては釋義は譬喩説である。例せば、「祭柱は太陽である」といふ等の如くである。祭柱が太陽と無區別なことは現量と矛盾するから、太陽の如くに輝くことになる特質が此の間接表現によつて知られる。他の根據(量)によつて知解した意味を知らせる釋義は複説である。例せば、「火は雪の藥である」といふ如くである。此の文に於ては、火が雪と矛盾するについては現量によつて知られるからである。他の量との矛盾とそれによつて達せられるものとの無い意味を知らしめる釋義は眞實説である。例せば、「インドラに金剛杵を投げる」といふ等の如くである。

第八　結　論　章

九十三

而して此の如くに、「生天を願ふ者は祭れ」といふ等の全體の聖典《ヴェーダ》の文が直接にか或は相續してか祭祀等の祭務を知らしめるものであることが成立した。卽ちこれが祭務である。何ものでもそれを示して命令せられた所のそれの指示によつて行祭することがそれの因である。然し之に對して最高神《イーシュワラ》に捧げるといふ考によつて行祭することは解脱の因である。そして最高神に捧げるといふ考によつて實修することに對する根據(量)も無いではない。

「何ごとでも汝が爲すこと、何ものでも汝が食ふもの、何ものでも汝が捧げるもの、
何ものでも汝が供するもの、
何の爲に汝が苦行するも、クンティー夫人の子よ、
それをすべてそれを予に捧げるものとして行へ」(ギーター、九・二七)

といふ聖婆伽梵歌なる憶傳書《スムリティ》の文句が實に量たるものであるからである。それの根據性は、スムリティチャラナに於て、聞傳書《シュルティ》を根本となすことによつて決定せしめられて居るから。

以上、吉祥あれ。

……

幼童が容易に理解せんが爲に
賢明なるバァースカラが
ヂャイミニ派に屬する
此のアルタハ・サングラハを簡潔に述べた。

以上、吉祥なる大大親教師ラウガークシ・バァースカラの著はした前ミーマーンサー派のアルタハ・サングラハといふ綱要書が完結に達した。

註記一

アルタハ・サングラハはミーマーンサー派の入門書として認められた綱要書の一である。

ミーマーンサー派は六派哲學派の中の正統婆羅門派の純なる一派である。古來ヂャイミニ (Jaimini) の開いた派として認められて居る。年代も其の傳記も明瞭でないが、年代は大體は推定せられ得るであらう。

ミーマーンサー派の思想學說の起原は古いブラーフマナ (Brāhmaṇa) の後期頃が直接のものであらう。ブラーフマナは種類も多く傳統も複雜であつて、それ等の內容も雜多であり、統一的でなく、同一の祭祀についても其の記述が必ずしも一致して居ないことも珍らしくない。從つてそれ等の祭祀を實行するに於て、時には同一系統內に於ても、其のままには遵奉せられないことも見出される。夫れ故に次の隨聞經 (Śrauta-sūtra) の時代になると、必要上、それ等の不一致なり矛盾なりの多い記述を互に調和し統一あらしむる努力をなすに至つた。かかる審察討究及び檢證を爲すに苦心せられたが、かかる硏究審察をなして正しかるべき結果を得んとする試みをミーマーンサー (mīmāṁsā) とか、又はタルカ (tarka) とか、或はニャーヤ (nyāya) などと稱した。其の結果が種々に祭祀について出來得る限り簡潔に記述せられたのが隨聞經の內容をなして居るとせられる。實際としては、ここに言ふ程に簡單なことではなかったに相違ないが、大綱としては、かかる知的活動が隨聞經の成立する前後に複雜に繼續して一時期をなして居るのである。從つてこの時期がミーマーンサー派の起る直接の起原となつて居るのである。此の點はミーマーンサーの派名が用ひられ、又タルカにしてもニャーヤにしても此の派の書名に實際用ひられて居ることでも確かめられることである。後世タルカとかニャーヤとかは論理派に專用せられるが如くに見える傾向になつたが、もとは、所謂ミーマーンサー派に關して用ひられた名であつたものである。

隨聞經の時代は相當に長かつたであらうが、同時代に引續いて律法經(Dharma-sūtra)の古いものが作られ、更に家庭經(Gṛhya-sūtra)の編集製作が行はれ、これ等も亦相當長く繼續せられ、此の間にも隨聞經的の研究は衰へたのではなく、正統婆羅門としては彌ゝ盛にもなつたであらうし、同時にブラーフマナの研究はミーマーンサー派的の研究の、いはば補ひ的の方向として、祭祀の研究よりもむしろ哲學的の方面の研究をも促進せしめる所があつたのであらう。此の方面の研究は一概に後に現はれたのではなからうが、隨聞經の時代としては、恐らく專ら研究はその方面に力が注がれたであらうにしても、元來ブラーフマナには其の後部に於てウパニシャッド(Upaniṣad)の存するのが原則であるから、正統婆羅門は同時に此の方面にも眼を掩ふことは無く、研究にも進んで行つたのであらう。古ウパニシャッドの次に中古ウパニシャッドが作られ、次いで古い律法經などにこのウパニシャッド的の古い哲學説の斷片的のものの存するのを見るのはこれが證據であるといへよう。

恐らく當時は漸次正統婆羅門系統に對して一般思想界の方面に於ても研究なり思想なりが擡頭するに至つたのであらうと思はれる。佛教でもヂャイナでも古くから勢力を一部に有して居たから、それ等に刺戟影響せられた點もあつて、漸やく發達をなしつつあつたのであらう。少なくとも勝論派となるべき思想の基は紀元前二世紀の終頃には存した如くである。此の如き形勢であつたから、ミーマーンサー派の思想も大綱は形成することになつたのであらうし、それに伴うて哲學的研究を主とするヴェーダーンタ派となる基も得られることになつたのであらう。ヂャイミニの如きは紀元前二〇〇―一〇〇年頃の人であり、ヴェーダーンタ派の開祖といはれるバーダラーヤナ(Bādarāyaṇa)も殆ど同時で、後輩であらう。從つて勝論派の開祖といはれるカナーダ(Kaṇāda)もミーマーンサー派のヂャイミニのも少し後輩であらうかと考へられる。然しこれ等の人々が出でたからというて、其の派其の派の經典などが製作せられたのではなく、弟子門人等がそれ等の師の下にそれぞれ集まつて研究し敎へられたのであつて、此の間に師等の言が傳へられ奉ぜられたのであらう。經典の成立したのは猶遲いと考へられる。從來屢ゝ開祖の出世と經典の成立とが同一時なるかの如くに考へられ論ぜられて居ることもあつたが、事實上同一時とはなすを得ない。

ブラーフマナは原則的にいへば(1)ブラーフマナ本來の部、(2)アーラニヤカ、(3)ウパニシャッドの三部より成るが、(1)は(2)と區別の殆ど出來ないものも存し、又(3)は殆ど獨立の如きもあり、更に(3)は後に新たに作られたものも存し、明確に三部となつて居ないものも見受けられる。或る點からいへば、(1)と(3)とが原則的なるかの如くである。從つて(1)に(2)を加へて前部をなし、(3)が後部をなして居るとも見られる。かかる見方からいふと、ミーマーンサー派は前部に基づき、ヴェーダーンタ派は後部に基づくといへる。從つてミーマーンサー派を前部ミーマーンサー(Pūrva-Mimāṁsā)、ヴェーダーンタ派を後部ミーマーンサー(Uttara-mīmāṁsā)とも呼ぶ。區別する爲に、前者を單にミーマーンサー、後者をヴェーダーンタと呼ぶ。ヴェーダーンタはウパニシャッドの異名に外ならない。ミーマーンサーはシナでは古く審察とか觀とか譯されるが、深く審かに研究思惟することである。

ミーマーンサー經は十二章より成り、六派哲學の經中での最大の經で、此の派の學說の全體を敍べて居る。作者をヂャイミニとなすが、實は開祖としてのヂャイミニの言が傳へられて居たのが中心基礎となつて長く傳へられた間に漸次增廣せられて現形の如くになつたものであらう。初め開祖の言の纏められたのは恐らく西暦紀元五〇—一〇〇年頃であらうと思はれるが、爾來これが中心となつて學說も發達したのであらうし、已に經中には他の學者の說も關說せられて居て、それ等がすべてヂャイミニと同一時代の人々といふのでもなからうから、傳承の間に增加せられたものであらう。然し大體紀元二、三世紀頃には現形の如くに固定したのではあるまいか。

註釋として現今知られる最古ともいふべきものはウパヴァルシャ(Upavarṣa)のものであらうが、大體四五〇—五〇〇年頃のものであらう。次いではヴリッティカーラ、卽ちヴリッティ(註釋)作者といはれるヴリッティで、五〇〇—五五〇年頃のものであらう。此の人は學者によつてはボーダハーヤナ(Bodhāyana)といはれる人であるとなすが、必ずしも確ではない。次いではスンダラパーンディヤ(Sundarapāṇḍya)で、恐らく五五〇—六〇〇年頃の學者、此の人はミーマーンサー經にもヴェーダーンタ經にも註釋を作つたといはれるから、それ以前には恐らくミーマーンサー經のみの註釋であつたのであらうも、すべて全部が殘存して居るのではない如く、中には作つたことが知られるのみのもあらう。然し、五五〇—六〇〇年頃にシャバラスワーミン(Śabarasvāmin)がミーマーンサー經に註釋を製して、これが完全に現存する中の最古のもので、而も最も權威のあるもの、後世は大體此の註釋を基として複註も作られ、解釋もせられて居るのである。時には經と殆ど同一權威の認められて居る如きこともある。當時はインド一般に學術文藝などの旺盛を極めた時代を承けて居たので、正統婆羅門系統にも各種の方面で發達を遂げて居たのであらう。

更に六五〇—七五〇年頃にクマーリラ(Kumārila)が出でて、深く自派の說を主張し他派の說を廣く批評して學的活動を爲し、シャバラスワーミンの註釋に註釋を製してシュローカヴァールティカ(Ślokavārttika)とタントラヴァールティカ(Tantravārttika)とトゥプティーカー(Ṭuptīkā)との三部となしたが、此の活動が此の派を盛んならしめ、此の派の中の一系統をなすに至つたのである。同時の後輩で、一度は敎を受けたが、クマーリラよりも古い或るヴァールティカカーラ(Vārttikakāra)の說に基づいてクマーリラの說と必ずしも一致しない主張をなした人にプラバーカラ(Prabhākara)があつて、これ亦一系統をなすに至つた。著述には少なくともブリハティー(Bṛhatī=Nibandhana)とラグゥヴィー(Laghuvī=Vivaraṇa)とがありて、クマーリラ派と相對立した。此の人の著述は從來の學界には未だよく知られては居ないといはれる。クマーリラの弟子にマンダナミシュラ(Maṇḍanamiśra)があつてヴィデヒイヴィヴェーカ(Vidhiviveka)などを製したが、これはスレーシュワラ(Sureśvara)と同人ともいはれ、又異人ともいはれて、明かでない。プラバーカラの系統にシャーリカナータハ(Śālikanātha)が出でて、リヂュヴィマラー(Ṛjuvimalā)、プラカラナパンチカー(Prakaraṇapañcikā)などを製し、此の系統の勢力を增し、從つて此の人以後に古派と新派とに分れるに至つたともいはれるが、後には消失したとせられる。ともかくクマーリラとプラバーカラとによつて一時此のミーマーンサーは盛大な勢を得たことは事實である。

然るに是れより以後は昔日の勢力は保持せられなかつた如くである。蓋し此の派の學者は何れかといへば祭祀の實修に熱心で、學問活動の方面には甚だしくは進出せず、むしろ時には隱遁的にして古來の實修を主とする努力をなしたが爲であらう。

恐らく約十三世紀にクマーリラ派にパールタハサーラテヒィミシュラ(Pārthasārathimiśra)が出で、經にシャーストラディーピカー(Śāstradīpikā、シャーストラは經を指す)を作り、シュローカヴハールティカにニヤーヤラトナーカラ(Nyāyaratnākara)を、タントラヴハールティカにニヤーヤラトナマーラー(Nyāyaratnamālā)を製し、又タントララトナ(Tantraratna)などを作る活動をなした。十四世紀の半頃に出たヴェーダーンタデーシカ(Vedāntadeśika)はクマーリラの説に基きつつも有神的ミーマーンサー説(Seśvara-mīmāṁsā)を主張した。これは此の派としては大變化といふべきもので、注意すべきである。ヴェーダーンタデーシカは元來シュリー・ヴハイシュナヴハ(Śrī-vaiṣṇava)派の人であるから、ヴィシュヌ派の信仰から、必然的にヴィシュヌ神を說き込むことになつたのであらう。ミーマーンサー派は天上の諸神を認めることは其の最初からのことで、決して諸神を否定することがあつたのではないが、神はすべて祭祀成立の要素(aṅga)たるもので、これ無くば祭祀の多くが成立しないから、諸神は單に祭祀の構成要素たるものに過ぎなかつたのである。然るに、今となつては最高神を認める說であるから、全く信仰が變遷したのである。而もクマーリラ系統に於て起つたのであるから殊に注意すべきことである。更に十四世紀の終りに近くマーダハヴハが出て、ヂャイミニーヤ、ニヤーヤマーラーヴィスタラが作られ、これが歐州に紹介せられて、彼の地のインド學者に此の派のことがよく知られるに至つた。十七世紀にアーパデーヴハ(Āpadeva)のミーマーンサー・ニヤーヤプラカーシャ(Mīmāṁsā-nyāyaprakāśa)が作られ、此派の綱要書として用ひられる。常にアーパデーヴィー(Āpadevī)と稱せられる。又、之に基づいてラウガークシ・バハースカラ(Laugākṣi-Bhāskara)がアルタハ・サングラハ(Artha-saṁgraha)を製し、此の派の入門書となした。これは最も簡單な書であるが、曾て G. Thibaut が Benares S. S. の中に序論を附して出版し、其の序論が價値あるもので、爾來一般に讀まれた(Edgerton は此の書の方が基となつたとなす)。此の最後の二書も亦有神的ミーマーンサー說であるからヴェーダーンタデーシカ以後は此の派も最高神を認めることになつたのである。

ミーマーンサー派は以上の如く思想が變遷したものであるが、中頃からは、一般には、ヴェーダーンタ派とは一種疎遠のものと考へられた如くであるも、開祖ヂャイミニはウパニシャッドにも造詣の深いことは當然であつて、自らの解釋的意見を有し識見の高かつたことも認められて居たことはヴェーダーンタ經中にバーダラーヤナの說と共に引用せられて居ることで知られるが、ミーマーンサー經には其の趣意上却つてそれが明かにせられて居ないのである。これはむしろ當然なことであるが、然し其の後學徒は何れかといへばウパニシャッドに關してはさほどには觸れない如き傾向となつたのであらう。それにしても註釋者の中には兩ミーマーンサーの經に倶に註釋したものもあつたから、全く忽諸に附して、相對立するが如くではなかつたのであらう。正統婆羅門としては一方を忽諸に附するが如きことはあり得ないであらうからである。然し後世有神的ミーマーンサーとなつた場合としては明かに後世のインド敎の說を採用したものであるから、說は著しい變化を蒙つたと見らるべきものである。故にミーマーンサー派としては古來幾度かの思想變遷の跡を留めて居るのである。

恐らく古來此の派の專門家は祭祀の實修を主とし、必ずしも後世の或る時期の如く學的方面に於て社會的に活動に努めることを爲さなかつたから、一種隱遁的にも見られたであらう。從つて大なる勢力として顯はれなかつた如くであつても、而もインドの正統のものとして傳承し傳統の絕える如きことは無かつたに相違ない。インドの婆羅門にしても、此の派のことを知るには隱遁的に見える專門家の敎を承けねば斯道に通ずるを得なかつたことは斯道を學んだ學者の示して居る通りである。現今としても亦かかる風潮に在るのであらう。異邦のものが此の派に通ずるの困難は全くかかる點に存する。

註　記　二

本書の梵文は下の如し。

(1) Artha-saṁgraha of Laṅgākṣi Bhāskara, with the commentary of Rāmeśvara Bhikṣū, Poona, 1932.

(2) Artha-saṁgraha by Laṅgākṣi Bhāskara, with a commentary by Rāmeśvara Bhikṣū, Benares, 1915.

前者は D. V. Gokhale, B. A. の英譯を伴ひ、a glossary を有する。後者は多少の脚註を有するが、譯文は無い。本文に關して僅かな異文が存するのみ。又、F. Edgerton の出版譯出した Āpadevī をも參照して大なる益を受けた。

一、○ヴァースデーヴァ (Vāsudeva) は最高神 Viṣṇu の權化たる Kṛṣṇa を指すが、結局は Kṛṣṇa を指すに外ならない。九十三にいふ最高神 (Īśvara) と同じ。○ヂャイミニ (Jaimini) は前ミーマーンサー (Pūrva-Mīmāṁsā) 派の開祖とせられる古仙 (ṛṣi)。○アルタハ・サングラハ (Artha-saṁgraha) のアルタハは普通は義、意味、又、目的、內容、效果、ここでは topics と譯される如く、此の派の論ずる、從つてヴェーダ中に存する題目を指し、サングラハは集の意味、從つて綱要の意味。かかる書を prakaraṇa (綱要書) といひ、入門書を指す。

二、○〔ダハルマ〕dharma。一般に、法、義務、本務をいふが、此の派では祭祀を行ふことを指すから、祭務と譯した。○十二篇の經。ミーマーンサー經は十二篇より成るから、かくいふ。○探究。jijñāsā の譯。此の語はシナで欲知と譯されるが、研究 (vicāra) の意味。○〔「今や、この故に、祭務の探究がある」〕athāto dharma-jijñāsā が Jai. Sū., 1,1,1 の文。○ヴェーダ (Veda) を以下では聖典とも譯した。聖典の譯語は śāstra (論) などにも適用した。○〔「自らのヴェーダ學修はなさるべきである」〕svādhyāyo 'dhyetavyaḥ は Tai. Ā., 2,15,7; Ś. Brā., 11,5,6,3。adhyayana はヴェーダの讀誦學修。

四、○祭祀は yāga の譯。yāga は多く犧牲と譯され、homa と相對するといはれるが、homa は供物と譯した。yāga は yaj を語根とするから、祭祀でよからうと考へられる。○效用有る、は prayojanavat の譯。prayojana は因、動機などの外に、同時に、目的ともあり、-vat は或る目的を有する、役立つ、有要な、などの意味。○過上包攝は ati-vyāpti の譯。無用のものまでも包攝過ぎること。

五、○〔「祭務とは教令を本質とする義である」〕codanā-lakṣaṇa dhamaḥ (Jai. Sū. 1,1,2)。

六、○〔「生天を望む者は祭れ」〕yajeta svarga-kāmaḥ。svarga は單に天であるが、-kāma がつけば生天を欲するもの、生天を願ふもので、天上に生れることを指す。○〔祭る〕yaji。yaj の語根を指すとき、i を附する。○〔ダーツ〕dhātu は語根、〔プラティヤヤ〕pratyaya は語尾。○〔アーキヤータトワ〕ākhyā-ta-tva は動詞、動詞たるもの、liṅ-tva の liṅ は optative（希求法）を指す文法上の語、-tva が態、たること。○lakā-ra-la は動詞の十種の時、法を指す文法上の語、kāra は其の十種を指す letter or sound をいふ。○〔「祭れ」〕yajeta の eta が optative の爲自第三人稱の語尾。

七、○〔バアーヴアナー〕bhāvanā。字義としては、あらしめること、であるから、生ずるもの、促がすもの、心に於て形造ること、など。artha-, or arthī-bhāvanā と śabda-, or śabdī-bhāvanā の兩種となす。目的上の促進力と言語上の促進力とに譯した。

十、○成就せらるべき、は sādhya、成就する方法は sādhana、かくなさるべき手段は itikartavyatā を譯した。○要求は ākāṅkṣā の譯。期待、希望。○一つのれ（祭れのれ）といふ語尾は、單に、eka-pratyaya を譯す。

十一、○祭祀の實行、kriyā、行祭。

十二、○準備祭、prayāja、前祭。○支分行、aṅgajāta。

十三、○人間の作でない、apauruṣeya。人間の作つたものでない、天啓的の、自身が自ら啓示するもので、ヴェーダ聖典の特質。內容的に之を五種とする。ヴェーダ聖典として、三種又は四種で、正統バラモンでは多くは三種を尊び、三明といふ。五種は vidhi, mantra, nāmadheya, niṣedha, arthavāda。

十四、○〔「生天を望む者は事火祭を祭れ」〕agni-hotraṁ juhuyāt svarga-kāmaḥ。Mai. Saṁ., 1,8,6.(?). agni-hotra は火に乳、油、粥を捧げる祭。○根據、pramāṇa、通常は量、ここでは一層廣意。○〔生天〕svarga、天上をいふが、天上に生れること。此の派の祭の目的で、他派の解脱に當る。○獻供、oblation。

十五、○根據、māna、pramāṇa と略ゞ同じ。○知達せられた、prāpta、確立せられた、實證せられた。○二次的のもの、guṇa。

十六、○特殊的儀軌、viśiṣṭa。○ソーマを有するといふ意味、matv-artha。mat-u-artha で、mat は所有を示す接尾語、それには u が附いてそれを示す。語根 yaj に i の附く如し。○間接的表現、lakṣaṇā、譬喩的言詮はし。

十八、○〔ヂョーティシュトーマ〕jyotiṣṭoma、最初のソーマ祭の名。○命令、vidhāna、vidhi と殆ど同じ。○資格的儀軌、adhikāra-vidhi、生起的儀軌、utpatti-vidhi、下に儀軌の四種として指名する。-tva たるもの。

十九、○〔「家畜を望む者は芽生祭によつて祭れ」〕udbhidā yajeta paśukāmaḥ。Tai. Brā., 11,7,2.

二十、儀軌の四種、utpatti-vidhi、viniyoga-vidhi 應用的儀軌、adhikāra-vidhi、prayoga-vidhi 實行的儀軌。譯語は無理があるかも知れないが、譯出せざるには優るであらう。

二十一、○行祭の自相、karma-svarūpa、卽ち一般的性質。karman は所作、業には相違ないが、此の派としては祭を行ふことを指すに外ならぬ。故に直ちに rite とも譯される。○〔然し、「獻供をなせ」といふ……〕Āpadevī には natu homaṁ kuryād iti sādhyatvena が附加せられる。

二十二、○神格、devatā。單に神である。此の派では神は祭祀の成分の一たるに過ぎない。決して他派の如くに神を特別のものと見るのではなく、神なくしては祭祀は整はないとなすのみである。故に一の成分卽ち rūpa である。dravya 材料成分の事物と同じものである。○〔ヴェーダ聖典中の他の文句が……〕tat-prakhya-nyāya、Jai. sū., 1,4,4.

二十三、○成分資具、aṅga はここでは材料の事物と神格との二。○主要のもの、pradhāna は aṅga に對する主要な行祭。○二次的儀軌、guṇa-vidhi。この guṇa は aṅga と同じ。○祭官は ṛtvij。○諸根の力、indriya。○「「祭官は諸根の力を……」」dadhne'ndriya-kāmasya juhuyāt' Tai. Brā., 2,1,56.

三　佛教

小乘佛教

序

小乘といふ名稱は大乘に對して呼ばれるもので、元來は大乘者から名づけた貶稱であるが、然し、現今としては殆ど貶斥の意味はなく、唯區別として用ひられるのみである。然らば大乘と何れの點に區別が存するのであるかといへば、必ずしも明確になつて居るのではない。小乘、大乘よりも古くは聲聞乘、菩薩乘と呼ばれたが、これは所謂小乘の中に於ても修行者の機根素質を聲聞、緣覺、菩薩の三に分ち、それぞれ異なつた敎又は道が存するとなし、その敎又は道を乘と稱して、聲聞乘、緣覺乘、菩薩乘と名づけて居る中の二に當るものである。聲聞乘は四諦の理、緣覺乘は十二因緣の理、菩薩乘は六度の行を主たるものとして區別をなすのが一般的であるが、然し聲聞乘、菩薩乘となす場合には、猶一層廣くなつて、これで全佛敎を二分するのである。從つて單に四諦の理、六度の行といふのみでは區別とはならないし、又實際に同一說も存するから交錯して居るのであるが、從來一般にいふ所では、聲聞乘小乘は自利、菩薩乘大乘は利他であるとなして居る。然し、自利利他は學說思想の區別ではないから、之によつて兩者の敎の內容が區別せられるのではなく、或は全く同一說をなしても、自利利他の區別はあるといへる。自利利他の區別の外に、時には學說上の區別も考へられて居ることもあるが、それも實際上單なる程度の差に過ぎないが如きものであつて、明確な區別とはなつて居ない。結局どこに區別が立てられるか明確でないのであるが、それにも拘らず、殆ど一般的といへる程に此名稱がよく用ひられて居る。恐らく其原因の一はシナ佛敎に於ける敎相判釋が常に先づ小乘と大乘とに分つことをなす點にあると考へられるが、教相判釋はもともと主觀的な觀念的なものであるから、實際に吻合しないのは止むを得ないのである。今ここでは歴史的に觀察して大要下の如くに考へることにしよう。

釋尊入滅の直後を考へて見るに、上座といはれる人々の間には、釋尊の遺教を如何にして維持し傳述し後世に遺すべきかといふことが最大關心事であつたに相違ない。それには先づ最初に教を蒐集することが先決問題である。釋尊の教は凡て口述したのみであり弟子信者は唯聞いたのみであつて、何等の記錄も又それに類したこともなかつた。從つて遺つた教といへば、弟子信者が聽いて腦裡に留めた説法の要領又は趣意梗概のみである。之を如何にして蒐集するか。傳説では釋尊の入滅後間もなく第一結集《けつじゅう》が行はれて、錫蘭傳でいへば、現今存する經律などと全然同じものが纏まつたとせられ、シナ傳では、部派によつて異なる所があるがともかく其部派で傳へたもの通りが纏められたとなすのである。此の如きことは全く不可能なことであつて、むしろ非常識な傳説であるが、ともかく結集があつたことは諸の部派が認めて居る。結集といふのは印度語で等誦といふのをかく譯したもの、等誦は多人數が集まつて、何等かの形式で、誦することを意味する。卽ち、釋尊の遺弟の多數、傳説では五百人、が一箇所に會合して、其中の多くが、各々自己の聞いた釋尊の教の要領梗概又は趣意を、記憶のまま、誦し卽ち語り合うたのを謂ふのである。一人が語れば他が之を承認し、又は補ひ訂し、除き增しなどして整へたことが行はれたのであるから、これはつまり一種の申し合はせの會議である。かくして出席者に承認せられたものの、之に出席しなかつた人々の間には異見もあつた。それにしても、ともかく出來得る限りの多數の説の趣意要領が蒐集せられたのであつて、從つてこれが所謂佛語であり佛教であつて、弟子信者一般の標準となつたものであるし、上座は之に基づいて布演し解釋をなして教へ、人々をして之を遵奉せしめ、これから逸脱することなからしめて、佛教の維持傳述に努めたのである。故にかかる佛語佛教を固定せしめることが不可缺のことで、固定化は必然的に要求せられるのである。更に、遺教維持に關して右と同様又はそれ以上に重大なことは弟子信者の行儀規則で、若し、入滅後これが紊れて、入滅前と異なることになれば、佛敎は維持せられたとはいはれないものである。行儀規則は卽ち戒であり律であつて、僧伽の規矩である。釋尊は弟子の非行のあつた時は之を訓誡し、正行に復せしめたが、それが戒となり、又僧伽の行持を定めたから、それ等を合はせて遵行することが佛弟子たる所以でもある點で、傳說では小戒は捨ててもよいと遺言せられたといふものの、第一結集では全部を遵守すべきものと決定したといはれるのも當然である。從つて形式的になる點があるにしても、戒律には嚴格さが要求せられ、これが又固定化せられねばならぬこともいふまでもない。かく法と律との兩方面に於て固定化の傾向となるのが、釋尊入滅後の必然の經路であつたのである。かか〔る〕固定化、形式化は年月の經過と共に益々進むべきことで、決して弛められるには至らないことである。其結果は、事實上、滅後百年頃には極端な形式主義となつて居つたことが知られる。

然し固定化形式化は統制上必要なことであつても、同時に又反對又は反動を呼び起すものである。從つて右の如き傾向に對して、むしろ自由活用的に遺敎の趣意を奉じて最後の目的に努力せんとする人々も現はれた。勿論かかる人人は最初の時期から已に存在して居つたには相違ないが、然し上座系統の固定化形式化が著しくなるに從つて、增加して來ることも自然のことである。互に相反目し又は排外するが如きことはないにしても、漸次に增して來たことも事實で、滅後百餘年にして兩系統が公然對立して遂に佛敎が二つに分裂するに至つたのである。これが根本二部の分裂で、一方は上座部と呼ばれ、他方は大衆部と稱せられる。更に年月の經過と共に、兩部內に枝末分裂が行はれて、或時期には十八部となり、根本二部と合はせて通常小乘二十派といはれる。二十派凡てが小乘とのみはいへないが、これが慣例の呼稱である。此中、上座部は固定化形式化の傾向を採つた系統のもの、大衆部は自由活用的の態度に出た系統のものであるから、分裂した最初には殆ど何等學說の相違などがあつたのではなく、唯傳承する佛敎に對する態度傾向の相違のみであつた。然し、この態度傾向の相違が時代の進むに從つて漸次佛敎の理解の相違を來し、遂には根本思想すら一致しないことになるのであるが、この上座部系統が小乘佛敎となるのであり、大衆部系統が更に發達して大乘佛教となるに至つたのである。從つて小乘と大乘とが確然區別せられないのがむしろ當然であるといはねばならぬ。然し兩部が既に根本思想が異なつて來て、上座部にはそれとしての特質を有するし、大衆部にも亦其特質が存するから、便宜上からも、小乘、大乘の名稱を使用することが許され得よう。

然るに、上座部にも十部が出で、大衆部にも八部が現はれたといはれ、これが必ずしも信ぜられないにしても、兩部ともに枝末分派をもつたことは疑ないから、然らば其中の何れが小乘となるのかが問題である。上座部系統の中では説一切有部、略して有部が最も有力で而も其典籍も最もよく保存せられ、其點に於て他に比肩し得るものがない。從つて印度に於てもシナに於ても此部を以て小乘となすのが慣例であり、少なくとも小乘の代表者となすのである。故に有部の學説を小乘の學説と見做すべきである。

小乘佛教の變遷

成立　有部を小乘佛教と見て其成立變遷を考察するに、有部の成立は紀元前二世紀又は一世紀に迦旃延(Kaccā-yana)卽ち迦多衍尼子(Kātyāyanī-putra)が西北印度に出て發智論を著はしたことに存すると考へられる。佛教はもと中印度に興りそこから諸所に傳布したが、佛滅百年頃には西印度には已に相當の勢力を有したとはいへ、猶未だ西北印度には傳播しなかつた如くである。然し、西印度は交通の便利な地方であつたから、恐らく間もなく他地方にも傳播して西北印度も佛教が比較的盛にもなつたのであらう。西印度の佛教が已に上座部系統であつたのであるから、西北印度に於ても亦同一系統のものが行はれ、其間に迦多衍尼子が出世したのである。迦多衍尼子は新譯で、舊譯では迦旃延である。又舊譯では發智論のことを八犍度論といふが、犍度は編の意味で、此書が八編より成つて居るからかく呼んだのである。然し、發智論と八犍度論とでは、內容は全く同一であるべきであつても、多少解釋などに於て全同でない點が存する。これは傳承した系統が異なつて居た爲に起つたことで、後に關說するであらう。發智論は後世身論と稱せられ、之に關聯して法蘊論、集異門論、施設論、識身論、品類足論、界身論が六足論と稱せられ、身に對する足となつて支へ一種の註脚の如くなつて居るとなし、七論が有部の根本義を示すといはれるが、然し、歷史的には法蘊論が最も古く、集異門論がそれと同時頃又はそれに次ぎ、次に發智論、後に識身論、品類足論、最後に施設論、界身論が製作せられたであらうと考へられるし、而も凡てが有部の學說と同一の說のみを述べて居るのではない。法蘊論や集異門論は從前から傳はる經を解釋したり敎義の名目法數を集めることなどに努めるが、其間には大衆部系統の說も述べられて居る。かかる傾向を承けて發智論が著はされ、雜、結、智、業、大種、根、定、見の八犍度の中に從來の種々なる說を纏めて組織立てたから有部としての敎理が成立したのである。第一編の雜は諸經に說かれる種種なるものを指し、此編中では先づ最初に世第一法を述べるが世第一法は俗世間凡夫の身中の最上第一の勝れたものといふ意味である。これは、佛敎の修行を規定の如くになすと遂には輪廻の俗世を出離するに至るが、其進程の階段に五停心と別相念住と總相念住との三賢と、次に煖と頂と忍と世第一法との四善根と、更に預流、一來、不還、〔阿〕羅漢の四向四果があるとせられる中の四善根の最後を指すのである。三賢は外凡、四善根は內凡、四向四果は聖者であるが、外凡は猶未だ眞理の似解すら得ないもの、內凡は似解を得たもの、共に凡夫たるには相違ないが、賢位に入つて居るのである。修行に入らない一般の人々はこれ等よりも低いとせられるのであるが、かく考へたのは、前述の上座系統に於て固定化形式化の傾向態度を取る間に、佛敎者としての佛弟子となつたものは一定の儀式を經て而も定まつた佛制の戒律を奉じ特別の生活をなし、俗世以上に優れた佛敎を維持しつつあるから、單なる信者とも異なり、信者ならざる一般人とは猶更異なり、一種神祕的に優越して居ると自任し、出家と在家との間に鴻溝が劃せられた結果、出家者の修行に更に階段を設けて、煩惱を斷除する次第を明し、漸次進むものであることを示し、凡夫中にも外凡と內凡とを分ち、內凡の最上位が世第一法で、之を一步越えると聖者に入るとなすに至つたのである。かかる世第一法を最初に掲げる所に小乘佛教の一種の特色を表はして居るものといへる。小乘は佛教を一種世外的に考へるからである。發智論第一編では、この世第一法の外に猶忍と頂と煗と又其〔の〕所對治の廿種我見、十二因緣などを述べ、第二編の結は煩惱の異名であるから、ここに煩惱を詳說し、第三編智は煩惱を斷ず〔る〕ものとしての智を實踐的に解釋し、第四編業は煩惱に起されるものとしての業を論じて一般佛教の根本思想の一を明し、第五編大種は萬物構成の地水火風の四原素並びに其原子を述べ、第六編根は四大に造られるものの中の勝れたものとして多種の根を說き、第七編定は禪定の詳述で實踐上重要なものの說、第八編見は邪見と其對治とを主として論ずるのである。此の如くにして一方に於ては從來傳承した說を纏め小乘佛教として殆ど凡ての說を扱うて居るから、後世此論が研究學解の標準となつたのである。發智論の發智は、原語からいへば、智を發するの意味よりも、むしろ智の進む道、智の組織、方法などの意味の方が判りよい。

發智論傳承の二派　發智論は有部の說卽ち小乘の學說の纏まつたものを示すから、其成立後は大に研究せられ傳承せられたが、此間に自然に二派が生ずるに至つた。卽ち有部が廣く傳播するに從つて地理的に系統が二つになつて二派の形をなすに至つたのである。有部は西北印度に起つたが、傳播するに從つて一方はカシュミイラ(Kaśmīra)國に入り他はガンダアラ(Gandhāra)國に弘まつた。カシュミイラはヒマラヤ山脈の西端で四方山に圍まれ他地方との交通に便でなく古俗を保存して居る土地で、自然に傳統を重んずる保守的傾向となるが、ガンダアラは印度河沿岸地方で、ここは印度と西亞細亞との交通の要路であるから、自然に開放的になり自由進步的の傾向を取ることになる。カシュミイラで傳へたのが發智論、ガンダアラで傳へたのが八犍度論で、シナには古くはガンダアラ系の有部が主として傳はつたから五世紀の初めに既に八犍度論(三十卷)が傳譯せられ、カシュミイラ系の有部は其後に傳はるに至つたから發智論(二十卷)は七世紀に傳譯せられた。前述の如く、元來は同一本であるが、兩系で研究解釋に多少の相違を生じたから、同一本の傳承にも、其內容に多少の相違を來すことになつたのである。殊にカシュミイラ系では發智論の解釈研究が重んぜられ、種々なる敷演もまた異説も現はれるに至つたと考へられる。勿論かかる間に於て所謂六足論中の或ものが著はされたから、發智論の解釋研究のみであつたといふのではない。之に對してガンダアラ系に於ては必ずしも八犍度論の註釋的研究に主力を注いだのではなくして、其内容の研究を主とし廣く小乘の全般に亙つて考察せられたのであらうと思はれる。現今の研究狀態では兩系が學說上どれだけの異同を有するかを明確にすることは猶未だ不可能である。

小乘佛敎の完成 紀元一五〇年前後に迦膩色迦(Kaniṣka)王が西北印度一帶を統治した。王は五翕侯中の貴霜王朝の第三代の英主で、初めは中央亞細亞の南部地方に據つて居たのであらうが、漸次周圍の諸地方を征服し、中央亞細亞のみならず中印度にまでも及ぶ大版圖を統轄するに至つた。王の治下の諸地方には種々なる宗敎が行はれて居たが、王自らは佛敎を信じ、造寺建塔もあつたのであるから、政治の要諦は佛敎精神に據つたのであらうといはれて居る。佛敎の傳說では、王の治下で第四結集が行はれたといふが、恐らくこれは誤想か誇張かであつて、實際は下に述べる論藏編纂のみであつたのである。結集は第一回の次に、佛滅百餘年に第二結集が行はれたとなすのは恐らく眞を得たもので、其外に、第三結集が阿育王治下で行はれ、第四結集が迦膩色迦王治下で行はれたとなすのは事實を語るものとは考へられぬ。兩王の時代には既に等誦は必要ではないから、結集の行はれる所以はあり得ない。殊に第三結集は爲にする所ある傳說で錫蘭佛敎でのみいはれ、シナ佛敎には全く知られて居ない。第四結集は錫蘭に知られないのは當然で、當時は既に錫蘭との交涉はなかつたのであるし、あつたにしても錫蘭佛敎は有部とは直接の關係はない。

第四結集といはれるのは實際はカシュミイラ國内で發智論の註釋書を編集したのを指したに外ならぬ。發智論に關する解釋は從來種々に行はれ「又其解釋は廣く一般佛敎と關聯して居るから、これ等を蒐集して毘婆沙(Vibhāṣā)を製するに至つたのである。此編纂は五百人が集まり、世友、法救、妙音、覺天の所謂婆沙の四大論師が主となつたといはれるが、五百人ならずとも多數が多日數間集まれば經濟的に他の保護を要するから迦膩色迦王の補助を得たので行ふを得たのであり、四大論師が事實編纂を司どつたかは疑はしいがともかく有力者があつて此事業をなしたのであらう。かくして編纂せられた書を大毘婆沙論と稱するが、毘婆沙は廣解の意味で、註釋を指すに外ならぬ。シナには五世紀に傳譯せられ百卷とせられたが、譯後直ちに兵火の爲に後半四十卷を燒失し、七世紀に新たに譯されて二百卷となつて完全に現存する。二十卷の本文が二百卷に註釋せられて居るから、如何に廣解であるかは想見し得られよう。此論に於て有部の凡ての學說敎理が包まれて居るから、此編纂は卽ち小乘佛敎の完成であると見るべきである。此編纂以外に經律の結集があつたとは考へられない。

大毘婆沙論はカシュミイラ國に於て編纂せられたからカシュミイラ系の事業であるが、然し間もなくガンダアラ國にも知られ又行はれたであらう。傳說では、カシュミイラ系では此論を他國には出させなかつたといふが、實際はさうではなかつたのであらう。其後兩國に於ては研究講學は盛であつたが、多少傾向を異にする所があつた如くである。カシュミイラ系では大毘婆沙論の廣瀚なのを要約して多少簡單にした書を作るのと、其內容の說を略述して入門書を作るのと二傾向があつた。漢譯に存する尸陀槃尼の鞞婆沙論(卽ち毘婆沙論)は前者の傾向のもので、此外にもかかる書が達悉と鞞羅尼との二人によつて各々作られたといはれる。又紀元三五〇年頃塞建地羅の著はした入阿毘達磨論は後者の傾向のもので、此外にも猶作られたものもあつた。入阿毘達磨論は色受想行識の五蘊と虛空、擇滅、非擇滅の三無爲とを八句義と稱して述べ、以て阿毘達磨への入門となしたものである。阿毘達磨は譯して論といひ、經律論三藏の一を寫し、理論的に又は組織的に敎理を述べるを主となすもの、有部の說の直接に基づくものであり、ここでは發智論大毘婆沙論の內容を指すのである。之に對してガンダアラ系ではむしろ大毘婆沙論の內容たる敎義の肝要なものを取り、八犍度論の組織に基づいて獨立的に組織して小乘敎理を簡潔に敍述する傾向を取つた。恐らく二五〇年であらう法勝の阿毘曇心論四卷はよく此傾向を示して居る。此論は界、行、業、使、賢聖、智、定、契經、雜、論の十章より成り、全體は二百五十偈(五言四句の詩)と簡單な註解とを含み、簡潔に有部敎義の殆ど全體を述べたもので、之を阿毘曇の肝心となして居るのである。阿毘曇は阿毗達磨が雅語であるに對して俗語形となつて居るもので全く同一語である。此論が恐らくガンダアラ系の特色を示すもので、其系統では認められ尊敬せられた論書である。傳ふる所では、優婆扇多は此論書に對して八千偈(散文の時は三十二字を一偈といふ)の註釋を著はして阿毘曇心論經と稱し、又無名氏は一萬二千偈の註釋を製し、更に此二註釋が廣きに過ぎるとなして和修槃頭は新たに六千偈の註釋を作つて無依虛空論と稱し、更に三五〇年よりも少し以前に法救は雜阿毘曇心論を作り、もとの二百五十偈に三百五十偈を作り加へて全體を六百偈となし、又十章の外に擇品を增して十一章となし、而も註釋中には有部の說と同一でない說も存するといはれるものを著はした。嚴密にいへば註釋とはいへないであらうが、然し阿毘曇心論より全く獨立なものではない。而も、かくして說が異なつて來た所は注意すべきである。實際としては、阿毘曇心論が旣に有部本來の說とは多少異なる解釋を取つてガンダアラ系の說を示して居るから、其後の此書に對する註釋書に於ても亦さうであつたのであらうし、雜阿毘曇心論が特に著しい點を有するのであらう。これは實は有部から分出した經量部の說の影響があつたからであるといはれる。

經部及び成實論　紀元一、二世紀頃有部から經量部、略して經部、が分出した。有部は論藏を基となすに、此部は經藏に據る方針であり、根本思想も有部は三世實有、法體恆有であるに、此部は現在實有、過未無體であつて、其他の點に於ても相異なるものがある。現在實有、過未無體は大衆部系の根本思想であるから、それからの影響もあらうが、然し有部の說に對する內含的批評から得られた點もあると考へられる程に、有部說に對する此部の批評は深刻である。此部の說については細かい點は明瞭でないが、重要な說としては色心互熏說である。無色界に生れた場合には色の種子が心に熏ぜられて保存せられ、從つて欲色界に生れた時色は其種子から生ずるし、無心になつた時には心の種子が色に熏ぜられて存し、有心になる場合には其種子から現はれるのであるとして、色と心とが互に熏習し合ふとなすのである。熏習は結局習慣付けること、種子は慣性となつた所を指す譬喩的の語である。色心が互熏するとなす考には不徹底な點も存するが、此説によつて此部は又無表業を以て思心所に遺る熏習種子に外ならぬとなすから、有部よりも優れた考であり、大乘思想に通ずるのである。從つて此部は、いはば、小乘と大乘との中間過渡的のものとせられる。かかる傾向のものにシナ日本で流行した成實論なる一書がある。紀元二五〇—三五〇年頃の訶梨跋摩の著であつて、發智論以來の有部説の繁雜錯綜なのを厭ひ大乘思想を取入れて小乘説を新たに組織論述した論で、古來其所屬が問題視せられるが、恐らく經部に屬し、經部の一異系と見るべきものであらう。成實論と雜阿毘曇心論とを比較すると、互に相通ずる點も見受けられるから、ガンダアラ系が遂には經部をも分出せしめてこれ等の論をも造らしめるに至つたのであらう。成實論はシナに於ては、六朝時代には大乘論とせられたが、隋唐以後は小乘論とせられ、爾來それが定論となり、それによつて成る成實宗も全く小乘とせられるのである。

倶舍論　三二〇—四〇〇年の世親は大乘論師としても重要であるが、其初期には小乘の學者で、中途に回心して大乘に入つたのである。もとガンダアラ國に生れ佛敎に入つて小乘佛敎を學んだから、明かにガンダアラ系の有部の學者であつた。傳説によると、カシュミイラ國に入つて大毘婆沙論を學び、歸國して其要領を講じ六百偈に纏め、それを界、根、世間、業、隨眠、賢聖、智、定の八編とし之をカシュミイラ國に送つたので、彼地の人々は自宗を發揚するものとして喜び迎へたが、獨り悟入が必ずしも然らずとなして、世親に請うたので世親自ら六百偈の註釋を製し、破我品一編を加へて、九編となして送つた。果して有部の傳統説を其まま述べたのでなくして、經部の説と對論せしめ、理長爲宗の精神で論述せられて居ることが明かになつたといふ。この六百偈と註釋とを阿毘達磨倶舍論(三十卷)と呼ぶのであつて、シナには二回譯され、爾來小乘佛敎學習の標準書となつて居る。

悟入は塞建地羅と同一人であるともいはれるが、悟入の弟子に衆賢があり、倶舍論の説が有部の正統説と一致しないのを慨し、その六百偈を其まま掲げて、有部の正統説によつて解釋し、倶舍論の説を排斥して阿毘達磨順正理論(八十卷)を製し、それを世親に送つたが、世親は回心後であつたから答へなかつたといふ。衆賢は更に阿毘達磨顯宗論(四十卷)をも作つて自宗を顯揚したが、倶舍論を破するに急であつた爲か、其解釋には有部の傳統說と異なる新說も述べられたから、衆賢の說を新薩婆多、卽ち新說一切有部說、と稱する。

衆賢の活動以後有部小乘佛敎の學的活動は明瞭には傳へられて居ないが、倶舍論は世親系統の大乘の學者によつて註釋せられたから、大乘の人々も研究をなしたのである。陳那、德慧、安慧が註したが、安慧の弟子も孫弟子も註して居る。又倶舍論の偈は稱友の註と共に梵文が存し、既に出版もせられ、佛譯も公刊せられた。

小乘佛敎の學說　小乘佛敎は歷史的變遷を經て居るから、何れを取つて小乘佛敎の學說となすべきかは一つの問題である。又シナに於ても古くは八犍度論、大毘婆沙論の一部、阿毘曇心論の系統等の研究によつて毘曇宗が起つて小乘佛敎とせられ、其他に成實論もあり倶舍論もあり、之によつて成實宗、倶舍宗も表はれたから、其何れの說を以て小乘佛敎の學說となすべきかが一の問題である。然し、和漢に於ける從來の慣例としては倶舍論の示す說を小乘佛敎の學說となすのである。倶舍論は經部の說を入れて理長爲宗卽ち批評的論述を主となすが、小乘佛敎の學說を見る場合には主として有部の說のみを見る見方によるのである。これでは倶舍論の眞の趣意は顯はれないから倶舍論に忠實な所以ではないが、然し今は一般の慣例に從ふのである。

敎理の綱格として器世間有情世間を構成する諸法の解釋と、有情の輪廻相續する所以の詳說と、斷惑證理の實踐過程の組織とであるといはれるが、器世間は環境世界のこと、器は容れ物の意、有情世間は吾々生類の身心、情は情識又は愛情で、それを有する生類のこと、世は遷流の義、變遷する三世を指し、間は中、從つて陷り間《まじ》はる意、環境の一切及び生類は無常遷流のものとなつて居るから世間といふ。又は世は隔別、間は間差の義、凡てが整然區分對列して居るから世間と呼ぶ。この構成要素の觀察解釋は理論的の方面に屬するが、要するに吾々の生存して居る狀態をよく知る爲の說。輪廻相續は吾々の日常生活の狀態を指し、それが其ままでは好ましくないことを明かにして宗敎的修行に進ましめんとするのであり、その修行の內容や過程が斷惑證理で、轉迷開悟する進程を示すのである。

諸法の構成要素は色、心、心所、不相應、無爲の五位に大別せられ、色法に十一、心〔法〕に一、心所法に四十六、不相應法に十四、無爲法に三の細分を立てるから七十五となり、之を五位七十五法となすが、色は廣義の物質的のもの、心は精神的實體、心所は其作用、不相應は色にも心にも屬しない非色非心物、無爲は實體としての空理で、凡ては各各實體を有するから、一一を法體と稱し、それが過現未三世に於て實有であるから卽ち恆有であると見、之を三世實有法體恆有と表現し、根本思想となすのである。簡單には我空法有といひ、大乘の我空法空卽ち人法二空を根本思想となすのと異なり、又三世實有法體恆有は三世に於て實有なれば法體は恆有なり、と讀むべきで、大衆部系統の現在實有過未無體といふ根本思想と相對するのである。

色法の十一は眼耳鼻舌身の五根と色聲香味觸の五境と無表色とをいひ、元來有形のものは凡て極微《ごくみ》卽ち原子より成り、極微には地水火風それぞれのものがあつて、それぞれ實在で、極微其ものとしては各別に堅濕煖動の一性質を有し、これが性の四大であるが、一極微を中心として四方上下の六方に一極微が集まる仕方卽ち六方中心の七極微が集まつて立體をなし、更に順次に七倍づつに積集して有形の事物となるから、そこに五根五境も成立することになるのである。五境は獨立の存在ではあつても必ず依止を要するから、その依止は地水火風空とせられる道理で、空を除いて凡ては極微所成である。其中、色は五位の第一の色よりも狹義の色であるが、青黃赤白雲煙塵霧影光明闇の十二の顯色と長短方圓高下正不正の八の形色とを含むから、單なるイロでなく、又純粹な物質でもない。聲香味觸は說明を要しないであらう。眼耳鼻舌身の五根の根は能力などの意味で、發識取境をいひ、之を勝義根とし、眼球等の機官は扶塵根に過ぎない。五根の直接の對象が五境であるから、この五對で外的の感覺認識を盡くす。無表色は善惡業の餘力である無表業を實體視して色の中に分類したものであるから特別のものである。

心は心といふ實體で、區別的にいへば眼識耳識鼻識舌識身識意識の六識であるが、一猿が六窓を覗くに譬へられるから、本來は心一つのみである。心を意とも識とも稱し、心は集起の義、意は思量と依止との義、識は了別の義と解して、三名は異義でも其指す體は一であるとする。六識が過去に落謝した一刹那を意根と稱し、前五識は各自の根とこの意根とを所依として起つて各自の境を取り、第六の意識はこの意根のみを所依として起つて法境を緣ずるが、法境は殆ど凡ての境を指す道理で、第六意識は心としての働きの凡てを有するものである。意根に依つて起る了別の作用を意識といふのであるから、意に依つて起る識で、通常心理學などでいふのと同意味でない。

心所は心所有法の略で、心の所有する作用を實體視したもの、之に四十六種を數へ、それを六種に大別するが、凡て第六意識に相應し、前五識には必ずしも一定しない。心と心所とは各別に獨立に起るものでなくして必ず俱起するもので、心が眼根に依れば心所も亦眼根により、心が赤色を緣ずれば心所も亦赤色を緣じ、心が赤色を理解すれば心所も亦赤色を理解し、心が起る時に心所も亦起り、心が一つなれば心所も亦一つであるといふ五義が平等であつて、之を相應といふが、相應は結合とか相關とかいふほどの意味。然し、此際、心は一般的を、心所は一般的と特殊的とを取る點で區別を立てる。心所を實體視すれば、これは心所なるものがあつて、機會ある每に其作用を現はし、機會が終れば、又心所として其ままに存するとなすことになるのであるから、甚だしく機械的で而も奇なる說であるが、元來は一般心作用を反省的に考察して、特殊な心所用に共通的に概念を考へ、その概念を實在視して實體と見ることになつたのであり、且つ實體としての心所も本來は作用であるから、それの屬する主體が考へられなければならぬから、そこに心といふものを考へ、それを實在視して實體を考へ出して來たものであり、心所が心に屬するのを、心がそれ等を所有するとなして心作用をすべて心所有法と名づけたのである。他の法體もすべて此の如くに概念を構成し、それを實在視したものであつて、七十五の法體は悉く觀念的なもので、嚴密にいへば、實在たるものでなく、心なるものなどが心作用以外に獨立に存するのでなく、又心所も獨立の實在ではない。經驗的には個々の特殊作用のみである。それを以上の如き過程によつて法體と考へ、七十五種に纏めたのである。

不相應は不相應行法の略で、心にも色にも屬しないのを不相應といひ、無常遷流なのを行といふ。得・非得・命根・同分・無想定・無想果・滅盡定・生・住・異・滅・名・句・文の十四種を數へるが、關係や力や作用や狀態などを實在とし實體視したもので、實在論的傾向を最もよく現はして居るものである。例へば得は智と吾々とが到合繫結する關係を實體視し實在視したもので、得は到の意味、非得はそれに反するものをいふ如きもので、不相應も甚だ機械的である。

無爲は前四位が凡て有爲法で造作せられたものであるに對して全く造作せられないものであるとせられ、虛空・擇滅・非擇滅の三である。虛空無爲は無礙を性となすといはれ、自ら他を障へず、他も虛空を障へないから、宇宙の一切を他所に取去つたと想像する場合、あとに殘つたと考へられる空處を一實體と見たもので、從つて一切のものの存在成立活動の場所になつて居ると見たものであり、擇滅無爲は智力で煩惱を斷滅した所に得られる涅槃のことで、有漏煩惱の虛無の空理の實體視、煩惱の數だけ存するし、非擇無爲は緣闕不生といはれる如く生ずべきものが生緣の無い爲に不生となつた場合その因緣の滅した處に顯はれる滅である。無爲法は凡て無たるもので、何等の積極性もない。

以上が法體で、器世間有情世間皆これ等の聚積離散によつて現はれて居るが、其間を因果によつて說明する。因果は六因四緣五果として說かれるが、重要なのは俱有因士用果の空間的因果、同類因等流果の時間的因果、異熟因異熟果の隔時的因果、能作因增上果の凡てに通ずるものである。俱有因は果と同一時に存する因で、士用果は人の働きで事業がなされる如くに此因の働きで果の得られるをいふ。空間的因果は實在論の特質の一で、因というても生果の働きがあるのでなく、主と從との關係の如きものである。同類因等流果は同果同性の原因結果で、通常の因果律、異熟因異熟果は因果異性で、業の因果律、因は善惡何れかの業、果は無記で、その上に樂又は苦を享けるもの、正確には因でなくして緣である。能作因增上果の能作因も實は緣を指し、緣は因を助けまた防げない副因で、その果は特別なものでなくして、緣に助けられた因の生ずる果と異ならない。同類因等流果は例へば米粒と稻との如きであるが、米粒といふ同類因は因としての力を有するがそれのみでは稻といふ等流果を生ずることはない。凡て原因はさうであつて其までは實際上結果を生じない。若し人功が米粒を田に播けば、土と水と暖との援因により、又冷旱諸害の無によつて、稲となつて收穫が得られる。人功は業の因で異熟因、稲はそれからいへば異熟果、土水暖は有力の能作因、冷旱諸害の無は無力の能作因、能作因からいへば稲は增上果で、因縁は多で果は一である。如何なるものの生起もかかる因縁と果とであつて、此因縁の中では業が最も重要で、他は凡て自然的無增減であり、肥料にしても人功を俟つて其效を發揮する。從つて世界は凡て業によつて生ぜられるといふべく、世界は凡て道德的である。この說を業感縁起論といひ、一切は悉く相互に相關係して業によつて起り個々として現はれて居つて、而も吾々を中心となして居ることを明かにするのである。

世界の一切は吾々の關することのみで、而も凡て果報であり、吾々の如何ともするを得ない與へられたものであるが、同時に將來これを道德的に善の方面に創造展開せしめ得るものである。如何ともするを得ないのは輪廻說上前世の業因に由る果報であるからで、道德的にも宗教的にも其までは滿足して居るを得ない。滿足せられないといふのを苦と稱するが、輪廻の生存が卽ち苦である。輪廻は無明・行・識・名色・六入・觸・受・愛・取・有・生・老死の十二因縁で說くが、無明は煩惱卽ち惑、行は業で、惑によつて業が起り、この業が果報を感ずるから、其果報を識から有までとし、之を苦と呼ぶ點で、惑業苦の三道が輪廻である。識から有までは現在生存であるから、無明行は現在以前に在つて過去の二因であり、識は統一的意識であるが現在生存の最初、名色は身心並びに環境に外ならぬが識によつて自己の世界と知られるもの、從つて身心の發育の初期とせられ、六入は眼耳鼻舌身意で外部の對象と接觸する處、又從つて身心發育の中期、觸は今いふ接觸、受は感覺を受込むこと、愛は反動的に又能動的に欲望煩惱を起すこと、取は愛の對象に執著し貪欲すること、有は生存の意味で、煩惱に追はれて營々として生存して居ること、從つて觸以下は日常生活の實際上行はれて居るを指し、此中、識名色六入觸受を現在の五果といひ、愛取は共に煩惱で、有は業を造る所であるから、結局惑と業で、前の無明と行に當り現在の二因となつて、未來生存への生とそこに於ける老死とを起す。過去世に生存する場合はそれが現在で、その時は愛取と有であるに、その過去からいへば未來である生存に生れるとその未來は現在となり、現在からいへば、前の愛取と有は無明と行と呼ばれるし、現在から未來に生れた後には、現在の愛取と有は過去の無明と行とになるから、生老死は現在の識から受までの五を、現在の立場上未來の二果として呼んだものに外ならない。受で止まることはないから當然愛取有等も未來生に於て起る。かく十二因縁の中に過現の因果と現未の因果とがあるから三世兩重の因果となつて居るし、吾々の生死が過去に遡るも無際、未來に降るも無窮であるを示し、これが輪廻で生死の繰返しであり、日常生存は輪廻の一部で、其横斷面に外ならない。日常生存も環境世界も凡て過去の業因の果報に外ならないから、現在に於て吾々がそれを左右するを得るものでなく、全く運命論的に與へられたものであるが、此間に於て如何なる業をなすべきかは全く吾々の自由意志で、その業によつてよき將來を創造開拓し得る。

業は思といふ心所で、思は意志に外ならない。思は細かにいへば思と思已とで、意志の動きと其決定とで何れも業たるものである。思業は意業とも呼ばれ、思已は思の所作で思已業といはれ、必ず身口に發現し身業口業となる。身口二業は善惡何れかの場合には身口の所作の消失後に必ず餘力を殘す。善惡何れでもない無記業は無意識的のものであるから、これには餘力はない。吾々が善惡業をなすと滿足不滿足の感情を殘すが、此感情は次の意志決定に影響を及ぼし而も積極的消極的に規定する力を有するから之を感情とのみ見ずに力と見、この餘力を業となして無表業と呼ぶ。此無表業を實體視して、身體の中に起り身體の中に依つて存するから、五位の第一の色の中に分類して無表色と名を改める。極めて窮した說であるが、無表業は一種の癖の如きものに外ならない道理である。經部は無表業は思の心所に殘る種子であるとなすから此方が合理的である。ともかく、業には果報を考へる。嚴密にいへば業に果して果報があり得るかは問題であらうが、經驗上努力によつてより良き狀態となすを得るから、そこに果報を要請し果報を考へるのであつて、業のありやうで、業感緣起論上器世間有情世間が變化して來ることが言へるのである。

業のありやうが重要であるが、果報を起す業は凡て煩惱に導かれた業であるから、煩惱を斷ずることが實踐修行上當然中心的重要事となつて來る。煩惱は貪・瞋・癡・慢・疑・惡見が六根本煩惱と呼ばれ、惡見を身見・邊見・邪見・見取見・戒禁取見の五に開けば、合せて十種を根本煩惱といふ。之に對して枝末煩惱を十九種數へるが、さほど重要視されない。煩惱は凡て理に迷ふ迷理の惑と事に迷ふ迷事の惑とに分たれるが、迷理の惑は其性猛利であるが、理を觀知すれば頓斷せられ、迷事の惑は衣食住に對する欲の如く其性遲鈍であるが斷じ難いから數々道を修して漸斷し得るのみ。前者は邪師邪教邪思惟によつて起るから後天的で、分別起、後者は先天的に存するから倶生起である。理を觀知するのは修行の進程階段中の見道で、迷理の惑は見道所斷の惑で、卽ち見惑、迷事の惑は見道後に數々修習する修道の所斷であるから修惑といひ、根本煩惱中、疑と惡見とは見惑、貪瞋癡慢は見惑でもあり修惑でもある。卽ち六種又は十種は凡て見惑で、貪瞋癡慢は修惑でもあるが、これは吾々が反省しても實際であることが判る。この見修二惑は之を苦集滅道の四諦と欲・色・無色の三界に配當すると、見惑八十八使、修惑八十一品となるが、これは頗る煩瑣な說である。然しこれ等を斷ずるのが實踐修行で、斷惑證理といはれるのである。

煩惱を斷ずるのは智で、此智は定卽ち禪定によつて起さるべきものであるから、定も智も詳說されるが、それに倂行して修行が進むのである。修行は準備並びに最初の階段のものが却つて適切で、進んだ專門的な修行は吾々に不適當である。準備としては身器清淨といふ身心を淨化することをなすが、一は身心遠離で、惡友惡緣及び不正思惟を離れ、二に喜足少欲で邪念貪著を制し、三に已得の衣服飮食臥具に喜足し煩惱を斷じ修行を希ふといふ三種を行ふを要する。進んで修行に入るが、先づ五停心は五種の心を靜める方法であつて其中でも特に身の不淨を觀じて貪婪心を停める不淨觀と呼吸を數へて散亂心を對治する數息觀とが重要である。これ等は實際生活としても大切であらう。次に身・受・心・法を順次に不淨・苦・無常・無我と別々に觀じて常樂我淨の四顚倒を治する別相念住と、之を總括して一般的に觀ずる總相念住とを修する。以上を三賢と稱するが、之から進んで煗・頂・忍・世第一法を經る。煗は見道無漏智の火に近づく點で暖氣を感ずるに喩へていふ階位で、ここでは苦・集・滅・道の四諦について十六行相を修する。頂は善根が進んで山頂に至つた如くであるといふ喩によつて名づけ、同じく四諦十六行相を觀ずる。忍は忍可の義、道理に安住して心の動じないことで、四諦十六行相を修して下・中・上の三品で漸次に減緣減行し、世第一法に登るが、これは前述の如く世間最勝の善根で、單に一刹那の間のみを指し、直ちに見道に入るのである。以上を四善根と稱し、三賢と合はせて七方便となすが、七方便は單に賢位に過ぎない。見道以後初めて聖位であるが、初めに先づ四諦の理を觀ずるに十六刹那を要し、此中の前十五刹那が見道で、第十六刹那からは修道に屬する。見道は預流向で、第十六刹那は預流果である。預流は聖者の流類に預り入るといふ程の意味。見道で見惑を斷ずるが、修道で修惑を斷ずるは容易でないから、その爲に進む一來向・一來果・不還向・不還果・阿羅漢向の間も修道で、此四向三果を有學道とし、修惑を斷じ終つた所を阿羅漢果とし、之を無學道と稱する。學は學習の意味よりもむしろ實踐學行の意味。從つて阿羅漢果はもはや學行すべきものの無い修行完成位である。四向四果は繁雜に說かれ、之を說明しても興味が薄く、又得る所も少ないから凡て省略するが、小乘佛敎の最後は阿羅漢となるのであつて、佛に成るのでなく、又阿羅漢の最後は空々漠々の虛無の狀態になるに過ぎないもので、目的完成後の活動は何等說かれて居ない。かくなり終つた所以は法體恆有の實在論の必至の結論で、空々漠々の虛無は凡ての法體の分散離在の狀態である。而も之に至るに無限の時間を要するとせられる。此の如く內含的に致命的の缺點があるに拘らず、小乘佛敎者は永く實際的に人心を感化したのは、恐らく修行完成に達するよりも、其進程中の或點の說を眞に實踐修習し、心狀態としては修行完成と通ずる心境に達し、それが全人格に現はれたが爲であらうと推定せられる。四二四年にシナに來た印度の求那跋摩(三六七—四三一)は其傳によれば一來果に達して居たといはれるが、かかる人々も多かつたであらうし、阿羅漢果に達しなくとも人格的感化を及ぼしたものは其實例決して少なくはない。かかる點まで修行し得なかつた人すら、立派な人格のものも多かつたのであるから、實際としては、學說實行などの組織よりも自ら實踐することが力あることたるを示して居るのである。小乘佛敎は從來卑近な敎といはれて居るが、然し實踐的には感化を及ぼし勢力があつたのであつて、一二〇三年印度佛敎がマホメット敎によつて亡ぼされた時には、中心は小乘佛敎の滅亡であつたのであるともいはれるから、大乘佛敎などは已に印度に亡びて居たのに、小乘佛敎はそれまで存續して居たのである。之に反して、シナ日本では、小乘佛敎は何れの方面に於ても大乘佛敎の勢に比肩すべくもない。三國に於て事情がそれぞれ異なるのである。

大乘佛教

序

大乘と小乘とについては小乘佛敎の下に述べたが、大乘の起原は學問的には明確でないといはねばならぬ。然し、小乘の固定化、實在論化に對して、開放的、觀念論的な點が甚だ多いことは事實で、又小乘が出家佛敎であるに對して大乘は在家佛敎を出發點の一となして居ることが考へられる。例へば、小乘では戒は所謂七衆戒で、比丘には二百五十戒を課し、寺院內の行持も嚴格であるが、大乘では單に十重禁戒四十八輕戒のみで、輕重合はせても五十八戒に過ぎないし、寺院內の行持については何ものもない。四十八輕戒は殆どいはれないが、十重禁戒は不殺生・不偸盜・不邪婬・不妄語・不酤酒・不說過・不自讚毀他・不慳法財・不瞋恚・不謗三寶で、此中の前五戒は小乘の說く在家信者の守るべき五戒と殆ど異ならぬといふべく、唯五戒の第五不飮酒戒を不酤酒戒として酒を賣らぬ戒となした相違のみ、在家佛敎としては飮むを一層進めて賣るまで考へたのであり、又在家信者となるには、小乘としては佛法僧の三寶に歸依し五戒を守るを誓ふを要するのであるから、第十不謗三寶戒が存するのであり、說過・自讚毀他・慳法財・瞋恚は貪瞋癡に相當すると見るべきで、結局在家信者の立場で、貪瞋癡を含めて十重禁戒を立てたものに外ならぬのであり、寺院內の行持のないのもむしろ當然であらう。故に大乘は出家佛敎の拘束なく、むしろ佛敎に對して自由活用的な扱ひをなして、大衆部系統の說によりつつ、發達したものと考へられる。然し、其後長く發展し而も常に佛敎として存したのであるから、自然に又出家佛敎的となつた點のあるのも止むを得ない。

印度の大乘佛教には他に例のない特異な點が存する。それは大乘經典の思想と大乘論師の學說とが各別に論述せられねばならぬことである。大乘經典は時代時代に現はれたもので、其創作者は全く知られないにしても、それぞれの思想を有し、それが論師によつて學說として組織せられたから、經典と論師とは各別に見るべきである。從來は經典は凡て佛說の記錄と見、佛に思想の發達などを考へなかつたから、何等問題はなかつたのであるが、現今では經の佛說なることは全く承認せられないから、經と經との間にも思想發達の相違があるとして、經の現はれた年代と思想發達の順序とが研究せられねばならぬことになつた。然し、學界の現狀では此何れもが猶未だ著手せられて居ないといふべきであるから、以下に於ては、むしろ經の思想を組織した諸論師の年代を基點として凡てを見る方針に據らんとするのである。經の年代及び作者については一切看過する以外には致方がない。其方針で印度大乘佛教の時期を考へて

第一期　約紀元頃—三〇〇年
第二期　約二五〇—四〇〇年
第三期　約三五〇—六五〇年
第四期　約六五〇—九〇〇年

となし、各期を大體經典と論師とに分つ。第一期が三〇〇年で終り第二期が二五〇年から始まるとなす如き五〇年の重複のあるのは、或經と或論とは殆ど同一時と思はれても、論は其期に屬し、經は次期の論の基となつて、同一時の論の典據とはなつて居ないことを考へたからである。從つて各期の經は三〇〇年等の終期よりも五〇年早く終つて居る道理になる。勿論、時期の區分は的確なるを得ないから、此の如くにのみはいへないが、今はかく見て置く。

第一　第一期の經典の系統

一、般若系統

般若經に現はれた思想の系統を指すのである。大乘諸經の何れが最も古いかは明確ではないにしても、教理の方面を參酙すれば、般若經は最古の一であらうと考へられる。後世になれば般若經は六百卷の叢書となつたが、其中に含まれる小品般若、大品般若、金剛般若の如きは古いもので、而も初期の般若經の面影を存するものであらう。何れの般若經にしても、又其何れの部分に於ても、其說く趣意は一切皆空といふことで、般若經は空思想を明かにするに過ぎないといはれて居る。空は無ともいひ、虛無の意味に外ならぬが、然し一切皆空は決して一切諸法が全く虛無であるといふ如き無宇宙論や虛無思想を意味するのでなく、何れのものにも固定的實體が虛無であるといふ意味である。佛教は元來無我を說くのが特色で、之に反するものは佛教說たるを得ないとなすが、小乘は、其學說上果して徹底無我の考に一致するや否や問題となる點を有するにも拘らず、人に於ては無我として佛教一般に準じ、同時に法に關してのみその有を認め法體實有を許すのである。一般の常識及び外學は我も有、法も有となして人無我をも認めない。人無我を人空ともいふから、此點では空は無我と同一意味であるが、我は印度の哲學としては古くから人についてのみならず法についてもいふことであつて、一切は我であるとなすから、細かにいへば我の中に人我と法我とが分たれ得る。外學は一般に人我と法我との實在を許し、小乘は人我を無とし法我を有とする。般若思想はこの法我をも空となすから、般若の空は人法二空である。二空が大乘佛教凡ての根本に存する考であつて、大乘で如何なる說をなしても、二空に基づかない說はない。この根本思想たる空が般若經の中心思想であるから、般若經が、或は大乘最初の經でないとしても、其空思想は最初の說でなければならないのである。そしてこの空思想は其起原の一は小乘の我空法有に對する反對又は反動に存すると同時に外學の人法俱有の否定でもある。小乘の法有は人空と整合しない點があるから、人空に立つて見れば法有は成立しないことになる。此の如き內含的批評から無我を徹底せしめて人空と共に法空まで認めるに至つたのであるが、然しこの起原は反對又は反動の方面であるから、むしろ正統的に、この思想が繼承し發展せしめた方面の起原を見れば、明かに大衆部系統の現在實有、過未無體の根本思想にあると考へられる。法は凡て現在一刹那の存在のみで、その現在が過ぎ去つて過去、將に來らんとするが未來たるに外ならぬから、過未に法體など存する所以なく、法は凡て現在一刹那の流動に過ぎない。此點から一切の法は悉く空であるとなし來ることになることを考へると、大乘の空思想は大衆部系統の發展なることが首肯せられ得る。然し、空はもともと有の否定で、其ままでは何等打立てんとする所はないものであるから、空なるもの即ち空の實體視などは空の根本趣意に違反する。故に空はどこまでも空である。外學や小乘は有思想に慣れ凡てを實體視するを常となすから、空といふを聞いて空を實體視する考に陷り、又は一切虛無の考に墮して、有思想を取るよりも一層多くの過失を犯すことになるとなす點で、空亦復空と說くといはれるが、此句の最初の空の字は實體視せられた空を、又は固執せられた空を、指し、それに對して正しい空によつて否定するのを亦復空といふのである。かかる空の反覆は、空が正解せられないならば、幾度でも起ることで、徹底空ぜられる。此點に、同時に、空の實踐的意義が存するのであつて、空は、一は物の見方の變革であり、一は心の修養である。卽ち通常の實體視を脫することであり、實體視に基づく固執を除くことである。かく從來有と考へたものを空となすのであるから、空は非有に外ならないし、空にしても非有にしても何等打立てる所があるのではないから空に固執するを斥ける爲に、更に反覆空ずる點で非空又は非無となして、空を徹底せしめる。然し、非有非無も空に外ならないが空有に墮せない所を中道又は中と稱して、非有非空の中道と呼び、之を諸法實相とも眞空妙有ともいひ、又般若波羅蜜ともいふ。中道は中庸又は折中などの意味でなくして、絕對の意味。空と有とを契機として其内に包括し空有を止揚して居るをいひ、諸法實相の相は特質の意味であるから、法の眞のあり方を諸法實相といふのである。諸法實相は原語では法の特質、又は法性卽ち法たることとなつて居つて、諸法一一が中道であるのが法たることであるとなす意味になる。眞空妙有は空の究極は有となるが、この有は以前と同一でないから特に妙卽ち一般の思議以上となすのである。然らば、空は進んで有となるのであるし、妙有としての法が眞の法のあり方となるのであり、ここを一般に離言の法性とも呼ぶから、法性は凡て執情を離れた所で、そこを又般若波羅蜜といふのである。般若は正確には慧であるが通常は智慧とも譯し、波羅蜜は度とも到彼岸とも譯し、渡り終つたこと、彼岸に達したことの意味。卽ち絕對完全といふことで、從つて般若波羅蜜は絕對完全な智慧の意味。又之を根本無分別智ともいふが、無分別は對象たる客觀と主觀との對立差別の無であるを指し、この智が凡ての智の根本であるから根本といふのである。主客不二又は未分が凡て根本で絕對完全であるが、空の最後がここまで到るといふのは、もと佛敎は一切諸法は如何なるものでも悉く吾々に考へられ思ひ浮べられた限りでの存在であつて吾々と全く離れた獨立のものはなく、凡ての實體にしても作用にしても吾々が投射し附加したものに外ならぬとなす唯心論に立つて居るのであるから、一切を對象と見、其間の區別對立を認める了別作用を止めるならば、凡ては異なつて來るに相違なく、空は而も實體視を無みし、實體視に基づく固執の排除である點で、必然的に主客一如、能所未分に進み入ることになるのである。その般若波羅蜜たる根本無分別智は又必ず直ちに後得智となつて差別對立を照らし見ることになつて一切は妙有となるから、主客未分は主客相對となり、妙有の諸法は凡て其處を得て現はれて居ることになる。此點でいへば、空は單なる否定のみでなくして、進んで凡てに對して適當な根據を與へるものと見ねばならぬのである。之を般若經には、「眞際を動ぜずして諸法を建立す」、とも、「假名を壞せずして實相を演ぶ」、ともいうて居る。眞際は諸法實相、般若波羅蜜を指し、假名は凡て空ぜられる諸法一切、實相は眞空妙有、諸法實相である。蓋し、空といふ否定は字義其ままとしては單に否定のみで、何等肯定する所はないが、然し、一般に否定は必ず同時に肯定を含んで居るものて、甲は乙でないといふのは其中に甲は非乙であるといふを含んで居る如く乙以外のものを肯定し、乙以外の方が却つて大きいのである。空の伴ふ肯定は緣起であり、實體の凡てを否定すれば一切を關係と見る外はないのであつて、一切の關係、相互關聯たるを緣起と稱するのである。法を見るものは緣起を見る、緣起を見るものは法を見るといはれる如く、法の眞相は緣起である。緣起の諸法以外の諸法は存しないから、其中の甲を主とすれば他の一切は伴卽ち從屬として凡て甲に統一せられ、又乙を主とすれば、一切は、甲までをも含めて、悉く伴として統一せられるが、唯心論でいへば、一切は悉く心に統一せられて心以外に出るものはあり得ない。卽ち般若波羅蜜の中に一切諸法は成立して居るのである。

空の實踐としては一般に其德目を施、戒、忍、進、定、慧の六波羅蜜卽ち六度となす。施は布施、法を施し財を施すことで博愛慈善、戒は犯行を止める克己愼獨、忍は苦辱を安受し、心を法に安んずる悟達であつて忍耐悟法、進は精進で又勤、凡てに對する努力策勵、定は禪定で心を一境に留めて散亂せしめない專注不動、慧は心性を指し而も無分別智を得ることで卽ち般若波羅蜜であるが、何れも我執の離脫が根本で、其上での空觀の實修であり、自他の對立を除き、相對の自を相對の他に同ぜしめ、又他を自に同ぜしめて、自他を包容しての大なる自己を實現せしめる趣意である。六度は如何にも雜然たるもので、相互の間に連絡も組織もないと見える程であるが、元來これは佛が佛と成る以前在家の菩薩として極多の修行をなしたといはれる修行を分類して六種となしたものに起原を有し、之を取つて大乘の實修者卽ち菩薩の修行の德目となしたものである。故に無組織であつても、これの實修は卽ち佛に成る所以となす意味を含み、大乘は凡て菩薩の敎で、而も眞の菩薩は般若波羅蜜に逮達したものをいふとなすのである。故に六度は大乘凡てを通じての實修德目で、前五を福德、後一を智慧とし、之を佛と成る資糧となして、福德智慧の二資糧又は福慧の二聚など呼ぶのが大乘一般のいふ所である。福は物質的の意味でなくして、功德といふ程の意味。故に般若波羅蜜は六度の一たると共に又六度を統轄するものである。

この般若系統には猶維摩經、思益經等の小乘を排する諸經の如きが入り得ると考へられるから、實際としては複雑になるものである。小乘を排するのはむしろ小乘の固執滯封の執情を蕩掃して眞の大乘精神に立たしめんとするのであるから空思想の實際的適用の一と考へられる。

二、法華系統

シナには古く法華經の部分譯もあるが完本は竺法護(約二三〇—三〇八)が三世紀に、鳩摩羅什が四〇六年に、闍那崛多と達摩笈多とが六〇一年に譯したものが傳はつて居る。此中では羅什譯の原本が最も古形を存し、竺法護譯の原本は却つてそれよりも新らしいといはれる。羅什が譯した妙法蓮華經は七卷廿七品であつたが、其後隋末・唐初頃一品が加へられ、其他にも添加があつて八卷廿八品となり、これが爾來シナ日本に流行して居る。廿七品の中、後六品は法華經原形に後世附加せられたものたることが明かに知られるから、純粹な原形は廿一品のものであつたのである。然し後六品の附加は二世紀には既に明かに存したのであるから、原形の廿一品の成立は相當に古いといはねばならぬ。羅什に教を受けた弟子の道生は、法華經は前半十四品は迹門で會三歸一を述べ、後半十三(又は四)品は本門で法身常住を明すとなして居るが、此見方がシナ日本に於ける法華經の見方の模範である。迹門は佛の垂迹としての應身たる釋尊の說く部門、本門は佛たる釋尊の本地の法身を明す部門を指し、會三歸一は聲聞・緣覺・菩薩の三乘の差別も凡て佛に成るといふ一佛乘を進んで居るに外ならぬとなすこと、法身常住は釋尊の伽耶成道や雙樹下入滅は垂迹身に現はれたことで、本地の法身には出生入死などはなく常在靈鷲山であるといふことである。佛を應身としての垂迹と佛其ものとしての本地とに分つ考は既に大衆部系統に於て明かに認められた說で、大乘は凡て此考を取り、而も猶一層細かい佛陀觀を發展せしめて居る。而も大乘の經は、般若經をも凡て含めて、本地の佛の說法で、決して肉身の釋尊の說法ではない。この佛に二身を分つことは同時に吾々にもこの現身と吾々其ものとがあることを肯定して居ることに當るのである。聲聞・緣覺・菩薩は佛敎が人々の機根素質の區別として認めた三種なるものである。元來佛敎は廣義の敎育で、社會敎育をなすものであるが、學校施設の如き機構をもたないから、被敎育者の素質能力を分類し、それに應じて適切な敎育を施さねばならぬ。その區別分類が此三種で、聲聞は他の敎を聞いて漸く道に入り得るもの、卽ち他に賴つて初めて生活し得るもの、從つて自らの事にのみ專心して他を利するの暇なく又それを考へないもの、緣覺は他を俟たずに自らで道に入り得るもの、自らで生活し得るが、猶且つ他の利益などを慮らないもの、菩薩は獨立に他の利益にのみ專心し社會的に奔走して自らを顧みないものである。此三種で總ての人を盡くし得るから、これにそれぞれの敎を與へ又は其進む道を指示するが、その敎又は道を、乘物に譬へて、乘と稱し、聲聞乘・緣覺乘・菩薩乘の三乘と呼び、此中前二は自利のみであるから特に二乘ともいひ、これが小乘、菩薩乘は利他のみで、これが大乘であるが、菩薩乘を其まま一乘とは呼ばない。聲聞乘は四諦の理を觀ずるもので最後は阿羅漢となり、緣覺乘は十二因緣の理を觀ずるもので緣覺となり、菩薩乘は六度を行じて佛と成るもの、從つて三乘は各々其道を異にし又其果を同一にしないが、然し、人としては何人と雖、又何を職業とするも、凡て悉く人格完成に邁進しつつあるのであり、何れの人もこの果に同一に到達する〔の〕でなければならぬから、三乘各別得果各異は方便誘導の說でなければならぬ。法華經以前には凡て此各別異の說を述べて居たが、法華經は般若經の空思想が凡てに適切な根據を與へる其根據に立つて、諸法實相から見れば、三乘各別は方便の權敎卽ち誘導手段の假りの說で、眞實には凡て佛となる道を踏みつつあるに外ならぬと斷言する。故に三乘は一佛乘に歸著するとなすから、之を會三歸一の說と呼ぶ。また開三顯一とも開權顯實ともいふが、會三歸一は三乘を會聚して一乘に歸著せしめること、又開は打開《うちあ》ける又は除くといふ意味、三乘各別は權敎であると打開け、又は除いて一乘が眞實であると顯說するを開三顯一とも開權顯實ともいふ。卽ち本來は唯一乘あるのみであるに、機根に應じて權りに三乘ありと說くに外ならぬから、一乘のみが眞實で、何人と雖又何職をなしつつあるも悉く成佛するとなすのである。かく此說は般若思想に基づいて、更に其說を發展せしめて一切が佛となるとなすのみならず、凡ての生活法、職業、事物が全く其まま其處を得て居るとなすのである。經にも、「唯一乘の法のみあつて、二もなく亦三もなし、佛の方便説を除く」、といひ、「諸佛如來は一方便力を以て、一佛乘に於て、分別して三を說く」といひ、また、「治生產業固より(諸法)實相と相違せず」といふ。かく凡ての人に絕對價値の人格を認めて一乘を說く所は法華經の特色で、大乘の最高思想である。この一佛乘と菩薩乘とが同か異かについて異論もあるが、一乘は絕對で而も三乘を含み、菩薩乘は二乘と相對のものであるから、一乘は懸かに高く、佛教全體の異名でもある。

釋尊は佛陀伽耶で成道し、靈鷲山で法華經を說き、數年にして沙羅雙樹の間で入滅したが、これは垂迹身のことで、佛の本地身は常住で壽命無量、從つて久遠實成である。五百塵點劫の久遠に眞實に成道したというて、たとひ無限を意味するにしても、時間的に表現するが、內容は本來成道である道理で、伽耶近成も雙樹下入滅も誘導方便の示現に外ならない。從つて靈山の法華會は始めも終りもないといはねばならぬし、娑婆世界は本地身の淨土たるのである。かく垂迹身は權、本地身が實であるを明すを開近顯遠とも開迹顯本とも開權顯實ともいふから、迹門本門を通じては開權顯實といへばよい。又之を法華の開顯といひ、開顯といふ熟字にはかかる特別の意味が存する。此の如く本地身を現はして說くから會三歸一も說かれ得るのであり、吾々の本地身も明され得るのである。

法華經中の一部分が單行經として存し、漢譯に保存せられて居るが、恐らくこれ等は法華經から抽出せられたもので、他經の如くにこれ等の部分經が纏められて法華經廿一品となつたのではあるまい。然し、法華經の開經といはれる無量義經、結經と稱せられる觀普賢觀經等其他はこの法華系統に屬するものである。

三、華嚴系統

漢譯に大方廣佛華嚴經六十卷と同名八十卷との二の完本が存するが、今いふ時期には其中に含まれる十地品が十地經として、叉入法界品が不可思議解脱經として單行して居たのであり、此外にも漢譯に部分譯が存するから、それ等も行はれて居たのであつて、後にこれ等が凡て纏められて完本華嚴經となつたのである。十地經は歡喜・離垢・發光・燄慧・難勝・現前・遠行・不動・善慧・法雲の十地の一一を詳説するもので、これは菩薩の實踐修行に於ける心の修養向上の階段で、何れの大乘説に於ても一般に認められるものであり、順次に施・戒・忍・進・定・慧・方便・願・力・智の十度を實修するとなすのである。十度は六度の慧を更に方便・願・力・智の四度に開いて合せて十度となしたものである。菩薩の修行は凡て利他で、全く社會的活動であるが、この他といふのは實は相對差別の自と他とを含めての大なる他であつて何ものをも殘さない絶對の大である。般若思想に基づくから我他彼此の相對は融沒して一切は他の中に入り叉同時に大なる自の中に入るのであつて、實踐的には自を他に同ぜしめて、後に更に他をして自に同ぜしめるのである。故に修行としては、この後者によつて、自利の行と表現せられるが、その自は他と異ならないから、利他といふも同じで、自利の内容が純利他となつて居るのである。後世になると、菩薩の修行階位は十地以前に十信・十住・十行・十廻向などを加へるが、最後位は必ず十地で、歡喜地卽ち初地は般若波羅蜜を實證した見道といはれ、これが眞の菩薩とせられるのであるから、十地が般若思想に基づくことは明かであり、十地の説も釋尊の菩薩としての修行とせられたものから發達したものであらう。

更に十地の第六現前地に三界虚妄但《ただ》是一心作と十二因緣分依心とあるが、ここに重要な思想が含まれて居るのである。三界云々は單に三界唯一心とも叉三界唯心ともあるが、三界は吾々の生存の全體を指し、之を虚妄となすのは凡て實在論的に考へられて居る三界を指すのである。三界一切は悉く空であるに、之を實在として考へるのは誤で、虚妄に外ならない。故に世間虚假といはれるに至るのであり、眞實には心に浮んだ限りでの存在に過ぎないから、心の在り方で虚妄の三界が現はれるし、同樣に諸法實相の世界も現はれるのである。心には一般に緣慮心と堅實心とが分たれ、前者は日常心で事心、後者は本性で理心であるとなす後世の考にあてていへば、この理心の在り方で、虚妄の三界も、また諸法實相の世界も現はれるといふを得るのである。一心は不二絶對心の意味で、眞心ともいひ、理心にあたるのである。このことが又十二因緣云々によつて言はれて居るのであるが、十二因緣は日常生存を指すのであり、分は十二の一一を呼ぶのであつて、支ともいひ、全體中の一部一部を指すから、十二の一一卽ち生存の凡てが一心に依つて眞とも妄とも現はれるの意味である。この一心は事實上妄心たる緣慮心從つて煩惱と共に在るが、かかる場合の一心を如來藏又は如來藏心といふ。本來は自性清淨心であるが、これが煩惱と共にある時は特に名づけて如來藏と呼ぶのであつて、つまりこの如來藏の在りやうによつて迷の生死輪廻の生存ともなり、解脫涅槃の悟の世界ともなるのである。これを解釋說明するのが如來藏緣起の說と稱せられて後世一系統をなすが、その直接の起原がここに存するのである。經に、「奇なる哉、奇なる哉、この諸の衆生は、云何ぞ如來の智慧を具足しつつも、愚癡迷惑して知らず見ざることや」、などとあるのも同じ意味になる。如來藏は在纏位の法身で、法身如來が衆生中に隱藏するの意味と、衆生が如來の中に攝藏せられるの意味とに解釋せられるが、後者が眞の意味と見るべく、前者は易解の爲の意味となすべきである。纏は煩惱の異名、法身は自性清淨心に外ならぬ。如來藏緣起の考は空思想の必然の歸結で、佛敎の全趣意のよく現はれて居る說である。

又不可思議解脫經卽ち入法界品は善財童子が菩提心を發して後文殊菩薩の敎によつて菩薩の道、菩薩の行を求めて南方に行き順次に五十三人の許を訪うて敎を受け、最後に普賢菩薩の敎によつて無生法界に證入することを敍して理智一致の一心法界を明かにするを內容となすもので、これ善財童子の南詢と其悟りとである。菩提心は佛智に向ふ心で、之によつて菩薩たるを得るのであり、菩薩の道、菩薩の行はこれから起るのであるが、菩薩の道と行は自利利他の融卽である。此點は般若系統に於て既に述べた如くで、吾々には個人的と社會的とが渾然一體となつて生活に現はれて居るが、個人的方面を主となすのが小乘精神、社會的方面を專らとなすのが大乘精神である。菩薩の道と行は勿論大乘精神で、之を求める善財童子の南詢は直ちにこれ吾々一般の求道の模範と見るべきであるから、經には小乘精神が痛快に斥けられて居る。五十三人の中には童男・童女・船師・香商・比丘尼・婆羅門などもあつて、何れも菩薩の道と行の眞髓を敎へて居るに、此經の說かれた會座には佛弟子の迦葉・舍利弗・目連・富樓那などがあつたが全く如聾如啞で說法を解し得ず佛を見得なつたとあるのは、佛弟子は如法の小乘者であつても童男等に懸かに及ばないことを示すもので、一にこれ菩提心の有無によつて、大乘利他の精神の存否となる別となすのである。外形の如法は內心の求道心の顯現に及ばないのであるから、ここに十地經の說を實際的に說いた所があると見るべきである。菩薩の道と行は成佛に導くことは當然であるから、華嚴系統にも一乘が明說せられる。然し此系統では三乘を權とし一乘を實となす開顯の說をなすのではなくして、直接に一乘を顯說するから、之を直顯の一乘といひ、法華經のを遮三の一乘と呼んで區別する。法華經の開會は凡て事《じ》を理に入れて理から見る仕方を取るものであるが、華嚴系統の直顯は理の中に在る事を見る見方であるからそこに區別が存するといへる。華嚴系統に於ては經が自ら佛の成道直後其所悟を其まま說いたものを傳へて居るとなすのであるから、重要視せらるべきもので、進んでは華嚴經は本來は經卷の形以上となすに至るのである。

華嚴系統には、大乘戒として十重禁戒、四十八輕戒を說く梵網經が屬するし、又多くの華嚴經の部分譯の如き諸經が屬する。若し大乘戒を此系統に屬せしめ得るとすれば、瓔珞經の如きも亦ここに屬せしめ得よう。

四、其他の系統

般若系統から法華系統と華嚴系統とが發達したと考へられるが、法華系統から、次期に述べる涅槃系統が出で、華嚴系統からは淨土系統と眞言系統とが發展し、又次期に說く勝鬘系統なども其發展であらう。

淨土系統は阿彌陀佛を念じて其淨土たる西方極樂淨土に往生するを說く趣意で、大無量壽經、阿彌陀經の思想である。大無量壽經は恐らく當時既に原形的のものは存して居たと考へられるが、阿彌陀佛に關する思想は一層古いもので、其發達は華嚴系統の發達の助によつた點が多かつたと考へられるし、華嚴系統の佛の人格化が阿彌陀佛に外ならぬと見える點が存する。又阿彌陀佛が因位に於て法藏菩薩として四十八願を發し爾來之に準應して六度を修し、願と行とによつて因成果滿したのであるが、願も行も般若系統に存するものと相通じ、自利利他融卽の考は前述の如くに考ふべきものである。更に念佛三昧によつて往生するとなす點は華嚴系統に於て發達した所が多いものであるし、又禪觀によつて此系統が發達するに至るから觀無量壽經などが此系統に入るのは當然であり、其他にも亦多數存する。然し印度としては此系統は和漢に於けるが如くには組織的とはならなかつた如くである。

眞言系統としては當時は唯後世の基が存するといへる程度であつて前の諸系統程に明かであるのではない。眞言系統として形を取るのは第四期に於てであつて、大日經等の純密が現はれたのでなく、漸く雜密が存するのみである。佛の身口意三密を說き陀羅尼や字觀を重んじ、又印を結び壇を築くなどが行はれて雜密としては種々なるものが存し、經としても密迹金剛經の如きが存する。元來密敎は婆羅門の一部に行はれたものからの影響の少なくないもので、純密が當時存しないのは恐らく當然であらう。祕密敎といふのも當時としては二乘に對して大乘、又は三乘に對して一乘を指して單に優れた敎といふほどの意味であるのみで、凡ての大乘小乘を顯敎とし、自らを密敎となす如き判釋は存しない。然し、華嚴系統の佛が一種汎神論的に發達して大日如來となり、理よりも事を重んずる如き思想が發展するに至つたのであらう。

最後に禪系統を考ふべきであらう。當時禪としては主として小乘的のもので、禪經としても小乘經であるが、禪を廣く三昧をも入れて見れば、大乘經は必ず佛が何れかの三昧に入つて說くとせられて居るから、此意味で見れば、禪定三昧は大乘に最初から重要なもので、實踐の根本をなし、又特殊の實踐となつて居ること、首楞嚴三昧、般舟三昧などに於て見られ、後世禪觀の一系統が行はれるに至るのである。眞の智は凡て禪・三昧に基づくとせられるのが佛敎一般の考である。其點で又禪宗との關係も見らるべきものとなるであらう。

以上の諸系統は龍樹の著書に引用せられて居るに基づいて當時行はれて居たと考へられるものであるが、茲に注意すべきはこれ等の系統は凡て決して當時存したといふのみでなくして、第二期以下新らしい系統が現はれた後に於ても、依然として存續し、新系統と並び存し、常に失はれないといふことである。故に時代と共に益々複雜になるのである。

第二　第一期の論師の思想

一、龍　樹

龍樹は一五〇—二五〇年の人、南印度に生れ諸所を遍歷して大乘を求學し、當時の諸學に通じ、晩年南印度キストナ河の上流吉祥山に居たといはれる。著書として、(一)中論偈、十二門論、空七十論、(二)廻諍論、六十頌如理論、廣破論、(三)十住毘婆沙論、大乘二十頌論、(四)大智度論、(五)菩提資糧論、寶行王正論、龍樹菩薩勸誡王頌などがある。此外にも龍樹著に擬せられて居るものがあるが、大體以上が確實なものであらう。此中、中論偈は漢譯藏譯共に本文たる偈と散文の註釋とから成つて居るが、龍樹の筆としては本文の偈のみで、五百偈ある。偈は一種の詩である。恐らく龍樹の初期の作で、般若思想によつて空を論述したもので、一般思想及び小乘思想の實在論的固執を破しつつ空思想を鼓吹する。ここに龍樹の根本思想が表はれて居るので、後世大に研究せられ、系統をなすに至つた。十二門論と空七十論とは中論に對する一種の入門書といへるものである。(二)の一群は主として空思想によつて、印度六派哲學の一たる正理派の說を破したもの、(三)の十住毘婆沙論は華嚴系統の十地經の註解で、現存の論は未完結であるが、もとは完結して居たのであらうし、彼の中期の作であるを示し、大乘二十頌論は二十の偈(頌は偈と同じ)

によつて大乘を述べて居るが、華嚴系統の唯心思想を主となすもの、次の大智度論(百卷)は大品般若の註釋で、而も多方面な大乘思想を含み、多數の大乘經を引用して居る。第一期大乘經典の思想は主としてこの引用經によつて彼以前の經を知つて、系統を立てたものであるが、此論は恐らく彼の晩年の作で、般若經に註釋しつつ、法華や華嚴及び其他の系統の思想までをも彼の組織の中に入れる方法を示して、彼の組織が全佛教を含むものなるを知らしめて居る。(五)の一群は六波羅蜜の實踐と國王の佛教による行動とを示す實際的方面の說を述べたものである。菩提は佛智を意味し、資糧は福智二資糧である。龍樹菩薩勸誡王頌は後人の附した題名であつて、善友書と稱せられることもあり、南印度のヂャンダヵ王に與へたものである。

中論に於て龍樹は空を主として破邪に適用し、あらゆる方面に對して實體的固執を却け以て空思想の眞意を發揮して、空は緣起を指すに外ならぬことを明かにして居る。全編殆ど破邪にのみ費されて居る如く見えるから、從來中論は消極否定の論述のみであるかの如く言はれて居るが、然し、冒頭の歸敬序に於て既に緣起を說いた佛に歸命するといひ、進んで緣起は空であるというて居るから、決して消極否定の論のみでない。緣起なるものは空であるといへば、緣起を否定排斥する意味と、緣起と空とを同一となす意味とに解せられるであらうが、前者ならば歸敬序に反するから、後者でなければならぬし、而もその空であるといふのを施設の假であるとなすから、空亦復空の意味となつて、中道たるを表はすのである。非有は實體觀を、非空は虛無觀を排除するから、中道は絕對で離言である。これが緣起に外ならぬから、緣起は畢竟一切を含み一切を建立することになつて、龍樹佛教の中には法華、華嚴、其他の凡ての系統が包容せられて、以て從來の諸思想を綜合し、而も後世の諸思想發達の源泉となるのである。

もと般若思想に立ちながら般若以上の諸思想を綜合するが、然し般若思想を捨てず般若思想で一貫せしめるから、龍樹は此點に於て般若の中に共般若と不共般若とを開いて之に應ずる。般若波羅蜜を以て聲聞・緣覺・菩薩の三乘に共通に理解せられ實踐せられる如くに說くのが前者で、通常の般若經の說、之に對して十地の修行の最後點まで進んだ所謂法身の大菩薩の爲に說かれ、大菩薩のみが、他に共通せずに、理解し實踐し得る祕密の說が後者で、法華、華嚴の系統の說を指すのである。祕密は決して祕事內密の意味でなく、祕奧深密の意味で、其機でなくば解し行ずるを得ない點でいふ。故に般若波羅蜜の最上義は法華、華嚴の系統の說であることになるが、之によつて一切の大乘義が包攝せられるのであり、恐らくこれ般若が六度の一たる方面と、六度凡てを統括する方面とを有するとなす考から發達した見方であらう。從つて不共般若から見れば一切は悉く絕對完全な智慧で、一切は佛智のみとなるのである。

二、提婆、羅睺羅

龍樹の弟子としては提婆が重要で、大體一七〇―二七〇年の人、南印度の產とも錫蘭の產ともいはれる。龍樹に就學して後諸所を遍歷して空思想の發揚に努め、著書として百論、四百論等が遺された。百論は中論・十二門論と共に三論と稱せられて其內容を等しくするとして扱はれる。然し、龍樹の不共般若の方面を含まないから、其點でいへば、たとひ提婆が廣く通じて居たにしても、廣汎な龍樹佛教は狹められたことになる。四百論も殆ど同一趣意であるが、具名は菩薩瑜伽行四百觀論と稱せられ、瑜伽行なる名稱が特に理論を實踐に現はすことを示し、敎卽觀の意味を體せしめる。瑜伽行は心統一の實踐行である。

羅睺羅は提婆の後繼者で、龍樹にも隨從したこともあつたであらうが、大體二〇〇―三〇〇年の人、傳記は全く不明である。著として般若讚嘆の偈、法華讚嘆の偈が遺り、中論初品の註釋もあつたといはれる。故に般若法華に通じ、又涅槃經にも通じて居たと考へられる。

中論の註釋者に靑目があり、漢譯中論(四卷)は中論五百偈と此註釋との合したもの、又百論の註釋者に婆藪があり、漢譯百論は本文と此註との合したものである。兩人共に二五〇―三五〇年頃の人であるが、提婆や羅睺羅との關係は明確でなく、又後繼者も知られて居ない。龍樹の系統は後世中觀派と稱せられるが、これ中論を主とする派で、廣汎な龍樹佛教が狹められて居るから、此派は提婆が實際上の派祖の地位にある道理である。シナの三論宗も亦同じ關係である。

第三　第二期の經典の系統

一、涅槃系統

大般涅槃經並びに涅槃部の經の思想を指すが、涅槃經の思想は法身常住無有變易、一切衆生悉有佛性が主である。經は釋尊の臨終時の說法とせられて居るから、今將に滅せんとする肉身に對して、佛其ものたる法身は生滅することなく常住不變であるとなして佛の實身を明すのである。此點は旣に法華經本門に於て久遠實成の法身を明した所に其源流を有するのであつて、此經では法身が神通力によつて化身を現はし、それが釋尊として化導をなしたとなすのであり、肉身卽ち雜食身は元來は化身に外ならぬとなすのであるが、化身の化導は特定の者の間に限らるべき所以なく又根源の法身と同じにまで進めねばならぬのであるから、必然的に一切衆生が佛性を有することを認める。一切衆生としては種々なる差別があらうも、凡て同一法身となるのであるから、衆生としての差別は何等の妨げとはならぬ。此點に明かに三乘卽一乘の趣意が含まれて居て、法華系統の發達なるを示して居る。從つて、たとひ一闡提の如き不信者不成佛者とせられる者でも、遂には成佛の可能が許され得るのである。これ悉有佛性の必然の結論であるから、悉有佛性は、通常は、一切衆生のうちに佛性卽ち佛たるものが存するとなす意味とせられて居るのである。然し、本來は一切衆生が佛性の中に包攝せられて、佛性以外に出づるものでないといふ意味に見るのが大乘の眞趣意であることを注意するを要する。

大般涅槃經は小乘阿含經中にも同名の經があつて、釋尊の入滅前二年の間の動靜と入滅後の事蹟とを述べて居るが、これが發達して大乘の經典となつたのであり、此點に於て、これに關聯する諸經が涅槃系統に屬するのである。

二、勝鬘系統

これは勝鬘師子吼一乘大方便方廣經、如來藏經、不增不減經、無上依經の如き小部の諸經に現はれた如來藏思想を指し、華嚴系統の三界唯心の説に系統を引き、般若・法華・涅槃の諸思想に養成せられたものである。如來藏は在纏位の法身といはれる如く、其ものとしては自性清淨心で法身と異ならないし佛性と同じであるが、特にそれが煩惱染汚心と共に在る場合を指すから在纏位卽ち煩惱の中にある位といふのである。從つてこの自性清淨心と煩惱との關係を解釋説明することになつて、如來藏緣起の説となつて來るのである。如來藏が涅槃の依止として淨緣起となる場合は十二因緣の逆觀に當るが、此場合でも如來藏は增すのでもなく、又輪廻の依止として染緣起となる場合は十二因緣の順觀に當るが、此場合にも如來藏は減ずる〔の〕でもない。然し目的としては後者から前者に進ましめるにあるから、輪廻位に於ける衆生は邪定聚、不定聚、正定聚に分たれ、これ等が如來の任運無功用の所作事の對象となるとせられるのである。

勝鬘經は勝鬘夫人が佛前で自らの心境を説いて佛の認可のあることが述べられて居るが、女人が主人公の如くにして説くことは佛經中には殆ど例のないことで、女人成佛の實説として注意すべきものであり、如來藏緣起の趣意の徹底せる點が表はれて居るといへるものである。

三、深密系統

これは解深密經、大乘阿毘達磨經の思想を指すが、後の阿賴耶識緣起の説の源である。解深密經では、從來、衆生の輪廻を十二因縁で說き、第三識支を以て現在の生存に入る託胎初刹那の五蘊となして居たのを、直ちに一切種子心識となし、これが生育發達し出生成長するによつて身心及び環境世界が相互的に關聯しつつ展開すると見、而もこれ此識がこれ等の中心維持者として存するが爲となすのであるが、一切種子心識の名から見れば、一切は此識から生ずるとなすのである。然し、既に生じた後に於ては、此識が身に於て隨逐し執持して居るのであるから、此場合には阿陀那識、卽ち執持識、と呼ばれ、生ぜられた一切を維持する中心者とせられる。然し一切は常に同一物として存續するのでなくして刹那刹那に滅し又生ずるのであるから、其點で阿賴耶《あらや》識、卽ち藏識、の異名を有し、一切のものの種子を藏し、一切を生じつつあるものとなす。その種子の存するのは、生ぜられた六境によつて積集せられるが爲であるから、此點では又心といふ異名をも有する。心は種子の集起の義である。かくして阿陀那識が働いて居ればそこには六識も實際上働いて居るのであり、環境世界も展開して居るのであるが、この六識の働いて居ることが、一切種子心識を阿陀那識たらしめることであり、阿陀那識が又阿賴耶識と稱せられることにもなるのである。然し、かく區別を見て居るのは俗諦の見方であり、これ等の識の體をも又用をも見ないのが眞諦の見方とせられるから、以上の識を立てるのは俗諦上の說であることが判る。更に一切が生起展開して居るを見て、妄情によつて實有と執せられる實我實法を指す遍計所執性と、一切は緣起緣生に外ならぬものたるを指す依他起性と、一切法の平等の眞如を指す圓成實性との三性を立てて一切諸法を包括し、又三性に順次に相・生・勝義の三無性の具はるを說いて般若の空思想と調和せしめる說をもなす。然し、最も重要なことは、止觀を修する場合、定中の識の所緣對象は凡て識の所現であり、識の影像で、これ識が識を見るに外ならないから、之によつて一切は唯識のみであるといふ影像門の唯識の說が立ち、一般唯識說の原本的な說をなして居る所にある。進んで大乘阿毘達磨經になると、此經の完本は傳はらず唯他書の引用による斷片のみが知られるが、阿賴耶識緣起の說の綱格を立て、而も三性說に於て、依他起性は遍計所執性たる染汚分と圓成實性たる淸淨分との結合したもので、染汚分が現はれた時は依他起性も圓成實性もなくして迷の世界となり、清淨分が現はれた時は依他起性も遍計所執性もなくして悟の世界となり、この依他起性が阿賴耶識に外ならぬとなす說を述べて居る。此中に緣起門の唯識と三性門の唯識とが明かにせられて居るが、此經の思想の中には明かに如來藏緣起の考が存し、恐らくそれが後世いふ阿賴耶識緣起の說となる過程を現はして居ると見られ得るであらう。蓋し、阿賴耶識は如來藏と煩惱とを纏めて實體視したものであつて、大乘阿毘達磨經に於ける阿賴耶識はまさしくこれである。所謂眞妄和合識と稱せられるものであるが、然し、後世になると阿賴耶識は眞たる所を除いて妄識とせられるに至つた。それはいふまでもなく立場の相違や學說の變遷した結果である。從つて大乘阿毘達磨經の說は其變遷以前のもので、シナでいへば舊譯の時代に傳はつたものである。

第二期の經典は次に述べる論師の著述に於ける引用から見たものであるが、特色としては心又は識に對する研究の著しく進んだ點であるといへよう。然し、大乘阿毘達磨經は譯せば大乘論經であるから、經律論、少なくとも經論の區別を沒却したもので、內容も經よりもむしろ論に近いもので、此點が如何にも理論のみに奔る時代傾向であることを示すものと觀察せられ得るといへよう。理論が發達する一方には大乘は各地で衰運を辿りつつあつたことも實際法顯の見聞錄たる佛國記に於て示されて居る。

第四　第二期の論師の思想

一、彌　勒

從來彌勒は將來佛として兜率天に在ます菩薩とのみせられて居るが、然し著述として瑜伽師地論、大乘莊嚴經論、中邊分別論、金剛般若經論、法法性分別論、現觀莊嚴論などがあるから、著者は明かに史的人物であるとせねばならぬ。彌勒は恐らく中印度の人、大體二七〇—三五〇年の一生であらう。此中、瑜伽師地論は瑜伽行地論といふべきで本地分・攝決擇分・攝釋分・攝異門分・攝事分より成るが、この五分の中後三分は必ずしも此順序と定まつたものでないことは西藏譯が此の如くでないことから判るし、叉一論としてさほど重要な部分でなく、全體としては本地分の說く十七地が重要で、其中でも菩薩が最重要であるのみならず恐らく古い部分であらうし、次の攝決擇分は十七地中の深義を解釋したもので、教理上では重要であるが、本地分と同時に作られたものではなからう。一論のどれだけが彌勒の作であるか明確でない點が多いが、ともかく攝決擇分に說く阿賴耶識緣起の說が、解深密經を承けて發展せしめられ、後世の源となつた點で重要視すべきものがある。阿賴耶識緣起は萬法が識より生じ識に還り、凡て識に維持包括せられて居るに外ならぬことを詳說する說であるが、攝決擇分に於ける說は大乘阿毘達磨經の說とは少しく異なつて居る。大乘阿毘達磨經の說に一致する說は大乘莊嚴經論と中邊分別論とに存するものであつて、彌勒の眞意は恐らく此方面に存するであらうと考へられる。勿論此二論は阿賴耶識緣起の說を述べるのが主であるといふのではないが、主要說をなす根柢に阿賴耶識緣起の考が存するのである。金剛般若經論は金剛般若經の釋に外ならぬから、彌勒の說の根本に般若思想の存するを示して居る。以上の四論の外に、分別瑜伽論といはれて其完本は傳はらずに僅に一偈が他書に引用せられて居るのみで知られるのを加へて、シナでは之を彌勒の五部の大論といふ。次の法法性分別論と現觀莊嚴論とは漢譯に全く存しないもの、法法性分別論の梵文斷片が存し、西藏譯に完本があり、現觀莊嚴論は梵文の完本が存する。前者は法と法性とを分別して中道を證するを說き、後者は般若經の思想を組織して實踐門を明すもの、從つて金剛般若經論と共に見るべきものである。

彌勒の學說も廣汎に亙つて居つて、龍樹に比すべきものであるが、時代が異なる爲に、龍樹とは異なつて如來藏緣起から阿賴耶識緣起を詳細に說く所に特色を有する。瑜伽師地論の批評的研究が猶未だ學界に於て行はれて居ないから確言せられない點が多いが、ともかく瑜伽論に重きを置けば阿賴耶識緣起の確立が彌勒佛教の特色となり、莊嚴經論・中邊論に重きを置けば如來藏緣起を根基としての大乘教義の實踐を說くのが特色となるといへるであらう。然し此兩方面が如何に統一せられて居るかは彌勒佛教に於ての一問題である。

二、無著

無著は彌勒の弟子で、大體三一〇—三九〇年の人、北印度ガンダアラに生れ小乘で出家し、後彌勒に大乘を學んだ。兜率天に在ます彌勒菩薩に詣り、菩薩の降下說法を請ひ、菩薩は中天竺阿踰闍城の一講堂に夜間降り來つて瑜伽論を說き、無著のみが聽き得て、晝間無著が諸人に說き、かくて四ケ月で終つたなどいふ神話傳說が古來其まま述べられ信ぜられて居るが、佛教を歷史的に硏究するものは此中に含まれる史實を汲出すべきである。無著は後に著述宣教に從事し、弟子世親を導いた。著書として攝大乘論、顯揚聖教論、大乘阿毘達磨集論、順中論、六門教授習定論等を殘した。順中論は順中論義入大般若波羅蜜經初品法門の最惡な略稱で、龍樹の中論の說に順じて大般若經初品の法門への入門書であるから、中論の歸敬序の解釋が主である。顯揚論にも中論の一偈が引用せられて居る程に、無著は龍樹佛教を硏究したことを示して居る。顯揚論と阿毘達磨集論とは瑜伽論によつて、その所說の要義を纏めたもので、特に後者は小乘論藏に對する大乘論藏として出したもの。攝大乘論は無著の學說を示す主著で、通常、これは大乘阿毘達磨經攝大乘品を釋したものといはれるが、實際は決して註釋書でなく、獨立の大乘概論である。內容は應知依止としての阿賴耶識、應知としての遍依圓三性、應知入としての唯識觀、入因果としての六度、入因果修差別としての十地、修差別に於ける戒學としての三聚淨戒、其中の心學としての諸定三昧、其中の慧學としての無分別智、學果寂滅としての無住處涅槃、智差別としての佛の三身の十勝相に分たれるが、これ等を說く間に般若經・十地經・解深密經・大乘阿毘達磨經・大乘莊嚴經論・中邊分別論などに基づき、阿賴耶識緣起を組織して萬法唯識說を立て、大乘阿毘達磨經から大乘莊嚴經論に流れる系統說に沿うての組織である。從來散說せられて居た所を凡て纏めて唯識說の最初の一大組織を示したもので、無著の最も優れた組織力を有して居ることが現はれて居る。

阿賴耶識は元來如何なるものであるか。吾々には實際上一の心があるのみであるが、之を六種に分つて六識となし、第六を意識となすのである。六識は現在一刹那のみ働くもので、直ちに過去に落謝するが、過去に落謝すれば六識は凡て意根と稱せられる。之を細かに分けて二種として見、而も第一種を又過去に落謝して等無間緣卽ち次第緣の依止たる所と、次刹那に働く識の依止たる所との二となし、第二種を有染汚意となすが、次刹那に働く識の依止といふのは、過去に落謝する識が落謝する時にそこに熏習を遺し、その熏習は卽ち習氣であり、習氣は種子と稱せられるのであるから、これが卽ち阿賴耶識の當體であることになる。阿賴耶識は古くは一切種子心識とも阿陀那識とも稱せられたもの、吾々によつて實體我と誤想せられるものであるから、阿賴耶識は一種生命體の如くにも考へられて居る。然し、實體我と誤想せられるといふについては、それは何が此誤想を起すのかと問へば、有染汚意に外ならぬとなすのである。有染汚意はもと意を二種に分つて見た場合の第二種で、固より意と異なつて居るものでない。然らば實體我の誤想といふのは意が分裂して、意が意を見るに外ならぬといはざるを得ないであらう。後世、護法に至る系統に於て、阿賴耶識と有染汚意とを全く獨立と見、前者を第八識、後者を第七識と呼び、各々別體を有するとなす實體視の說をなすに至つた。從つて人にはすべて八箇の心なるものがあるかの如くに說く一大奇說となつたが、恐らく惡しき變遷であらう。此變遷の後を承けて法相宗が成立したのである。

三、世　親

世親は無著の肉弟で而も弟子であるが、初め小乘を學んで倶舍論を著はし、後大乘に入つて無著に學び、廣汎な組織を立てた。大體三二〇―四〇〇年の人である。著述としては其傳記によつて知られるものをも考へると頗る多い。第一、現存金剛般若經論は般若思想に熟達して居たことを示し、曾ては維摩經論をも作つたといはれるから、抑小揚大の旨を明して小乘に封滯するを却けると共に大乘への固執を淘汰し、不二法門を昻揚したであらう。第二、轉法輪經・勝思惟梵天所問經・文殊菩薩問菩薩等に註釋を造つて通三乘の六度十地の實踐を明し、其根柢に存すべき菩提心を强調し、龍樹の中論をも引用する。第三、法華經論は五門三十二段によつて經の趣意を義釋し、諸法實相を直ちに如來藏法身となし、衆生が凡て佛性を有する點から見れば佛と異なるものでないとなす性同の邊に約して三乘即一乘の乘平等と煩惱卽菩提・生死卽涅槃の彼此平等と自身他身何れも本有の法身であるといふ一體無二の平等とを說いて、衆生界卽涅槃界となすが、然し修別の邊に約して二乘三乘の別は儼然として存すとなし、更に佛身を說いて、法身は〔眞〕如の體で理佛、報身は行因の所得で覺體、應化身は應現化他であるとなして法報應三身說をなすが、此點につい て、彌勒も無著も、理智不二を法身、二乘凡夫を導くを應身、異類身を現ずるを化身となす法應化の三身說をなし、世親も一方に於ては此說を說くも同時に他方に於ては法報應三身說を立て、佛敎史上初めて此說を主張し、後に天台宗の佛身論の典據となつた。これは恐らく、法華經の外に、無上依經などにも基づいて居るのであらう。第四、涅槃經に關しても論を造つたであらうし、既に法華經論に於て法身と佛性とを平等となす程であるから、法身常住と悉有佛性とが佛性平等によつて明かにせられて居たであらう。第五、無量壽經論は淨土系統の印度に於ける醇熟を示し、禮拜・讚嘆・作願・觀察・廻向の五念門を修して西方極樂世界に往生し以て阿彌陀佛を見るとし、五念門の初四が自利、後一が利他に當ることになるが、自利利他は勿論大乘の說く意味であり、而も凡ての中心根柢に止觀を認め、之に一心歸命願生安樂國の信の伴ふことを敎へる。此方面が卽ち世親の實際的信仰を示すであらうことになるし、後世影響する所多く、現代にまで及んで居る。第六、華嚴經論は傳はらないが、現存十地經論に於て之を考ふべきで、此論には一種如來藏緣起的の思想もあり、唯識的に解釋せられた點もあり、目的的には法界に證入する實踐的方面が重要なものであらう。これが地論宗の基となるのであるが、當時は既に完本の華嚴經が成立して居たのである。第七、勝鬘經論を作つたといはれるが、傳はらないから、此方面は佛性論に於て見るべきで、世親の學說中重要な部門である。佛性は論の中では如來藏を指すのであり、如來藏は煩惱と共にあるも如來藏其ものとしては汚されることなく又增減なく全く眞如法身に外ならぬから佛性と呼ぶも差支なく、眞如としては一切法悉く眞如であるとせられて居る。第八、深密系統に屬する論を指すが、此部門は世親の最も力を費したものと考へられる。大乘阿毗達磨集論に基づいて大乘百法明門論を作つて五位百法の法相を整へ又色受想行識の五蘊の一一を明かにし、大乘成業論を著はして小乘の業論が阿賴耶識の設定にまで進まねばならぬ所以を示し、大乘莊嚴經論・中邊分別論・顯揚聖敎論などの釋を作つたと考へられるし、更に攝大乘論を詳釋して唯識說に熟達し、攝論宗の基をなし、自ら獨立に唯識二十論及び唯識三十頌を造つた。唯識二十論は二十の頌と簡單な釋とで萬法唯識の旨を明し、阿賴耶識などに論及せずに述べて居る優れた論であるが、然し地獄や傳說などを典據として論ずる所には普遍妥當性を缺く缺點を持つて居る。唯識三十頌は唯識說の全組織を三十の頌で述べ、漢譯では五言四句の偈が三十あるに過ぎないから、後世學者によつて註釋せられ、所謂十大論師が各自說によつて解釋したが、護法の註釋を主としたもののみが漢譯せられ、之によつて法相宗が成立した。最近安慧の註釋の梵文が發見せられたが、古來想像せられて居た程のものでなく、此點から他の註釋も想像せられて居る程の立派なものでもなからうと想像される。然し梵文が出たが爲に頌文の漢譯は全く護法の說によつて譯出せられて、原意が歪曲せられて居ることが判る。十大論師などいふのは譯者玄奘がこの十釋だけをシナに持ち歸つたといふ偶然のことから起つたことに過ぎぬ。故に世親の唯識三十頌に述べた眞意が後世果して正しく發揮せられたかは疑問であり、何人が其眞意に近い說をなして居るかも明確でない。第九、止觀門頌を作り無著の六門敎授習定論に註し、止觀の實踐を敎へるが、これは凡ての部門の基礎となるものであらう。これ等の九部門に更に小乘敎徒時代の倶舍論を數へると、世親の學說は十部門に分れることになる。

右の中、世親の究竟的の趣意が何れにあるかについては古來の論定はない。唯識說に努力の拂はれて居ることは疑ないが、然し恐らく佛性論に現はれる如來藏緣起的の說が眞趣意となるものであらうと考へられる。佛性論全體としては凡ての系統が綜合せられた上に成つた說を述べたものである。

以上の彌勒・無著・世親の系統が後世瑜伽行派と稱せられるが、この派名は恐らく瑜伽行地論から起つたものであらう。和漢に於ては世親が殊に喧傳せられるが、印度としては無著の方が尊崇せられ、又修行も事實上進んで居た。世親の沒後はグプタ王朝の文藝復興時代に際會し、一般の學術技藝の隆盛に伴〔は〕れて、佛敎に於ても精緻な研究が行はれ、瑜伽行派は盛に傳播したと見えるのである。

第五　第三期の經論と論師

一、第三期の經論

第一期第二期を通じて、以上述べた諸經の外に、多數の經が現はれ、同樣に第三期に於ても現はれて居るが、然し獨創的の思想を有するものは殆ど無いといふべきである。然し論に於て重要なものが存する。それ等の中から唯一經と又一論とを擧げるであらう。

入楞伽經　漢譯に四四三年の宋譯と、五一三年の魏譯と、七〇〇—四年の唐譯との三本が存し、梵本も存するが、漢譯第一と第二第三梵文との間、僅かに七十年に於て內容上旣に變遷が認められる。經は冒頭に於て五法・三性・八識・二無我を說くと述べるが、實はそれを述べるよりも其他の種々なることを述べて居るもので、全く寄木細工的である。五法は名・相・妄想・聖智・如々で、名と相とは自心所現の妄法の名稱と相貌、妄想は分別で其名相に對して起る識の作用、聖智は名相も不可得、識も不生となつた不斷不常の智、如々は理としての眞如である。三性は遍依圓の三性で、これと五法との相攝配當は經論によつて異說が多い。八識は唯識說でいふ六識と第七識と第八阿賴耶識であり、二無我は人法二無我である。八識について、識に轉相・業相・眞相の三相と阿賴耶識・意・意識の三相があるとなすのは三譯梵文に於て同じであるが、八識を略說すれば眞識・現識・分別事識の三種であるとなすのは第一譯で、眞識を省いて二種のみであるとなすのが他譯梵本である。眞識現識は眞如とそれが動的になつて現はれんとする所とであつて、阿賴耶識の二方面であり、分別事識は境を分別するもので、卽ち意・意識である。三相の轉相は分別事識、業相は現識、眞相は眞識をいふに外ならぬから、眞相をいふのを見れば、眞識を認めて居たのが本來の說であることは疑なく、之を認める場合には阿賴耶識は眞妄和合識、從つて眞識を省くのは阿賴耶識を妄識となさんとすることであり、後世の說に近づくもので、眞相を省かな〔か〕つた爲に完全には變化せしめ得なかつたのである。然るに他の部分では、經は阿賴耶識を如來藏であるとなし眞如と同一視し、同時に又如來藏は不生不滅で阿賴耶識は生滅であると說いて一見矛盾說をなすが、これは此經が如來藏緣起と阿賴耶識緣起の唯識說とを統一せんとし、五性各別說と皆成佛說とを調和せんとするものであり、此點に於て歷史的に重要であると考へられる。更に此經には禪を分つて凡夫の行ずる禪、義を伺察する禪、眞如を對象となす禪、如來禪に分つが、この如來禪が後世の禪宗の禪であるとせられるから、當時印度に禪の行はれて居たことを示すといふべく、禪宗のよくいふ言語文字は單なる方便、如來は一字をも說かず、不說卽佛說、佛語は心を主とすなどの言が多いから、禪宗に關係する所が少なくない。又眞言系統に關することも多く、佛の異名として婆羅門の神々の名を其まま擧げるなど包容的であり、法報應の三身說もある。かかる諸點に於て第三期の狀態を表はして居る經であるといへる。

大乘起信論　漢譯に大乘法界無差別論・究竟一乘寶性論があつて堅慧の著とせられるが、後者は彌勒の著となす傳說もある。堅慧は四二〇―五〇〇年の人と見られるが、如來藏緣起の說をなし華嚴經と關係があつて注意せらるべきである。同じ傾向のものに馬鳴があつて大乘起信論の著者とせられる。馬鳴と起信論とについては何れも異說があるが、ここでは、この馬鳴は龍樹以前の詩人馬鳴とは別人で、起信論の著者、大體四二〇―五〇〇年頃の生存と見、起信論もシナ撰述でなくて印度撰述と見る。起信論は如來藏緣起を組織的に論述した優れた論で、入楞伽經に基づいて居るとすらいはれる程である。如來藏心は衆生心に外ならないが、如來藏其ものは法身眞如であり、之を眞心とも一心ともいひ得る。一心は不二絕對心であるから、如來藏緣起が佛果位から衆生萬法の因位を眺めて說く方面を有するに順じて、順次に相對心となる方向に沿うて說くのが起信論の說き方である。此點に於て、起信論は眞如から萬法の發生することを說く論とせられることもあるが、實際はさうではなく、絕對から相對を說くには之を時間的の順序で說く外には說き方がないから、時間的の順序を取るのみで、決して事實かく細から粗が生ずるとなすのではない。蓋し、眞如といふ絕對は相對の動靜を包含しての一全體たるもので、眞如としては其中の差別を見ないのである。これから萬法を說くとすれば、包含せられて居る動靜が分裂を來して互に相對するに至ることを言はねばならぬから、如來藏と煩惱とになるとなし、これを不生滅と生滅との二になるとなすのである。從つて一切は眞如を有し又眞如に包まれるもので、人としては其人格的價値が完全に認められて居るのである。內容の詳細はここに敍述するを得ないが、論は小部のものであるに拘らず、內容は豐富で、後世への影響も甚だ多い。

二、瑜伽行派と中觀派

第三期に於ては經論でも論師でも一世を指導するが如きものは現はれることなく、各々其說をなして居る狀態である。世親の沒後は其系統の論師が多く、それによつて瑜伽行派が起るのであるが、之に對して中觀派が對立的に起つたのであり、兩派の對立は恐らく五〇〇年頃からであらう。

瑜伽行派　世親の次の代に陳那(約四〇〇―四八〇年)と德慧(約四二〇―五〇〇年)とがあり、陳那の系統に無性(約四五〇―五三〇年)があり、其後に護法(五三〇―五六一年)が出で、弟子に戒賢(五二九―六四五年)があり、戒賢には玄奘(六〇〇―六六四年)が就學して、護法の說を傳へて法相宗が起ることになつた。德慧の弟子に安慧(約四七〇―五五〇年)があり、其説の幾分が眞諦（四九九―五六九年）によつて傳へられて攝論宗に入り、又安慧の說は西藏に傳へられたと見るべく、以上の外に難陀（約四五〇―五三〇年）、勝軍（約五三〇―六四五年）の系統があり、眞諦も其說の一部を傳へ、玄奘も學得したが、然し系統としては失はれた。

陳那は南印度の人、集量論・因明正理門論に於て新因明を大成し、印度論理學に革命を起し、倶舍論に註し、取因假設論・思塵論卽ち觀所緣論・解捲論卽ち掌中論を作つて唯識說の一部を明し、佛母般若波羅蜜多圓集要義論を作つて般若思想を唯識義で解釋した。陳那の唯識說で重要なことは識の働きを說くに相分・見分・自證分の三分を以て之を所量・能量・量果となした說で、後世に影響した。

無性は全く傳記の判らない人で、攝大乘論釋が殘つて居るので其名が傳はつて居るのみである。同釋中に陳那の三分說を採用し、掌中論を引用し、更に第七識を立て、眞如を不離識となし、種性を本性住種性と習所成種性とに分ち、遍依圓三性の解釋に於て解深密經・瑜伽論の說を加へる等は護法の唯識說の先驅たるものである。從つて護法並びに其系統では攝大乘論を見るに無性の釋を通して見る程である。

護法は南印度の人、中印度那爛陀寺の學頭となつた。初め提婆の四百論の後半を釋して大乘廣百論釋論を製し、中觀派の說に從うたが、其中に於て境識倶泯の眞實唯識を說きながら、聖智の所行は非有でないとし、俗諦有眞諦空を捨てて、俗諦空眞諦有に立たんとし、唯識二十論に註して成唯識寶生論を作り、觀所緣論に釋を造り、廿九歲で退隱して、大乘五蘊論に註し、唯識三十頌を詳解して成唯識論を著はし、これが主著である。この主著は俗諦空眞諦有となす道理世俗諦、卽ち理世俗、に立ち性相別論體によつて諸法の相と性とを峻別して性相平行論をなし、眞如は凝然不作諸法で、從つて五性各別として不成佛者を認め、阿賴耶識を妄識として個人的唯識の說を唱へ、八識は各々別體を有すると見る奇說を以て萬法唯識を萬法不離識となし、識に依他起性の相・見・自證の三分を分ち又證自證分を加へて四分說となし、三性は解深密經・瑜伽論の說のみに據つて說き、遂に外空內有の方便唯識のみに留まつて眞實唯識に進まない説を述べたものの、其組織力は全く偉大であるを表はして居る。即ち從來の阿賴耶識緣起の說を全く理世俗の立場で一貫せしめて組織したものである。この護法の說が法相宗の說であるが、法相宗の見る所では、護法の唯識說は全く無著世親の說其まゝで、何等異なる所はないとなすのを、一般の唯識學者が其まゝに承認したから、護法の優れた力量あることが明かにせられないのである。和漢で唯識說といへば、從來は護法の說のみを指し、無著世親の說を見るにも、護法の說を通して見る見方のみである。護法の唯識說は新說であるから、無著世親の說と同一となすのは當を得たものでない。この護法の說が和漢に於て唯識說と稱せられるもので、此研究と倶舍論の研究とを合はせて一般に性相《しやうざう》の學といひ、佛教を學ぶに缺くべからざるものとし、時には性相の學にのみ留まることもあつて害を生じたことも少なくない。

護法の系統に親光(五六一―六三四年)があつて佛地經論を作り、又弟子に戒賢があつて其說を詳しくしたと考へられる。

德慧は南印度の人、堅慧と並稱せられ禪定に達し、倶舍論・中論・唯識三十頌に註した。弟子安慧は又南印度の人、倶舍論・中論・大乘五蘊論・大乘莊嚴經論・中邊分別論・唯識三十頌に註したが、唯識說では古說に順ひ、眞諦を立場とし、識・種子の俗諦有なるを明瞭にして、王界唯心の眞實唯識に至る說を取り、護法の說とは同一でない。心分說に於ても自證分を依他性、見相二分を遍計所執性となしたとせられるから、護法系統からは一分說として排せられるが、排するのは穩當でない。

難陀は唯識三十頌に註して唯識決擇論と稱したと考へられるが、種子新熏說を取り見相二分說を主張したといはれる。種子新熏說は護月の種子本有說と相對し、護法の新本合生說によつて綜合せられたといはれ、見相二分說は三分說に對して、識體が二分に展開した後には識體として殘るものはないとなす說である。勝軍は西印度の居士で、唯識決擇論に唯識決擇釋を作つて註し、種子新熏說を取つて難陀を祖述したといはれるが、他の論にも註し、因明に達し、玄奘も曾ては就學したこともあつた。然し此系統は殘らない。

中觀派 羅睺羅等以後は此派としては全く明確でないが、無著・世親・德慧・安慧・護法等によつて研究せられたことは事實である。瑜伽行派の盛な頃、系統不明な衆護があり、其弟子に佛護(約四七〇—五四〇年)と淸辨(約四九〇—五七〇年)とがある。共に南印度の人、前者は中論に註し、現今西藏譯にのみ存するが、之に對して後者が又中論に註して反對する所があり、現今漢譯と西藏譯とに存する。この爲に中觀派が分裂して佛護の系統をプラーサンギカ派といひ、多く西藏に入り、淸辨の系統をスワータントリカ派といひ、印度に傳はつた。淸辨は大乘掌珍論を作つて瑜伽行派、主として護法、の說を排したが、護法も亦成唯識論に於て中觀派、恐らく淸辨、の說を排した。從來護法淸辨空有の諍といはれて居るが、護法は前述の如く俗諦空眞諦有の立場を取り、淸辨は中觀派の說に準じて俗諦有眞諦空の立場を取つたから、一方は眞諦を有とし他方は眞諦を空となすから、空有の諍といふのである。然し護法は理世諦卽ち俗諦を立場とし、淸辨は眞諦を立場となすから、既に立場を異にする爲に、眞諦を有とし空とすることは、其までは諍になるかどうかが問題で、唯空有の文字の上での諍に過ぎないかも知れない。蓋し、淸辨の說でいへば、苟くも言詮思慮に上るものは凡て俗諦で有とせられるのであり、眞諦は絕對で空とせられるのであるから、護法はこの俗諦の有を眞諦有と俗諦空とに分つたもので、同一の眞諦俗諦の文字が範圍內容を異にして居るのである。淸辨の俗諦は經驗的の眞實卽ち感覺知覺のままのものと虛妄卽ち錯覺幻覺の如きものとを含むから、護法はその虛妄を俗諦、眞實を眞諦となしたのであり、淸辨はそれ等よりも以上に眞諦を認めて居るのである。從つて眞諦に關しての空有の諍などとはいはれないものである。淸辨の俗諦の中での空有についての諍のみであるべきであるに、護法は自己の眞諦を不當にも淸辨の眞諦にまで推し及ぼしたことになるのである。然るに之によつて又護法の說を有相大乘、淸辨の說を無相大乘と呼ぶことになり、更に護法の說は無著世親の說と異ならないとなして、無著世親の系統は有の說、龍樹提婆の系統は空の說となし、大乘に有空の二系統があるとまでいふに至つて居るが、實際としては無理な見方で、大乘中に護法の有の説の如きものはあるを得ない。

戒賢は護法の説に據り、解深密經の文に基づいて一代教を、第一時有教四諦説、第二時空教般若説、第三時中道教唯識説となして三時教判を主張したが、之に對し智光が清辨の説を承けて、第一時心境倶有教四諦説、第二時境空心有教唯識説、第三時心境倶空教般若説の三時教判を立てて相爭うたといはれ、之を戒賢智光三時教判の諍といふ。これも空有の諍の繼續で、果して眞の諍となつて居るかどうかは問題である。而も智光が果して實在の人であるか否か明確でない。唯中觀派にも後にはかかる教判があつたことが知られるのみである。空有の諍といひ三時教判の諍といひ、其内容概念を明かにすれば諍と見るを得ないものであるが、古來それが明かにせられずに傳へられて、後世に影響する所が少なくなく、現代に於てすら、形を變へて、かかる爭が行はれる程である。

第六　第四期の狀況

第四期は一般的にいへば頽廢期と稱すべきで、經典の現はれたものは殆どなく、論師が活躍するが一代の宗匠たるが如きものはない。六五〇年前後に瑜伽行派に法稱があつて新因明を發展せしめ、同時頃中觀派に月稱があつて中論・四百論等に註し、少し後れて寂天が出でて菩提行經・大乘集菩薩學論等を製した。

六七四―六八四年頃義淨が那爛陀寺に學んだが、當時印度に密教が盛で、那爛陀寺にも行はれて居た。六五〇年頃大日經が西印度に現はれて間もなく周圍に傳播し、叉七五〇年頃金剛頂經が南印度で成立したが、此兩經は純粹な密教の根本の經で、之によつて純密が成立したことが示される。然るに、同時に他方に於ては密教は左道的傾向となり、印度教の性力派などと結合して墮落したものともなつて居る。眞言乘と稱せられた密教が金剛乘と稱せられ大樂を主とするに至つて遂に弊風を生じたのである。然し學者の方面を見ると、七〇〇―七六〇年頃に寂護があり、タットワサングラハなる重要な書を著はし、密教にも熟達して居たので西藏に招かれ、國王に勸めて那爛陀寺から密教學者蓮華生を招き、蓮華生は西藏に入つてラマ教を創設した。此人の弟子に蓮華戒があつてタットワサングラハに註し又廣釋菩提心論・菩提心觀釋を著はし、七七〇年頃に師子賢(ハリバドラ)が出でて現觀莊嚴論に註し般若經にも註した。此人は當時造られたヴィクラマシラー寺に關係があつたであらうが、當時は此寺が密教の中心であつたといはれる。爾來此寺には學者が常在し、一〇三四—一〇三八年頃此寺に居たディーパンカラシュリーヂニャーナ即ち通稱アティーシャが有名で、後に西藏に入つて大翻譯家となつた。然し頽廢期の佛教は益々進んで卑猥化し、遂に一二〇三年マホメット教の將軍イクティヤール・ウドディーン・ムハマット(バクティヤール)によつて此寺が攻められ燒却せられ、諸所の佛教徒も殺され、又ネパールやビルマに逃れて印度佛教はここに滅亡するに至つたのである。然し左道派は民衆に入り易いから、恐らく左道派によつて佛教の法の崇拜が一般の人々の間に浸潤し、後世まで存續した。そこには佛教の名は現はれて居ないし、時には之を奉ずる人も佛教の法であるのを忘れて居るが、然し佛教の法なることは疑ないから、ここに佛教が殘つたのである。

佛と吾々

一

佛教では、吾々といふのは衆生、凡夫、異生などいふ中に入れられる。衆生はサットワ(sattva)の譯語で、時には薩多婆などの音譯もあるが、新譯では有情と譯す。有情を單に情とも譯すといふが、用例は少ない。有情の情は情識の謂ひで、從つて情識あるものの意味、また情は愛の意味で、愛情あるものといふのが有情の意味とも解するが、愛情と解するのは一般的ではない。衆生も有情も現今いふ動物一般を指す。新譯では衆生といふ舊譯を不可とし、衆生では草木までも含まねばならぬことになつて不都合であると主張し、更にまた、衆生ならば原語はバフヂャナ(bahu-jana)でなければならぬとなすこともある。元來バフは多、ヂャナは人々であるから、多人を指してバフヂャナといふのであつて、單數名詞として用ひても一人を指す意味ではない。然し、新譯の主張する非難はあまり正確な言でなく、又バフヂャナでなければならぬといふのも言ひ過ぎであつて採用せられないであらう。衆生は種々に解釋せられて、一、衆人が共に生ずるの義、二、衆多の法が假に和合して生ずるから衆生といふとし、三、衆多の生死を經るから衆生といふとなすが、サットワは字義としては存在といふのが原意で、存在するもの、眞性、心性、精神、生氣、生命、性格、精力、勇氣、智などの廣い意味に用ひられる語である。和漢では、有情よりも衆生の方が一般的に用ひられる。

次に、凡夫はバーラ(bāla)の譯ともいはれることもあるが、バーラは幼童、また愚人の意味であるから、これのみで凡夫と譯されるのではなく、バーラプリタグヂャナ(bālapṛthagjana)又はプリタグヂャナ(pṛthagjana)を凡夫と譯したものである。プリタグヂャナは新譯では異生と譯され、バーラプリタグヂャナは愚異生と譯される。バーラは幼童でもあるから、バーラプリタグヂャナが小兒別生とも譯され、そして凡夫が愚癡であるのは小兒の如くで、聖者の生に別異であるから小兒別生といふと解釋せられる。愚異生としては、凡夫は愚癡で而も生死の果報各々別異であるから愚異生といふといはれる。故に、異生は聖者に對する稱で、少しも斷惑證理のないものとせられるのである。異は一に別異の義、聖者は唯人天にのみ生ずるに、異生は地獄餓鬼畜生人間天上の五道に通ずるからと、二に變異の義、轉變して邪見等を爲すからとであり、生は生類をいふとなす。凡夫の凡は常の意味、又非一の意味、非一は多をいふ。卽ち凡常にして其種類が多いから凡夫といふと解せられる。

元來プリタグヂャナのプリタグは離れて、別々に、などの意味、ヂャナは生れたもの、生類、人の意味、二字合して低い階級、低い職業の人の意味。故に通常の職業の佛敎信者、愚人をいひ、複數に用ひて一般人、群衆の意であるから、此語は一般語としては通常の職業に從事して居る人を指す意味、佛敎語となつては、佛敎の修行に入らないから、修行に入つた聖者と異なるといふ意味が附せられることになるのである。卽ち、凡夫は初めは一般人を指し、次に修行に入らないから聖者と異なるとして異生とも譯されたのである。聖者と相對すると見られる點から、異生はすべて我見を性と爲すともせられ、生死に迷うて輪廻し不正道に住するものともせられることになるのである。異生は直譯すぎて生硬であるといふべく、これよりも凡夫の方が一般的である。凡夫は直接に人を指すからよいが、衆生は動物一般を生類として指すのが本來の意味であつて、人は其中の一部であるから、其意味で人を指すことになるのである。佛敎は常に廣く五道又は六道の中のものを衆生と指すのみならず、實踐を論ずる際にも人と天上人とを合せて論じ、天上人の修行をも完成せねば三界の輪廻を出離し得ないから、佛敎の目的が完成しないとなし、更に又三界を出離したのみでは猶未だ充分ではないから三界外の生死をも脫せねばならぬとなすが、然し、五道說、六道說は元來寓話又は神話たるもので、事實的の世界を指すとはいへないし、三界といふのも古代の想像的世界形態説で、現今としては、其實在性を認め得るものではないから、これ等との關係に於て組織せられた部分の説は凡て捨て去らるべきものといはざるを得ないのである。

實際に考へても、吾々は吾々の今現に住しつつある世界に關する限りの實踐修行ですら容易ならざることであつて、決して天上などの修行をなす餘裕を有するものではない。從つて、それに關する部分は之を省いて置くがよい。若しそれを修する要があるとすれば、天上に生れ得た際に、その實踐に入ればよいであらう。地獄等の三惡道については、そこの實踐等の説かれることは全くないがこれは三惡道では實踐に入れないからである。然らば、衆生というて、廣く動物一般を指す如きは全く無意味である。凡て人中心であるべきである。

のみならず、直ちに、これ、人を指すとなすべきである。其方が何れの點に於ても適切になるし、人以外の動物に關係する必要は存在しない。更に進んで衆生を人一般となすにしても、實際としては、先づ自らを中心とし、自己を主として考究すべきで、宗教的の問題は常に凡て自らに課せられたものとして、自己一人の爲のものとして見て行くべきである。

かくして、佛と衆生又は凡夫との問題は、全く佛と自分との問題と考へて攻究すべきである。自分の問題となすというても、結局は、その自己は任意の一例となつて、遂には廣く人一般の問題となるべきものであるから、決して個人主義とか自利主義とかに終るのではない。要は、事をすべて客觀的な態度で眺めないといふことである。然らば、これ全く學問的でないことになるであらうが、それは事柄の性質上止むを得ぬ事である。客觀的にのみ扱うたのでは眞實は理解せられないことに終らんを恐れるからである。

二

凡夫衆生の吾々は聖者とすら相異なるとせられるのである。況んやここの聖者以上の佛とは絶對に異なることはいふまでもないであらう。ここに用ふる聖者といふのは、佛教の教理一般から見れば、少しく狹い範圍を指して居るものである。聖者を唯人天にのみ生ずるものといへば、これは猶未だ輪廻を脱して居ないことを表はして居るし、三界を出離したものとはなつて居ないのである。人天は人と天上人とで、勿論五道の中の二道であるからである。小乘佛教としては、聖者は四向四果をいひ、第四果である阿羅漢果は三界を出離し、最高の地位に達したものであるが、然し阿羅漢果は佛よりも以下であり、大乘佛教としては聖者は十地に登つた菩薩で、第十地の次に等覺、妙覺の位があつて、妙覺が卽ち佛である。吾々としては、此までは、決して聖者たるものではないから、吾々は聖者ですらないものに過ぎない。四向四果の第一向たる預流向に至る以前に三賢四善根の七賢の位があり、十地の第一地たる歡喜地以前に、少なくとも、十住、十行、十廻向の三賢位があり、時數でいうても、三賢の外凡順解脱分に一生を要し、四善根の内凡順決擇分に又一生を要し、第三生に漸く聖位に入るか、或は又順解脱分には第一生で入り、第二生でそれを完成し、第三生で漸く順決擇分に入り、進んで聖位に入つて完了するか、更に極遲としては、順解脱分に二十劫、順決擇分に二十劫、聖位に二十劫、合せて六十劫を要するとせられ、大乘の三賢位は一大阿僧祇劫の間、十地の初地から第七地までが一大阿僧祇劫の間、第八地から佛位までが、一大阿僧祇劫の間、合せて三大阿僧祇劫を要するとせられるのであるから、吾々と佛との間には無限時數の間隔がある。これは卽ち實踐修行の有無の差とせられるのであるが、此點から、吾々としては、此までは如何にしても佛たることを得ないのは言ふまでもなく、日常佛と共にあることも不可能であることが判る。佛と吾々とでは絶對に相異なるのである。若し吾々が佛と共に在るといふ觀念に住するとしても、佛は實際遠い彼方に在つて、吾々はそれを拜し仰ぐのみであつて、佛と吾々とでは實質上の交渉が全く存しない。小乘佛教が佛となるを目的とすることなく、佛を全く吾々と關係のない高い地位に置き、吾々はかかる佛となる素質を有しないとなすのは此考に基づくものであらう。

又大乘初門に於て五性各別說を立て、吾々の特別の素質のもののみが佛となり得るのであつて、五性の大半が佛とはなれないとなし、佛となり得るものすら、無限數の期間の修業を要するとなすのも亦かかる考に基づくと觀察せられ得る。吾々の實際生活を反省しても、果して吾々に佛と共通し得るが如き性質があり得るや否やは、宗教的敬虔な態度のものには、直ちに、あると斷定することは出來ないであらう。故に、實踐的には佛と吾々とは全く異なるとなす外はないのである。

然し、實踐的に全く異なるというても、佛の教を奉じて修行する以上は、少なくとも佛は修行の保證となり、目標となるのである。保證となるといふのは、修行の方法なり過程なりが佛の說いたものとして絕對の權威が附せられて居ることであるから、佛に對する絕對の信仰が基であり、目標となるといふのは佛が自ら踏んだ道を說示したものとして、それをすなほに受取る信仰の立場に於てである。かく信仰に於て見るときには、如何に高い佛でも、決して高く、遠くの佛とのみは見られるものでなくして、近く、親しい佛となつて、高いながらも吾々と共に住し、吾々はその佛の懷の中に生き居るの思ひにあるものである。吾々の左之右之の云爲言動が其まま佛のそれであるなどといふのではなく、佛は全く吾々と異なるのではあるが、然し佛は吾々と關係なきが如く離れてあるのでなくして、吾々の凡てが佛から來るのであり、佛にさうさせて頂くに過ぎぬと考へられるに至るのである。卽ち佛は吾々と全く異なりながらも、吾々と常に關係して居るのであつて、一刻も相離れて居ることはないことになる。

蓋し、信仰は一般的にいへば、無力の感であつて、自己が全く何等爲すを得ない無力のものなることを自ら意識したことで、その意識狀態が信仰に外ならぬと考へられるものである。必ずしも意識的の無力の感でなくして、殆ど意識しないことも少なくないが、反省すれば結局無力の體驗で、之を感と言詮はしても、單なる感情とのみはいへないと思はれる。無力の體驗は沒我で、所謂無我、從つて自己主張又は自己固執の無くなつた所である。若し信仰といふのは、必ず何か他者に自分を拋つて歸依することを指していふのでなければならぬとすれば、無力の體驗はそれに先行し、それの基たる所を指すことになつて、それを直ちに信仰とはいへないかも知れぬが、然し佛教では信仰卽ち信は澄淨の義、澄淨を性と爲すとし、心をして澄淨ならしめるものと解釋せられるから、信は心狀態と見るべきで、それが他者に向ふとき、すなほにそれを受容するのである。受容するをも信仰と稱することも認められて居るが、根本は受容の基となつて居るのを信といふと解せられる。無力の感は平靜謙虛の狀態で、卽ち受容の基たる心狀態であるから、佛に向へば佛を信ずるのである。故に信仰によつて、佛が吾々と共にあり、吾々は佛の中にあることになるのである。

信の最も深い場合には、信の向ふ他者と吾々とは遂に二にして不二となつて、異なる二つとは考へられないことになるものであるが、然し、今の場合は、次に述べる如く、本來不二であるものの二となつて居る所に現はれた信であるから、全然の不二同一とはならないのである。故に、必ずしもこの信が深いものでないといはれ得るのではない。如何に深くとも二を一にするまでには至らないであらう。從つて吾々は大なる佛の中に、小なる者として包まれて居るのである。如何にも個性を執持して居るとか、個我を沒しないとかに見える如くであるが、決して個性や個我を留めて居るのではない。信は最初から無我謙虛であるから、自己なる考を伴うて居るのではない。それにも拘らず、大の中の小となして居るのは、然らざれば無力の感すらあり得ないからである。信は他方に於て凡てを自己の中に包容して、相對的の小自己の限界を撤廢し以て絕對的の大自己となるを得るものであるが、佛に向うた時には必ずしもさうはならないから、そこに一種矛盾的な點が認められるのである。

三

更に佛と吾々との關係を理論的に考へると、我々を其の本性、本質から見れば、これ佛に外〔なら〕ないといはねばならぬといへる。一切衆生悉有佛性が許されて居て、何人と雖、佛たる本性を有するものである。佛性は佛といふ本性又は性質と解せられ、吾々は佛の可能態であるとせられるが、佛性の字義はもともと佛たること、佛其ものの意味である。實踐的に佛と吾々との差別を考へるから、悉有佛性は佛たる性を有するとなすのであるが、實は佛たる性は佛に外ならぬとなすべきで、從つて理論的には、吾々は卽ち佛である。卽ち佛と吾々とは決して異なつた二つではないといはねばならぬ。佛は元來は釋尊が大悟成道した時以來の尊稱であつたものであるから、人が佛となつたのであり、それが卽ち一般に人が佛となる保證模範であつたのである。釋迦牟尼佛一代として見れば、佛は入滅死去することもあつたのであるが、然し、佛敎思想が進步發達するに至つて、佛は人間性を離脫し、歷史性を超出して一般化せられ、現象を律する理が卽ち佛に外ならないとせられるに至つた。理は絕對であるから、動靜、善惡など一切の相對を全く超絕して以て相對と無關係に超然として居るのではなくして、却つて一切の對立差別を包容して一全體として存するのであつて、それに包容される一一の相對の一方、卽ち個々のものは、凡て各々絕對を表はし、個體にして其まま全體であり、相對にして直ちに絕對であるのである。從つて吾々は卽ち佛であり、佛は直ちに吾々であつて、全く二にして本來不二である。不二が根本である。吾々のどこが佛かと部分的に考ふべきでなく、吾々が凡て佛である。吾々は人としての性質上分析的に見、分析的に理解し、相對的に言詮し相對的に思慮する外には他の何等の仕方をも取るを得ないことになつて居るから、部分的に考へることになるのであるが、然し部分は全體を代表して居る點では、部分も全體も凡て佛であるといふべきである。謦咳笑呻皆佛ならざるはない。

佛といふ意味は、覺者と譯され、覺に覺察と覺悟の二義を有すとし、又自覺、覺他、覺行窮滿の三義を有すとなし、この覺を有する者を指していふと解せられて居る。覺察は惡の根源を察知することで、從つて、もはや小惡もなくして却つて反對に凡ての善をなすこと、術語では煩惱障を斷じて居ること、覺悟は眞實の理を悟り、その理を體現し、理と一致冥合したこと、術語では所知障を斷じて居ること、故に自在全知を有する者で人格として考へられて居るが、自覺は自ら覺悟したことで、前の覺悟に當り、覺他は他を導いて自らと同じ覺悟に至らしめることであり、從つて自覺は知慧、覺他は慈悲、覺行窮滿はかかる覺の實行が完全して缺けることのないこと、故にかかる覺を有する者が佛であるとなすのであつて、これも人格として考へられて居るから、結局、絕對完全な人格といふに歸著するであらう。然し、佛は必ずしも常に人格的にのみ考へられて居るのではない。眞實の理卽ち眞理と一致冥合した點を取れば非人格的で、實際としては佛は理其ものといへる。

この理は絕對で動靜を含むから動が現はれて覺他となるのであり、覺他の方面では人格的となるのである。理は事と相卽無礙であるから、吾々も亦理の外のものでなく、理其ものに外ならぬから、佛と吾々とは不二一體である。啻に吾々のみではなく、事の一切が悉く佛であるといへるのであつて、各々の個々のものの全體も部分も皆佛である。かくいへば、これ佛は非人格であるとせられるのであるが、同時に個々のものにも勿論それぞれ存在意義があつて對他的にそれを發揮して居るから、そこに覺他の人格的な所が認められるのである。蓋し吾々の經驗は凡て全一的のものであつて、能經驗と所經驗とを分つのは旣に分析觀の上のことで、實は決して最初に能經驗と所經驗とが相合して經驗が成立するといふのではない。全一的の經驗があつて、主觀と客觀とに分れてくるのであるから、本來いへば、經驗に含まれる性質は、分れた兩者に含まれ存すべきである。故に個々のものの全體にも部分にも佛たることが認められねばならぬのである。かかる經驗を還元的に考へると、經驗は凡て經驗者の經驗であり、經驗者は吾々としては心に外ならぬことも殆ど論ずるまでもない。故に心が一切を包容して居るといふべきで、理といふも心に外ならないといはねばならぬ。心を通常事心卽ち緣慮心と、理心卽ち堅實心とに分つが、勿論二つの心の存することを考へて居るのではなくして、同じ心の見方の相違に過ぎないから、理心といはれる所が卽ち理たるに外ならぬのであつて、理は必ずしも外界又は吾々以外に存するとなすのではない。然らば佛は吾々の心に外ならない。一切は唯心のみであり、心外無別法である。

四

實踐的にいへば、佛は吾々とは全く異なる別の存在であるが、理論的にいへば、佛は卽ち吾々であつて何等異なる所はない。全く別であるといふも、其兩者の間には何か基礎根柢に於て相通ずる所がなければならない。全然無關係な別のものの間には、それ等が別であるといふ觀念すら起るものでない。故に別異であるといへば、そこに何等かそれを包容する大範圍のものがあつて、兩者を含んで居るのでなければならぬ。卽ち吾々と佛との間には、一方に於ては全く相異なるものであると同時に、他方には兩者が同一根柢の上にあることが豫想せられて居ると見なければならぬ。異なりながらも同一な點が認められて居るから、異にして同であり、同時にこれ同にして異である。故に、不一にして不異、不異にして不一、不一而二、二而不一である。不二で同であるといふのは前述の理論的に見る場合であつて、これが卽ち基礎根柢をなして居るのである。然し、實踐的に見るといふのは、凡夫の立場からいふことであつて、凡夫は修行に入るべきものと見るから、佛果に對する因位であり、從つて果を眺める方面で、從因向果卽ち始覺門の說である。之に對すると、理論的に見るといふのは、凡夫の本性、卽ち佛たる所からいふのであるから、これ卽ち佛の立場に於て論ずるのであつて、佛果から因位を見るもので、これ從果向因、本覺門の說である。始覺門は凡夫一般の見方を指すからこれ俗諦の立場、本覺門は佛位からの說であるから、これ眞諦の立場である。かく區別して見ると、不一不異、不二而二は二つの立場を區別せずに同一時に言詮はして居るのであつて、矛盾するが如くにして而も決して矛盾の表現ではないといはねばならぬものである。つまり、兩方面が同時に示されて居るに過ぎないのであるが、もともと吾々が既に此の如きものであるのが基たるのである。

佛と吾々とは全く相異なるもので、其間には一點の共通性も、極小の相似點もないことを明かにして、之を矛盾となし、この全然矛盾の佛と吾々との間に而も却つて反撥的に不可分離の關係が認められるといふ如くに解するならば、それは佛教としての理解ではないと考へられる。修行の方面に於ては佛と吾々とは全く相異なると見なければならぬのであつて、ここでは一點の同も許されないのは實踐修行に重點を置くからである。然らざれば有と無とが同一となつて、宗教的謙虚は失はれる。のみならず、吾々の向上精神が消失して、醉生夢死に終らざるを得ないことになる。佛と吾々との間に全く何等の共通點も相似性も認められぬとすれば、そこには全然越えるを得ない鴻溝が存して、佛は目的とはならないし、佛が吾々の生活を向上せしめる點を有しないことになる。而も反撥的の關係と見ては永久に相背くのみであつて、不可分離又は不可結合以上には進むことを得ないことに終らざるを得ない。元來全く相異なるといひ、矛盾するといふのが、既に全然無關係で何等のつながりもないものの間では、全くいふことを得ないのであつて、相異なるといふ所に已に少なくとも異なるといふつながりが現はされて居るし、矛盾といふのも相對するから矛盾といへるのであつて、相對せしめることがなくば、矛盾といふ考も起るを得ないものである。相對せしめるのは、そこに相對せしめ得る何ものかを認めて居るが爲であつて、然らざれば、反撥もあり得ない。そして又反撥では、吾は佛とはなるを得ないから、佛を彼方に見つつ抗爭的となり、他山の石として自らを磨き、自ら向上して自己完成に進むことになるから、自己を固持することを離れることがないに相違ない。自己の固執は佛教とは相反するから、佛教としていへば、佛と吾々との間に反撥的の關係などはあるを得ない。佛を彼方に見て自ら進むのは實踐的始覺門で、自我に外ならないが、此間は佛と吾々とは近くして遠いと見られる。然しそこには佛からの導きがあり、自我といひながらも自己は漸次解消し行くのであるし、それに從つて佛との隔たりは順次に近づいて來るのである。それが實踐門のあり方であつて、そこに人生の眞意義が認められるのである。

蓋し三生六十劫說にしても、三大阿僧祇劫說にしても、それは何等實數を示さんとするものではなくして、無限時をいふのであり、佛と吾々とを時間的に全く異なるとなすのであるが、同時に無限時の修行といへば、目的達成は吾吾には不可能なことであるといふのと同じ意味に歸著する。吾々には、實際上無限時の努力精進は出來ないことで、いふべくして行ふを得ないことに屬する。これはつまり斷惑して後に證理があると考へるが爲であつて、實は斷惑それ自身が吾々としては不可能であるのである。惑は吾々に先天的に存するものであり、本能的のものであるから吾々として生存する以上は之を斷ずることは出來ない。斷ずることは生存を斷ずると同じである。たとひ惑と我々との間にある所謂得の繩を斷ずることであるにしても、得の繩は斷ずるを得ないものである。故に斷は實際としては、制御克服等の意味と見なければ、出來ざることを爲せといふことになつて、要求命令が無理である。斷は制御克服を強い語によつて言詮はして、修行者に強く響かしめる趣旨に外ならぬと解釋せざるを得ぬ。小乘佛敎は斷を字義のままに見解するから、その目的を達するには命終を期せねばならぬとなして學說を組織したのであるが、制御克服の意味に見れば、たとひ惑を斷ずることがなくとも、完全なる制御の下には、惑は再び其力を發揮し得るのではないから、斷と同じことになる。然らば、かく惑を全く制御し得た所が卽ちこれ證理に外ならぬと見るべきで、斷惑して後に證理があるとしては、斷惑と證理とは全く別のことであるから、證理があることにはならないであらう。理はここでは四諦の理であるが、四諦は本來は人生の眞相であつて、人生の目的達成を表はして居る說である。從つて斷惑して證するといへるものでなく、人生の目的達成を妨げる惑を斷ずれば、それは卽ち證理に外ならぬのである。故に斷惑卽證理であるべきで、而も實際としては、證理卽斷惑たるべきである。理を觀ずるに從つて惑が漸次に斷ぜられて行くとなすのであるから、證理が卽ち斷惑とならねばならないものである。三大阿僧祇劫說でも此點は同じことになる。故に佛と吾々とでは全く異なりながらも、遂には同一に歸するのであつて、決して矛盾しつつ反撥的に關係するが如きものではない。

吾々と佛とは互に異なりながらも同じであり、同でありつつ異なるといはれるこの不一不異、不二不一は本來同を根柢としていはれることであつて、所謂性同の上に差異を見、差異相互の間にまた同を見て居るのである。根柢の同に基づかなければ異はいはれないことであり、異を見るでなくば同もいはれない。同に基づく異の多數が相互に差別對立しつつも、またそこに同が見られるのであつて、同がなくば異の相互對立もいはれない。衆生卽佛といひ、一切は悉く吾子というて居るのは此關係である。然らば、かかる見方は全く眞諦の立場に於てであつて、俗諦は眞諦を俟つての俗諦である。同時に、眞諦も決して眞諦のみで眞諦たるのではなくして、俗諦に據つて初めて眞諦たるに外ならぬのである。眞諦は理として平等一味と考へられて居るが、俗諦は事として差別對立で、無數とせられるから、無數の間に又同と異とが認められるのである。佛は眞諦、吾々は俗諦であるから、吾々の根本は佛で、吾々相互の間に同があり又異があるのである。

かく眞諦と俗諦とが相互相依であるとすれば、眞諦についていへることが如何にも其まま俗諦についても亦いへるが如くに考へられやうが、實はそこには根本的の制限のあることを見ねばならぬのである。吾々は俗諦で、實際上、眞諦を悟つたものでないから、二諦の相互相依は眞諦を立場となし得たもののいふ所で、吾々としては、實際上そこまでは到つて居ない爲に、二諦の相互相依をいふにしても、それは揣摩憶測の範圍を出ることを得ないことである。吾々の見る所は俗諦で、見方も俗諦であるが、佛が吾々を導くとして現はれた場合には、根本智が後得智となつたのであり、俗諦を照らすのであつて、從つて、佛の見る所も、また見方も俗諦であるから、如何にも全く同一なるが如くに思はれるのであるが、佛のは眞諦に基づく俗諦で、眞實の二諦の相互相依であるが、吾々のは實質上眞諦に基づいて居るのではないから、實物と影像との如き差がそこに存するといはねばならぬ。佛の事業は凡て任運無作で無功用の働きであるに、吾々のは凡て努力人爲のそれに過ぎない。思ひに邪まなく自然に矩を踰えないのと、努めても努めても矩を踰えがちであるのとの差は何としても掩ふことを得ない。佛の見方並びに見る所が俗諦であるのは根本智の後に見られる後得智についていふのであつて、この後得智は俗諦差別を照らす差別智であつて、衆生濟度の事業をなすのであるから、吾々の見る所又は見方と何等異なる所はない道理である。然し佛の俗諦智は恰かも天鼓の時に從つて自然に自ら響くが如くに任運無功用であるとせらるゝに、吾々のはさうではないから、異なる所がないといふても、根本に於ては全然同一たるを得るのではない。これ卽ち吾々の立場から見るが爲であつて、實踐的意義を含んで居る點である。佛の立場から見れば全く同じとなすに相違ない。然らざれば、吾々の濟度とはなるを得ないからである。その同じであるに相違ないといふのが卽ち揣摩憶測であつて、同じであることが親證せられて居るのではないのである。佛のは親知で、吾々のは比知である。

五

吾々の世界は佛の世界と同じでありながら異であつて決して同じではない。吾々は任運無作の世界に遊ぶことを得ないものであるが、然しかかる佛のと異なる世界に在ることが吾々としては眞に有意義であることを反省すべきである。吾々の世界は全く努力の世界であつて、努力の外には何ごとも存しない世界である。日々の努力は諸種の方面に向けられて居るから、其方面々々に於て目的が立てられ、その目的に向つて努力が傾注せられて、先づ其一目的は達せられ、更に又他の目的が立てられて努力するから、此點でいへば、努力には實際上目的が存するのである。決して何の目的もなく濫りに動いて居るが如き努力ではない。目的のない努力の如きは努力と稱せらるべきものでない。眞の努力は目的完成の爲の努力であるのであるから、吾々の人生全體としてもまた其目的の完成の爲め努力をなしつゝあり、個々の努力も凡て目指す所は人生生存の目的に對して努力しつゝあるのであつて、此場合には其目的は實際上果して達せられ得るかどうかは判らないものである。實は人生最後の目的は達成せられるものでないといふのが眞である。如何なる生活様式をなしつゝも、それぞれの職業に於て努力しつゝあるのは、其人の刻下現時の生活の向上の爲であつて、それを意識するとせざるとに拘らず、向上の爲の努力に外ならないものであるから、從つて刻下現時の狀態に滿足せずして、それを脫して一層よりよき狀態を得んとしつゝあるに外ならないのである。これ卽ち人生の生存の目的に向つて敢然努力し進みつゝあることであつて、其間にそれぞれの目的を達しつゝ、而もそれぞれ新たな目的を立てゝは、それに努力を集注するのであるから、最後の目的が達成せられて飽滿休歇の域に入ることはあり得ないのである。

然し、これは決して人々を驅つて自暴自棄に陷らしめるものではなく、事實上人々をして彌々益々努力に向はしめるものなること、日常見る通りである。然らば、人生は全く無限の努力をなす所に其眞意義を有するものであるといはねばならぬ。從つて、任運無功用の事業は人生としてはあり得ないことで、現實的でないといはねばならぬ。然し、人爲的努力の最後の理想としては、現實と全く相反することを考へて來るものであるから、任運無功用の事業が理想とせられるに至るのも當然である。然し任運無功用の事業といふは、已に事業卽ち事を爲すこと、といふので示されて居る如く、活動することには相違ないのであるから、其點は各自の活動と異なるのではないが、無功用、卽ち意志的努力に律せられて居ない點が吾々の努力と異なるのである。無功用には何等の過失の伴ふことなく、全く心の動くままに動いて矩を踰えないのであるが、吾々の努力は過失を伴ひ而も矩を逸するに至るから、そこに之を正しきに導くものがなければならないのである。從つて自らによつて自ら制するか、又は佛によつての加護を仰ぐか、の何れかを要する。故に、ここに努力の仕方が異なつて來るのである。

人は凡て兩方面を有するものである。個々人であると同時に社會人であり、有限に立ちながら無限を望むものであり、相對と絕對とを含んで居るものである。故に、吾々には個人であるといふ自性もなく、社會人であるといふ自性もない。凡ての關係が個人的にならねばならぬ如くに現はれた場合には個人として生活し、凡ての關係が社會的となる如くに現はれた場合には社會人であり、同時に又個人であり社會人でもある。卽ち吾々の生活が全く此の如くになつて居るのである。從つて其何れに重きを置くかによつて自己の持し方が異なつて來ねばならぬ。自己を其生活の全體で考察するに、吾々の生活は衣食住に於てであるから、其一一について由つて來る所を見れば各業者の努力であり、其努力の賜によつて吾々は漸く生活して居るに過ぎないことが反省せしめられる。其業者を更に直接間接に、廣く關係を辿れば、凡ての業者が關係し、重々に交錯しつつ、遂には天地自然の運行、氣候までが各其力を寄與して居るのみならず、障礙となるべきものが障礙の力を發揮しなかつたことまでが關係して居ることが判るのである。かゝる宇宙一切の關係が力となつて、吾々の衣食住の生活が成立して居るのであつて、吾々の自己の力などは全く比較にもならない程の微弱なもので、之を直ちに零と見做す方が適切であると考へられるであらう。

然らば、吾々は宇宙間の一切の力によつて生活せしめられて居るのであつて、其間に自己の固執、自我の主張など全く容れられる餘地はない。之を宇宙一切の力とまで見ずとも、社會の力と見るも適切であらうから、吾々は周圍の社會によつて育まれて居るのであつて、何等獨立體などといはれ得るものでない。ここが卽ち無我である。此點を反省するとき、吾々は社會宇宙一切の恩を感ぜざるを得ないであらう。佛教は之を四恩に纏める。四恩は、異說もあるが、一般には父母の恩、國王の恩、衆生の恩、三寶の恩で、父母の恩はいふを要しない程で、國王の恩も明かであるが、此中には國土の恩をも考ふべく、衆生の恩は同胞・社會の恩であり、三寶は佛法僧の三寶で、つまり宇宙眞理の恩に外ならぬ。かく恩を感ずれば、恩は恩を施す者の慈悲に外ならぬから、宇宙は凡て慈悲の現はれで、慈悲を強く感ずれば、そこに人格佛を拜立することになるのも當然である。卽ち宇宙は其まま佛であつて、吾々はその佛の懷中に抱かれて安樂な生活をなして居るのであり、此佛の加護によつて吾々の努力は正しきに向ひ、努力を續け、而も其努力をこの佛に捧げることになり、そこに何等の報酬も結果も求めず、純粹犧牲の精神を以て社會奉仕に打込むに至るのである。

之に反して吾々が生活するに衣食住を要する點で考へて見れば、吾々が衣食住を必要とするによつて、各業者は働くことを得て各々生活するを得るのであるから、各業者は吾々に俟つのであり、吾々が各業者をして生活せしめて居るのである。それは直接各業者に關係するのみでなくして、各業者と關連する一切の人々をして又生活せしめて居るのであり、此關係は延いて天地自然事にも及ぶのであつて、吾々の衣食住を必要とすると否とは宇宙一切の現狀をして現狀たらしめて居るものであるといへる。決して一切が各々孤立的になつて居るものでない。故に此關係を辿れば、一切は吾々の衣食住の中に收まり、吾々の中に收まるもののみであり、宇宙は一大關係の圈内のもののみであることになる。關係の圈内では中心統一點の取りやうで、凡てはその中心たる統一點に統轄せられるものであつて、所謂帝網重々の關係のみである。一切のものが凡て個々的に交換すべからざる獨立孤存の自性を有するならば、かかる關係にはなるを得ないから、一切は凡て無我であり、空無自性であり、此意味で不可得である。從つて一切は無自性な點で假の存在であるに過ぎぬ。吾々は宇宙一切を自己の中に包含する極大なものであつて、全く對峙を絕して居る。外界凡ては吾々の中に於てのみ存するに過ぎないから、若し吾々が惡心を持てば一切は惡となるべく、又若し善心を抱けば凡ては善とならざるを得ないであらう。然らば吾々が自己を持し、自己を制することによつて宇宙の關係一切を左右することを得るのである。吾々の外に佛など存するのでなく、吾々が其まゝ佛たるのである。自己を恃持することの重大なるべきはいはずして明かであると同時に、自ら努力するでなくば一切は死滅する點に留意して、努力に努力を重ね〔なけれ〕ばならぬことが知られる。

以上の兩種は大體前述の實踐的と理論的との考へ方に相應ずるものであつて、而も此兩種は結局同一趣意に歸するであらう。然し、遂に同一趣意に歸するといふのは決して單なる敍述の上でいふことではなくして、其意義の中に空觀が働いて居るからである。小なる自己を無みして大なる自己を立ててくるのは、それが即ち空觀に由來するのであつて、小なる自己といふ現實を捨て空ずる所に、初めて大自己に躍進する契機が存するのである。同時に又大自己から極小の自己に還る所にも空觀の媒介が働いて居る。

かく空觀を根據とするから、兩種が同一趣意に歸するのであつて、吾々は本來此の如き兩面を有して居るものであるを表はして居るのである。具體的にいへば、個人的生活と社會的生活とであつて、何人と雖、かく極小と極大とでないものはない。兩者は矛盾の如く見えても、實は矛盾ではなく、相容れ合ふのである。矛盾ならば、兩者は相容れることは絕對に不可能で、矛盾の兩者が同一の中に併存することはあり得ない。併存し得るとすれば、その兩者は矛盾ではなくて、單に相反するものに過ぎない。極小と極大とは矛盾でなくて相反に外ならないが、而もこの相反は互に一が他の凡てを含む相互關係になつて居る。極小は同時に極大を含み、極大は又極小を含んで、何れの場合にも餘す所がない。故に、兩者が吾々の中に相並んで存するのである。吾々のこの相反性が實に吾々をして一方に於ては佛たらしめて居るのであり、同時に他方に於ては佛と遠ざからしめて居るのである。

六

右に述べた二種の方面に於て何れも、他も自も通常相對的に差別せる他と自とでないことはいふまでもないであらう。二種の前者に於て自は零と見る方が適切であるとはいふものの、依然として極小の自が存するのであつて、大なる他の中に含まれて其中の一點を占める自であり、かゝる自は無數に併存するのであるが、後者に於ても大なる自の中に無數の他が含まれて居るのであるから、前者の自を後者の他とすれば、それは同一であつて、從つてこの兩者は見方の相違によつて分れて居るのであつて、決して全く相異なるものでない。故に、自にも他にも、何れも極大と極小とに通じて居るのである。相對的の自他は大なる他又は大なる自の中に含まれて居るものであつて、含んで居る大なる他及び大なる自は之を自といふも他といふも、何れでもよいことになる。而もその中に含まれる相對的の自でも他でも、凡て相互的に重々に相關聯して居るのであつて、何れも他及び一切を代表して居るといへる。帝網重々の關係と見れば、帝網は帝釋天宮の裝飾としての寶網で、其網の結び目の一一に寶珠が懸けられ、其寶珠が互に相映發することを重々無盡の緣起の相狀に譬へたのである。

現今でいへば、一大ホールの天井に整然と多數の電球を點じて、各球が各々他を映出する狀態を考へると、よく理解せられるであらう。甲球は自己以外の球の全體を映出するし、甲球に他の凡てが映じて居ることを映出するし、甲球が自己以外の凡ての球に映出せられて居ることをも映出するし、乙球が他の凡てを映出して居ること、乙球自らが他球凡てを映出して居ることを映出すること、乙球が他の凡てに映出せられて居ること、等を映出し、乙球以外の他球の一一のかかる映出を映じ、更に又各球相互間の映出の狀態を映出し、實際上、無盡無限の映出をなして居ることが認められるが、今いふ自も他も凡て一切と此の如き無限の複雜な關係を有するのである。此無數の球の一一が凡てを代表するが如く、その自も他の一切を凡て代表し、從つて關係でいへば、他の一切を自らの中に包容し盡して居るのである。包容し盡されるともいふを得るから、包容し盡くされるのは卽ち前に前者という方面、包容し盡すといふのは後者の方面である。球の譬によつて說く所は所謂相入の關係であつて、これ力用の有無によつて考へるのである。一が自の力によつて他を成ずるから、この他なるものは其場合無力となつて自の中に相入するのであり、自は又他の力によつて成ぜられるから、他は卽ち有力となり、自は無力となつて他の中に相入し、かく自と他とが有力無力となつて、そこに相入が行はれて居るのであるが、進んでいへば、この相入は體の空有によつて考へられる相卽の關係に據つて居るし、相卽と相入とが共に行はれて居ると見られるであらう。自が立つて居つて、それが有である場合には、他は立つて居ても自に據つて居るのであるから其體は無自性で、從つて自に卽するのであるし、他が立つて居て有である時には、自は卽ち無自性となつて他に卽するから、自と他とが相互に空有となつて相卽の關係になつて居るといへる。自己と他人とを、前に述べた如く、衣食住の凡ての關係で兩方面を見れば、實際上此の如くであることが明かになるであらう。

此の如き關係に於ける自を見れば、自は個人として緣起相依の關係上の一中心であつて、自らを保持しつつ、他の一切を其中に統轄包容して、努力的に生々發展して居るものである。自以外の他の一人一人も凡て皆此の如くであつて、これ等の一人一人は、いはば、無限の長さの一線を、共通に底邊として、二邊を以て成立する各個の三角形の頂點として立つて居る如きものである。頂點は各々相異なりつつ、他部が相互に相包容し、決して全く相異なるものでない狀態になつて居る。故に、個人は相互に不一であつて同時に不異でもある。かくして吾々個人は各自が一にして同時に其まま全體であり、全體であつて又同時に其まま一であつて、全く完全して居るのである。故に、此外に別に佛が存するとは考へるを得ないであらう。吾々が其まま佛であるといひ得られよう。

佛は理に外ならぬといひ、佛の本地卽ち佛の本質は無差別平等の理であるといはれ、前にも此の如く述べたが、然し理について猶よく考へて見れば、更に言はんとする所を改めねばならぬことになる。理は、いふまでもなく、事に對するのであつて、事は經驗的に知られて相互對立し變遷しつつある現象に外ならぬが、吾々としては、要求上、そこに無差別常住な理を立てて來ることになるのであつて、差別變化を通貫統一する原理として理を認めざるを得ないのである。故に、理は要請的のものであつて、經驗的には必ずしも看取せられないものである。之を本體とも實體とも呼ぶが、本體は根本のものといふ意味、實體は眞實のものといふ意味で、決して現象に對する形而上學的な固然たる實在實體の意味ではない。體といふ點で、如何にも用に對して固然たる實在體の如く考へられるかも知れないが、實際は決してさうではない。理は例へば緣起、卽ち因緣所生、を理と指すが如く、固然たる實體などをいふのではないから、原理とか規範法則などとかいふに當ると見るべきである。理は事を一貫するものとして、素朴的に考へると、事と異なつて存し、事のある所に、平行論的に存するとなすが、一步進めば、理に活動性を認めるから事に透徹し事理が交參互融するとなすに至るであらう。交參互融といふても、最初の考を捨て得ない爲に、事は理より現はれ、又は理に基づき、若しくは理の中に在つて、事として存するとなすのであつて、完全に事卽理、理卽事の考にまでは至り得ぬことが多い。事に不純性を考へるから、理は純淨と見、事の不純ながらも純淨な點のあるのは、それ卽ち理の存する證であると見る如き見方を脫し得ない。これは極めて一般的の見方であつて、此考に立つて、佛は卽ち理に外ならないとなすのである。凡夫が其まま佛であると見ても、凡夫の內に佛性が存するとなし、その佛性からいへば、凡夫と佛とが性同であるとなすのである。所謂生佛不二、卽ち衆生と佛とは不異、となすのがこの考をよく示して居る。

然し、更に考察すると、理は元來要請で、事を說明解釋する爲に立てられた觀念性のものなる方面を有するから、事の外に理を見ずに、事と事との關係交錯で凡てを解釋するを得るに至れば、理に關する見方は異なつて來らざるを得ない。不純と純淨との如き吾々の見方の相違に基づくものであつて、吾々の觀念を事の方に投影投射して、吾々が事に附與したもの、事本來に存するものでないことに注意すれば、吾々の見方、考へ方は從來と同一ではあるを得ない。吾々の經驗は本來全一的のものであつて未分の一全體たるのであるが、吾々の見方でも考へ方でも凡て分析的で、本來の一を少なくとも二分して扱ふものである。卽ち未分を分別して相對的となさなければ、見方、考へ方は行はれ得ないのである。二に分別した後から見ていふから、不二とか不異とか言詮はすのであるが、實際はもともと未分であつたのである。未分を二に分別するに外ならない。從つて、理事も亦本來未分であるのを、吾々が二分的に考へ來たに過ぎないもので、それを二分した以後に、それの一體たるに氣付く爲に理事不二となすのである。然らば、理は事に對するものとなすのも、二分に分析して後に言詮はしたことで、元來は相對立して居るのではなく、全一たるのである。從來純淨とか無差別平等となして居た理のみを別と見ずに、吾々に親しい事をのみ見て、そこの事理相卽又は理を省いての完全なものを見て行くことになる。卽ち事に於て佛を見る見方になる。ここに於て、前述の如く、吾吾が卽ち佛であつて吾々の外に佛を考へないことになるのであり、進んで一切の事に悉く佛を見るに至るのである。事々の一一が佛であるのみならず、事の全體も亦佛に外ならないのである。

七

佛については前に已に多少述べたが、更に吾々に親しかるべき佛について考へて見る要がある。佛は釋尊の尊稱であつたのが原始的の意味であつて、釋尊の大悟成道の德號であるが、釋尊の大悟成道は自覺が直接的である。自覺は佛教一般としては根本無分別智を得たことに當るといへるが、釋尊の場合には特に阿耨多羅三藐三菩提卽ち無上正徧智又は無上正等覺といひ、絕對完全智を指す。この智は相對的に對象を有するのではないから、通常いふ理智不二、又は理智未分の境地に屬する。吾々としては智といふ以上は、そこに對象を考へ、智が完全ならば、對象も必ず完全であるとなし、その對象を理と稱するから、絕對であるならば、理智は一致契合して不二であるとなさざるを得ない爲に理智不二と言詮はすのである。無上正等覺の場合には理智不二よりもむしろ理智未分である。この理智未分の境地が卽ち釋尊の自覺であつて、これが佛たるの根本である。然し、これが直ちに覺他となつて來るもので、一般にいふ根本無分別智の後に得られる後得智が覺他に當るといへる。覺他は釋尊からいへば、利物の働きであるが、利せられる物、卽ち天地間に生あるものからいへば釋尊の慈悲であり、本願である。故に、佛といふのは智慧と慈悲とが其本質をなして居るのである。智慧と慈悲というても、これは決して二の別のものではない。智には凡て自受用智と他受用智との兩方面を含んで居るもので、智其ものとしては、自らそれを受け用ひる自受用智の方面のみでも差支ないが、智は性質上對他的であるから、對せられる他が、その自受用智といはれる智を受用するために、他受用智となるのである。その他受用智は卽ち慈悲に外ならぬし、佛はその爲に自受用智を得たのであると見るから本願ともいはれるのである。

釋尊の傳記として傳說せられる所では、釋尊は大悟成道して後一週間は自受法樂の境地に遊び自覺の法の深遠幽玄な爲に、之を說いても何人も理解するを得ないことを考へて、一度說法敎化を躊躇し中止する決心をなしたといはれる。此間の釋尊には自覺があり、覺他が動きかけたが、覺行窮滿にはなるに至らなかつたから、これ辟支佛卽ち獨覺に過ぎなかつた道理である。獨覺を屢々字義通り獨自に覺悟したものの意味に解釋するが、それは全く誤りで、むしろ獨善的の佛の意味たるものである。獨自に覺悟したことは辟支佛の特質ではない。說法躊躇の決心は直ちに此世界の主神たる梵天の察知する所となり、梵天は最上界から直ちに降下し、釋尊の眼前に現はれて、懇切に說法敎化に出でんことを請うたといはれる。この戯曲的の梵天勸請によつて佛の覺他となり覺行窮滿になるのであるが、佛の行動は必ず他の勸請によるものであることがここに示されて居るのである。覺他の佛は正確には正覺佛と稱せられるのであるが、一般には、單に佛とのみいうて居る。故に梵天勸請があつて、覺他が實際上動いて來たのであるが、然し、自受用智、他受用智は時間的の間隔を以て働くとのみ定まつて居るのではないから、覺他は根本無分別智の後に得られるといふ程に、後に働くものたるのみとはいへない。覺他は必ず自覺を豫想するから、かく言詮はして居るに過ぎない。梵天の勸請はつまり佛の慈悲を仰ぐことに外ならないから、この慈悲の佛が吾々に最も親しいのである。佛の四十五年の說法敎化は全くこの慈悲の發動である。

佛は八十歲に至つて入滅死去して全く無に歸した。通常の考では、佛は失はれて、唯其說いた敎が弟子信者の耳朶に存し腦裡に把捉せられて居るのみのこと、又せいぜい僧伽に於て實踐發揚せられて居るに過ぎない。其外には何も遺つて居ない。是に於てか、遺弟は先づ佛の敎を何等かの形に於て蒐集し、同時に僧伽を正しく維持することに努めねば、所謂佛敎なるものを持續せしめるを得ない。從つて敎法の蒐集と僧伽の維持とが佛滅後の重大事であつたのであるが、然し遺弟をして之に全力を注ぎ、佛敎を持續するに至らしめたのは、一にこれ佛の生前に於ける偉大なる人格的感化であつた。遺弟は人類あつて以來佛ほどの大感化を及ぼしたものを知らない程に佛に信賴歸命して生活して居たのであるから、佛が其死によつて無に歸したとなしたのでは到底滿足することを得ない。この感情は舍利八分十塔供養や四大靈場巡拜などのみでは滿たされず、常にありし日の佛を偲び、其追想に僅かな滿足を求めしめたのである。追想に浮ぶ佛は漸次に理想化せられることは人情自然の經過で、吾々の日常の經驗にも表はれて居ることである。生前の感化が偉大であればある程それに比例して理想化は益々進むものである。佛は既に生前に於て、自らの大悟自覺の完全なことに絕大の自信を有し、人類救濟の敎化にのみ始終して居たが、弟子から見れば、佛の大悟と自信とは佛といふ人間の中に人間を超越せるもののあることを認めしめる基となつて居るし、其敎化は絕對の無緣の慈悲であるから、この超人性と無縁の慈悲とは佛といふ人間とは別に現存せねばならぬと信ぜられたのであつて、これが具體的に理想化せられた超人は、勿論凡人と同じである道理はないから、遂に三十二相を具備せる精神界の轉輪聖王として、印度人が古來其出現を期望して居たのに答へたものとせられ、佛の生誕時に、已に在家ならば、政治上の轉輪聖王となるべく、又出家せば佛如來としての人類救濟の轉輪聖王となると、相者によつて豫言せられ、又其入滅後の葬儀は一に轉輪聖王の葬儀に據つたとせられて居る。從つてこれ全く超人であつたのであるが、この超人たることとは決して單なる信仰のみのものでなくして、佛敎敎理としての善惡應報の因果の理の上に其根據を有して居るのである。超人は報ひであるから、それには、それに相當する偉大なる因としての積功累德があり、已に前代七回も轉輪聖王として出現して、あらゆる善政を布き、其他無數の善業を實行したから、其偉因に報はれて超人性を得たのであり、從つて超人たることは確固不動のものとなつて居る。この超人性は實際として智慧と慈悲、即ち纏めていへば人類救濟の本願で、もと佛といふ人間の中にある人間以上のものであり、佛の大悟自覺を源となすものである。

然しかかる超人が八十歳で入滅したことは何としても超人性にふさはしくない平凡事であるから、これには何等かの特殊の意義がなければならぬ。佛は人類救濟の本願に外ならぬから、其點から見れば佛の入滅はその事業の完了した爲でなければならぬ。完了せずしての入滅では、佛たることに缺けた點のあるを免れることが出來ない。絕對完全な佛に缺けた點のあるべき道理はない。故に、佛の入滅は一にこれ敎化の事業の完了の爲で、もはや住世を要としなかつたのである。即ち濟度すべき者は凡て之を濟度し終り、未だ濟度しなかつた者には濟度の敎說と手段とを遺して置いたから凡て洩れなく濟度せられ得る。從つて、これ以上住世すれば、却つて人々は何時にても佛の直接の親化を得ると考へて、發心入道に懈怠心を起さしめるから、佛の入滅何ぞそれ速かなるやと悲戀心を抱かしめて疾くに入道せしめる爲にも、自ら任意に捨命入滅したに外ならぬといふ深意があるとなした。

蓋し、因果の理によれば、凡ては業生で、任意の捨命は全然不可能であり、又自殺は罪惡である。佛のみが任意に捨命したとすれば、佛は業生でなく、從つて因果の理以上であり、人間たるものでなく、又歴史性を超越して居るのである。又入滅が任意ならば、其生誕も同じく任意でなければならないし、一生も凡て任意でなければならない。入滅のみが任意で、生誕が任意でないといふ如き矛盾は到底考へられることでない。任意は自由意志での意味であるが、然しこれは決して理由のない勝手な自由意志でない。佛は人類救濟の本願そのものに外ならないから、任意の意はつまり本願を指すのである。故に佛は本願によつて生誕し、本願によつて一生行動し、本願によつて入滅したのである。然らば、業生でなくして願生である。業力所生でなくして願力所生であり、願は力である。この願は、具體的には、前に述べた宇宙一切の力が吾々を生活せしめるといふ力であるが、佛でいへば、其超人性が卽ちこの願であり力であつて、超人性が佛の本地本質である。この佛の願が動いて、人類救濟の爲に、人間の形を取つて垂迹して印度の釋尊と〔して〕現〔は〕れたのである。釋尊は垂迹身で超人の願の具體的に人間化した所である。勿論超人の願卽ち慈悲に制限のある所以は絕對にないから慈悲が動物の方面に動けば、動物に垂迹身が現はれるのであるが、今は人間に現はれたのであるから、人間に應同應現したといふ點で、釋尊は應身佛又は應身である。或は又超人の神通變化によつて現はれたのであるから、其點では變化身卽ち化身とも呼ぶ。然し區別していへば、應身は人間、化身は動物などに現はれるのを指すのが一般的である。廣くいへば應身の中に化身を含ましめることもあり、又化身の中に應身を含ましめることもあるが、應身と化身とを並べていふ時には、人間身と異類身とで區別する。之に對して超人たる本地佛は、古くは法身と呼び、後には報身と呼ぶ。法身といふ語の最も古い意味が何であるかは從來明確にせられて居ないが、法には教法、善業、事物、理法の少なくとも四種の意味を含んであるから、恐らく、古くは直接には教法を指して法身といふたのであらうと思はれる。身は、此場合には、決して身體の意味ではなくして、集まりの意味である。故に佛の教の集まりといふ意味で、佛が入滅しても、其教法は、遺弟が實踐すれば、そこに存してゐるから、佛の法身が存續するとなしたのである。

然し、古い大乘經典では佛を二種に見、釋尊といふ人間として、悟つて敎へる佛となすのと、その悟りの自覺と覺他との根柢に存する理法を佛と見て、それが今その經を說く佛となすのとである。前者は應身で、後者を法身となすが、この法身は理智不二又は理智未分を指すに外ならないのである。かかる法身は、敎理の發達した後からいへば、報身であるといへる。報身は固位の絕大の修行に報はれて成就した完全智を指して佛といふ場合の報身の意味が最初で、後には理智不二又は未分を二に分つて見て、理を法身といひ、智はその理から流れ出たと見て、その智を報身と呼ぶ場合が現はれた。從つて、超人は、釋尊を標準としていへば、因行に報はれたとなすから報身と呼ばれることになるが、古い大乘經典のいふ所に準ずるならば、法身である。敎理上でいへば、この理智不二の法身と應身と化身とを認めて、法應化の三身說が成立し、又理智不二を、通常の考へ方に順じて、理と智との二に開き、理を法身、智を報身、應身化身を合はせて應身となして、法報應の三身說が成立した。後者の報身には、智の自受用と他受用との二面に應じて、自受用報身と他受用報身との二を含ましめるから、之に比していへば、前者の法身には理と自受用智と他受用智とが未分として含まれ、後者の法身と報身とを合し、又後者の應身を應身と化身とに開いた關係にあるし、之を後者でいへば、後者の法身と報身とは前者の法身を二に開き、應身は應身と化身とを合した關係である。佛其ものを佛の眞身とか眞體といひ、本地ともいひ、救濟に働く方を應身といひ、垂迹ともいふから、此二說中、前者を合眞開應、又は合本開迹の三身說、後者を開眞合應又は開本合迹の三身說と稱する。佛身を論ずるには、三身說が一應の標準的のもので、これから更に四身說、五身說、十身說、多身說の發達があり、三身說になる前に一身說、二身說があるから複雜で、單に法身というても內容が必ずしも一定して居るのではない爲に注意を要するが、超人を法身と呼ぶには合眞開應の三身での法身の意味で呼ぶのである。此中開應を言はずに單に應身とのみいひ、開眞合應の合應の如くに見て置けば、超人を佛の本地と見た當時の說は法身、應身の二身說であるといへるであらう。

佛の無上正等覺は理智未分の境地であるが、これは絕對として動靜を超越し而も動靜を含んで居るから、その動が直ちに現はれて覺他の救濟となるのであり、救濟は直接には智を本質となす報身となり、智に二方面を分てば、自受用智は動の當初で、自受法樂の境界、他受用智は對他的に理の活動顯現と見られることになる。理のままの活動顯現であるから、之を理解するには、そこに多少の修養を要すると見るのは當然で、何等の修養のない吾々凡夫にはあまりに高過ぎるとせられる。然し凡夫には判らなくとも止むを得ぬとなしては、本願に順ずることでないから、佛の慈悲は凡夫にまでも及んで、それで應身の示現説法となるのであり、若しくは化身ともなるのである。又理は無差別平等で、宇宙間一切のものを貫き、一切のものをして其處を得しめて居るから、吾々の本性そのものでもあり、佛性と稱せられるものである。從つて此方面が進んで一切は其全體も其一部分一部分も悉く佛であり、一切は佛の中に在つて成立して居るのであると見られることになる。

三身説、乃至、多身説はもと教理の上の學説で、組織的であり、吾々の日常生活に適合して居るものではあるが、多少實際的に考へると、報身は吾々には何れかといへば、さほど親しいものでないといはねばならぬ。然しその教理のいふままにして置いては、報身はなくもがなの點も含まれて居るから、後世になれば、元來吾々では見聞するを得ない報身佛が吾々と直接に接し得るともなされるに至つて居る。奈良の大佛は盧舍那佛で、華嚴宗でいへば法身でも、佛敎一般としては報身であるに、吾々に直接に見聞せられる如くになつて居る。これは已にシナにも例のあることである。又阿彌陀佛も報身とせられるが、吾々は直接に其救ひに預り得るとせられる。多くの大乘經典の説者を法身となしても、教理上では報身が表面的となり、それが吾々に聽法せられ得る佛である。報身の本質を他受用報身の方を主として見れば、利物たる點に於ては應身と根本に於ては相通じ、兩者は對者の修養の程度の相違に關する區別を基としての區別であるともいへよう。是に於てか、佛を見るに、法身と應身との二身となす考が吾々に最も適切で、親しいものであるといへよう。この二身説が、前に述べた實踐的と理論的との考へ方に相應ずるのである。而も此場合の應身は理より人間に來つた佛であつて、凡ては吾々人間と何等異なる所はなく、吾々の凡てに對する模範であり保證である。吾々はこの應身を通じて法身たる理に參ずるのであるが、一般には、もと人間であつたのが、修養によつて佛と成つたと考へ、必ずしも、最初から垂迹であると知つて居るのではない。垂迹であると知つて居ても、又知つて居なくとも、眞にこれ直接に吾々を導く佛である垂迹と知れば、吾々が此まま理であり法身であることを知つて、そこに頓悟が起るのであるが、頓悟が起つても、吾々の無始の熏習と環境世界の慣例とは頓悟を常に頓悟たらしめて居るのではない。頓悟にも頓悟漸修もあり、漸修頓悟もあり、頓悟頓修もあつて、一様でないのは、かかる點に基づいていはれるに至ることである。吾々は本來自己眞性の理を信ずるのがその理に參ずる所以であることを十分知つて居るが、これは屢々自然主義などに墮するの弊を免れない危險性を含んで居るものである。著實眞摯な信仰としては應身佛の導きに對する信仰が力強いものとなし、日常生活を向上せしめる所以であると考へる。應身は已に入滅死去したと考へてはならぬ。何時にても、又個人に對しても、常に必ず應現するものである。本願には吾々の疑などの容れられ得る所はない。吾々に信心が動けば、佛のそれに應ずることは月の水に影現すると同一である。破器でも水だにあらば月は宿るが、完全な器でも水が無くば月は映りやうがない。これが卽ち感應道交である。

(一) 成實論解題

漢譯

本論は漢譯にのみ存して、印度の原典も知られて居ないし、西藏譯にも見出されない。その漢譯は羅什三藏の筆に成つたものであつて、羅什は姚秦の弘始十三辛亥年(四一一年)九月八日より始め翌十四年九月十四日に終了したと記されて居るから、約一ケ年を費して譯出したのである。羅什の寂年は旣に高僧傳の出來る頃に異說があつた程で不明確とせらるゝが、然し廣弘明集に存する僧肇の誄によれば、癸丑年即ち弘始十五年四月十三日に七十歲で入寂したことが知らるゝから、之によつて算すると西曆三四四―四一三年の人となり、成實論の翻譯は其晩年最後のものであるといへる。成實論記及び略成實論記によれば、姚秦の尙書令であつた姚顯が此論の譯出を請うたのを緣として翻譯にかかつたのであつて、曇晷が筆受し、曇影が正寫したといはるゝ。故に羅什は此論の原梵文を執つて口で傳譯したのである。譯し訖つた時は二百二品に分品せられたのであるが、この二百二品は確に原典がかく分品して居たのを其のまゝに出したのであつて、決して譯者の勝手に分つたものではない。

翻譯が訖つてから羅什は弟子の僧叡をして之を講ぜしめたといはるゝから、僧叡は本論の最初の講者である。然し譯文の正寫者たる曇影は本論の内容が複雜で問答往復も支離なるを見て全體を五番に結び、之を羅什に呈したから、羅什は是れ我意を得たりと喜んで之を採用したといはるゝ。五番に結むだといふのは二百二品を發聚苦諦聚集諦聚滅諦聚道諦聚の五聚に分類したことを指すのであつて、爾來成實論は曇影の分類に基いて五聚とせられ、現存のものも此くの如くなつて居る。譯出した時は卷數は十六卷とせられたのであつたが、爾來種々に異つて分卷もあらはれ、現存の宋元明三本及び宮本は二十卷となすのは其中の一種の分卷であらう。然し麗本は十六卷となして居るから、恐らくこれが譯出當時のもの其まゝであらう。元來卷數の分け方は現今としては殆ど全く無意味なものであつて、品の分ちだにあらば之を捨つるも何等差支はない。唯廣瀚な論である場合には或箇所の捜索上には多少の便宜もあるが、其代り數々內容上の聯絡を犧牲にするものである。目次の括弧內を一瞥すれば直に此點は看取せらるゝであらう。況んや已に五聚に分たれ而も各聚が更に小分せられて居るに於ては猶更である。大正大藏經が目錄に於て卷數を單に小括弧內にのみ記すに留めたのは一大英斷であり卓見であるといふべきである。本國譯は大正大藏經に存する麗本に基いたものであつて、必要なる限りは縮刷大藏經の麗本をも參照し、又三本宮本をも校合資料に用ひて文字章句をして通じ易からしむるに努めた。更に天和癸亥卽ち三年の刊行にかゝる町版の返點訓讀の附せられ居るものをも參照したが、返點訓讀は比較的に據るには足らぬものであるのみならず、此版本はもともと明本を基となし居るから文字も時には他本と異つて居る。唯便利なことは各卷末に音切字義が存することである。本國譯中に註にあるとして脚註に記したのは之を採つたのである。

著　者

成實論の著者は訶梨跋摩(Harivarman)であること、羅什三藏の翻譯以來確定して居る。卽ち羅什將來の原梵文にかく署名せられて居たのである。訶梨跋摩の事蹟については知らるゝ所が多くないが、出三藏記の中に玄暢[(1)]の書いた訶梨跋摩傳なるものが收められて居て、和漢に於ては古來之に據つて其大體を知ることになつて居る。嚴密な意味の傳記の體裁をなして居ないのは印度的のものとして又古い時代のものとしては止むを得ぬが、後世更に種々なる臆説も出でて却つて紛糾を來した點も存する。嘉祥大師の三論玄義には訶梨跋摩の高足の弟子の言として述べられて居るが、何人を高足の弟子となすのか明かでなく、又傳としても簡單に失する。玄暢の傳に據つて大要をいへば、(一)訶梨跋摩は佛滅後九百年に中天竺婆羅門の子として出で、初め世典韋陀其他に通曉し、(二)後佛教に入つて薩婆多部の達摩沙門究摩羅陀の弟子となり究摩羅陀の指敎によつて迦旃延所造の大阿毘曇數千偈を精研し、(三)其名相に滯つて浮繁情を妨げ支離志を害するを洞見して却つて之を退け自ら數年の間三藏の旨を窮め九流の源を考へ以て五部の興起流盪の基をなす所以と迦旃延の述作偏競の始を啓く點とを知つて廣く諸派の學者と辯難したので或者は訶梨跋摩に贊同左袒せむとし他の耆德は從來奉ぜる所を執つて此少年の言に聽かなかつたし其耆德の言の中に「既に生れて千載の末に屬す孰か能く遠く正法の初めを軌とせむ哉」とあるが、(四)訶梨跋摩はかくして偶巴連弗で摩訶僧祇部の僧で大乘をも知れるものに遇ひ進むで心を方等に研ぎ意を九部に銳にし微言幽旨を採捜し以て百家衆流の談を引き經奥通塞の辯を檢し五部を澄汰し異端を商略し迦旃延を考覈し其偏謬を斥け繁を除き本に歸して成實論を撰述し其結果旬日にして摩竭陀國を傾震せしめた、(五)後訶梨跋摩は巴連弗の王廷で勝論學者と對論して之を屈服せしめて國師とせられ、是等によつて薩婆多部の學者もかゝる名賢を退けたのを愧ぢて舊居に歸るを請ふに至つたし又八方の論士と論じて絕倫の才超群の辯を以て正說に從はしめたといふのである。

以上五部に分つた中、第一部については訶梨跋摩は韋陀等の世典六分法經等に通じて居たことは成實論の內容から知られ得るが、同時に精粗の差こそあれ、數論派勝論派正理派等をも研究したことが知らるゝ。然し其中の何れの派に屬したかは明言せられて居ない。後世は數論派の人であつて、從つて佛教に入つてから後にも元來奉じた數論說を取つて、成實論中に述べて居るといふ。此說は主として成實論苦諦聚色論中色相品第三十六以下に於て地水火風を假とし色香味觸を實となす說を主張し、有部の說である地水火風を實となす說に反對するが、これ數論說に基いて居ると見做した點に存するのである。然し實際としては、これは經部の説を根本として、更に有部説の中堅等に依る法を四大となす説を推究すれば四大假名の説となる論理的歸結を併せて、主張せらるゝに至つたと考へらるゝものであつて、決して數論説に基いたものとは見做すを得ないものである。成實論の著者は通常學者の考へる程に數論説に通曉して居ないこと論の內容上明確である。(一)一切有無品第二十三に二十五諦は是れ僧佉の有とあるから、數論派の二十五諦説は知つて居たのである。然し(二)四大假名品第三十八に諸の外道の色等は卽ち大なりと説くあり僧佉の如しとあるが、數論説にては、色等は五唯であつて決して五大ではなく、五大は地水火風空であるとせらるゝから、此言は正確ではない。而も論主がもと數論者であつたとなす説では、數論派がかく五唯が能造で、五大は所造であると説く説に基いて論主は四大は假で、色等が實であるとなす説を立てて來たとなすのであるが、此の如く旣に數論説を誤解して居るものに基いて新説が立てらるゝに至り得る如きことは到底あり得ることでない。故に此點のみから見ても論主が數論者であつたとなす説は成立しない。更に(三)非彼證品第四十に或は人有り我より根を生ずと説くとし、根不定品第五十四にも外道は五根は我より生ずといふとなすが、これ數論説を指すもので、數論説でいへばこの我は我慢であるべく、それを單に我といふのは必ずしも誤ではないが不精密である。然し成實論は譯語が統一せられて居ないから、我慢を我となすも咎むべきではないとなすべきであるかも知れぬ。(四)根無知品第四十八に汝等も根が思惟して、我に差別相あることを知るとは説かずといふは數論説として正しいとはいへるが、續いて又汝等の諸の知も根を待たずして生ずるなり、所以は何、大及び我等は根に先だつて生ずればなり、又汝の大等の諸諦は本性なきが故に則ち應に皆無なるべし汝が法にては本性が變じて大等と爲るも本性の法は無なればなりとあるのも疑もなく數論説であつて、唯述べて詳しくないのみである。本性は明因品第一百四十では世性とも譯され一切有無品第二十三では波居帝本性と音譯義譯兼擧もあり明業因品第一百二十では波羅伽提とも音譯せられて居つて、通常いふ自性であるから數論説上、この本性から大卽ち覺が轉變し生じ、大から我慢が生じ、それから根等が種々に生ずるのであるから、大及び我等の我は(三)と同じく我慢であるべく、然らば我に差別相云々の我も我慢である理である。我慢から何が生ずる順序となるかについては成實論主の時代には數論派内に異説があるべきこと他の文獻から知らるゝから、數論説に基いて説を立つる程の人ならば、右に列擧したものよりも精密正確に述ぶべき筈である。更に又(五)破一品第一百四十三には、又僧佉人は說く五求那は是れ地なりと、とあるが、此處にては色聲香味觸を五求那(guṇa)となすのであつて、數論說でいへば求那は自性の構成要素で、三種ある爲に三德と稱せられ、決して色聲香味觸を五求那と呼ぶことはないから、明にこれ誤である。恐らく勝論說でかく用ふるが爲に、それに準例してかく呼むだのであらうし、又しか解釋する外はないが、數論說に通曉する者ならばかかる準例的用法をなす如きことはあり得ることでない。數論說でいへば、色聲香味觸は之を五唯と稱するから、(二)と併せ考へて、成實論の著者は數論說には通曉せず五唯の名稱すら熟知して居なかつたといはねばならぬ。大と求那とを同一視する如きは何れの說に於ても不都合である。此外に數論說と認め得るものは色名品第三十七に外道人は五大ありと說くといひ、非彼證品第四十に諸根は種々の性より生ず謂く地大より鼻根を生ずと等なりといひ、根假名品第四十五に或は諸師あつて五性を五根と爲すと說くといふ如きものであるが、これ等は數論說にのみ限る特有の說でなく又數論派内にも異說も行はれたものである。これ等以外には數論說特有の說は殆ど引用關說せられて居なくて、因中有果論の如きも論門品第十四、非彼證品第四十、四大相品第四十四、破因果品第一百五十一其他にも關說せられて居るが數論說に限るものでなく、疑品第一百二十九に說く不可見の八因は數論說を出すと考へらるゝも、根塵合離品第四十九には十二因を出して數論說のみを奉ずるのではないことを示して居る。此の如く成實論の引用關說から見るに、數論說は決して本論中で重要視せられて居るものでなく、却つて其說を不正確に述べ誤解をすらなして居る程である。かゝるものが數論說に精通して居た爲に佛教に入つて後にも之を捨つるを得なかつたとか又は其說に據つて新しい佛教說を主張したとかいふ如きことは到底信用せられ得ることでなく、むしろ後世の學者が成實論と數論說との關係を精察せずに考出した臆說に過ぎないといはねばならぬと考へらるゝ。成實論の關說するものは數論說などよりも遙に勝論說の方が多數であつて、而も明に勝論經を熟知して居つたのであるし、勝論說の變遷が成實論中の引用關說を集むることによつて知らるゝ程に精密でもある。量に於ても質に於ても數論說などは比較にもならぬ。不幸にして古來勝論說は佛教者の間には數論說程によく知られて居る所がないから成實論中にある勝論說が佛教者によつて勝論說として知られなかつたのである。又正理派の說も關說せられ、正理派の十六諦のことをいうて居るが爲に之によつて正理派の學派成立の最下限を定め得る程である。然し正理派の學說は數々勝論說と混ぜられて居て截然區別せられて居ないことがある。これは他の佛教論師に於ても見らるゝ所であつて、成實論主に限ることではない。以上の點から見て訶梨跋摩が佛教に入る以前は數論學徒であつたとなす說は單なる想像說に過ぎぬといはねばならぬ。

第二部について、薩婆多部卽ち有部に入つて出家したとなすが、其師究摩羅陀は恐らくクマーララータ(Kumāra-lāta)であらう。達摩沙門は法沙門で、通例あまり用ひられない稱號であるが、重大な意味があるのではあるまい。クマーララータはよく知られた人としては經部の人で、童受と譯され、一の傳說では馬鳴龍樹提婆と共に四日世を照すとせらるゝ人であるが、こゝの究摩羅陀と同一人か否かは必ずしも明瞭ではなく而も一問題であらう。有部と經部とでは屬する部派を異にするから、之を無視して直に同一人視することは出來ないが、然し玄暢當時此人について有部經部を嚴密に分つて考へて居たかどうかについては後世の考のみから之を律することを得ぬと思はるゝから、此點に重きを置かずば、恐らく之を同一人視してもよいであらうと思はるゝ。然らば訶梨跋摩は實際は經部で出家したことになる。但しかく解釋するのは不都合であつて、依然として有部で出家したと見なければならぬとしても、出家後に於ては迦濕彌羅系統の保守的精神を奉じたのではなくして健陀羅系統の自由進步的精神に育つたことは疑ないであらう。そして其研究した迦旃延所造の大阿毘曇數千偈といふのは疑もなく八犍度論卽ち發智論であるから、究摩羅陀は訶梨跋摩をして先づ有部の根本論藏を研究せしめたのである。經部としても此論を研究することは當然である。成實論を見るに、不善根品第一百三十五に阿毘曇身と稱して居るのは卽ち發智論を指すのである。單に阿毘曇として引用せるは四大實有品第三十九、四大相品第四十四、根塵合離品第四十九、邪見品第一百三十二等であつて比較的に少いが、不相應行品第九十四には諸論師が外典を習うて阿毘曇を造ることをいひ、三報業品第一百四、邪見品第一百三十二には六足阿毘曇を引用し、六業品第一百一十には六足阿毘曇樓炭分が引用せられて居るから、訶梨跋摩の此方面の造詣は發智六足に及び、確に婆沙にも及むで居たのであるし其他健陀羅系統の批評的自由思想にも通じて居たのであらう。

第三部について、發智論の名相に墮して居るのに滿足せずして、遂に自ら三藏を研究するに至つたことは訶梨跋摩をして名を成さしむるに至つた所以である。九流の源といふのはシナ流に言詮はした修辭句に相違ないが、五部は古い傳說でいふ同世の五師のことで、つまり異部の起る基を究め、之によつて發智論が偏競の始めをなすことを洞見するに至つたから、廣く學者に接して硏鑽に努めたのであらう。成實論中には數々有人の說が擧げられ、其中には有部の說を有人の說として居るのも少くないが、恐らくこれ等の學者に接して知つた說もあるであらうし又初めの部に十論を論じて居る如きは訶梨跋摩が諸派の異說を知り而も之を批評し得る力を具して居たことを示して居るものである。從つて發起偈に廣く諸の異論を習ひ遍く智者の意を知りて斯の實論を造らむと欲すといふのも決して誇張の言ではない。

第四部について、巴連弗で僧祇部卽ち摩訶僧祇部、譯して大衆部、の學者にして大乘を遵奉せるものに遇ひ、研究を進めて方等九部敎に通じ、五部の如き各派と發智論の偏謬とを退けて成實論を造るに至つたとなすのは成實論の思想學說の根本に關する點である。玄暢の記す所では成實論を以て大乘論と見做したとは考へられない。文に、是に於て博く百家衆流の談を引き、以て經奧通塞の辯を檢し、五部を澄汰し異端を商略し、迦旃延を考覈して其偏謬を斥け、繁を除き末を棄てて存を慕ひ本に歸して明論を造述し厥を成實と號す、三藏に崇附し四眞に准列して大に筌極を明して二百二品と爲す、志は宗を會し遺軌を光隆するに在りて、乖競を廢し共に通濟に遵ずるに庶し、とあるによつて知らるゝ如く、五部異端迦旃延を排するから之と同列の説をなすのであり、論は宗を會し乖競を廢して遺軌を明にし通濟に遵ふを目的としたものであり、經律論に崇附し預流一來不還羅漢に准列して筌極敎旨を述べるといふに過ぎないから、決して論全體が大乘の深旨を説いて居るものとなすのではないといはねばならぬ。然し大衆部にあつて大乘を知れるものと共に方等を研究したといふから、素養としては大乘説を有したとせられて居るのである。成實論の内容を見てもこの點は明である。六三昧品第一百六十一には菩薩藏を引用して入定超越相を説き、有我無我品第三十五等に心垢故衆生垢、心淨故衆生淨を經の言となすは或は阿含經なるやも知れないが、如何にも維摩經を思はしむる大乘經典的のものであり、十智品第二百には馬鳴菩薩の偈を引用し又諸大論師も亦かく説くとし、三受報業品第一百五には四百觀の偈を引用するがこれ明に提婆の四百論の偈であり、不相應行品第九十四には餘の論師が別に如、法性、眞際、因緣等の諸無爲法ありと説くといひ、諸所に俗諦眞諦の二諦を説くが世諦品第一百五十二では俗有眞空の説を明にし、滅法心品第一百五十三では空は人法二空に外ならぬことを示し、三業品第一百には佛は非有、非無、亦非有無、亦非非有非非無と説く經を引用し、破因果品第一百五十一其他の議論の如きは恐らく龍樹の中論十二門論の影響を示すと見るべく、其他利他を説き六波羅蜜を説き三世十方の諸佛を認むる等諸所に大乘を知つて居たことを示すものがあつて、これ等が數々論の中に用ひられて居るから、訶梨跋摩は決して所謂小乘のみの人ではない。然し既に大衆部の人に學むだのであり、又論中にも現在實有過未無體説を取り心性本淨説を奉ずる如く大衆部説を根本となすから、必然的に大乘的になる關係は存する。他方に於て、脚註に示した如く、成實論の説は有部説を排して經部説を取つて居ることが頗る多く、經部が大衆部の影響に依つて立つて居る點が多いから、訶梨跋摩の大衆部説採用はむしろ自ら經部説を取るが爲であると見るべきであるかも知れぬ。大衆部説に反することもあること、十論の一一について見れば判る。此の如く論中經部説に據る點が甚だ多いことから見て訶梨跋摩は經部の人として成實論を作り、成實論は經部の一論と見做してもよいことになるであらうが、然し他の部の說も數々採用せられて居るから、一般的には經部を主として、他部の長を採つたものといふべきであらう。そして諸所に大乘說も織込まれて居るのであつて猶未だ大乘思想によつて凡ての說に根據を與へて新意義を明にするまでには至つて居らぬ。

第五部については成實論の內容から見て訶梨跋摩は最もよく勝論說に通曉して居たことが明であるから、勝論者を說服したことも事實であつたであらう。然し論爭の內容として記さるゝ所は殆ど取るに足らぬものである。又巴連弗の國王といふのは何れの王か明でなく、當時は笈多王朝興起以前であると考へらるゝから王としても單なる地方的の小王に過ぎないであらうし、或は外學者說伏と共に、傳記に於ける一種の型としていはれて居るに過ぎないのかも知れぬ。

以上の如きことが知られて居るのであるが、これ等によつて更に考察を進めよう。先づ訶梨跋摩の年代を見るに、玄暢は佛滅九百年とし、傳記文中にも耆德が、生れて千載の末に屬す、というて居るから、千載の末は九百年から千年までの間であつて、單に九百年といふのが九百年から千年までの間を指すのと一致する。然るに支那では更に羅什の言を成實論の初講者僧叡が成實論序の中に錄して八百九十年というて居るとせられ、嘉祥大師は又九百年とも七百年ともなして居る。然しこれ等は基點としての佛滅年代が明確でない爲に數字が一致しても異つても殆ど何等決定せしむることが出來ないものである。從つてかゝるものに重きを置く要はないであらう。他方に於て羅什は弘始三年(四〇一年)長安に來たのであるし、姑臧に來たのが建元二十年(三八四年)頃であるから、羅什が成實論を得たのはこれよりも以前なるに相違ない。故に最下年限としては三五〇年頃となすを得るであらう。最上年限としては提婆の四百論の引用によつて考ふべきで、提婆を大體一七〇—二七〇年の人と見れば、二五〇年を成實論の最上年限と見るを得る。故に訶梨跋摩は二五〇—三五〇年の人であるといへる。此年代說は本解題者が既に他所に於て採用したものである。

成實論の製作せられた場所は玄暢の言から見て巴連弗附近と考へらるゝが、これは正しいことであらう。根塵合離品第四十九に彼の巴連弗等の近き國邑を見ざるやというて、巴連弗を近傍の都市となして居ることから確め得らるゝ。巴連弗は昔阿育王の都したパータリプトラ(Pāṭaliputra)であつて、佛教には代々關係の深い中印度の一都市である。摩竭陀國華氏城といはるゝものがこれである。

訶梨跋摩並に成實論の屬する派については後世種々の異說があつて、或は有部或は大衆部或は曇無德部卽ち法藏部或は經部ともせられ、三論玄義は多聞部の說に大乘義があり、成實論はこれから出でたとなして居るが、それだけ成實論の內容が所謂理長爲宗的に各派に亙つて居ることを示すものである。精密に考察すれば猶一層多くの派に出入して居ることが知らるゝであらうから、單に何れかの一派のみと定むることは無理である。故に以下に於て大體內容を一瞥するであらう。

(1) 玄暢は浮駄跋陀禪師の弟子の玄高の弟子であつて、高僧傳に獨立の傳記を有する。華嚴を研究し、章を提げ句を比して初めて傳講した人であり、又三論に長じて學者の宗となつた人、齊永明二年六十九歲で寂し、周顒が碑文を製した。

(2) 原文には偏に作る。偏の誤植ならむ。

原　本

前にもいへる如く、成實論は漢譯にのみ存して印度にも西藏にも存在しない。此點からいへば、漢譯は實に稀覯の珍書と稱すべきであるが、著者及び著作の場所並に譯本から見て梵語で書かれて居たのであらうし、恐らく製作後間もなく羅什の手に入り、印度では流通することが比較的に少かつたであらうと思はるゝ。和漢に於ては斯論研究は盛であつたし、其系統が成實宗と稱せらるゝ程であるが印度本土では、玄暢が旬日にして摩竭陀を傾震すといふにも拘らず、後世研究せられたことは殆ど知られて居ないし、又此論の影響の痕迹も殆ど認められない。一論一般の傾向は澄汰商略以て偏謬を斥するに重きを置いて筌極を明にし遺軌を隆にする方面はむしろ從屬的になつて居るから、一論によつて闡明せらるゝ新説も、いはゞ斷片的のもので、統一的に組織せられた體系を與へて居ない點が恐らく遵奉者を出さず影響を遺さなかつた所以であるであらう。成實論の實は三藏の中の實義を指し、これは又佛の法の義を意味し明に實とは四諦と確言するが如く、具體的には四諦説である。このことは二百二品を五聚に分つた點にも表はれて居る。佛の法の義全體を四諦に纏めることは法勝の阿毘曇心論等に於ても殆ど同じであつて、當を得たものであるが、然らば道諦の下に於て修行向上の階位が明にせられ、四眞の一一について其斷證を示すべきであり、かくして初めて遺軌を光隆し共に通濟に遵ずるを得るのである。然るに成實論に於てはかゝる點は唯分別賢聖品第十に十八學人九無學合はせて二十七人を並列するのみで、其等一一の意味すら明にせられて居らぬ。卽ちこれ成實論は既に他の論に於てかゝることが詳説せられて居るものを豫想するに外ならぬことを示す點であつて、餘弊としては幾分議論倒れの論であるといへる。從つて諸所に後當廣説と約束せられて居ることが殆ど全く履行せられて居ないものすら存し、又品の分ち方は細に過ぎて却つて文の連絡脈理の明確を害するものが存し、更に同一意味の譬喩を多數反復する如き煩瑣なもののあるに比せば深旨の闡明の簡略に失するが如きものも見らるゝ。これ等は凡て成實論の缺點である。

成實論一部が五聚二百二品となつて居る點は全體の結構の整頓せるものなることを示して居る。發聚中に於て初十二品の三寶を釋する部は暫く措くも、次の二十三品に於て論を起す大意を敍する部は初品に論を造る所以と論門の種類と論の勝れて居る所以と論を習ふ利益とを述べ、次の二品には此論の內容となる四諦の大要と含まるべき法の種類とを擧げ、進むで第十九品から第三十五品の間に佛敎內に於ける重要なる異說諍論十種を論じて論主の態度を明にする。第一の過未の有無の論にては論主は無論を取るから上座部有部に反して大衆部並に經部の説に同じであり、第二の一切の有と無との論では十二處のみを有となす此論特有の説をなし而も有無の二邊を離れたるを聖中道とし、一論の最後究竟說としては空無となすのであり、これも有部に贊するのでなく、第三の中陰の有無の論に於ては無論を取つて大衆部化地部に同じで上座有部と異り、第四の四諦の漸現觀頓現觀については頓現觀を取つて同じく上座部有部に反して大衆部化地部に左袒し、第五の阿羅漢の退不退に於ては恐らく眞の阿羅漢は不退となして上座部有部に同一でなく大體大衆部化地部經部と説を等〔し〕くし、第六の心性本淨と否とについては本淨説を取つて大衆部に與みし有部其まゝではないが、第七の種子としての隨眠を認めて心と相應せずとなす大衆部化地部の説に反對し、第八の迦葉遺部の業果未熟ならば過去に體ありとなす説をも退けて過去無體を徹底せしめ、第九の化地部の僧中有佛説にも贊成せず、第十の犢子部の非卽非離蘊我による有我説を取らない。かく十論一一を論じて種々の異説に對して取捨をなして居るのは論の目的から見て用意周到である。

苦諦聚に於ては五陰が苦であるとして全體を五陰に分つて論述するが、通常の順序を變じて色識想受行となすのは一方に於ては想受行は色識の間に於て起るものであるから色識を先とするのではあるが、然し同時に他方からいへば色論識論にありては他説を辯難折徴する所が多いが爲に初めに置き、他の三は唯詳説を述ぶるに過ぎない如きものである爲に後になしたのである。これ明に論難に興味を有することを露はして居るものである。色陰の色は四大及び四大所因成法卽ち四大種及び四大種所造色であるが、四大は地水火風であり、色香味觸に因るが故に四大を成じ、又此四大に因りて眼等の五根を成じ、此等が相觸するが故に聲ありといふのが此論の根本説である。四大をいうて五大をいはないのは有部勝論派と同じであるが、然し四大は假で、色香味觸が實であるとなすから、兩派の説を破して止まぬのであり、而も地は色等が集會して堅が多きものとなすから堅相の實有を主張して有部説に反對するのである。同樣に水の溫、火の熱、風の輕についても同一議論をなして居る。又根についても之を假名となして有部勝論派數論派正理派を破し、各根の差別は業に因りて起るものであり、根自身は無知である點で根見の説を排し、根塵合離については眼鼻舌身は合中知、耳は合中知離中知、意は兩者にあらざることを論じて佛教以外の説を退ける。聲香觸意について論じ、此間に味をも含ましめ、根は五性又は一性より成るにあらずして不定であるとなし、更に十二入の中のものとして色聲香味觸の五相を詳論するが、此中に於ての論では著者が勝論説に精通し勝論經をも熟知せるを示して居るのみならず、有部の説とは數々相反する主張をなして居る。識論に入りても心相應の心數法卽ち心所有法の獨立性を否定するに論難往復する所は有部に反對して經部を立つるものであり、從つて一心を排して多心を主張するものゝ如くであり、更に識の暫住説を破して無住説によつて念々生滅を明し、倶生併起を取らずして次第生起を主張するのであるが、有部の説と異るものも少くない。故に羅什が僧叡に成實論の詳論中に七處毘曇を破した論があつて其言は隱れて居るも、問はずして發見するを得ば英才と謂ふべしといひ、僧叡が之を指摘したから羅什をして嘆ぜしめたといふ高僧傳中の逸話も、論の實際からいへば、恐らく七處のみではなからう程である。想陰については假法の相を取るを想となす説で異論なく、受は三受であるが、樂も結局は苦となす厭世觀で、無漏の諸受すら苦となし、又苦樂捨憂喜の五根の在る所については有部と異る説をなす。行陰としては思、觸、念、欲、喜、信、勤、憶、覺、觀、不放逸、不貪、不恚、不癡、無記根、猗、捨を説くが、これ等は相應法でなくして次第起となす意味の如くである。此中では觸は假であつて、別の心數法ではないとなす。又心不相應行としては得、不得、無想定、滅盡定、無想處、命根、生、滅、住、異、老、死、名衆、句衆、字衆、凡夫法を説くも、何れもかゝる別法が存すとなすのではないこと一一についていうて居るので明であり、諸論師が外典を習うて阿毘曇を作つて別に凡夫法なるものが存すとなすのであるといふ如く、諸論師が別法となすに過ぎぬとなすのであらう。卽ち心不相應行は色心の分位に假立するに過ぎぬとなすのである。

集諦聚に於ては集とは業と煩惱とであるとなすから、これ卽ち惑業であつて苦諦の苦と共に惑業苦の三道を明にせむとするのである。業としては身口意三業が根本で、此三業に不作卽ち無表を認め、無作を心不相應行となす點は何れも有部とは異つて居る。心不相應行ならば假法であるべきである。更に詳しく故不故業、輕重罪業、大小利業、善惡無記の三業、邪行と正行、界繫業、現生後の三報業、苦樂捨の三受業、業煩惱報の三障、黑々報白々報黑白黑白業不黑不白無報の四業、五無間業、五戒の業、地獄畜生餓鬼人天不定の六報業、七不善律儀、七善律儀、八戒齋、八種語、欲界色界各の作無作非作非無作と無色界の作無作無漏との九種の繫業、十不善業道、十善業道を詳論し進むで不善業の過患と身口意三業中の意業の獨り重き所以從つて罪福等も皆心より生ずることを明にし、業は身を受くる因なれば四諦を知る眞正智によつて煩惱を斷じて業因を除くべきを說いて結むで居る。然し業から直接に色等を生ずとなすものであらうこと、非彼證品第四十に色等は業煩惱飮食婬欲等よりも生ず、經の中にて眼は何れを所因となすや、業に因るが故に生ずと說くが如しとし、根は又根假名品第四十五に業の因緣に從つて四大は眼等の根を成ずとし諸根は四大と異らずとなすことから推定せられ得る。果して然りとすれば、成實論の說は必ずしも業感緣起論のみではなく、殆ど唯心論である。此點は頗る進步したものであるが、然し猶未だ之を組織的に說く方面には進むで居らぬ。業論に續いて煩惱論をなすが、煩惱は垢なる心行で、心が生死をして相續せしむるを垢と名づけ、垢心の差別を貪恚癡とし、詳しくは貪、恚、癡、疑、憍慢、及び五見を根本煩惱とし差別すれば九十八使となすのである。貪については貪相と貪因と貪過と斷貪とを說くが、瞋恚と癡卽ち無明と憍慢と疑とについてもかく說き、貪を斷ずるには不淨觀、瞋恚を斷ずるには四無量心並に忍、無明を斷ずるには眞智を修すべきであるとし、五見を身見、邊見、邪見、二見卽ち見取戒取となし之を說く中には佛敎以外の說を破し、更に隨煩惱として睡、眠、掉、悔、諂、誑、無慚、無愧、放逸、詐、羅波那(瞞ならむ)、現相、憿切、以利求利、單致利(倦)、不喜、頻申、食不調、退心、不敬肅、樂惡友の二十一種を擧げて說き、又貪恚癡を三不善根として明し雜煩惱として欲有無明の三漏、七漏、四流、四縛、四取、四結、五蓋、五下分結、五上分結、五慳、五心栽、五心縛、八邪道を擧げ、九結を說き、進むで根本煩惱の十種について論じ其斷除等を述べて有部に反對し、斷過について有部の說に對して異る說をなし、遂に煩惱によりて業あり業より身あることに關して、煩惱と身との關係及び煩惱の因並に斷滅と四果との關係等を論じて煩惱論を終るのである。煩惱を述ぶるに相當に詳しいが、これ等を分類組織して居らぬのは奇である。根本煩惱も唯十使と稱するのみであり、煩惱大地法として不信、懈怠、忘憶(惛沈)、散心、無明、邪方便、邪念、邪解、戲掉、放逸を擧ぐるも、他の根本煩惱隨煩惱と交錯し正確な分類となつて居らぬ如き如何にも透徹して居ない。これ必ずしも斷惑の實際修行にのみ重きを置いたが爲ではないから、此論一般が建設的構成的方面に缺けて居る缺點に由來するのであらう。

滅諦聚に於て滅諦は假名心と法心と空心とを滅するをいふとなすのは此論獨得の說である。通常は愛盡涅槃が滅諦解脫とせらるゝのであり此論にも他部にてはかくも說かるゝが、此處では旣にかく簡單に說かずして三心を差別せむとするのである。假名とは諸陰に因る所有《あらゆる》分別で五陰に我ありとし五塵に因りて瓶ありとなす如きものである。卽ち衆緣所生の名字、憶念のみなるを實と見るものである。此論に於ても之を全く排するのではないが、許し得るのは世諦又は俗諦の上でのことに過ぎぬ。故にこれ等は第一義諦卽ち眞諦よりいへば凡て空無のものである。かく二諦を說くが爲に佛敎に於ては常斷二見を離れた聖中道を得るのであるが、然し俗諦は實法有か假名有かであつて、實法有は空を以て破し假名有は空を假らずして破すといはるゝから、相待因緣相續の理によつて假名有を破すのである。世諦を實の如く考ふるのは我心に基くからこの點で我心を滅することに努めねばならぬ。更に假名有から見ると、一、異、不可說、無の四論に過咎ありとして四論一一を破斥するが、無論は若し之を第一義諦より立つるならば、これ卽ち假名心を滅する點であつて、之を多聞或は思惟の因緣の智を以て滅すといふのである。成實論としてのこの無論は一方に於ては因緣性の故ともなすが他方に於ては同時に析空觀的のもので、詳しく色聲香味觸意識因果について一一無を論ずるが、同時に之に對して世諦有を說いて中道を逸しない注意を怠らない。次の法心を滅するについて、法心とは五陰心あるを法心と名づくとなすから、法は假名の起る基たるものである。故に假名心を滅するのは人無我に達することで、法心を滅するは法無我に達することであるといへる。これを論では前者を空觀、後者を無我觀となし、無我は無性なりともなし法印經を引いて色等の無常敗壞虛誑厭離の相を見れば空と名づくるも清淨には非ざるも、五陰の滅を見れば是の觀は清淨なりと述べて居る。かゝる法心の滅は煖等の法の中に在りて空智を以て滅するのであるから、これ前の空觀の實際的に進むだものである。然らばそこには空心のみが殘ることになるから更に進むで此第三の空心を滅するを要する。空心の滅するのは滅盡定に入ると無餘涅槃に入るとの二處に於てゞあるが、前者に於ては緣が滅するからであり、後者に於ては相續が斷ずる時に業が盡くからである。滅盡定品第一百七十一によれば、滅盡定には煩惱斷盡と煩惱未盡との二種あり、前者は阿羅漢果で、後者は心心數法の滅である。今空心を滅するは前者である。煩惱滅盡の滅盡定は八解脱中の第八解脱で色を滅し心を滅して有爲が都て滅した阿羅漢果である。この阿羅漢果と無餘涅槃とを二となす點から見れば、一般的の名でいへば前者は有餘涅槃に當る理である。此論ではあまり二涅槃のことをいはない。五智品第一百九十六には涅槃は諸行五陰の滅無に名づけ涅槃なる別の實法が存するのではないとなし、又八解脱品第一百六十三には現在泥洹究竟泥洹の二泥洹をいふも而も必ずしも生前死後の區別を明言しないが然し後三想品第一百八十には阿羅漢果を有餘涅槃となし、死せば無餘涅槃となして居る。明因品第一百四十にいふ如く煩惱が盡くとも勢力を以ての故に身は猶斷ぜざること輪の杖を離るゝも猶轉ずるが如くであるから、涅槃を得て直に死となるのではない。故にこゝでも有餘涅槃を全く認めて居るのである。然し又涅槃と滅盡定との區別を說いて涅槃に入れる者は先業所受の命と熱と識とを滅して更に生ずることを期せざるに、此人(卽ち滅盡定に入れる者)には命と熱とは滅せざれば先の心の生ずることを期せばなりといひ、又死と滅盡定との區別は死は命と熱と識との三事が都て滅し、滅盡定では心のみ滅して命と熱とは身を離れずとなすに併せ考ふれば、涅槃は煩惱滅盡した死と選ぶ所はない理である。又滅盡定に入れる者にも心の得は常に在りその得の力を以ての故に心有りとも名づくるから、木石に同じではないとなすのを見れば、滅盡定も全然無心とのみなすのではない。故に此方は有餘涅槃に相當すと見るべきであらう。かゝる無餘涅槃に入れば空心も滅するのであるが、かく滅した所がどうなつて居るのであるか。後有を受くるに至らないことはいふまでもなく有漏無漏一切法も滅し有所得を離れて無相を見るのであるから、本淨の心性が其まゝ顯はるとなすのであらうし、そこが下にいふ如く僧旻の弟子慧韶のいふ本有の滅諦であらう。五智品第一百九十六の泥洹智の説明の下に苦の滅あるが故に不生不起不作無爲法等ありと說くも悉く害する所なしといひ聖行品第一百九十二に滅は第一義の有というて居るからである。然し唯心論的學說が精しくは述べられて居らぬから、これ以上は何れともいふを得ぬであらう。一般に最も重要なる滅諦が比較的簡單にのみ論ぜられて居るのは遺憾である。

道諦聚に於ては八正道三十七道品が主であるが、大別して三昧卽ち定と定具とを說く部と智を說く部との二とせられて居る。定としては心住一處卽ち心一境相で如實の空智の因である。かゝる定を詳しく說いて一分修共分修聖正の三三昧、空無相無願の三三昧、空空無願無願無相無相の三三昧、現在の樂と知見と慧分別と漏との爲に修する四修定、四無量心定、喜と樂と淸淨心と明相と觀相との五聖枝三昧、一相修爲一相と一相修爲種々相と一相修爲一相種々相と種々相修爲一相と種々相修爲種々相と種々相修爲一相種々相との六三昧、初禪より無所有處までの七三昧、八解脫、八勝處、九次第定の一一、十一切處、無願想等の十想の一一を述べ、定具としては十一定具の中先づ淸淨持戒と得善知識と守護根門と飮食知量と初夜後夜損睡眠を述べ、次に具足善覺を說く前に欲覺瞋覺惱覺親里覺國土覺不死覺利他覺輕他覺を說き又出覺無瞋覺無惱覺八大人覺を述べて具足善覺とし、後に十一定具の後の五なる具善信解と具行者分と具解脫處と無障礙と不著とを論じ更に阿那波那卽ち出入息の數息觀を明し定難とし麁喜、怖畏、不適、異相、不等、無念、顚倒、多語、不取相、慢、貪恚癡等の三惡法の十種、愁憂、貪著喜味、不樂、貪等の蓋を數へ、又止觀を重要視して述べ、最後に修定についての修習、熏習等について述べて、以て定論を終るのであるが、定の一一と斷惑との關係は十分明にせられて居らぬから、全體としては一一に對する異說を訂すを主とする如きものである。更に第二部として智について述ぶるが、智は眞慧で、眞とは空無我であるから、假名中の慧の想と名づくべきものとは區別せらるとなすのである。空無我の眞智が第一義を緣じ煩惱を斷ずるを得るものである。故に之を無漏心出世間心とし之に對して假名を緣ずるは世間心であるとなす。かゝる眞智は滅諦を見て得らるゝものであるから、四諦を見るを得道時と名づくるも、滅諦の一を見るによつて得道するのである。又一切緣の智を說き、無我智は五受陰を緣ずるので一切を縁ずるのでないと說き、經に無我智は一切を縁ずとなすを解釋するに一切といふに一切を攝すと一分を攝すとの二種ありとなして實例を擧げて論ずるが、これ全分の一切と一分の一切とであつて大乘でよく論ぜらるゝもので大乘涅槃經を思起さしむる。進むで聖行としての空行と無我行とを說き、正見と正智との一體無差別なること、忍は卽ち智なることを述べて智の性質を明にし、これより聞思修の三慧、法住と泥洹と無諍と願と邊際との五智、身通と天眼と天耳と他心と宿命と漏盡との六通智、五停心より世第一法に至る七方便と有爲法の無常苦無我を觀ずる三種觀と苦法智苦法忍との關係、世間の九智と阿羅漢との關係、法智比智他心智名字智四諦智盡智無生智の十智、無明を除いた十一因縁の一一の智とそれ〴〵の集の智と其滅の智と滅の道の智と合はせて四十四智、老死を除いた十一因縁一一について、例へば生は老死に縁たり生を離れずして老死ありといふが如きを三世に配當して得らるゝ六種の法住智と作起盡相壞相離相滅相を觀ずる泥洹智との七種を以てする七十七智を說いて智論を完了するのである。智論全體も亦殆ど組織を整へることなく、必要なるべき名目法數の並列釋義に過ぎない。

以上の如き梗概によつて之を見るに所謂小乘毘曇として論ぜらるゝ法數名目の重要なものは殆ど擧げられ關說せられて居るといへるが、然しこれを凡て用ひて此成實論の一大組織的體系を立てることには努力が拂はれて居ない。一一について凡て問答往復しつゝ釋義せられて居るから、之によつて異說偏執が淘汰反正せられ得となすのであらうが、かゝる論法は却つて異說を提出して却つて複雜ならしむるに終ること鮮くない弊にも陷る。然し一論の論鋒は凡て鋭く新說新解釋も多く堂々たる論書たるに於ては異論はなからう。唯問答辯難が複雜である爲に何れが果して論主の眞說であるか明確でないこともあつて、從つて上述の梗概も時には誤解を含むでは居ないかを恐るゝのである。讀者の一層檢覈せられむことを望むで止まぬ。特に本國譯をなす間にも亦脚註の中にも、成實論を讀むには參照すべき大毘婆沙論に對照することをしなかつたことは、甚だしい缺點であるから、讀者によつて此缺點の補はれむことを祈るのである。

羅什の譯本は僅に一年を費されたのみであつて恐らく再治校覽を經たものではなかつたであらう。譯語は必ずしも統一せられて居らぬし、同一文が前後一致して居ないことの存するのは、其證であらう。然し大翻譯家の手を經たゞけに、かゝる煩瑣な説の論文ですら、後世の如き佶屈聱牙を離れて流暢に讀まれ得るのは流石に群を拔いたものである。文辭と內容と相俟つて漸次盛に弄ばるゝに至つたが、譯出講讀については姚顯曇晷曇影僧叡の效は沒すべからざるものである。其後の流通を考へて見ようが、シナとしては成實論は何れの部に屬するかといふよりも、むしろ大乘論なりや小乘論なりやが問題であることを注意し居るを要する。

羅什の門下であつて而も僧叡にも事へた僧導は三論成實に達し、恐らく初めて成實論義疏を造り、弟子の僧威僧音も成實に達して居た。涅槃の達人慧嚴の弟子の法智も亦成實を善くしたといはるゝから、慧嚴なども亦通じて居たに相違ない。

宋代に入つては、高僧傳によつて見るに、道亮は成實論義疏八卷を作り、多寶寺に居たが、同寺には涅槃に達した靜林なども居た。七宗論の著者曇濟も成實に達し、梵敏は法華成實を講じ或は成實の序か要義か一卷を作つたのであらうし、道猛は成實論に於て獨步と稱せられ、宋太宗臨幸の下に興皇寺で成實を講じ、猛の後、此寺に道堅慧鸞慧敷僧訓導明がある。

齊代に入つては、僞魏の僧淵は僧嵩から成實毘曇を受けて通じ、弟子の曇度慧記道登に授け、曇度は涅槃法華維摩大品〔に〕も通じ、成實に詳しく當時に獨步といはれ成實論大義疏八卷を作つて北土に流行し、道慧は僧遠の弟子で、道猛曇斌から學び、道猛から成實論を受け、若き時師道猛が成實論について張融から難を構へられたのに代つて通釋した程であつたし莊嚴寺に居たが、莊嚴寺には玄趣僧達も居たのであるし、僧導の弟子の僧鍾は成實三論涅槃十地等に達し、百論の講筵は僧導をして嘆ぜしめたといはれ、訶梨跋摩傳を書いた玄暢も成實に達して居たに相違なく、又僧柔慧次も成實の達人で、僧柔は弘稱の弟子、慧次は志欽の弟子で法遷に就學し、齊の文宣王の命で共に普弘寺で成實を講じ、又諸論師と共に成實論を抄略し、同時頃に慧隆も成實を講じて聽者多く、同學に智誕法度があり、法安は慧光の弟子で、中寺に於て涅槃維摩十地と共に成實論を講じて止まなかつたといはる丶。

梁代に入りては、慧球（序錄には慧琳とあり誤）は道馨の弟子で、慧度と同學であるが、彭城の道淵（僧淵とあるは誤）から成實論を受け、荊土に於て講論相繼ぎ、智順は智度の弟子であるが涅槃成實に於て獨步といはれ常に數百人の聽者を得、寶亮は道明の弟子であるが齊の國都で大涅槃を講ずること八十四遍、成實論十四遍勝鬘四十二遍維摩二十遍大小品十遍其他種々あり、勅によつて涅槃義疏を撰し弟子も多かつたし梁の三大法師も其下に居たのである。更に續高僧傳によつて見るに、法申が成實に明であり、智欣は僧審の弟子であるが、道猛から成實を聽いて講述し文義精悉聽者八百餘人あつたといはれ、法寵も道猛曇濟から成實論を受けて精通し張融をして嘆ぜしめ、梁の三大法師の僧旻は、僧回の弟子であるが、莊嚴寺に於て曇景を仰ぎ、同學の法雲禪崗法開と共に僧柔慧次僧達寶亮に學び又僧宗に涅槃を聽き、僧柔慧次から成實を學びて興福寺で成實論を講じ、弟子甚だ多く、法雲は莊嚴寺で僧成玄趣寶亮に學び、恐らく道慧をも知つて居たであらうし、更に僧宗にも從ひ、後勅によつて諸名德に成實義疏を作らしめた時法雲は經論合撰して四十科あり四十二卷あり之を自ら勅によつて講じ、智藏は僧旻法雲と同門であり又定林寺で僧遠僧祐、天安寺で弘宗に師事し、後彭城寺で成實論を講じ聽者千餘人あり、恐らく私記を製したであらうし、大小品涅槃般若法華十地金光明成實百論阿毘曇心等を講じ各義疏を著はしたといはれ、弟子龍光寺僧綽があつて特に成實に秀で、嘉祥大師は單に龍光と呼びて此人の說を數々著書中に引用關說し、僧旻の弟子には慧朗慧略法生慧武等があつて廣く諸部を綜するも特に成實を以て名を擅にし、又僧旻の他の弟子慧韶は成實を聽いて註を作り、龍光寺僧綽にも從ひ、成實の滅諦を本有と爲し、そして麁細を以て心を折したといはれ、僧密は道明の弟子で經として講ぜざるはなきも專ら成實を以て奇を繕へ氣を負ふといはれ、道登は涅槃法華勝鬘を研究し僧淵から成實論を學び、道超は僧旻に聽き、後に法珍が成實論を講じ、滅諦の三心の滅に先後なしといふを聽いて之を誤とし僧旻の解の勝れるを知つたといはれ、又法寵の弟子慧開があつて法寵から阿毘曇成實を學び又智藏僧旻にも聽き、僧柔慧次から成實論を學むだ法開があつて成實論に於ては智藏と相並むだが、慧開も法開も共に道登の同學なる法度並にその弟子で三論宗の祖師僧朗と關係の深い人と見えて法度傳の中にも列名せられて居るし、法貞は道記の弟子で法華を誦したが長じて成實を善くし、寶淵も亦僧旻に成實を受けて通じ、歷代三寶記によれば梁天監中に優婆塞袁曇允は成實論類抄二十卷を撰し文宣王の抄と相似て居つたといはるゝが、曇允は寶唱法雲等と共に僧伽婆羅の譯場で筆受をなした人である。

陳代に入つて洪偃は龍光寺僧綽に値ひ成實を闡揚した人で成實論疏數十卷を著はし、三論宗の法朗も南澗寺仙師(鼇頭三論玄義の冠註に此人の言が存する)から、成實論を受け、慧勇も亦僧綽法寵から成實を學びて刻苦砥勵後に論文を講ずる十許遍とあり、眞諦三藏の十七地翻譯に參加した寶瓊も南澗寺仙師に從學し成實に通じ講ずること九十一遍で玄義二十卷を造り文を講ずる二十遍文疏十六卷あり涅槃大品法華維摩を講じ疏を製し、眞諦三藏に學むだ警韶も天台大師等の爲に龍光寺で成實を講じ、一生成實を講ずる五十餘遍涅槃大品金光明等數十遍といはれ、三論宗の慧布も寶瓊から成實論を習ひ、慧嵩は智遊から毘曇成實を承けて名聲聞え、光統律師の系統では道憑が成實地論涅槃華嚴四分に通じ、靈詢は成實涅槃を學びて論の刪要兩卷を作り、寶象は初め律を學び後成實を聞き韶法師からも聞いたといはるゝが、韶は慧韶であらう。又寶海は法雲から成實を學び、道紀も成實に長じて講ずること三十年であつた。

隋代に入つて法安は三論宗の法朗に學むだ人であるがそれ以前已に成實を研究して居たといはるゝし、眞觀も亦法朗に就學したがそれ以前に華林園法師から成實を受くる十遍であつたし、慧暅(慧晅ともあり)は龍光寺僧綽から成實を習ひ更に龍光學士大僧都舒法師に從つて成實を精研し更に後に涅槃大品と共に講じ、成實玄義を講ずること六十三遍、論文を講ずる十五遍涅槃大品各二十餘遍と稱せられ、慧弼は惠殿寺領法師より成實を聽受し爾來四論涅槃法華に通曉し、道憑の弟子靈裕も嵩林二師から成實を學び後成實毘曇智論に各抄五卷を作り其他三藏の疏著甚だ多く、智脱も亦華嚴十地に通じ成實に造詣深く莊嚴寺智嚼法師なる成實研究者にも重んぜられ後に論疏四十卷を製したるが如く又梁代琰法師(恐らく僧遷傳に僧遷が招提慧琰の禪品義を難じたとある慧琰であらうし、鼇頭三論玄義の冠註に此人の言が引用せられて居る)の成實論玄義十七卷を修治し、生涯に大品涅槃淨名思益を講ずる各三十許遍成實文玄各五十遍、業を傳ふる學士に慧詮道灌詮聲德雙揚灌復立貞梗があつたといはれ慧乘は其叔祖智强も成實涅槃の達人であるが自らも莊嚴寺智嚼法師に成實を受けて佛果は二諦の外に出づとの義を立てたといはれ、道莊は前にいうた寶瓊から成實を學び三論宗の法朗から四論を受け又法華に疏を製し、法論も恐らく同學で成實に深く、眞諦三藏の弟子法泰に學むだ靖嵩もそれ以前に道猷法誕から成實雜心を受けて居つたのであるし、又智琳は東安寺大僧正晅法師(前の慧晅と同じ)から成實毘曇を受け後大品法華淨名を講じたといはるゝ。此外にも隋代に曇觀曇瑎寶嚴なども成實に達して居た。當時は既に攝大乘論續いて漸次倶舍論が多く研究せらるゝ頃であつて、成實論の研究講演は比較的に少くなりつゝある時期である。攝論に達せる道奘の弟子の道宗は智論十地持成實毘曇を學びて後慧日寺に住して常に成實を講じ、保恭は三論宗の人で慧布の弟子であり、開善徹法師より成實を聽いて義疏を寫した如く又惠曉禪師からも成實を學び、慧隆は法雲寺確法師の成實を講ずるを聽き慧晅にも就き後成實を講ずる三十遍涅槃大品各十餘遍といはれ、唐代にも前にいうた寶瓊から成實を學むだ慧因があり、莊嚴寺嚼法師より成實を受けた法琰があり、新羅の人圓光は僧旻の弟子から學むだが成實に通じたといはれ、其外猶道傑神素玄續等多少はあるが殆どいふに足らない如くである。

以上の僧傳の上のみで見ても成實論の講讀研究は唐代までも盛であり、多くは江南に流行したが江北にも亦行はれたのである。梁武帝の時には建業は大品成實が盛であつたが陳武帝の時には大品三論が盛になつたといはれ、續高僧傳慧榮の傳にも梁武帝は建初彭城盛に成實を弘むとある。然し僧傳は決して特に成實論に注意し又は成實論を主として述ぶるものではないから、逸せられて居るものも鮮くないに相違ないし、義疏註解も以上いうた外に多々あつたに相違ない。法雲傳には勅によつて諸名德が義疏を作らしめられたとあるし、略成實論記によれば齊の文宣王は僧柔慧次等の諸論師に成實論を抄略せしめて九卷とし周顒に序を製せしめて天下に流通せしめたと傳へて居るから僧傳のみでは凡てを盡くすことは出來ない。即ち他の方面に於て典籍目錄及び關係著述などを調査するを要するのであるが、然しかゝる方面で完全なものが存するのではないから、以上によつて大要を知ることにする外はない。以上によつて之を見るにシナに於ては其最初から多くは成實論は三論十地大品法華涅槃勝鬘維摩等と共に研究せられ講演せられたのであつて、自然成實論とこれ等の大乘經論と關係付けられ其解釋に於ても論は經論に據つて大乘として扱はれたものなるを示して居る。實際シナに於ては成實論は大乘論とせられて居たのであるが、隋代に入りて天台嘉祥、特に嘉祥が力を費して之を小乘論となしたから爾來遂に小乘論とせられ終つたのである。嘉祥は三論玄義中に十箇條によつて小乘論なることを證して居る。現今として見れば十箇條凡てが正當なものとはいへないが、殊に最近境野博士の成實大乘義なる論文によつて嘉祥の論の正しくないこと及び嘉祥に傳はつた新三論が之をなすのであること並に梁の三大法師等の大乘的の解釋及び之を大乘論となすことが羅什以來の說なることが明にせられた。故に三論宗の嘉祥が成實論を小乘論となすに努力し成功した理であるが、三論宗に於ても法朗慧勇慧布の如きは成實論を學むだのであり慧布の弟子保恭も亦學習した等の事蹟があるから三論宗のもの凡てが嘉祥の如くではなかつたのではなからうか。長干寺辯公は中假師と呼ばれて法朗嘉祥から排斥せられて居る程である。之に反して成實師の中には、數論毘曇にのみ通じたと傳へらるゝものもあるから、これ等は或は必ずしも、成實論を大乘論とのみ見たのではなからうかとも想像せらるゝ。玄暢の訶梨跋摩傳では大乘論となして居るとは思はれないこと、前述の如くである。然らば之を大乘論となすべきか小乘論となすべきかは、學者の意見によるものであつて、何れかと決定せねばならぬものではないであらう。龍頭三論玄義の冠註によれば、成實論を大乘論となすは梁の三大法師の說、小乘論となすは淨影嘉祥の考、具に大小を含むとなすは光統智首南山定賓の説であるとせられて居る。

然し、一層根本的に考察すれば、抑大乘と小乘との區別が何處に存するかゞ問題となるであらう。若し嚴密に大乘と小乘との區別を立つることを得ないならば、成實論を大乘論となすか小乘論と見るかの爭は取るに足らぬものとなるであらう。從來一般に行はれて居る説は、大乘學者の側のみからの説であつて、所謂大に大多勝の義あり、小に小少劣の義ありとなす種類の考が、根本に横はつて居つて、眞の學術的の價値に乏しいものであるが、然し又他方からいへば、同時に長年月間通用したものであるから、大體としては大小乘に區別があると認められ得る。故に大體概念として通用する大小乘の區別に基いていへば、成實論を全體として見、又其典據として引用せらるゝ殆ど凡てが阿含經なるより考へて小乘論的傾向の勝つて居ることが表はれて居るといへるであらうし、せい〳〵小乘から大乘に及ぶ中間過渡にあるといふべきであらう。然し今こゝに於ては、大小乘の根本的區別問題にまで立入つて、これ等のことを確定し、又はそれによつて成實論の所屬を確定せむとするのではない。それ等の點は廣く學者の研究の成果に一任せむとするのであるが、一つ附して置くべきことは成實論が佛を如何に考へて居るかについてゞある。佛陀は自然人にして一切種智を以て一切法の自相差別を知悉し一切の不善を離れ一切の善を集め常に求めて一切衆生を利益すとなすが、五分法身を完備し、十力四無所畏三念住大悲の十八不共佛法を有し、十號三不護を具足すとなすのが大綱である。一切智人なるはいふまでもないが、佛陀自らの語にも一切智人ならざるが如きに似たものがある點で、これが問題となり龍樹などの論ずる所を思浮ばしむるが、成實論では、佛は俗に隨うて語るからといふを根本として通難して居る。故に、世諦と第一義諦とあるとなす二諦説に基くのであるが、又之に基いて佛陀に眞身と化身とを分つて居る。此二身の解釋は、明瞭に表はれて居ないが、如來を釋する所に如來とは、㈠如實の道に乘じて來りて正覺を成ずと、㈡言說する所、凡て眞實にして虛ならざる如說をなすとの二種の解釋が存するから之によつて考へると、如から來つたと見る佛を眞身となすのであらう。二世無品第二十二に、佛は寂滅の相であつて、世に現ずと雖有無に攝せずとあるから、如何にも如を其まゝ佛と見て居るかの如くであるが、然し明確に如を佛となすとまでは言詮はさないから、理佛としての法身の考は明でないといはねばならぬ。故に法身を基とした報身を考へて居るといふべきであらう。而も此佛を有無兩亦兩非で言詮はすことを得ないとなすのである。之に對して化身は如何に考へられて居るか。故不故品第九十七に、經の中にて亦佛は謗等の不善業の報を受くと說くといふ問に對して、佛は一切智人にして惡業の報なし一切の不善法の根本を斷ぜしを以ての故なり、但無量の神通方便を以てのみ現に佛事をなすこと不可思議なりと答へて居るから、化身は神通變化身とも見らるゝ。然し又此論では菩薩といへば多くは成道以前の佛陀を指し、無上正覺は施等の六波羅蜜の善業によつて得らるとなすこと修定品第一百八十八並に大小利業品第九十九に見ゆる如くであり、菩薩は前世に善業を修集したることを說くから、これ等の點からは業報身と見做すことになると考へらるゝ。然るに又菩薩は勿論斷惑であつて伏惑ではないから、常に求めて衆生を利益すといひ、神通方便にて佛事をなすといふに見れば、願生說になるのであらう。但し願生が明確に言詮はされて居ないのが、考を明瞭ならしめないのである。恐らく此佛陀の考は異部宗輪論に見ゆる大衆部の考と軌を一にすと見るべきもので、龍樹の二身說までは發達して居ないものである。龍樹の說では十八不共佛法は右のものとは異つて居るから、右の如き十八不共佛法を綱格として佛身を說く所は小乘說の型を脫し盡さないが、同時に說明解釋に於て小乘以上となつて居ると認めらるゝのである。

以上で此解題を終る。我邦に於ける成實論の渡來傳播等についてはこゝには之を述べないが、格別著しいこともない如くである。

謝辭

この成實論國譯は文學士東田大童君が豫稿として全部を擔當したものである。同君は曾て刊行せられた國譯大藏經論部にある國譯成實論を參照し、麗本を基としたのであつた。解題者はこの豫稿を取つて思ふまゝに改竄更正したから、全部の責任は解題者の負擔である。改竄更正に際しては參考書は殆ど求むるを得なかつたが、高野山大學圖書館所藏本の中に小乘成實論要文備目なる寫本があつて便宜を得た。此書は元來は洛陽五百佛頂山求法沙門智本海應のものであるが、この所藏本には卷尾に明治二十七年夏安居中以海應僧正眞蹟之本令書寫焉とあつて、更に在東京目白僧園苾蒭隆應と記されて居るから、浦上隆應師所藏本で、高野山眞別所から圖書館に寄託せられて居るものである。內容は初めに目錄として成實論の目錄を擧ぐる所七枚、今將釋此論大分二段云々の部が一枚、成實大小論の部が二枚半、成實論の各品の要文を拔書して大要を知らしむる部が五十七枚半より成つて居るものである。成實論が大乘か小乘かの論に於ては大小乘兩方であるとし、古來異義あるも論は經部の攝で、大衆部より出で大衆部に大乘を雜へ、經部のものとしても大に大乘を混じたものとなす趣意で、穩健な說である。又要文拔書の部には數々有部說經部說を指摘した所があつて親切である。こゝに東田文學士と高野山大學圖書館員諸彥とに謹んで感謝の意を致す。

(昭和八年十月三十日)

(二) 三無性論解題

三無性論は梁代にシナに來た眞諦三藏が陳代に入つてから譯出したものである。的確に譯出の年代を知ることは出來兼ぬるが、然し三無性論の現流本には廣州制旨寺に於て翻譯すとあるから、之に基いていへば、天嘉三年(西紀五六二年)十二月三藏が現今の廣東の制旨寺に入つてから後に譯したものなることが判る。三藏は天嘉四年から翻譯を續けて光大二年(五六八年)までに攝大乘論倶舍論等の如き重要な論を譯し、太建元年(五六九年)正月十一日七十一歳で示寂したのであるが、三無性論の內容から推定すれば、恐らく攝大乘論を譯出した後、又は攝大乘論を講述した時に譯したのであらうと思はる。攝大乘論は天嘉四年三月譯し始め、譯すると共に講じつゝ進むで、十月に一應譯了し、更に重譯校定して天嘉五年七月頃完成した如くであり、又光大元年(五六七年)四月から十二月までに講述をなしたのであるから、天嘉五年か又は光大元年かに三無性論を譯するに至つたのであらう。然し光大元年には前年以來繼續せる倶舍論の重譯校訂講述も尙なされつゝあつたのみならず、倶舍論の重譯講述は顯明寺に於てなした如くであり、恐らく制旨寺に於てゞはなかつたと思はるゝから、三無性論の譯は天嘉五年であつたであらうかと想像せらるゝ。故に今は五六四年の譯出と見ておかう。

三無性論は其の題下に細字で無相論より出づとあり、開元錄も亦此のことをいうて居るが、此の句を有する論は此の外に猶顯識論と轉識論とがある。故に少くとも三無性論と顯識論と轉識論とが合して無相論と稱せらるゝものになつて居る理である。實際としては、無相論一部は此の三部の論のみを其の內容の全體となして居たものか、或は此の三部の論を其の一部分とし更に他の論をも包含して居たものか、此點については明確な傳へが缺けて居るが、推定し得る所でいへば、無相論としては三部の論以外に猶他の部分も含まるゝ大部のものであつたのであらう。三無性論の最初の部に「立空品の中にて人空は已に成じたるも、未だ法空を立せざれば、法空を顯はさむが爲の故に、諸法無自性品を說く」とあり、又下卷の中「第十一、二執及轉依」の下に「立空品の中にて人我執を破し、此の品の中にて法我を破す」とあるから、少くとも此の三無性論の前に立空品の存したことを示し、而も此の三無性論は諸法無自性品に相當するものなることが判る。そして既に立空品又は諸法無自性品といふとすれば、此名の示す如く、これ大部の論の中の章をなして居ることを顯はすから、其の大部の論が無相論と稱せられ、其の中に立空品諸法無自性品が存し、諸法無自性品は別行して三無性論と呼ばれて居るのであると考へらるゝ。顯識論轉識論も亦之と同じく無相論の中のものとしては顯識品轉識品と稱せられ、各別行しては顯識論轉識論と呼ばれて居るのである。眞諦三藏の弟子法泰に隨從した靖嵩が學むだ四十餘部の書の中に無相論の名が見えて居るから、恐らく眞諦三藏の時に既に纏めては無相論と稱せられ、同時に別行した單本としては各が三無性論顯識論轉識論と呼ばれて居たのであらう。然し無相論としては或は其の一部分が後世失はれたのではなからうかとも考へらるゝ。慈恩大師の弟子の淄州大師慧沼の唯識了義燈に初、無沒識者無相論云、一切諸種無所隱沒故無沒也とあるが、此文は現今傳はる前記三論の中には見出されないから、淄州大師が實際に其見た無相論の文を其まゝ引用したのであるとすれば、少くとも其の部分は大師以後に失はれたのであるが故である。淨影も賢首大師も慈恩大師も共に眞諦三藏が阿黎耶識を無沒識と譯したといふ意味を明言して居るが、淄州大師の言から見れば、何れもこれ無相論に根據を有すと考へらるゝにも拘らず、此の譯語は現存の無相論といはるゝものゝ中には存しない。其の外の眞諦三藏の現存譯書の中にも見出されないから、恐らく此譯語のあつた無相論の部分が缺けて失はれたことを示すのであらう。

玄奘三藏當時の文備でも圓測でも又は慈恩大師でも共に無相論が顯揚聖敎論成無性品の別譯なることを知らしむる言をなして居る。實際としては其無相論は現存の三無性論の部分を指すに外ならないのであるが、或は三無性論の前三に立空品に當る部分のあつたのを併せて指して居るのかも知れぬ。ともかく玄奘三藏の顯揚聖敎論の翻譯卽ち玄奘三藏の翻譯の初年（貞觀十九年、西紀六四五年）から既にかく知られて居つたのである。恐らく攝論宗に通じて居た人が三無性論を含む無相論の内容を知つて居たから、顯揚聖教論の成無性品を見て、直に其の異譯なることに氣付いたのであらう。然し猶嚴密にいふと、三無性論は其まゝ顯揚聖教論成無性品の同文異譯たるものではない。顯揚聖教論は頌と釋とから成つて居るもので、頌のみを一部として顯揚聖教論頌一卷があり、又此頌と長行釋とを合せて顯揚聖教論二十卷となつて居るのであるが、三無性論は其成無性品の中の頌を除いた長行釋の部分のみの異譯であり、而も諸所に釋曰文が附せられて居る。以下の國譯文には見別け易からしむる爲に釋曰文をば二字下げになして置いた。此の釋曰文は凡て譯者眞諦三藏の附したものであつて、三藏は一本を譯出すると同時に之を講述するのが常例であつたから、此の三無性論についても亦之を譯出すると同時に講授したのであらうし、其要點が釋曰文として附せられたのであらう。他の論の場合には講授は數々義疏として獨立に存したのであるが、此論に於ては既に釋曰文として附せられて居るとすれば、此外に別に義疏としての註釋が獨立に存したのではない。

無相論又は三無性論が幾何か古來重要視せられ又は研究せられたかは現今としては之を明確に知ることを得ぬ。これ一に眞諦三藏以後の攝論宗の狀況が明でないが爲であるが、三藏寂後相當に重むぜられたことは前記靖嵩の研究した書中に其の名の存するので推定せられ得る。又瑜伽論記の傳ふる所では備師又云、昔傳引無相論阿摩羅識證有九識、彼無相論卽是顯揚論無性品、然彼品文無阿摩羅名とある如く弘福寺文備は無相論卽ち現今の三無性論が眞諦三藏の九識說の根據となつて居るとなすのであり、又瑜伽論記に景師卽ち恐らく慧景は眞諦三藏が決定藏論によつて九識義を立てたといひ、圓測も亦其の解深密經疏の中に此のことをいうて居るから、玄奘三藏當時に於ても、無相論卽ち三無性論は決定藏論と同樣に、眞諦三藏の學說の根據をなす重要なるものなることが知られて居たのである。故に此の點から見ても、眞諦三藏以後の攝論宗の人々の間に此の三無性論が重要視せられて居たことが推定せられ得るであらう。

然るに瑜伽論記が然彼品文無阿摩羅名というて居る彼品とは顯揚聖教論成無性品を指すのであつて、決して三無性論を指すのではない。故に此言によつて知らるゝことは、たとひ三無性論には阿摩羅識の名はあつたにしても、成無性品にはそれが見出されないから、決して典據となすを得るのでなく、翻譯としては顯揚聖教論が正確であり、三無性論は信を措き難いとなす趣意なることである。かく三無性論を貶することは圓測も慈恩も全く同じであつて、玄奘三藏の門下並に系統の常例である。圓測慈恩共に三無性論又は無相論についてはこれ眞諦三藏の謬であるとなして居る。そして此の謬とせらるゝ點は譯文と內容との兩者に關するのであり、慈恩大師の如きは數々眞諦三藏が梵文を誤解し學說を理解しないといふ意味の非難をなすが、眞諦三藏は印度に生れて梵語は其の母語として四十餘年間常に習熟した人であり、其の間佛教を教へられ又研究をなした人であるから、慈恩大師の非難は常識から考へても、非難する者が無理である。而も眞諦三藏は四十八歲でシナに着し七十一歲で寂するまで前後二十三年間シナ語に親しみ中頃からは翻譯に際しても度語を要しなかつた程にシナ語に熟達して居たのであつた。從つてシナ語の造詣に於ても、長安を出でてから長安に還るまで前後十七年の間の或期間に通達した玄奘三藏の梵語に於ける造詣に對して、決して遜色あるものとは考ふることを得ぬ。然るにも拘らず玄奘三藏の門下並に系統が一概に誤謬とし又は不理解なるかの如くに排斥を敢てなすのは、其まゝとしては、甚だ了解し難いことである。然し、かく排斥する所以を考察すれば、そこには重要な問題が含まれて居ることが判るに至るであらう。蓋し玄奘三藏の傳へた說は、瑜伽行派の說としては、全く護法及び其の系統の說であり、三藏の翻譯した論も、多くは、此系統の說と一致する如くになつて居る。之に反して眞諦三藏の傳へた瑜伽行派の說は護法以前の說であつて、それが安慧難陀又は其他何れの系統の說であつたにしても、尙未だ護法の學說の出でざる以前に印度に於て行はれて居たものであつたのである。護法は瑜伽行派に於て新說を主張した人であつて、從來の學說とは異る解釋をなし、たとひ彼以前の或說に系統を引いて居るにしても、ともかく彼の大手腕によつて一大新組織として之を立つるに至つたのであり、從つて必然の趨勢上數々先德同學の說を排斥し又はそれ等に對して折衷包容をなして居るのである。護法以前に於てもかゝることが全く絶無であつたのではないであろうが、然し眞諦三藏の傳へた說を見れば、護法の學說と相異り又態度も全く相反する。大體は、たとひ古說と反する說明解釋があつたにしても、決して其の相反する他の說を捨遣せねば止まぬ如き傾向を示して居ることはない。恐らく以上の如き護法の態度傾向が玄奘三藏の門下並に系統に傳はつたのであると考へらるゝが、然らば、學說上護法が古說と反する要點は何れにあるかといへば、根本的には護法が全く道理世俗諦に立つて瑜伽行派の說を組織し、以て從來勝義諦に立つて居たのと異るに至つた所に存すといへるであらう。道理世俗諦といへば、これ世間世俗諦と區別せられそれよりも高い、いはゞ、一層合理的な立場ではあるが、ともかく世俗諦の範圍を出でないものであるから、護法の說は凡てこれ世俗諦の說である。此の根本的の立場から當然新說が古說から異ることになつて來る說は一方に於ては識に關する見方であり、他方に於ては三性三無性に關する學說であるといへるであらう。勿論其他にも重要な點があることを認めないのではないが、少くとも此の兩方面も亦他の點に對して相劣ることなき重要性を持つて居る。識に關する見方は、護法說では八識別體となし第八阿賴耶識を妄識となして居るのであるが、古說では八識は一識の義分となすのであり、第八識と呼ばれ得るものは、眞諦三藏の傳ふる說では、眞妄和合識で、從つて唯眞の識を阿摩羅識卽ち無垢識となし、順序上之を第九識となすことになるのである。然し第八第九の文字があつても決して識體各別の考を有するのではない。又三性三無性についても、護法說でいふ偏依圓三性は各別性とせられ、偏計所執性は心外の實我實法、依他起性は衆緣に生ぜられた心心所の體及び相見分の有漏無漏のもの並に色不相應法、圓成實性は識と不一不異であつて識と離れざる所依たる眞如無爲法であるとなして三性の融通を認めないが、古說では一切の所知相を染汚淸淨分と染汚分と淸淨分との三種となし、染汚淸淨分が依他性、染汚分が分別性、淸淨分が眞實性であるから、依他性が染汚分としてのみ現はれた場合には凡ては分別性のみ、又依他性が淸淨分としてのみ現はれた際は凡ては眞實性のみで、染汚分と淸淨分とが分判し終れば依他性はなく、染汚分淸淨分が和合して非一非異なる分が依他性であるとなすのであるから、三性は決して各別性であるのでなく三性相互に融通すとなすのである。更に三無性についても、護法説では相生勝義の三無性は三性に依りて立つる說であつて決して三無性によつて三性を立てるとなすのではないが、古說ではむしろ三無性によつて三性が立てらるとなすのであり、少くとも三無性は三性に屬し三性は三無性の性を有するもので、三性は其まゝ三無性、三無性は卽ち三性であるとなすのである。此の如く重要な點に於て相異る解釋學說が存するのであるから、護法說を以て唯一の根據として之を奉ずる人々が古說を奉ずるものを排斥するに至ることはまさにこれ理の當然である。故に玄奘三藏門下並に系統が常に古說の流を汲む眞諦三藏の說を誤謬とし眞の說を理解して居ないとなすのも全く此の如き點に由來するのである。玄奘三藏門下並に系統が眞諦三藏の說を排する態度は一方に於て其奉ずる所に厚いといふ眞面目な點は十分に之を認め得るが、同時に他方に於ては偏頗固陋徒に他を排して顧みぬといふ非難を免るゝを得ない。廣く佛教一般として見るも、また佛教の史的發達の方面から見るも、護法說のみが他の說に優つて佛教の眞趣意を把捉して居ると認められ得るものでないことは、若し護法說のみを正しいとすれば、無著世親の學說の如き古說は全く排せらるべき誤謬說とならざるを得ない點で明である。故に何れの方面から見ても、現今としては、各說はそれぞれ其相當の地位又は價値を有すとして見て行くべきで、決して一を取り他を捨つるの態度に出づべきでない。故に此點から、三無論としても又は顯識論轉識論を含む無相論としても護法以前の印度佛教家の學說を示す一資料として虛心坦懷に熟讀翫味すべきものである。

以上によつて三無性論に關して大體のことを述べ終つたのであるが、三無性は三性と表裏する說として唯識系統の最も重要なる點を明にするものであるから、此一論に通達すれば、或點に於ては瑜伽行派の中心點を捕へたことになるといへるものである。護法說に於ては三性三無性の說は簡單に取扱はれて居るに過ぎないが、それは阿賴耶識緣起の方面を主となしたが爲である。然し廣く唯識說一般からいへば、阿賴耶識緣起の方面は三性三無性の說によつて始めて萬法唯識なることを明確になすを得るものであり、而も三性三無性の說によつて唯識說が全く般若皆空の說の根據の上の說なることを現はして居るのであるから、三性三無性の說は決して忽諸に附せらるべきものでない。故に之に通達すれば、單に理論の方面に於て大なる所得あるのみならず、之を實踐の方面に於て吾々の日常生活に現はすとしても適切なる意義あることを發見し得るであらう。內容に關しては以下の國譯に於て讀過の際の助とせむが爲に新に章段を附して括弧內に其の章の趣意を示すことにした。固より簡潔を要する性質のものであるが爲に十分に意を盡くすを得ないから、左に再び摘出して梗概ともなり得る點を述べよう。

卷上

第一、三性三無性――これ卽ち總論である。

此の中に、第一に一論の目的を示す明用分と第二に三性の立名を說く相應分と第三に三性三無性の體相を明す相分と第四に三性の成立の道理を述ぶる成立三性分とがある。

第二、分別性品類差別――以下は各論で第一に分別性

分別性に自性分別と差別分別と覺知分別と隨眠分別と加行分別と名字分別との六種あることゝ所分別自性に依名分別義自性と依義分別名自性と依名分別名自性と依義分別義自性と依名義分別名義自性との五種あることゝを說く。

第三、分別性功用差別

自性分別と差別分別と聚中執一分別と我分別と我所分別と愛分別と憎憶分別と非愛非憎分別との八種の分別が戲論類と我見我慢類と欲等惑類との三種の事類又は事用をなすことを明す。

第四、相惑麁重惑

分別性が相惑と麁重惑との二種となることを說き、相惑は分別性、麁重惑は依他性となすが、依他性となすのは緣性なるが爲である。

以上の中、三性三無性の下の第二が有の成立、第三が體相の成立、第四と以下の分別性品類差別分別性功用差別相

惑麁重惑が差別の成立、合せて四義となつて分別性の説が終る。

第五、依他性成立差別——以下は各論の第二依他性

依他性が言説を以て體となすのみのものでなくして、言説の所依としての亂識の品類を依他性となすことを説く。

第六、依他性體相

依他性は相の類と麁重惑の類とを體相となすもので、非有非無であり、俗有であつて眞有でないものなるを明す。依他性を俗諦となすは古説に準じて居る。

第七、俗諦眞諦

俗諦は我説と法説と事説との三相であるが、我説は我を説くの意、法説事説も同様に解すべきである。之に對して眞諦は生と相と識と依止と邪行と清淨と正行との七種の如如である。七種の如如は唯識系統に於ては重要なる説であるから、諸書に論ぜられて居る。此の論には第四依止如如以下は他の解釋も附せられ、其の中には重要な説を含むで居る。

巻下

第八、眞實性眞如——以下は各論の第三眞實性

七種の如如は眞諦であるから、これ卽ち眞實性であり眞如である。其所以は七種の如如は可讃最極二智境界故と無戲論故との爲であるとし、更に無性とも無眞性とも眞實無性ともいはるゝ所以を明す。

第九、五相三相相攝——以下は各論の第四三性の相關悟入

名言相と所言相と名義相と執著相と非執著相との五相と分別相と依他相と眞實相との三相とに關する相攝を説く。

第十、三性之事用

分別性が能生依他性と於依他性中能立名言と能起人法兩執と能成立二執麁重と能作入眞實性依止事との五種の事用

を有し、依他性が生成煩惱體と能爲分別眞實兩性依止と能起人法兩執名言依止と能爲人法兩執麁重依止と能爲入眞實性依止との五種の事用を有し、更に此の兩種の五事用を除いて眞實性に入り分別性依止卽ち依他性に悟入するを得るを明す。

第十一、二執及轉依

人執は凡て法執より起るから、人執を滅して進むで法執を除けば卽ち轉依を體となす無流界が得らるゝが、轉依は不可思惟であり又二種類あるものである。

第十二、不可思惟

不可思惟は成就不可思惟と自性不可思惟と寂靜不可思惟と功德不可思惟との四種をいふ。

第十三、四種道

轉依に至る道に四聖行と四種尋思と四種如實智と四種境界との四種があるが、四の聖行とは十波羅蜜と三十七助道行と六神通行と成熟衆生行とであり、四種の尋思とは尋思名言と尋思義類と尋思自性假と尋思差別假とであり、四種の如實智とは尋思名得如實智と尋思類得如實智と尋思自性得如實智と尋思差別得如實智とであり、四種の境界とは遍滿境界と治行境界と勝智境界と淨惑境界とである。此の中遍滿境界は有分別相と無分別相と種類究竟と正事成就との四種をいひ、治行境界は四不淨觀と四無量心と十二因緣觀と分別界と出入息念との五種をいひ、勝智境界とは陰勝智と界勝智と入勝智と緣生勝智と處非處勝智との五種をいひ、淨惑境界とは世間道境界と出世間道境界との二種をいふのである。

第十四、二種轉依——以下は各論第五究竟

二種の轉依は三乘の轉依をいふのであるが、三乘を聲聞緣覺の二乘と菩薩とに分つから二種となるのであり、前者は囘心向大であり、後者は修正方便と依止無二智とにて轉依を得るのである。此中正方便は通達無上法界と遍滿法界と正勤功用と由觀衆生事滅除生死と爲求無比無上智との五種であり、無二智は因位としては生死と涅槃とに對して無礙、果位としては涅槃に入りても衆生濟度の心を起して止めざるをいふのであり、結局無住處涅槃を指すに外ならぬ。無住處涅槃は大乘極致の目的である。

三無性論を通讀するには常に顯揚聖敎論成無性品と對照するを要する。然し進むで學問的に研究せむとせば瑜伽論に參照して各說の意味を深く解することにせねばならぬ。顯揚聖敎論成無性品は數々其の中の或說の說明を他所の說明に讓つて省略して居るから、對照するにはそれ等を一一尋ぬるを要するであらう。國譯としては對照を主とする趣意でない爲に、それまでは脚註にも記すことをしなかつた。

（昭和七年十二月一日）

(三) 顯識論解題

顯識論も眞諦三藏の譯出に係るが、其年代が明確でない。開元錄は陳代の譯となし、現行本に無相論より出づとあるが爲に、恐らく三無性論と同時に、無相論の一部分として譯したのであらうと推定せらるゝのみである。故に此推定よりいへば、三無性論と同じく、五六四年の譯出となるのである。

更に顯識論は開元錄には內題に顯識品といふと記し現存本にもかくなつて居るし、又宮內省圖書寮の舊宋版には此論の最後に顯識竟るとあるから、これ明に顯識品竟るの品を脫したものなるに外ならぬことが推定せらるゝが爲に、同時に顯識品と稱せられたことも判り、之によつて顯識論は無相論の一部としては顯識品、別行本としては顯識論と呼ばれたものなることが知らるゝのである。かく無相論の一部としてもまた別行本としても扱はれたことは恐らく眞諦三藏の當時からのことで、若し然らずとなすも、相當古い時代からのことである。淄州大師慧沼の唯識了義燈に名顯者無相論云爲顯五根四大等皆於此顯也ともまた名識者無相論云分別事識也ともある無相論が顯識論を指すに外ならぬこと〻六九五年に出來た大周錄以來經錄に顯識論とあることとは其證である。

現存顯識論は一見何人にも知らるゝ如く本文と釋文とから成つて居るもので、本文は初めの部で、國譯文に括弧內に第一として示した範圍であり、釋文は更に總釋と逐字釋とに分れ、總釋は第二として之を示し、逐字釋は第三として置いたが、逐時釋は卽ち第一部の文を註釋したものである。最後部は廻文や〻不足の如きも大體は完結して居ると見られ得る。此中第一部の趣意は「顯識は分別を起し、分別は熏習を起し、熏習は顯識を起す、故に生死輪轉す」といふ一偈に存するのであつて、此偈は解節經にあるとせらるゝも、現存の解節經にもまた其異譯解深密經にも深密解脫經にも見出されない。元來解節經の大本にあつたものが中頃其部が散逸したのであらう。此偈中顯識といふは論名にあるもので本識卽ち阿梨耶識を指し、分別は分別識で意識を指し、熏習は此二識の間に行はるゝのであるから、本識が分別識を生ずるのが種子生現行に當り、分別が熏習を起すのが現行熏種子に當ることになる理である。熏習は熏習せられた點でいへば習氣を指し、此習氣は分別識を起すものであるから其起す方面としていへば直に種子と稱せらるゝ。從つて偈文第三句の熏習は顯識を起すは種子生種子に當る理である。之によつて顯識は種子識に外ならぬことが知らるゝのであり、此一偈中の三句で阿梨耶識緣起の綱要を示して居るのである。かく種生現、現熏種、種生種で一切が成立して居るのであるから、これ生死の輪轉である。然るに生死輪轉は熏習が執著分別性に關する方面の場合であつて、これ卽ち染緣起であるが、之に反して熏習が觀習眞實性に關する方面ならば、これ卽ち淨緣起であるから、本識は損ぜらるゝことになり遂に轉依を得るに至るのである。これによつて知らるゝ如く、染汚淸淨分の依他性が染汚分としてのみ顯はれた場合が生死輪轉であり、之に反して淸淨分としてのみ現はれた場合が轉依であり、前者は分別性、後者は眞實性たるのである。從つて此簡潔な本文の中に唯識說の要領が述べられて居るのである。然るに本文最後部に轉依の義には五種を具すとあるが、これ恐らく三無性論の二執及轉依の下に於て轉依は位に約せば一分轉と具分轉と有動轉依と有用轉依と究竟轉依との五種ありといふを指すのであらうと思はるゝも次の滅差別相の中に解說するが如しというて其說明解釋を讓つて居る滅差別相とは何れを指すか明瞭でない。瑜伽論の一部を指すか攝大乘論の一部を指すか何かであらうと想像せらるゝも目下的確に何れと決定するを得ぬ。

第二部に於て攝大乘論を大論と呼むで其中に說く十一識を此論の顯識と分別識とに配當して居るが、今之を表示すれば次の如くなる。上欄に攝大乘論の十一識の名稱を擧げ下欄に此論のいふ所を擧げて對照しよう。

一、身識、謂眼等五界――一、身識、謂轉作似身……卽是五根……眼根界等……。

二、身者識、謂染汚識――(二)有身者識、我見所覆……此識爲生死身。

三、受者識、謂意界――(三)受者識、意界名受者、識卽三品意識。

四、應受識、謂色等六外界――二、塵識、或應受識、有六種、色界等乃至識塵。
五、正受識、謂六識界――三、用識、六種、眼識界等卽是六識。
六、世識、謂生死相續不斷――四、世識、有三種、卽過去現在未來也、生死相續不斷故名世。
七、數識、謂從一乃至阿僧祇數識――六、數識、算計量度。
八、處識、謂器世界識――五、器識、略卽器世界、謂外四大五塵、廣卽十方三界等。
九、言說識、謂見聞覺知識――七、四種言說識、謂見聞覺知四種。
十、自他差別識、謂自他依止差別識――八、自他異識、謂依處各異、六趣不同、依處者身也、六趣身謂自他異識。
十一、善惡兩道生死識、謂生死道多種差別識――九、善惡趣生死識、一切生死不離生死。

此中、攝大乘論の二に當る(一)有身者識と三に當る(二)受者識とは顯識論では分別識の二種とせらるゝものであるが、其說明から見れば、有身者識は我見又は我見貪愛に覆はるとあり、攝大乘論には染汚識とあるから、これ卽ち眞諦三藏譯の攝大乘論のいふ有染汚意であつて、後世第七末那識といはるゝものになるものである。受者識は意界と釋せらるゝからこれ卽ち意根であつて、攝大乘論で阿梨耶識の異名として心意識の三名を擧ぐる中の意を二種となす場合の一種である。意の二種とは第一には、甲、等無間緣卽ち次第緣の依止として、乙、正生識の依止としての兩方面を含ましめるが、これが今いふ意界としての受者識で、第二には有染汚意となし、この方は前の有身者識に當るのである。顯識論には本の染汚の根と次第緣の意根の體との二となし、後者の方に正生識の依止たる點をいうて居らぬが、之れはたゞ省略したのみであらう。今攝大乘論の十一識の中から身者識卽ち有身者識と受者識との二を取つて特に之を分別識となし、其他の九識を顯識となす點を考へて見るに、顯識は卽ち全體として顯現して居る一切のものを指すのであり、一切諸法諸現象は凡て顯識に外ならぬと考へて居るのであるといはねばならぬ。器世間生死相續見聞覺知數量自他善惡趣凡てこれ顯識に外ならぬのであるから、此外に何ものもあるべきことなく一切を包含して居るに外ならぬ。然るにこれ等凡ては各人各有情に共通であつて、必ずしもそこに個人的個物的に屬すとしての特質を擧げて居ないのであるから、これ卽ちこれ等を皆一般的のものとして見て居るのである。此一般的のものが有身者識によつて見らるゝことになると、そこに個人的個別的又は特殊的となつて現はれて來るのであつて、例へば一般的にいふ生死相續不斷や見聞覺知や自他差別や又は善惡兩道が或特殊一定の個人に屬するものとなつて來るのである。故に有身者識は凡てが個人的となる爲の根基的中心原理ともいふべきものであると見ねばならぬ。この有身者識の起り働く基を強く見るとき受者識が認められて來るのであらう。受者識は、詳しくは、受者とは意界を指し識は三品の意識となつて居るといはるゝが、意界を依止として三品の意識の起るをいふのであらう。三品の中の細品の意識は阿黎耶識で、中品の意識は阿陀那識、麁品の意識は第六意識である。一方に於ては顯識を阿黎耶識といひながら、他方に於ては同時に、こゝにある如く、分別識の一部分と考へらるゝ細品意識をも亦同じく阿黎耶識となすのは何故であるかといへば、蓋し一般的にいふも阿黎耶識とは其中に妄識たる要素が含まれて居る場合の名であり其妄識たる所は我見等の四煩惱の對象として考へられた所であるから、此論に於ても亦此の如く妄識たる所が考へられたとき阿黎耶識と稱し然らざる場合は顯識又は本識と呼ぶのである點に基いて、阿陀那識の所執所計の我處我境たる所を阿黎耶識というたのである。故にこれは有身者識に外ならぬというても殆ど差支ない如くである。有身者識の對象たる方面でいうて居るのであらうも、それを今は有身者識の中に入れて見るを得となすのである。又麁品の意識は直接には第六意識で而もまた前五も此中に含まると見らるゝから、麁品の意識の體としては用識卽ち正受識と異ることはない。從つて受者識其者の指す所は中品の意識卽ち阿陀那識に外ならぬといへるであらう。然らば有身者識との區別は何處にあるか。恐らく體卽ち物其者としては各異るものでなくして、意界として識の起るものと見たとき受者識、起つた識として見たとき有身者識となす程度の區別であらう。

第二部の中で注意すべき事を述べ添へて置かう。先づ皮肉心の煩惱について、玆には皮肉煩惱のみをいうて居るが、皮煩惱は貪愛欲等であつて禪定の障、肉煩惱は我見我慢等で解脱の障、心煩惱は無明で一切智の障とせられ、眞諦三藏の譯書には數々說かれて居るものである。有染汚意としての有身者識は我見我慢我愛無明の四煩惱と相應するのであるから、我見我慢は肉煩惱、我愛は皮煩惱、無明は心煩惱であるとすれば、有身者識は卽ち皮肉心三煩惱に通ずる理である。然し常に必ずしも三煩惱といはれて居ないのは、或は此三煩惱と見道修道との關係などから見て異つていはるゝのであらうか。次に熏習に四種の方便ありとして忍と名と相と世第一法とを四種となすが、此四種は異部宗輪論によれば犢子部の用ふる四善根の名と同一である。有部等ならば煖頂忍世第一法であるに、玆に犢子部の名稱を用ふるは如何なることを示すものなるか明確でない。忍に廣と略とあるとなし廣觀は唯一つのみで略觀は八種となして居る。凡て四諦によつて說明せられて居るから、文に就いて理解すべきである。然るに之に續いて名相世第一法が說かるべきであるに、文には却つて語言熏習と分別熏習とがいはれ、前者は忍名乃至自性法、後者は相世第一法一切修得法とせらるゝ。これは名相世第一法の說明の代りに熏習の二種に配當したものを擧げたのであらうか。更に熏習としては此外に猶身見熏習が認められて居る。攝大乘論に於ては言說熏習と我見熏習と有分熏習とをいひ、十一識中の初九識は言說熏習の差別を因とし第十識は我見熏習を因とし第十一識は有分熏習を因となすと說くが、我見熏習と身見熏習及び言說熏習と語言熏習は同一なること明であるから、有分熏習と分別熏習とも亦同一であること後文に有分熏習ともあるによつて疑ないであらう。然るに此論は顯識が四種言說識と自他差別識との兩識を顯はすから之を除いた他の七識と分別識との八種は語言熏習を因とし、又は顯識の顯はす兩識とは有身者識と受者識とであつて之に自他異識を加へた三種は身見熏習を因とし、善惡趣生死識は有分熏習を因となすと述べて居るが、此間には明に混雜が存する。顯識の顯はす兩識を前者の如く解すれば、四種言說識には三種何れの熏習も因とならないことになり善惡趣生死識は語言熏習と有分熏習との二種を因となすに至るであらう。又顯識の顯はす兩識を後者と見るとするも此場合には多少文意を補はねば其まゝでは意味の通じない點が存する。既に顯識が後の兩識を顯はすといふすら明確でない點が存するに、かくも混雜があるとすれば、之を如何に解決すべきや、これのみでは決定すべくもない。或は攝大乘論を標準として整理的に理解する外はないのであらうか。

第三部に於て、一切三界唯有識は一切三界唯識の意味で、唯有識は眞諦三藏の譯語例である。一切と三界との二言を用ふる點が解釋せられて居るが、これは注意すべきものである。七種生死は三界の分段生死と界外の四種の變易生死とであるが、之については、後世種々にいはれて居る。次に顯識と分別識との解釋に於て、顯識が廻轉して六塵と五根とになり、分別識が廻轉して似我となるといふは轉識論の最初と比較すれば、唯識說の古說の趣意のよく表はれて居るのを見るであらう。意に關して識をいふ場合には阿陀那識と第六意識との二種がいはるゝことになるのであつて、此中に於て前者は我の體相を起し後者は我に種々の用ありとなすと說くのは護法說と比較すれば興味多い說であらう。進むで熏習と種子とを說き正量部が種子に當るものを無失とし劵約の如しとなす說、大衆部の攝識、有部の同隨得、上座部の有分識を擧ぐるのも重要な傳である。正量部は果報識を認めたともいはるゝが恐らく後にしかいふに至つたのであらうから、無失卽ち不失法の劵の如きを說くのが古い說であらう。大衆部については通常は其部で根本識を說いたとなすが、攝識の名は此論に特有である。有部の同隨得といふのも此論に特有の傳であつて他にてはいはれない說である。同隨得は成就得のことである。更に猶注意すべきは三性を說いて直に三無性の義を示し、性の五義を說く點である。性の五義は勝鬘經の有名な如來藏の五義と同一であつて、攝大乘論佛性論に於ける同種の說から判ずれば顯識論の最後の趣意は如來藏緣起となるべきものなることが知らるゝ點で重要である。

顯識論一部は極めて小なる論であるが、注意すべき重要な說を含むで居る。然し其用ふる語の中には阿梨耶を梨耶といひ阿陀那を陀那といひ頗るシナ化したものがあつて、或は譯者眞諦三藏以後の攝論宗の或人が註釋の部を書いたのではないかとも想像せらるる程である。然し恐らく後の攝論宗の人々によつて、相傳へらるゝ間に、訛略せらるゝに至つたのであらうと見るのが穩當であらう。顯識論の中の或部が缺けて失はれたと考へらるゝことは諸書に顯識論に阿摩羅識の語があるとして引用せられ眞諦三藏の九識說を知る典據の一とせられて居るにも拘らず現存の顯識論には全く此語のないことによつても推定せられ得るから、此論は確に傳寫の間に變化を受けたものである。故に其間に黎耶陀那などゝせらるゝに至つたのであらう。

（昭和七年十二月五日）

(四) 轉識論解題

轉識論は眞諦三藏の譯出したもので、而も此の中に三無性論のことをいうて居る點で三無性論以後の譯出なることが判る。然し三無性論顯識論と共に無相論の一部をなし此の際は轉識品と稱せられ、同時に別行して轉識論と呼ばるるのであるし、開元錄には轉識論は顯識論より出づともあるから、之によつて見れば、轉識品としては顯識品の一部とせられ、それが又無相論の一部となつて居つたことになる理である。譯出年代は、たとひ三無性論の後であるとするもそれは順序が後であつたといふ意味であつて必ずしも年を隔てたことを指すのでないから、五六四年となるのであらうと考へらるゝ。

轉識論は慈恩大師賢首大師淄州大師によつて無相論として其文が引用せられ古くから注意せられた重要なものなるを示すが、當時未だ曾てこれが唯識三十頌の異譯なることが考付かれなかつたと見ゆる。又後世我國に於て德川時代の中葉以後長泉院普寂和上が古對法を尊崇し玄奘三藏譯の護法系統の説に對して眞諦三藏譯の古説を重要視し、唯識三十頌の如きも恐らく眞諦三藏によつて既に譯されたのであらうし、現今傳はらない譯書の中唯識論と稱せられて居るものに古説があつたであらうといふ意味をも述べて居るが、轉識論が唯識三十頌の異譯なることに思ひ到らなかつた。然るに學者のいふ所では黃檗隱元の弟子の道棟が延寶六年(西紀一六七八年)に轉識唯識三十頌二譯合本を造つて二譯の同本異譯なることを明にし、其の後寶永元年(一七〇四年)に之を公表するまで篋底に藏して居たといふ。禪宗の人によつて此重要な發見が初めてなされたことは實に奇緣といふべきである。此前後に於ける我國の唯識學者を見るに、淨土宗の聞證は延寶六年には四十四歲であり、眞言宗の秀翁の示寂する二十二年前であり、又寶永元年には淨土宗の堪慧は三十歲、普寂はこれより四年にして生れ、鳳潭の弟子覺州はこれより五十三年目に寂して居る。故に當時前後に有數の唯識學者が出て居たのであるが、惜しくも道棟の大發見は學界の注意する所とならなかつたのである。明治時代に入つてから中頃以後淨土宗の林彥明師が特に兩論異譯のことを明にし、現今としては何人も之を認むるに至つた程である。從つて廣くいへば唯識發達史上、叉狹く見るも唯識三十頌の原意闡明上、轉識論の研究は極めて重要である。殊に叉最近安慧釋を伴ふ唯識三十頌の梵文が發見公刊せられたから、梵文唯識三十頌と轉識論と成唯識論中の唯識三十頌との對照研究、並に轉識論と安慧釋と成唯識論との比較研究は幾分之を根本的になし得るに至つたが爲に、必要なると共に叉確實にもなすを得る點が存する。

轉識論は單に唯識論三十頌の翻譯のみでなくして、其の中には諸所に釋曰文を有する。此釋曰文は往々釋曰を附せずにも書かれて居るが、何れも共にこれ眞諦三藏のものなることは各を比較し叉其內容を考察することによつて確め得らるゝ。此釋曰文は何れも凡て重要な說を闡明して居るものであつて、唯識三十頌の理解には大效がある。故に之を基として成唯識論の所傳に參照して研究すると、轉識論の說中には安慧の說もまた難陀の說も含まれて居ると考へらるゝ。眞諦三藏の當時には瑜伽行派の人々は、各系統が異つて居ても、他說を排して止まぬが如き傾向ではなかつたのであるから、同一人の說の中に他の系統の說も含まれて居たのである。意識的に明に他說を批議し排斥したのは恐らく護法が最初であつたのであり、この護法が從來と異る新說を主張した關係上必然的にかゝる傾向態度となつたのである。瑜伽行派としては恐らく陳那無性護法戒賢と德慧安慧と難陀勝軍との三系統があつたと思はるゝが、其中の安慧難陀の說を含むで居る點は轉識論の重要な點であり叉興味多きものたる所以である。

轉識論の內容を一一成唯識論の學說並に其中に傳へらるゝ各個人の學說と比較しつゝ詳論することは此解題に於ては到底なされ得ることでなく、叉解題の性質上からも要求せらるゝ所ではない。たゞ僅に成唯識論に譯出せらるゝ唯識三十頌と對照して見て二、三の重要なものと考へらるゝ點について述ぶるに止めよう。轉識論は凡て散文に譯出されて韻文頌文たることを示して居ないから、以下の國譯文には括弧中に數字を加へ之を以て三十頌の頌數を示し、同時に成唯識論中にある唯識三十頌との對照に便にして置いた。第一頌に於て識が轉じて我と法とになり、これが所縁の全體で、之に對して能縁が三種あるとなすが、この所縁能縁の出づることが卽ち識の轉變することであるに外ならぬのである。能縁を三種となすことは成唯識論が能變を三種となすとは大に異る點があり、梵文とは、轉變を過程の意味に見る方面に於て一致する。能變を三種の識となせば、此三種の識は最初から存するもので、決して轉變によつて顯はれ來つたものとはならぬが、能縁を三種となせば、此三種の能縁は所縁と共に轉變によつて現はれたものであるから、一識の義分の考を表はして居るものである。梵文も此方面の意味に解せらるゝ。かく所縁能縁の起るをいひて、次に能縁の三種を順次に詳解するのである。三種の能縁は果報識執識塵識で、之を阿梨耶識阿陀那識六識となし、果報識は異熟識と同意、阿梨耶識は阿賴耶識で、更に本識とも宅識とも藏識ともいはるとなして居る。本識宅識は成唯識論の説を述ぶる際には比較的に用ふることが少ないが、本識の名は眞諦三藏の譯書には甚だ多く、宅識の譯語は玄奘三藏すら其大乘廣百論釋論の中に之を用ひて居る。以下此第一識に關する說は文のままに熟讀すべきである。第二識について執識の執は恐らく玄奘三藏の思量と譯するのと同一語の異譯であらう。轉識論は第二識を阿陀那識と稱しが阿賴耶識の見分を縁じて我となすことを指すのであるから執著たるものである。思量は成唯識論に於ても末那識成唯識論の此語の用例とは異るが然し眞諦三藏の譯書に於ては決して奇異でもなく又典據がないものでもなく、數々用ひられて居るものである。恐らく眞諦三藏の繼承する系統でかく用ひて居たのであらう。阿陀那識は執持識の意味で一切を執持し維持する中心と見た場合の名であつたのを、それを凡てを個人化する中心原理と見たとき、又此名を以て呼ぶことになつたものである。眞諦三藏譯の攝大乘論でいへば、かの有染汚意を指していうたものであり、本識と別な體を有するものではない。故に又阿陀那識は本識の名ともせられて居る。成唯識論では此識は思量卽ち執著を性とも相ともなすとなすが、相となすといふのは轉識論にも梵文にもない。又此識の滅に關しても轉識論は成唯識論よりも梵文に近い趣意であるが、文の意味が明確にせられ得ないのは遺憾である。第三識については前に說きしが如しとして省略して居る點は左程に明確でなく、了別を體となすことを明言しないのは全く不足である。然し了別を性とも相ともなすとなす相の方は成唯識論に特有のものである。進むで心所の分類については轉識論は他とは稍異り又無心の場合についても他と一致しないが、これは甚だしい相異でもない。

第十七頌以下に於ては成唯識論とは、殆ど根本的の相違をすら有すといふべきであるが、これは三無性論顯識論並に十八空論などを參照して了解すべきであり、釋曰文以外にこゝに繰返す要はないであらう。其中に於て三性中の前二を俗諦とし後一を眞諦となす點は注意すべきで、眞諦三藏の譯書では凡て此の如く分類するが、これ成唯識論の初一を俗諦とし後二を眞諦となすとは全く異るものである。此の點は兩者の立場の相違に基く程に重要な點に關係して居るのである。進むで唯識性に悟入する階位を說く部にても亦成唯識論との立場の相違に留意しつゝ理解せねばならぬ。最後の釋曰文に勝鬘經が引出せられて居るがこれは該經一乘章中の一部分の取意であらう。恐らくこれ漢譯勝鬘經によつて眞諦三藏の附加したものなることを示すものである。又一論又は一品の終として識轉品の究竟というて居るが、如何にも轉識品の究竟とあるべきを豫期せられ得るに實際さうでないのは一見奇である。此論を轉識論と稱しながら、論中には轉識の文字は用ひられて居らずして却つて識轉とのみある。之によつて考へて見るに、轉識論の轉識は決して成唯識論又は攝大乘論などでいふ轉識卽ち阿賴耶識を除いた他識を一括的に呼ぶ轉識とは決して同一の意味でなく、まさしくは識轉の意味であると見ねばならぬ。根本の識が轉識と稱せられたのであると解するのは慈恩大師の唯識樞要に本識の十八異名の第十一に轉があり淄州大師の了義燈に之を解釋して十一轉者無相論云與諸法爲依而起故とある所に見出さるゝ。然るに此引用文は現存の無相論にないから、若し淄州大師がかく解釋して取意引用したのであるとすれば、慈恩大師と共に、一層轉識を本識の名と解したことを示すし、若し取意引用でなくして元來此文があつたに拘らず後世傳寫する間に省かれ失はれたのであるとすれば、轉識の轉は此文によつて明確に起の意味になつて居るのであるから、阿賴耶識以外を七轉識といふ場合の轉識の意味と異る所はなく、本識の名としては不適當であるを慈恩大師淄州大師が顧みる所なくかく解したことになる。

故に轉識論は實際としては轉識論の意味であると解し、轉識は必ずしも本識の一異名ではないとなす方が一般的に穩當であらうと考へらるゝ。

（昭和七年十二月五日）

(五) 十八空論解題

十八空論は隋代の彥琮の仁壽錄以來眞諦三藏の譯書なることは一般に認めらるゝ所であり、又實際上正しいことであると考へらるゝ。然し單に陳代の譯出といふのみで年代が明確でない。論中に三無性論を指名して關說して居るから、此の點に於てこれ三無性論以後の譯なることが判る。故に恐らく無相論を譯して後、同じく五六四年に譯出したのであらう。

十八空論は麗本にのみは龍樹菩薩造とせられて居るが、他の宋元明三本にもまた宋本の南藏本北藏本にも著者を記して居らぬ。之によつて麗本の龍樹に歸託して居るのは十八空の如く空を說くのが龍樹に密接なる關係のある點から、空を論ずる書を直に龍樹の著となした程度の假託たるに過ぎないことが明である。以下論ずる內容に關する點から龍樹の著たり得ないことは殆ど絕對に確實である。然るに嘉祥大師の法華玄論には十八空論は婆藪の所造とし、こゝの婆藪は確に婆藪槃豆の略稱で世親を指すこと、此の文の直前に攝大乘論は阿僧伽菩薩の所造といひて引續いて擧げて居る點から見て明である。婆藪は其のまゝの名として百論註釋家などを指すとも解せらるゝかも知れぬが、決してしか見るべきでない。然らば嘉祥大師のいふ所では十八空論は世親菩薩の著となるのである。然しこれも、現存十八空論が中邊分別論の釋の斷片である點から、中邊分別論の釋が世親の作である爲に、相互の比較上、到底世親作の說を信ずることを得ぬ。從つて如何にも眞諦三藏自身の作なる如くにも考へられ、或は印度の何人かの中邊分別論の複註の斷片なる如くにも考へられて、明確でない點が多いが、恐らく何人かの中邊分別論複註を眞諦三藏が譯したのであらう。中邊分別論の世親釋は安慧が複註したし、中邊分別頌は護月も註釋したから、頌も釋も種々註解せられたことがあるのである。然し十八空論は安慧作のものとも同一でなく、又護月の註の內容は全く知られない。而して現存のものは明に斷片に過ぎないが、これも既に眞諦三藏の時に、かく斷片的に出されたものであつて、必ずしも後世一部分が失はれて遂に斷片となつたといふのではないかも知れぬ。

十八空論が中邊分別論に基いて其の中の或部を解釋した斷片に過ぎないことは兩者を比較する勞を惜しみだにしないならば何人にも首肯せらるゝことである。曾て解題者が十數年前此の事を公に論じたことがあつたが、其の所論中に兩本文を對照し出すことをしなかつたが爲に、學者はそれを信用しなかつた。從つて當時まで一般には十八空論が中邊分別論の釋の一部分に過ぎぬことは知られて居なかつたのである。解題者は更に數年前兩本文を對照して公表し、其の相當部を一見明瞭になしたから、もはや何人も異論を唱へ又は不信を表することはない。國譯文に於ても脚註にそれ〳〵中邊分別論の相當部を指摘して置いたが、國譯の性質上兩本文を對照し出すことが出來ないし、又中邊分別論は國譯せられずして其の異譯辯中邊論が國譯せらるゝから、對照には不便であるが、然し注意して比較すれば、其の相當部に於て兩本が決して全く異る無關係のものでないことは直に看取せらるゝであらう。國譯中には括弧內に第一第二第三第四第五として十八空論が五部分に分るゝものなることを示して置いたが、第一部は中邊分別論相品第一の第十六偈の下に說かるゝ十六空に對して十八空を說いて解釋し、十八空の十六空と異らざること、また十四空ともなること、並に十八空の分類を示すこと等を明にして居る。此の如き點から十八空論なる論名が起つたのであり、又論題の下の細註に亦十六亦十八亦十四亦十七とあるに至つたのである。一般的にこの四の亦字の示す所は此の論が十八空論といふ外に或は十六空論とも又は十四空論とも若しくは十七空論とも稱せられ得るといふ意味になるのであるが、かゝることは論書の常例に反する。若し亦字よりいふとすれば、然らば此の論は絕對的に十八空論とのみ稱せらるゝ所以はないことになる。故に此の點からも既に十八空論なる名は頗る怪しむべきものである。唯論の最初に空が十八種なることをいひ十八空を並擧して居る所に基いて直に十八空論となしたに過ぎないと考へらるゝ。而して十八空の說明の最後部を見て細註の亦十六亦十八亦十四亦十七を加ふるに至つたのであらう。然るに論には亦十七となすべき所以の根據は殆ど明にせられて居らぬ。從つてこれ元來は亦十六亦十八亦十四とのみあつたのが、後に十六と十八との數の間を順を追うて整へて亦十七を附加したものなることが判る。宋元二本に亦十七が記されて居らぬのは之を證する。更に十八空論の名にしても十六空論十四空論の名にしても論の內容上からは決して適切なものでないことが知らるゝであらう。論は現存の斷片に於ても十八空等を說くのは、初部分のみであつて、後半は全くそれと異ることを述べて居るから、此の後半が十八空論等の名で呼ばるべき所以は全くないといはねばならぬであらう、然らば十八空論の名は決して此論の最初からあつたものでなくして、何時か便宜的にかく呼做したことに始まるに過ぎないであらうと思はる。

第一部に於ては現行本には殊に十八空の順序の數字其の他に於て文字上の混雜脫漏等が少くないから、麗本を底本となしながらも、それ〳〵他本に典據し又は前後の文に案じて訂正改變して讀み得る如くになした。然し何れも脚註に之を記して決して濫りになしたのでないことを明にするに努めた。十八空の中で最も注意すべきは第十一不捨離空第十二佛性空第十三自相空第十四一切法空の說明の部であつて、此の中には法應化三身の說並に佛性が五種過失を除き五種功德を引くことが述べられて居るのが重要視すべき點である。三身說は所謂合本開迹卽ち合眞開應の三身說であつて、開本合迹卽ち開眞合應の三身說ではない如くである。前者は法身を以て理智を合せたものを其の體と見、後者は法身は理を本質とし智は報身の體と見る見方である。佛の眞身として理を智から開いて理のみを見ればこれ卽ち開本卽ち開眞で、理智を法身と見ればこれは合本卽ち合眞である。合本合眞の考では報身の體は法身の中に入れらるるから、應身を開いて應身化身の二となす爲にこれ卽ち開迹卽ち開應の見方であり、開本開眞の考では報身を立てるから、今いふ應身化身を合して應身のみに見る爲に、卽ちこれ合迹卽ち合應である。故に合眞開應は法應化の三身、開眞合應は法報應の三身となるのである。然し法應化又は法報應の名稱が必ずかく合眞開應又は開眞合應の學說たることゝ絕對的に結合して居るといふのではない。時には名稱と學說とが交錯して居ることもある。然し此の二種の學説は區別せらるべきもので、其の點から見て此の十八空論の説は其の中の一を取つて居ると考へらるゝのである。歴史的の發達から見れば、開眞合應の三身説の方が發達の最後に現はれたものであつて、彌勒無著は合眞開應の三身説、世親は合眞開應と開眞合應との兩者を有し、前者は師より承けた説とし、後者の方を自説となして居る關係である。眞諦三藏の傳ふる説は大體合眞開應の三身説の方である。更に佛性に關する説は世親の佛性論と其の趣意を同じくするものであつて、優れた説である。佛性は空なりと明言し、佛性は諸法の自性なりとし、三性三無性によつて説く所も佛性論の趣意と全く同じであり、三性三無性が皆空説の上に立てられ、從つて唯識説も亦般若空觀と根本に於ては決して異るものでないことを示すを得る點に於て重大な意義を有する。

第二部は第一部と直接連絡する繼續の説であつて、空を成立する道理を説いて居るものである。般若空觀の究竟する所たる自性清淨心が卽ちこれ眞實唯識の最後點たる阿摩羅識なることを示す點あるは甚だ重要な説である。此の第二部の最初に第四とあるのは中邊分別論と對照して理解せらるゝものである。中邊分別論相品第一は現行本の第三偈から始まるもので、之れまでは歸敬偈や總序偈である。第三偈から第十一偈までは虛妄の義を説き、第十二偈に於て以下相品終までに第一空の體相、第二空の衆名、第三空の衆名の義、第四空の分別、第五空の成立の理を述ぶることを言詮はして居る。此の中の第四空の分別を説く中途に十六空が長行に説かれ、それに相當して十八空論の最初の十八空が説かれて居るのであるから、十八空論は中邊分別論の右の第四の所から始まつて居るのである。然るに十八空論の豫想するものに於ては右の五段の中第二と第三とを合して一段となしたと見えて、五段は四段とせられ、從つて第四空の分別は第三空の分別とせられて居るのである。故に又當然次の第五空の成立の理は第四空の成立の理となつて居る。そこで十八空論には第二部に於て最初に第四に空を分別する道理云々というて居るのである。之によつて此の第二部は直に第一部に連絡して居るものなることが明である。

第三部については、既に第二部の最後に於て中邊分別論相品第一に當る部は終了し文も完結したのであるから、中邊分別論に相當部のないのはむしろ當然で、從つて此の第三部は十八空論にのみ存する特有のものである。これありて初めて十八空は十六空の開合の相違として說かれたものに過ぎないことが示されて居るのである。

第四部の最初には直に第三は云々とあるから、此の前に少くとも第一第二があるべき理であるが、これがないから、明にこゝにはそれが缺けて居ることが知らるゝ。それだけでも此の第四部は第三部と直接に連絡して居るのではないといはねばならぬ。中邊分別論を見るに、相品第一の次には障品第二があり續いて眞實品第三がある。十八空論には障品第二に當る部は全くなく、而も眞實品第三に當る部も完全して居ない。眞實品第三は十種眞實を說き其の中の第十勝智眞實には十種の勝智が含まれて居て其の十種の勝智は十種の我見を對治するものなるを概說し、進むで最初の十種の眞實各々を說明解釋し、第九の分別眞實の說明には分破眞實に七種ありとし第一生起眞實、第二相眞實、第三識眞實以下を順次に說いて居る。今此の十八空論の第四部の第三が唯識眞實を明すといふのはまさしく第三識眞實を說く部に當るものである。故に此の第四部は眞實品第三の十種眞實十種勝智の列名並に十種眞實の說明の初八と第九中の初二とを缺いて、第三から始めて居るのである。第三から第七までは簡單に說いて完結するが、これで十種眞實の第九分破眞實の說明は終るのである。此の簡單な中に方便唯識と正觀唯識との二種のことを說いて居るのは唯識說全體の上で極めて重要なものたるのである。而も正觀唯識は阿摩羅淸淨心のみとなつた場合であるとなすから、これ全く般若空觀の究竟と同じであつて、眞諦三藏の傳へた唯識說は之を最後點となすものであることを表はして居る。成唯識論に於ける護法の唯識說は方便唯識の範圍までのものであつて、決して正觀唯識までは步を進めて居ないものである點に於て唯識說一般中にありて特別の地位を有するのである。此の分破眞實の七種は所謂七種眞如又は七種如如と同じであるから、次に解節經に說かるゝ其の說を引用して說くが、七種如如は既に三無性論にも說かれて居たものであるから、こゝに三無性論の名を擧げて參照を注意して居るのである。更に以下の別義の詳釋は互に比較對照して熟讀理解すべきものである。

第五部について、右の七種眞如の別釋は十八空論に特有なもので中邊分別論に存するのではないから、第四部初頭の簡單な第三から第七の一應の説明に引續いて、此の第五部に相當するものが中邊分別論に於ては十種眞實中の第十勝智眞實の説明であり、そして第五部はそれに一致して説く點で、前の第四部に直接連絡して居るのである。然るに此の第五部に於ては、十種勝智が十種我見を除くを説く中の第五までのみを存し、而も第三を脱して居る。幸にも三無性論の四種道の第四なる四種境界の第三勝智境界に初五種勝智と初五種我見とが説かれて居るから、之を補遺として參照して解するを得るであらう。其の他は脚註によつて知り得る如くになつて居る。

以上の如く十八空論は第一第二第三第四第五の五部から成つて居るが、第一第二は連續して中邊分別論の相品第一の最後に相當し、第三は此の十八空論に特有なるも、實際上第一第二の結尾をなすから、從つて第一第二第三の三部で不完全ながら一全體をなし、更に第四第五も其のまゝ連絡せる一全體をなし首尾を缺如せるものである。故に五部は結局前後の兩部となる理である。而して此の兩部を對見する時、何人にも考へらるゝ如く、其の中間を缺いて居るのは不自然なるものであつて、元來は中邊分別論の障相第二に當る部が其の中間にあつたのであらうと見る外はないであらう。少くとも後部の最初は中邊分別論眞實品第三の最初に相當する文が存したに相違ない。同樣に最後は十種勝智十種我見の全體だけは説かれて居たに相違ない。そして之を説けば、それによつて眞實品第三に當る部は完結するのである。又最初を考へても、相品第一の最初に當るもの、少くとも第十二偈以下空の義を説く所に當る部からを有して居たのであらう。

十八空論は其の原形を考へて見れば、少くとも中邊分別論相品第一と眞實品第三とに當る完全なものがあつたに相違ないのであるが、然らば何故に此の二品に相當する部のみを有し、それのみにて一論となつて居るかについては明確に其の所以が解せられない。玆に於てか十八空論といはるゝ論の原形は恐らく中邊分別論全體に相當する部から成つて居たのであらうと想像する外はない。若し然らばそれを十八空論と命名する所以はあり得ないから、何か他の名によつて命ぜられて居たのであらう。一歩を讓つて、論は相品第一の第十二偈に當る部からを有したものとなすも、猶且つ十八空論と呼ばるゝ根據はあるを得ない。故に十八空論なる名は決して元來からの名とは考へられないものである。若し中邊分別論全體に相當するものによつて一論となつて居たとすれば、然らば此論は中邊分別論と如何なる關係になるか。之については中邊分別頌に對する獨立の釋論と見るか又は中邊分別論に對する複註と見るか何れかの外はない。眞諦三藏は旣に永定二年(五五八年)に中邊分別論三卷を譯し、更に疏三卷を出して居るのであるから、此の疏の外に又疏の如きものを出すこともなからうから、何人かの中邊分別論の釋を譯し、其の一部分が斷片的に傳はり、それが十八空論と命名せらるゝに至つたのであらう。然し現存の十八空論の內容上之を眞諦三藏の著となす議論も相當な根據によつて成立し得るから、若し然りとすれば、初め臨川郡に於て中邊分別論同疏を出し、それが後に身邊になかつた爲に、廣東制旨寺に來てからそこに於て、攝大乘論其の他の說を弟子に授くるに資助となる必要上、再び中邊分別論の全部又は一部を講じ或は書したのであつて、それが現存十八空論となるに至つたのであるとも想像せられ得る。眞諦三藏に關しては其の一代のことがよく判らないから、種々なる點について明確を缺いて居て、推定又は想像によることになるのである。

(昭和七年十二月九日)

(六) 辯中邊論解題

辯中邊論上中下三卷は玄奘三藏が龍朔元年即ち六六一年五月に譯出したものであるが、其前年顯慶五年正月から玉華宮に於て大般若經六百卷を譯し始め龍朔三年十月に譯了したのであるから、大般若經の翻譯の行はれつゝある間に玉華宮に於て譯されたものである。そして此論には辯中邊論頌と辯中邊論とがあり、前者は頌文のみで、後者は其頌文と之を釋せる長行との合したものである。元來論の字は梵語原本にあつたのではなくして漢譯する際漢譯の慣例として論の字を加へ、以て書名なることを明確にし又論藏に屬することを明示し、書名として適當ならしめたに外ならぬ。故に頌文のみならば、辯中邊頌と稱すべきであり、頌釋兩者を合せ又は釋のみが辯中邊註とか辯中邊釋とか呼ばるべきであらう。原題には辯中邊頌と辯中邊註又は釋との名があつたのである。然るに譯出の際は後者を前に譯し、其中から頌文のみを取出して別行したから、自然辯中邊論及び辯中邊論頌といはるゝことになつたのであらうと想像さるゝ。何故にかく二本が存する如くになつて居るか。

辯中邊論は既に古く眞諦三藏によつて中邊分別論の名によつて陳の永定二年(五五八年)臨川郡に於て三卷として譯せられ、同時に疏三卷が出されたこと並に十八空論が之と密接な關係を有する斷片なること十八空論の解題に述べた如くである。然るに眞諦三藏譯には頌文のみを特出した別行本はなく、又中邊分別論の初部に世親菩薩の所造とのみなし、恰も頌釋何れも世親菩薩の作なるかの如く思はしむる點があつて決して頌と釋とは作者を異にすることを示して居ない。然し印度に於て古くから常に頌と釋とは作者を異にすることを言傳へて居た爲に、玄奘三藏は之を知り之に基いて頌文のみを別行となすに至つたのである。頌と釋とが別人の作なる爲に、頌のみを別行せしめることは玄奘三藏の慣例であるともいへる程である。

辯中邊頌は彌勒菩薩が無著菩薩に敎へたもの、そして無著菩薩は之を世親菩薩に授けたから、世親菩薩が之を釋したのである。故に釋は世親菩薩の著である。彌勒菩薩と無著菩薩との關係のことを初めてシナに傳へたのは菩提流支で、次は眞諦三藏、次に玄奘三藏であるが、菩提流支は彌勒菩薩が無著菩薩に敎へたとして地持經金剛般若論のみを擧げて他をいはず、眞諦三藏の世親傳には十七地經諸大乘經の解釋などを授けたとし、玄奘三藏は瑜伽師地論大乘莊嚴經論中邊分別論等というて居るから、玄奘三藏の時初めて辯中邊論が彌勒菩薩によつて無著菩薩に敎へられた書中に明言せられたのである。然し印度の諸論師はこれよりも遙に古く辯中邊論を彌勒菩薩の說いたものとなして居るから、唯シナに入りて明確にしかいはれなかつたといふのみである。解題者は此彌勒菩薩は一般に信仰せられ居る當來佛たる兜率天の彌勒菩薩とは區別すべきであつて、全く史的人物として無著論師の師たる彌勒論師であつたのが、後に其名の同一や其他の事情の爲に混ぜらるゝに至つたのであると考へるから、辯中邊頌は彌勒論師の著書であると信ずる。然し今此解題の中に於て此の如き純學問上の研究問題を取つてとやかく議論せむとするが如き稚氣は之を差控へるべきであると信ずるから、今こゝではむしろ古來の說を承けて信ずる方を讀者に望むのである。たゞ彌勒論師の存在を認めずに全く兜率天の彌勒菩薩に外ならぬとなすにしても、辯中邊頌は決して無著世親二論師何れの著はしたものでもないことは明確であるから、それだに明となれば、それで十分である。

辯中邊論は其原名をマディヤーンタ・ギバーガ (Madhyānta-vibhāga) といふ。マディヤが中、アンタが邊、ギバーガが分別又は辯であるから、眞諦三藏は中邊分別論と譯し、玄奘三藏は辯中邊論と譯したのである。慈恩大師は中邊分別論と譯しては漢語の順序に應じて居ないと非難するが、玄奘三藏自身も西域記には中邊分別論とし、三藏の弟子も慈恩傳に中邊分別論となして居るから、一概に非難すべきものでもないであらう。辯は顯了の義で分別の異名である。此論は、たとひ釋が附せられて居ても、なか〳〵難解のものであつて、一見各說の目次を出した如きものであり、釋も唯それを一一分解して多少の解釋を附したが如きものであつて、決して後世の釋の如くに議論的に論述し各說の意味を悉く言詮はすが如きことをなして居ない。かゝる註釋風が世親菩薩の常例であり、恐らく古い時代の釋家の一般傾向であつたのであらう。そして此論には慈恩大師の辯中邊論述記三卷が作られて今に傳はつて居るが、これすら大師の他の註釋書程に解し易いものではない。從つて少しく內容の概觀を示して、何を說き居るかを見得る如くにし、以て理解の一助となすであらう。

頌文のみについていへば、最初にある一頌と最後にある一頌とは世親菩薩の作つたもので、歸敬序と結頌とである。此二頌を除いて更に最初にある一頌即ち論の第二頌となつて居るものは彌勒菩薩の作つた總序であつて、此論が辯相品と辯障品と辯眞實品と辯修對治品と辯修分位品と辯得果品と辯無上乘品との七品より成ることを言詮はせるもの、又最後の一頌即ち論の最後よりの第二頌は同じく彌勒菩薩の作で、何故に此論を辯中邊と名づくるかの所以を述べた結頌である。此の如く前後を省いて中間の百十一頌が右の七品に分たれて各の義が述べられて居るのである。此七品の內容は大體下の如くになつて居る。

總　序……………………………………………………………………（一）

第一辯相品……以下二品は境を明す。

(1)虛妄分別の有相……………………………………………………（二）
(2)虛妄分別の無相……………………………………………………（三）
(3)虛妄分別の自相……………………………………………………（四・五）
(4)虛妄分別の攝相……………………………………………………（六）
(5)於此入無相方便相…………………………………………………（七・八）
(7-6)此差別相異門相……………………………………………………（九）
(8)此生起相……………………………………………………………（一〇）

(9)此雜染相……（一一、一二）
（以上妄分別九相）
所知空性五義……（一三）
(1)空性相……（一四）
(2)空性異門……（一五）
(3)此異門義……（一六）
(4)空相差別……（一七—二一）
(5)此成立義……（二二、二三）
（以上圓成實之辯）
第二辯障品
具分等五障……（二四）
正加行諫九結……（二五、二六）
因障十能作因……（二七—三三前半）
覺分度地別障……（三三後半—三九）
略爲二障……（四〇）
第三辯眞實品……以下の三品は行を明す。
十種眞實……（四一、四二）
(1)根本眞實……（四三）
(2)相眞實……（四四、四五前半）

(3)無倒眞實……(四五後半—四七)
(4)因果眞實……(四八、四九)
(5)麁細眞實……(五〇、五一)
(6)極成眞實……(五二前半)
(7)淨行眞實……(五二後半)
(8)攝受眞實……(五三)
(9)差別眞實……(五四)
(10)善巧眞實……(五五—六三)
一、蘊義……(五七前半)　二、界義……(五七後半)　三、處義……(五八前半)　四、緣義起……(五八後半)
五、處非處義……(五九)　六、根義……(六〇前半)　七、世義……(六〇後半)　八、諦義……(六一)　九、
乘義……(六二)　十、有爲無爲義……(六三)

第四辯修對治品

四念住之修……(六四)
四正斷之修……(六五)
四神足之修……(六六—六九)
五根之修……(七〇、七一前半)
五力之修……(七一後半)
七覺支之修……(七二、七三)
八正道之修……(七四、七五)

修對治差別……………………………………………………（七六、七七）
第五辯修分位品
修分位十八………………………………………………（七八、七九）
略說三種……………………………………………………（八〇）
辯人……………………………………………………（八一）
第六辯得果品……以下二品は果を明す。
五果……………………………………………………（八二）
他十果……………………………………………………（八三）
第七辯無上乘品
無上乘三義……………………………………………………（八四）
(1)正行無上六種……………………………………………（八五―一一〇）
一、最勝正行……（八六―八九）　二、作意正行……（九〇―九三）　三、隨法正行……（九四―一〇五）　四、
離二邊正行……（一〇六―一〇九）　五、六、差別無差別正行……（一一〇）
(2)所緣無上……………………………………………………（一一一）
(3)修證無上……………………………………………………（一一二）
結頌……………………………………………………（一一三）

以上の外第三十三頌前半と後半との間に二頌があり、第百五頌の次に二頌と一頌とあるが、述記には前の二頌は辯中邊論の頌ならずして世親菩薩が他論より引用したか又は自ら作つたか何れかであるとなし、後者の二頌と一頌とは共に西域相傳に寶積經の頌であるとなすというて居る。中邊分別論には此五頌は凡て缺けて居るから、述記のいふ所

は恐らく正しいものであらうと推斷せられ得る。蓋し述記なる名は慈恩大師が玄奘三藏から親承した所を記したもので自ら案出して述べたのではない意味を示すのであるから、これ等も玄奘三藏が印度で聞いて來たことに屬するのである。從つて又述記のいふ所は多くは玄奘三藏當時の印度の學者の說に基いて居ると見らるゝから其中には貴重なものを含むで居る。然るに頌文釋文を解釋する際隨處に眞諦三藏譯の中邊分別論に關說して數々之を排斥して居る。元來玄奘三藏が翻譯をなした際唐の高宗は勅して未だ漢譯にない新しい經論を先に譯し、既に先譯の存するものは後に譯する方針となせと命じたのであつたが、然し眞諦三藏の既に譯した論にして玄奘三藏の再譯したものは必ずしも少くない。此辯中邊論に關していへば、述記に眞諦が古く梁朝に之を譯したが文錯り義違すれば更めて譯したのであるといはれて居る如く、凡て文錯義違の爲再譯すといふ抱負を以てして居るのである。玄奘三藏が既にさうであるから慈恩大師も常に此精神態度を以て眞諦三藏の譯書に向ふのである。然し曾てもいうた如く、玄奘三藏の傳へた唯識說は護法の新說であつて、唯識の古說に反すること數々なるもの、眞諦三藏の傳へた唯識說は護法以前の說で而も多分に古說に準ずるものであるから、たとひ玄奘三藏の學說及び解釋は其當時の印度の學者のものを傳へて居るにしても、決して唯一正當な標準の如くに見做され得るものでない。印度の當時の學者が既に已に古說に準ずる點が多くなかつたのである。必ずしも眞諦三藏の說又は古說のみが唯一の取るべきものといふのでもないが、然し眞諦三藏と玄奘三藏との傳へたものゝ間に其系統の相違と歷史的の變遷發達との考を入れてそして兩者を比較對照し兩者の內面的連絡を考へねばならぬものであることをいはむとするのである。決して述記のいふ所のみを盲信しそれに盲從すべきでない。此意味に於て眞諦三藏譯の中邊分別論は辯中邊論と同等に重要なものであり、同一論本に對する兩者の相異等を知るに缺くべからざる對照資料である。其幾分をなりと彷彿するを得しめむ爲に國譯の脚註に頌文のみは中邊分別論のものを國譯して添加して置いた。

世親菩薩の辯中邊論は安慧によりて複註せられて其全譯は西藏譯に存し西藏大藏經に保存せられて居る。然るに其梵文の斷片が最近佛蘭西の碩學によつてネポールより發見將來せられ、目下我國の學者の手によつて整理解讀公表せられつゝある。辯中邊論の重要なることゝ又幾分なりと安慧の說を知り得るとの兩方面に於て極めて興味あり又重要なものであると思はる。一日も早く完成して學界を俾益せられむことを望むで止まぬのである。

（昭和七年十二月七日）

（七）掌中論解題

掌中論は唐の義浄三藏が七〇三年に譯出したものである。著者が陳那菩薩であつて、此の點についてはシナ日本に何等の異說もなく、從つて義浄三藏の時からかくいはれて居たのであると考へらるゝ。然るに此論は西藏語に譯せられて西藏大藏經に存し、そこでは龍樹菩薩の弟子提婆菩薩の著とせられて居る。西藏に於ける翻譯は、一般に遲いものであるから、たとひ此論が西藏に譯された時既に提婆菩薩の著とせられて居たにしても、漢譯よりも後である爲に、此論の著者に關する說としても、漢譯の方が古傳である。又義浄三藏は印度に留まつたこと長く、印度で此論を自ら得て來たのであるから、陳那菩薩の著となすことも印度の說である。西藏の提婆菩薩說も、たとひそれが印度の說であつて決して西藏に來てからいはるゝに至つたのではないにしても、年代上西藏に傳はつた說の方が新しい。故にかかる點のみでいうても古說たる陳那菩薩說を眞と認むべきである。然し既に傳說が一致しない以上は、一層決定的なる根據は之を此論中の內容に求むべきである。其內容は所謂蛇繩麻の三喩によつて唯識無境を明すにあるのであるから、かゝる說が提婆菩薩の時代に存する所以は、到底考へらるゝことでない。殊に蛇繩麻の三喩は元來攝大乘論に於て說かれたものであつて、從つて此論はそれに基いて簡單に纏めたものであると見らるゝ。故に此內容は瑜伽行派の人たる陳那菩薩の著となす方が正しいと考へらるゝ。從つて時に學者が兩傳說を折衷して論中の頌文は提婆作で釋文が陳那造であらうとなすのも決して承認せられ得る說でないといはねばならぬ。

本論は極めて簡單なものであつて、僅に六頌と長行とから成つて居る。而も最後の一頌は別頌といはれて居るから、本論に屬するものとしては五頌のみの理である。第一頌に蛇繩麻の三喩が說かれて居るのであるが、こゝには麻はなくして分叉は長行に支分とせられて居る。此喩は一切の境は繩に喩へらるゝ依他性のもので因緣法たるに過ぎないが、凡夫は、之を蛇と計度妄想し蛇想によつて恐怖等の心を起して居るも、元來繩に過ぎないことを知れば、分別性たる蛇の解は消散するに至るに相違ないし、更に又之と同じく依他性の繩も麻であり、分が繩と現はれて居るに外ならぬことを了知し得れば、繩の解も亦消散すること蛇の解の如くで分のみとなり遂には分も留まらないに至り眞實性となるといふのである。第二頌に於ては此喩を諸有の假設の事にあてゝ說いて一切は世俗諦の境となし、第三頌では、恰も麻又は分に當る如き極微が殘ると考へられむも至極微は非有と同じで惑亂心の所產のみとなすのである。第四頌は既に境相が無いのであるから、此所緣の無から當然能緣の非有がいはれねばならぬとなし、所謂境識俱泯が其最後點なることを表はして居る。第五頌は以上を實踐に適用して煩惱斷除に進むべきを說くのである。最後の別頌は以上のいはゞ、自利の行を利他の方面に向はしめ、和光同塵の同事に於て化他に努め其間にも眞勝義を明にして共に解脫に至るべきを勸むるものである。かく一覽するに此論は甚だ要領を得た簡潔な論なることが判る。まさにこれ陳那菩薩が攝大乘論に基いて簡單にかく述べたもので、菩薩にはかゝる簡潔にして要領を得た著書が少くない。漢譯に傳はらなかつた入瑜伽論の如きも亦かゝる種類の論である。

掌中論には古い異譯として眞諦三藏が陳代に譯した解拳論が存する。解拳の拳は數々捲ともせられて居るが、此場合捲は拳と全く同意味で、相通じて用ひられたものに外ならぬ。掌中と解拳とでは如何にも意味が反對の如くにも見ゆるが、實際はさうではなくして、恐らく師の祕する如き掌中の說を、掌中論はこゝに解き明して述ぶる意味となし、解拳論をそれを解き述べるの意味となしたのであると見るべきであらう。從つて掌中も解拳も其原語を異にするのではなく、全く同一であつたに相違ない。原語が如何なる字であつたかについては說が異つて、或はハスターバヴ(hastābhava)ともハスタヴラ(hastavala)ともハスタヴーラ(hastavāla)ともハスタパーサ(hastapāsa)とも或はムシュテイ(muṣṭi)ともターラーンタラカ(tālāntaraka)ともなさるゝが、或は此中ではハスタパーシャ(hastapāśa)が適當であらうかとも想像さるゝ。然し此外に眞の原語たるものがあるのかも知れぬ。

(昭和七年十二月十日)

面山師年譜及び覺仙和尙との關係

第一　面山師年譜

面山瑞方(二三四三—二四二九 一六八三—一七六九)師は靈元天皇天和三年十一月五日、肥後山本郡三鳥驛今村氏に生れた。父は入道して玄珍と稱し、母は牛島氏である。時代は元祿、享保、寶曆の間で、德川最盛期に當り、一般の文化は進歩し、學術文藝の各方面に一代の傑士が出で、佛敎界も、これに伴うて各宗に高德碩學が現はれた。面山師は曹洞宗に入り、深く永平高祖の道風を讃仰し、其德業を宣揚することに專心し、東奔西走、席暖まるの暇なく、口に筆に畢生の力を傾注したから、曹洞宗の宗學史上最も重要な人で、邪を闢き正を揭げ、其點に於て後世の範となつて居る。殊に感ぜられることは、正法眼藏に關する著述の爲に、名刹遠州可睡齋、宇治興聖寺への補席の請を辭した如き、名聞を抛つての努力精進のあつたことであり、叉、六十歲以後、思想圓熟して德風高く、一代の事業は全く此間のことで、八十六歲に及びて猶且つ京都より肥後の結制に赴き、八十七歲臨終に至るまでも、筆を措かなかつたことである。健康の賜たる點もあらうが、一にこれ道心堅固であつたが爲である。面山師の兒孫後輩たるもの、之に傚ふ所あるべきである。

天和三(二三四三)(1683)　○十一月五日肥後に生る。(損翁宗益三十五歲、天桂傳尊三十六歲、卍山道白四十八歲、月舟宗胡六十六歲。

無能上人生る。桃水寂す。)

貞享元　(卍山道白正法眼藏を校定す。)

二　(白隱生る。石田梅巖生る。山鹿素行歿す。英國バークレー生る。)

三

四

東山天皇
元祿元　（東漸寺覺仙生る。）

二

三　（德巖養存五家辨正を撰し、法門鋤宄を梓行す。叡山の妙立寂す。）

四　（林道春大學頭と爲る。熊澤蕃山歿す。）

五　○十歲。（湊川に楠氏の碑建つ。）

六　○四書を讀む。（靈空、安樂院を律刹とし、妙立を第一世とす。）

七　（芭蕉歿す。吉川惟足歿す。）

八　○四書朱註を習ふ。（黃檗宗高泉寂す。シナ黃宗義歿す。）

九　○三敎指歸を習ふ。初めて詩を作る。○母に出家を請ふ。（月舟寂す。東皐心越寂す。）

十　○悉曇を學ぶ。○母逝く。（賀茂眞淵生る。）

十一　○肥後流長院逐雲に就いて出家得度す。（獨庵玄光寂す。萬仞道坦生る。木下順庵歿す。）

十二　○慈光院泰嶺に起信論を聽き、鎭興寺睦首座に詩の添削を承く。（河村瑞軒歿す。）

十三　○泰勝寺性天旭に臨濟錄、正宗贊を聞く。（卍山、梅峰等宗門革正を訴ふ。水戶光圀薨ず。）

十四　○肥前江東寺惠眼の結冬に赴き、湛堂に梵網古迹記を聞く。（契冲寂す。）

十五　○二十歲。千榮寺萬元に維摩經を聞く。○金峯山藏王堂に七日通夜し、明年の行脚に明師に遇はむを祈る。
（赤穗浪士復讐。）

十六　○二月、海上より大坂に着、京都に留まる三日、江戶に入り、卍山、損翁、德翁良高に見え、損翁を追う

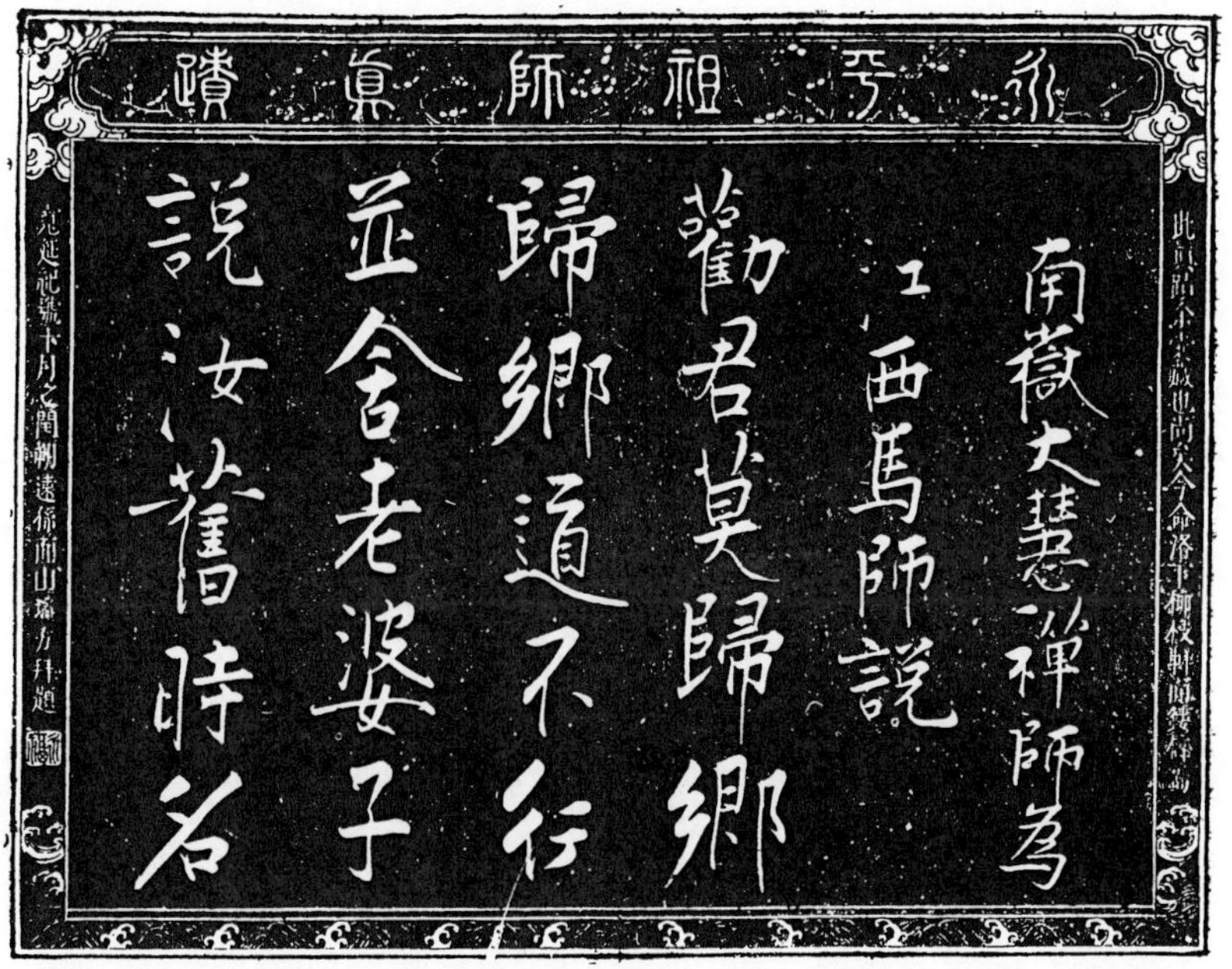

て仙臺泰心院に到る。（幕府宗門の嗣法條規を定む。）

寶永元　○損翁の提撕を受く。

二　○正月、師命により關東の諸知識を訪ひ、叉學道用心集、阿彌陀經、無門關を講じ、仙臺に歸りて嗣法す。○六月二十四日損翁寂す。○四七日を過ぎて江戸に入り、相州に住し、龍前院の冬制に入衆す。○此冬永祖の肖像を印板して施す。（伊藤仁齋歿す。）

三　○二月、老梅庵に入り、普門品を講じ、三歸戒を授け、江戸に到つて密門三摩耶戒を受け、歸りて大山不動尊に閉關の無難を祈り、四月十五日閉關し、自寫の正法眼藏壹部のみを讀む。

四　○叡山靈空の徒志鴻と天台梵網義疏を商量す。（梅峰竺信寂す。德門普寂生る。英國ジョン・ロック歿す。）

五　○癡仙の爲に辦道話を開示す。○臂香指燈を以て諸佛を供養す。〇損翁老人見聞寶永記を撰す。

六　〇家宣將軍。〇正月十六日開關し、鎭守及び大山に詣り、更に閱藏せむとし、淨發願寺にて華嚴部三百餘卷を終りて、江戸に入り、知足院湛融に見えて梵網義を研究し、東昌寺隱之に見え、其寺にて般若部を讀み、十六會序を集め、國讀を加へて一卷とす。〇冬瘧を病む。（德翁寂す。）

中御門天皇
七　〇二月、閱藏終る。〇洞上句中玄を編し、隱之に伴はれて洛北鷹峯に隱之の師卍山を訪ひ、又、河泉の知識に詣り、鷹峯に歸りて、永平實錄を述べ、卍山序し、上梓す。

正德元　〇二月、叡山、三井寺に詣り、勢廟を拜し、大和河内の社寺に詣り、鷹峯に歸る。〇三月末より若州空印寺の夏制に赴き、解制後、永平寺に登り、美濃妙應寺にて藥石祖筆を拜し、相州大智寺に至りて、冬制に首座となり、辦道話を講じ、大論を閱して、集斷璧三册を筆にす。（獅子谷忍徵寂す。英國ヒューム生る。）

二　〇三十歲。〇正月江戸に入りて隱之に會ひ、又相州老梅庵に入つて、永平廣錄を看、大智寺にて之を講じ、再び江戸に至り、總州東昌寺にて安居す。（佛國ルソー生る。）

三　〇家繼將軍。〇正月、大智寺に歸り三十餘日にして、江戸に入り普門品を講じ、二月、日光を經て仙臺に到り、損翁の墓を掃ひ、夏制を助化し、制了して出羽に至り、辦道話を講じ、再び仙臺泰心院に歸りて永平廣錄を講じ、東昌寺を經て江戸に入り、法話一篇を草し、相州を經て京師に到り卍山に見え、肥後流長院に歸る。〇父の病に侍す。

四　〇是より先、卍山和尙禪餘套稿を編し、卍山自ら此年正月書禪餘套稿後を書く。〇二月、廣福寺にて大智禪師の室中の法寶を拜見す。〇三月、父逝く。〇厚く葬り、一七日忌の後、海を渡りて大坂に着き、鷹峯に至り、卍山和尙禪餘套稿を上梓す。夏を過ごして加州より總持寺に登り、峩山禪師三百五十回忌に値ひ、大乘寺に留まり祖堂侍眞となる。（貝原益軒歿す。）

五　○二月、永平寺に到り傘松峯に登り、寳慶寺に詣りて永祖自贊畫像を拜す。○三月鷹峯に歸り、卍山和尚の命により加州に至り、歸りて復命し、更に寳慶寺にて義雲錄を考訂し、雷門道友書を得。○七月卍山和尚の寂に遇ふ。

享保元　○吉宗將軍。○二月、尾州萬松寺を訪ひ、三月末老梅庵に再住す。○十一月、正法眼藏涉典錄を著はし始む。（融通念佛宗大通寂す。慈雲尊者生る。康熙字典成る。獨國ライプニッツ歿す。）

二　○三月、鎌倉に到り、夏玉繩玉鳳寺結制に於て臨濟錄を講じ、又眞歇拈古を講じ、京都柳枝軒の爲に顏輝十六尊者の像を彫刻し、乃ち福田宣耕記を撰して與ふ。○八月、六祖大鑑禪師靈牙略記を撰し、十月、永平寺に瑞世し、上洛して綸紵を受く。○九月、肥後禪定寺補席の請書到る。○冬を洛西壽福庵に送る。十二月、祇陀大智禪師行錄を撰す。（二月、流長院遼雲寂す。）

三　○二月、泉州成合寺に赴き、夏中、開山雲山白和尚語錄を考閱す。○七月、禪定寺大空等の專使到り、八月、浪華を發し、流長院に寓し、九月一日進山す。（祐天上人寂す。飮光尊者生る。）

四　○正月、南鄕含藏寺に赴き、永祖眞蹟坐禪儀跋一幅を得。○夏結制を行ひ、六祖壇經を講ず。○五月、禪定寺閑居大空寂す。○清規に依つて津送す。（無能上人寂す。）

五　○三月、妙解桂隱の請により臨濟錄を講じ、夏道俗の爲に六祖壇經を講じ、十月、檀越の爲に普門品を講ず。○十一月、受食五觀訓蒙を撰す。（玄樓奧龍生る。）

六　○冬結制を行ふ。○盛大なる開堂式あり。

七　○四十歲。○解制後痰咳を發し、保養の爲に、豐後に入り、大寶庵にて普門品長行を講じ、能仁寺にて世尊偈を講じ、宇佐八幡を拜し、五百羅漢に登り、筑後善導寺に詣りて歸り、豐山行紀を作る。○淸潭寺を再興せむとす。○永慶寺記を撰す。

八　○春清潭寺を建つ。○夏結制を行ひ、豊後に入りて醍醐寺を中興す。○豊山再紀を作る。○秋歸寺す。
(鳳潭華嚴寺を開く。三浦梅園生る。)

九　○八月、瑩山祖師四百年忌法會を修す。○清潭寺にて佛祖正傳大戒訣三卷を作る。○禪定寺を修理し、開山堂を建つ。(近松門左衞門、英一蝶歿す。獨國カント生る。)

十　○七月、島原江東寺に至り、又大智禪師の水月庵の跡を訪ひ、長崎に行き、シナの風物を問ひ、此間、諸知識を訪ひ、佐賀より筑前に到り太宰府天神に詣り、博多に入り、肥筑日記を作り、冬歸寺す。○長州功山寺補席の請あり、痰咳の爲に辭す。(新井白石歿す。)

十一　○七月、開山宣安百三十年囘齋會を修し、其落命處廣祥寺を重興し、守塔僧を置く。(天桂、正法眼藏辨註を始む。)

十二　○春、聖護寺の舊跡に登り、大智禪師以下八世の塔を拜す。○又、正觀寺浙堂西堂を訪ひ、朝鮮本傳燈錄を見、之を拔萃す。末に寶鏡三昧あるを以て、シナ日本にて之を祕書と稱するの誤なるを知る。○七月、甘露門を撰す。○八月、卍山會を修す。(秀恕、日本洞上聯燈錄十三卷を作る。英國ニュートン歿す。)

十三　○三月、若州空印寺の專使來り補席を請ふ。來春移ることとす。○八代郡悟眞寺卽宗を訪ひ、永祖の靈骨を拜見し、分骨を乞うて祕藏す。○夏結制を行ひ、碧巖錄を講じ、五月、奘祖四百五十囘忌を修す。○秋、受食五觀訓蒙を述べ、又、自受用三昧を述ぶ。(靈空、卽心念佛義を唱ふ。荻生徂徠歿す。)

十四　○正月、悟眞寺卽宗に禪定寺を讓り、豊後、別府に入り、海上、大坂に着き、鷹峯に登り、二月二十一日空印寺に入り、夏結制を行ひ、信心銘、證道歌、安居卷等を開示し、戒會を行ふ。(隱之寂す。天一坊處刑。)

十五　○二月末、永平寺に上り、進山儀を述べ、淨祖の永祖に授けし嗣書を拜見し、法脈贊を述ぶ。○三月、洞上室内口訣を撰す。（天桂正法眼藏辨註二十二卷、同調絃を撰す。道坦、永平開山御遺言記錄を寫す。本居宣長生る。）

十六　○冬結制を行ふ。○御遺言記錄を寫し、永平寺に納む。（指月慧印、不能語履歷攝頌を出す。英國ダーウィン生る。）

十七　○五十歲。○八月、永平祖師贊を撰す。○十月、永平寺喝玄の永平丈室夜話菩薩戒義に序を製す。（林鳳岡歿す。）

十八　○冬結制を行ふ。（圓山應擧生る。杉田玄白生る。）

十九　○秋、永平寺を訪ひ、孤雲閣に於て、吉祥草を撰し、又、永平夜話を考閱し、別に傘松日記を作る。（室鳩巢、紀之國屋文左衞門歿す。）

二十　○八月、參州龍溪院に輪任し、秋、遠州可睡齋に至り、歸りて金光明經を石書し、門外に建塔す。○八月中旬、東漸寺覺仙來訪し、道交を結ぶ。○仲冬、請により、參州東漸寺記を自書して贈る。（天桂傳尊寂す。）

元文元　○二月、遠州大洞院に至り、恕仲禪師三百回忌齋に拈香す。○寫本大藏經を考檢し、海藏寺にて金剛四句を說く。○歸途、東漸寺に信宿す。○三月、龍溪開山二百五十回忌を修し、八月空印寺に歸る。○禪堂を翻修して、古樣僧堂となす。（指月慧印、參同契寶鏡三昧不能語を撰す。大智、碧巖錄種電鈔を撰す。一線、證道歌直截を作る。伊藤東涯歿す。）

二　○夏結制を修し、初めて僧堂清規を行ふ。○參州東漸寺覺仙、龍源寺萬光の二師來會助化す。○辦道話を開示す。○覺仙、萬光の二師自受用三昧を寫し、淨貲を贈つて印刻す。○二師に惜別の偈を與ふ。○秋、永平家訓を編す。○永祖の像を畫き、贊を作り、東漸寺に藏せしむ。

三　○正月、正法眼藏闢邪訣、洞上金剛杵を撰す。○八月、經行軌を講ず。○九月、遠州可睡齋、宇治興聖寺より補席を請ふも、正法眼藏渉典錄を述ぶる素願の爲に固辭す。（宜默玄契、洞山悟本大師語錄を編す。鳳潭寂す。幕府煙草を禁ず。）

四　○經行軌聞解、慧中によりて上梓せらる。○春より秋に、僧堂清規弁考訂を述ぶ。○秋、永平家訓刊行せらる。○十二月、雪夜爐談を述ぶ。（靈空寂す。）

五　○八月、東漸寺覺仙の筆寫せる正法眼藏七十五卷に序を作る。○秋、行脚して江州、勢州、和州、河州、泉州の神社佛閣を巡拜して京都に入る。○中秋行紀を作る。（宜默玄契、曹山元證大師語錄を編す。）

寬保元　○春、永福庵を建つ。○夏結制を行ひ、秋、空印寺を瞎道普觀に讓り、永福庵に退く。○金剛杵開板成る。

二　○洞上僧堂清規行法鈔五卷に、瞎道普觀、跋を作る。（三洲宗統復古志を述ぶ。）

三　○六十歲。（日本洞上聯燈錄上梓せらる。本光瞎道、曹洞二師錄を講ず。）○五月上洛し、坂城に至りて、永祖の眞蹟數品を拜見す。中に、義雲和尙の寶慶記及び永祖眞蹟の羅漢講式艸本あり。○夏、永平寺に安居す。（本光瞎道、正法眼藏品目頌洎錯會及び以呂波を撰す。）

延享元　○七月、天童如淨祖師行錄を撰し、八月、永平祖師得度略作法を刻す。○十二月、損翁老人見聞寶永記を改稿す。○永平高祖年譜偈を刊行す。（富永仲基の出定後語出づ。石田梅巖歿す。）

二　○家重將軍。○四月、永平寺に登り、孤雲閣に寓する五十餘日、五月末歸庵。○傘松粿記あり。（道隆の建長開山大覺禪師語錄成る。）

三　○二月、玉林白獸和尙語錄に跋を作りて、上梓を賀す。○四月、攝州有馬に湯醫し、摩耶山に登りて、記あり。（傳光錄書寫さる。）

四　○二月上洛、四月、伏見より坂城に至りて、再び永祖の眞蹟等を拜見す。○十月、佛祖正傳大戒訣或問を撰す。○佛祖正傳大戒訣、傘松道詠の開板成る。（太宰春臺歿す。）

桃園天皇
寛延元　○夏、永福庵にて結制を行ふ。結制録を印刻す。○秋、上洛し、大佛境内の小庵より永興庵に移り、冬歸る。○衆寮清規を講ず。○瑞光隱之和尙錄に跋を撰し、上梓を賀す。○閏十月、永祖の眞蹟を鏤梓して頒つ。（寫眞版參照）

二　○洞上室內斷紙棟非私記を撰し、洞上夜明簾を編す。○梵網經誦戒凡例を撰し、同經を校訂上梓す。○衆寮清規聞解及び佛祖禮の印刻成る。○洛北鷹峯桃水和尙傳贊を撰す。○前年鏤梓せる永祖の眞蹟の原本を、讓狀を附して、東漸寺覺仙に與ふ。（白隱槐安國語を撰す。獨國ゲーテ生る。）

三　○二月、寶慶記を校訂上梓す。○洞上唱禮法を撰す。（東漸寺覺仙寂す。豐山戒定生る。）

寶曆元　○二月、釋氏洗淨略作法を撰し、板成る。○又、天童如淨禪師行錄の板成り、考正懺法の板成る。○永福結夏語錄梓行せらる。○川僧禪師語錄に序を作る。（泉福寺輪住鐵忍、正法眼藏抄古寫本を修補し、且つ再寫し、古本大補惣裏打略記を撰す。林常快道生る。）

二　○七十歲。○二月、承陽大師報恩講式を撰し、又五百年忌を記念して、吉祥草を撰す。○夏、但州大用寺の結制に赴き、眞歇拈古、永平家訓、寶慶記を講じ、戒會に說戒し、侍者之を記して稿成る。○書寫山を經て歸る。○洞上僧堂清規考訂別錄八卷を撰す。○秋、田上常在院結制に赴き、辦道話、寶慶記、學道用心集等を講ず。

三　○訂補建撕記二卷を撰し、洞上大布薩法を校訂す。○洞上僧堂清規行法鈔五卷上梓せらる。○上州隻玄寺の夏結制に赴き、永平家訓、永福結夏錄を講ず。○九月末、上洛し、京尹に三歸戒を授く。

四　○正月、遼雲和尙五十回忌に當り、述撰書を以て、流長院の眞前に贈る。○二月、羅漢應驗傳二卷を撰す。○六月、損翁和尙五十回忌を修す。○十月、洞上伽藍諸堂安像記を撰す。

五　○九月、洞上僧堂清規考訂別錄八卷上梓さる。○大般若經國讀完了し、大般若經逐卷係讃二卷編集上梓し、目鑑淨書さる。○投子鈔評を撰す。

六　○正月、小字金剛經を印行す。○又、泉涌寺に補陀尊像を寄附し、請に應じて、補陀傳記を述ぶ。○三月、東漸寺覺仙の畫像に賛を作る。(指月、普勸坐禪〔儀〕不能語、坐禪箴不能語を撰す。鳳潭の弟子覺洲寂す。)

七　○夏、常在院の結制に赴き、宏智頌古、天童淨祖行錄、自受用三昧等を開示す。歸りて句中玄を撰して板に入る。○普勸坐禪儀聞解、坐禪箴聞解上梓せらる。(萬仞道坦、正法眼藏經豪抄を寫して十卷となす。)

八　○二月、正法眼藏隨聞記六卷を上梓す。○宏智頌古稱提を述べ、上梓す。○冬、正法眼藏渉典錄を艸し、晝夜弛めず。(萬仞道坦佛祖正傳禪戒鈔を編す。叡山大乘律に復す。飲光の南海寄歸傳解纜鈔成る。柳澤淇園歿す。良寛生る。)

九　○二月、正法眼藏渉典錄十六卷脱稿す。(飲光梵本を讀む。竹内式部追放せらる。英國バークレー歿す。獨國シルレル生る。)

十　○家治將軍。○二月、大用寺説戒の記錄二卷上梓さる。○田島永源寺の夏結制に赴き、宏智小參及び頌古稱提を開示す。○洞上伽藍諸堂安像記上梓さる。(三洲寂す。東嶺の毒語註心經成る。)

十一　○春、羅漢感應傳板成る。○三月上洛、建仁寺福聚院に移り、梵網古迹記を開演し、菩薩戒會を行ふ。○建仁戒壇錄を編す。○正傳院にて達磨四行觀を開示す。○七月、若州に歸る。(指月慧印曹洞二師錄を改編上梓す。東漸寺十七世素石、正法眼藏抄二十九卷を前年十月より今年十月までに拜寫し了る。)

十二　○八十歲。○建仁寺の梵網古迹記講説を梵網戒本口訣と名づけて上梓す。○洞上夜明簾を上梓す。○三月上洛、黑谷金剛庵より泉涌寺通玄庵に入り、梵網戒本口訣を述ぶ。○七月、天皇崩御、泉涌寺舜峯長老の請により、登遐法話を撰す。〇九月、洞上室内口訣を撰す。〇冬、得度或問を艸し、寳鏡三昧吹唱の開板成る。（獨國フィヒテ生る。）

後櫻町天皇
十三　〇請により江戸青松寺に到り、二月より宏智錄初卷、頌古稱提を開演す。〇山後の一夢軒にて得度或問を脱稿し、上梓を圖る。〇牛込長源寺の結制に赴き、寳鏡三昧吹唱、大戒訣、辦道話を講ず。〇七月、歸洛し、若州に歸り、八月上洛す。〇九月、義雲和尚語錄覰軌序を撰す。〇九月、永祖の畫像に贊し、東漸寺に藏せしむ。（賣茶翁寂す。）

明和元　〇義瑛の請によりて、百則頌古を造る。〇二月、建仁寺堆雲軒に移り、正法眼藏涉典和語鈔を撰し、眞歇拈古及び五蘊觀を開示し、了つて、大智禪師偈頌三卷を稿し、七月、若州に歸る。〇松榮山東向禪寺僧堂記を作る。（指月慧印、白巖道人法門鋤宄箋解を作り、本光瞎道、校訂す。普寂の倶舍論要解成る。指月慧印寂す。）

二　〇秋、建康普說十三章の開板成る。〇八月、遠州秋葉寺の請により、華表額に最勝關の三大字を書す。〇十月、上洛し、北野蓮臺寺に寓し、臘月、泉涌寺退塵庵に移りて越年す。（普寂の探玄記發揮鈔成り、基辨の大乘一切法相玄論成る。）

三　〇春、建仁戒壇錄上梓す。〇五月、五條宗仙寺にて授戒會を開く。〇六月、東福寺艮岳院にて、眞歇和尚劫外錄を考閲し、學道用心集聞解脱稿す。〇玄梁の光明藏三昧を上梓する時序を作る。〇十月、南禪寺金龍軒に移りて越年す。（萬仞道坦、正法眼藏辨註を撰す。普寂の法苑義林章纂註成る。）

四　〇三月、武州瑞光隱之和尚年譜に序を作る。〇春、劫外錄及び天童淨祖語錄を改刻す。〇光明藏三昧開板成る。〇春、萬仞道坦、金龍軒を訪うて法談す。〇四月、若州に歸り、先國侯の三十三回忌を營む。〇五月、金龍軒に歸り、六月、龜鑑文聞解を删定し、翌春印刻し、釋氏法衣訓を看定す。〇七月、參同契吹唱提綱を撰し、秋、板成る。○閏九月、若州に歸り、日笠正明寺の冬制に留在し、戒會を行ひ、參同契吹唱を講ず。○金龍軒に歸りて、典座敎訓聞解、四行觀聞解を脱稿す。○京都桑名居士書寫の正法眼藏に序を作る。（普寂の五敎章衍祕鈔刻せらる。本居宣長、古事記傳を撰す。賀茂眞淵の淨土三部抄語釋成る。山縣大貳處刑、竹內式部流罪。曲亭馬琴生る。）

五　○正月、清水寺に詣り、二月、松原無爲軒に移る。○又、泉涌寺大悲殿に詣り、歸りて額字記を爲る。○二月、發足して肥後永國寺の結制に赴き、金剛經纂要及び參同契吹唱を開示し、授戒會を行ふ。○六月、京に入り、建仁寺西來院に寓す。○西海紀行を作り、學道用心集聞解、四行觀聞解の板成る。○大乘慈麟趾公禪師語錄序を作る。○釋氏法衣訓を撰す。（白隱寂す。蒲生君平生る。獨國シュライエルマッヘル生る。）

（二四二九）
六
(1769)
○正月、五條壽昌庵に移る。○消災呪經直說成り、劫外錄を改刻す。○請によりて、龍泰寺華叟和尚忌疏を撰す。○四月、信施論を撰し、永松某書寫の正法眼藏に序を作る。○壽昌庵狹きにより、五月、西來院に移る。○八月、泉南普陀開山雲山白和尚塔銘并序を撰す。○八月、默照銘聞解を述べ、板にし、同拈古成る。○大般若講式を撰し、逸先書寫の正法眼藏九十五卷に序を作る。○永平寺山門の額を書す、字數六十二字。○成合雲山和尚語錄を校訂し、序を撰す。九月十一日放生會を行ひ、魚鳥の爲に、十二因緣を演說す。○眞俗聽く者若干。○十三日午後微恙。○十四日少惱。○十五日早晨祝聖、禮賀常に異ならず。○粥後、下の示徒法語を書す。○午後少惱あり、臥に就く。○十六日昨の如し。○黃昏喫湯す。○弟子侍す。○三更、遺語諄々、葬儀を薄からしむ。○四更の間、自受用三昧に入るのみ。○遺偈を請ふに、生前多口、猶少なきを嫌ふか、復言ふ勿れ、と答へ、五更に至り、安然として右脇示寂す。○遺囑により宗仙寺壽昌庵に移つて訃を發す。○龕を留むる三日、闍維して、永福後隝に納め、塔を老梅といふ。○餘分を禪定、空印及び四所の開創結緣地に塔す。○世壽八十七、臘七十二。○嗣法門人二十七人、半は師に先立つ。（本光瞎道、正法眼藏却退一字參を撰し始む。普寂の唯識述記纂解成る。賀茂眞淵、靑木昆陽歿す。英國ワット蒸汽機關發明。ナポレオン生る。）

示徒法語

夫佛之與ㇾ祖、共有二門庭施設一、有二入理深談一。如來摩竭掩ㇾ室、乃門庭施設、八萬法藏、是入理深談。龍樹祖師、現二圓月相一、是門庭施設、說二大論百卷一、入理深談也。大般若說三總持無二文字一二、是門庭施設、文字顯二總持一、是入理深談。永明壽謂二之遮詮表詮一、我門唱二之向去卻來一、又唱二正中偏、偏中正一、卽二正偏一離二正偏一謂二之兼中到一、是大法之本基也。老頑初見二先師於仙府一、後閉二關老梅一、端坐三白、乃是門庭施設、尋住二肥之禪定一、移二若之空印一、以來五十年間、對機商量、呵ㇾ佛罵ㇾ祖、談ㇾ玄說ㇾ妙、露二布文字一者、入理深談也。達祖說二禪經二卷一、而九年面壁、世尊入二無量義處三昧一、而說二妙法華一、臨二大涅槃一、爲二諸弟子一、說二八大人覺一、是皆可二與入理深談、門庭施設幷案一焉。爲二後兒孫一者、若暗二此義一、談二我宗一者、不ㇾ免二擔板一而已。記ㇾ之爲二遺誡一。

第二　自受用三昧

（一）　自受用三昧の撰述と刊行

自受用三昧は面山瑞方師の著であるが、此書の最後に附せられた著者自身の識語によると、著者が西國に在る時、在家の男女が打坐を仰慕して參學し、古德の言句を看讀して修證の助けとせんことを願うたので、筆に任せて書與へたものである。この在家の男女とは何人を指すかについて、著者の弟子祖量の撰した永福開山面山和尙年譜を見ると、

享保十三年(二三八八)著者四十六歳、肥後禪定寺に在つて夏結制を行ひ、

秋述二受食五觀訓蒙一、又述二自受用三昧一、倶酬二檀越平野氏、小笹氏、内藤氏等篤請一。

とあるから、此年には既に自受用三昧一巻が作られ、平野・小笹・内藤の諸氏に與へられたことが判る。然し、受食五觀訓蒙は享保二十年に刊行せられたが、それに附せられた自序には、

余住山以來、有下居士之參二祖宗一者上、偶聞二僧家受食五觀之説一、而心大信服、因乞三訓レ之便二在俗一。余亦思レ示二雛僧一也尚矣。於レ是遂レ句喃喃如レ是。

とあつて、而もこれは享保五年に書いたものである。住山以來は享保三年禪定寺に住して以來をいふのであるから、受食五觀訓蒙は享保五年には既に著はされたものである。祖量の年譜の享保五年の條には、之に關して何等記されて居ないが、然し、自序によつて疑ない所であるから、享保十三年に之を述べたとあるのは、既に著はされて居た受食五觀訓蒙を演述したに外ならぬことが判る。然らば、自受用三昧を述べたといふのも、亦既に著はされて居たものを演述したことをいふのかも知れぬ。若し然りとすれば、自受用三昧は享保十三年以前に作られたと認められることになるが、然し、自受用三昧の自序は刊行の時に書かれたもので、何年に此書を作つたともいはないし、又年譜にも記されて居らぬ。年譜には、特に、倶に三氏等の篤請に酬ゆとあるから、享保十三年に、三氏等に、篤請せられて、演述したのであるが、自受用三昧のみは此年に初めて撰したのであるかも知れぬ。然らば、在家の男女といふのは實際上此三氏等を指すのであるかも知れぬ。何れにしても、自受用三昧は享保三年から十三年の間に著はされたものである。

然し、此書の刊行は少しく後れて居る。前記の識語の最後部に、今夏參州より知己の尊宿一兩人來りて助化す、この法語を電覽して、印刻流通をすすむ、故に法語の末に、祖師の訓誨を集め附して、併せて在俗男女の辦道に便りするものなり、とあつて、これは元文二年(二三九七)七月二十八日に書いたとせられて居る。これによると、自受用三

昧中、正法眼藏の文十四項を集錄したのは此刊行の時であつて、從つて、現形の自受用三昧は二回に纏められたものであると知られる。そして、刊行の由來を詳しく知らせるものは、前記の年譜であるが、それによると、面山師は享保十四年に若州空印寺に晉住し、元文二年夏結制を行ひ、其際

參州東漸寺覺仙力生、同龍源寺萬光力生、來會助レ化。夏中開二示辦道話一。兩禪師感激、毎夜請二益永祖正宗一。二師借二自受用三昧寫本一、而看レ之。兩師透二徹深旨一、再寫レ之、且願三印刻流二布于一派一。師不レ許。及二解制一、告暇而頻願レ之、師諾レ之。至レ秋從二參州一二師贈二淨貲於京師一、而印板成焉。師贈二新本二十部一而謝レ之。

とあるから、來會して助化した一兩人とは卽ち東漸寺覺仙と龍源寺萬光とであつて、此兩人が面山師の辦道話の提唱を聽いて感激し、毎夜道元禪師の正宗を請益し、更に面山師の自受用三昧を借覽して寫し、而も之を刊行して曹洞一宗の人々に流通せしめむと請ひ、遂に許されて、歸國後、刊行費を京都に送り、書肆柳枝軒をして刻せしむるに至つたのである。識語は元文二年七月に書かれたが、刊行せられた自受用三昧の自序は元文三年正月に書かれて居るから、二年秋に刊行に取りかかり、三年に完成したと見える。故に新本二十部を贈つたのは元文三年であるに相違ない。

(二)　面山師と東漸寺覺仙和尚との關係

覺仙和尚は現今の愛知縣寶飯郡小坂井町大字伊奈萬年山般若林東漸寺第十六世の住持で、瑛石覺仙(二三四八生)といひ、其師たる同寺十五世傑仙薫英和尚(寛保二年、二四〇二、八十五歲寂)が享保十一年(二三八六)に退隱した後を承けて晉住し、寛延三年(二四一〇)十二月六日示寂した人である。面山師が享保二十年(二三九五)八月、五十三歲で、愛知縣額田郡岩津町大字大澤龍溪院に輪住せられた時、かねて覺仙和尚(四十八歲)は面山師の令名を聞いて居たし、又龍溪院は東漸寺より十里以内の距離である爲に、八月中旬頃特に訪問面晤して滯留すること一日又は三日、其間親しく道を談じ、道誼親厚となつた。面山師は、之によつて、間もなく、龍溪院の本寺である靜岡縣周智郡森町橘谷山大洞

院に上山せられた歸途、東漸寺に還禮として立寄られ、雨の爲に二泊せられた。此際、覺仙和尚の會下の雲水三十人も面山師に列拜したが、覺仙和尚は、懇ろに、東漸寺の由來記を作らむことを請ひ、面山師の歸山後、使を以て資料を贈つた。面山師は之によつて享保二十年仲冬に參州東漸寺記を撰述し、自ら書して贈られた。現今此記は東漸寺の什寶として其寶藏に祕置せられて居るが、永福面山和尚廣錄の中には採錄せられて居らぬ。然し、面山師の眞撰眞筆なることは疑ない。長文であるから、便宜上此項の最後に掲げるであらう。

面山師は恐らく、翌元文元年(二三九六)三月、再び東漸寺に來られたであらうと推定せられる。或は、これ覺仙和尚の懇請によつたのであるかも知れぬ。前記の廣錄卷二十五に、

般若林東漸開山亨隱禪師忌疏

併ニ呑佛祖一　竹筒鼻孔遼レ天
獨ニ歩乾坤一　木槵眼睛破レ霧
既應ニ大法東漸懸讖一
便起ニ單傳西來正宗一
思量是非思量　鉢裏走レ馬
分別卽無分別　鏡前舞レ鸞
涅槃山慶雲常横
般若林瑞華長發
綿緒蔑レ露　鷺鷥立レ雲要機
針鋒自藏　鴛鴦睡レ池文彩
幸承ニ于永祖一十三世之法裔一

冀𪄀二於遠孫百億萬年之禪旗一。

とあるが、東漸寺開山亨隱慶泉禪師は永正元年(二一六四)五月五日の示寂であるから、元文元年は二百三十三年となつて、特別の遠忌の年でもなく、又五月五日の忌日は古くから、農家の繁忙などを顧慮して、特に三月五日に繰上げ、其日に毎歳の開山忌を營むことになつて居る點より見て、右の忌疏は、これ面山師がこの開山忌に導師を勤め燒香せられたことを示すものである。面山師の偶然の來訪を機會に、覺仙和尙が燒香導師を請うたと考へるよりも、むしろ豫め覺仙和尙が懇請したので、面山師はこの忌疏を作つて、龍溪院から來て、燒香せられたと見る方が適切である。豫め忌疏を作つた爲に、これが廣錄に編集せられることになつたものに相違ない。現に、東漸寺にはこの忌疏は傳つて居ないから、面山師の嚢底にあつたものが、後に弟子祖量によつて、廣錄中に攝められたのであらうと考へられる。東漸寺の寺傳では、面山師は數々來寺しては滯留せられたといはれるが、然し、若狹空印寺又は永福庵から特に來訪せられたのではなからうから、龍溪院の輪住の間に、開山忌にも來られたのであらう。然らば、これは元文元年三月と考へる外はない。

面山師は元文元年八月には、一年間の輪住を終つて、若州空印寺に歸られ、翌二年夏、結制を行はれた。此結制に覺仙和尙が、龍源寺萬光和尙と同じく、空印寺に赴いて、助化し、遂に自受用三昧を印刻流通することになつたのである。この結制が終つて、兩和尙の歸國する時、面山師は下の如き偈を贈つた。前記の廣錄卷十一に存する。

與二覺仙和尙一偈幷序

參州般若林覺仙和尙、今夏光二訪弊刹一、在留三十餘日、其道誼之睦也、只可二以レ心感一、而不レ可二以レ言伸一焉。然乃告暇有レ邇、別離難レ忍。因賦二此律一、恭謝二光訪一、兼奉レ祝二興隆大法之雄志一者也。偈言

有力單二提七尺藤一　偶尋二若水一涉二崚嶒一

虎鞋鞋底淸風起　犀扇扇頭毒暑崩

啇二略祖風一如二海決一　傳二持佛印一似二瞰昇一
喜公般若林中廣　可下造二僧堂一安中萬僧上。

不幸にして、此偈は、現今は、東漸寺には遺つて居ない。覺仙和尚に與へると同じく、面山師は萬光和尚にも與へた。同じく廣錄卷十一に存する。

與二萬光頤堂一偈并序

萬光頤堂、參州龍源寺之堂頭也。余於二彼州一、初得二諱韓一。而至二其親切一、則頗過二二十年之舊好一也。不レ憶、今夏特特來二于弊會一、而助化。其謙下之風、可レ謂、視二古德於今日一也。然乃留錫殆乎九十日、近日將二起單而歸一レ州、余也別恨無レ盡、因綴二一謁一、恭謝二法愛一云レ爾、

曾到二參州一辱二道盟一　更來二此國一竭二虔誠一
綿綿密密宗風質　洒洒灑灑日用輕
修證現成忘二染汚一　身心脫落放二光明一
光明三昧祖師脈　生レ翠傘松增向レ榮。

東漸寺と龍源寺とは、寶飯郡八幡村西明寺と共に、尾張知多郡東浦村大字緒川乾坤院の三門首で、通常三河三箇寺と稱せられ、現今に至るまで、三箇寺は互本寺となり、最も親しい關係にある。元來、乾坤院三世芝崗宗田師(明應九年、二一六〇寂)の弟子周鼎仲易和尚(永正十六年、二一七九寂)が龍源寺を開き、太素省淳和尚(明應六年、二一五七寂)が西明寺を開き、亭隱慶泉和尚が東漸寺を開いて、各開山第一世となり、宗田師示寂後は、其遺命によつて亭隱和尚が乾坤院の院務を管領すること五年であつたが、三和尚は法の兄弟の間柄であるから、各寺代々は各開山忌には必ず列席し、世代忌には相互に本寺代理を勤めることになつて居る。開山の當時から此の如くであつたのであるから、覺仙萬光兩和尚は數々會うては面山師の噂をなし、之によつて龍溪院に訪問したり、空印寺結制に出會するに至つたので

あらう。萬光和尚は曾ては永平寺に拜登して、道元禪師が如淨禪師から承けた嗣書の拜覽を許されたことがあり、室内のことを明かにする點に功績のあつた人で、元文二年三月二十九日に空印寺に面山師を訪ひ、其年の結制には九旬の始終を助化して居たと見えるが、覺仙和尚は滯留三十餘日とあるから、九旬中の五、六旬を經た頃から出會助化したのである。兩和尚共に解制の日に暇を告げ、秋になつて、資を京都柳枝軒に送つて、自受用三昧の刊行に役立てたのであり、新本二十部の寄贈を受けたが、遺憾なことには、現今東漸寺には一部も傳はつて居らぬ。覺仙和尚が東漸寺什寶として新添した書籍は相當存するが、長い間に自受用三昧のみは失はれたと見える。

東漸寺什寶中に畫仙紙半折形の絹に道元禪師の眞像を畫いたものがあつて、其贊に、

吉祥山上吉祥人　寫出本來面目新
唯願遠孫蒙法力　正傳三昧再回春

丁巳之夏

遠孫若溪方杜多拜畫幷贊 [印] [印]

とある。若溪は若州、方は瑞方であるから、明かに面山師が自ら高祖の像を畫き且つ贊せられたものである。この高祖の像は寶慶寺に傳はる所謂月見の像を手本として畫いたものであることは一見して明かであるが、前記の年譜によれば、正德五年(一七一五)三十三歲の時永平寺に登り、又寶慶寺に登つて、永祖の自贊畫像を拜し、留宿四日、再訪を約して去つたとあるから、所謂月見の像を拜したことがあり、遂に之を模せられたこともあつたのである。丁巳之夏は元文二年夏でなければならぬ。面山師の八十七歲の一生(一六八九—一七六九)の中、丁巳の年は元文二年の一回のみである。然らば、これ覺仙和尚が空印寺の結制に出會助化した年の夏畫かれ又贊せられたものであつて、面山師五十五歲の筆である。これが東漸寺に傳はつて居る所から見ると、恐らく其年解制に暇を告げた時面山師が覺仙和尚に讓つたものであらう。年譜にも何事も記されず、又廣錄にも右の贊は採錄せられて居ないが、畫像を見れば、面山師

の筆として、何等疑の挾まる餘地は無い。

覺仙和尚は元來道元禪師を仰信し其行履を慕うて居た人であるが、五十一歳、即ち元文三年春三月から正法眼藏の筆寫に精進し、同五年孟夏四月初九日に之を完成するに至つた。この正法眼藏は、面山師のいふ所では、東漸寺開山和尚の本師である乾坤三世芝崗(又は岡)宗田和尚が明應年間(二一五二—二一六〇)に寫して乾坤院の室中に藏して置いた七十五卷のもので、之を恩借し、高祖眞影の前で、燒香禮拜しつつ淨寫し、其成るや、面山師に序を請うたのである。面山師は之を快諾し、直に序を製して送られたが、この覺仙和尚の寫した正法眼藏と面山師眞筆の序とは現今も東漸寺の室中に祕藏せられて居る。而もこの面山師の序は廣錄卷二十一にも存するし、佛敎大系中の正法眼藏第十卷には東漸寺祕藏の眞筆から轉載せられて居る。面山師は請はれて元文五年(二四〇〇)八月二十八日に此序を製し、又、書したのであつて、全文は下の如くである。

繕二寫永平正法眼藏一序

夫破二微塵一出二大經卷一、非レ具二大智慧精進力一、則所レ未レ能也。只此慧力乃佛祖之所二護念一、是名二正法眼藏涅槃妙心一也。東海路頭、州名二參河一、郡曰二寶飯一、村字二伊奈一、山額二萬年一、林稱二般若一、此山林中有二古伽藍一、號二佛法東漸禪寺一、是永平十三世孫、亨隱〔慶〕泉和尚之所二創基一、而隸二於尾陽宇宙山乾坤院一之枝刹也。乾坤三世芝岡〔宗〕田和尚、明應年中新繕二寫永平正法眼藏全套七十五卷一、納二之室內一、以爲二寺鎭一。頃東漸瑛石覺仙東堂、以二芝岡原本一、寫レ之告レ竣。乃馳レ書告レ余云、當二書寫之時一、嚴具二威儀一、室內掛二永平祖師眞影一、時以二香華一供養恭敬、禮拜叩頭、敷二座於淨机前一、安二住三昧王三昧一、出定之後、硯池滴二獻佛之淨水一、磨二香墨一點二新毫一、獨親運腕不レ假二他手一。元文三年戊午季春、展二紙於現成公案一、同五年庚申孟夏、蓋二硯於出家卷一、首尾全套以得二了畢一。嗚呼其慇懃鄭重、竭レ誠如レ是、誰不二感歎一。惟此全套、祖師之大智慧精進力、破レ塵所レ出大經卷、而孤雲奘公之所二親輯一也。而芝岡和尚標二準於奘公一、今覺仙東堂依二樣於田公一、可レ謂、具二慕古之志氣一者也。大凡爲二法孫一者纘承繕寫、以貽二之遠孫一、則大法久住之所二慶祝一也。

一毫頭大智慧精進力、豈與二祖師一有二優劣一哉。余不レ堪二隨喜褒讚之至一、應レ需謹序二本末一、以贈二之東漸室內一云レ爾。

維時

元文五年庚申八月二十八日

前永平若州建康山空印禪寺嗣祖沙門面山瑞方九拜謹撰

印　印

之によれば、覺仙和尙の筆寫した正法眼藏は道元禪師の弟子孤雲懷奘禪師（一九四〇寂）の親輯せられたものを芝崗宗田和尙が寫して置いたものの轉寫であつたのである。然し、現今東漸寺に保存せられる筆寫本を見ると、乾坤院の原寫本は、第一卷より第十卷までは、凡て永亨二年正月寫されたもの、第十一卷以後には筆寫の年號は無いが、第三十卷にのみは、明應四年（二一五五）乙卯初秋日書之畢、珠崇筆□とある。この第三十卷について、覺仙和尙は、右此寫本者雖二乾坤三代芝岡和尙爲二眞筆一、自二此夢中說夢一、至二看經一之數篇者（卽ち夢中說夢と禮拜得髓と山水經と看經との四篇）、爲二雲關珠崇和尙之助筆一、明矣といひ、其他の七十四卷については、すべて、右者乾坤芝岡和尙之眞筆也というて居る。芝崗和尙の眞筆であるといふのが、當時、乾坤院の傳說であつたのである。芝崗宗田和尙は、日本洞上聯燈錄などには、寂年世壽を記して居ないが、東漸寺世代記等から見れば、明應九年（二一六〇）三月三日の示寂である。然し世壽法臘は明確でない。永亨二年が若し永亨二年であるとすれば、永亨二年は明應九年よりは七十一年前で、芝崗和尙の師逆翁宗順和尙の生年（永亨五年、二〇九三）より三年前であるから、芝崗和尙が長壽であつたにしても、永亨二年に筆寫したとは考へられ無い。然るに又、永亨といふ年號は全く無い。故に、永亨は長享の誤で、長享二年（二一四八）正月に筆寫し、第三十卷は、如何なる事情か、芝崗和尙の弟子周鼎中易に嗣いだ雲關珠崇（天澤寺、性海寺開山）の助筆であつたのである。芝崗和尙は長享元年秋、逆翁和尙の讓りを受けて乾坤院第三代となつたのであるから、或は長享元年に逆翁和尙は遠州長松院に移り、芝崗和尙は乾坤院を管し、長享四年に第三代住持となつたのであるから、逆翁和尚の去つた次年正月に正法眼藏を筆寫したのである。この正法眼藏が現今乾坤院に保存せられて居るかどうか知らぬが、覺仙和尚は之を恩借して、東漸寺方丈で筆寫したのであり、面山師がそれに序文を書いたのである。面山師は其寫本を實見したのではなからうから、單に芝崗和尚が明應年中に寫したとのみいうたのであらう。面山師は、廣錄によれば、正法眼藏の寫本に序を書いたことは前後四回で、他の三序についてはよくは知られないが、右の序の眞筆の今猶存するのは誠に喜ばしいことである。東漸寺の室中には、尙、覺仙和尚の師祖である十四世碧翁寂岑和尚(二三六三寂)の寫した正法眼藏七十五套も現存して居る。

面山師は寛保元年(二四〇一)五十九歳の春に、永福庵を建て、其年七月十六日空印寺を睹道長老に讓つて退住し、永福庵に入つて開山第一世となつた。其後、寛延二年(二四〇九)に、長く祕藏して居た高祖道元禪師の御眞蹟を覺仙和尚に讓與するに至つた。これについて、讓祖師眞蹟記が廣錄卷二十に載せられて居るが、現に東漸寺寶庫には、讓られた祖師の眞蹟が、面山師の讓狀と覺仙和尚の識語とを有する卷物と共に、祕藏せられて居る。祖師の眞蹟は

南嶽大慧禪師爲江西馬師說

勸君莫歸鄕　歸鄕道不行　竝舍老婆子　說汝舊時名。

といふのであるが、最初の題は爲字までを一行、其他を次行に書き、本文は五字四行に書かれて居ること、寫眞版の如くである。面山師の讓狀と覺仙和尚の識語とは下の如くである。

讓二祖師眞蹟一記

享保乙卯秋、余董二參之龍溪一。時有二敲レ門通レ刺者一。接レ之則州之伊奈村東漸寺之覺仙東堂也。款留三日、話如二舊識一。自後披レ襟互講二道誼一。及下余歸レ若新建二僧堂一、初行中古規上而東堂馳レ錫助レ化。從レ爾年年、莫レ不下慰二問安否一、頻頻消息上。且東堂之仰二信永平祖一也、未レ見二同派有レ媲。特時時開二祖承戒會一、以羯二磨於緇白一。是故法化儼然鵠二立於東海之雞群一焉。余隨下喜其有上雄二志於擔レ祖。而以下多年所二囊祕一永平祖眞蹟一軸上、而讓二之東堂一。乃是南嶽所レ示二

馬祖ニ之一偈也。文字與ニ正法眼藏行持卷所レ記符合焉。古謂、磁石引レ鐵、琥珀吸レ芥。外教者唯謂ニ之物類相感一、而未レ知下所ニ以相感一之道理上。吾佛說ニ之因緣一、乃云ニ凡情不思議而感得一之謂也。今東堂之得ニ眞蹟一也、實因緣之一大事者歟。是爲レ記。

寬延二年八月二十有八日

若州松永溪開闢永福庵面山瑞芳撰　印　印

恭惟

承陽祖師眞蹟者、我門無雙之法寶、叔世不二之奇珍、而連城難酬、蘭亭安儔焉。幸哉仙之不似、辱受知於若之面山禪師于州之龍溪已來、道交日醇、雁書路通至若。禪師以曾所寶祕什襲之高祖眞蹟一軸、而讓與不似、敎之恭敬奉持也。嗚呼高祖不可瞻之、其眞蹟亦見之難矣。然在五百年後、拜領其眞蹟者、實因緣之一大事也。不似以禪師之贔屓高祖、而常時稱賞不止。禪師以眞蹟之尊重希有、而賜與不似無悋、蓋其有意乎。東漸禪室收藏眞蹟、益光輝、兒孫永劫沐浴宗源、爲流通、至祝至祝

寬延二己巳年十一月二十八日

永平二十八傳比丘覺仙謹書于般若林東漸禪寺方丈　印　印

之によつて見ると、面山師は覺仙和尚と交る間に、其道心の深く、而も高祖を仰信するの厚きを知つて、遂に多年祕藏の高祖の眞蹟を讓ることになつたのであるから、面山師は高祖の眞蹟として誤ないと信じて居たものを讓與したのである。面山師は、廣錄によると、高祖の眞蹟を拜すること多く、感得したことも十回以上であつて、世に高祖の眞蹟と稱しながらも、十に七、八は贋であると判定する眼力を養うて居られた。覺仙和尚に讓つた眞蹟は何處から得

られたものであるか明確でないが、面山師は寛延紀號十月之閏朔、即ち寛延元年（二四〇八）閏十月一日に、右の眞蹟を京都柳枝軒をして鏤梓せしめ、永平祖師眞蹟と題し、墨地に文字を白色に出して、流布せしめた。其一枚が東漸寺の寶藏に存するが、恐らく他の諸寺にも存するであらう。かく鏤梓せしめて、眞蹟として、流通せしめたのであつて、其翌年に眞蹟を覺仙和尚に譲與したのである。覺仙和尚の歡喜や知るべきであつて、眞蹟竝びに譲狀を表裝し、自らの識語をも附して祕藏するに至つたのである。

覺仙和尚は眞蹟を得た翌年、寛延三年十二月六日六十三歳で示寂したが、弟子禪柱素石和尚（二四二九寂）が繼いで十七世となり、十八世禿融官田（二四三四寂）も十九世圓宗妙覺（二四五一寂）も覺仙和尚の弟子である。素石和尚は覺仙和尚の七回忌即ち寶暦六年（二四一六）に、曾て渥美郡赤羽根金能寺に住して居た間に、覺仙和尚より寄せられた書信數十通を二個の卷子に纏めて塔前に供養したが、又豫め覺仙和尚の眞影を畫いた壹幅を製し、面山師に贊を請うたので、面山師自ら之に贊を記されたのである。

袈裟偏正文彩　柱杖與奪嶙峋　脱繡履兮不踏九峯之途轍　拈白拂兮常轉修證之梵輪　俊逸機如電　溫潤顏似春
深固養志　綿密潔身　勘破世間閑伎倆　永平法乳味通神

寶暦六年三月五日

若之永福庵老頑面山瑞方拜 印 贊 印

とあるが、此時、面山師は七十四歳である。此贊は廣錄には採錄されて居ないが、面山師の眞筆なることは疑ない。これ恐らく素石和尚が自ら、又は、使を遣して、畫像を面山師に示し、面山師は直に其像の上方に贊を書かれたものである。覺仙和尚の七回忌は、此畫像を掲げて、行うたに相違ない。

素石和尚は、其師覺仙和尚の志を繼ぎ、自らも正法眼藏抄二十九卷を、寶暦十年（二四二〇）十月十七日より、同十一年十一月二十七日までに、筆寫して、現今東漸寺室中に存するが、素石和尚は、此外に、東漸寺開山和尚の眞蹟を三重の箱に容れて保存に努め、又其眞影及び二世大中和尚(二一九二、八十七歳寂)の眞影を調製し、更に又、永平高祖の眞影を新調し、これには面山師の贊を請ひ、面山師之を書き與へられた。この贊も廣錄には採錄されて居ないが、東漸寺には其眞筆が、畫像と共に、保存せられて居る。

七佛繩準、列祖模楷、皁衣捧芙蓉之先式、白拂談青原之不階、法水深如海、智山崇似垤、誰謂蚌胙寶、乃是龍角釵、
爽氣秋高風凜凜、一天明月涌從依

寶曆癸未菊月廿八日

遠孫八十一翁方面山拜題 印 印

この寶曆癸未は十三年(二四二三)で、菊月は九月であり、二十八日は高祖の忌日である。面山師はこの八十一歳の時正月に江戸に出でて、諸所で講義をなし、又戒會を開き、六月去つて、七月に歸洛したが、中途尾張鳴海に二泊し、七月若州に歸り、八月十日に上洛せられて、次年まで止まつたから、此間に右の贊を書いたのである。素石和尚自ら携へて請うたか、又は使者を以て請うたかについては判然しない。

最後に、面山師は明和六年(二四二九)九月十六日八十七歳で示寂したが、素石和尚は同年正月八日に示寂した。然し、面山師の永福面山和尚廣錄は安永二年(二四三三)と五年と六年とに刊行せられたものであつて、各巻の多くは各地の寺院の寄附した淨財によつた旨が記されて居るが、第二十四卷の最後に、

參州龍溪院現住拚門中、捐㆓金壹兩㆒、東漸寺妙覺、捐㆓金二兩㆒、云々

とあり、次に此近傍の諸寺院住持其他が記されて居る。これは安永六年の刊行の時のことである。東漸寺妙覺は、前述した如く、覺仙和尚の弟子で、十九世となつた圓宗妙覺和尚で、廣錄刊行費に出資したのである、これも覺仙和尚と面山師との道交の餘香であるといふべきである。

最後に、以下、前にいうた、東漸寺記の全文を掲げて、多少の附記をなすであらう。

參州東漸寺記

今茲乙卯（享保二十年）之八朔、余輪二董參之龍溪一。住將二二旬一、有レ客通レ刺。乃州之伊奈村東漸寺之覺仙東堂也。接具二湯茶一、互講二道誼一、一宿而去。逾レ月、余到二遠之橘谷一（大洞院）、歸路還二禮於東漸一、阻雨信宿。其伽藍界名二般若林一、四至平坦、廣輪餘二乎三拘盧舍一（拘盧舍はシナ里數の五里）、松杉之鬱密也、筠篁之扶疎也、可三以棲二珍禽異獸一也。加旃、殿堂宏麗、清規嚴肅、今集二于輪下一之龍象、出而列二拜乎余前一者凡三十輩、可レ謂、一方之法窟也。時東堂委告レ余、以二山門素來之事一、且乞レ爲二之記一、辭讓不レ可、歸院之後、特馳二緇介一、見レ贈二記藁一本一。因今就二其本一、謹述二梗槩一云。

日幾洞宗之六祖眞太源（即ち太源宗眞）下傳二之七葉一。號二亨隱一、諱慶泉、乃尾陽之產。創二基於今之東漸一者其人也。林南前芝村中、昔有三密刹之號二東漸一。不レ知レ剏二乎何人一也。廢絕季尙。白屋但安二地藏一尊一耳。其地曾値二怒潮一。時此尊飛二來于伊奈之平原一。自レ爾諸人信禮、感格著焉。明應創曆（二一五二）、亨翁東遊。因聞二奇驗一至禮。城主本多泰次、遽命二村長中村氏等一新建レ寺安レ尊。請二亨翁一而居レ焉。時號二萬年山一、寺揭二舊之額一也。亨翁强整二清規一安二龍象一、洞上之宗大興焉。到二同庚申（明應九年、二一六〇）春一、讓二席於介大中一（大中一介）。自帶二師命一、往董二尾之乾坤一。一住五年、五月端午、囑二後事於球典座一、而戢レ化。實永正改元甲子（二一六四）也。球也隨二顧命一、請二崇雲關一（雲關珠崇、周鼎仲易ノ弟子）而繼レ序。乾坤之輪差、從レ此而始焉。

洎三大中領二東漸一、本多入道永順、喜二捨田園一而助レ供、且董二乾坤一三同、又蒞二遠之一雲一、同乙亥（十二年、二一七五）開二尾之長源一、至二天文改曆一（二一九二）而寂二于長源一焉。是爲二二世一。（明應四年開二參之松源院一、永正十一年（二一七四）輪二董於大洞院一、同十三年輪二住總持寺一（六一五世）。）

球璧溪（璧溪慧球、二二一二寂）補レ席、且董二乾坤及遠之橘谷、一雲一。同已亥（天文八年、二一九九）遠之濱名城主入道成繁、改二金剛密寺一、而爲二禪林一、請レ球也爲二之開山一焉。球也知二東漸一三十有五年、到二同己酉（十八年、二二〇九）臘月一、讓二席於大甫一也。

四世巨大甫(大甫一巨、二二二八寂)、輪二住乾坤一。五世徹大休(大休全徹、二二五一寂)、受下本多忠次寄二齋田一之牒上、後隱二於小坂井之善住一。

六世盛長翁(長翁安盛、二二六一寂)、後隱二于長山之松源一。七世廓然室(然室周廓、二二四六寂)、示二寂於乾坤一。是故長翁再出鑑二東漸一。忽値二池魚之災一、而殿堂一灰。

八世碩大州(大州安碩、二二八八寂)、易レ處造レ寺。此時本多移二於總下州一、而地屬二官倉一、代官山脇重次、歸二信碩一也多施二林田一。偶東照神君游二獵霍田畷一之次、飲二燕於境內之栤堂一、因有レ命號二山之寺一。後諸寺群二謁於伏見一、特召二參州山之寺僧一。此時碩也遣二緇介一。乃賜二伽藍界之外齋田二十碩一、而副二朱璽之契券一。又造二鎭守祠一、本多之室助レ費。慶長壬子(十七年、二二七二)退レ席。今稱二中興一者、以二寺功多一也。

甫一翁(一翁傳甫、二三〇二寂)、爲二九世一、受二德廟(秀忠)、猷廟(家光)之璽券一、又董二乾坤一。嘗力興二松源之廢一、而後終焉。的中明(中明呑的、二三〇〇寂)、爲二十世一、住三年而寂、益布翁(布翁邦益、二三二五寂)補レ席。時吉田城主水野氏、使下其民闌二入封疆一猥伐中竹木上、益也訴二之幕府一而制。寛永壬午(十九年、二三〇二)再値レ災。益也董二乾坤一、畢募レ化一二新諸堂一、讓二席於薫天桂(天桂膳薫、二三五〇寂)、而到二於駿之林宗一。所以天桂乃爲二十一世一、結冬安衆。時檀越岩瀨氏常鐵、爲二栖巖庵主一、光二飾本尊一。薫也初開二江原之妙喜一、後開二大崎之江福一而寂焉。

嶺東林(東林薫嶺、二三四一寂)、爲二十二世一。時遠之金剛枝寺直傳有下僭二設祖牌一之罪上、乃達二之僧司一而罰。嶺也巡山之次、慮二民闌入一、乞二吉田城主小笠原氏一、而四至立二制牘一。從レ其領二吉田一者、皆隨レ例也。又受二有廟(家綱)之璽券一。嚮遠之壽昌寺盛易、革二輪差於乾坤一、而爲二獨住一相續三代。嶺也欲二之復レ古、冒レ難陵レ危、終訴二幕府一、而輪住。歸レ山結冬安衆、退二于江福一而寂。

勤泰巖(泰巖英勤、二三五三寂)、爲二十三世一。延寶中(二三三三―二三四〇)州之龍源與二尾之天澤及勢雲一爭二祖牌一。時有二官裁一、乾坤之牌改二書當院四世東漸開山亨隱和尚一。天和中（二三四一―二三四三）董二橘谷一、且受二憲廟（綱吉）之璽劵一。貞亨中（二三四四―二三四七）遠之金剛枝寺叛焉。訴レ官而罰、且董二能之諸嶽一（貞亨四年、二三四七）、歸レ山冬制安衆。岑碧翁（碧翁寂岑、二三六三寂）、爲二十四世一、結冬安衆。十五世英傑仙（傑仙薫英、二四〇二寂）亦董二乾坤一。寶永甲申（元年、二三六四）、値二開祖二百年一、大修二佛事一。同丙戌（三年）江州膳所城主本多侯、遣二家臣菅谷則常一、委檢二家祖之墳墓一、建二浮圖一、修二屛垣一、且納二供料一竭レ誠。其冬、英也到二膳所一而謝。侯（本多康慶）施下自練二榕抹一所レ造彌陀像上。時國老本多大貳久充、亦施二同樣之觀音一且爲レ記副焉。到二同庚寅一（七年、二三七〇）、結夏安衆、開堂演法。正德甲午（四年、二三七四）、村民結レ黨侵レ林、英也白レ官而罰、且慮二將來一、掘レ塹固二乎封疆一。從レ是草賊不レ侵、山林日榮。享保戊戌（三年、二三七八）、受二幕府之璽劵一。檀越辻氏貞周、捨レ財作二今之本尊地藏一軀一、而內二舊之小本尊於腹心一。同定光亦改二作護法祖師之像一。同丙午（十一年、二三八六）讓二席於覺仙東堂一（二四一〇寂）、今養二老于圓通一。東堂進山、結夏開堂。尋造二僧堂一、更結二冬制一。比新建二方丈一、鞭二苔龍象一、續二熾祖風一、可レ謂克家之子也。

夫考二東漸號之所一レ本、則大般若經初分難聞功德品云舍利弗甚深般若波羅蜜多、我滅度後、復從二北方一至二東北方一、當二漸興盛一云々。從レ古指二此文一、以爲下大法流二通支桑一之聖讖上。乃有二佛法東漸之語一。此寺曾揭二此號一也、其伽藍界名二般若林一亦宜哉。古謂、流長則難レ竭、根深則難レ朽。嗚呼伽藍創基以來、既經二二百五十許年一、法水日湧、叢林年茂者、實由下亨翁之道也德也濬二其源一固中其根上者也。爲二其後之又後一者、念二乎歷代之所念一、而護レ境護レ人、紹二挑法燈一、則山門之光輝、逐レ時而肸蠁也焉哉。因記レ之以梗二其責一、云レ爾。于時

享保第二十星舍乙卯仲冬吉旦

參州大澤山龍溪禪院輪差住持前永平瑞方面山謹撰　印　印

東漸寺には現に覺仙和尚の撰した萬年山東漸寺歷住略傳と稱する世代記が藏せられて居て、十五世までの事蹟が述

べられて居るが、これが即ち面山師に送つた記藁一本といふものである。面山師の東漸寺記よりも多少詳しく述べられて居る。東漸寺記の中に出づる城主本多泰次といふのは本多定忠の子定助の嫡子で、定忠が初めて伊奈を領して、伊奈城主となつた後を承けた人である。本多家は藤原關白太政大臣兼通(北家)の子顯光から起り、山城賀茂神社の社司であつたが、一時豐後に移り、本多氏を名乘り、本多助定が西三河を領して移り、助政、助通を經て定忠に至つたのである。泰次の弟助時が岡崎本多氏を興すことになつたといはれるが、泰次は德川親忠に屬し、泰次の子正助も亦德川清康を援け、正助は後入道して永順と稱した。この永順入道が東漸寺二世に田園を喜捨し、又開山和尚を慕うて伊奈村に永正寺を建てた人である。正助の子正忠も清康の東三河平定を援け、子の忠俊、其子忠次は德川家康に屬した。忠俊は法名龍瑞院殿、夫人は淸德院殿で、忠次は法名寂照院殿であるが、忠次の兄弟光治、法名惠光院殿、其夫人曜蓮院殿と共に、伊奈村松見に墓碑遺り、代々東漸寺住持が之に香華を供して弔うて居る。忠次に繼いだ康俊は酒井忠次の子であつたのが養はれて伊奈城主となり、後に下總小篠郷に轉封し、伊奈村は幕府の直轄となつたから、代官山脇重次が治め、東漸寺八世に歸依して林田を寄進した。當時德川家康が伊奈村霍田に游獵し、東漸寺境內に憩ひ、山之寺と呼び、後に朱印二十石を與へた。從つて、東漸寺は爾來御朱印地であつた。本多康俊は下總から又三河西尾に封を移され、二萬石を領して大名となり、更に近江膳所に移つて三萬石を領した。其子俊次は再び三河西尾に移され、伊勢龜山に所替して五萬石を領し、正保五年(一三〇八)更に近江膳所に移つて七萬石を領し、爾來子孫は膳所城主として相承け、其後十一代を經て、明治二年本多康穰子爵を授けられ、康虎子爵を經て、現に猶一郎子爵は宮內省の顯官である。本多家は東漸寺の開基家大檀越で、參覲交代の際にも每に使者の代參があり、本多康慶城主の時、東漸開山二百囘忌に家臣を遣はして龍瑞院殿等の墳墓を檢せしめ、龍瑞院殿及び夫人淸德院殿の碑を改修したが、城代家老本多修理久充は燈籠を建立した。又城主自ら墓所、東漸寺竝びに氏神八幡若宮に參詣し、寄附支給の多き、東漸寺の記錄に存するが、十五世が還禮として膳所に上つた時には、城主は曾て香木の葉に阿彌陀佛の名號を書き、それを灰としたものを練つて阿彌陀佛の尊像となしたものを東漸寺に寄進し、又家老久充も同じ方法で作つた觀音菩薩の尊像を寄進した。これ等は何れも東漸寺の內佛壇に祕藏せられて居るのみならず、家老久充の寄進狀も存し、それによれば、城主の病氣平癒を祈つて謹製したもので、而も東叡山第五世天台座主准三宮一品公辨法親王の開眼供養し給うたものである。後文化辛未(八年、二四七一)は寂照院殿の墓前に燈籠が獻ぜられ、又文久三年（一二五二三）寂照院殿の二百五十回忌には城主によつて東漸寺本堂新に建造せられ、諸種の什具も寄進せられたが、現今の同寺の本堂がそれである。東漸寺は現今でも朝夕本多家代々の供養を怠らない。村長中村氏といふのは中村九左衞門で、東漸寺の檀頭であるが、子孫は後には他所に移り、遂に昭和の初め其血統が斷絕した。但し家名は存する。又吉田城主の吉田は現今の豐橋であるが、水野氏は寛永九年(二二九二)忠淸が封ぜられ、忠善が正保二年(二三〇五)まで治めて前後十四年間住し、正保二年に小笠原忠知が、城主となり、四代五十三年治めた。

東漸寺世代記は十五世までを記すのみで、十六世以下については何等記錄したものが存しないが、然し、各世代の法脈は明確になつて居つて、何れも開山和尚の法系のみである。

1 開山和尚(明應元年開創 同九年退住 永正元年寂)—2 大中一介(明應九年晉住 永正十二年退住 天文元年寂)—3 璧溪慧球(永正十二年晉住 天文十八年退住 天文二十一年寂)—4 大甫一巨(天文十八年晉住 永祿十一年寂)—5 大休全徹(永祿十三年晉住 天正七年頃退住 天正十九年寂)—6 長翁安盛(天正七年頃晉住 天正十一年退住 同十四年再住 十八年退住 慶長六年寂)—7 然室周廓(天正十一年晉住 天正十四年寂)—8 大州安碩(天正十八年晉住 慶長十七年退住 寛永五年寂)

—9 一翁傳甫(寛永五年晉住 同十五年退住 寛永十九年寂)—10 中明吞的(寛永十五年晉住 寛永十七年寂)—11 天桂膳薫(慶安二年晉住 萬治三年退住 元祿三年寂)—12 東林薫嶺(萬治四年晉住 延寶五年退住 天和元年寂)—13 泰巖英勤(延寶五年晉住 元祿六年寂)—14 碧翁寂岑(元祿六年晉住 元祿十六年寂)—15 傑仙薫英(元祿十六年晉住 享保十一年退住 寛保二年寂)—16 瑛石覺仙(享保十一年晉住 寛延三年寂)

前住 布翁邦益(寛永十七年入山 慶安二年退山 寛文五年寂)

17 禪柱素石 寛延三年晉住 明和六年寂
18 禿融官田 明和六年晉住 安永三年寂
19 圓宗妙覺 安永三年晉住 寛政三年寂
20 素山恒順 寛政三年晉住 寛政十二年寂
21 礎嶽悟柱 寛政十二年晉住 中途退住 文政八年寂
22 潮堂唄音 文政十二年寂
23 古篆英文 文政十二年晉住 弘化四年寂
24 大雲英詮 弘化四年晉住 中途退住 弘化四年寂
25 靈樹桂山 弘化四年晉住 嘉永五年頃退住 明治六年寂
26 大量道悟 嘉永六年頃晉住 安政三年寂
27 文堂英覺 安政三年晉住 文久二年寂
28 松山高音 文久二年晉住 慶應元年寂
29 實堂義山 慶應元年晉住 明治元年寂
嵩嶽英林 明治十八年寂
30 祥嶽堂雲 明治元年晉住 明治十七年寂
31 華山林榮 明治十七年晉住 明治十九年寂
32 活山卍壽 明治十九年晉住 同四十一年退住 明治四十三年寂
33 靈洞台雲 明治四十一年晉住 大正十五年寂
34 活翁伯壽 大正十五年晉住 現住

(一六・一二・八)

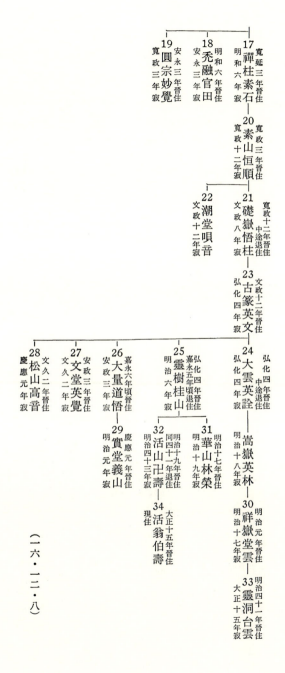

四回顧

佛教研究の回顧

一

題は如何にも筆者自身の研究生活の回想をなす如くに思はれようが、然し筆者には仰々しく披露する程の學的生活があるのではなく、又、私生活の如きものを述べるのを好まないから、明治以後、現代に至るまでの佛教研究の一般の變遷發達の一側面を、見聞に基づきつつ、思出のままに記すことにして、それで、佛教の一般學者の研究の回顧となすつもりである。

明治維新の排佛毀釋は我國としては全く破天荒の事件であり、事實上、從來の佛教の滅亡であつた。德川期の最初から儒者、國學者、神道家による排佛論が高唱せられ、此等の論者は佛教の弊害のみを見て、佛教其ものの理解なくして、佛教弊害論、佛教排擊論、佛教否定論を展開し、自らに宗教體驗の殆ど何ものも無くして、宗教としての佛教は愚者にのみ弄ばれるものとし、自分等を獨り賢者となし、其賢者は國民中の九牛の一毛にすらも比せられない少數であるに反し、佛教によつて安心する愚者の大多數なるに想到せず、而も佛教に代るべき宗教を與へるを得なかつたし、又與へんとも考へなかつた傾向の推移が、維新の祭政一致、神道復古の國是と相通じたので、平田流の復古神道者の策動と結附いて、遂に三條教憲、十一條兼題となつて、これが實に佛教の趣旨を滅失せしめたものであつたのである。然し十數年を經ると、右の國是の失敗が明かになつたので、既にそれ以前、佛教のことは佛教に任せることとなつて居た方針によつて、爾來全く佛教に任せて、唯監督するのみとなつた。從つて、佛教としては、其監督の下に、佛教獨自の存續法を樹立せざるを得ないことになつて、必然的に現今見るが如き、從來の佛教の何處の國に於ても未だ曾て見たことのない、從つて又佛教本來の趣意と全く背反する如き制度、存續方法が行はれるに至つたのである。此一大變革は一には監督者の無理解無關心に據るのであるが、一には又佛教者の無氣力、無定見に據つたのであり、同時にこれが佛教の研究又は見方に一大變革を齎らすことになつたのである。

二

以上は大體明治二十年頃までのことで、此間には、維新後間もなく護法の精神に驅られて、東奔西走身命を抛つて盡くした人々も少なくないが、當時一方では信教の自由が認められ、萬國宗教大會が開かれるなどのことがあつて、佛教研究の方面にも、漸次、公けに大乘非佛說論の主張せられる如き大事件が起るに至つたのである。

佛教中で、小乘はともかくとしても大乘は釋迦牟尼佛の直接に說いたものでないといふのが、其主張の要點であるが、此說は當時佛教者の中から起つて居るし、又これより以前西歐に留學して西歐の學問の方法に通曉し、佛教にも造詣のあつた學者の間にも考へられて居たことであるから、歐風流行の風潮にも乘じて強く主張せられた。然るに、一般に佛教というても實際的には各宗派であり、其各宗派は何れも何等かの意味に於て佛說を根據として立つて居るものであり、我國としては各宗派は凡て大乘に屬するから、大乘が非佛說となつては、各宗派の根據が動搖し、各宗派の教理は佛說でないものを佛說となして居ることにならざるを得ないから、佛教界は一大衝動を蒙るに至つた。從つて、之に對して、大乘佛說論も起つて來るのは必然的で、兩說は廣く佛教者の關心の的となつた。

大乘非佛說論者のいふ所では、インドに於て已に古く小乘教徒から大乘非佛說が主張せられ大乘を排する說があつたので、大乘教徒は之に對して大乘佛說を論證せんとしたし、シナに於ても亦其餘波が存し、我國に於ては殊に德川末期に於て、佛典中に根據を求めて大乘諸說の歷史的に加上し發達變遷し、決して一佛の所說たらざるを明示して居る所以が明かにせられ、佛教者の反撃も起つたが、然し、大乘諸説の加上發達論は粉砕せられ得るものではなかつた。恐らく、明治の大乘非佛説論も此德川末期のものと多少內面的の關係があつたのであらう。

大乘非佛説、佛説の兩論は、現今から考へて見ても、何れも眞理を含んで居るものではあるが、然し、佛説といふ語の概念に一種漠然たる所がある。佛説を梵語からいへば、慣例上、佛語と譯されるのに當るから、大乘非佛説は實は大乘經典非佛説論であるし、大乘佛説論は大乘敎理佛説論であつたのである。大乘經典の佛語に成つたものでないことは、經典の內容から見ても事情から考へても、また其言語から推しても、明かなことであつて、到底否定するを得ないものである。之と同時に大乘の敎理が佛陀の思想の歷史的必然の發達であることも亦到底拒むを得ない事實である。非佛説論に於ても決して敎理の佛説たることに反對するのではなく、佛説論に於ても同じく經典までも佛説となすのではないから、兩論は互に相反し相排するが如くであつても、いはば相互に相容れて居たのである。

三

非佛説、佛説の兩論の行はれた當時の佛敎界は、維新後の大打擊から獨自に立直りつつ、佛敎自らの進む方向を朧氣ながらも明かにするを得た頃であつて、當時以前我國文化の凡ての方面が西歐化せられ、文化の方面も歐風が盛んであつたに伴〔は〕れて、佛敎も歐風の影響を受けたことも大なるものとなつた。從つて研究の方面に於ても西歐的になつたが、其中の一つは言語の研究の勃興し、歷史的研究の盛んになつたことであつた。この言語研究が進められると、大乘非佛説論は殆ど不動の基礎を得ることになり、歷史的研究に助けられて、益〻一般の承認を得ることになるのである。大乘非佛説論を高唱した人々の間には猶未だ言語的の論據は殆ど考へられて居なかつた如くであるが、佛敎界に於ても、望ましからないにも拘らず、非佛説論は、大勢上、承認せざるを得ない傾向、少なくとも之を排斥し否定せられない如き風潮となつた。然し、佛敎者としては、たとひ佛は大乘經典の説者ではなかつたにしても、佛敎には大乘經典の外に小乘經典があり、それが從來は卑近なものとして殆ど顧みられなかつたにしても、それだけ佛說を含んで居るのであらうといふが如き希望が向けられることになつた。

明治の三十年代になると、パーリ語、梵語の如きインドの言語の硏究が漸次に盛んになり、殊にパーリ語の硏究が新進學者の多く努力する所となり、それと共に小乘經典卽ち阿含經が繙かれるに至つた。パーリ語には小乘の經律論の三藏が完備し、其中の經藏は五部又は五阿含として存し、シナ譯の四阿含と相似て居るので、先づそれの對照的の硏究が起つた。律藏もシナ譯に存する小乘律と同種のものであるが、學者の興味はむしろ阿含經藏の方面に向ひ、論藏は相似て居る點が少ないので顧みられる點は少なかつた。かくして阿含經の對照硏究によると、パーリ傳とシナ譯とでは傳承の方面に於て、傳說上、何等の關係もないといへる程であるにも拘らず、兩者に於て相一致する點が豫期以上に多いので、そこに佛の直接の說法の記錄が見出されるが如くに考へられ、從來の小乘經典に對する希望が滿たされる如くに考へられて、佛說なるものをここに認めんとなしたのである。實際上、佛敎者としては、これは誠に無理ならぬことで、一安心を得た道理である。蓋し、パーリ傳のいふ所では、少なくとも五部は佛の說いた言語を其儘に傳へ、其言語で五部が記錄せられ、由緖正しく傳承せられたのであつて、佛所說の敎の精要が其處に保存せられて居るのである。シナ譯阿含經にはかはどな傳說は存しないが、然し、對照して見ると、多少の出入はあるにしても、殆ど凡て其形式といひ內容といひ、近似して居るのみならず、言語がインド語とシナ語と異なつて居る點を除けば、殆ど同一であるとすらいへる程である。從つて、五部四阿含に於て、相互に一致する部分は卽ちこれ釋尊の直說の傳へられて居るものであるとなす見方が學界を風靡するにも至つた。ここに於てか、この一安心の感情に驅られて、律藏は勿論、極端な場合には論藏までもが、釋尊の說法の眞の記錄であると見られることにもなつた。然し、以上の點は重要なことであつて、學者の此方面の硏究成果が阿含の佛敎、原始佛敎、又は根本佛敎と呼ばれて佛敎史の一時期となるに至つたのである。阿含硏究の起らなかつた時期のインド佛敎史は、第一期を釋尊の佛敎又は原始佛敎と稱しながらも、シナ佛教で述べて居る四諦十二因縁の説を論ずるのみで、次期は小乘佛教、更に大乘佛教として論述するのみであり、結局は小乘佛教、大乘佛教としてのみインド佛教史を說く見方であつたから、原始佛教といひながらも、小乘佛教の幾分を當てるに過ぎなかつたものである。然るに、阿含研究が起つて以後は、原始佛教と呼びつつも、其內容は殆ど全く新たに見られた成果を論述するのであり、後期の小乘佛教、大乘佛教となる以前のものを明かにせんとするものであるから、インド佛教史は、少なくとも、原始佛教、小乘佛教、大乘佛教となつて、內容も豐富となつたのである。これ皆パーリ語研究の結果であるから、語學研究が如何に重要であるかの事實を如實に物語るものである。如何に頑固な人々でも、現今、原始佛教を顧みない如きことは、之を爲すを得ない程である。

以上の如き發達は大體明治の末年頃の狀態といへよう。次いで、大正時代に入ると又異なつて來る。それは、右の考を、著實に今一步を進めて觀察すると、パーリとシナとの五部四阿含の各部の一致というても、其美名ほどに事實上一致して居るものでないことに氣附くからである。更に內容を考察すれば、部分部分に新古の發達の層の相違の存することが看取せられるのみならず、パーリ語としても新古の層が見られ、而も最古層のパーリ語すら果して釋尊の用ひた眞の言語であるかどうかは疑はしく、決してパーリ傳の傳說通りとはいへないといはねばならぬことになる。インドは古い時代から俗語の種類が甚だ多く、地方により階級によつて其用ふる言語を異にするから、地方が相異なる人々、階級の一致しない者等には、相互に意志を通じ得ないこともある。梵語が標準語であるが如く考へられようが、これは雅語であつても、それを用ふるものは限られた人々のみの間のことで、一般人には日常語化した俗語が存するのみであり、其數が二、三百にも及ぶのである。俗語といへば如何にも卑俗な言語であるかの如く思はれるかも知れないが、さうではなくして、日用語であり、俗語と呼ぶのが正確でなくて、インドの名を譯せば自然語といふのであり、雅語はむしろ完全に或は淨く作られた語といふ名で呼ばれて居るものである。從つて、雅と俗との字によつて判斷して、言語其ものについて、一方を貴び一方を賤しめてはならない。釋尊は階級には捉はれなく、人間其ものの權威をそれぞれに認めたのであるから、其敎團には殆ど凡ての階級出身のものがあり、又地方を異にする人々も甚だ多かつたのである。これ等の諸弟子の間では各〻言語を異にして居たし、又釋尊の說法布敎の區域は廣かつたから、言語の異なる地域も少なくなかつたのである。かかる諸弟子信者に對しては釋尊は個々それぞれの言語で應對說法したとしても、これ等を凡て集めて公的に說法するとき、果して何語を用ひたかの問題が起るであらう。そこでは、何としても、大體凡てに通じて理解せられるが如き一種の通用語が用ひられたのでなければならない。釋尊の當時にはガンヂス河の北方はコーサラ國で、此方面が釋尊の生誕地、南方はマガダ國で、此方面は釋尊の主な布敎地、このマガダが商業上の中心地方で、各地方の言語の相違する商人が集まつたのであるが、實際的必要上、マガダ語を中心としての一種の通用語が自然的必然的必要上生じて、それが各地方から入込む商人に理解せられ、用ひられて、マガダ語と呼ばれて居たのであらうから、このマガダ語が釋尊の用ひたものであらうとは、斯道學者の說である。此說が今の所では宜しいやうに考へられるが、これが後に發達してパーリ語となるのであつて、而も、もとは佛の用ひた言語として尊崇せられ、敎團で神聖視せられたので、佛語が大體凡て此言語で傳へられることになつたのであらうといふのである。從つて、實は釋尊の實用した言語は何であつたかは、學問的には、現今よくは判らないのであるが、判らないからパーリ語がそれであると主張せられ得るに至るといふのでは決してないのみならず、古い層のパーリ語すら、釋尊の用ひた言語であると、しかく簡單に斷定することは出來兼ぬるのである。現今、學者はパーリ語の聖典以前の言語なるものを考へて居る程である。

言語が旣に此の如くであるとすれば、パーリ語によつて傳へられる經典の內容思想が果して釋尊の思想其ままであるや否やは當然問題とならざるを得ない。況んや經典中に新古發達の層があるに於ては、猶更問題となるのである。加之、釋尊の說法の事情とその傳はり方を考へると、益〻問題となつて來る。蓋し、釋尊には何れの說法にも手控へのノート類などがあつたのではなく、多少、豫め何を說かんかといふ準備があつたのかも知れないが、然し、しかるものは何等傳はつては居ない。又聽聞者にしても何等筆記をなしたのではなく、唯大要を聞取つたのみであつた。恰かも現今の講演會の如き狀態であつたのであるから、それが釋尊の思想又は學說として後世に傳はつたのは何によつたかといへば、一に聽者が說法の梗概要領を把捉した所が基となつて傳はつたに外ならないのである。然し、梗概要領の把捉とすれば、これは聽者によつて全く同一であるが如きことは、人類の一般性質上、全く不可能なことで、聽者の性格、事情、要求其他複雜な條件事情によつて種々に異なることは拒むを得ない事實である。佛敎で、ここを佛以㆓一音㆒演㆓說法㆒、衆生隨㆑類各得㆑解といふが、これはどこまでも眞理である。然らば、何人の把捉した所が、釋尊の說法として傳はつたのであるか。それは、簡單に、最も優れた弟子等の把捉したものであつたと見做したにしても、釋尊が個人個人に說法したとして傳へられて居る如き說法はどうして傳はるに至つたのであるのか。かかる問題は實に種々なる方面に及んで考察せられねばならないが、ともかく一括していへば、阿含經に傳へられる凡ての釋尊の說法等の何れも皆悉く聞いた者から傳はつたものであつて、釋尊自身から直接に傳はつたものなどは全く存しないといはねばならぬ。說く人と聞いた人とでは、たとひ趣意が異ならないとしても、それが全同であるとはいへないものであることも事實である。故に、釋尊自身の語などは、聞者を介さなくては、一語も傳はつて居るのではないといはねばならぬであらう。聞者の語のみが阿含經に傳へられて居るのであるから、此點では、小乘經典非佛說論も成立し得るであらう。然し、此の如く考察するのは阿含經の全部が全く信頼し得べからざるものであると斷定せんとする趣意ではない。全部が悉く信頼し得べきものではなく、新古層中の最古層には忠實に聞者の把捉した所が髣髴として示されて居ると認めんとするのであるが、然し、言語上發達變遷があつたとすれば、そこに飜譯的の變改のあつたことも考へられねばならないとなすのである。問題は極めて細緻でもあり深刻でもあるので、輕々に決斷せられ得るものではない。

此の如き阿含經の批評的研究は、阿含經が釋尊自身の說を知る資料としての價値についての研究である。釋尊自身の説といふも、實は釋尊の說法は凡て聞者を介して居るから、當然、釋尊並びに其直弟子の佛教を指すことにならざるを得ないが、それを知るべき資料としては現今の阿含經は其ままでは資料たり得ないといふことになるのである。そこで、然らば何によつて知ることに努むべきかについては、第一に釋尊當時に於けるインドの思想を明かにし、第二に釋尊がこれに對して如何なる態度を取つたかを、釋尊の傳記から究明し、第三に阿含經の最古層の批評的考察によつて用ひて、推論的に纏める方法に據らんとするのである。かくして結論したものを根本佛教と稱するが、名稱は同一でも、前の根本佛教とは全く相異なる。此根本佛教はインド思想の二大分野たる正統バラモン系統と一般社會系統との二潮流に對して第三潮流たるものの源をなして居るのである。然し根本佛教は推論の上に成立するのであるから、凡ての學者が全く同一の結論に出づるとは期待するを得ないものである。

以上は大體大正末年頃までの學界の風潮であるが、昭和の年代に入ると、パーリ傳の研究は、何れかといへば、さほど活潑ではない如くである。勿論個々の學者によつて著實な研究が行はれては居るが、パーリ傳とシナ譯との精細な對照研究、シナ譯阿含の徹底的研究、其他種々なる問題のあり得るものも、あまり、學者の興味を起さないらしい。之に反して最近に至つて阿含經の本文批評的研究に反對するかの如き議論が表はれ、稍ゝ元に復せんとするやうに見えて來た。此研究に於て、右の如き三十年以前の研究の缺點不足を抉摘するのはよいとするも、其間に一歩を進めた批評的研究の少ないのは何としても學界の爲に遺憾であらう。然し、大正昭和の間にパーリ傳の三藏其他が、全部、和譯せられて、南傳大藏經七十卷の完成を見たのは凡ての人々にとつて誠に意義あるものである。

四

梵語の研究はパーリ語のそれと同時に起つたが、纏まつた材料が比較的に少ないから、目ざましい成果が見られないといへよう。經典としては、シナ譯から見れば、厖大なものが存するのであるが、梵本は甚だ少なく、インド歐米に於てすら公刊せられたものは決して多くはないので、此方面は今以て進んで居ない。法華經、楞伽經、金光明經、華嚴經の一部、般若經の一部、其他が歐洲、インド、我國に於て出版せられて居るが、どういふものか、經典の研究は盛んにはならない。然し、これ等の幾分を研究して之を其シナ譯と對照し、更に其經に對するシナ佛教家の註釋を讀むと、註釋中には原典以上の獨自の解釋の含まれて居ることが判然と知られ得る。經の一應の解釋としては大體本文のままであるが、それを敷衍する段に於ては、本文以上の而も時には本文と內容上關係のない說までが、他の經論にまで訴へつつ展開せられて行く。シナに於ける經の註釋解明は大體此の如きものであるから、本文の理解には註釋の大部分は不必要なことも屢〻である。然し、此點に關して考ふべきことは、本文の解釋は原典飜譯以來傳はつて居たインドの解釋であり思想であるが、そこに展開せられて居る本文以上の說は註解者の抱くものであつて、それがまさしくシナ佛教の思想であり、シナ佛教發達の重大要素をなして居るものである。此の如く、多少なりと、區別的に見て行くと、シナ佛教の理解に大に役立つものである。蓋しシナ佛教はインド佛教以外の一の體系をなす佛教であつて、教理の整頓などの上からいへば、インド佛教以上ともいふべく、シナ佛教に通ぜずしては佛教教理の理解は不足勝であり、インド佛教をも正しく捌くことは出來なからうと思はれる。從つて、今後は大乘經典中の重要なものについて、此種の、又は其他の、意義ある研究が進めらるべきであらう。

梵語研究のさほど盛んでなかつた時期のインド佛教史の研究論述は小乘にしても大乘にしても論藏の內容を對象とするのみで成立せしめんとしたものであつて、經藏の內容は全く觸れられて居なかつた。大乘としては龍樹、提婆、次に無著、世親を論じ、更に護法、淸辨を述べるのが大綱で、此等諸論師の學說の基づく經典については殆ど論ぜられて居なかつた。一方に於て大乘經典非佛說が承認せられながらも、然らば何時個々の重要な經典が現はれたかについては、あまり論述せられたことがない。經典に關する此方面の研究は極めて困難であり、單に一人のみの研究で成功し得るものではなからうが、少なくとも諸論師と經典との思想的關係を檢討することが經典の出現した時期を推定せしめる重要な根據の一たるものである。從つて、諸論師の著書卽ち大乘論藏を硏究することが大なる意義あることで、梵語硏究者はここに努力を拂ふことが多い。

龍樹、提婆の著述は少なくないが、梵文の傳はつて居るものとしては龍樹の中論頌であるから、これは學者によつて硏究せられて居る。中論には梵漢藏に亙つて多數の註釋が存するので、これ等もそれぞれ硏究せられて、中論頌の原意解明に努力せられて居る。然し中論の註釋には梵文は一部存するのみであつて、其他はたゞ漢にのみ、叉は藏にのみ、若しくは兩者に共通して傳へられて居るのであるから、これ等にも硏究の手は伸ばされた。從來の古い佛敎學者は龍樹、提婆の著述などは殆ど讀まず、せいぜい二論師を承けた三論宗の書を讀む程度に過ぎなかつた。それすら三論玄義の如き小册もので、それ以上に進んだ學者は恐らく見當らないであらうと思はれる程である。中百十二門の三論の町版本が極めて少なく、恐らく德川期に一囘ぐらゐのもので、從つて三論の入手が非常に困難であることによつても示されて居る。然し、此方面の硏究は、從來は限られて居たとはいへ、意義あるものであるにも拘らず、現今ですら舊態依然たる學者は三論などは見向かないであらう。

無著、世親の系統は所謂唯識說で、此方面の硏究は、たとひ一系統のみに集中せられて居るにしても、從來も壓倒的に盛んである。世親の寂後唯識說は數系統となつたと考へられるが、其一は陳那、無性、護法、戒賢、玄奘の系統で、其二は德慧、安慧、恐らく眞諦の系統である。前者の護法の著書が玄奘によつてシナに譯され、之に基づいて法相宗が成立し、佛敎硏究の基礎の如くに見做され、世親系統の唯一正統であるかの如くなつて、他の系統を壓倒した。後者の眞諦が無著、世親の著述の一をシナに傳譯して、これが攝論宗となつたが、法相宗の爲に遂に一宗としての命脈が斷たれた。眞諦は玄奘よりも約百年古い人であるが、玄奘と同等に重要な傳譯弘敎者である。然し、一代を不遇流浪の中に過ごし玄奘が盛勢にあつたとは比較にならないし、殊に玄奘の新譯といはれるに對して舊譯に屬し、玄奘系統によつて一般的に舊譯は訛であるとせられ、眞諦の譯書も誤であると虛傳せられた。これは玄奘の奉じて傳へた護法の唯識説の立場が、其先匠等と異なつて、一種特別なもので、從つて先匠等の著述の解釋も自説に一致するやうにせられて居るし、それを玄奘が又そのやうに傳譯したから、從つて、玄奘系統では、それを唯一眞實の解釋となして、眞諦、其他舊譯を排撃するのであり、其排撃は猛烈であつたから、眞諦の傳へた説は爾來全く行はれない如くになつたのである。自分等の奉ずる所に忠實であるのは諒とすべきことであるが、佛教としては、一層の寛容が望ましい。玄奘系統の學をなした人々は、現代に於てすら、眞諦並びに安慧の傳譯解釋を全く斥けて、人々相互間に於ても互に他を詈る風潮が存するが、然し、歴史的研究から見るときには、何れの説にも其當然の地位を與へなければならないものである。

無著の著述の中に攝大乘論があつて、世親が之に註釋したのを、眞諦が傳譯して、それで攝論宗が起り、その同じものを玄奘が譯出して、それは法相宗のものとなつて居るのであるが、世親の註釋は眞諦譯では詳しく玄奘譯ではそれ程詳しくはない。玄奘系統では、之を直ちに、譯者眞諦の勝手に加へた所があるから詳しいのであるとなすが、然し、これには何等の根據も無く、唯玄奘譯のみを信じて而も敵意を有する感情の言はしめる斷定に過ぎない。實際としては、眞諦は攝論の專門學者で、インドに居たとき、其系統に於て學んで師傳を得て居るのであるから、其際學んだものにかくの如く述べられて居たに外ならないのであつて、それを其まま傳譯したのである。玄奘はインドで攝論を學んだのではあらうが決して專門家たるのでは無く、而も凡ての譯出を護法の學説に一致せしめて居るから、たとひそれがインドで承けたものであつたにしても、そのインドの解釋が護法説に變意せられて居たのであり、玄奘の譯出がそれを忠實に傳へたもので、論の原意を傳へるなどとは意識して居なかつたに外ならぬのである。從つて、歴史的研究から見、公平に學的立場に立つならば、兩譯に、それに相當する地位を與へて、解釋學説の發展なり變遷なり其他の事情を考察するのが現代の歴史的研究者のなすべきことである。此趣意に立つて、眞諦の傳へた所を公平に明かにせんとすれば、玄奘系統の固陋の學者は之を頭から排斥して罵詈讒謗を敢てなすのがこの系統の學者の常套である。これ等の學者は護法が何の立場に立つて居るかをすら考へて居ないのであつて、立場の異なるものに對しても、自己の立場と同じと見て、排斥にのみ專心するのである。然し、かく立場の相違を明かに考へないことは、歷史的にも、さうであつたのであつて、シナ以來我國に於ても存した一乘三乘の諍論が全く此性質のものであつた。現今として今猶其跡を絕たぬとしても、現代の研究は此の如き議論を繰返すべきでなく、純粹に學的研究の立場に於て一切を學的に處置すべきである。

無著の著述には猶未だ梵文の發見せられたものが無いが、世親の著としては唯識三十頌及びそれに對する安慧の註釋と世親の唯識二十論との梵文が發見せられた。前者に對しては眞諦譯の轉識論、玄奘譯の成唯識論の本文の譯、後者に對しては眞諦、玄奘、又古く菩提流支の譯出があつて、相互に比較對照し得ることになつて居る。玄奘系統の學者には梵文研究が忽諸に附せられて居るから、共に語るを得ない遺憾が存するが、忠實に梵文とシナ譯凡てを比較對照すると、眞諦譯はむしろ梵文に忠實に譯されて居るに、玄奘譯は却つて附加文もあり護法說に强ひても一致せしめる如くになつて居る。かかる點が相當に明確にせられたのが、最近に於ける此方面の硏究成果の一といえよう。此の如き點から考へて行くと、護法は唯識系統に於て新たに一種特別の立場に立つて新たに全體の說を組織した一體系の立て役者であつて、其功績は永く顯彰せらるべきもので、先匠諸論師と同一解釋でないことが判明するのである。眞諦は、之に對すれば、むしろ先匠學者の說を承けてシナに弘傳したものといへるであらうと思はれる。

以上の外に大乘莊嚴經論の梵文は數十年以前に公刊せられ、佛譯も現はれて居るし、安慧の唯識三十頌註、中邊分別論疏も亦公けにせられて學者の研究を俟つて居る。前者のシナ譯には護法說の片鱗とも稱すべきものが存するし、後者には、護法の成唯識論の述べる所が果して正確に傳へられて居るか考へさせられるものが存する。更に護法以前の陳那の著述にもシナ譯に重要なものがあり、梵文の發見せられたものもあつて、其說の幾分は正確に知るを得るし、護法說と同一でないことが、護法の筆に基づいて明かにせられるものが存する。

以上の中、無著と世親との著述が研究せられると、傳說上、當然無著と彌勒菩薩との關係が學的研究上の問題とならざるを得ないのである。從來の傳說では、無著は將來佛としての天上の彌勒菩薩の敎を、唯一人のみ、受けて、それを筆にし、彌勒菩薩の五部の大論(瑜伽論、大乘莊嚴經論、中邊分別論、分別瑜伽論、金剛般若經論)又は、彌勒菩薩の五法(大乘莊嚴經論、中邊分別論、現觀莊嚴論、法法性分別論、究竟一乘寶性論)となつたとせられるが、この彌勒菩薩について、大體、一方では傳說通り天上の菩薩であつて、其五部又は五法は實は無著の著であるのを、後世菩薩に假託するに至つたものとなす說と、他方では彌勒論師なる人があつたのが後に彌勒といふ名の同一の爲に彌勒菩薩と同一視せられて彌勒論師の存在が消失せられたのであるとなす說との二種に歸著する說があつて、今猶學界未決の問題である。何れに決定すべきかは今後の學者に課せられたものであつて、長く有耶無耶に放置してよいとはいはれない深刻な問題であらう。

五部と五法とでは一致しない點もあるが、此中で大乘莊嚴經、中邊分別論とは其頌は彌勒の著述、釋は世親のものと、傳說からも、內容からも考へられ得るし、瑜伽論(恐らく全部でなくて、其一部分)も現觀莊嚴論頌も法法性分別論經體の部も共に彌勒の著述であらうし、金剛般若經論も其中の七十七頌は彌勒の著述、分別瑜伽論は完本は傳はらないから未決、究竟一乘寶性論は頌釋何れも彌勒の著述でないことは明かで、確かにこれ堅慧の著述であること、最近梵文が公刊せられたので、其研究によつて知られ得ると思はれる。然らば、彌勒の著述とせられ得るものは六部となるであらう。かかる著書の現存する以上は、其著者は確かに歷史的に實在した人間論師であつて、天上の菩薩などでないとなすべきことは、歷史研究としては常識であるべきで、何等の抗議否定の容れられる餘地の無いものであらうと思はれる。佛敎者にはここに信仰が入込むので、研究と信仰とが混同せられて、斷然彌勒論師と彌勒菩薩とを分つを得ない一種の弱點が存し、傳說神話に戀々たる所が存するのである。何人でも信仰を輕視するものはなく、又各自それぞれの信仰を有するものと考へられて居るが、然し、研究からいへば、かかる混同は十分に注意警戒すべきものと思はれるであらう。從來も、この混同の爲に他を非難し自ら德を傷けて居る實例が見られるからである。この混同は打見た所甚だ美はしくあるが、現代的に見れば、色々の點から、それだけ罪深いと自覺すべきであらう。學者に從來の如き信仰は存すとはいへないからである。

護法清辨空有の爭といふのが有名で、更に戒賢智光三時敎の爭までが附加はるが、護法は無著世親の系統であつて、眞諦有、俗諦空を主張し、清辨は龍樹提婆の系統で、眞諦空、俗諦有を說くので、空有が相反するとせられるのである。此對立によつて、護法のは有相大乘、清辨のは無相大乘と呼ばれることになつたが、清辨の方が先輩で、其同門に又佛護があり、其系統がプラーサンギカ派となつて後にチベットに入り、清辨の系統はスワータントリカ派となつて、チベットにも入つたが恐らく續かなく、インドで終つたのであらう。此分派も清辨の活動が基をなしたといはれるが、同時に護法との對立も清辨が基であるとせられる。蓋し、清辨でいへば、因緣所生法は卽空であるといふのが大本で、護法でいへば、因緣所生法は假有であるとなすのが要領である。清辨の說では、假有と見るのは俗諦有で、卽空が眞諦空であり、その卽空は絕言絕慮とまでせられるが、護法の考では、假有が眞諦有で、假有を知らなくて實有と誤るのが俗諦空であるし、絕言絕慮は廢詮談旨諦である。從つて、護法の眞諦俗諦は、清辨の俗諦を二部に分つて居るのであり、清辨の眞諦は廢詮談旨諦に當るのである。つまり、清辨は眞諦に立場を置いて論じ、護法は一種の俗諦に立つて說をなすのである。清辨にも護法にも重要な著述が數種遺つて居て、學者によつて研究せられつゝある。此中、護法は初めは恐らく龍樹提婆の說を學び、提婆の著述に註釋を作り、この註釋の本文には梵文斷片が存し、註釋はシナ譯に存する。此註釋は護法の初期の作であらうが、次いで、世親の唯識三十頌に註釋して成唯識論を製し、此中に、一種の俗諦の立場で唯識說を組織立てて居るのである。唯識說を組織的に論述した論としては攝大乘論と成唯識論とが現存する雙璧とも稱すべきであるが、不幸にして共に梵文は存しない。成唯識論を梵文唯識三十頌安慧釋と比較すると、三十頌を註釋して居る部分と、それに關聯して護法獨得の唯識說の組織的論述の部分とが、大體に於て區別して見られ得るので、此後者に對する本文批評的研究、學說內容の檢討、其他種々なる學的穿鑿は猶未だ十分には行はれて居ないので、今後の研究に俟つべきものである。成唯識論は從來幾多の先進學者によつて研究註解せられ、微に入り細に亙つて明かにせられて居るが、然し今後の研究は新方針に依つて、論中に於て排せられて居る所謂不正義までも、それぞれ歷史的地位を與へて見ることになさねばならないものであり、從來の護法宗の見方のみでは學的研究にはなつて來ないことを知るべきであると考へられる。

五

大藏經はシナとチベットとにのみ存するといふべく、南傳大藏經は此二大藏經に對しては殆ど比較にはならない。從つてチベットに關する研究は極めて重要であるが、チベットに關係しては、チベットの言語の方面とチベットの佛教の方面とに分つて研究狀態が考へられるであらう。然し、不幸にして筆者は此何れの方面にも全く通じて居ないので、深く記述すべき材料の何ものをも有しない。明治末期には入藏の學者がそれぞれ學的に活動したが、今はその人人の時代は過ぎて、既に其人等に繼いだ諸學者の活動期に入つて居る。チベット語の研究は現今としては梵語研究の補强の方面が主である如く、此方面に於ては全く缺くを得ざるものである。梵語研究といふも、ここでは佛教研究に關するものを指すから、チベット語研究も亦其方面をいふのであるが、梵語原典が少なく、又シナ譯では直ちに原典を見る如くにはならないので、これをチベット譯で補ふ點が重大視せられるのであり、此方面ではそれぞれ有意義な成果も已に現はれて居る。梵語原典があつてすら、チベット譯を有すると、凡てに便利であるから、有用缺くべからざるものである。然し、チベット語の言語學的研究は猶未だ起つて居ないといへる如く、チベット佛教の研究も未だ盛んとはいへない。チベット佛教といへばラマ教を指すのであるが、ラマ教は一宗派としては東亞の大部分に流通し、一大宗教ともいはれるものである。然るに、從來、佛教者の間に於て、ラマ教について殆ど研究せられた成果がないといふべく、シナ流にいへば教判上、何れの部門に入るかすら考へられて居ない狀態であるから、佛教研究の一大缺陷であらう。今後、學者の研究を進められんことを望んで止まない。

チベット大藏經の版本には數種あり、世界一般に知られ又用ひられて居るのはナルタン版である。然し我國にのみ存するものにデルゲ版があつて、已に二十餘年前にその總目錄が出版せられて居る。又北京版も存するが其目錄は不幸にして完全には公刊せられて居ない如くである。更に大部の藏外佛典が存し、これは本國チベットに於ても、かほどに纒まつて一箇所には存しないものであるが、最近其全目錄が公刊せられて、內容の一通りもたやすく知られることになつた。この惠まれた狀勢に於て將來チベットの研究の凡ての方面が進められることになるであらう。蓋し我國ほど佛教研究に其資料の備はつて居る學界は何處にも存在しないといふべく、シナの大藏經も十數回も刊行せられたのが、本國シナには保存せられなくて、却つて我國には其大部分が現存し、且つ又續藏經の如き古來のシナの佛教學者の遺著を蒐集したものも存する。これ等は凡て人類世界の至寶といふべきもので、之によつての研究の前途は洋々たるものであらう。

六

シナ佛教と日本佛教との研究の狀態に關しては、今ここでは、述べることを省いて置かう。梵語パーリ語の研究の盛んにならんとする時期に於て、梵語の習熟を避けんとする學者が、勢ひシナ佛教の研究に向ふが如き傾向があつたが爲に、却つて其研究が盛んになつた點もあつたといへようが、然し、歷史的研究の世に滔々たる時代に於ては、其研究の一部はインドに關係せざるを得ないが爲に、そこに無理も起り獨斷も犯されて、學的意義の幾分を奪ひ去られること無きにしもあらずの狀勢である。佛教一般の研究に於て、梵語を顧ると否とは、其研究の學的意義を左右するといふても過言ではあるまい。シナ譯のみに跼蹐してインド佛教を見たのみでは、從來以上の新研究には進めないであらう。恐らく、今後は、廣く資料を渉獵し得る立場で、研究が進めらるべきものであらうと思はれる。

最後に、少し考へて見るべきことは、シナに於ける古來の飜譯は凡て大法を異域に流通せしめんとする外來三藏の身命を賭しての弘法の精神と、大法を求める入印三藏の獻身的の信心とに因つて居るといふ點である。これ等の三藏は決して現代で考へるが如き學問的の要求とは全く異なるものであつたのである。從つて、今、それ等の飜譯を學的要求によつて研究するについても、其點を常に考へて居るべきであらう。かの葱嶺附近の天險を越えること、又はそれを避けても六年の旅程を經ることは、弘法求法の信心なくしては企てられるものではあるまい。吾々は今机邊に坐して、其恩惠に浴しつつ研究しながら、冷かな眼で學的といふ美名の下に、批評取捨するには、感恩の念なくしてはならないと考へるのである。同時に、此考は入印來支の飜譯家の間に於ける排外罵倒に釁蹙せしめられるのも亦止むを得ないことであらう。

特別講演「印度哲學」命名の由來

私は近頃隱居してゐますので、どの會合にもあまり顏を出さない樣にして居ます。併しこの度、東海印度學佛教學會が結成されましたことは、大變結構なことゝ思つて居りますのに、そこで而も何か話してくれといふ會の方の申入れがありましたのに應じて、こゝに出席して特別講演をするといふことになつたのであります。併し「特別」といふ字には二通りの意味があつて、良い方の意味にとれば、「特別にすぐれた講演」といふことになるでせうが、私が今こゝにしようと思つて居る特別講演は、それとは別な意味の特別講演、即ち今迄に七人の方々が大變立派な學究的な發表をされたのに對し、「學究的でない」といふ意味での「特別な講演」をなさうとするのであります。何しろ「特別な講演」なのですから勿論、特別な話をするわけで、肩のこらない漫談を一席やらうと思ふのであります。

先づ「印度學」といふ言葉ですが、この言葉はこの學會の名稱の一部ともなつて居る通り、かなり廣く用ひられて居る言葉であります。併し大學の講座の名前としては、「印度哲學」といふ方が多く用ひられて居ますので、まづこの「印度哲學」といふ名がどうして起つたかといふことについて話してみようと思ひます。「印度哲學」といふ名が起つたのは實は、私の知る限りでは、殆んど偶然なことからであります。東京帝國大學がまだ單に帝國大學と呼ばれて居た時代、明治二十年頃でせうか、即ち京都にはまだ帝大がなかつた頃のことでありますが、その時期の帝國大學總理——當時は總長ではなく總理と言ひましたが——その總理に加藤弘之といふ人が居ました。この人は當時學界第一流の法律と哲學の學者でありまして、法學博士と文學博士との二つの學位をもつて居られましたし、進化論をはじめて西洋から日本に取入れた人です。はじめに法律を學び、その時には權力は神から授つたものであるといふ神權說を奉じて居たのであるさうですが、後に進化論の哲學によつて、これまでの自説を改め、自分の著書を全部焼いてしまつて進化論的の學説に改めたと言はれて居ます。この様にして最後には唯物論者となり、葬式も無宗教で行はれたほどの人でしたが、人格は極めて高潔な立派な人であつたのであります。この人が明治二十年の頃、「佛教の方にも哲學があるといふことだから、それを大學で講義しよう」と言ひ出して人を探したのですが、その時曹洞宗に原坦山といふ人が居まして、其人がよからうといふことになつたのださうです。この人は大學者ではあつたのですが、維新の時の排佛毀釋のために零落して、淺草で大道易者をやつて居ましたさうです。元來この人は大變な漢學者であつて、湯島の聖堂で講義をして居たほどの人であつたといはれて居ます。はじめは大の佛教嫌ひで、或る時、東京駒込の吉祥寺にあつた曹洞宗の學校の栴檀林に行き、そこの學頭に會うて議論を申込み、「若し議論をして敗ければ自分は剃髮して僧侶になるが、勝てばお前は還俗せよ」といふ約束の下に三日三晩議論を闘はし、遂に破れて僧侶になつたと言はれて居る人であります。元來が儒者であり、易に通じて居たところから、維新後に、大道易者となつて飯を食つて居たわけであります。加藤總理はこの人に講義してもらはうと思つて、頼みに行かうとしたのですが、さて何處に居るのか分らない。一日中人力車に乘つて搜し廻つてやつとのことで探し出して講義をしてもらふことにはなりましたが、併し、「佛教哲學」といふ名前を使つたのでは、當時は基督教との關係上困るといふことになりましたので、そこで佛教は印度の哲學であるからといふので、遂に「印度哲學」といふ名が發明されたわけであります。從つて當時は「印度哲學」といふ名は實に佛教哲學を意味して居り、後にこれが講座の名ともなつたわけであります。

はじめ原氏は宋の契嵩《かいすう》が佛儒調和のために書いた輔教編といふ本を教科書として講義しましたが、當時の學生にはあまり容易しすぎるといふので、本をかへて大乘起信論を讀んだりして居ました。このことは當時其講義を聽いた人から私が聞いたことで、後に有名になつた諸先生方も講義に列せられたさうです。

原氏は後に學士院會員にまでなつて居ますし、曹洞宗でも重要な地位を占めた高僧の一人であります。原氏にひきつゞいて本派本願寺の吉谷覺壽氏が講義をなし、次には大谷派の村上專精氏が講義をしましたが、この人の講義は二十數年間つゞきました。つまり、原、吉谷、村上と三代の間は、「印度哲學」の名の下に實質的には佛教をやつて居たのでありますが、私が明治三十九年に入學した時に、はじめて「印度哲學史」といふ講義が出來、印度一般の佛教以外の哲學、所謂外道哲學までもする樣になつたのであります。又、同年はじめて京都文科大學が出來、こゝでも印度哲學が哲學第四講座として開設されました。當時東京では高楠順次郎先生といふ人が講義をし、私はその先生について勉强したのですが、この先生はサンスクリットの大家でした。又、京都の方では松本文三郎先生が講義を擔當して居ました。松本先生は京都に文科大學が出來るといふので三年間獨乙に留學したのですが、少し早く歸つて來すぎたゝめ、歸つて來た時はまだ大學の方が出來て居ないので第一高等學校で獨乙語を敎へて居ました。その中には日露戰爭がはじまり、哲學の敎授の桑木嚴翼先生が應召したので、その後をうけて論理學、心理學などを敎へたりして居ましたが、私はこの何れをも敎へて頂きましたが、京都大學文科大學がはじまると、そこに行つて印度哲學の講義をしたわけであります。京都では、佛教以外の印度一般の哲學を「印度哲學」の名の下に講義し、佛教は却つて入らなかつた樣であります。これに對し東京では、ヴェーダ、ウパニシャッドの古代から講義をはじめ、時代を追つて次第に佛教にも及ぶといふ歷史的方法によつて居ました。從つて東京出身者が印度哲學の講義をする時には佛教も當然その中に入るわけであります。自分のことになつて甚だ恐縮ですが、吾々は子供の時から佛教に養はれて居るために、印度哲學を勉强して居ても、自然に佛教に入つて來るのでありますから、自分もはじめは主として佛教以外のことを研究し、留學中も佛教以外のことをやつて居ましたゝめに、皆から「あいつは外道で……」とよく言はれたものであります。自分はもともと佛教專門家とならうといふ考へはなく、印度哲學一般の中に於て佛教に其適當な地位を與へて研究するといふ方針を採つて居ました。併し佛教は重要でもあり、複雜でもありますので、晩年になつてその研究が多く佛教に向ふ樣になるのも當然のことであらうと思はれます。

大正十二年、關東大震災のあつた年に、東北大學が法文學部をつくることになりましたが、その中に印度哲學を入れるといふので私が仙臺に赴任しました。はじめは印度哲學は哲學第四講座ぐらゐに入れようと考へて居たやうでありましたが、西洋哲學の人達が「印度哲學の様なものは哲學の中に入れるべきではない」と言つて反對したので、こちらも「それでも是非……」と言つて、頭を下げてまで、仲間に入れてもらふのもいやだし、結局「印度學」といふのを講座の名前にして西洋哲學とは別に講座となして印度哲學を講義することにしました。これが日本で「印度學」といふ名を用ひたはじめであります。併し、この「印度學」に相當する西洋語の Indologie は當時としては、世界一般の傾向からいうても印度哲學といふ意味には用ひられず、寧ろ印度や中央亞細亞の言語學的、考古學的研究を意味して居ましたので、先生方の中には「それでは講座の名前と講義の内容とが違ふではないか」といつてあやぶむ人もありました。併し「マアマアさうやかましくいはずに一つ獨自の考方で行かう」といふことで、結局「印度學」といふのを講座の名前にしたわけであります。つまりそれほど印度哲學といふものは、當時一般に哲學をやつて居る人々の間では認められても居らず、又、問題にもされて居なかつたわけであります。併しその後印度哲學は次第に盛になり、今日では國立大學のみではなく、最近新設された多くの大學に於てすら澤山講義される様になつて居ます。これは一にその後の新進の人達の熱心な研究、努力によるものと思ひます。

さて印度哲學とはいつても、吾々が多く關係する佛教方面の研究も亦大いに發達しました。さきに述べました様に、東京大學では明治三十九年に印度哲學科がおかれたのですが、それは單に學科としてゞありまして、當時はまだ獨立した講座にはなつて居ませんでした。講座を作るには一定の設備と人が要り、それには相當な金がかゝるので大藏省がなかなか贊成しなかつたのです。ところが當時村上專精先生が安田善次郎氏の家に行つて毎月從業員に佛教の講話をして居られました。安田善次郎といふ人は、あれだけの金をためた人だけあつて金錢上のことについては非常に細かく、初めはとかくの評判もあつた人だといはれたやうですが、村上さんの講話をきく様になつてからは人間がすつかり變つて立派になつたといはれ、今迄の様には皆からとやかくいはれなくなつたさうです。安田氏はこれを非常に多として居たわけだと想像せられます。當時東大の卒業式には毎年陛下がおいでになつて居ましたが、これを御迎へするのに相應しい便殿もなく、吾々が學生の時分には社會學の研究室をこれに充てゝ居た様なわけでありましたから、そこで村上さんがこのことを安田氏に言つたところ、安田氏は立派な便殿のある現今の安田講堂を作つて寄附し、同時に二十何年間も講師をして來た村上先生の勞に酬いるために講座を寄附したのであります。當時村上さんはもう六十歳以上で教授としての停年はすぎて居たのですが、この時は特例として教授になつたのださうです。その後、文部大臣の岡田良平氏が東京と京都とに各一講座を作つたゝめ、二大學ともに二講座となり、現在は仙臺の大學も二講席となつて居るほどであります。

昔話は以上のやうでありますが、その後印度哲學、佛敎の學問的研究が盛になつた結果、この様な學會が今度中京の地にも出來るに至つたのは極めて意義のあることであると思ふのであります。學會といへば何時も東京と京都、卽ち東と西の京で開かれて居たのですが、名古屋は中京ですから、東西で開かれるのに中央で開かないといふことはないのですから、こゝにそれが開かれるに至つたのは誠に意義あることゝ存じます。特に私は三河の產ですので、この點非常に嬉しく思つて居るのであります。將來は寧ろ、東京からも京都からも研究者が名古屋に集つて來る様になればよいと希望して居ます。

佛敎の研究に力を入れ、日本文化の發達に貢獻することは大變愉快なことであると考へますが、佛敎に育つた人であれば、必ず何等かの信仰をもつて居るでありませう。研究と自分の宗派の信仰とは、時には一致しない場合も往々にして出て來るものでありませうが、併し學問は學問、信仰は信仰であつて、私はそ〔の〕間は別のものであると考へて居ます。たとへその學問が宗派の信仰に反する様な結果になつても、本當に信仰が篤ければ、そこには問題は起らないと考へて居るのであります。學問は學問として研究をすゝめるべきであり、さうすればそれだけ文化が盛になるわけであります。

つまらぬ漫談をしまして恐縮でありましたが、これが卽ち「特別講演」であります。最後に衷心から東海印度學佛教學會の御發展を希望して止みません。

（北川秀則筆記）

第三十四世活翁伯壽小傳

自ら筆を採つて此の如きものを記すのは全く好まないことであり、曾て試みたこともないから、幾度も止めんと考へたが、然し、希望に任せ、特に東漸寺が子弟敎育に盡くした所を感謝し、御開山様の御恩を體し、本師の御慈愛を思うて、誠に恐縮ながら、感泣しつつ此文を綴る。伯壽は檀家御津町大字下佐脇宇井善五左衞門の五男、父は熊藏と名乘り、母はもん、幼名茂七、明治十五年六月一日に生れ、尋常小學校を卒業して、十二歳、明治二十六年四月、願うて第三十二世活山和尚の徒弟となり、十月五日得度して活翁伯壽と稱せしめられた。當時寺中にあつた高等小學校に入學、二十九年本師の初會に首先安居し、三十年高等小學校を卒業し、九月小坂井報恩寺の曹洞宗第七小學林に入り、二年生に編入、そしてこの學林が名古屋の第八小學林と合併して愛知中學林となつたので移つて學び、三十四年東京に遊學した。名古屋在學以來凡て本師の衣鉢の資と東漸寺の敎育金とに依る。東京は當時電車も無かつたが、小石川原町に井上圓了博士の校長となつて居つた京北中學校第四年に入學し、三十六年全科を卒業し、補習科を經て、同年七月第一高等學校に入學、三十九年七月卒業するや直ちに東京帝國大學文科大學に入り、敎授高楠順次郎博士の指導で印度哲學科を專攻した。此間に東京芝伊皿子大圓寺大辻德明師の常恆會初會で立職し、本師活山和尚に嗣法し、四十二年七月、明治天皇行幸の下で卒業證書を受け、文學士となつた。成績によつて大學院に入つたが、曹洞宗第一中學林敎諭を勤め、四十三年一月から管長石川素童禪師の任命で曹洞宗大學の講師となり、三月中學林を辭した。四十三年八月廿九日、僅かに三日間の看病のみで本師の悲しい示寂に遇うた。伯壽は本師に慈育せられること十八年備さに懇誠な薫陶を受け、東漸寺に關する言傳へ、慣例など何人よりも親しく傳へられた。伯壽は幼少より思ふままに學校に入るに任せられたが、これは一には高等小學校の鈴木嘉助校長が、此子はあなたの名を揚げるからといふ勸めにも基いたことであつて、本師は毎々、衣鉢を節しても彼には勉强させると仰せられた。伯壽は一生此言を忘れずに努力したが本師の弟子の教育に努められたことは有名で、豐川の福山默童禪師なども感ぜられて居たといふ。本師が光明寺閑居の時には伯壽の夏の歸省など子供の如くに喜ばれ、東漸寺在住中は弟子も多いから一様に嚴格であつたが、光明寺では伯壽一人である爲に慈愛に充ちた撫育で、凡ての我儘も看過せられ夜勉強で遲く朝起も早くないのに、朝飯は必ず待つて居て共に食し、夕食後の對話を殊に喜ばれた。入寂後、本年は四十二年、伯壽は數へ年七十歳、今猶親しい面影が偲ばれて、追慕の念に咽ぶ。伯壽はこの本師を得たことを一代の幸福と感銘し、學問の師高楠順次郎先生と共に、一日も忘れることを得ない。

大正二年九月、曹洞宗海外留學生として、曹洞宗大學講師のままで、歐州留學を命ぜられ、弘津說三老師の御恩顧を蒙つたが、留學費の不足は福山默童禪師の御助力と東漸寺の出資とを受けた。初めドイツに赴き、チュービンゲン大學に入つてガルベ教授に從うたが、第一次世界大戰勃發するや、三年八月イギリスに逃れ、爾來獨力で、ロンドンに一年、オクスフホードに半年、ケンブリッヂに一年半滯在研究し、猶一年留まらんことを願うたが、故鄕の老母の心配を顧みて、六年七月イギリスを去り、ドイツ潛航艇攻擊の間をアフリカ喜望峯迂回によつて航し、更にインドに入つて諸所の佛蹟を巡拜し、十一月歸朝した。先づ母に會ひ、又開山尊前、本師牌前に參拜御禮を展べて、東京に上り、大正四年留學中教授となつたので、曹洞宗大學教授として出講し、駒澤大學と改稱後も教授として勤め、帝國大學教授となつても繼續し、仙臺からも出講した。

爾來諸大學でも講師となつたが、大正八年九月東京帝國大學文學部講師となり、十年七月論文提出によつて文部大臣から文學博士の學位を受けた。これは曹洞宗のものとしては最初であり、以後は制度の變更で、文部大臣から受けた人はない。十二年四月四十二歳で東北帝國大學教授に任ぜられて、印度學第一講座擔任、高等官六等從六位に敍せられ、仙臺市に移つた。十五年四月第三十三世の遺書によつて東漸寺に晉住して師席を補し、五月第三十三世の荼毘式を行ひ、七月卒哭忌を營んで香語に

出訪學苑通性相　入住師席寺門彰
卽今遷化過三月　身後得名任他量

と述べた。又翌年第一回開山忌に

漫踏敎法萬年峯　承統東漸無字宗
從來專逐文解道　誰知報德滿心胸

と唱へた。翌昭和二年一月母に死別したが、母は八十五歲で伯壽は本師と母とに其存命中每月一度は必ず書信を以て安否を伺ひ、又年一度は必ず歸省して問候した。五年八月東北帝國大學から海外視察を命ぜられたが辭し、東京帝國大學敎授兼東北帝國大學敎授に任ぜられて東京に移り、前者は印度哲學第一講座を擔當して主任敎授、後者では印度學第一講座擔任で、每月講義に行つた。六年五月、曾て、大正十三年以來著はした印度哲學研究六卷に對して帝國學士院賞を授與せられ、翌日宮中豐明殿で午餐を賜はり閑院宮殿下に拜謁仰付けられた。九年三月に願によつて兼任を免ぜられて專ら東京帝國大學敎授として勤めた。十二年一月父の五十回忌の法事を修したが、父は六歲の時死したのであつた。十四年十一月滿洲國、中華民國に出張を命ぜられ、北京に於て佛敎同願會に其顧問として出席し、翌十五年十月紀元二千六百年祝賀會に際し、敎育勤續三十年であるに對して文部大臣から表彰狀、記念品を受けた。十六年九月駒澤大學長となり敎授を兼ね、緋衣を許されて權大敎師に任ぜられた。十七年一月宗務當局と適はないので駒澤大學長及び敎授を辭し、同僚の辭任其他の責任上、東漸寺を退住し、宗門を脫するの止むを得ざるに至つたが、四月には本師の三十三回忌に列席した。十八年三月停年制によつて東京帝國大學敎授を退官したが、從來累進して居たから高等官一等で、從三位勳三等に敍せられた。帝大敎授たること滿二十年であるが、已に正五位になつてからは、大

禮服著用で參內して賢所に參拜し、四大節の御宴に御召を受け、又新宿御苑の觀櫻會、觀菊會に妻と共に屢々御召を蒙つた。

十九年內閣によつて學術研究會議の會員に任ぜられたが、これは制度上數年で消滅した。同年十二月宮內省の命により二十年一月十八日宮中御講書始の控となつた。次いで宗門に復籍し權大敎師もとの如く、そして四月戰災で家が全部燒かれたので、長野縣上伊那郡東春近村に疎開した。六月、學問の恩師高楠順次郎先生の薨去に遇ひ、葬式には門下生總代として弔辭を述べたが、八月十五日は終戰の日。そして十二月十二日勅旨によつて帝國學士院會員仰付けられた。これは曹洞宗としては原坦山師以後初めてである。

二十一年一月十八日宮內省から宮中御講書始の御進講仰付けられたので、疎開地から出京して、十七條憲法の一節佛法僧三寶について陛下の御前で、顯官の列坐の席上、御進講申上げた。かかる際、佛教についての御進講はこれが最初であり、勿論曹洞宗には御進講をなした例が無いので、管長高階瓏仙禪師より祝賀の御書信と下賜品とを頂いた。この光榮は佛敎一般、曹洞宗は勿論、東漸寺開山樣、先祖兩親の御恩である。伯壽は控の時も御進講の時も、午前十一時三十分からが順序の番であるから、兩度ともに自宅の佛壇、東漸寺の本師の眞前、下佐脇の祖先兩親兄弟の靈前に、香華燈燭を供へて家族緣者の凡てを參拜せしめた。下佐脇では墓所にも參詣した。御下賜の御菓子、白羽二重一匹は自宅の佛前に供へた後、即日歸り、本師兩親等の靈前に供へ、御菓子は親戚に頒ちて聖恩を拜謝せしめ、御進講の場合の白羽二重一匹は特に岡崎衣屋美濃善に託し、京都で染めて、九條衣に謹製し、四月本師の三十七回忌に伯壽自ら搭けて勤め、爾後私に「恩賜の袈裟」と稱し、常什物として納め、御開山、御本師の御恩に酬ゆる一端となした。佛敎一般にも宗門にも恐らく例の無い有難いことであらう。さぞや本師も御開山樣も大寂定中で破顔なされることであらうと、伯壽は眞實感泣に堪へない。伯壽は幸にも御開山樣の四百年大遠忌と四百五十年大遠忌とに遇ふことが出來る。

同年四月黄衣を許可され、八月大教師となつたが、五月からは駒澤大學講師として出講し、二十二年四月東京に歸つた。二十四年一月母の二十三回忌に列し、五月には日本學士院(終戰後改稱)會員として、御陪食仰付けられ、食後に、玉音を賜はり、御奉答申上げたが、誠にこれ末代までの光榮で本師も微笑して喜ばれることであらう。伯壽は、本師が彼は自分の名を揚げるからといふ期待の萬分の一に酬へたでもあらうかと考へて非常な喜びを感ずる。二十五年六月には再び官吏として文部教官となり、名古屋大學文學部の專任講師に就任し、屢々出講して居るが、老境であまり役にも立たない。然し燒殘りの藏書は同大學文學部印度哲學研究室に宇井文庫として保存せられることになつた。實にこれ望外の光榮である。

以上述べた東北帝大、東京帝大、駒澤大學の外に、從來講師又は教授として講義した學校は慶應義塾大學、東洋大學、日本大學宗教部、高野山大學、大正大學、東京文理科大學、早稻田大學、學習院大學、東部神學校などで、北海道帝國大學、九州帝國大學に講演にも行き、教へた學生も多數であり、其中には現に東京大學、東北大學、北海道大學、名古屋大學、舊京城帝國大學の印度哲學の教授もある。又帝國大教授在職中並びに其以後、文部省の文化大觀編修會編纂委員、高等學校教員檢定試驗臨時委員、國史概說等の編纂委員、日本學術振興會議會員、大學設置臨時委員、大學院設置臨時委員等を勤め、哲學會、宗教學會などの評議員となつた。

著述として、帝大教授二十年の在任中、印度哲學研究六卷、印度哲學史、攝大乘論研究、禪宗史研究、第二禪宗史研究、第三禪宗史研究、佛教思想研究の十二卷を著はし、教授と研究とを行うて、國家からの俸給を受けて安全に生活し得る御恩に報ずる心掛けを表はし、其前後に、更に、參考論理學、哲學概論の共同翻譯、佛教汎論上下二卷、佛教論理學、佛教思想の基礎、佛教哲學の根本問題、唯心の實踐、佛教思潮論、信仰佛教、東洋の論理、印度哲學史(小本)、支那佛教史、日本佛教概史、計二十五部、大乘起信論邦譯、傳心法要邦譯、頓悟要門邦譯、禪源諸詮集都序邦譯、寶慶記邦譯、因明入正理論邦譯、中論百論十二門論邦譯、成實論邦譯、中邊分別論邦譯、パーリ文梵網經邦譯(南傳大藏經の中)、阿育王法勅邦譯(南傳大藏經の中)、チャーンドーグヤ・ウパニシャット邦譯(世界聖典全集の中)、同文館哲學大辭典補遺と岩波哲學大辭典と平凡社百科大辭典との印度哲學の項目の全部、又講演の筆記の公刊である印度大乘佛敎中心思想史、佛敎倫理等其他、及びロンドンで公刊した英譯十句義論、ドイツで公にした英文の大乘莊嚴經論の著者についてなど今思ひ出すものが此の如くである。東北帝國大學出版の西藏大藏經總目錄も多田等觀氏との共同著作である。其外各種の講座、論集、雜誌に公表したものも少くない。猶、原稿として已に成つて公刊を俟つものも數部存する。これ等の中には「傳心法要」の如く東漸寺の藏書に基いたもの、又「面山師年譜及び覺仙和尙との關係」の如く東漸寺の什寶によつて述べたものもあつて歷代の住持の遺業を顯揚することにも努力した。

伯壽の存在は全部東漸寺の本尊延命地藏尊、御開山様、本師様、兩親の御蔭である。伯壽は洋行中を除いては年一度は如何なる土地にあつても、必ず東漸寺に參詣しては、本尊様、御開山様、本師様の御前に叩頭三拜し、又每度、寺への出入には必ず御禮と御挨拶とに參拜し、每日二回御名を稱へることを忘れない。住職中も寺から頂く扶持は全部鑑司に與へて其中から徒弟養育其他に當て、一錢と雖私用には費さなかつた。伯壽は自ら生活し得るだけに育てて頂いたから、住職としての經濟と東京在住の經濟とは少しの混同も融通もせず、私宅の男兒五人の生活敎育一切は東漸寺の助力を仰がずに自らで支へ、家族は東漸寺の御厄介を頂かないが、每日の禮拜には家族の全部に參拜せしめる。かくなし得るのもすべて寺の御蔭であると感銘して居る。伯壽は東漸寺の御飯を頂くこと五十九年、退住以後も一度も他寺に住しないし、東漸寺の繁榮維持については配慮して止まない。曾て住職の初めには先住の遺弟、自分の弟子、鑑司の寺族の七人を同一時に凡て高等部の學校に學ばしめ、世の不景氣の時代、東漸寺にも御厄介を掛けたが、今や其人々がすべて成功して寺の御恩を思ひ、寺運の繁榮に努力して居る。將來は伯壽の受けた如き御恩、七人の受けた敎育の如きが、或は及ばないことになるかを心配して憂慮に堪へない。先住以來現今まで、東漸寺の弟子は大學敎育を受けたもののみといふべく、他にかかる盛運は其例に乏しからうが、之を繼續するを得ないことになれば開山禪師の法恩を何としようか。

以上の略誌については、他に紛らはしいものも生ずるので、今特に、自ら執筆して、

昭和二十六年二月十五日佛涅槃日第三十四世活翁伯壽謹識する。

〔編集刊行者付記〕

宇井先生の傳記は上掲の先生の自傳によって明らかであるが、昭和二六年までで終っている。よって昭和二七年以下のことを、年譜のかたちでしるしておきたい。

昭和二七年(一九五二年)一〇月

國家より文化功勞者として遇せらる。

昭和二八年(一九五三年)一一月三日

文化勳章を授與せらる。

昭和三五年(一九六〇年)三月

病氣のため名古屋大學文學部專任講師を辭す。

昭和三八年(一九六三年)

七月一四日午前一〇時二五分、狹心症により鎌倉市二階堂の自宅にて逝去。齡八十一。勳一等瑞寶章を授與せらる。

七月一五日夜、通夜。

七月一六日午前一一時より一二時まで自宅にて密葬。名越にて荼毘に付す。

七月一七日午後二時より四時まで大本山總持寺にて葬儀。

八月三一日　四十九日の正當に際し、多摩靈園の墓所に納骨埋葬す。

のちに三河の東漸寺にも分骨埋葬せらる。

編者補説

三五ページ一行　これについては摩崖法勅第三章(『印度哲學研究』第四巻二六八ページ)参照。これに従って原稿の意味の通じないところに加筆した。
四一ページ一行　著者原稿にはここに「四、」が缺けている。『法顯傳』についてみると、「於麾國」と「烏萇國」とのあいだには「安居」または「夏坐」ということが記されていない。故にここでは
　四、烏萇國、元興元年、四〇二年　六十四歳
として、以下順に數字を一つずつ少くすべきであろう。
四三ページ七行　湯突——高麗本と原刻津逮祕書本佛國記とには「搪揬」とあるので、それを引用する學者もあるが、宇井博士は他の諸本に從われたのである。「高麗版藏經に(は?)世間・學界の定評あるに拘らず、少くとも法顯傳に關する限り、絶對的信用を捧ぐる能はざることを告白するものなり。」(足立喜六著『法顯傳　中亞、印度、南海紀行の研究』法藏館、昭和十年十二月、二〇ページ。なお同書、七一ページ參照。)
六一ページ一行　この引用文は『大智度論』第七〇巻(大正藏、二五巻五四六ページ下)に出ている。「(卽自性なり)」という一句は、宇井先生自身の加筆である。
六二ページ九行　阿綸闍——阿踰闍とかくこともあるが、宇井博士はここでは『婆藪槃豆法師傳』の多くの諸本にしたがわれたのである。
八九ページ終りから二行　Pañcaśikhi については、H. Ui: *The Vaiśeṣika Philosophy according to the Daśapadārthaśāstra* (London: Royal Asiatic Society, 1917), pp. 7-8.
一一九ページ終りから三行　この『大智度論』の文は第七〇巻(大正藏、二五巻五四六ページ下)に出ている。
一二二ページ注(26)　本文の中に注(26)が缺けていたので、一應ここに補ってみた。
一三六ページ注(19)　本文の中に注(19)が缺けていたので、一應ここに補ってみた。

一八七ページ四行　この文は南本『大般涅槃經』第三五巻（大正藏、一二巻八四〇ページ下）の文である。
一九四ページ注(14)　『哲學雜誌』に印刷された原文の引用には誤植もあるので、ここではJohnston本によって引用した。

附録

宇井伯壽先生著作目錄　（單行本のみを列擧す。刊行順）

イェルサレム著『**哲學概論**』（久保良英氏と共譯）

　Ａ５判、四八九頁。東京・弘道館刊、大正二年一月。

　第二版、大正二年一〇月。第三版、大正四年三月。

『參考**論理學**』

總論

第一部論理學

序論　論理學の意義

前編　要素論　一、思惟汎論　二、概念論　三、斷定論

　四、直接推理論　五、間接推理論

後編　方法論　一、方法論の二種　二、研究的方法　三、

　敍述的方法　四、論理學の變遷

第二部因明論

序論　因明の意義

前編　古因明　一、正理學派の地位　二、正理學派の起

　原及其經典　三、正理學派の十六諦　四、因明論の

　發達　五、過渡思想

後編　新因明　一、陳那の著書と其改革點　二、三支作

　法論　三、餘論　四、三國の傳播

結論

附錄（因の三相に就て）

　菊判、本文五三〇頁。博文館刊、大正二年。

H. Ui: **THE VAIŚEṢIKA PHILOSOPHY ACCORDING TO THE DAŚAPADĀRTHAŚĀSTRA**: CHINESE TEXT WITH INTRODUCTION, TRANSLATION, AND NOTES. EDITED BY F. W. THOMAS. ORIENTAL TRANSLATION FUND NEW SERIES, VOL. XXIV. LONDON: ROYAL ASIATIC SOCIETY, 22 ALBEMARIE STREET, 1917. 265 pp. (Reprint with the publisher's note. Varanasi: Chowkhamba Sanskrit Series Office, 1962. Chowkhamba Sanskrit Studies, vol. XXII.)

Introduction

Text: Daśapadārthi

Chapter I. Individual Properties of the Ten Categories

Chapter II. Common Properties of the Ten Categories

「中論」「百論」「十二門論」國譯(『國譯大藏經』論部第五卷所收)
解題七五頁、國譯中論二六五頁、國譯百論一三二頁、國譯十二門論五一頁。國民文庫刊行會刊、大正一〇年。再刊、第一書房、昭和四九年一〇月。
〔編者附記。『哲學雜誌』第二六卷(明治四四年)に宇井先生は「龍樹菩薩の中論哲學」という長編の論文を發表されたが、先生はのちにこの論文に表明されたような學的立場を改められた。〕

「因明入正理論」國譯(『國譯大藏經』論部第十五卷所收)
國民文庫刊行會刊、大正一〇年七月。

「チャーンドーグヤ・ウパニシャット」和譯(「ウパニシャット全書」三)
A5判、三二九頁。世界文庫刊行會刊。大正一一年。三版、大正一三年。

「クンディカー・ウパニシャット」「サンニャーサ・ウパニシャット」「ナーラダ・パリヴラージャカ・ウパニシャット」和譯(「ウパニシャット全書」六)
A5判。世界文庫刊行會刊、大正一二年四月。再版、大正一三年四月。一—一〇一、二六三—二八〇頁。

「バーヴナー・ウパニシャット」(「ウパニシャット全書」七)
A5判。世界文庫刊行會刊、大正一一年六月。再版、大正一三年四月。二四三—二四八、三三一—三三四頁。

『印度哲學研究(第一)』
第一　『唯識』の原語について
第二　勝論正理兩學派と吠陀並に聲常住論との關係
第三　吠檀多經の源流及吠檀多學派の成立
第四　正理學派の成立並に正理經編纂年代
第五　勝論經及び彌曼蹉經の編纂年代
第六　因明四相違の論理學的解釋
第七　提婆の四百論と廣百論と百論
第八　勝論學派の知識論
第九　羅睺羅、即、羅睺羅跋陀羅
第十　史的人物としての彌勒及び無着の著述
附錄　因明入正理論の西藏譯について
菊判、本文四一八頁、索引二一頁。甲子社書房刊、大正一三年。中村元教授の解説を付して、岩波書店刊、昭和四〇年七月。

『印度哲學研究(第二)』

第一　佛滅年代論　一、問題の所在　二、阿育王の灌頂卽位式の年代　三、錫蘭傳說の吟味(甲、錫蘭傳說の一般性質　乙、二一八の年數の信ぜられざる理由、其一　丙、其二　丁、其三、及び佛滅を紀元前四八三年となす說の誤謬　戊、歸結)　四、四七七年說の吟味(甲、四七七年說の根據　乙、四七七年說の信ぜられざる理由　丙、耆那敎の傳說の信ぜられざる理由)　五、三七〇年說の吟味　六、予の見る佛滅年代　七、三八六年說と佛敎史(甲、第一結集と當時の狀態　乙、第二結集と根本二部の分裂　丙、所謂大天の五事と二部分裂の傳說批評　丁、所謂第三結集に對する吟味)　八、三八六年說と耆那敎　九、結論

第二　原始佛敎資料論　一、原始佛敎――根本佛敎と原始佛敎――其資料　二、律藏――巴利律藏と其系統――漢譯律藏と其系統――律藏成立の概要　三、經藏――巴利經藏と其系統――漢譯四阿含と其系統――巴利漢譯經藏の原形體　四、經藏成立の由來――五部と四阿含――其編纂の趣意方針――五部四阿含以前の狀態――九分敎　五、九分敎の古き所以――四分律の十二分敎――小部と九分敎――九分敎の時期――九分敎の內容――其相互の新古　六、佛陀の用ひたる言語――巴利語の發達階段――摩竭陀語の性質――摩竭陀語と巴利語――漢譯の原語　七、佛陀の說法方法――第一第二結集――九分敎成立の由來――經の成形――律の成形――其等の變遷　八、經律に於ける發達の三階段――註釋の實例――同一事に對する註釋の異說――成道と初轉法輪とに對する考察の變遷　九、佛陀の根本思想――事蹟よりの考究――一般思想よりの考究――諸行無常一切皆苦諸法無我――緣起說――佛陀の根本思想より見たる涅槃――涅槃に對する解釋の變遷――有餘涅槃無餘涅槃――四向四果說の經過――涅槃思想の三期

第三　十二因緣の解釋――緣起說の意義　一、十二因緣の異解――二世一重因果と三世兩重因果――十二因緣說の二源泉　二、十二因緣の古名――十二因緣各支の註釋――註釋の系統及性質　三、無明、行、識、名色、六入、觸、受、愛、取、有、生、老死の解釋　四、十二因緣と人生生存の眞相――認識活動兩過程――順觀と逆觀　五、自然的順序と逆的順序――事實的解釋――時間的、輪廻的、胎生學的解釋　六、十二因緣の根本趣意――緣起說の意義――相依說――法の定義　七、佛陀の根本思想としての諸行無常一切皆苦諸法無我及び一般思想と緣起說　八、凡夫の生存と佛陀の境界――迷の世界と悟の世界――眞如、無爲　九、根本佛敎の涅槃――經に於ける三種の見方――十二因緣說

と四諦説

第四　六師外道研究　　一、佛陀時代の外道――六師外道――其資料――意義　二、アジタの傳記――其學説――耆那教の所傳――意義　三、パクダの傳記――其學説――耆那教の所傳――意義　四、サンジャヤの傳――其學説――耆那教の所傳――意義　五、ゴーサーラの傳――邪命外道――其學説――意義――實踐法

六、プーラナの傳及學説――邪命外道との關係――パクダとゴーサーラとの關係　七、ニガンタ・ナータプッタ――マハーギーラ――學説の概要――佛教の所傳

八、六師の分類――積聚説――此説の理論と其實踐法

九、ウパニシャッドと轉變説――轉變説の理論と其實踐法――佛陀時代の轉變説――上世印度の二大思潮

第五　チャラカ本集に於ける論理説　　一、序　二、原文和譯　三、註記

第六　方便心論の註釋的研究　　一、明造論品第一（第一、造論の趣意　第二、八種論法總論　第三、八種論法各論）　二、明負處品第二（第一、語法　第二、負處非負處　第三、負處各論）　三、辯正論品第三（第一、如法論　第二、正法論）　四、相應品第四（第一、二十相應總論　第二、二十相應各論　第三、餘論　第四、結論）

第七　梵文（VĀDAMARYĀDĀPADĀNI）

菊判、本文六〇〇頁、索引二二頁。甲子社書房刊、大正一四年。渡邊楳雄教授の解説を付して、岩波書店刊、昭和四〇年八月。

『印度哲學研究（第三）』

第一　八聖道の原意及び其變遷　　一、八聖道――初轉法輪と八聖道――八聖道の註釋――阿含中に於ける其二系統　二、正見正思正語正業正命正精進正念正定の原意――八聖道と四諦説　三、八聖道と中道――中道の實踐的理論的意味――十二因緣と四諦と八聖道　四、八聖道各支の關係――二種の見方――三學と八聖道――八聖道の有爲無爲説　五、戒定慧の起原――修行道の大綱――四法五分――修行道の大綱と八聖道　六、修行道の大綱と四禪三明――佛陀の成道と四禪三明――附言、眞如無爲法界

第二　阿含に現はれたる梵天　　一、娑婆主梵天の讃嘆と勸請――A―B―C―D―E―F　二、娑婆主梵天の種々なる場合――G―H―I―J―K―L―M―N　三、創造神理想神梵天――O―P―Q――當時の正統婆羅門の狀態　四、常壯神梵天――R―S――常壯神梵天と他との關係一斑及び發達　五、其他の梵天――辟支梵天――T―U―V―W―X―Y　六、創造神梵天の特質――創造の意味――正統婆羅門の主義理想――前代との關係　七、修定主義と諸天界――種々な

る系統――三界説――當時の下層階級の信仰　八、梵身天――梵衆天梵輔天大梵天――梵天と常壯神梵天と大梵天　九、娑婆主梵天と創造神梵天――佛陀の直説と阿含と梵天――他派の學説に對する佛陀　十、佛陀と正統婆羅門――梵天の譬喩的表現――梵乘と八聖道――法の意味と梵天――結尾

第三　六十二見論　一、第一、過去に關する説――一、常住論の四見――二、一分常住論の四見――三、邊無邊論の四見――四、詭辯論の四見――五、無因論の二見――第二、未來に關する説――六、死後に關する論(1、有想論の十六見――2、無想論の八見――3、非有想非無想論の八見)七、斷滅論の七見――八、現在涅槃論の五見――第三、總括　二、六十二見と他の分類――四類四句、二類四句――二見――我の三種の見――我と身體との同異論――詭辯論と六十二見――十難――其異説――佛陀と十難――十四難――タターガタに對する四句と佛陀及び佛弟子――我論と世界論　三、六十二見の起る所以――觸――根境識と觸――觸、受、想、念、執思、執思の想――欲――觸と法――十二因縁――六觸處の集、滅、味、患、出離

第四　阿含の成立に關する考察　一、佛陀の説法の傳はる方法――梗概要領――異る傳はり方――弟子の説教法談の梗概要領――經律を資料としての三類の見方――第三の見方の得失――根本標準　二、阿含中に於ける佛説ならざる經――第一表、佛滅後の經――この種の經の性質――四部の遲き所以――スッタとスッタンタ――經と梗概要領　三、佛陀以外のものの説いた經――第二表、佛弟子所説の經――佛弟子の説教法談の性質――其傳はり方――佛説の意味――梗概要領　四、佛弟子の説法と佛陀の承認――第三表、佛陀の承認ある弟子所説の經――これ等の經の性質――第四表、佛陀の略説を弟子の詳説せる經――註釋的性質――阿含と史的見方　五、阿含中にての著しきこと――同一文の繰返――四諦十二因縁無我我所の説の型――型の意義――佛陀の説法の要領――此要領の省略の實例――説法要領としての偈――事件を傳ふる偈――其異種類――佛陀入滅に關する偈――偈の種類――偈に基いての經――要約　六、梗概要領の傳承――直接の弟子と師孫――型、佛語、註釋――第一結集以前の異系統――根本佛教原始佛教の時期　七、現今の阿含の系統――佛入滅後の上座長老の態度――維持の態度と理解の態度――佛教思想の變化變遷――小乘佛教の特質――阿含の小乘化――阿含に於ける佛陀の説の事實化と佛説への假託――成道經過の説明の變遷を示す十五種――成道の心理的經過と成道の意義

第五　勝論經に於ける勝論學説　第一、序　第二、勝論

學說の起原　第三、勝論學派の成立　第四、勝論學派の學說

菊判、本文五九四頁、索引一五頁。甲子社書房刊、大正一五年。宮本正尊教授の解說を付して、岩波書店刊、昭和四〇年九月。

〔上述の『**印度哲學研究**』(**第二**)(**第三**)のうち「原始佛教資料論」「阿含の成立に關する考察」「八聖道の原意およびその變遷」の三篇は、中村元・增谷文雄・J・M・北川編『現代佛教名著全集』第三卷、印度の佛教(2)(隆文館發行、昭和三六年八月刊)のうちにおさめられている。〕

『印度哲學研究(第四)』

第一　根本佛教に於ける僧伽の意義　　一、僧伽――サンガとガナ――種々なる僧伽――僧伽成立の人數――佛陀の傳記と僧伽成立の時期　二、僧伽の資料としての大品小品――サンガ及びガナの歴史的起原種類――僧伽と佛陀――三寶の關係　三、僧伽と制度――比丘に關する規定――沙彌及び其他――出家と進具との意味――進具羯磨と律　四、進具と律――布薩と律――沙彌十戒の起原――比丘尼に關する規定――沙彌尼と式叉摩那　五、僧伽の中心――僧伽と沙彌沙彌尼――僧伽と優婆塞優婆夷――比丘と優婆塞との區別――梵行修行と巡行教化――僧伽の目的意義　六、佛教の變遷――小乘佛教と現今の律阿含――僧伽の理想の變化――大乘佛教と僧伽――菩薩と僧伽の目的理想

第二　阿含に現はれたる佛陀觀　一、大乘の不共佛法――百四十法――十八不共法――小乘の不共佛法――三十二相――八十種好――六通――阿含に於ける十八不共佛法――如來の十力――四無所畏――三念住――大悲――小乘佛教の立場と阿含に立つ立場　二、第一、歴史的の釋尊――佛陀の自覺――第二、歴史以上の佛陀――大悲より見たる理想――佛陀と法――法の三方面――理想的佛陀――第三、佛陀釋尊――佛陀と諸佛　三、佛陀の諸弟子――諸弟子の信仰に映つる佛陀――人間としての佛陀に對する信仰――法の履修より見たる佛陀――法と佛陀――行つた佛陀と來た佛陀――來た佛陀と報身及び法身の基礎――佛陀の入滅と弟子の佛陀觀――佛陀に對する解釋の二種――無に歸したる佛陀と理想的佛陀――佛滅以後諸弟子の不依人依法の態度と理想的佛陀　四、根本佛教以後の佛陀觀――孫弟子以後の佛教の固定と佛陀の超人性――教法の蒐集と入滅の解釋――任意捨命と化緣完了――教法の內容と歴史的佛陀――舍利遺蹟塔廟の崇拜と佛陀觀――業の說と本生談――宿業の報としての佛陀の出世――業報としての佛陀――阿含一般の現はす佛陀――一般化せられたる佛陀――過去佛――諸佛同時の出世不出世

——菩薩と其一般化——獨覺と聲聞及び三乘　五、佛陀觀の二種の系統——業生說と願生說——上座部系統の佛陀觀——大衆部系統の佛陀觀——報身と法身——龍樹の法身と報身——報身思想より法身思想に進む

第三　阿育王刻文　一、摩崖法勅——石柱法勅——小石柱法勅——小摩崖法勅　二、刻文解釋の困難、變遷——參考書——刻文研究の必要　三、譯文　四、阿育王歸佛とカリンガ征服——優婆塞の期間——同時代の五王——年譜　地圖

第四　阿含研究の後に　一、阿含研究方針の由來——阿含研究の反響——予の態度及び希望　二、佛教の根本的立場と緣起說——印度諸學派の立場——佛教各派の立場　三、華嚴經十地品の說——如來藏緣起——其系統——起信論の趣意及び立場

第五　大智度論に於ける法身說　一、龍樹の佛陀論の意義——佛陀論の發達の概要——三身說の二種——開眞合應說と開應合眞說——三身と四身又は二身　二、壹、大智度論の法身說——佛陀の身體的莊嚴と衆生敎化の方法利益——大衆部の佛陀觀との比較——此方面の法身は實は報身なり　三、貳、大智度論の法身說——他受用報身に對する自受用報身——龍樹の學說の中心と法身觀——諸法實相と法身——此方面の法身は理佛にして卽ち法身なり　四、生身と化身——生身と方便身としての釋尊——化身と方便身としての釋尊——二身說と歷史上又は傳說上の釋迦牟尼

第六　種種なる道　第一、總說　第二、吠陀　第三、吠陀支　第四、吠陀副支　第五、副吠陀　第六、餘論　第七、總結

第七　註記　一、本書の著者及び本書の性質　二、十四種十八種の學問の分類　三、四吠陀に關する詳解　四、神事釋、森林書、ウパニシャッド　五、本文の註釋的解釋　六、吠陀の六支の詳述　七、四種の吠陀副支の說明　八、四種の副吠陀の解說　九、數論學派、瑜伽學派、獸主派、毘紐派　十、積聚說、轉變說、化現說

菊判、本文五七五頁、索引五七頁。甲子社書房刊、昭和二年。水野弘元教授の解說を付して、岩波書店刊、昭和四〇年一〇月。

『印度哲學硏究（第五）』

第一　攝大乘論の一識說　一、攝論の一意識計に對する異解——起信論の說となす考——唯識二十論述記——林常の註解　二、攝論世親釋に對する普寂の說——攝論の論文并に釋文の變遷の實例——攝論の一識說——攝論の系統——附記

第二　成唯識論の性質及び立場と第七識存在の論證　一、

序――中觀派と瑜伽行派――護法清辨の立場の相違――護法と法相宗――成唯識論と唯識三十頌――成唯識論の成立――譯出――性質――護法の著述と安慧の著述　二、唯識說概要――實我實法と假我假法――假の意味――實の我法と假の我法との實例――世間外道小乘と凡愚――唯識と觀念論――識體の轉變――轉變の二義――因能變と果能變――種子生現行現行熏種子の意味――生熏の意味――種子生種子――阿賴耶識の統一性――變卽緣――本質――唯識說の常識觀――八識の性質――阿賴耶の意味――三界唯心と三界唯識――心所　三、成唯識論の立場――二諦說の二種――法相宗の四重の二諦說――成唯識論の立場と理世俗――性相永別――三性の關係　四、第七識の立てらるゝ所以――第七識存在の論證――敎證――六理證――六理證の關係――攝大乘論の立場と成唯識論　五、成唯識論と別體の第七識――攝大乘論と識體非異――六理證の因明的觀察――成唯識論の聖敎量――第七識の意義――成唯識論の立場と法相宗

第三　玄奘以前の印度諸論師の年代　一、玄奘の傳記の資料――玄奘の入寂年時の異說――六六四年六十五歲寂――印度行出發は貞觀二年四月卽ち六二八年二十九歲　二、玄奘と戒賢との會見――貞觀九年六三四年――此時戒賢百六歲玄奘三十五歲――戒賢の入寂貞觀十九年六四五年　三、護法と戒賢――護法の入寂五六一年――護法の著述――護法は五三〇―五六一、戒賢は五二九―六四五、玄奘は六〇〇―六六四　四、勝軍、五三〇―六四五――難陀、四五〇―五三〇――賢愛、四九〇―五七〇――安慧、四七〇―五五〇――德慧、四二〇―五〇〇――堅慧は德慧と同時代――陳那、四〇〇―四八〇――無性、四五〇―五三〇――清辨、四九〇―五七〇――佛護、四七〇―五四〇　五、玄奘の人格――玄奘歸朝後の年譜――玄奘の著述翻譯

第四　論證方法の發達と正理派の論理說

第一部　一、正理派と龍樹――正理派の成立年代――正理經と廣破經論との前後――正理經の年代　二、五分作法と古代――サンヂャヤの智識說――耆那敎の相對主義――マハーギーラと五分作法　三、耆那敎の五知說と量論――哲學諸派の認むる量　四、ミーマーンサーとニヤーヤとの內容變遷――マハーバーシュヤの比量說――二種の十支作法　五、マイトラーヤナ・ウパニシャッドとマハーバーラタとの論理家及び論理說――論理家の地位の變遷　六、彌曼蹉派の現量比量說――勝論派の現量比量說――サーマーニヤトー・ヅリシタと五分作法　七、五分作法と數論派――チャラカ本集の論理說――方便心論の內容と正理經の說

第二部　一、量の意味性質――現量、聖教量、譬喩量、比量――比量の三種の內容の變遷　二、傳承量、義準量、隨生量、無體量　三、比量の動機及び資料――疑惑――動機――標準――定説　四、比量の內的過程と外的過程――思擇――決定――論議――論諍――論詰　五、正理説の中心――五分作法――宗――因――喩――合――結――五分作法の長所短所　六、似因の五種――不確定――矛盾――問題相似――所立相似――過時　七、詭辯の三種――言語上の詭辯――一般化の詭辯――假説上の詭辯　八、誤難――同法、異法、增益、損減、所説、非所説、分別、所立、到、不到、過、反喩、不生、疑惑、問題、非因、義準、無異、可能、感覺、無感覺、無常、常住、果の二十四種　九、負處の定義分類と二十二種の細説　十、古因明――新因明と陳那――近世正理派

第五　陳那以前に於ける佛敎の論理説　一、因明略史――瑜伽師地論と彌勒――五明――五明の起原發達――大毘婆沙論の因明　二、彌勒の因明――因明の定義――(一、論體性――二、論處所――三、論所依――四、論莊嚴――五、論墮負――六、論出離――七、論多所作法)　三、無着の因明――彌勒の七因明と無着の七因明――宗因喩合結の實例幷に其解釋　四、順中論の因の三相――摩醯首羅、時節、微塵、勝、自性、斷滅の各説――若耶須摩論師――因の三相の異譯及び三相の實例　五、因の三相の起原――數論派と因の三相――正理派と因の三相――勝論派の因の三相――因明の系統　六、世親の因明――論軌、論式、論心――ニヤーヤヴールティカの引用する世親の因明――如實論の因明

第六　因明正理門論解説　一、陳那の因明――因明正理門論の地位――飜譯――異譯――梵語題名――果してニヤーヤ・ムカなりや――因門論の斷片――集量論と正理門論――玄奘と集量論及び正理門論　二、正理門論及び入正理論と西歐及び印度の學者――サティーシュ・チャンドラ・ギディヤーブーシャナ氏の説――ミロノフ氏の効績――ツビアンスキ氏の説――ランドル氏の説――ギヅシェーカラ・バッターチャーリヤ氏の説――ヤコービ氏の説――タトワ・サングラハの序文及びクリシュナスワーミ・アイヤンガル氏の説――ツッチ氏の説――キース氏の説　三、正理門論の本文解釋　四、因明研究の成果

菊判、本文六九四頁、索引・邦語漢語等三八頁、梵語俗語九頁。甲子社書房刊、昭和四年。坂本幸男及び羽田野伯猷教授の解説を付して、岩波書店刊、昭和四〇年一一月。

『印度哲學研究（第六）』

第一　眞諦三藏傳の研究
第二　十八空論の研究　第一部　論文對照　第二部　研究
第三　三無性論の研究　第一部　論文對照　第二部　研究
第四　顯識論の研究　第一部　論文　第二部　解釋
第五　轉識論の研究　第一部　論文對照　第二部　研究
第六　瑜伽行派に於ける二系統
第七　決定藏論の研究　第一部　論文對照　第二部　註記　附言
第八　佛陀觀の發達

菊判、本文八二八頁、索引・邦語漢語等六六頁、梵語巴利語二頁。甲子社書房刊、昭和五年。上田義文教授の解説を付して、岩波書店刊、昭和四〇年一二月。

『印度哲學史』

序論
第一期　ヹーダ時代
第二期　ブラーフマナ時代
本論
第一期（紀元前八〇〇—同三五〇年）　序　ウパニシャッドの意義及び我の宇宙開闢　第一章、我の本質探究　第二章、ウッダーラカの學説　第三章、ヤーヂニャヴルキヤの學説　第四章、ウパニシャッド末期の思想　第五章、一般思想界の特質　第六章、アヂタ並にゴーサーラの學説　第七章、サンヂャヤ・ヹーラッティプッタの學説　第八章、耆那教　第九章、根本佛教の地位　第十章、根本佛教の學説
第二期（紀元前三五〇—紀元一五〇年）　時代　第一章、原始佛教　第二章、耆那教の狀勢　第三章、數論派　第四章、瑜伽派　第五章、正統婆羅門の狀勢　第六章、部派對立時代の佛教　第七章、文典家の學説　第八章、彌曼蹉派　第九章、勝論派　第十章、數論派及び瑜伽派の變遷　第十一章、吠檀多派　第十二章、小乘佛教の完成　第十三章、論理學的研究　第十四章、正理派
第三期（紀元一五〇—八〇〇年）　時代　第一章、第一期の大乘經典　第二章、龍樹の學説　第三章、提婆羅睺羅及び其他　第四章、數論派瑜伽派勝論派及び彌曼蹉派　第五章、小乘佛教の變遷　第六章、第二期の大乘經典　第七章、彌勒の學説　第八章、無着の學説　第九章、世親の學説　第十章、第三期の大乘經論　第十一章、瑜伽行派と中觀派　第十二章、數論派瑜伽派・第十三章、正理派勝論派及び耆那教　第十四章、彌曼蹉派吠檀多派　第十五章、頹廢期の佛教
餘論

八百年以後の狀勢　第一、政治的方面　第二、宗教的方面(一、總説　二、ギシュヌ派　三、シヴ派　四、サウラ派　五、ガーナパティヤ派　六、スマールタ派　七、改革派)第三、哲學的方面(一、數論派　二、瑜伽派　三、勝論派　四、正理派　五、彌曼蹉派　六、吠檀多派)

菊判、本文六六六頁、索引・邦語漢語四三頁、梵語巴利語二二頁、參考書一〇頁。岩波書店刊、昭和七年九月。金倉圓照教授の解説を付して、昭和四〇年六月再刊。

〔著者はこの書を『**印度哲學研究(第七)**』とみなされた。〕

「**三無性論**」「**顯識論**」「**轉識論**」「**十八空論**」「**辯中邊論**」「**掌中論**」國譯(『國譯一切經』瑜伽部十二)

A5判、一八四頁。大東出版社刊、昭和八年一月。

「**成實論**」國譯(『國譯一切經』論集部三)

A5判、目次八頁、本文五四八頁、索引五頁。大東出版社刊、昭和八年一〇月。

『**佛教論理學**』

序論

第一編　古因明　一、印度論理學の間接的起源　二、印度論理學の直接的起原　三、印度論理學の成立　四、正理派の論理學　五、彌勒及び無着の論理學　六、因の三相説と世親の論理學

第二編　新因明　一、陳那の論理學　二、陳那以後の論理學

結論

附錄　梵文因明入正理論　梵文本文　漢譯邦譯對照因明入正理論

A5判、本文三九二頁、索引一六頁。大東出版社刊、昭和八年。昭和一九年七月再版。

『**印度大乘佛教中心思想史**』(宇井伯壽述　山倉光正(東京佛教會)編)

例言(山倉光正)

第一章　第一期大乘佛教概説

一　大乘佛教の興起—般若系統—般若經の出現—經典の歷史的研究—般若經と一切皆空—析空觀と體空觀—諸法實相—能統一と所統一—般若經の説法主—教卽觀—般若と方便—自利・利他—自性清淨心と一心—法華系統—法華經の三譯—開三顯一—三乘の意義—一大事因緣—開迹顯本—華嚴系統—華嚴經の二譯—十地品—三界虛妄一心作—入法界品—善財の修行—菩提心—淨土系統—阿彌陀と大毘盧舍那佛—念佛の起原—眞言系統

―純密と雜密―大日如來―小乘禪と大乘禪―禪と實踐
二　龍樹の傳―其著書―中論―中論の註釋―八不の解―三諦―中道の意義―眞俗二諦―共般若と不共般若―福德門と智慧門―三界唯心―佛陀觀―後世への影響―三論宗―天台宗―眞言宗―淨土宗―禪宗―龍樹の系統―提婆と其著書―羅睺羅と其著書

第二章　第二期大乘經典
一　涅槃經系統―小乘涅槃經と大乘涅槃經―涅槃經の漢譯―北本と南本―法身常住の思想―一切衆生悉有佛性―一闡提成佛―常樂我淨―勝鬘經系統―如來藏緣起―在纏位と出纏位―水波の喩
二　深密系統―解深密經の異譯―深密經の原形と添加―心意識の解―一切種子心識と萬法唯識―阿陀那識・阿賴耶識―一切種子心識は俗諦の說なり―阿陀那識と我との同異―三性・三無性說―存三の一乘―三無自性性―分別瑜伽品の唯識說―阿賴耶識緣起と唯識說との關係―淨品・不淨品唯識―阿毗達磨經の三偈二文―界の意義

第三章　彌勒の學說
一　當來佛としての彌勒―彌勒の五部の大論―西藏の五法―彌勒の著書―彌勒は歷史上の人物なり
二　瑜伽師地論は瑜伽行地論なり―阿賴耶識に至るまでの思想的徑路―佛敎說と聖敎量―阿賴耶識とは何ぞ―阿賴耶識存在の八種の論證
三　瑜伽論の五義の性質―阿賴耶識の働き―內の執受外の器の了別―五遍行―阿陀那識と阿賴耶識―生・熏の意義―阿賴耶識緣起說―緣起門の唯識―轉の意義―俱轉―雜染と還滅―流轉門―還滅門
四　影像門の唯識―分別瑜伽品と止觀―青一色觀―三性門の唯識―能徧計―所徧計―徧計所執性―蛇・繩・麻の三喩―依他起性―圓成實性―三性の二種―染汙分・淸淨分―戒定の說―瑜伽論三性の眞意―大乘實敎と權敎―瑜伽論の批評的硏究の必要―玄奘解釋の誤解
五　大乘莊嚴經論と中邊分別論―自性淸淨心と如來藏―知るは成るなり―阿黎耶識―自性淸淨心と阿黎耶識との差異―能所の關係―生ずるの意義―三世實有法體恆有―現在實有過未無體―能取・所取―識の四種―本識と亂識―阿黎耶の意義
六　無漏法界―界の意義―種姓の四種―不定種姓―一切皆成佛と少分の一切―一乘・三乘―煩惱卽菩提
七　無漏法界と佛陀―轉識得智―得と緣との差異―身の意義―自性身―受用身―變化身―彌勒の三身說―瑜伽行派の派祖―結語

第四章　無著の學說
一　無著の傳―其著書―顯揚聖敎論と三無性論―攝大乘論と大乘阿毗達磨經―攝大乘論及釋の漢譯―佛陀扇多

—眞諦—達磨笈多—玄奘

二　眞諦三藏の渡支—十七地論・決定藏論・大乘起信論の飜譯—當時の飜譯事業—俱舍論・攝大乘論の譯出—眞諦の飜譯の態度—支那南北國情の差異—眞諦・玄奘學說の異同

三　攝大乘論に引用せらるゝ經論—論經の意義—唯識說と境識俱泯—攝大乘論の立場—大乘經たる十勝の概說—佛教概論としての攝大乘論

四　阿黎耶識存在の聖教量—阿黎耶の音譯—界・六道の意義—一切種子識—煩惱・所知二障—地上の菩薩—界の五義—種子の說明—現行—種子生現行—習氣—現行熏種子—種子生種子—能熏・所熏—能藏・所藏—執藏—生・熏の意義—阿陀那識の二義—心・意・識—意根—有染汙意—阿黎耶の三相—緣生

五　三性—依他性—亂識—十一識—分別性—眞實性—三性門の唯識—能分別・所分別・分別性—三性一異の義—攝大乘論の內容の變遷—識の三相—心分說—一識計と體別說

六　三性・三無性—唯識觀と空觀—聞熏習—水乳の喩—解性—眞實性の四種—本來自性清淨と無垢清淨—至得道清淨と道生境界清淨—福・慧二資糧—承事と善知識力—決定信樂位—三種の信—依止力—修行の階位—止觀・轉依—五位と八處の方便—唯識觀と三無性—方便唯識と正觀唯識

七　六波羅蜜—十地—佛教の意味する學—戒學—三聚淨戒—戒・定・慧の關係—無分別智の三種—無住處涅槃—無分別智と般若波羅蜜—般若皆空と唯識說—轉依—益力損能轉—通達轉—修習轉—果円滿轉—下劣轉・廣大轉—涅槃の四種—自性身—受用身—變化身—八相成道—開眞合應の三身說—開應合眞の三身說—結語

第五章　世親の學說

一　序—世親の傳—俱舍論の製作—廻小向大—其著書—衆賢と世親—世親年代の異說—般若系統の註釋—諸大乘經の註釋—人法開會—菩提心—法華經論—如來藏と諸法實相—性同・修別—無量壽經論—念佛と定—如來藏系統と念佛—成業論・攝大乘論釋—唯識十大論師—莊嚴經論と中邊分別論—十地經論—地論宗—如來藏說と唯識說—著書より受ける著者の人格性

二　唯識二十論—因明の解—心の二種—心の働き—似現—四種の批難—唯識無境—唯識三十頌—唯識三十頌と成唯識論—我と法—三種の識—識の轉變—異熟識—名言種子・業種子—正・依二報—思量識—了別境識—自性分別—隨念分別・計度分別—流轉門—還滅門—三自性—三無性—修行の五位

三　佛性論の大綱—三因・三種佛性—三性所攝—藏の三義—相の十義—闡提と有性無性—十義と藏の三義—唯

識智—一切處卽如々—緣起の意義
四　開眞合應の三身說—佛陀觀の歷史—原始佛敎の佛陀觀—大衆部系の佛陀觀—上座部系の佛陀觀—龍樹の佛陀觀—世親の佛陀觀—世親の佛敎と後世の佛敎—支那に及した世親佛敎の影響
第六章　第三期の大乘經論
一　楞伽經の三譯—五法—三自性—八識—二無我—眞識—現識—分別事識—三譯における說の變遷—如來藏と阿黎耶識の關係—四種の禪—不說卽佛說—楞伽經と禪宗—經の三身說—堅意の入大乘論—堅意と堅慧—大乘法界無差別論—菩提心—究竟一乘寶性論—七種金剛句
二　大乘起信論と著者—二人の馬鳴—譯者眞諦と嘉祥—起信論と楞伽經—眞如緣起論と轉變說—緣起論の比較—論の組織—摩訶衍と衆生心—阿黎耶識と三大—乘の意義—心眞如の動と靜—眞如と一切法—佛敎家の謬り—眞如緣起を說く所以—論の綱格—無明緣起—隨緣の義—心生滅門—眞如と如來藏—覺・不覺—無明の意義—三細・六麤（麁）の解—五意・意識—流轉門と還滅門との關係—論の立場と境識俱泯—三發心—結語
第七章　瑜伽行派と中觀派
一　序—瑜伽行派—十大論師—陳那—其著書—三分說—一識の義分—無性—攝大乘論釋—無性の學說と護法
二　護法の傳—大乘廣百論釋論—成唯識論の成立—成唯識論の譯出と其性質—論の本文批評的研究の必要—宗義と學問研究—護法の著述—二種の二諦說—四重の二諦說—世俗諦・勝義諦の差異—成唯識論の立場と理世俗—性相永別—性宗と相宗—有漏・無漏の唯識—唯識三十頌と成唯識論—五性各別—八識建立の歷史的概觀—三性說—實我・實法—第六意識—末那識の體別說—末那識の自己化—藏の三義—種子假實の問題—同時因果と異時因果—等流習氣と異熟習氣—一切種子識—種子の意義—唯新熏・唯本有種子說—本新合生說—能熏・所熏の四義—種子生現行—現行熏種子—三法展轉因果同時—種子生種子—唯識說の眞意—所緣門の三法—三分說と四分說—本質—萬法唯識—萬法不離識—因能變・果能變—各論書の立場の相違—護法の新說—三性・三無性說—修行位—護法の眞意—護法の系統—親光・勝友・最勝子・戒賢
三　德慧—其著書—安慧—其著書—其學說—能變の二種—種子假實と心分說—三性・三無性說—安慧の立場—安慧と眞諦—安慧の系統—難陀—唯新熏說—護月の唯本有說—難陀の二分說—勝軍—其學說
四　中觀派—佛護と清辨—清辨の著書—中觀派の二派—護法・清辨空有の諍—戒賢・智光三時敎の諍—師子光・師子月・勝光　附…印度佛敎の廢滅

菊判、本文五九〇頁、索引一〇頁。東京・久遠閣刊、昭和九年三月。

〔編者附記――この書の編者、山倉光正氏の例言によれば、
本書は宇井先生が東京佛教學會のため一年半にわたって講述された「印度佛教思想史の速記を底本として編纂したもの」(昭和七―八年)で、講義として講説されなかった部分についても、編纂上必要のものは、先生の他の著書や論文から「私に摘錄したもの」が相當にあるが一々明記はしていない。編纂に際しては、東京佛教學會同人たる淺葉義三・皆藤亨・林宗平ならびに山倉氏の四人合議の上、山倉氏が「主として編纂執筆の任に當ることにした」――とある。〕

――

『唯心の實踐』

唯心の實踐　成道の一意味　佛教の倫理思想　阿黎耶識と如來藏　阿黎耶識と無沒識　眞諦三藏に關する二三の問題　唯識思想の發達とその一影響　大乘莊嚴經論の著者　印度佛教史研究所感　金剛般若經及び論の翻釋並に註釋　所謂笈多譯金剛般若論に關する疑義

A5判、二五五頁。大東出版社刊、昭和九年六月。

『西藏大藏經總目錄』(東北帝國大學法文學部編)

A Complete Catalogue of the Tibetan Buddhist Canons (Bkaḥ-ḥgyur and Bstan-ḥgyur).

Edited by Prof. Hakuju Ui, Prof. Munetada Suzuki, Prof. Yenshô Kanakura, Lecturer Tôkan Tada. Published by Tôhoku Imperial University, Sendai, Japan, 1934.

A4判、第一册七一六頁、第二册一二六頁。東北帝國大學藏版、昭和九年一〇月。

「梵網經」邦譯(「南傳大藏經」第六卷長部經典一)

菊判、七一頁。大藏出版株式會社刊、昭和一〇年六月。

『攝大乘論研究』(**「印度哲學研究」第八**)

第一　著者
第二　攝大乘論の傳來
第三　攝大乘論の基く諸經
　第一　大乘阿毗達磨經　第二　解節經即ち解深密經
　第三　十地經　第四　般若波羅蜜經
第四　攝大乘論の基く諸論
　第一　大乘莊嚴經論　第二　中邊分別論
第五　攝大乘論義疏の斷片
第六　攝大乘論科判
第七　攝大乘論の內容研究
　應知依止勝相品第一　應知勝相品第二　應知入勝相品第三　入因果勝相品第四　入因果修差別勝相品第五　依戒

學勝相品第六　依心學勝相品第七　依慧學勝相品第八　學果寂滅勝相品第九　智差別勝相品第十

攝大乘論(論本)　　別冊

菊判、本文七九〇頁、附錄二頁、索引一四頁、別冊論本一四四頁。岩波書店刊、昭和一〇年七月。勝又俊教教授の解説を付して、岩波書店刊、昭和四一年三月。

『**印度哲學史**』(現代哲學全集、第七卷)

序説

本論

第一　正統婆羅門系統

第二　一般思想界系統

第三　佛教系統

總結

菊判、三七〇頁、索引二〇頁。日本評論社刊、昭和一一年二月。

『**大乘起信論**』譯註(岩波文庫 1305)

Ａ６判、一四八頁。岩波書店刊、昭和一一年六月。

『**支那佛教史**』(岩波全書80)

第一　前期　　一、佛教の傳來　二、南北の流傳　三、當時の研究　四、感化と整理　五、毗曇宗　六、入竺求法者

第二　中期　　一、羅什の傳譯　二、華嚴・律・涅槃　三、三論・四論の研究　四、法華の研究　五、成實宗及び毗曇　六、涅槃宗　七、十地・華嚴の研究　八、北地の破佛と南地の興佛　九、地論宗　一〇、四分律の研究　一一、禪と淨土　一二、攝論宗

第三　盛期　　一、隋唐時代　二、三論宗　三、天台宗　四、華嚴宗　五、法相宗　六、律宗　七、淨土宗　八、禪宗　九、眞言宗

第四　後期　　一、天台・華嚴の再興　二、宋代の佛教　三、禪宗の狀勢　四、天台宗の狀勢　五、律宗の狀勢　六、華嚴宗の狀勢　七、淨土宗の狀勢　八、元・明清時代

結尾

小Ｂ６判、本文二五七頁。岩波書店刊、昭和一一年九月。

『**傳心法要**』譯註(岩波文庫 1348)

Ａ６判、一五二頁。岩波書店刊、昭和一一年一〇月。

『**頓悟要門**』(岩波文庫 1727)

Ａ６判、一五四頁。岩波書店刊、昭和一三年七月。

『**寶慶記**』譯註（岩波文庫 1796）

A6判、一一八頁。岩波書店刊、昭和一三年一〇月。

『**コンサイス佛教辭典**』

中型判、本文一一四八頁。大東出版社刊、昭和一三年六月十日コンサイス型初版、昭和一五年同再版發行、のちに標題を『佛教辭典』と改めて、昭和二八年中型初版發行。

『**禪源諸詮集都序　附禪門師資承襲圖**』譯註（岩波文庫 1880–1890）

A6判、三〇七頁。岩波書店刊、昭和一四年一月。

『**禪宗史研究**』（「**印度哲學研究**」**第九**）

第一　達摩と慧可及び其諸弟子　一、達摩の傳記　二、達摩の教說　三、達摩の弟子　慧可の傳記　四、慧可の教說　五、道育、僧副、曇林　六、慧可の弟子　七、那禪師、和禪子の弟子　八、禪の變遷

第二　牛頭法融と其傳統　一、法融と道信　二、弘忍と法持　三、法融と智巖　四、法融の傳記　五、法融の弟子及び著述　六、牛頭宗の諸師　七、牛頭諸祖の詩文

第三　五祖弘忍の法嗣　一、禪宗の中心地　二、弘忍の諸弟子　三、諸弟子の略傳

第四　五祖門下の念佛禪　一、禪と念佛　二、五祖門下の諸師　三、念佛禪の諸形式　四、結論

第五　荷澤宗の盛衰　南北二宗と荷澤宗

第六　北宗禪の人々と教說　一、北宗　二、唐室と禪宗、嵩山と禪宗　三、北宗の教說

第七　馬祖道一と石頭希遷　一、馬祖道一の前半生　二、南嶽懷讓の傳　三、馬祖道一の後半生　四、馬祖道一の語　五、石頭希遷の前半生　六、青原行思の傳　七、石頭希遷の後半生　八、石頭希遷の語　九、南宗禪の特質

第八　北宗殘簡　序言　第一篇、楞伽師資記神秀傳　第二篇、傳法寶紀序（附、楞伽師資記弘忍傳　宗鏡錄第九十七卷　楞伽師資記序）　第三篇、宗鏡錄第九十八卷　第四篇、觀心論　第五篇、大乘北宗論　第六篇、大乘無生方便門　第七篇、甲、大乘五方便北宗　第八篇、乙、無題　第九篇、無題　第十篇、樂道歌

A5判、本文五一七頁、索引一〇頁。岩波書店刊、昭和一四年一二月第一刷、昭和一七年第二刷發行。玉城康四郎教授の解說を付して、岩波書店刊、昭和四一年四月。

『**第二禪宗史研究**』（「**印度哲學研究**」**第十**）

第一　壇經考　序　一、宗寶本、明藏本　附支那本　二、曹溪原本、德異本　三、德異本と宗寶本との異同　四、契嵩本　附泰和七年本　五、惠昕本、興聖寺本、大乘寺本　六、燉煌本　七、燉煌本と各本　八、燉煌本各節の新古　九、壇經の成立　十、壇經の變化　結　壇經

第二　六祖慧能傳　一、史料　二、傳記

第三　六祖の諸弟子　（附錄　一、司空山本淨語錄　二、光宅寺慧忠語錄）

第四　百丈懷海　（附錄　百丈大智禪師廣語）

第五　藥山惟儼と天皇道悟　一、藥山惟儼　二、天皇道悟

第六　古尊宿語錄について

第七　禪宗史研究補正　一、牛頭法融と三論宗　二、龍牙山居遁と雲居道膺　三、馬祖語錄

A5判、本文五三一頁、附記二頁、索引九頁。岩波書店刊、昭和一六年一一月。古田紹欽教授の解説を付して、岩波書店刊、昭和四一年五月。

「阿育王刻文」邦譯（「南傳大藏經」第六五卷）

菊判、解說並びに目次・地圖一五頁、譯文九六頁、阿育王刻文索引四頁。大藏出版株式會社刊、昭和一六年二月。

『佛敎思想研究』（「印度哲學研究」第十一）

第一部

第一　緣起說の發達と變遷　第一章（一、佛敎一貫の說　二、緣起論と實相論）第二章（一、根本佛敎の資料　二、阿含經の性質　三、釋尊の說法の傳はり方　四、釋尊の用ひた言語　五、阿含に於ける佛陀　六、如何にして根本佛敎を知るか）第三章（一、印度一般の思想と佛陀の態度　二、佛陀の根本的立場）第四章（一、根本佛敎の緣起說、卽ち相依說　二、阿含經典の緣起說、卽ち有支說　三、解釋に變遷の起つた所以）第五章（一、小乘佛敎の解釋、有支說の發達　二、胎生學的解釋　三、小乘佛敎の業說　四、業感緣起說　五、小乘佛敎の緣起觀）第六章（一、大衆部に於ける緣起說　二、大衆部系統の重要思想　三、輪廻の主體に關する說）第七章（一、人法二空　二、緣起說と皆空說　三、龍樹の緣起說　四、緣起說と唯心論）第八章（一、大乘に於ける有支說の發達　二、三性三無性　三、影像門の唯識）第九章（一、阿黎耶識緣起說　二、緣起門の唯識　三、影像門の唯識の發達　四、三性門の唯識）第十章（一、如來藏の意味　二、如來藏緣起說　三、法身、眞如）第十一章（一、阿賴耶識と輪廻　二、阿賴耶識存在の論證　三、阿賴耶識緣起說　四、阿賴耶識の所在）第十二章（一、彌勒、無著、世

親等の説　二、支那佛敎の特異性）第十三章（一、三論宗と縁起　二、天台宗と縁起　三、華嚴宗の法界縁起）第十四章（一、眞言宗の六大縁起　二、淨土宗系統　三、禪宗系統）第十五章（一、佛敎の實際性　二、事と理との關係　三、日本佛敎に於ける事理の關係

第二　大乘佛敎の倫理　一、敎育及び倫理としての佛敎　二、小乘佛敎と大乘佛敎　三、大乘佛敎の特質　四、大乘佛敎の根本思想　五、大乘佛敎の倫理の根本思想　六、大乘佛敎に於ける自利と利他　七、大乘倫理の德目　八、菩薩行の階位　九、卽身成佛と卽身卽佛　十、自力と他力　十一、結語

第三　佛敎一般に於ける禪の地位　一、敎判　二、小乘と大乘　三、自力と他力　四、顯敎と密敎　五、敎と禪　六、理と事　七、清規の意義

第四　我空法有と我空法空　一、序説　二、法有　三、我空　四、過未無體　五、我空法空　六、空有

第二部

第一　空觀の佛敎

第二　涅槃論

第三　僧伽

第四　小乘佛敎の實踐的意義

第五　百丈清規の歷史的意義

第三部

第一　無心

第二　瑜伽論思所成地の資料

第三　支那佛敎史の初期に於ける般若研究

第四　所謂眞諦譯遺敎經論作者考

Ａ５判、本文七二二頁、索引一七頁。岩波書店刊、昭和一五年六月。平川彰敎授の解説を付して、岩波書店刊、昭和四一年七月。

『第三禪宗史研究』（**「印度哲學研究」第十二**）

一　雲巖曇晟

二　洞山語錄と曹山語錄

三　洞山良价

四　曹山本寂

五　洞山の五位顯訣と曹山の揀

六　雲居道膺

七　同安道丕から大陽警玄まで

八　投子義青とその以後の法系

九　中華傳心地禪門師資承襲圖の佚文について

Ａ５判、本文五一〇頁、附記一頁、索引四頁。岩波書店刊、昭和一八年四月。圭室諦成敎授の解説を付して、岩波書店刊、昭和四一年六月。

『佛敎汎論』

序說
第一篇　佛陀　第一章、釋迦牟尼佛　第二章、初期の佛陀觀　第三章、佛陀觀の發達　第四章、三身說　第五章、多身說　第六章、日本佛教の佛陀觀　第七章、自利と利他　自力と他力
第二篇　教法
第一部　總說　第一章、法の意味　第二章、教育及び倫理としての教法　第三章、實行實施に據る分宗
第二部　各論
第一　自利教　第一章、有門の自利教　第二章、有門の自利教の批評　第三章、空門の自利教　第四章、空門の自利教の批評　第五章、自利教の地位
第二　利他教　第一章、利他教の特質　第二章、有門の唯識說　第三章、有門の唯識說の批評　第四章、空門の唯識說　第五章、空門の唯識說の地位　第六章、如來藏緣起說　第七章、起信論說の批評　第八章、無得正觀の法門　第九章、三論宗の意義　第十章、諸法實相の法門　第十一章、諸法實相の法門の意義　第十二章、唯心緣起の法門　第十三章、唯心緣起の法門の意義　第十四章、祕密曼荼羅の法門　第十五章、祕密曼荼羅の法門の意義　第十六章、日本天台の口傳法門　第十七章、日本天台の意義　第十八章、日蓮宗　第十九章、融通念佛宗　第二十章、淨土宗　第二十一章、眞宗　第二十二章、時宗　第二十三章、臨濟宗　第二十四章、黃檗宗　第二十五章、曹洞宗　第二十六章、結語
第三篇　社會　第一章、僧卽ち僧伽　第二章、利他教の戒　第三章、律宗　第四章、大乘戒の實踐と淸規　第五章、爾後の變遷
總結

A5判、本文一一三二頁、索引七六頁。岩波書店刊、上卷、昭和二二年六月、下卷、昭和二三年八月、合本、昭和三七年。(本目錄は合本によって作成した。)

『佛教思想の基礎』

前篇　根本佛教概觀　一、上世印度思想の二潮流　二、第三新潮流としての佛教　三、初期の佛教卽ち根本佛教　四、根本佛教の根本思想　五、根本佛教の緣起說　六、四聖諦　七、僧伽
後篇　佛陀觀の發達と意義　一、佛陀觀の意味　二、歷史上の釋尊　三、釋尊の成道　四、釋尊の入滅　五、入滅の解釋　六、菩薩の意味　七、佛教史に就いて　八、菩薩觀の二種　九、佛陀觀の二種　一〇、大乘の佛陀觀、一　一一、大乘の佛陀觀、二　一二、大乘の佛陀觀、三　一三、天台、眞言、華嚴の說　一四、事

理觀　一五、日本佛教の説

A5判、本文四五〇頁。大東出版社刊、昭和一九年、昭和二三年六月再版。

『佛教哲學の根本問題』

一、因果の理　二、事と理　三、理と智　四、信と宗教心　五、無我と空　六、善と惡　七、生死と涅槃　八、佛教の特色

A5判、本文一七七頁。大東出版社刊、昭和二二年一二月。

『佛教思潮論』

序論

第一編　佛陀　一、佛陀觀の意義　二、歴史上の釋尊　三、釋尊の成道　四、釋尊の入滅　五、入滅の解釋　六、菩薩の意味　七、佛教史に就いて　八、菩薩觀の二種　九、佛陀觀の二種　一〇、大乘の佛陀觀、一　一一、大乘の佛陀觀、二　一二、大乘の佛陀觀、三　一三、天台、眞言、華嚴の説　一四、事理觀　一五、日本佛教の説

第二編　教法　一、教法の特質　二、根本佛教の根本思想　三、根本佛教の縁起説　四、四聖諦　五、小乘佛教　六、大乘初門の説　七、大乘實教の諸宗　八、日本佛教

第三編　社會　一、僧伽

結論

菊判、本文三七八頁。東京・喜久屋書店刊、昭和二三年。

『信仰佛教』

一　佛教を信ずる所以

二　十七條憲法の一節に就いて

B4判、一三五頁。要書房刊、昭和二三年八月。

(編者附記。右のうち第二の「十七條憲法の一節に就いて」は、昭和二十一年一月、宮中御講書始の御進講の草稿である。著者はこのことを記すのを遠慮されたが、編者は親しくこの旨を聞き知った。)

『東洋の論理』

第一部

序論

第一編　空の論理　一、所謂の八不について　二、言語と物　三、空の論理と形式論理學　四、生と去との問題　五、空と時との問題　六、因果問題　七、有爲法　八、有體の問題　九、相待性の問題　一〇、我の問題　一一、業、輪廻の問題附邪見　一二、四

諦の問題、空の意義　一三、涅槃と如來との問題　一四、結論

第二編　因明の論理　一、因明とは何ぞや　二、因明の論理と空の論理　三、陳那の著述　四、現量　五、自比量　六、他比量　七、觀離品　八、十四過類　九、結論　一〇、餘論

第二部

中論

因明正理門論

因明入正理論

　A5判、本文三五六頁、索引九頁。青山書院刊、昭和二五年七月。

『日本佛敎概史』

前期〔上代五三八―七〇七、奈良時代七〇八―七八一〕　一、佛敎の傳來　二、聖德太子　三、佛敎の弘播　四、奈良時代の六宗　五、國分寺、東大寺

中期之一〔平安時代七八二―一一九一〕　一、平安時代の新宗敎、傳敎大師最澄、弘法大師空海　二、南都の六宗　三、天台宗の發展　四、眞言宗の分派　五、天台宗の分派　六、慧檀二流　七、平安時代の概括

中期之二〔鎌倉時代一一九二―一三八二〕　八、鎌倉時代の新宗敎、融通念佛宗　九、淨土宗　一〇、眞宗　一一、時宗　一二、日蓮宗　一三、臨濟宗　一四、曹洞宗　一五、華嚴宗の狀況　一六、法相宗の大勢　一七、三論宗の大勢　一八、律宗の發展

中期之三〔足利時代から德川時代まで一三八三―一六〇二〕　一九、足利時代から德川時代まで、臨濟宗の大勢　二〇、曹洞宗の發展　二一、日蓮宗の發展　二二、時宗の狀況　二三、淨土宗の發展、鎭西派、西山派　二四、眞宗の大勢　二五、天台宗の狀況、眞盛派　二六、眞言宗の發展　二七、鎌倉時代以後の特色

後期〔德川時代一六〇三―一八六七〕　一、德川時代の特色　二、天台宗、安樂律、華嚴の鳳潭　三、眞言宗の分裂、豐山派と智山派、眞言宗の律學　四、淨土宗の傳播、名越派　五、眞宗の分裂、西本願寺の學事、東本願寺の學事　六、時宗の特色　七、臨濟宗の狀況　八、曹洞宗の復古と學事、東皐心越　九、黃檗宗の傳來　一〇、日蓮宗の狀況と分裂　一一、佛敎の頽廢と排佛論

明治以後〔明治時代以後一八六八―〕　一、佛敎趣意の滅失、廢佛毀釋　二、佛敎研究の起り　三、結語　餘說

　B6判、本文二二一頁、附錄一三頁、索引四〇頁。岩波書店刊、昭和二六年一月。

『經典の成立とその傳統』（「佛教布教大系」第二）

Ａ５判、一二八頁。東成出版社内、佛教文書傳道協會刊、昭和二六年二月。

『安慧護法唯識三十頌釋論』

第一部　唯識三十頌安慧釋、護法釋

第二部　一、唯識三十頌安慧釋について　二、唯識三十頌の翻譯及び注記　三、重要術語の意味 附、引用せられた經論の文と偈

Ａ５判、本文三五一頁、唯識三十頌譯語語彙・唯識三十頌梵語語彙・梵文正誤訂正表六二頁。岩波書店刊、昭和二七年四月。

『四譯對照唯識二十論研究』

第一　四譯對照唯識二十論　　序偈　第一、主張　第二、論證　第三、總結

第二　唯識二十頌

第三　唯識論序

第四　唯識二十論註記

第五　本論に於ける唯識説

Ａ５判、本文二二八頁、梵語語彙・梵語正誤補正表二一頁。岩波書店刊、昭和二八年三月。

『釋道安研究』

第一章　道安傳　　序　第一、出生と幼時　第二、學業時代　第三、佛圖澄との關係　第四、敎化時代　第五、襄陽に於ける道安　第六、長安時代　第七、道安の入寂　第八、道安の弟子

第二章　道安の著作　　序　第一、道地經序　第二、陰持入經序　第三、安般注序　第四、人本欲生經序　第五、了本生死經序　第六、十二門經序　第七、大十二門經序　第八、十法句義經序　第九、比丘大戒序　第十、鼻奈耶序　第十一、道行經序　第十二、合放光光讃隨略解序　第十三、摩訶鉢羅若波羅蜜經抄序　第十四、鞞婆沙序　第十五、阿毘曇序　第十六、四阿鋡暮抄序　第十七、婆須蜜集經序　第十八、僧伽羅刹經序　第十九、增一阿含序　第二十、道安年譜　附、竺法護翻譯歷・羅什年譜

Ａ５判、本文二〇一頁、索引八頁。岩波書店刊、昭和三一年五月。

『佛敎經典史』

序論

第一章　小乘經典　　一、經典成立の事情と經過　二、釋尊の用ひた言語　三、律の成立　四、結語

第二章　大乘經典　　一、大乘の發達　二、大乘經典の區

分　三、第一期の經典の大要　四、第二期の經典の大要　五、第三期の經典の大要　六、大乘戒の經典　七、結語　八、餘論

第三章　一切經　一、シナへの傳譯　二、一切經、大藏經　三、大藏經の刊行　四、我國に於ける一切經　五、結語

A5判、本文二〇四頁。東成出版社刊、昭和三二年一一月。

『陳那著作の研究』

序論　一、陳那の地位　二、陳那の著述

本文　第一、觀所緣論　第二、解捲論　第三、取因假設論　第四、佛母般若波羅蜜多圓集要義論　第五、觀總相論頌及び三分說

A5判、本文三四五頁、索引一五頁。岩波書店刊、昭和三三年一月。

『瑜伽論研究』

緒言

玄奘三藏飜譯歷

瑜伽論研究　第一、譯出と梵本、チベット譯　第二、瑜伽論の組織　第三、瑜伽論研究の跡付け　第四、瑜伽師地論の梵名　第五、瑜伽論の傳來　第六、菩薩地と大乘莊嚴經論　第七、菩薩地決擇分と解深密經　第八、三性三無性　第九、聲聞地　第十、聲聞地決擇分と無種性　第十一、瑜伽論の立場　第十二、諸識論序　第十三、阿賴耶識の存する場所　第十四、阿賴耶識存在の論證　第十五、阿賴耶識の働き　第十六、末那識　第十七、十六種の異論　第十八、惑業苦　第十九、三摩呬多地、外三地　第二十、五明處　第二十一、小乘經資料の實例　第二十二、修慧　第二十三、獨覺　第二十四、二涅槃　第二十五、聲聞と菩薩　第二十六、結言

A5判、本文三七七頁、索引二〇頁。岩波書店刊、昭和三三年一〇月。

『寶性論研究』

究竟一乘寶性論研究

序論

本論　第一章、本論の品目と本頌　第二章、本論の註釋的研究　第三章、本論引用の諸經論　第四章、他の經論との關係　結言　附錄(シナ譯勝鬘經と其梵文斷片)

梵文邦譯寶性分別大乘究竟要義論　歸敬緣起序　總說　第一章、三寶品　第二章、如來藏品　第三章、菩提品　第四章、功德品　第五章、佛業品　結論

あとがき

A5判、本文六五四頁、サンスクリット語彙六〇頁。

岩波書店刊、昭和三四年一〇月。

『大乘莊嚴經論研究』

序論　一、著者と譯者及び譯文　二、學說一斑
大乘莊嚴經論シナ譯、和譯
註記

A5判、本文六二三頁、大乘莊嚴經論サンスクリット(梵語)語彙一六六頁。岩波書店刊、昭和三六年二月。

『梵漢對照菩薩地索引』

緒言
第一部　文
第二部　單語

A5判、五九二頁。鈴木學術財團刊、昭和三六年一一月。

『大乘佛典の研究』

第一部　金剛般若經和譯
金剛經の梵本、漢譯、其の他　一、梵本　二、中亞梵本　三、于闐本　四、漢譯本　梵文補修試考
摧破具としての金剛石　一、序分　二、正宗分　三、流通分
本經の各分の要旨　經名の意味　本經の年代　重要な同巧の文　本經に於ける佛　法の意味　九喩又は六喩の頌
第二部　金剛般若經釋論研究
第一、解題　序　一、達摩笈多傳と年譜　二、達摩笈多の譯經論　三、金剛斷割般若波羅蜜經　四、金剛般若論二卷本について　五、菩提流支の翻譯と金剛仙論　六、金剛般若論著者考　七、金剛般若經論著者考　八、結論　九、金剛般若波羅蜜經破取著不壞假名論
第二、金剛般若經釋論の內容　一、經の各分と偈との對照　二、論の趣意の同異(一、金剛般若論の趣意　二、金剛般若經論、卽ち彌勒、無著の說　三、金剛般若論、卽ち世親の說　四、破取著不壞假名論について)
第三、金剛般若論の合糅國譯　金剛般若論
第四、金剛般若波羅蜜經論の合糅國譯　金剛般若波羅蜜經論
第五、金剛般若經論頌　附、梵語索引
第六、金剛般若波羅蜜經破取著不壞假名論國譯　金剛般若波羅蜜經破取著不壞假名論
第三部　雜錄
一　彌勒菩薩と彌勒論師
二　莊嚴經論並びに中邊論の著者問題　第一　大乘莊嚴經論の說(一、譯者　二、譯文　三、唯識說(一)五位

㈠虚妄分別〕 四、三身説 五、如來藏 六、空〕 第二 中邊分別論の説（一、空 二、唯識説 三、三性 四、眞實品について） 第三 以上二論の著者問題（一、中邊論 二、莊嚴經論）

附 現觀莊嚴論と法法性分別論との著者 現觀莊嚴論 Abhisamaya-alaṁkāra 法法性分別論 Dharma-dharmatā-vibhāga

三 六門教授習定論――國譯並びに註記―― 第一部 國譯（六門教授習定論） 第二部 註記

四 成唯識寶生論研究 解題 成唯識寶生論一名二十唯識順釋論

五 菩薩、佛の音譯について

六 鳩摩羅什法師大義

七 佛國記に存する音譯語の字音

ADVAYAVAJRA TATTVARATNĀVALĪ 譯文・後記・語彙

A5判、本文、縦組九二七頁・横組一一〇頁。岩波書店刊、昭和三八年六月。

歐文論文

F. W. Thomas & H. Ui: "The Hand Treatise," a Work of Āryadeva. (JRAS, Apr. 1918, pp. 267-310.)

On the Development of Buddhism in India. (*Eastern Buddhist*, I, pp. 303-315.)

On the Author of the *Mahāyānasūtrālaṁkāra*. (*Zeitschrift für Indologie und Iranistik*, VI, 2, S. 215-225, 1928.)

Maitreya as a Historical Personage. (*Indian Studies in Honor of Charles Rockwell Lanman*, Cambridge (Mass.), 1929, pp. 95-102.)

Der Ursprung der Trairūpyaliṅgatheorie in der indischen Logik. (Résumé.) (*Commemoration Volume in Honour of Prof. M. Anesaki*, Tokyo, 1934, pp. 343-345.)

先生の逝去後に遺稿が次の諸書として刊行された。

『西域佛典の研究』――敦煌逸書簡譯――

一、攝大乘論疏章 緒言 總序 攝大乘疏卷第五 攝大乘義記第七 攝大乘論抄 攝大乘論章卷第一 攝論章卷第一 攝大乘義章卷第四

二、緣起心頌の增廣發展

三、勝鬘義記

四、溫室經疏

五、佛說法句經並びに疏

六、佛說無常三啓經

七、佛説七女観經
編者補説
あとがき(中村元)
A5判、本文四一六頁。岩波書店刊、昭和四四年一二月。

『譯經史研究』

シナ佛教最初の譯經弘傳者安世高の研究　緒言　安世高傳　人本欲生經序　一、佛説人の本と欲と生との經並びに註、附註記　二、陰持入經、附註記　三、佛説大安般守意經、附註記　四、長阿含十報法經、附註記　五、佛説普法義經、附註記　六、佛説漏分布經、附註記　七、佛説四諦經、附註記　八、佛説本相猗致經、附註記　九、佛説是法非法經、附註記　十、佛説一切流攝守因經、附註記　十一、佛説轉法輪經、附註記　十二、佛説八正道經、附註記　十三、佛説法受塵經、附註記　十四、禪行法想經、附註記　十五、五陰譬喩經、附註記　十六、佛説七處三觀經、附註記　十七、佛説九横經、附註記　十八、阿毘曇五法行經、附註記　十九、道地經、附註記　二十、餘論　〈附錄〉安世高の譯語と一般譯語との對照一斑
支識の譯書に於ける音譯一斑
般泥洹經二卷の譯者は支謙か
支謙と康僧會との譯語と其の原語
インド語より見たシナ文字の發音
編者補説
あとがき(中村元)
A5判、五五二頁。岩波書店刊、昭和四六年三月。

『インド哲學から佛教へ』

一　インド文化
古代における人間概念——インド——
印度古代の政治形態
アソーカ法王の統治
法顯の見た中央インド
二　インド哲學
Sāṁkhyayoga に就いて(數論學派の起原及び發達の概要)
論證法精要
アルタハ・サングラハ(未定稿)
三　佛教
小乘佛教
大乘佛教
佛と吾々
佛典解題　(一)成實論解題　(二)三無性論解題　(三)顯識論解題　(四)轉識論解題　(五)十八空論解

題　（六）辯中邊論解題　（七）掌中論解題
面山師年譜及び覺仙和尚との關係
四　回顧
佛教研究の回顧
特別講演「印度哲學」命名の由來
第三十四世活翁伯壽小傳
編者補說
著作目錄、弔辭・追悼文
あとがき（中村元）
A5判、本文五一一頁、著作目錄二九頁。岩波書店刊、昭和五一年二月。

『宇井伯壽著作選集』（全七卷）　大東出版社
第一卷　佛教論理學　三三八頁　昭和四一年六月三〇日發行
第二卷　シナ佛教史・日本佛教史・國譯大乘起信論　三八〇頁　昭和四一年一〇月一一日發行
第三卷　佛教思潮論　四九二頁　昭和四二年三月三〇日發行
第四卷　三論解題　國譯中論　梵文邦譯中之頌　四〇四頁　昭和四三年五月二七日發行　昭和四五年九月一五日再版
第五卷　國譯百論　國譯十二門論　空の論理　三〇〇頁　昭和四三年六月二七日發行　昭和四六年九月一五日再版
第六卷　唯心の實踐、緣起と業、信仰佛教　三三六頁　昭和四二年一一月三〇日發行
第七卷　佛教哲學の根本問題　佛教經典史　四〇〇頁　昭和四三年二月二〇日發行

なお遺稿として、日本の古典のうちに現われた佛教關係の名稱を解釋した尨大な原稿（未刊）がある。

また宇井先生への獻呈論文集として次のものがある。
『宮本正尊 辻直四郎 花山信勝 中村元 **印度哲學と佛教の諸問題**』（宇井伯壽博士還曆記念論文集）
A5判　五七〇頁　岩波書店刊　昭和二六年一二月

〔編者附記。右の著作目錄は『**宇井伯壽博士著作展望**アジア・アフリカ文獻調査報告第86冊（言語・宗教13）』として東京大學東洋文化研究所内におかれたアジア・アフリカ文獻調査委員會から一九六四年に刊行された。その際には中田直道氏の多大の協力を得た。いまそれにさらに增補加筆したものを、ここに揭載する次第である。〕

弔辭・追悼文

日本學士院會員宇井伯壽博士の葬儀にあたり、つつしんで哀悼の意を表します。

博士はつとにインド哲學の權威として知られ前後五十年の長きにわたって、東京大學、東北大學、駒澤大學等の各大學においてインド哲學、佛教學を講じるとともに、たえず研さんを重ねて、これらの分野において世界にさきがけて嚴密な原典批判の方法を導入確立され、近代的理論にもとづく、精密な分析によって、その成果を整理敍述され『印度哲學研究』『佛教汎論』をはじめとするかずかずの不朽の名著を世におくられたのであります。

博士の研究の規模は廣く印度哲學、印度佛教、中國、日本の佛教等の諸分野にわたり、その研究の、いずれもが梵語、パーリ語の原典にさかのぼって基礎づけられその畫期的な研究方法と卓越した成果は、わが國はもとより、世界の關係學者の、尊重するところとなっており博士が斯界にうち立てられた業績は、不滅の金字塔として、長くその光りを放つものと信じます。

博士は昭和二十年選ばれて、帝國學士院會員となり、同二十七年文化功勞者に選ばれ、續いて翌二十八年文化勳章を受章されるなど、學界最高の榮譽をきわめられましたが、これは博士の輝かしい功績をたたえるものであります。

晩年の博士は、學界の長老として、後進の尊敬と信頼を一身に集めておられましたのに、にわかに世を去られましたことはまことに痛惜に堪えません。

ここに深く博士のせい去をいたみ、生前の輝かしい功績に對して、限りない尊敬と感謝の意を表し、つゝしんで弔辭をさゝげます。

昭和三十八年七月十七日

文部大臣

荒木萬壽夫

弔詞

謹んで日本學士院會員文學博士宇井伯壽君の靈前に申しあげます。

君は明治四十二年東京帝國大學文科大學印度哲學科を卒業せられ、ドイツ、イギリス、インドの各國へ留學後、大正十二年東北帝國大學に印度學講座が新設せられるに及び、直ちにその初代教授として奉職し、後東京帝國大學に轉じ、昭和十八年退官せられるまで二十有餘年の間講壇に立ち、教育に研究に幾多後進の育成に精勵せられると共に、夙に印度哲學ならびに佛教の研究に專念せられて未曾有の輝しい業績をあげられましたことは、學界の齊しく讃仰するところであります。

君の印度哲學、佛教に關する研究は枚擧に遑なく、幾多難解な論著の嚴密なる批判研究と精細なる解釋に基づき、バラモン系統に屬する所謂印度六派哲學より印度論理學根本佛教大乘佛教にいたる廣汎なる印度の宗教及び哲學の全般にわたるものであり、その體系的論述は他人の追隨を許さない不朽の業績というべきであります。これは君の不撓にして强靱なる意志と努力學問に對する熱意と不斷の精進とによるものと了察せられますが、君の學者としての活動はまことに全生涯を傾注したものであり、昨今刊行せられた『大乘佛典の研究』も内外學界の最高水準を示すものとして感佩するものであります。

君は昭和二十七年文化功勞者に推擧せられ翌二十八年文化勳章授與の榮譽に浴せられたのもまことに故ありと申さねばなりません。

君が昭和二十年帝國學士院會員に選出せられて以來、本院のために盡された功勞は多大でありまして、本院の深く感謝するところであります。本院は君を會員として有することを誇りとし、更に向後君に期するところ多大なものがありましたのに、去る十四日君の訃に接しまことに痛惜の至りに堪えません。

ここに君の學勳を偲び會員一同を代表し、哀悼の意を表し、弔詞を捧げます。

昭和三十八年七月十七日

日本學士院長
柴田雄次

元東北帝國大學教授、宇井伯壽先生の御靈前に謹んで申しあげます。

先生は明治四十二年七月東京帝國大學文科大學印度哲學科を御卒業後、高楠順次郎先生の御指導の下に印度哲學、佛教學の御研究を續けられ大正二年ドイツ・イギリスに御留學になり、同六年インドを經て歸國され同八年東京帝國大學文學部の講師に任ぜられました。

大正十二年東北帝國大學に法文學部が設置されることになりましてからは、その設置委員として御盡力をいただき、かつ、印度學、佛教史學講座の創設にあたられました。

ついで印度學第一講座の初代教授として印度哲學史、梵語、パーリ語を講ぜられ、昭和五年に東京帝國大學教授として御轉任になった後も東北帝國大學兼任教授として同九年までの前後十數年間にわたって學生の薫育にあたられ、かつ前人未踏の分野において新らしい研究を開拓され、實に先生の世界的な御研究の基礎を作りあげられたのであります。

印度學佛教學研究に寄與されました先生の數多くの輝かしい御業績の第一歩とも申すべき『印度哲學研究』六卷の著述が先生の東北帝國大學御在任中にまとめあげられ上梓されましたことは、わたくしどもの誇りとするところであります。

この御勞作『印度哲學研究』は昭和六年帝國學士院賞を與えられる榮をもつとともに、三十餘年を經た今日、なお印度學研究に志す者の指南書として尊重されております。

先生は東北帝國大學御在任中、その御研究の面のみならず、後進の指導にも御熱心で今日わが國の印度學佛教學界を代表される數多のすぐれた研究者を、育てあげられました御功績を忘れてはなりません。先生によりまして東北帝國大學にはじめて植えつけられました印度學佛教學研究に關する嚴密な研究態度と方法は、今日もなお、東北大學の印度學佛教學研究の學統となっております。

先生は東京帝國大學に御轉任後もさらに數々の著書をあいついで御出版になり、日本印度學佛教學界を常に指導して參られました。

今日、世界に類のない輝かしい成果をあげつつあるわが國の印度學佛教學研究の基礎は正しく先生によって固められたとも申されるでありましょう。

先生は、昭和二十年帝國學士院會員となられ同二十八年には永年の印度學佛教學研究の開拓、發展の功勞により文化勳章を授與せられました。

昭和十八年御退官後も御健康に惠まれ、駒澤大學學長の要職につかれ、あるいは名古屋大學に印度學講座を開設されるなどの御活躍とともに印度、中國、日本にわたる佛教の全體系をまとめあげられた畫期的著作『佛教汎論』二卷、および最近十年あまりの間にあいついで公刊された唯識の原典に關する一連の批判的研究、中國佛教研究に示された先生の立派な御研究の成果は、われわれの敬嘆するところであります。

數日前にも先生の御著作上梓のことをきき今後一層のお仕事が完成されますことを御期待申しあげておりましたところ、このたび、にわかに薨去なされましたことは先生の御指導をいただきました者として悲痛の極みであり、學界の最も大きな損失であります。

しかし先生には數多くの門下の御方々が第一線に活躍され、實に絢爛たる有樣で世界の學界を指導されております。これらの方々によって先生の學統は受けつがれ、益々發展されることと信じます。

ここに先生の御生前の御學德をしのび、また先生の東北帝國大學法文學部創設ならびに今日の印度學講座の基礎をきずきあげられました御功績に感謝の念をあらたにしつつ、先生の安らかな御冥福をお祈りして弔辭といたします。

昭和三十八年七月十七日

東北大學總長
石　津　照　璽

正三位勳一等大教師文學博士宇井伯壽先生の眞前について謹んで弔詞を捧げその功績に對し深く謝意を表します。

先生は早く愛知縣東漸寺に出家し、東京大學文學部印度哲學科卒業して後、歐州に留學、還りて曹洞宗最初の文學博士の學位を獲得し、爾來東北大學東京大學の教授を歴任し駒澤大學長その他諸大學の教授を兼任し多くの學徒を指導し此間印度哲學佛教學及禪學を研究し先生の手をそめざるものなく梵巴藏漢和の經論の譯述註疏著作莫大に完成せられ、譯出は眞諦玄奘の三藏に比すべく註疏は法藏慈恩に劣らず、著作は苦身の凝然に優るというべく正に不世出の大學僧なりと贊うべきである。

特に吾が駒澤大學にて多年教授に任じ更に第十一代學長として在職僅々半歳でありましたが此の機に本學に清新の學風を振起せられ現今の盛運に導かれた事は永く忘れません。

絕大の功績を遺された先生に恰かも八十歳の佛壽を完うせられ、色身滅するも法身常に在して滅せず永く後昆を覆護せられんことを冀い、御別れの言葉に代えます。

昭和三十八年七月十七日

駒澤大學總長
保　坂　玉　泉
謹　白

弔　詞

七月十七日午前十時三十五分　宇井伯壽先生溘宛として逝かれ、今やわれらはその緻密精勵なる學究者としての御風貌に接することが出來なくなりました。

先生の內外學界に貢獻されました學績は廣くかつ高いことは、昭和廿八年に受賞されました文化勳章に輝いている通りであります。

先生が『勝宗十句義論』の英譯によって世界の學界へ始めて登場されたのは、遠く大正六年(一九一七年)に溯りますが、それには當時英國インド省のライブラリアンとしてまた晩年オックスフォード大學ボーデンプロフェッサーとなられました故F・W・トマス先生の手厚いご庇護があったのでありまして、先生もことあるごとにその恩義に感謝しておられました。先生の研究は大正六年九月から續々と發表されました『印度哲學研究』六卷、並びにその他數々の御著作に豐かに盛られているように、インド諸學派の史的成立に關心の焦點がおかれ、そこにあるものは先ずインド哲學史であるとさえ言われたほどであって、わが國のインド學に一往の歴史的年代を與えられたのは、先生の御努力に俟つものであります。

また佛教研究についても「八聖道の原意及び其變遷」「十二因緣の解釋」「成唯識論の性質及び立場と第七識の存在の論證」「佛滅年代論」「史的人物としての彌勒」などの諸論文は、何れもその當時の學界に獨自の新風を捲き起したものであって、學的價値も高いのであります。しかし昭和二十二、三年には、解說的な『佛教汎論』上下二卷を著わされたばかりでなく、師資相承系統の究明に力點をおかれた『支那佛教史』や『日本佛教史』さえも、ものされました。また晩年の先生は、主として大乘佛教諸經論の研究に專心されましたが、今日になって見ますと、後半生を通じて精魂こめて硏鑽されたものは、各方面にわたる唯識學說の文獻研究であったことがよく分かり、不滅の金字塔を打ち立てられたものといってよいのであります。

昭和二十六年十月十五日、「日本印度學佛教學會」が全國學會として組織されました時には、「彌勒菩薩と彌勒論師」の一篇を創刊號に寄稿せられ、また學會の運營については、一評議員として參加するという方策を授けて、激勵されたのであります。次いで榮譽ある文化功勞者となられました翌二十七年には、よりよき學會の發展を願って金五萬圓を寄せられました。本學會創立以來今日に至るまで十三年の間、先生のこの御恩義に酬える機會をうかがっていたのでありますが、去る五月四日(土)

日本大學において開催された第十四回學術大會會員總會の席上、ライシャワーアメリカ大使の圓仁慈覺大師の「入唐求法巡禮行記」の英譯とその研究二卷に對する祝意を表した際に、わが鈴木大拙、宇井伯壽兩先生の文化功勞に對して、本學會最高の敬意を表明することを提案し、滿場一致の贊同を得たので御座います。これこそ俗にいう「蟲が知らせた」靈感に外ならなかったのでありまして、いまさら法界は無限であり、學の道は深いものであるけれども、われらの努力によってこれまた限りなく開けて行くものであることを確信し、一しお感激に耐えないのであります。

本日ここに先生の御靈前において、わが日本印度學佛教學會の會員諸賢と贊助者の皆さま方を代表して、佛恩のいよいよ高きことを感謝すると共に、先生の學恩に對し、謹んでお禮の言葉を申し述べる次第で御座います。

昭和三十八年七月十七日

日本印度學佛教學會理事長

宮本正尊　謹白

本日、ここ曹洞宗大本山總持寺において、故宇井伯壽博士の御葬儀が執り行なわれるに當り、東京大學印度哲學印度文學研究室の同窓を代表して、ご靈前に弔辭を捧げます。宇井先生、否、宇井さん、と慈父に接するような呼び名を使わせて頂くにいたったのは、博士が東北大學から母校の東大にお戻りになり、印度哲學研究室の主任教授として御指導下さることになった昭和の初期に溯ります。爾來、第二次大戰勃發後に及ぶ十數年間、多事多難の國情の下に在って、よく、わが國の印度哲學、佛教學研究の主導的役割を果されると共に、印度哲學研究室を主宰してこれを世界的地歩の上に築き、後進の指導と誘掖に粉骨の御努力を拂われました。學德兼ね備えられた博士の御恩顧を蒙った同窓のわたくし共は、皆、博士の御長壽をひたすら念願し續けて參りました。二年前、數え年八拾歲の御時、わたし共、寧日なき博士の御研究の御苦勞を御慰め致すべく、ささやかな團欒の一時をもったことが今も懷しく偲ばれてなりません。

御研究一筋に生き拔かれた博士であると共に、佛陀の慈光を生活の上に具現しておられた博士が、突如御逝去遊ばされた事は、學界にとっても亦わたし共にとっても、誠に痛痕事であります。佛陀の八拾入滅の悲しみも、まさにかくの如きであったであろうと思うにつけ、わたし共は暗夜に灯を失った悲しみで一杯であります。

東大御退官後、學士院會員として引き續き御指導を頂いたわたし共には、仰ぎ見る博士のやさしい口許から、佛陀の遺誡「怠ることなかれ、つとめ勵めよ」の御言葉が、そのまま、つぶやかれているように思われてなりません。ここに、研究室同窓を代表しまして、生前の御指導、御高恩に御答え致すべく御誓いすると同時に、謹んで哀悼の辭を捧げる次第であります。

昭和三十八年七月十七日

東京大學印度哲學
印度文學研究室同窓代表
辻　直　四　郎

昭和三十八年七月十七日、ついに先生にお別れする日が參りました。この日がいつかは來るであろうことを、それとなく思わないではありませんでしたが、こんなに早く、しかもこんなに突然に、この日が來ようとは、思い寄らないことでございました。

八十二年という、ほぼ佛陀に等しい年月の間に、近代學者としての先生は、恐らく何人も再びその高さにまでは達することができないであろうと思われるほどの金字塔を打ち建てられました。先生によって、わが國における印度哲學研究は搖ぎない礎石を据えられ、學問の傳統が確立するに至りました。私ども先生の後に從うものは、その傳統を少しでも多く發展させることが先生の學恩に酬ゆる所以と存じて居ります。

戰後、昭和二十三年九月、創設された名古屋大學文學部の印度哲學研究室をよいものにするために、專任講師として御指導と御協力を頂くことができたことは、ただに名古屋大學にとってばかりでなく、わが國の印度哲學研究にとっても、大きな仕合せでありました。その間、研究・教育に關するあらゆる問題はもとより、人間をよいものにするために、專任講師として御指導と御協力を頂くことができたことは、ただに名古屋大學にとってばかりでなく、わが國の印度哲學研究にとっても、大きな仕合せでありました。その間、研究・教育に關するあらゆる問題はもとより、人間そのものの問題についてまで、先生から教えて頂いたことは甚大なものがありました。

先生は近づくに從って益々偉さを感じさせ、近づくほどより多くの人を引つけるという方でした。先生を喪って、改めて先生の偉大さを思わずには居られません。私は一人の學徒として、このような先生に遭い得たことをこの上ない仕合せと感じ、深い感謝を以て先生の鴻恩を念ずるものであります。自分の學問を顧みれば、弟子というには餘りにも貧しいわが身を恥じつつ、力想應の仕事をして、報恩の誠を捧げたいと思います。

昭和三十八年七月十七日

名古屋大學文學部教授
上田義文

本會會員　宇井伯壽氏の御遷化を悼み謹んで哀悼の意を表します

昭和三十八年七月十七日

帝大曹溪會

弔辭

先生の門下を代表致し、謹んで先生の御靈前に申し上げます。いつも御健康で氣持良くお話し下さいました先生が突然御逝去になりました事を知り、あまりにも急でありました爲に、私共は、自分の眼と耳を疑いました。何か急に燈火が消え失せて底知れぬ闇黑の中に落されたような氣がするのでございます。

先生はまず曹洞宗大學講師に御就任になられ、その後東北大學教授、東京大學教授を御歴任になり、又名古屋大學その他の諸大學においてインド哲學を御講義になられました。

先生の御薫陶御指導を辱うした門下の者は非常に多いのでありまして、今日、學界、宗教界、教育界その他社會の諸方面において活動しておりますが、みな先生の溫情溢るる御懇切な御指導によって今日あるを得たのであります。先生の深い御學殖と高潔な御人格には私共が終生忘るるを得ざる感銘を受けました。思えば私共は本當に良き師にめぐり遭うことを得ました因縁の有難さに深く感謝致しております。

先生の御學風は世間周知のごとく極めて嚴密正確であり、一言一句もゆるがせにはされませんでした。御講義や演習においては、私共のいい加減な事は許されませんでした。それと共に先生の御説明下さる一言一言に責任を持っておられる事が良く解りました。演習には必ず學生が良く豫習して出席する事を嚴命されましたが、難解な事項については納得のゆくまで御説明下さいました。

しかしそれにも增して私共に教えられるのは、先生が身を以て示された無言の御教示であります。先生はひたすらに學問に傾倒せられ、學問を樂しんでいらっしゃいました。世のいかなる申し出も、先生の學問愛好の精神に打ちかつことはできませんでした。

外國の學界にも殆んどその比を見ないほどの、世界の學界における最高峯を示されました先生の偉大な御業績は、恐らく先生の高邁な御精神と不斷の御精進とに由來するものでございましょう。

御完成になりました價値高き多數の御研究は、インド哲學の分野における一大金字塔であり、後學の人々各自の研究の出發點であり基準となっているものであります。

先生の御在官當時は非常に御忙しい日常を送られましたが、御退官になられましては神奈川縣廣河原の水清き溪流のほとりに、次いでは鎌倉に縁したたる丘の麓に慕わしくゆかしい日々をお送りになられました。

あまり長い旅行はなさらず、また會合には出席を御遠慮になることが多かったのですが、それは長老であられる先生の深い溫い思いやりの致すところでありました。先生はかねがね人になるべく迷惑をかけないようにしたいといわれ、また御自分が遠慮されながら門下や若い後進の人々がそれぞれその天分を發揮して縱横に驥足をのばすようにといつも念じていらっしゃいました。

門下のものでも或いはそのまた門弟であり先生のいわば孫弟子に當るような若い人々が先生をお訪ねしました時には、いつも快く招じ入れられ、盡くること無き興味深い御經驗や御感想をお話し下さいました。餘りにも長きにわたり、先生の御疲勞を慮りつつも、樂しさの爲に思わず辭去の機を失する事も屢々でありました。

先生は門下の人々すべてに對して溫い心づかいをおもち下さいました。

もしも誰かが何かの困難に遭遇した場合には、どこまでもかばって下さいました。慈父のごとくに慕われ、絶對的に信頼される方でいらっしゃいました。

しかしこの世ではもはや先生にお目にかかる事はできません。私共は今更ながら先生の御溫情に甘え、御教示を生かし得なかった事を後悔し、悲嘆の涙にくれるものであります。

しかし先生が身を以て御教示下さいました御精神は、我國における斯學の發展と共に不滅であります。先生を慕う念ますます切なると共に、先生の御薫陶を今後に生かすべく、私共はここに誓いを新たにするものであります。

先生の靈が今後とも私共に御導きの跡を垂れ賜りますことを切に希願致します。

以上拙いことばを以てしては到底意をつくし得ませんが、これを以てお別れのことばと致します。

昭和三十八年七月十七日

門下生總代
東京大學教授
中村　元

〈追悼文〉

宇井先生の業績

金倉圓照

七月十四日に宇井伯壽先生は急逝《きゅうせい》せられたが、二日ほど以前に、私は先生におめにかかってよもやまのお話を承った。その時、先生はなかなかお元氣で、ちかく急變がおころうなどとは、夢にも思わなかった。

お話の中にドイツに留學された思い出があった。先生の師事されたガルベ教授が第一次世界大戰で一人むすこをうしなったこと、美しい東洋風の娘がガルベにあったこと、ゲッチンゲンの散歩道で、教授にひょっこり行きあわれた折りの插話《そうわ》などである。五十年前の樂しい追憶に、先生はしばらく耽《ふけ》られたのである。

一九一三年、先生はドイツに留學された。ほどなく第一次大戰が起こった。多くの留學生は、それを潮に日本に引きあげたが、先生はひとり戰争をイギリスにさけ、引きつづき三年間在留して「十句義論」の英譯と研究を完成された。この業績は、先生の名を世界のインド學界に高からしめる基となったのである。

先生は最初、佛教以外のインド思想の研究に、力をつくされた。名著『印度哲學研究』十二卷の前半に、その成果がおさめられている。一九二三年東北大學に法文學部が創立せられ、先生は印度學の初代教授として赴任せられたが、それ以後、先生の研究は、次第に佛教の方面に傾くようになった。

まず原始佛教についての精細な論文を續々と公表し、原始佛教から根本佛教を區別して討究する必要を唱えられた。そして佛滅年代について、獨自の新しい見解を主張せられた。

原始佛教の研究が一段落に達すると、討究の鋒《ほこさき》は、大乘佛教へ向かった。その範圍はインドはもとより、シナ、日本にまで及ぶものである。シナの佛教を理解しなくては、インド佛教の意味はわからない、というのが、先生の持論であった。大乘佛教の中で、最初は空觀を研究された。しかし後には瑜伽《ゆが》唯識のそれへと移っていかれた。ミロク、無著、世親の研究は、晩年先生が最も力を注がれた部門で、先人未踏の分野を廣く開拓された。そして、從來架空の人物とせられたミロクの實在を論證することに努め、次第に學界でも、贊成者が現われるに至った。また、つとにチベット語經典の重要性を認め、その研究の鍵《かぎ》となるべき大著述をのこされたことも、先生の先見の明を示すものといえよう。

先生のおびただしい業績の意味を、限られた紙幅にのべつくすことは、到底不可能である。ただ最後に一言つけ加えたいのは、りっぱな弟子をたくさん養成せられたことである。日本のインド學佛教學界から、先生の教えを受けた人々を取り去ったとすれば、そのさびしさは、思い半ばに過ぎるものがあろう。先生は今やすでにない。しかし、その偉大な業績と、一事もゆるがせにしない堅實な方法とは、ながく學徒の指南として、彼らの行く手を照らすであろう。

（『讀賣新聞』昭和三八年七月二一日）

宇井伯壽先生のこと

中村　元

いつかは生死を距てて別れねばならぬのが人の世の定めであるが、宇井先生にお別れする日がこうも突然に來ようとは、思いも及ばなかった。

少しく御不例の由を耳にしておたずねしたのは、御逝去のわずか四日前のことであるが、床にふせりながらも樂しそうに話しておられた。ただ先生は自身では死期の迫って來るのを氣づいておられたらしい。「もうだめだね」と一言もらされた。

わたくしはギクリとしたが、しかしそれは深刻な響きをもたず、淡々とした心境であられ、話はすぐに學問の方に向いて行く。「このごろ安世高(二世紀の翻譯僧)のものをよんでいるがね、この時代にもう五位七十五法(小乘佛教のある思想體系)を論じているよ」というような學問上の論議をされる。齢八十を越えてなお衰えを見せぬ學問研究への強い意欲と、何の執着もなく自分の死に對するあっさりとした心持——この兩者が、臨終に近い先生の人格のうちに、何の矛盾もなく素直にはたらいていたのである。東洋の聖者の理想が現實の人間のうちに具現されているすがたを、まざまざとこの目で知るを得た。

數日にしてその先生がこの世を去られたのである。わたくしは自分自身が生きているのか、あるいは夢見ているのか、自分自身を疑いたくなる。

世にすぐれた立派な學者も多いが、先生は學者としての生活約六十年にわたって不斷の精進をつづけ、絶えず學問の向上を樂しんで來られたという點で、全くユニークであろう。先生の大著だけでも數十册あるが、嚴密にその册數を數え立てることに困難を感じる。そのわけは、改版が出るたびに新しい研究が取入れられ、かつての小著はやがて大著となり、躍動的な發展のあとが見られるからである。

若いときイギリス留學中にまとめられロンドンの王立アジア協會から出版された「勝宗十句義論」の英譯は、國際的に學者としての先生の名聲を決定的ならしめたものである。その後相ついで多數の著書が刊行されたが、十二巻に及ぶ「印度哲學研究」の大著は斯學《しがく》の金字塔として高くそびえ立つものであるといえよう。

退官後引退されてからは、廣河原、ついで鎌倉に隱棲《いんせい》され、あまり旅行もされず、會合にも出席を遠慮されて、讀書と研究の生活を樂しんで來られたが、ほとんど毎年のように多くの大著を刊行された。現に逝去《せいきょ》の約三週間前には「大乘佛典の研究」という、千百ページ餘に達するきわめて念の入った力作が上梓《じょうし》された。書齋の外にはほとんど出られなくても、先生の目は遠いかなたのさまざまの奇しき思想の動きを深く洞察《どうさつ》しておられたのである。

實にわが國におけるインド哲學の研究を、世界的水準というよりも、ある面では歐米諸國におけるよりもはるかに高度のものに高めたのは、先ず宇井先生の努力による。先生によってわが國のインド哲學ないしアジアにおけるその發展形態のあとが歴史的・體系的に把握《はあく》されることになった。後輩の人々は先生によって開拓されたあとを手がかりとして、それぞれの立場で發展せしめているといってよいであろう。

先生の學風は嚴密で、きびしく、いい加減なことは許されなかった。しかし人間としての門下生や後輩に對しては、いつも思いやり深い温情を以て待せられた。親切や愛情を口にされるのではなく、行動によって示された。もしもだれかが窮地に立つ場合には、力強くかばって護ってやられた。父に對するがごとく、絶對に信頼され得る方であった。先生はついにこの世を去られたが、しかし先生を慕う人々の心のうちに導きの跡をのこされるであろう。

（『朝日新聞』昭和三八年七月一六日）

故宇井伯壽會員追悼の辭

會員　金倉圓照

日本學士院會員宇井伯壽先生は、昭和三十八年七月十四日、鎌倉市二階堂の御自宅で、齢八十一をもって逝去致されました。會員の末席をけがす者と致しまして、又、直接薫陶にあずかった者としまして、まことに哀悼の念にたえません。

先生は、明治十五年六月一日、宇井善五左衞門(熊藏)氏の子息として、愛知縣寶飯郡御津《みと》町に、呱々の聲をあげられました。六歳で父君を喪われ、十二歳の時、檀那寺である小坂井町伊奈の東漸寺(曹洞宗)活山卍壽和尚の門に入って得度し、幼名の茂七を伯壽と改めたのであります。ついで曹洞宗愛知中學・京北中學・第一高等學校を經て、東京帝國大學文科大學に進み、明治四十二年七月印度哲學科を卒業しました。故木村泰賢博士と同期であります。卒業後も引きつづき大學院に於て高楠順次郎博士指導の下に研究を繼續し、翌四十三年からは、曹洞宗大學(現駒澤大學の前身)の講師に任じました。大正二年曹洞宗海外留學生として歐州に遊び、チュービンゲン大學ガルベ教授に束脩の禮をとりましたが、大正三年たまたま第一次世界大戰の勃發にあい、居を英國に移しました。爾來ロンドンに一年、オックスフォードに半年、ケンブリッヂに一年半滯在して研鑽をつづけ、大正六年秋インドを經由して歸朝されました。

この間に曹洞宗大學教授に任ぜられ、大正八年に東京帝國大學文學部講師となり、同十年文學博士の學位をうけられたのであります。大正十二年春東北帝國大學教授に任じ、新設の法文學部で印度學講座を擔任しましたが、同十五年には、在職のまま東漸寺住職を繼承されました。昭和五年木村泰賢博士死去のあとを承けて東京帝國大學教授に轉任し、同六年に著書『印度哲學研究』六卷によって、學士院賞を授けられました。昭和十四年、滿州國・中華民國に出張、十六年には推されて駒澤大學長を兼ねましたが、學風の改革を企てて宗務院の當局者と意見の齟齬を生じ、半年に滿たないで學長の職を去り、同時に駒澤大學教授を辭任しました。のみならず東漸寺住職を退き、宗門からも離脱するに至りました。尤も、三年後には宗門に復籍、やがて駒澤へも講師として歸參しましたが、それより先、昭和十八年三月には、停年申し合せによって東京大學を退官し、又、二十年十二月には帝國學士院會員に選ばれ、引きつづき日本學士院會員として去世に及んだのであります。

東大停年退職後、昭和二十五年から名古屋大學文學部專任講師となり、三十五年三月病氣のため辭任せられるまで、その職を繼續せられました。そしてこの間、昭和二十八年には、永年にわたる印度哲學研究の開拓と發展の功勞により、文化勳章を授けられて居ります。

以上の外、專門の講義を行なわれた學校として、慶應義塾大學・東洋大學・日本大學・高野山大學・大正大學・東京文理科大學・早稲田大學・學習院大學・東部神學校などがあり、先生の教をうけた子弟の數は、極めて多數に上るわけであります。

宇井先生は右のように、生涯を教育のために捧げられると共に、又、非常に多數の研究業績を世に遺されました。その內容は甚だ多方面にわたり、かつ分量は極めて莫大でありますので、ここに全部をつくすことは致しかねます。そこで、重要な物を大體年代順にひろい上げ、研究の方向と特徴とを概觀致したいと思います。

まず大正二年に、おそらく先生の處女出版とみるべき「參考論理學」が出ましたが、本書の前半は西洋の論理學、後半は印度のそれ、特に因明の發達を論じてあります。內容は留學以前の研究にもとづきますが、これより以後も因明論理學が長く著者の關心事であったことは、昭和八年に『佛教論理學』、昭和二十五年に『東洋の論理』を出版された事實によって伺われます。尤も『東洋の論理』の前半は、空《くう》の論理、卽ち中觀の趣旨を取扱っていますが、中觀佛教が亦、夙に宇井先生の研究の對象となったことは、大正十年に三論(卽ち中論・百論・十二門論)の國譯並に解題が刊行されていることによって、推知せられるのであります。

大正六年(一九一七)には、英國亞細亞協會から **The Vaiśeṣika Philosophy** 卽ち「勝宗十句義論」の英譯が、序說と詳細な注記を付して上梓されました。これはF・W・トマスの援けによって、留學中にまとめられた業績でありまして、今日でも內外專門家の依用する所であります。歸朝後の勞作としては、まず「チャーンドーグヤ・ウパニシャット」の和譯(大正十一年)に指を折らねばなりません。ついで『印度哲學研究』(第一)が大正十三年に出ましたが、これは大正五年以降の論文十篇をあつめ、內容は勝論學派・正理學派・吠檀多學派及び佛教の中觀と唯識の、思想と歷史の解明に關係しています。そして、ここで論究された六派哲學根本經典の成立年代は、從來臆測にとどまった問題を、學問的討究の俎上にもたらした意味で、價值の高いものであります。又、彌勒の實在をその著書によって證明された一文は、從來の彌勒架空說を覆したもので、世界の學界に波紋を投げかけました。これ以後も先生は度々この問題に論及されていますが、實在說に贊意を表明する學者も、次第に加わる狀態であります。

さて第一卷に引きつづいて刊行されました『印度哲學研究』第二卷から第六卷までは、大正十四年より昭和五年に涉る間の奧付をもち、仙臺在住中の成果であることがわかります。全部菊版で(第一卷をのぞいて)三千五百頁を越える分量があり、三十三の論文を含んでいます。この中でめぼしい物二、三に觸れますと、第二卷の佛滅年代論は、阿育王の年代考證に出發點をおき、錫蘭傳說にもとづくカンニンハム、マクス・ミュラー、ウェスターガールド、ケルン、ビュラー、フリート、ガイガー、シャルパンティエー、ギンセント・スミス等の佛滅年代論を一々批判し、結局、西曆前四八三、或は四七七年等と之を見る歐域の開拓であります。又、玄奘以前の印度諸論師の年代は、玄奘の年代を基礎として、戒賢・護法・勝軍・難陀・賢愛・安慧・德慧・堅慧・陳那・無性・清辨・佛護など、印度における大乘諸論師の年代をそれぞれ論定し、精緻な考證による結論は、學界に寄與する所、大であります。

宇井先生は當時東大教授の木村泰賢先生としばしば並び稱せられましたが、木村先生が大所高所から椽大の筆を揮って廣く世間の注目を浴びたのに對し、宇井先生は一事も疎かにしない堅實な態度で孤高を守り、飽くまで地道に進まれたので、俗間の聲望に於て前者に一籌を輸するの觀がありました。併し乍ら、印度哲學研究六卷の出版は、學界における先生の地位に千鈞の重みを加え、之を不動と致したのであります。當時、印度哲學の講義は一般にドイセンの方法に據っていましたが、宇井先生は研究第四卷の緒言に「ドイセン氏の方法並に解釋が如何にも優れて居る如く感ぜらるる間は、自己の研究が尙未だ獨立の地歩を得ず專門家の域に踏入らない所以であると判斷する照準とするがよい」と嚴しく之を批評し、自家の立場に並々ならぬ自信と矜持を示して居られます。

ところで、同じく研究第四に出ている阿育王刻文の和譯と研究は、後に改めて南傳大藏經に收載されましたが、同じ南傳大藏經のパーリ文「梵網經」の翻譯も、仙臺在住中の作ではないかと思われます。なお在仙中の業績として「西藏大藏經總目錄」の完成(昭和九年發行)を逸するわけには參りません。本書州專門家の說は信じがたく、漢譯佛典の資料によって、三八六年と訂正せらるべきであることを主張した物であります。從來の通說を凡そ百年程引下げたこの先生の說が、今日印度學界で全面的に受け容れられているとは申しかねますが、少くともこれを無視して、佛滅年代を新に論ずることは、不可能な事情になって居ります。

さらに『印度哲學研究』第二卷から第三卷第四卷にかけて、原始佛教に關する數篇の論文が收錄されています。緣起說の意義、八聖道の原意、六師外道研究、阿含の成立に關する考察、阿含に現われたる佛陀觀、などがそれでありまして、それぞれ獨創的な見解を含み、その影響は、專門家以外の著作にも認められます。

第五卷と第六卷には、攝大乘論の一識說、成唯識論に關する論證、玄奘以前の印度諸論師の年代、陳那以前に於ける佛教の論理說、及び十八空論・三無性論・顯識論・轉識論・決定藏論のそれぞれに對する研究等を收め、探究の主題がようやく大乘佛教、特に瑜伽唯識に移って來たことを示して居ります。唯識哲學は古來、玄奘慈恩の翻譯と解釋に從って來ましたが、宇井先生はその原意を明かにするためには、むしろ眞諦の古譯によるべきであるとなし、從來すてて顧みられなかった眞諦譯の十八空論以下、決定藏論に至る五種の論をここに取上げ、玄奘譯と對照しつつ、その眞義を明かにしようと志したのであります。これらは第六卷所載の眞諦三藏傳の研究と共に、新しい研究領は四人の協同編纂となっていますけれども、事實上、大半は宇井先生の努力によるものでありまして、デルゲ版大藏經の全貌を世に明かにした點、漢譯大藏經との互照をなしとげた功績は、沒しがたいものがあります。

次に昭和七年に『印度哲學史』、同十年『攝大乘論研究』、同十四年から十八年までの間に『禪宗史研究』三卷、同十八年に『佛教思想研究』が出版されています。この六卷は前の印度哲學研究六卷の繼續であり、小計三八八〇頁を數え、『印度哲學研究』全十二卷で、累計七千八百頁の厖大な量に及ぶのであります。この中で、『印度哲學史』は、かかる題名の著述の嚆矢として方法論の上からも注目せらるべき作品であります。又『攝大乘論研究』は、さきにのべた眞諦の著作によって護法以前の唯識の古説を探ろうという企ての繼續であります。が、ここで傳統的立場を守る唯識學者と先生との間に、たまたま摩擦を生じ、論難往復が行なわれましたことは、斯學の研究史上、注意すべき出來事と考えます。それと共に、苟も學問上の事についてはは妥協を全く許さなかった先生の鋭い氣魄がここに認められるのであります。なお『禪宗史研究』三卷は、先生の支那佛教研究による新しい收獲を示すものに他なりません。この外、昭和八年に「成實論」「辯中邊論」等の國譯が出て居ります。

さて印度哲學研究第十二卷が出版せられた昭和十八年は、先生の東大停年退職の年に該當しますが、それ迄の間に、以上の他に、なお『唯心の實踐』『印度哲學史』小本、『支那佛教史』『大乘起信論』『禪源諸詮集都序』『傳心法要』『頓悟要門』『寶慶記』等が上板されています。この中で、大乘起信論以下の五部は文庫本による佛教古典の和譯解題であります。

東大退職後に出された大著としては、まず昭和二十二年と二十三年に公刊された『佛教汎論』上下二册をあげねばなりません。本書の原稿は、太平洋戰爭のため、信州に疎開中書き上げられた物で、印度・シナ・日本にわたる佛教の全體系が、佛法僧の三寶の分類によって巧にまとめられています。なおこれと前後して『佛教思想の基礎』(昭和一九年)、『佛教哲學の根本問題』(同二二年)、『佛教思潮論』(同二三年)、『信仰佛教』(同二三年)などが、出版されました。

さらに前掲昭和二十五年の『東洋の論理』につづいて、二十六年には『日本佛教概史』が現われています。昭和二十七年を以て、先生は滿七十歳に達せられましたが、それから逝去せられる迄、十年の間に、引きつづき多數の著作を發表されました。卽ち、二十七年には『唯識三十頌釋論』、二十八年に『唯識二十論研究』、三十一年に『釋道安研究』、三十二年に『佛教經典史』、三十三年に『陳那著作の研究』と『瑜伽論研究』、三十四年に『寶性論研究』、三十六年に『大乘莊嚴經論研究』と『梵漢對照菩薩地索引』、三十八年、逝去の二十日前に出版された一千餘頁の大著述『大乘佛典の研究』等がそれであります。尤も出版社の都合で、脫稿の日時と發行の日付とが多くは數年を隔てて居りますが、先生が死に至るまで熱心に研究を繼續せられた事實と、晩年特に瑜伽唯識並に如來藏思想の解明に力を注がれたこととが、これでよくわかるのであります。

以上は、宇井先生の主要な著作について、その業績を偲んだのでありますが、この他にも尙、雜誌、講座、辭典等に執筆された作品があり、又、監修によって出來た佛敎辭典もあります。これらの或物については、遺稿として取りまとめ、近く出版の予定になっている由でありますが、それらは、ここに除外したのであります。

最後に先生の全著作の內容を概括して申し上げますと、初め因明論理學と中觀佛敎の研究に發足し、ついで外敎六派哲學の討究、特に各派の成立と初期の思想を窮めるに努め、轉じて原始佛敎の敎理を批判的に論究し、進んで大乘佛敎に移り、就中、唯識哲學の源流を明かにするに力をつくされたと申せましょう。そして、その間にシナ日本における佛敎の發展にも意をそそぎ、佛敎思想の統一的把握を企てられると共に、シナ禪宗の初期の歴史的展開を解明するに努められたと言えるのであります。

研究の對象が甚だ多方面にわたっていますが、先生の內面に於ては、それぞれ連絡のある問題であり、又、後の研究がすでに早期に暗示されている事實も指摘しえます。これらの各方面に於て、或は新しい分野を開拓せられ、或は從來の研究をさらに前進せしめられた先生の功績は、洵に偉大と申す外はありません。

先生の著作の數は非常に多く、同じ專門の學者で、この點に於て匹敵する人は覓めがたいのであります。多數の著述の中には、內容に重複の個所が無いとは申せませんが、後の物は恆に前の物の補正に成り立ち、凡そ單なる繰返しには終っていないのであります。そして殆どすべての著作が、綿密な考證と行き屆いた思索にもとづき、先生の透徹した眼光と非凡の努力が隨處に認められます。

先生は洵に希代の碩學であられました。先生の御逝去により、日本の印度學界は俄に寂寥の感を深くして居ります。かけがえの無い先生の御他界に、深く哀悼の意を表する次第でございます。

——昭和三十八年九月十二日日本學士院總會において——

(『日本學士院紀要』第二十一卷第二・三號、昭和三十八年十一月)

あとがき

(1) 宇井先生の業績

わが國の文化は佛敎の長い傳統を受けて生成發展したのであるから、佛敎文化ないしインド文化についてはわれわれ日本人は何となく身近な親近感をもっている。ただそれは信仰・知識・情緒の面においてであって、學問的に研究するということは、明治になって西洋から近代的な研究法が移入されて以後に行われたことである。それにもとづいてインド哲學史並びにシナ・日本にわたる佛敎史の體系を初めて學問的に構成されたのが、宇井先生である。實にわが國におけるインド哲學の研究が、世界的水準というよりも、ある面では歐米諸國におけるよりもはるかに高度のものに發展したのは、先ず宇井先生の努力によるる。先生によってわが國のインド哲學ないしアジアにおけるその發展形態のあとが歷史的體系的に把握理解されることになった。後輩の人々は先生によって開拓されたあとを手がかりとして、それぞれの立場で發展せしめているといってよいであろう。

先生は明治十五年六月一日、愛知縣寶飯郡御津《みと》町の生れである。幼にして六歲のとき嚴父を失い、十二歲のとき曹洞宗東漸寺大原活山老師の弟子となられ、明治四十二年七月に東京帝國大學哲學科を卒業され、駒澤大學講師に就任された。

大正二年九月に先生は曹洞宗海外留學生としてドイツのチュービンゲン大學に赴き、篤實な學風を以て知られるガルベ教授に師事された。第一次世界大戰の勃發とともに三年八月イギリスに難を避け、ロンドンに一年、オックスフォードに半年、ケンブリッジに一年半滯在勉强された。この時代の先生の研究が將來の學問的發展の基礎となったのである。特にその時期の不朽の功績は「勝宗十句義論」の研究である(H. Ui: The Vaiśeṣika Philosophy according to the Daśapadārthaśāstra, 1917)。これは、インド古代に自然哲學を說いたヴァイシェーシカ哲學の一つの古典が、そのサンスクリット原典は散佚してしまったのに、その漢譯が漢譯大藏經の中におさめられて、シナ・日本に傳わっているので、それを研究出版翻譯されたものである。ロンドンの王立アジア協會から出版され、世界的に高く評價されている研究である。この書は、國際的に學者としての先生の名聲を決定的ならしめたものである。外國で出版されたどのインド哲學史をとり上げてみても、先生のこの書に言及していないものは一つもない。まさに日本の學界の聲價を高めたものであり、これ一つだけでもわれわれ日本人の學徒は外國の學者に對して肩身の廣い思いがするのである。

大正六年十一月にドイツ潜航艇攻擊の間をアフリカ喜望峯をまわって、インドの佛蹟巡拜をすまして歸國され、八年九月に東京帝國大學の講師に就任された。『參考論理學』は因明を西洋論理學との對比において學問的に檢討しようとの試みを示された最初のものであり、「チャーンドーグヤ・ウパニシャット」の翻譯研究はその註記の精密なこと、まさに類書の中の壓卷であり、『中論』その他の諸書の國譯は正確着實な特徵を以て知られている。また先生が久保良英氏と共譯でイェルサレムの『哲學概論』を譯出されたことを聞いたならば、今の若い人々は驚くことであろう。

大正十二年に東北大學に移り、主任教授としてインド學の講座を開創された。その間に『インド哲學研究』六卷が刊行された。これは學士院賞を授與された名著であるが、インドの佛教外の諸哲學學派の源流とその發展をたどり、原始佛教を成立史的に研究し、唯識說を古來の傳統說とは別に研究し、因明の難點を解明するなど、多數の論文が集められているが、いずれも精緻を極めたものであり、當時の學界の最高水準を示している。今日においても斯學の專門學者はこの書を措いては研究を進めることができない。また多田等觀師が將來された東北大學所藏のチベット大藏經デルゲ版の目錄を鈴木宗忠・金倉圓照・多田等觀諸氏と協同で編纂された。

昭和五年に東京大學教授に轉任されてからも、なお唯識說の研究を繼續され、『攝大乘論研究』のような大著を刊行された。しかし他方では從前からの諸研究にもとづいて『印度哲學史』(昭和七年、岩波書店)、『印度哲學史』小本(昭和十一年、日本評論社)のような獨特の概說を刊行された。これは諸學者並びに諸典籍の年代的位置づけが精密になされまた系統づけられているという點では、外國でいままでに刊行されたどの書よりもすぐれているといっても過言ではないであろう。佛教に關しても幾多の論文を著され、それらは『佛教思想研究』『唯心の實踐』のうちにまとめられ、『印度大乘佛教中心思想史』『佛教論理學』等の諸著、『大乘起信論』の校訂國譯(岩波文庫)、『成實論』『中邊分別論』などの國譯も刊行された。

それと並んでこの時期の先生の大きな仕事の一つは『禪宗史研究』三卷の完成である。禪に關する書は世の中に少くないが、歷史的系統的にまとめてある書としては、最も信賴されているものである。これは『禪源諸詮集都序』『傳心法要』『頓悟要門』(いずれも岩波文庫)のような禪籍の校訂國譯と相ともなって現れたものである。海外でも禪についての高度の專門研究者はみなこの一連の書を探しあぐんでいる。また禪の研究と相まって『支那佛教史』(岩波全書)が結實した。

昭和十八年三月停年で東京帝國大學の教壇から退かれるに當って、在官中に『印度哲學研究』六卷並びにその續刊六卷を刊行されたことについて、「公職に在る間に、纏めようと竊に志したのであったが、今それを完成するを得たのであるし、此間にも亦佛教論理學、唯心の實踐、印度哲學史小本、支那佛教史などを出すを得て、何となく安心か満足か、一種の氣樂さを覺える次第である。乏を公職に承けること二十年、尊き國費の給與を辱うして、安全に研究生活に入る惠に浴したので、能ふ限り駑に鞭ちて、千萬分の一の報恩にもと志し、講義の外に筆を執って、聖代文運の進展の僅の一助ともなさんとしたのが十二巻の公刊である。これ皆、公と親と師と友との恩に謝する微意であり、同時に子孫にも感銘せしめんと希ふしるしに外ならぬ。」と、「第三禪宗史研究」の末尾に極く小さな活字で記されたが、これが先生の心境をよく表わしたものだと思われる。先生は公けの國家の保護恩惠を受けて研究を繼續されたことに對して特に感謝の念をいだいておられたし、また何かの機會に個人的にも洩らされる感懷であった。よく明治の人に見られる強い正義感、道德感、特に責任感が、先生の場合には一身にみなぎっておられたようで、思わず襟を正すことがあった。

先生は半世紀以上の學問生活において、うまず撓まず不斷の精進をつづけて來られた。東大御在官中は、研究室の用務がすむと、すぐ歸宅して自宅の書齋にとじこもっておられた。退官されたあとでも學究の生活は少しも變らなかった。戰災で淀橋諏訪町の邸が燒かれて、信州伊那に疎開され、のち東京へ歸られてからは世田ヶ谷區上町の勝光院というお寺に假寓しておられたことがあった。雅致ある庭を廻って先生のお住居のほうに廻ると、いつも机に向って讀書しておられた。

東大を退官されてからは、早稲田大學、駒澤大學、學習院大學などでも講義しておられたが、古稀を迎えられるとともに、すべて引退され、神奈川縣湯河原の奥の廣河原という所に隱棲された。緣したたる樹木が兩側より迫る溪谷にはさまれた清い流れのほとりである。秋には紅葉がことに美しかった。そののち先生は鎌倉市二階堂にお宅を新築された。風光の愛ずべきことは舊のお宅と同じ趣きがあるが、閑靜なうちにも親しみの感ぜられるところであった。

こういう慕わしくゆかしいところに閑居されて先生は靜かに讀書と研究の生活を樂しんでおられた。日本學士院の會合とか、そのほか有志の人々に講義されるなど特別の學問上のあつまりでもなければ、上京されることもなかった。先生は退官後にも在官中に劣らず研究をつづけておられた。齡八十にして鎌倉へ移られてから、ふと洩らされたことがある。――『もうこの頃はあまり勉强もせんだ。一日に三時間もやれば、あとは休息している』といわれた。このことは、また逆に八十歳になられるまでは毎日いかに精魂を傾けておられたかということを證するものであろう。

あまり旅行もされず、また後輩の活動の邪魔にならぬようにとの配慮から會合にも出席を遠慮されて、書齋の生活を樂しんで來られたが、ほとんど毎年のように多くの大著を刊行された。

現に逝去の約三週間前には『大乘佛典の研究』という、千百ページ餘に達するきわめて念の入った力作が上梓された。書齋の外にはほとんど出られなくても、先生の目は遠いかなたの國々の昔からのさまざまの奇しき求道の動きを深く洞察し理解しておられたのである。

確かに先生の業績は退官後のものも在官中のものに劣らぬほど多い。退官後の成果を區分することは困難であるが、まず第一類としては佛教についての概論である。すでに在官中に『佛教哲學の根本問題』を刊行しておられたが、『佛教思想基礎論』を經て、畢生の大著であり斯界の基準となっている『佛教汎論』二卷（のちに一卷に合本）が出現した。これだけ大規模な概論はかつて存在しなかったし、今後も容易には現われないであろう。一般讀者のための解り易い概論としては『佛教思潮論』を著され、逝去後「著作選集」のうちにおさめられた。宮中での御進講は『信仰佛教』の中に含まれている。先生は御進講の原稿である旨をしるすのを遠慮されて、一言も觸れておられないが、そのことは文面からも明らかであり、また筆者が個人的にその旨をうかがったことがある。このように、それぞれ綱格或いは廣略の差はあるが、いずれも本式の佛教概説である。

またそれと並んで先生の獨擅場である原典研究を進められた。すでに東大教授在官中に『大乘莊嚴經論』や『唯識三十頌』『菩薩地』を演習によまれたことがあるが、それらが完成されて、『大乘莊嚴經論の研究』や『安慧護法唯識三十頌釋論』『瑜伽論研究』『梵漢對照菩薩地研究』として公刊された。そのほかにこの線につらなる發展の成果として『四譯對照唯識二十論研究』『陳那著作の研究』『寶性論研究』というような大著が次々と刊行された。『西域佛典の研究――敦煌逸書簡譯――』は遺稿であり、逝去後に刊行された。

またインド論理學の領域では、『東洋の論理』を完成された。第三に經典史の研究では、はじめ「經典の成立とその傳統」という小著をまとめられたが、これが發展擴大して『佛教經典史』として完成した。また逝去の二十日前には一千ページ餘にわたる大著述『大乘佛典の研究』が公刊された。

先生はシナにおける譯經史の研究をもつづけられ、『釋道安研究』の大册があるが、逝去される直前には譯經史の研究に集中せられ、その成果が『譯經史研究』のうちにおさめられている。そのうちの「支謙と康僧會との譯語と其の原語」は病床における絶筆である。

日本佛教の方面ではすでに在官中に道元禪師の『寶慶記』の校訂出版をされたが、その後「面山師年譜及び覺仙和尚との關係」などを著され、ついに『日本佛教概史』をまとめられた。ここにインド・シナ・日本にわたる佛教通史の大組織が完成したのである。

（2）本書について

宇井伯壽先生は多數の尨大な著書を刊行され、その中には幾多の論文が收錄されているが、しかし先生の既刊論文がすべて著書の中におさめられているわけではない。洩れているものも少くない。そうしてそれらは現在入手困難となっている。そこでこの機會に先生の既刊未刊の論稿でいまだ單行本のうちにおさめられていないものを合せて刊行しようとの議が起り、その結果編集刊行されたものがこの『インド哲學から佛教へ』である。この題名は編集部と編者とが相談してつけたものである。諸論文の分類配置は便宜上編者が行ったものであるが、本書におさめられた諸論文が最初に掲載された雜誌名或いは紀要名などを次にしるしておこう。

「古代における人間概念——印度」（つださうきち・宇井伯壽・務臺理作編『諸民族における人間概念』（國連出版社、昭和二六年）のうちに發表された論稿。）

「印度古代の政治形態」（「共同研究・古代國家」（著者代表・増田四郎、啓示社、昭和二四年）のうちに發表された論稿。）

「アソーカ法王の統治」（新思想談話會の刊行物に掲載される豫定であったが、印刷されなかった。）

「法顯の見た中央インド」（先生の遺稿で未刊のもの）

「Sāṃkhyayogaに就いて（數論學派の起原及び發達の概要）」（『哲學雜誌』第三七九號、大正七年九月號から、第三八六號、大正八年四月號にわたって連載された。）

「論證法精要」（先生の遺稿で未刊のもの）

「アルタハ・サングラハ」（未定稿）（先生はかつて東大で演習にこの書をよまれたことがあるが、この原稿には「未定稿」という旨が記してある。）

「小乘佛教」「大乘佛教」（新思想談話會の人々が中心となって計畫された『世界哲學史』に掲載の豫定であったが、完遂されず、從ってこの兩論稿は印刷されなかった。）

「佛と吾々」（三省堂刊『佛教思想論集』1（昭和一三年一一月）に掲載された。）

「佛典解題」（大東出版社刊『國譯一切經』のうちの國譯に付せられた解題。）

「面山師年譜及び覺仙和尚との關係」（「石井積翠居士記念論文集」に寄稿されたもの。）

「佛教研究の回顧」（「現代佛教講座」第三卷（角川書店、昭和三〇年）に掲載されたもの。）

特別講演「「印度哲學」命名の由來」（東海印度學佛教學會における講演。）

「佛教論文總目錄」などをみるとまだそのほかにも幾多あるが、すでに著書と重複するもの、研究方法をのちに著しく改められたもの、入手し得なかったものなどは省略した。またページ數の關係もあり、先生の翻譯書の解題などすべて集成することができなかった點、御宥恕を請う次第である。

本書のうちには、先生の自傳・年譜が含まれているので、併せて附錄のうちに葬儀の際の弔辭と、それの直後に公けの機關ならびに新聞に掲載された追悼文をもおさめることにした。

今刊行にあたり編者の不注意のため何かと不行屆の多かったであろうことを恐れている。このように先生の諸種の論稿を收錄するについては實に多くの方々から御協力を仰いだのであるが、特に渡邊楳雄博士、金倉圓照博士、古田紹欽博士からは貴重な示唆敎示を授けられた。また編集刊行にわたっては岩波書店の山鹿太郎、朝蜘圭一郎、木村秀彥、手坂浩之の諸氏のお世話になった。初校については、わたくしの在外不在中は財團法人東方研究會の松濤誠達、松本照敬、上村勝彥の諸氏をわずらわした。これらの方々の好意をしるして感謝の意を表したい。

中　村　　元　しるす

■岩波オンデマンドブックス■

インド哲学から仏教へ

1976年 2 月27日　第 1 刷発行
1976年11月20日　第 2 刷発行
2015年 1 月 9 日　オンデマンド版発行

著　者　宇井《うい》伯壽《はくじゅ》

発行者　岡 本　厚

発行所　株式会社 岩波書店
〒101-8002 東京都千代田区一ツ橋 2-5-5
電話案内 03-5210-4000
http://www.iwanami.co.jp/

印刷／製本・法令印刷

ISBN 978-4-00-730165-0　Printed in Japan